2024 HENAN STATISTICAL YEARBOOK

河南统计年鉴

河 南 省 统 计 局
国家统计局河南调查总队 编

Henan Provincial Bureau of Statistics
Survey Office of the National Bureau of Statistics in Henan

2024 河南统计年鉴

图书在版编目（CIP）数据

河南统计年鉴. 2024 = Henan Statistical Yearbook 2024：汉英对照 / 河南省统计局，国家统计局河南调查总队编. -- 北京：中国统计出版社，2024.11
ISBN 978-7-5230-0570-5

I . C832.61-54
中国国家版本馆CIP数据核字第2024F16C21号

河南统计年鉴2024

作　　者/ 河南省统计局　国家统计局河南调查总队
责任编辑/ 冯诗萌
封面设计/ 文　莎
出版发行/ 中国统计出版社有限公司
通信地址/ 北京市丰台区西三环南路甲6号
邮政编码/ 100073
发行电话/ 邮购（010）63376909　书店（010）68783171
网　　址/ http://www.zgtjcbs.com
印　　刷/ 河南豫统印刷有限公司
经　　销/ 新华书店
开　　本/ 890mm × 1240mm 1/16
字　　数/ 1250千字
印　　张/ 39　彩页 0.75
印　　数/ 1200册
版　　别/ 2024年11月第1版
版　　次/ 2024年11月第1次印刷
定　　价/ 380.00元　Price: 380.00yuan（RMB）

《河南统计年鉴2024》

编委会和编辑部工作人员名单

2024 河南统计年鉴

2024 河南统计年鉴

Editorial Board and Staff

编辑说明

一、《河南统计年鉴2024》是一部全面反映河南省经济和社会发展情况的资料性年刊。本书收录了全省和各市（县）2023年以及重要历史年份的经济和社会各方面大量的统计数据，并收录了全国及各省市区2023年的主要统计数据。

二、全书内容分为26个部分，即，1. 综合；2. 国民经济核算；3. 人口；4. 就业人员与职工工资；5. 固定资产投资；6. 对外贸易；7. 能源；8. 财政；9. 价格；10. 人民生活；11. 城市概况；12. 农业；13. 工业；14. 建筑业；15. 房地产业；16. 批发和零售业、住宿和餐饮业；17. 金融业；18. 运输和邮电；19. 资源和环境；20. 科技；21. 教育；22. 卫生和社会工作；23. 文化和体育；24. 公共管理、社会保障和社会组织；25. 各县（市、区）主要统计指标；26. 全国及各省区市主要统计指标。

三、为方便读者使用，各篇章前设有《简要说明》，对本篇章的主要内容、资料来源、统计范围、统计方法以及历史变动情况予以简要概述。篇末附有《主要统计指标解释》。

四、资料中所使用的度量衡单位均采用国际统一标准计量单位。

五、本年鉴部分数据合计数或相对数由于单位取舍不同而产生的计算误差均未作机械调整。

六、本年鉴各表中，有关对全表的注解均在该表上方，对表中部分指标的注解则在该表下方。凡带续表的资料，对部分指标的注解一律在最后一张续表的下方。

七、本年鉴表中的符号使用说明："空格"表示该项统计指标数据不详或无该项数据；"#"表示其中的主要项。

Editor's Notes

I. Henan Statistical Yearbook 2024, is an annual statistical publication, which reflects comprehensively the economy and society development of Henan. It covers data for 2023 and key statistical data in some historically important years at the provincial level and city(couty) level of Henan. It also covers data for 2023 and key statistical data at the national level and the local level of other provinces.

II. The yearbook contains the following 26 parts, l.General Survey; 2.National Accounts; 3.Population; 4.Employment and Wages; 5.Investment in Fixed Assets, 6.Foreign Trade; 7.Energy; 8.Government Finance; 9.Prices; 10.People's Living Conditions; 11.General Survey of Cities; 12.Agriculture; 13.Industry; 14.Construction; 15.Real Estate; 16.Wholesale and Retail Sale Trades, Hotels and Catering Services; 17.Financial Intermediation; 18.Transport, Postal and Telecommunication Services; 19.Resources and Environment; 20.Science and Technology; 21.Education; 22.Public Health and Social Work; 23.Culture and Sports; 24.Public Management, Social Security and Social Organizations; 25.Main Indicators of County (City, Municipal districts); 26.Main Indicators of the Whole Nation and 31 Provinces (Municipality, Autonomous Regions).

Ⅲ.To facilitate readers, the Brief Introduction at the beginning of each chapter provides a summary of the main contents of the chapter, data sources, statistical scope, statistical methods and historical changes. At the end of each chapter, Explanatory Notes on Main Statistical Indicators are included.

Ⅳ.The units of measurement used in this yearbook are internationally standard measurement units.

V. Statistical discrepancies on totals and relative figures due to rounding are not adjusted in this yearbook.

VI. The notes concerning the whole table are placed at the upper part of the table, while the notes concerning individual indicators are placed at the lower part of the table. If the table occupied more than one page, the notes of the individual indicators are placed at the end of the last page.

VII. Notations used in this yearbook: "(Blank)" indicates that the data are unknown or are not available; "#" Indicates a major breakdown of the total.

目录索引

目　录

CONTENTS

一、综合

General Survey

二、国民经济核算

National Accounts

三、人口
Population

四、就业人员与职工工资
Employment and Wages

五、固定资产投资
Investment in Fixed Assets

六、对外经济贸易
Foreign Trade

七、能源
Energy

八、财政

Government Finance

九、价格

Prices

十、人民生活

People's Living Conditions

十一、城市概况

General Survey of Cities

十二、农业
Agriculture

十三、工业

Industry

十四、建筑业

Construction

十五、房地产业
Real Estate

十六、批发和零售业、住宿和餐饮业
Wholesale and Retail Sale Trades, Hotels and Catering Services

十七、金融业

Financial Intermediation

十八、运输和邮电

Transport, Postal and Telecommunication Services

十九、资源和环境

Resources and Environment

二十、科学技术
Science and Technology

二十一、教育

Education

二十二、卫生和社会工作
Public Health and Social Work

二十三、文化和体育
Culture and Sports

二十四、公共管理、社会保障和社会组织

Public Management, Social Security and Social Organizations

二十五、各县（市、区）主要统计指标

Main Indicators of County（City, Municipal Districts）

二十六、全国及各省、区、市主要统计指标

Main Indicators of the Whole Nation and 31 Provinces (Municipalities, Autonomous Regions)

综合
General Survey

1

◎ 资料整理：郑洁 史振亚 乔旭明

简要说明

一、主要内容

本篇包括行政区划资料，国民经济综合资料，基本单位资料。

二、资料来源

行政区划资料，是截至上年末经国务院批准的行政区划变更情况，由河南省民政厅提供。

国民经济综合资料是通过对各篇章主要统计指标及其速度、结构和效益等加工计算的，由河南省统计局综合处编辑整理。

基本单位资料主要包括所有法人单位和产业活动单位数，是根据名录库中各部门的单位审批登记资料和经常性统计调查中查到的新增、变动和消亡单位情况，本部分由河南省地方经济社会调查队调查单位名录库室编辑整理。

Brief Introduction

I. Main Contents

Data on Zhengzhou Airport areas is provided by economic and social survey office of Henan Province Bureau of Statistics.

Ⅱ.Sources of Data

Data on divisions of administrative areas in Henan are prepared and provided by the Henan Province Bureau of Civil Affairs on the basis of the changes in the divisions of administrative areas as approved by the State Council at the end of the previous year.

The summary data on the national economy and social development reflect the overall situation by presenting further processed statistics including growth, structure, ratio, and efficiency data derived from other chapters. Data in this part are prepared by Comprehensive Department of Henan provincial Bureau of statistics.

Data on institutional unit include legal and establishment units, which are calculated on directory library and increase, change and reduce unit in regular surreys. Data in this part are prepared by Henan Provincial Local Economic and Social Survey Team Survey Unit Directory Office.

1-1 全省行政区划(2023年底)

Administrative Divisions of Henan Province (End of 2023)

单位：个 (unit)

地区 Region	市 City	省辖市 Cities Under the Jurisdication of Province	县级市 Cities at County Level	县 Counties	市辖区 Districts Under the Jurisdication of City	镇 Towns	乡 Townships	民族乡 Ethnic Townships	街道办事处 Urban Subdistrict Offices
全省 Total	**38**	**17**	**21**	**82**	**54**	**1192**	**567**	**11**	**700**
郑州市 Zhengzhou	6	1	5	1	6	72	15	1	92
开封市 Kaifeng	1	1		4	5	35	42		39
洛阳市 Luoyang	1	1		7	7	98	22		68
平顶山市 Pingdingshan	3	1	2	4	4	52	32	2	59
安阳市 Anyang	2	1	1	4	4	68	19		48
鹤壁市 Hebi	1	1		2	3	15	4		25
新乡市 Xinxiang	4	1	3	5	4	80	38	1	36
焦作市 Jiaozuo	3	1	2	4	4	36	16		56
濮阳市 Puyang	1	1		5	1	44	31		14
许昌市 Xuchang	3	1	2	2	2	60	12	2	31
漯河市 Luohe	1	1		2	3	37	9		10
三门峡市 Sanmenxia	3	1	2	2	2	29	32		13
南阳市 Nanyang	2	1	1	10	2	158	41	2	44
商丘市 Shangqiu	2	1	1	6	2	108	57	2	33
信阳市 Xinyang	1	1		8	2	85	84		42
周口市 Zhoukou	2	1	1	7	2	105	59		42
驻马店市 Zhumadian	1	1		9	1	99	54	1	43
济源市 Jiyuan	1		1			11			5

1-2 各市、县(市、区)名称(2023年底)
Names of Administrative Areas (End of 2023)

市 Cities	县(市、区)数(个) Counties (unit)	市辖县 Counties Under the Jurisdiction of Cities	市辖区 Districts Under the Jurisdiction of Cities	县级市 Cities at County Level
郑州市 Zhengzhou	12	中牟 Zhongmou	中原区、二七区、管城回族区、金水区、上街区、惠济区 Zhongyuan, Erqi, Guancheng Huizu, Jinshui, Shangjie, Huiji	巩义市 Gongyi 荥阳市 Xingyang 新郑市 Xinzheng 登封市 Dengfeng 新密市 Xinmi
开封市 Kaifeng	9	杞县、通许、尉氏、兰考 Qixian, Tongxu, Weishi, Lankao	龙亭区、顺河回族区、鼓楼区、禹王台区、祥符区 Longting, Shunhe Huizu, Gulou, Yuwangtai, Xiangfu	
洛阳市 Luoyang	14	新安、栾川、嵩县、汝阳、宜阳、洛宁、伊川 Xin'an, Luanchuan, Songxian, Ruyang, Yiyang, Luoning, Yichuan	孟津区、老城区、西工区、瀍河回族区、涧西区、洛龙区、偃师区 Mengjin, Laocheng, Xigong, Chanhe Huizu, Jianxi, Luolong, YanShi	
平顶山市 Pingdingshan	10	宝丰、叶县、鲁山、郏县 Baofeng, Yexian, Lushan, Jiaxian	新华区、卫东区、湛河区、石龙区 Xinhua, Weidong, Zhanhe, Shilong	汝州市 Ruzhou 舞钢市 Wugang
安阳市 Anyang	9	安阳、汤阴、滑县、内黄 Anyang, Tangyin, Huaxian, Neihuang	文峰区、北关区、殷都区、龙安区 Wenfeng, Beiguan, Yindu, Longan	林州市 Linzhou
鹤壁市 Hebi	5	浚县、淇县 Xunxian, Qixian	鹤山区、山城区、淇滨区 Heshan, Shancheng, Qibin	
新乡市 Xinxiang	12	新乡、获嘉、原阳、延津、封丘 Xinxiang, Huojia, Yuanyang, Yanjin, Fengqiu	红旗区、卫滨区、凤泉区、牧野区 Hongqi, WeiBin, Fengquan, Muye	卫辉市 Weihui 辉县市 Huixian 长垣市 Changyuan
焦作市 Jiaozuo	10	修武、博爱、武陟、温县 Xiuwu, Boai, Wuzhi, Wenxian	解放区、中站区、马村区、山阳区 Jiefang, Zhongzhan, Macun, Shanyang	沁阳市 Qinyang 孟州市 Mengzhou
濮阳市 Puyang	6	清丰、南乐、范县、台前、濮阳 Qingfeng, Nanle, Fanxian, Taiqian, Puyang	华龙区 Hualong	
许昌市 Xuchang	6	鄢陵、襄城 Yanling, Xiangcheng	魏都区、建安区 Weidu, Jianan	禹州市 Yuzhou 长葛市 Changge
漯河市 Luohe	5	舞阳、临颍、 Wuyang, Linying	源汇区、郾城区、召陵区 Yuanhui , Yancheng, Zhaoling	
三门峡市 Sanmenxia	6	渑池、卢氏 Mianchi, Lushi	湖滨区、陕州区 Hubin, Shanzhou	义马市 Yima 灵宝市 Lingbao
南阳市 Nanyang	13	南召、方城、西峡、镇平、内乡、淅川、社旗、唐河、新野、桐柏 Nanzhao, Fangcheng, Xixia, Zhenping, Neixiang Xichuan, Sheqi, Tanghe, Xinye, Tongbai	卧龙区、宛城区 Wolong, Wancheng	邓州市 Dengzhou
商丘市 Shangqiu	9	虞城、民权、宁陵、睢县、夏邑、柘城 Yucheng, Minquan, Ningling, Suixian, Xiayi, Zhecheng	梁园区、睢阳区 LiangYuan, Suiyang	永城市 Yongcheng
信阳市 Xinyang	10	息县、淮滨、潢川、光山、固始、商城、罗山、新县 Xixian, Huaibin, Huangchuan, Guangshan, Gushi, Shangcheng, Luoshan, Xinxian	浉河区、平桥区 Shihe, Pingqiao	
周口市 Zhoukou	10	扶沟、西华、商水、太康、鹿邑、郸城、沈丘 Fugou, Xihua, Shangshui, Taikang, Luyi, Dancheng, Shenqiu	川汇区、淮阳区 Chuanhui, Huaiyang	项城市 Xiangcheng
驻马店市 Zhumadian	10	确山、泌阳、遂平、西平、上蔡、汝南、平舆、新蔡、正阳 Queshan, Biyang, Suiping, Xiping, Shangcai Runan, Pingyu, Xincai, Zhengyang	驿城区 Yicheng	
济源市 Jiyuan	1			济源市 Jiyuan

1-3 河南省主要统计指标居全国位次

The Rank of Main Indicators of Henan in Nation

指　标	Indicator	2010	2015	2020	2021	2022	2023
生产总值	Gross Domestic Product	5	5	5	5	5	6
生产总值增速	Growth of Gross Domestic Product	21	13	26	27	15	28
居民消费价格指数	General Consumer Price Index	13	20	4	14	30	28
一般公共预算收入	General Public Budget Revenue of the Local Government	9	8	8	8	8	8
一般公共预算支出	General Public Budget Expenditure of the Local Government	5	5	5	6	6	6
规模以上工业增加值增速	Growth Rate of Industrial Enterprises above Designated Size	14	7	28	27	16	22
社会消费品零售总额	Total Retail Sales of Consumer Goods	5	5	5	5	5	6
进出口总额	Total Exports and Imports	16	11	10	10	9	9
#出口	Exports	17	11	10	10	9	9
居民可支配收入	Disposable Income		24	24	24	23	22
城镇	Disposable Income of Urban Households		24	28	28	27	28
农村	Disposable Income of Rural Households		17	19	21	18	18

1-4 河南省主要统计指标占全国比重

The Proportion of Main Indicators of Henan in Nation

单位：%　　(%)

指　标	Indicator	1952	1978	1990	2000	2010	2020	2021	2022	2023
生产总值	Gross Domestic Product	5.3	4.4	5.0	5.0	5.6	5.4	5.1	5.1	4.7
第一产业	Primary Industry	6.6	6.1	6.5	7.9	8.1	6.9	6.8	6.6	6.0
第二产业	Secondary Industry	5.8	4.0	4.3	5.0	6.7	5.8	5.4	5.3	4.6
第三产业	Tertiary Industry	2.8	3.2	4.5	4.0	3.9	4.8	4.7	4.7	4.6
人均生产总值	Per Capita GDP		60.3	65.6	68.6	77.8	76.1	72.0	69.1	67.2
一般公共预算收入	General Public Budget Revenue of the Local Government	2.5	3.5	4.3	3.8	3.4	4.2	3.9	3.9	3.9
一般公共预算支出	General Public Budget Expenditure of the Local Government	1.0	4.7	4.3	4.3	4.6	4.9	4.6	4.7	4.7
粮食产量	Output of Grain	6.3	6.9	7.4	8.9	9.9	10.2	9.6	9.9	9.5
社会消费品零售总额	Total Retail Sales of Consumer Goods	3.9	4.6	3.8	4.8	5.1	5.7	5.5	5.6	5.5
进出口总额	Total Exports and Imports	0.1(1957年)	0.6	0.9	0.5	0.6	2.1	2.1	2.0	1.9
#出口	Exports	0.3(1957年)	1.0	1.4	0.6	0.7	2.3	2.3	2.2	2.2
居民可支配收入	Disposable Income						77.1	76.3	76.5	76.3
城镇	Disposable Income of Urban Households						79.3	78.2	78.1	77.6
农村	Disposable Income of Rural Households						94.0	92.6	92.9	92.4

1-5　国民经济和社会发展总量和速度指标

指　　标	Item	1978	2000	2005	2010
人口与就业	**Population and Employment**				
人口(万人)	**Population (10 000 persons)**				
常住人口	Residents population			9380	9405
#城镇人口	Urban			2875	3651
就业(万人)	**Employment (10 000 persons)**				
年底就业人员	Employed Persons (year-end)	2807	5572	5662	5156
#城镇	Urban	423	860	910	1736
#乡村	Rural	2384	4712	4752	3420
宏观经济	**Macroeconomy**				
国民核算	**National Accounts**				
生产总值(亿元)	Gross Domestic Product (100 million yuan)	162.92	5052.99	10243.47	22655.02
第一产业	Primary Industry	64.86	1124.93	1844.04	3127.14
第二产业	Secondary Industry	69.45	2282.48	5202.27	12173.51
第三产业	Tertiary Industry	28.61	1645.59	3197.16	7354.38
人均生产总值(元)	Per Capita GDP (yuan)	232	5450	10978	23984
对外贸易	**Foreign Trade**				
进出口总额(亿元)	Total Exports and Imports (100 million yuan)	1.99	188.36	626.54	1204.40
进口额	Imports	0.27	64.71	213.42	491.27
出口额	Exports	1.72	123.65	413.12	713.13
财政(亿元)	**Public Finance (100 million yuan)**				
一般公共预算收入	General Public Budget Revenue of the Local Government	33.73	246.47	537.65	1381.32
一般公共预算支出	General Public Budget Expenditure of the Local Government	27.67	445.53	1116.04	3416.14
物价总指数(以上年为100)	**Price Indices (preceding year=100)**				
居民消费价格总指数	General Consumer Price Index	100.1	99.2	102.1	103.5
人民生活	**People's Living Conditions**				
居民可支配收入(元)	Disposable Income (yuan)				9520
城镇	Urban Households	315	4766	8668	15930
农村	Rural Households	105	1986	2871	5524
居民消费支出(元)	Living Expenditure (yuan)				
城镇	Urban Households	274	3831	6038	10838
农村	Rural Households	82	1316	1892	3682

Principal Aggregate Indicators and Growth Rates of National Economic and Social Development

2020	2022	2023	2023年为以下各年% 2023 as % of the Following Years					年均增长速度(%) Average Annual Growth Rate		
			1978	2000	2010	2020	2022	1979-2023	2001-2023	2011-2023
9941	9872	9815			104.4	98.7	99.4			0.3
5510	5633	5701			156.1	103.5	101.2			3.5
4884	4782	4828	172.0	86.6	93.6	98.9	101.0	1.2	-0.6	-0.5
2591	2573	2638	623.6	306.7	152.0	101.8	102.5	4.2	5.0	3.3
2293	2209	2190	91.9	46.5	64.0	95.5	99.1	-0.2	-3.3	-3.4
54259.43	58220.13	59132.39	36295.4	1170.2	261.0	109.0	101.6	10.0	9.2	7.1
5354.02	5731.31	5360.15	8264.2	476.5	171.4	100.1	93.5	5.3	4.4	3.8
22220.89	22140.65	22175.27	31929.8	971.5	182.2	99.8	100.2	11.5	10.2	6.8
26684.52	30348.17	31596.98	110440.3	1920.1	429.6	118.4	104.1	11.7	9.6	8.3
54691	58942	60073	25893.5	1102.3	250.5	109.8	101.9	9.1	8.9	6.7
6654.82	8524.14	8107.88	407431.3	4304.5	673.2	121.8	95.1	20.3	17.8	15.8
2579.86	3277.10	5279.97	1955544.0	8159.4	1074.8	204.7	161.1	24.6	21.1	20.0
4074.95	5246.99	2827.91	164413.7	2287.0	396.5	69.4	53.9	17.9	14.6	11.2
4168.84	4250.35	4518.10	13394.9	1833.1	327.1	108.4	106.3	11.5	13.5	9.5
10372.67	10646.75	11052.54	39944.1	2480.8	323.5	106.6	103.8	14.2	15.0	9.5
100.9	101.5	99.8								
24810	28222	29933			314.4	120.6	106.1			9.2
34750	38484	40235	12773.0	844.2	252.6	115.8	104.6	11.4	9.7	7.4
16108	18697	20053	19098.1	1009.7	363.0	124.5	107.3	12.4	10.6	10.4
16143	19019	21011				130.2	110.5			
20645	23539	25570	9332.1	667.4	235.9	123.9	108.6	10.6	8.6	6.8
12201	14824	16638	20290.2	1264.3	451.9	136.4	112.2	12.5	11.7	12.3

1-5　续表 1

指　　标	Item	1978	2000	2005	2010
城市概况	**General Conditions of Cities**				
供水总量(万立方米)	Water Supply (10 000 cu.m)		191706	183436	179122
排水管道长度(公里)	Length of Sewer Pipelines (km)		6070	10201	14733
城市煤气、天然气家庭用量（万立方米）	Consumption of Coal Gas and Natural Gas for Residential Use (10 000 cu.m)		30100	31384	63663
公共汽(电)车总数(标台)	Total Number of Public Buses and Trolley Buses (unit)		12514	12514	18912
道路长度(公里)	Length of Roads (km)		4920	7090	9413
公园绿地面积(公顷)	Areas of Green Land (hectare)		6286	12644	18361
产　业	**Industry**				
农林牧渔业	**Farming, Forestry, Animal Husbandry and Fishery**				
主要农产品产量	Output of Major Farm Products				
粮食(万吨)	Grain (10 000 tons)	2097.40	4101.50	4582.00	5581.82
棉花(万吨)	Cotton (10 000 tons)	22.42	70.38	67.70	33.89
油料(万吨)	Oil-bearing Crops (10 000 tons)	24.16	392.55	449.60	515.66
烟叶(万吨)	Tobacco (10 000 tons)	29.95	27.60	28.84	28.75
园林水果(万吨)	Fruits (10 000 tons)	47.11	364.73	555.69	797.50
年底大牲畜存栏头数(万头)	Large Animals (year-end) (10 000 heads)	515.03	1445.73	1508.80	719.19
年底生猪存栏头数(万头)	Hogs (year-end) (10 000 heads)	1724.90	3787.69	4439.00	4540.55
年底羊存栏只数(万只)	Sheep and goats (year-end) (10 000 heads)	989.70	2961.40	3988.00	1895.40
肉类(万吨)	Meat (10 000 tons)	45.64	517.00	689.00	608.96
工业	**Industry**				
规模以上工业增加值增速(%)	Growth Rate of Value-added of Industrial Above Designated Size (%)		11.6	23.3	19.0
交通运输	**Transport**				
铁路营业里程（公里）	Length of Railways in Operation (km)	3212	3354	4000	4224
公路里程（公里）	Length of Highways (km)	31549	64453	79506	245089
民用汽车拥有量（万辆）	Possession of Civil Motor Vehicles (10 000 units)	6.30	84.73	206.01	484.89

continued

2020	2022	2023	2023为以下各年% 2023 as % of the Following Years					年均增长速度(%) Average Annual Growth Rate		
			1978	2000	2010	2020	2022	1979-2023	2001-2023	2011-2023
217730	234881	245463		128.0	137.0	112.7	104.5		1.1	2.5
29222	34497	38388		632.4	260.6	131.4	111.3		8.3	7.6
225650	248570	217921		724.0	342.3	96.6	87.7		9.0	9.9
42290	40796	37693		301.2	199.3	89.1	92.4		4.9	5.4
16295	19532	21053		427.9	223.7	129.2	107.8		6.5	6.4
38664	44627	46814		744.8	255.0	121.1	104.9		9.1	7.5
6825.80	6789.37	6624.27	315.8	161.5	118.7	97.0	97.6	2.6	2.1	1.3
1.77	1.36	0.75	3.3	1.1	2.2	42.2	54.9	-7.3	-17.9	-25.4
672.57	684.03	703.04	2910.0	179.1	136.3	104.5	102.8	7.8	2.6	2.4
21.02	19.96	19.51	65.1	70.7	67.9	92.8	97.8	-0.9	-1.5	-2.9
1001.82	1035.14	1058.92	2247.8	290.3	132.8	105.7	102.3	7.2	4.7	2.2
394.88	402.90	382.81	74.3	26.5	53.2	96.9	95.0	-0.7	-5.6	-4.7
3886.98	4260.52	4038.97	234.2	106.6	89.0	103.9	94.8	1.9	0.3	-0.9
1965.12	2030.40	1931.66	195.2	65.2	101.9	98.3	95.1	1.5	-1.8	0.1
544.05	660.50	679.15	1488.1	131.4	111.5	124.8	102.8	6.2	1.2	0.8
0.4	5.1	5.0								
6519	6719	6762	210.5	201.6	160.1	103.7	100.6	1.7	3.1	3.7
270271	277482	281101	891.0	436.1	114.7	104.0	101.3	5.0	6.6	1.1
1759.17	1996.65	2083.92	33096.5	2459.5	429.8	118.5	104.4	13.8	14.9	11.9

1-5 续表 2

指 标	Item	1978	2000	2005	2010
批发、零售业	**Wholesale and Retail Trades, Hotels and Catering Services**				
社会消费品零售总额(亿元)	Total Retail Sales of Consumer Goods (100 million yuan)	72	1858	3363	7923
金融业(亿元)	**Finance (100 million yuan)**				
金融机构人民币年底存款余额	Deposits of Financial Institutions	46	4753	10004	23149
金融机构人民币年底贷款余额	Loans of Financial Institutions	100	4357	7435	15871
科学研究、技术服务和地质勘查业	**Scientific Research, Technical Services and Geologic Prospecting**				
R&D经费内部支出(亿元)	Internal Expenditures on R&D (100 million yuan)		24.80	55.61	211.38
技术市场成交额(亿元)	Volume of Transaction in Technical Markets (100 million yuan)		21.16	26.37	27.69
三种专利授权量(项)	Three Types of Patent Application Granted (item)		2766	3748	16539
教育	**Education**				
专任教师数(万人)	Number of Full-time Teachers (10 000 persons)				
普通高等学校	Regular Institutions of Higher Education	0.54	2.02	4.63	7.75
普通中学	Regular Secondary School	29.34	30.86	37.30	38.10
小学	Primary Schools	42.88	45.93	47.55	49.04
在校学生数(万人)	Students Enrollment (10 000 persons)				
普通高等学校	Regular Institutions of Higher Education	2.73	26.24	85.19	145.67
普通中学	Regular Secondary School	521.62	638.14	758.22	661.56
小学	Primary Schools	1140.26	1130.63	986.84	1070.53
卫生、社会保障和社会福利业	**Health, Social Security and Social Welfare**				
卫生机构床位数(万张)	Number of Beds in Health Institutions (10 000 units)	10.20	19.86	21.40	32.76
#医院、卫生院	Hospitals	9.73	18.34	20.23	30.44
卫生技术人员数(万人)	Number of Medical Technical Personnel (10 000 persons)	11.44	26.84	28.92	37.28
#执业（助理）医师	Doctors	4.38	11.11	11.11	15.48
文化、体育和娱乐业	**Culture, Sports and Entertainment**				
图书出版总印数(万册)	Number of Books Published (10 000 copies)		35077	27260	20150
期刊出版总印数(万册)	Number of Magazines Issued (10 000 copies)		10721	9323	8524
报纸出版总印数(万份)	Number of Newspapers Issued (10 000 copies)		129104	197896	214158

注：1. 本表价值量指标按当年价格计算。生产总值、工业增加值发展(增长)速度均按可比价格计算(下同)。
2. 1992年以后生产总值及相关数据已按新的行业划分办法和第四次经济普查、第七次人口普查数据调整(下同)。
3. 2000年以后财政收入为分税制后新口径数据，发展(增长)速度按可比口径计算。
4. 进出口总额2000年及以后年度为海关数，1978年为有关部门数。
5. 从2013年起，国家统计局开展了城乡一体化住户收支与生活状况调查，2015年以后数据来源于此调查，与以前年份的调查范围、方法和口径有所不同。

continued

2020	2022	2023	2023为以下各年% 2023 as % of the Following Years					年均增长速度(%) Average Annual Growth Rate		
			1978	2000	2010	2020	2022	1979-2023	2001-2023	2011-2023
22503	24407	26004	36222.9	1399.2	328.2	115.6	106.5	14.0	12.2	9.6
76446	92548	100207	219236.2	2108.1	432.9	131.1	108.3	18.6	14.2	11.9
62867	75529	83141	83145.7	1908.2	523.8	132.2	110.1	16.1	13.7	13.6
901.27	1143.26	1211.66		4885.3	573.2	134.4	106.0		18.4	14.4
384.50	1025.30	1367.42		6461.7	4938.3	355.6	133.4		19.9	35.0
122809	135990	109957		3975.3	664.8	89.5	80.9		17.4	15.7
13.34	14.99	15.71	2909.3	777.7	202.7	117.8	104.8	7.8	9.3	5.6
55.13	61.80	63.29	215.7	205.1	166.1	114.8	102.4	1.7	3.2	4.0
52.39	55.02	54.12	126.2	117.8	110.4	103.3	98.4	0.5	0.7	0.8
249.22	282.33	295.62	10828.6	1126.6	202.9	118.6	104.7	11.0	11.1	5.6
697.00	743.47	770.40	147.7	120.7	116.5	110.5	103.6	0.9	0.8	1.2
1021.59	987.39	962.88	84.4	85.2	89.9	94.3	97.5	-0.4	-0.7	-0.8
66.72	75.09	77.74	762.2	391.4	237.3	116.5	103.5	4.6	6.1	6.9
62.55	69.91	72.29	743.0	394.2	237.5	115.6	103.4	4.6	6.1	6.9
70.69	80.44	86.62	757.2	322.7	232.3	122.5	107.7	4.6	5.2	6.7
27.64	31.57	34.66	791.3	312.0	223.9	125.4	109.8	4.7	5.1	6.4
41155	43413	50655		144.4	251.4	123.1	116.7		1.6	7.3
6799	5873	5575		52.0	65.4	82.0	94.9		-2.8	-3.2
132314	122941	120217		93.1	56.1	90.9	97.8		-0.3	-4.3

a) Figures in value terms in this table are Calculated at current prices. The indices and growth rates of the follow indicators are calculated at comparable prices: GDP, value added of industry (the same as following tables).

b) Since 1992, the data of GDP were adjusted by new industry classification method, the fourth economic census and the seventh population census (the same as following tables).

c) Total financial revenue since tax reform began to be implemented since 2000. The indices in this table are calculated at comparable prices.

d) Since 2000, the data of imports and exports in foreign trade begin to be obtained from custom statistics (the same as following tables).

e) Since 2013, the national bureau of statistics (NBS) caries out the integration of urban and rural residents income and expenditure survey and living conditions survey. After 2015, the data comes from this survey, which is different from the survey scope, method and caliber of previous years.

1-6　国民经济和社会发展结构指标

Structural Indicators on National Economic and Social Development

单位：%　　(%)

指　　标	Item	2000	2005	2010	2015	2020	2022	2023
人口	**Population**							
城乡结构	Urban and Rural Structure							
市镇	Urban	23.20	30.65	38.82	47.02	55.43	57.07	58.08
乡村	Rural	76.80	69.35	61.18	52.98	44.57	42.93	41.92
性别结构	Sexual Structure							
男	Male	51.6	51.6	51.8	51.8	51.6	50.2	50.1
女	Female	48.4	48.4	48.2	48.2	48.4	49.8	49.9
就业	**Employment**							
就业人员产业结构	Industrial Structure							
第一产业	Primary Industry	64.0	55.4	44.9	33.9	25.0	27.6	25.4
第二产业	Secondary Industry	17.5	22.1	29.0	29.9	29.5	28.4	29.2
第三产业	Tertiary Industry	18.5	22.5	26.1	36.2	45.4	44.0	45.4
国民核算	**National Accounts**							
生产总值产业结构	Industrial Structure							
第一产业	Primary Industry	22.3	18.0	13.8	10.8	9.9	9.8	9.1
第二产业	Secondary Industry	45.2	50.8	53.7	48.4	41.0	38.0	37.5
第三产业	Tertiary Industry	32.6	31.2	32.5	40.8	49.2	52.1	53.4
固定资产投资	**Investment**							
固定资产投资产业结构	Structure of Investment in Fixed Assets							
第一产业	Primary Industry			4.4	4.2	4.0	2.8	1.9
第二产业	Secondary Industry			51.1	48.6	28.4	35.6	32.4
第三产业	Tertiary Industry			44.5	47.1	67.6	61.6	65.7
重点行业占工业投资比重	Structure of Industry Investment							
#五大主导产业	Five Predominant Industry				48.7	38.6	41.0	42.9
#传统支柱产业	Traditional Pillar Industry				35.1	44.6	39.8	41.6
#高耗能工业	Energy-guzzling Industry				25.8	34.3	30.0	33.3
财政	**Government Finance**							
一般公共预算收入结构	Structure of General Public Budget Revenue							
#各项税收	Taxes	79.1	68.0	73.6	69.7	66.3	60.9	63.2
一般公共预算支出结构	Structure of General Public Budget Expenditure							
#农林水事务	Supporting Agricultural Production and Agricultural Operating Expenses	7.7	7.4	11.7	11.6	11.0	10.4	9.6
教科文卫	Culture, Education, Science and Health Care	24.3	24.2	28.7	32.0	32.4	33.8	33.8
#科学技术	Science	1.5	1.2	1.3	1.2	2.5	3.8	4.3

1-6 续表 continued

单位：% (%)

指标	Item	2000	2005	2010	2015	2020	2022	2023
生活	**livelihoods**							
城镇居民消费结构	Consumption Structure of Urban Residents							
食品烟酒	Food, Alcohol and Tobacco				28.1	27.0	28.4	29.1
衣着	Clothing				10.5	7.8	7.0	7.2
居住	Residence				19.8	24.2	22.8	21.5
生活用品及服务	Articles for Daily Use and Others				8.1	6.8	6.4	6.2
交通通信	Traffic Communication				10.9	11.6	12.4	12.1
教育文化娱乐	Education, Culture and Entertainment				11.6	10.4	11.0	11.5
医疗保健	Health Care				8.0	9.2	9.4	9.8
其他用品和服务	Others				3.1	2.9	2.6	2.7
农村居民消费结构	Consumption Structure of Rural Residents							
食品烟酒	Food, Alcohol and Tobacco				29.2	27.8	29.8	31.0
衣着	Clothing				8.3	7.2	7.3	7.2
居住	Residence				20.8	22.7	21.1	19.4
生活用品及服务	Articles for Daily Use and Others				7.1	6.4	6.1	5.8
交通通信	Traffic Communication				12.3	12.3	11.3	12.4
教育文化娱乐	Education, Culture and Entertainment				10.8	10.5	13.4	12.1
医疗保健	Health Care				9.7	11.3	9.2	10.5
其他用品和服务	Others				1.7	1.7	1.7	1.6
工业	**Industry**							
重点行业增加值比重	Structure of Value-added of the Industry							
#五大主导产业	Five Predominant Industry				44.0	46.8	45.3	46.8
#传统支柱产业	Traditional Pillar Industry				45.3	46.2	49.5	50.1
#高技术制造业	High-technology Industry				8.8	11.1	12.9	14.7
运输业	**Transportation**							
货运量运输方式结构	Structure of Freight Traffic							
#铁　路	Railways	16.8	18.8	7.0	5.1	4.7	4.2	4.4
公　路	Highways	82.6	79.5	90.5	89.5	88.4	88.9	88.8
水　运	Waterways	0.6	1.7	2.4	5.4	6.9	6.9	6.8
客运量运输方式结构	Structure of Passenger Traffic							
#铁　路	Railways	5.6	6.0	5.0	10.3	19.0	26.3	33.4
公　路	Highways	94.2	93.7	94.5	88.7	78.7	71.3	63.8
水　运	Waterways	0.1	0.1	0.2	0.2	0.3	0.5	0.5
批发零售贸易、住宿和餐饮业	**Wholesale and Retail Trades, Hotels and Catering Services**							
社会消费品零售总额结构	Structure of Retail Sales of Consumer Goods							
批发零售和贸易业	Wholesale and Retail Trade	90.8	89.6	88.0	88.3	89.8	89.7	88.8
住宿和餐饮业	Hotels and Catering Services	9.2	10.4	12.0	11.7	10.2	10.3	11.2

1-7　国民经济和社会发展比例和效益指标

Indicators on Proportions and Efficiency in National Economic and Social Development

本表价值量指标均按当年价格计算。
The data in value terms in the table are calculated at current prices.

指　　标	Item	2000	2010	2021	2022	2023
人口	**Population**					
出生率(‰)	Birth Rate (‰)	13.07	11.52	8.00	7.42	7.06
死亡率(‰)	Death Rate (‰)	5.93	6.57	7.36	7.50	8.00
自然增长率(‰)	Natural Growth Rate (‰)	7.14	4.95	0.64	-0.08	-0.94
就业	**Employment**					
城镇户均就业人口(人)	Number of Dependents per Urban Employee (person)	1.94	1.95	1.64	1.60	2.10
国民核算	**National Accounts**					
经济增长贡献率(%)	Contribution Rate to GDP (%)					
第一产业	Primary Industry	9.7	4.9	10.5	17.4	4.6
第二产业	Secondary Industry	61.2	65.3	24.6	19.5	46.0
第三产业	Tertiary Industry	29.1	29.7	64.9	63.1	49.4
全社会劳动生产率(元/人.年)	Overall Labor Productivity (yuan/person.year)	9377	40801	119439	121015	123064
第一产业	Primary Industry	3275	12313	46989	45998	42140
第二产业	Secondary Industry	24153	76782	163145	158035	160284
第三产业	Tertiary Industry	16309	51524	130082	140241	146997
对外经济贸易	**Foreign Trade and International Tourism**					
进出口总额相当于生产总值比例(%)	Proportion of Total Imports & Exports to GDP (%)	3.7	5.3	14.1	13.9	13.7
财政	**Government Finance**					
一般公共预算收入占GDP比重(%)	Proportion of General Public Budget Revenue to GDP (%)	4.9	6.1	7.5	6.9	7.6
家庭	**Family**					
少儿抚养系数(%)	Dependency Ratio of Children (%)		29.7	34.9	33.2	31.4
老年抚养系数(%)	Dependency Ratio of the Aged (%)		11.8	21.9	22.7	23.0
生活	**Livelihoods**					
城乡居民收入比例（农村居民人均可支配收入为1）	Proportion of Per Capita Annual Disposable Income of Urban Residents to Rural Residents (Rural Residents=1)	2.40	2.88	2.12	2.06	2.01

1-7 续表 continued

指　标	Item	2000	2010	2021	2022	2023
农业	**Agriculture**					
主要农产品单产(千克/亩)	Per Unit Yield of Main Agricultural Products (kg/mu)					
粮食	Grain	303	372	405	420	409
棉花	Cotton	60	64	81	83	81
油料	Oil-bearing Crops	175	230	273	286	291
工业	**Industry**					
成本费用利润率(%)	Ratio of Profits to Industrial Cost (%)	4.5	10.2	5.5	3.8	4.6
资产负债率(%)	Assets Liability Ratio (%)	66.4	55.2	57.4	55.7	60.9
总资产贡献率(%)	Ratio of Total Assets to Industrial Output Value (%)	8.6	22.4	8.7	6.2	7.4
金融	**Finance**					
金融机构存款相当于	Bank Deposits as Percentage of					
生产总值比例（%）	GDP (%)	94.1	102.2	141.9	159.0	169.5
金融机构存贷比	Bank Loans as Percentage of Deposits					
（存款=100）	(Deposits=100)	91.7	68.6	84.2	81.6	83.0
科技	**Science and Technology**					
R&D经费投入强度（%）	Proportion of R&D Expenditure to GDP (%)	0.5	0.93	1.75	1.96	2.05
教育	**Education**					
每万人拥有在校大学生	Number of University Students per 10 000 Persons					
(含研究生)(人)	(Include Postgraduates) (person)	28	198	353	373	387
卫生	**Health Care**					
每万人拥有卫生机构	Number of Hospital Beds per 10 000					
院床位(张)	Persons (unit)	20.9	34.8	71.7	76.1	79.2
每万人拥有执业医师(人)	Number of Doctors per 10 000 Persons (person)	11.7	16.5	30.1	32.0	35.3

1-8 按三次产业分的基本单位数及构成

Institutional Units and Composition By Industry

年 份 Year	单位数(个) Number of Enterprises (unit)	第一产业 Primary Industry		第二产业 Secondary Industry		第三产业 Tertiary Industry	
		绝对数 Value	构成(%) Composition (%)	绝对数 Value	构成(%) Composition (%)	绝对数 Value	构成(%) Composition (%)
法人单位							
Institutional Units							
2000	225806	5035	2.2	90865	40.3	129906	57.5
2005	286207	8334	2.9	97446	34.1	180427	63.0
2010	400767	14317	3.6	136646	34.1	249804	62.3
2011	412772	15179	3.7	139539	33.8	258054	62.5
2012	426534	15923	3.7	142556	33.4	268055	62.9
2013	511887	10713	2.1	121078	23.7	380096	74.2
2014	623773	34473	5.5	139985	22.4	449315	72.1
2015	763212	45042	5.9	158963	20.8	559207	73.3
2016	816779	46778	5.7	149863	18.4	620138	75.9
2017	964946	76844	8.0	174156	18.0	713946	74.0
2018	1360376	81169	6.0	223621	16.4	1055586	77.6
2019	1418827	122389	8.6	231248	16.3	1065190	75.1
2020	1652264	136573	8.3	281552	17.0	1234139	74.7
2021	1953704	159564	8.2	346209	17.7	1447931	74.1
2022	2100526	180056	8.6	394525	18.8	1525945	72.6
产业活动单位							
Establishment Units							
2000	336330	5755	1.7	97001	28.8	233574	69.5
2005	387463	9924	2.6	101636	26.2	275903	71.2
2010	492300	14941	3.1	139509	28.3	337850	68.6
2011	503248	15806	3.1	142386	28.3	345056	68.6
2012	517217	16540	3.2	145425	28.1	355252	68.7
2013	587177	10922	1.9	123681	21.1	452574	77.0
2014	724050	34770	4.8	144347	19.9	544933	75.3
2015	861422	45342	5.3	163283	18.9	652797	75.8
2016	912907	47073	5.2	153299	16.8	712535	78.0
2017	1074783	77231	7.2	180181	16.8	817371	76.0
2018	1504762	81443	5.4	235057	15.6	1188262	79.0
2019	1544165	122776	8.0	240381	15.6	1181008	76.5
2020	1790914	137105	7.7	296025	16.5	1357784	75.8
2021	2095512	160195	7.6	365384	17.4	1569933	74.9
2022	2264199	180993	8.0	422206	18.6	1661000	73.4

1-9 分行业法人单位数

Number of Institutional Unit by Sector

单位：个 (unit)

年份 Year	合计 Total	农林牧渔业 Agriculture, Forestry, Animal Husbandry and Fishery	采矿业 Mining	制造业 Manufacturing	电力、热力、燃气及水的生产和供应业 Production and Supply of Electricity, Heat, Gas and Water	建筑业 Construction	交通运输仓储及邮政业 Transport, Storage and Post	信息传输、软件和信息技术服务业 Information Transmission, Software and Information Technology	批发和零售业 Wholesale and Retail Trade	住宿和餐饮业 Hotels and Catering Services
2005	286207	8334	7482	82822	946	6196	2430	1704	28669	4546
2006	305722	8600	7800	90965	1025	6942	2652	2156	33862	5181
2007	322828	9570	7893	97862	1090	7715	2882	2497	37450	5882
2008	362427	11406	7454	105315	1367	9083	4885	4631	47472	8809
2009	379992	13022	7774	109908	1450	9817	5300	4892	52698	9092
2010	400767	14317	7955	115652	1556	11483	5787	5267	58780	8240
2011	412772	15179	7951	117629	1605	12354	6112	5564	63176	8411
2012	426534	15923	7882	119770	1629	13275	6319	6451	67778	8688
2013	511887	10713	5741	100313	2181	12843	9409	4809	99916	11136
2014	623773	45427	6353	116185	2402	15511	11185	6306	118451	12223
2015	763212	57525	6487	127692	2892	22490	14401	11964	172393	14547
2016	816779	58830	4761	110992	2778	32006	16364	18203	206121	12911
2017	964946	90759	4746	124077	3753	42317	18979	25564	257404	15029
2018	1360376	116564	3588	138461	4971	78034	26433	56112	408979	21284
2019	1418827	156665	3314	140759	4965	83586	26724	56385	415432	21297
2020	1652264	171732	3435	159715	5337	114702	31923	66983	500883	24403
2021	1953704	196301	3917	187304	6414	150546	38258	81182	610854	30183
2022	2100526	220588	3789	205705	7118	180160	41178	84395	645383	32528

1-9 续表 continued

单位：个 (unit)

年 份 Year	金融业 Finance	房地产业 Real Estate	租赁和商务服务业 Leasing and Business Services	科学研究和技术服务业 Scientific Research and Technical Service	水利、环境和公共设施管理业 Management of Water Conservancy, Environment and Public Facilities	居民服务、修理和其他服务业 Resident Services, Repair and Other Services	教 育 Education	卫生和社会工作 Health and Social Work	文化、体育和娱乐业 Culture, Sports and Entertainment	公共管理、社会保障和社会组织 Public Management, Social Security and Social Organization
2005	1679	3610	6468	4189	1942	1920	16705	29715	2599	74251
2006	1755	4210	7820	4341	1915	2298	16917	29660	2685	74938
2007	1796	5111	8620	4527	1979	2556	17127	30031	2814	75426
2008	1076	6765	9821	5266	2206	3700	22536	26057	3492	81086
2009	1368	7464	11318	5577	2323	4173	22751	26114	3607	81344
2010	1695	9328	13304	6221	2418	4448	22900	26174	3751	81491
2011	1983	10550	15093	6574	2510	4568	22940	25221	3876	81476
2012	2034	11420	16400	7053	2604	4814	23074	25239	4608	81573
2013	1369	14387	22923	24110	4033	6898	40079	34020	13048	93959
2014	3226	17160	29737	27150	4614	8029	42309	37933	15757	103815
2015	4159	22377	45465	36962	6094	11089	44940	38881	17609	105245
2016	4891	27501	57916	39894	7072	13368	45623	36862	15552	105134
2017	4921	31673	71012	47284	7865	15432	46326	36494	18163	103148
2018	3001	46303	126282	75709	9631	25048	60451	20369	34229	104927
2019	2727	47075	129596	77074	11121	24305	60178	20560	33538	103526
2020	2920	54504	158736	92406	14625	27288	62366	19422	36426	104458
2021	3146	62838	195475	112492	19130	31718	65927	16709	42011	99299
2022	3259	64024	208580	125182	21821	32645	65631	17819	41117	99604

1-10 各市按三次产业和机构类型分法人单位数(2022年)

Number of Institutional Unit by Organization type and City (2022)

单位：个 (unit)

地区 Region	合计 Total	第一产业 Primary Industry	第二产业 Secondary Industry	第三产业 Tertiary Industry	企业法人 Business Entity	事业法人 Institution Entity	机关法人 Government Entity	社会团体 Social Organization	其他 Others
全省 Total	**2100526**	**180056**	**394525**	**1525945**	**1761356**	**64635**	**12164**	**11529**	**250842**
郑州市 Zhengzhou	501472	7588	71947	421937	481003	5569	1050	1341	12509
开封市 Kaifeng	103270	13296	22186	67788	83952	2561	670	444	15643
洛阳市 Luoyang	131297	8815	27204	95278	111921	5180	1004	1087	12105
平顶山市 Pingdingshan	91478	8313	15735	67430	76442	3227	734	633	10442
安阳市 Anyang	87571	6107	20730	60734	71149	3091	660	362	12309
鹤壁市 Hebi	36884	3055	8255	25574	31341	931	352	292	3968
新乡市 Xinxiang	149218	12040	37394	99784	124075	4093	866	703	19481
焦作市 Jiaozuo	61981	6347	14224	41410	49292	2937	664	391	8697
濮阳市 Puyang	77108	4977	17220	54911	64769	2960	496	341	8542
许昌市 Xuchang	98776	7946	21689	69141	84831	2212	498	571	10664
漯河市 Luohe	38612	2645	8555	27412	32245	1413	321	229	4404
三门峡市 Sanmenxia	43071	4467	6854	31750	33155	2209	531	400	6776
南阳市 Nanyang	205739	28774	32330	144635	162319	7286	1010	1268	33856
商丘市 Shangqiu	106387	9952	20509	75926	83065	4592	737	561	17432
信阳市 Xinyang	112176	14685	21593	75898	85532	4612	927	1023	20082
周口市 Zhoukou	108525	17122	20794	70609	76440	6373	778	562	24372
驻马店市 Zhumadian	124604	22591	23143	78870	90616	4941	778	862	27407
济源示范区 Jiyuan	22357	1336	4163	16858	19209	448	88	459	2153

1-11 各市分行业法人单位数(2022年)

单位：个

地区 Region	合计 Total	农林牧渔业 Agriculture Forestry, Animal Husbandry and Fishery	采矿业 Mining	制造业 Manufacturing	电力、热力、燃气及水的生产和供应业 Production and Supply of Electricity, Heat, Gas and Water	建筑业 Construction	交通运输仓储及邮政业 Transport, Storage and Post	信息传输、软件和信息技术服务业 Information Transmission, Software and Information Technology Services
全省 Total	**2100526**	**220588**	**3789**	**205705**	**7118**	**180160**	**41178**	**84395**
郑州市 Zhengzhou	501472	9126	317	26484	601	44990	8347	36452
开封市 Kaifeng	103270	15036	52	10916	285	11015	1839	3014
洛阳市 Luoyang	131297	9892	692	14407	535	11778	2611	5417
平顶山市 Pingdingshan	91478	9761	457	8489	455	6473	1616	2652
安阳市 Anyang	87571	8131	131	9215	476	11000	1696	2798
鹤壁市 Hebi	36884	3439	41	4552	185	3549	748	1249
新乡市 Xinxiang	149218	15479	193	24519	536	12368	2704	4356
焦作市 Jiaozuo	61981	7110	105	9552	308	4329	1984	2002
濮阳市 Puyang	77108	5850	69	8588	309	8416	2231	2427
许昌市 Xuchang	98776	10017	166	15006	220	6453	1724	2448
漯河市 Luohe	38612	3160	4	5122	134	3328	1180	1310
三门峡市 Sanmenxia	43071	5057	384	2526	292	3721	1181	1119
南阳市 Nanyang	205739	35086	539	18936	684	12348	3454	5824
商丘市 Shangqiu	106387	12526	20	12042	458	8047	2388	3408
信阳市 Xinyang	112176	21046	363	9141	572	11606	2223	4263
周口市 Zhoukou	108525	20975	5	12445	523	7877	2338	2106
驻马店市 Zhumadian	124604	27177	171	11816	440	10799	2267	2587
济源示范区 Jiyuan	22357	1720	80	1949	105	2063	647	963

Number of Institutional Unit by Sector and City (2022)

(unit)

批发和零售业 Wholesale and Retail Trade	住宿和餐饮业 Hotels and Catering Services	金融业 Finance	房地产业 Real Estate	租赁和商务服务业 Leasing and Business Services	科学研究和技术服务业 Scientific Research, and Technical Service	水利、环境和公共设施管理业 Management of Water Conservancy, Environment and Public Facilities	居民服务、修理和其他服务业 Resident Services, Repair and Other Services	教育 Education	卫生和社会工作 Health and Social Work	文化、体育和娱乐业 Culture, Sports and Entertainment	公共管理、社会保障和社会组织 Public Management, Social Security and Social Organization
645383	**32528**	**3259**	**64024**	**208580**	**125182**	**21821**	**32645**	**65631**	**17819**	**41117**	**99604**
182370	8388	766	18829	80610	45132	3303	8536	7809	1835	9469	8108
28612	1897	190	2819	9968	4924	922	1501	2965	875	2090	4350
38635	2445	198	4301	11724	8125	1694	2033	4980	1471	3282	7077
31631	1654	142	3227	6390	3807	1325	1417	3809	838	1952	5383
24100	1108	184	2111	8256	3794	910	1659	3780	649	1748	5825
9429	542	71	1203	3868	2720	555	472	1174	283	724	2080
46550	1561	217	3800	11124	6401	1487	1900	4680	2132	2351	6860
17056	783	144	1501	3912	2826	516	862	2266	662	1502	4561
22735	714	145	2229	7267	4165	950	1304	2702	608	1349	5050
32509	1471	129	2644	7478	5007	2050	1197	3147	1004	1599	4507
11769	646	78	1237	3827	1760	458	539	1158	369	507	2026
13881	651	67	1211	3555	2012	613	694	1152	458	966	3531
65462	3182	250	4714	16360	11332	2388	3047	7260	1796	3080	9997
26682	1384	154	3703	8566	7590	878	1799	4726	1050	3668	7298
25130	2091	215	3614	8961	5255	1538	2017	2621	1410	2280	7830
29347	1831	114	2354	5855	3749	773	1504	6368	1047	1643	7671
32363	1950	148	3958	8488	5417	1136	1826	4395	1148	2391	6127
7122	230	47	569	2371	1166	325	338	639	184	516	1323

1−12 各市按登记注册类型分企业法人单位数(2022年)

单位：个

地 区 Region	企业单位数 Number of Enterprises	内资企业 Domestic Funded Enterprises	#国有企业 State-owned Enterprises	#集体企业 Collective-owned Enterprises	#股份合作企业 Cooperative Enterprises
全 省 Total	**1761356**	**1758598**	**4006**	**5991**	**499**
郑 州 市 Zhengzhou	481003	480055	543	601	88
开 封 市 Kaifeng	83952	83804	191	353	20
洛 阳 市 Luoyang	111921	111692	300	395	20
平 顶 山 市 Pingdingshan	76442	76327	308	278	23
安 阳 市 Anyang	71149	71071	171	400	13
鹤 壁 市 Hebi	31341	31284	56	126	20
新 乡 市 Xinxiang	124075	123880	204	533	56
焦 作 市 Jiaozuo	49292	49196	133	240	13
濮 阳 市 Puyang	64769	64703	158	154	40
许 昌 市 Xuchang	84831	84745	136	374	11
漯 河 市 Luohe	32245	32162	90	129	4
三 门 峡 市 Sanmenxia	33155	33102	156	198	3
南 阳 市 Nanyang	162319	162132	502	541	141
商 丘 市 Shangqiu	83065	82974	198	393	9
信 阳 市 Xinyang	85532	85442	301	332	12
周 口 市 Zhoukou	76440	76361	256	489	13
驻 马 店 市 Zhumadian	90616	90491	258	398	13
济 源 示 范 区 Jiyuan	19209	19177	45	57	

Number of Business Entities by City and Status of Registration (2022)

(unit)

#联　营 Joint Ownership	#有限责任公　司 Limited Liability Corporations	#股份有限公　司 Share-holding Corporations Ltd.	#私　营 Private	#其他内资 Others	港、澳、台商投资企业 Enterprises with Funds from Hong Kong, Macao and Taiwan	外商投资企　业 Enterprises with Foreign Investment
109	**78591**	**3106**	**1662005**	**4291**	**1244**	**1514**
16	27118	639	449972	1078	448	500
6	3315	227	79379	313	62	86
10	7183	193	103132	459	87	142
2	3670	209	71569	268	46	69
3	3775	128	66400	181	31	47
2	1480	74	29480	46	35	22
6	4546	221	117708	606	87	108
3	2204	108	46360	135	36	60
6	2390	122	61780	53	28	38
7	2593	124	81247	253	44	42
4	1488	94	30275	78	41	42
2	1496	86	31025	136	21	32
17	4617	205	155920	189	89	98
6	2585	173	79562	48	43	48
7	3022	167	81382	219	39	51
6	2338	142	73038	79	28	51
6	3622	162	85885	147	68	57
	1149	32	17891	3	11	21

1-13 “四上”法人单位数(2022年底)

Number of Institutional Unit of Industry, Construction, Wholesale and Retail Trades, Hotels and Catering Enterprises above Designated Size (End of 2022)

单位：个 (unit)

地 区 Region	合 计 Total	工 业 Industry	建筑业 Construction	批发和零售业 Wholesale and Retail Trade	住宿和餐饮业 Hotels and Catering Services	房地产业 Real Estate	重点服务业 Key Services
全 省 Total	**71486**	**23590**	**10028**	**16755**	**3296**	**8349**	**9468**
郑 州 市 Zhengzhou	13781	2716	2468	3765	674	1519	2639
开 封 市 Kaifeng	2878	1163	416	539	146	268	346
洛 阳 市 Luoyang	5606	1924	760	1349	273	661	639
平 顶 山 市 Pingdingshan	3401	1024	443	719	168	569	478
安 阳 市 Anyang	2986	920	699	675	118	340	234
鹤 壁 市 Hebi	1368	499	228	262	68	163	148
新 乡 市 Xinxiang	4852	1866	882	1012	121	640	331
焦 作 市 Jiaozuo	2692	1028	361	680	64	258	301
濮 阳 市 Puyang	2175	759	352	516	64	233	251
许 昌 市 Xuchang	3636	1765	270	613	155	395	438
漯 河 市 Luohe	1720	775	121	387	57	222	158
三 门 峡 市 Sanmenxia	1900	544	209	648	108	178	213
南 阳 市 Nanyang	5526	1899	632	1440	326	547	682
商 丘 市 Shangqiu	4879	1881	501	1082	175	590	650
信 阳 市 Xinyang	4548	1509	416	1079	280	648	616
周 口 市 Zhoukou	4730	1709	526	1039	301	446	709
驻 马 店 市 Zhumadian	3990	1344	595	732	185	600	534
济 源 示 范 区 Jiyuan	818	265	149	218	13	72	101

主要统计指标解释

行政区划 指国家对行政区域的划分。根据有关法规规定，我国的行政区域划分如下：(1)全国分为省、自治区、直辖市；(2)省、自治区分为自治州、县、自治县、市；(3)自治州分为县、自治县、市；(4) 自治区、自治州、自治县都是民族自治的地方；县、自治县分为乡、民族乡、镇；(5)直辖市和较大的市分为区、县；(6)国家在必要时设立的特别行政区。

可比价格 指计算各种总量指标所采用的扣除了价格变动因素的价格，可进行不同时期总量指标的对比。按可比价格计算总量指标有两种方法：一种是直接用产品产量乘某一年的不变价格计算；另一种是用价格指数进行缩减。

不变价格 指以同类产品某年的平均价格作为固定价格，用于计算各年的产品价值。按不变价格计算的产品价值消除了价格变动因素，不同时期对比可以反映生产的发展速度。新中国成立后，随着工农业产品价格水平的变化，国家统计局先后五次制定了全国统一的工业产品不变价格和农业产品不变价格。从 1952 年到 1957 年使用 1952 年工（农）业产品不变价格，从 1957 年到 1970 年使用 1957 年不变价格，从 1971 年到 1980 年使用 1970 年不变价格，从 1981 年到 1990 年使用 1980 年不变价格，从 1991 年开始使用 1990 年不变价格。

平均增长速度 平均增长速度表明社会经济现象在一个较长的时期内逐期平均增长变化的程度，它不能根据各个环比增长速度直接求得，但与平均发展速度之间存在着一定的数量关系：平均增长速度＝平均发展速度－1。

平均发展速度是一种根据环比发展速度计算的序时平均数，由于各时期对比的基础不同，所以计算平均发展速度不能采用一般的序时平均数的计算方法，计算方法分为水平法和累计法。水平法，又称几何平均法，即将环比发展速度按连乘法用几何平均数公式计算。累计法，也称方程法，根据一段时期内各年发展水平总和与基期水平的关系，列出方程式计算平均发展速度。水平法着重考虑最后一年所达到的发展水平；累计法着重考虑整个时期累计发展水平的总量。

本年鉴内所列的平均增长速度，除固定资产投资用“累计法”计算外，其余均用“水平法”计算。从某年到某年平均增长速度的年份，均不包括基期年在内。如建国四十三年以来的平均增长速度是以 1949 年为基期计算的，则写为 1950-1992 年平均增长速度，其余类推。

国民经济行业分类 自 2017 年年报和 2018 年定期报表开始使用新的《国民经济行业分类》(GB/T4754-2017)。该分类是由国家统计局组织修订，原国家质量监督检验检疫总局和中国国家标准化管理委员会于 2017 年 6 月 30 日发布。这次修订是在 2011 年分类标准的基础上，结合我国经济活动特点，参照联合国《全部经济活动的国际标准产业分类》(ISIC/Rev.4) 进行的。修订后的《国民经济行业分类》(GB/T4754-2017) 共有门类 20 个，大类 97 个，中类 473 个，小类 1382 个。

企业（单位）登记注册类型 是以在工商行政管理机关登记注册的各类企业为划分对象，以工商行政管理部门对企业登记注册的类型为依据，将企业登记注册类型分为内资企业、港澳台商投资企业和外商投资企业三大类。内资企业包括国有企业、集体企业、股份合作企业、联营企业、有限责任公司、股份有限公司、私营公司和其他企业；港澳台商投资企业和外商投资企业分别包括合资经营企业、合作经营企业、独资经营企业和股份有限公司。对不在工商行政管理部门进行登记注册的行政机关、事业单位和社会团体，主要按其经费来源和管理方式进行划分。

国有企业 指企业全部资产归国家所有，并按《中华人民共和国企业法人登记管理条例》规定登记注册的非公司制的经济组织。不包括有限责任公司中的国有独资公司。

集体企业 指企业资产归集体所有，并按《中华人民共和国企业法人登记管理条例》规定登记注册的经济组织。

股份合作企业 指以合作制为基础，由企业职工共同出资入股，吸收一定比例的社会资产投资组建，实行自主经营，自负盈亏，共同劳动，民主管理，按劳分配与按股分红相结合的一种集体经济组织。

联营企业 指两个及两个以上相同或不同所有制性质的企业法人或事业单位法人，按自愿、平等、互利的原则，共同投资组成的经济组织。联营企业包括国有联营企业、集体联营企业、国有与集体联营企业和其他联营企业。

有限责任公司 指根据《中华人民共和国公司登记管理条例》规定登记注册，由两个以上、五十个以下的股东共同出资，每个股东以其所认缴的出资额对公司承担有限责任，公司以其全部资产对其债务承担责任的经济组织。有限责任公司包括国有独资公司以及其他有限责任公司。

股份有限公司 指根据《中华人民共和国公司登记管理条例》规定登记注册，其全部注册资本由等额股份构成并通过发行股票筹集资本，股东以其认购的股份对公司承担有限责任，公司以其全部资产对其债务承担责任的经济组织。

私营企业 指由自然人投资设立或由自然人控股，以雇佣劳动为基础的营利性经济组织。包括按照《公司法》《合伙企业法》《私营企业暂行条例》规定登记注册的私营有限责任公司、私营股份有限公司、私营合伙企业和私营独资企业。

其他内资企业 指上述企业之外的其他内资经济组织。

合资经营企业（港或澳、台资） 指港澳台地区投资者与内地企业依照《中华人民共和国中外合资经营企业法》及有关法律的规定，按合同规定的比例投资设立、分享利润和分担风险的企业。

合作经营企业（港或澳、台资） 指港澳台地区投资者与内地企业依照《中华人民共和国中外合作经营企业法》及有关法律的规定，依照合作合同的约定进行投资或提供条件设立、分配利润和分担风险的企业。

港澳台商独资经营企业 指依照《中华人民共和国外资企业法》及有关法律的规定，在内地由港澳台地区投资者全额投资设立的企业。

港澳台商投资股份有限公司 指根据国家有关规定，经外经贸部依法批准设立，其中港、澳、台商的股本占公司注册资本的比例达25%以上的股份有限公司。凡其中港、澳、台商的股本占公司注册资本的比例小于25%的，属于内资企业中的股份有限公司。

中外合资经营企业 指外国企业或外国人与中国内地企业依照《中华人民共和国中外合资经营企业法》及有关法律的规定，按合同规定的比例投资设立、分享利润和分担风险的企业。

中外合作经营企业 指外国企业或外国人与中国内地企业依照《中华人民共和国中外合作经营企业法》及有关法律的规定，依照合作合同的约定进行投资或提供条件设立、分配利润和分担风险的企业。

外资企业 指依照《中华人民共和国外资企业法》及有关法律的规定，在中国内地由外国投资者全额投资设立的企业。

外商投资股份有限公司 指根据国家有关规定，经外经贸部依法批准设立，其中外资的股本占公司注册资本的比例达25%以上的股份有限公司。凡其中外资股本占公司注册资本的比例小于25%的，属于内资企业中的股份有限公司。

行政机关、事业单位和社会团体 参照企业登记注册类型，主要按其经费来源和管理方式划分。具体规定如下：

⑴行政机关：包括国家机关和政党机关，原则上均列为“国有”。但有特殊规定的，如供销社等，则列为“集体”。

⑵事业单位：包括经国家机构编制部门和有关业务主管部门批准成立的各类事业单位，不包括实行企业化管理的事业单位。事业单位的划分办法如下：

①由国家财政预算拨款或列入财政预算外资金管理以及经费主要来源于国有主管部门或国有上级单位的事业单位，列为“国有”。

②经费主要来源于集体单位的事业单位，列为“集体”。

③公民个人（或个人合伙）开办的事业单位，列为“私营”。

④上述以外的其他事业单位，如果其经费来源不明确，按管理方式进行归类。

⑶社会团体：包括经民政部门批准成立以及未纳入社会团体管理条例范围的工会、妇联等各类社会团体。社会团体的划分办法如下：

①未纳入民政部社会团体管理条例范围的工会、妇联、共青团、青联、工商联、科协、侨联等社会团体，国家拨款设立的基金会或基金管理组织以及经费主要来源于国有业务主管部门或国有上级单位的社会团体，列为“国有”。

②经费主要来源于集体单位的社会团体，列为“集体”。

③公民个人（或个人合伙）开办的社会团体，划为“私营”。

④上述以外的其他社会团体，如果其经费来源不明确，改按管理方式进行归类。

法人单位 指具备：

⑴依法成立、有自己的名称、组织机构和场所、能够独立承担民事责任；

⑵独立拥有和使用（或授权使用）资产、承担负债、有权与其它单位签订合同；

⑶会计上独立核算、能够编制资产负债表。法人单位包括企业法人、事业单位法人、机关法人、会团体法人和其他法人。

产业活动单位　是法人单位的附属单位。产业活动单位应具备下列条件：

⑴在一个场所从事一种或主要从事一种社会经济活动；

⑵相对独立组织生产经营和业务活动；

⑶能够掌握收入和支出等业务核算资料。

Explanatory Notes on Main Statistical Indicators

Divisions of Administrative Areas refers to the division of administrative areas by the State. The relative laws stipulate that 1) the whole country is divided into provinces, autonomous regions and municipalities directly under the Central Government; 2) provinces and autonomous regions are further divided into autonomous prefectures, counties, autonomous counties and cities; 3) autonomous prefectures are further divided into counties, autonomous counties and cities; 4) counties and autonomous counties are further divided into townships, ethnic townships and towns; 5) municipalities directly under the Central Government and large cities are divided into districts and counties, 6) the State shall, when necessary, establish special administrative regions.

Comparable Prices refer to prices that are used to remove the factors of price change in calculating economic aggregates, so as to facilitate comparison of aggregates over time. Two methods are used for calculating economic aggregates at comparable prices:

One is Multiplying the output of products by their constant prices of certain year, and other is Deflation of data at current prices by relevant price index.

Constant Price refers to the average price of a given product in certain year, which is used for comparison of over output value time. As the output value at constant prices removes the factor of price changes, it reflects the trend of production development over time. Since 1949, with the changes in general price level, the State Statistical Bureau has issued nationally unified constant prices five times: the 1952 constant prices for 1949-1957; the 1957 constant prices for 1957-1971; the 1970 constant prices for 1971-1981; the 1980 constant prices for 1981-1990; and the 1990 constant prices have been used since 1991.

Average Annual Growth Rate shows the average growth rate of social and economic development during a longer period. It can not be directly calculated by chain based growth rate. The relation is:

Average Annual Growth Rate = Average Speed of Development – 1

Average speed of development is the time series average of speed which calculated by chain based. Because the reference bases during the different periods are not same, average speed of development can not be calculated by the general method. Level approach and accumulative approach for calculating average speed of development rate are applied. The "level approach", or the method of calculating the geometric average, is derived by the formula of geometric average of the chain-based speeds of development, or comparing the level of the last year of the interval with that of the beginning year; the other is called the "accumulative approach" or the "algebraic average", "equation" method, which is derived by the summation of the actual figure of each year in the interval divided by the figure in the base year. The level approach focuses on the level of the last year, while the accumulative approach emphasizes the aggregate development in the duration.

The average annual growth rates listed in the Yearbook are calculated by the level approach except for the growth rate of investment in fixed assets. The base year is not listed in the duration for which average annual growth rates are computed. For instance, the average annual growth rate of the 43 years since 1949 is shown as the average annual growth rate of 1950-1992 without showing the base year 1949.

Industrial Classification of the National Economy The new Industrial Classification of the National Economy (GB/T 4754-2017) is introduced starting from the compilation of 2017 annual statistics and 2018 monthly or quarterly statistics. The revision, based on the 2011 classification, was organized by the National Bureau of Statistics taking into consideration of the characteristics of economic activities in China and the International Standards of the Industrial Classification of All Economic Activities (ISIC/Rev.4) of the United Nations. The new Classification was promulgated by the former National Administration of Quality Supervision, Inspection and Quarantine and the Standardization Administration of the People's Republic of China on June 30, 2017. The revised version of the Industrial Classification of the National Economy (GB/T 4754-2017) is composed of 20 sections, 97 divisions, 473 groups and 1382 classes.

Registration Status of Enterprises Enterprises are classified into 3 categories, namely domestic-funded enterprises, enterprises with investment from Hong Kong, Macau and Taiwan, and enterprises with foreign investment, in the light of the registration status of an enterprise in industrial and commercial administration agencies. Domestic-funded enterprises include state-owned enterprises, collective-owned enterprises, cooperative enterprises, joint ownership enterprises, limited liability corporations, share-holding corporations Ltd., private enterprises and other enterprises. Included in the enterprises with investment from Hong Kong, Macau and Taiwan and enterprises with foreign investment are joint-venture enterprises, cooperative enterprises, sole investment enterprises and share-holding corporations Ltd. For government agencies, institutions and social organizations which are not requested to be registered in industrial and commercial administration agencies, they are classified mainly by their sources of funds and way of management.

State-owned Enterprises refer to non-corporation economic units where the entire assets are owned by the state and which have registered in accordance with the Regulation of the People's Republic of China on the Management of Registration of Corporate Enterprises. Excluded from this category are sole state-funded corporations in the limited liability corporations.

Collective-owned Enterprises refer to economic units where the assets are owned collectively and which have registered in accordance with the Regulation of the People's Republic of China on the Management of Registration of Corporate Enterprises.

Cooperative Enterprises refer to a form of collective economic units (enterprises) where capitals come mainly from employees as their shares, with certain proportion of capital from the outside, where production is organized on the basis of independent operation, independent accounting for profits and losses, joint work, democratic management, and a distribution system that integrates remuneration according to work with dividend according to capital share.

Joint Ownership Enterprises refer to economic units established by two or more corporate enterprises or corporate institutions of the same or different ownership, through joint investment on the basis of equality, voluntary participation and mutual benefits. They include state joint ownership enterprises, collective joint ownership enterprises, joint state-collective enterprises, and other joint ownership enterprises.

Limited Liability Corporations refer to economic units established with investment from 2-50 investors and registered in accordance with the Regulation of the People's Republic of China on the Management of Registration of Corporations, each investor bearing limited liability to the corporation depending on its share of investment, and the corporation bearing liability to its debt to the maximum of its total assets. Limited liability corporations include exclusive state-funded limited liability corporations and other limited liability corporations.

Share-holding Corporations Ltd. refer to economic units registered in accordance with the Regulation of the People's Republic of China on the Management of Registration of Corporations, with total registered capitals divided into equal shares and raised through issuing stocks. Each investor bears limited liability to the corporation depending on the holding of shares, and the corporation bears liability to its debt to the maximum of its total assets.

Private Enterprises refer to profit-making economic units invested and established by natural persons, or controlled by natural persons using employed labor. Included in this category are private limited liability corporations, private share-holding corporations Ltd, private partnership enterprises and private-funded enterprises registered in accordance with the Corporation Law, Partnership Enterprises Law and Interim Regulations on Private Enterprises.

Other Domestic-funded Enterprises refer to domestic-funded economic units other than those mentioned above.

Joint Venture Enterprises (Funds are from Hong Kong, Macau or Taiwan) refer to enterprises jointly established by investors from Hong Kong, Macau and Taiwan with enterprises in the mainland of China in accordance with the Law of the People's Republic of China on Sino-foreign Joint Venture Enterprises and other relevant laws, where the share of investment, profits and risks is stipulated in the contract.

Cooperative Enterprises (Funds are from Hong Kong Macao or Taiwan) established by investors from Hong Kong, Macao and Taiwan with enterprises in the mainland of China in accordance with the Law of the People's Republic of China on Sino-foreign Cooperative Enterprises and other relevant laws, where the investment or provision of facilities, and the share of profits and risks is stipulated in the cooperative contract.

Enterprises with Sole (exclusive) Investment from Hong Kong, Macao and Taiwan refer to enterprises established in the mainland of China with exclusive investment from investors from Hong Kong, Macao and Taiwan in accordance with the Law of the People's Republic of China on Foreign-Funded Enterprises and other relevant laws.

Share-holding Corporations Ltd. with Investment from Hong Kong, Macao and Taiwan refer to share-holding corporations Ltd. established with the approval from the Ministry of Foreign Trade and Economic Relations in line with relevant state regulations, where the share of investment from Hong Kong, Macau or Taiwan businessmen exceeds 25% of the total registered capital of the corporation. In case the share of investment from Hong Kong, Macao or Taiwan is less than 25% of the total registered capital, the enterprise is to be classified as domestic-funded share-holding corporation Ltd.

Joint-venture Enterprises with Foreign Investment refer to enterprises jointly established by foreign enterprises or foreigners with enterprises in the mainland of China in accordance with the Law of the People's Republic of China on Sino-foreign Joint Venture Enterprises and other relevant laws, where the share of investment, profits and risks is stipulated in the contract.

Cooperation Enterprises with Foreign Investment refer to enterprises jointly established by foreign enterprises or foreigners with enterprises in the mainland of China in accordance with the Law of the People's Republic of China on Sino-foreign Cooperative Enterprises and other relevant laws, where the investment or provision of facilities, and the share of profits and risks is stipulated in the cooperative contract.

Enterprises with Sole (exclusive) Foreign Investment refer to enterprises established in the mainland of China with exclusive investment from foreign investors in accordance with the Law of the People's Republic of China on Foreign-Funded Enterprises and other relevant laws.

Share-holding Corporations Ltd. with Foreign Investment refer to share-holding corporations Ltd. Established with the approval from the Ministry of Foreign Trade and Economic Relations in line with relevant state regulations, where the share of investment from foreign investors exceeds 25% of the total registered capital of the corporation. In case the share of foreign investment is less than 25% of the total registered capital, the enterprise is to be classified as domestic-funded share-holding corporation Ltd.

Government Agencies, Institutions and Social Organizations are classified into following categories by source of funds and way of management taking reference of the registration status of enterprises:

(1) Government agencies: include state and party agencies, classified in principle as “state-owned”. There are exceptions, such as supply and marketing cooperatives, which are classified, as “collective”.

(2) Institutions: include institutions of various types established with the approval by organization and staffing departments of the government, but exclude institutions where enterprise management system is introduced. Institutions are further classified as follows:

(a) Institutions whose main budget is listed in the government budget appropriations or extra-budget funds, or allocated from the budget of their competent government agencies. Such institutions are classified as “state-owned”.

(b) Institutions whose budget mainly comes from collective units. Such institutions are classified as “collective”.

(c) Institutions other than those mentioned above whose source of budget is not clear. Such institutions are classified by way of management.

(3) Social organizations: include social organizations established with the approval from the Ministry of Civil Affairs, and organizations that are not covered by social organization management regulations such as trade unions, women’s federations etc.

Social organizations are further classified as follows:

(a) Social organizations that are not covered by social organization management regulations of the Ministry of Civil Affairs such as trade unions, women's federations, communist youth leagues, youth associations, industrial and commerce associations, scientists associations, overseas Chinese associations, etc., foundations and fund management organizations established with funds from the state, and social organizations whose funds mainly come from the budget of their competent government agencies. Such institutions are classified as "state-owned".

(b) Social organizations whose budget mainly comes from collective units. Such institutions are classified as "collective".

(c) Social organizations established by individual or a group of citizens, which are classified as "private".

(d) Social organizations other than those mentioned above whose source of budget is not clear. Such organizations are classified by way of management.

Artificial person refer to unit that have following conditions:

(1) legally Established, have own name, organization ,location and can undertake a civil case responsibility independently by law.

(2) independently Own and use (or authorizable usage) a property, undertake liabilities and can make a bargain with other units.

(3) can independently account and workout balance sheet. Artificial person unit includes business artificial person, artificial person, organization artificial person, meeting group artificial person and other.

Establishments unit refer to the subsidiary unit of artificial person unit. It should have following conditions:

(1) Be engaged in only one kind of social economic activities in exclusive condition.

(2) Opposite independently organize management and business activity.

(3) predominate data of businesses, such as income and expenditure, etc.

国民经济核算
National Accounts

2

◎ 资料整理：胡昶昶　张艺

简要说明

一、主要内容

生产总值资料包括河南省历年生产总值绝对值、指数和构成，三次产业贡献率、拉动点，全员劳动生产率，各省辖市、济源示范区生产总值绝对量、指数等数据。

二、资料来源

生产总值资料是根据统计调查资料、财政决算资料、行政记录资料和部门财务资料等采用不同方法计算的。本年鉴公布的地区生产总值以及与之有关的指标数据，如果遇到普查，在能够获得更详细的基础资料的情况下，地区生产总值历史数据还会发生变动。根据第四次经济普查资料、第三次农业普查资料、第七次人口普查资料等，重新修订了以前年度的地区生产总值、人均地区生产总值等数据。本年鉴中的数据是修订以后的数据。

生产总值是一个价值量指标，其价值的变化受价格变化和物量变化因素影响。不变价生产总值是把按当期价格计算的生产总值换算成按某个固定期（基期）价格计算的价值，从而使两个不同时期的价值进行比较时，能够剔除价格变化的影响，以反映物量变化，反映生产活动成果的实际变动。地区生产总值指数就是根据不变价地区生产总值计算得到的。

本篇所列的各省辖市、济源示范区地区生产总值数据由河南省统计局与各省辖市、济源示范区统计局统一核算得到。

本篇当年数据为初步核算结果。

Brief Introduction

I. Main Contents

Statistics on national accounts include the absolute value, index and composition of the GDP of Henan Province over the years, the contribution rate and pull point of the three industries, the total labor productivity, the absolute value and index of the GDP of the cities under provincial jurisdiction and Ji yuan Demonstration Zone.

Ⅱ. Sources of Data

Data on gross domestic product(GDP) are calculated using different methods based on statistical survey data, fiscal year-end data, administrative record data, and departmental financial data, among others. In case of census, the historical data of GDP and related indicators published in this yearbook will change if more detailed basic data can be obtained. According to the data of the fourth economic census, the third agricultural census, the seventh population census, etc., the data of gross regional product and per capita gross regional product of the previous years have been revised. The data in this yearbook are revised.

GDP is a value quantity indicator, and its value change is affected by two major factors: price change and volume change. The constant price GDP is to convert the GDP calculated according to the current price into the value calculated according to the price of a fixed period (base period), so that when comparing the values of two different periods, the impact of price changes can be eliminated, so as to reflect the changes in volume and the actual changes in the results of production activities. The GDP index is calculated based on the constant GDP.

The GDP data of cities under provincial jurisdiction and Jiyuan Demonstration Zone listed in this chapter are obtained through unified accounting by the Statistics Bureau of Henan Province, the Statistics Bureau of cities under provincial jurisdiction and Jiyuan Demonstration Zone.

The data of the current year are preliminary accounting results.

2-1 生产总值
Gross Domestic Product

本表按当年价格计算。
Data in this table are calculated at current prices.

单位：亿元 (100 million yuan)

年份 Year	生产总值 Gross Domestic Product	第一产业 Primary Industry	第二产业 Secondary Industry	第三产业 Tertiary Industry	人均生产总值(元) Per Capita GDP (yuan)
1978	162.92	64.86	69.45	28.61	232
1979	190.09	77.30	80.52	32.27	267
1980	229.16	93.23	94.44	41.49	317
1981	249.69	106.04	95.79	47.86	340
1982	263.30	108.18	102.76	52.36	353
1983	327.95	143.49	116.36	68.10	433
1984	370.04	155.28	136.29	78.47	482
1985	451.74	173.43	170.07	108.24	580
1986	502.91	179.02	202.15	121.74	635
1987	609.60	220.22	230.25	159.13	756
1988	749.09	240.72	299.83	208.54	910
1989	850.71	289.95	317.13	243.63	1012
1990	934.65	325.77	331.85	277.03	1091
1991	1045.73	334.61	388.09	323.03	1201
1992	1279.75	342.75	542.40	394.60	1452
1993	1660.18	397.50	760.24	502.44	1865
1994	2216.83	529.43	1053.35	634.05	2467
1995	2988.37	738.91	1387.65	861.81	3297
1996	3634.69	908.05	1668.88	1057.75	3978
1997	4041.09	976.73	1851.70	1212.66	4389
1998	4308.24	1037.58	1927.95	1342.70	4643
1999	4517.94	1087.70	1970.98	1459.26	4832
2000	5052.99	1124.93	2282.48	1645.59	5450
2001	5533.01	1195.39	2497.71	1839.91	5959
2002	6035.48	1207.11	2881.60	1946.77	6487
2003	6942.41	1198.70	3348.63	2395.08	7456
2004	8411.19	1647.57	4080.74	2682.88	9047
2005	10243.47	1844.04	5202.27	3197.16	10978
2006	11977.87	1869.82	6316.19	3791.86	12761
2007	14824.49	2156.69	7904.01	4763.80	15811
2008	17735.93	2575.81	9713.40	5446.72	18879
2009	19181.00	2665.66	10324.57	6190.77	20280
2010	22655.02	3127.14	12173.51	7354.38	23984
2011	26318.68	3349.25	14021.59	8947.84	27901
2012	28961.92	3577.15	15042.55	10342.21	30497
2013	31632.50	3827.20	15995.37	11809.92	33114
2014	34574.76	3988.22	17139.61	13446.93	35982
2015	37084.10	4015.56	17947.86	15120.68	38338
2016	40249.34	4063.64	18986.89	17198.81	41326
2017	44824.92	4139.29	20940.33	19745.30	45723
2018	49935.90	4311.12	22038.56	23586.21	50714
2019	53717.75	4635.70	23035.56	26046.49	54356
2020	54259.43	5354.02	22220.89	26684.52	54691
2021	58071.43	5626.90	23566.35	28878.18	58587
2022	58220.13	5731.31	22140.65	30348.17	58942
2023	59132.39	5360.15	22175.27	31596.98	60073

注：1. 三次产业结构已执行《国民经济行业分类》(GB/T4754-2017) 行业分类标准；2000年以来人均GDP按常住人口计算(以下相关表格同)。
2. 根据第四次经济普查和第七次人口普查结果，对1992年以来的GDP及人均GDP进行了调整(以下相关表格同)。

a) The industrial structure has been executed the industry classification standard of the "national economy industry classification "(GB/T4754-2017). The data on Per capita GDP since 2000 are calculated at resident population.(the same as the following related tables).

b) According to the results of the fourth economic census and the seventh population census, the data of GDP and per capita GDP have been adjusted since 1992 (the same as the following related tables).

2-2 生产总值指数(上年=100)

Indices of Gross Domestic Product (Preceding year=100)

本表按可比价格计算。

The indices in this table are calculated at comparable prices.

(上年=100) (preceding year=100)

年份 Year	生产总值 Gross Domestic Product	第一产业 Primary Industry	第二产业 Secondary Industry	第三产业 Tertiary Industry	人均生产总值 Per Capita GDP
1978	111.3	110.6	112.1	111.3	109.5
1979	108.7	101.7	112.6	119.7	106.9
1980	115.4	109.2	117.2	126.9	113.7
1981	107.8	111.7	101.3	113.7	106.3
1982	104.3	100.5	106.1	109.0	102.7
1983	123.8	130.2	113.5	131.3	121.9
1984	110.1	105.5	115.0	110.7	108.5
1985	113.5	100.8	117.0	131.9	111.9
1986	104.6	92.1	114.0	108.6	103.0
1987	115.0	116.9	108.6	123.5	112.9
1988	109.8	97.4	120.1	109.4	107.6
1989	107.0	109.2	103.5	110.3	104.8
1990	104.5	105.4	102.3	106.8	102.5
1991	106.9	97.4	113.3	110.4	105.2
1992	113.7	101.5	125.4	111.1	112.3
1993	115.6	110.4	122.0	111.7	114.3
1994	113.5	101.3	121.5	112.6	112.5
1995	114.7	111.9	117.1	113.2	113.8
1996	113.9	111.3	116.1	112.5	113.0
1997	110.5	107.6	111.0	111.8	109.7
1998	108.8	107.0	109.2	109.3	107.9
1999	108.1	107.2	107.8	109.2	107.3
2000	109.1	104.2	111.5	108.8	110.1
2001	108.7	104.9	109.5	110.1	108.5
2002	109.1	104.8	116.6	101.6	108.9
2003	110.9	97.2	115.7	112.5	110.8
2004	112.8	113.6	113.3	111.6	113.0
2005	114.3	107.6	117.1	113.7	113.9
2006	114.5	107.4	117.8	113.3	113.8
2007	114.6	103.7	117.9	115.0	114.7
2008	112.0	105.5	114.2	111.5	111.8
2009	111.0	104.1	111.9	112.4	110.2
2010	112.4	104.5	114.7	111.8	112.5
2011	112.0	103.6	113.9	112.4	112.2
2012	110.1	104.4	111.2	110.6	109.4
2013	109.0	104.2	109.5	109.9	108.4
2014	108.9	104.0	109.3	110.0	108.2
2015	108.4	104.4	107.6	111.1	107.7
2016	108.2	104.3	107.1	110.6	107.5
2017	107.8	104.3	107.0	109.7	107.1
2018	107.6	103.4	106.9	109.5	107.2
2019	106.8	102.3	106.7	107.8	106.4
2020	101.1	102.3	100.2	101.7	100.7
2021	106.0	106.4	103.6	108.0	106.1
2022	102.4	104.2	101.2	103.0	102.8
2023	104.1	101.8	104.7	104.0	104.4

2-3 生产总值指数(1978=100)

Indices of Gross Domestic Product (1978=100)

本表按可比价格计算。

The indices in this table are calculated at comparable prices.

年 份 Year	生产总值 Gross Domestic Product	第一产业 Primary Industry	第二产业 Secondary Industry	第三产业 Tertiary Industry	人均生产总值 Per Capita GDP
1978	100.0	100.0	100.0	100.0	100.0
1979	108.7	101.7	112.6	119.7	106.9
1980	125.4	111.1	132.0	151.9	121.5
1981	135.2	124.0	133.7	172.7	129.2
1982	141.0	124.7	141.8	188.3	132.7
1983	174.6	162.3	161.0	247.2	161.8
1984	192.2	171.2	185.1	273.6	175.5
1985	218.2	172.6	216.6	360.9	196.4
1986	228.2	159.0	246.9	391.9	202.3
1987	262.5	185.8	268.2	484.1	228.4
1988	288.2	181.0	322.1	529.6	245.7
1989	308.4	197.7	333.3	584.1	257.5
1990	322.2	208.3	341.0	623.8	264.0
1991	344.5	202.9	386.4	688.7	277.7
1992	391.7	206.0	484.5	765.1	311.8
1993	452.6	227.4	590.9	854.3	356.5
1994	513.9	230.3	718.1	962.3	401.0
1995	589.6	257.8	841.2	1089.3	456.2
1996	671.8	286.9	976.4	1225.6	515.6
1997	742.4	308.7	1084.3	1370.6	565.4
1998	807.5	330.3	1184.5	1497.9	610.2
1999	872.8	354.1	1276.9	1635.8	654.5
2000	952.5	369.0	1423.1	1780.1	720.3
2001	1035.0	387.2	1558.5	1959.1	781.7
2002	1129.2	405.8	1816.5	1990.7	851.1
2003	1252.5	394.4	2102.3	2240.0	943.0
2004	1412.8	447.9	2381.0	2500.0	1065.6
2005	1615.0	481.7	2788.0	2842.8	1213.7
2006	1849.4	517.4	3283.3	3221.0	1381.6
2007	2119.7	536.8	3870.2	3705.7	1585.3
2008	2374.6	566.5	4418.3	4132.8	1772.4
2009	2634.8	590.0	4945.3	4646.0	1953.4
2010	2961.5	616.7	5670.9	5193.6	2198.4
2011	3316.7	639.1	6459.3	5837.4	2466.6
2012	3653.4	667.4	7183.7	6456.9	2698.5
2013	3982.9	695.4	7869.1	7097.8	2925.2
2014	4336.7	723.5	8597.1	7804.4	3165.0
2015	4700.9	755.5	9246.4	8673.3	3408.7
2016	5087.9	787.6	9906.9	9591.2	3664.4
2017	5486.7	821.6	10600.0	10520.2	3924.6
2018	5905.9	849.3	11334.7	11514.5	4208.3
2019	6304.5	868.8	12099.7	12407.2	4477.6
2020	6370.7	888.7	12123.7	12619.4	4509.0
2021	6755.9	945.9	12563.4	13626.8	4785.9
2022	6918.7	986.0	12710.9	14040.4	4919.9
2023	7199.1	1004.1	13310.4	14598.4	5137.0

2-4 生产总值分产业构成

Industrial Composition of Gross Domestic Product

本表按当年价格计算。
Data in this table are calculated at current prices.

单位：% (%)

年 份 Year	生产总值 Gross Domestic Product	第一产业 Primary Industry	第二产业 Secondary Industry	第三产业 Tertiary Industry
1978	100.0	39.8	42.6	17.6
1979	100.0	40.7	42.3	17.0
1980	100.0	40.7	41.2	18.1
1981	100.0	42.5	38.3	19.2
1982	100.0	41.1	39.0	19.9
1983	100.0	43.7	35.5	20.8
1984	100.0	42.0	36.8	21.2
1985	100.0	38.4	37.6	24.0
1986	100.0	35.6	40.2	24.2
1987	100.0	36.1	37.8	26.1
1988	100.0	32.1	40.0	27.9
1989	100.0	34.1	37.3	28.6
1990	100.0	34.9	35.5	29.6
1991	100.0	32.0	37.1	30.9
1992	100.0	26.8	42.4	30.8
1993	100.0	23.9	45.8	30.3
1994	100.0	23.9	47.5	28.6
1995	100.0	24.7	46.4	28.8
1996	100.0	25.0	45.9	29.1
1997	100.0	24.2	45.8	30.0
1998	100.0	24.1	44.8	31.2
1999	100.0	24.1	43.6	32.3
2000	100.0	22.3	45.2	32.6
2001	100.0	21.6	45.1	33.3
2002	100.0	20.0	47.7	32.3
2003	100.0	17.3	48.2	34.5
2004	100.0	19.6	48.5	31.9
2005	100.0	18.0	50.8	31.2
2006	100.0	15.6	52.7	31.7
2007	100.0	14.5	53.3	32.1
2008	100.0	14.5	54.8	30.7
2009	100.0	13.9	53.8	32.3
2010	100.0	13.8	53.7	32.5
2011	100.0	12.7	53.3	34.0
2012	100.0	12.4	51.9	35.7
2013	100.0	12.1	50.6	37.3
2014	100.0	11.5	49.6	38.9
2015	100.0	10.8	48.4	40.8
2016	100.0	10.1	47.2	42.7
2017	100.0	9.2	46.7	44.0
2018	100.0	8.6	44.1	47.2
2019	100.0	8.6	42.9	48.5
2020	100.0	9.9	41.0	49.2
2021	100.0	9.7	40.6	49.7
2022	100.0	9.8	38.0	52.1
2023	100.0	9.1	37.5	53.4

2–5 三次产业贡献率

Share of the Contributions of Three Strata of Industry to the Increase of the GDP

本表按可比价格计算。

Data in this table are calculated at constant prices.

单位：% (%)

年份 Year	生产总值 Gross Domestic Product	第一产业 Primary Industry	第二产业 Secondary Industry	第三产业 Tertiary Industry
1981	100.0	61.5	6.9	31.6
1982	100.0	4.9	55.3	39.8
1983	100.0	51.7	22.4	26.0
1984	100.0	23.5	54.1	22.4
1985	100.0	2.6	47.6	49.9
1986	100.0	-62.4	117.2	45.2
1987	100.0	36.0	24.2	39.8
1988	100.0	-8.8	82.4	26.4
1989	100.0	37.8	22.0	40.2
1990	100.0	35.5	21.8	42.7
1991	100.0	-13.0	69.8	43.2
1992	100.0	3.4	72.2	24.3
1993	100.0	18.3	58.2	23.4
1994	100.0	2.5	69.2	28.3
1995	100.0	18.9	54.2	26.9
1996	100.0	18.5	54.9	26.6
1997	100.0	16.1	51.0	32.9
1998	100.0	17.3	51.3	31.4
1999	100.0	19.0	47.2	33.8
2000	100.0	9.7	61.2	29.1
2001	100.0	12.7	49.6	37.8
2002	100.0	11.4	82.8	5.9
2003	100.0	-5.3	70.1	35.2
2004	100.0	19.2	52.6	28.3
2005	100.0	9.6	60.8	29.5
2006	100.0	9.2	62.2	28.6
2007	100.0	4.3	63.9	31.8
2008	100.0	7.0	63.3	29.7
2009	100.0	5.5	59.6	35.0
2010	100.0	4.9	65.3	29.7
2011	100.0	4.2	62.3	33.5
2012	100.0	5.6	60.4	34.1
2013	100.0	5.6	58.4	36.0
2014	100.0	5.3	57.8	37.0
2015	100.0	5.8	50.0	44.2
2016	100.0	5.6	42.0	52.4
2017	100.0	5.7	42.8	51.5
2018	100.0	4.5	43.1	52.4
2019	100.0	3.3	47.2	49.5
2020	100.0	20.2	8.9	70.9
2021	100.0	10.5	24.6	64.9
2022	100.0	17.4	19.5	63.1
2023	100.0	4.6	46.0	49.4

注：产业贡献率指各产业增加值增量与GDP增量之比。

Share of the contributions of three strata of industry refers to the proportion of the increment of value-added of each industry to the increment of GDP.

2-6 三次产业对生产总值增长的拉动

Contribution of the Three Strata of Industry to GDP Growth

本表按可比价格计算。

Data in this table are calculated at current prices.

单位：百分点 (percent)

年 份 Year	生产总值 Gross Domestic Product	第一产业 Primary Industry	第二产业 Secondary Industry	第三产业 Tertiary Industry
1981	7.8	4.8	0.5	2.5
1982	4.3	0.2	2.4	1.7
1983	23.8	12.3	5.3	6.2
1984	10.1	2.4	5.5	2.3
1985	13.5	0.3	6.4	6.7
1986	4.6	-2.9	5.4	2.1
1987	15.0	5.4	3.6	6.0
1988	9.8	-0.9	8.1	2.6
1989	7.0	2.6	1.5	2.8
1990	4.5	1.6	1.0	1.9
1991	6.9	-0.9	4.8	3.0
1992	13.7	0.5	9.9	3.3
1993	15.6	2.8	9.1	3.7
1994	13.5	0.4	9.3	3.8
1995	14.7	2.7	8.0	4.0
1996	13.9	2.6	7.6	3.7
1997	10.5	1.6	5.4	3.5
1998	8.8	1.5	4.5	2.8
1999	8.1	1.5	3.8	2.8
2000	9.1	0.9	5.6	2.6
2001	8.7	1.1	4.3	3.3
2002	9.1	1.0	7.5	0.6
2003	10.9	-0.5	7.6	3.8
2004	12.8	2.5	6.7	3.6
2005	14.3	1.4	8.7	4.2
2006	14.5	1.3	9.0	4.2
2007	14.6	0.7	9.3	4.6
2008	12.0	0.8	7.6	3.6
2009	11.0	0.6	6.6	3.8
2010	12.4	0.6	8.1	3.7
2011	12.0	0.5	7.5	4.0
2012	10.1	0.6	6.1	3.4
2013	9.0	0.5	5.3	3.2
2014	8.9	0.5	5.1	3.3
2015	8.4	0.5	4.2	3.7
2016	8.2	0.5	3.4	4.3
2017	7.8	0.4	3.3	4.1
2018	7.6	0.3	3.3	4.0
2019	6.8	0.2	3.2	3.4
2020	1.1	0.2	0.1	0.8
2021	6.0	0.6	1.5	3.9
2022	2.4	0.4	0.5	1.5
2023	4.1	0.2	1.9	2.0

注：产业拉动指GDP增长速度与各产业贡献率之乘积。

Contribution of the three strata of industry to GDP growth refers to the growth rate of GDP multiplied by the contribution share of every industry.

2-7 全员劳动生产率

Overall Labor Productivity

本表按当年价格计算。

Data in this table are calculated at current prices.

单位：元/人.年 (yuan/person.year)

年 份 Year	全员劳动生产率 Over all Labor Productivity	第一产业 Primary Industry	第二产业 Secondary Industry	第三产业 Tertiary Industry
1979	669	334	2748	1385
1980	790	393	3180	1788
1981	837	437	3120	1892
1982	851	433	3288	1870
1983	1019	560	3548	2092
1984	1115	600	3802	2115
1985	1316	674	3784	2646
1986	1413	696	3706	2761
1987	1652	852	3889	3102
1988	1946	918	4703	3538
1989	2165	1080	4812	4150
1990	2328	1174	4990	4831
1991	2519	1163	5707	5438
1992	2994	1167	7677	6268
1993	3803	1355	9925	7527
1994	5011	1834	12600	9051
1995	6673	2602	15478	11607
1996	7947	3222	17411	13272
1997	8545	3409	18526	14035
1998	8774	3544	19543	13488
1999	8854	3480	21024	14045
2000	9377	3275	24153	16309
2001	9979	3395	25306	17751
2002	10935	3511	28320	18297
2003	12556	3562	31561	21714
2004	15124	5009	36664	23128
2005	18212	5776	43479	25867
2006	21049	6042	48549	29281
2007	25800	7225	55701	35498
2008	30558	8933	63674	39045
2009	32554	9500	63752	42215
2010	40801	12313	76782	51524
2011	51179	14806	92584	65507
2012	56572	16463	97273	73862
2013	62000	18313	100503	83135
2014	67954	20242	109120	86921
2015	73022	22213	118247	86259
2016	79489	24894	125347	89748
2017	88930	28341	138756	95350
2018	99663	32198	146520	108821
2019	108236	36302	155075	118363
2020	110531	43278	152624	120421
2021	119439	46989	163145	130082
2022	121015	45998	158035	140241
2023	123064	42140	160284	146997

注：2010-2019年全员劳动生产率依据就业人员数据调整进行相应修订。

From 2010 to 2019, the overall labor productivity was adjusted according to the result of the employment.

2-8 分行业增加值及指数

Value-added and Indices by Sector

本表增加值按当年价格计算，指数按可比价格计算。
The value-added in this table are calculated at current prices. The indices in this table are calculated at comparable prices.

单位：亿元 (100 million yuan)

行业	Sector	2022		2023	
		增加值 Value-added	指数 (上年=100) Index (preceding year=100)	增加值 Value-added	指数 (上年=100) Index (preceding year=100)
生产总值	**Gross Domestic Product**	**58220.13**	**102.4**	**59132.39**	**104.1**
农、林、牧、渔业	Agriculture, Forestry, Animal Husbandry and Fishery	6165.95	105.1	5825.08	102.1
工业	Industry	17134.23	100.8	16915.01	104.4
建筑业	Construction	5059.29	102.9	5322.22	106.1
批发和零售业	Wholesale and Retail Trade	4521.61	98.4	4745.63	106.1
交通运输、仓储和邮政业	Transport, Storage and Post	3859.95	108.1	4246.84	106.8
住宿和餐饮业	Hotels and Catering Services	1033.62	94.7	1091.40	104.2
信息传输、软件和信息技术服务业	Information Transmission, Software and Information Technology Services	1644.19	113.3	1706.11	106.5
金融业	Finance	3116.84	103.3	3252.90	106.4
房地产业	Real Estate	3592.84	99.1	3631.59	100.1
租赁和商务服务业	Leasing and Business Services	2016.07	101.4	2100.21	105.4
科学研究和技术服务业	Scientific Research and Technical Service	1342.82	97.9	1374.24	101.7
水利、环境和公共设施管理业	Management of Water Conservancy, Environment and Public Establishment	345.86	102.5	330.85	95.1
居民服务、修理和其他服务业	Resident Services, Repair and Other Services	1586.02	103.7	1537.07	96.3
教育	Education	2526.81	104.8	2582.40	101.6
卫生和社会工作	Health and Social Work	1676.51	106.6	1770.56	105.0
文化、体育和娱乐业	Culture, Sports and Entertainment	612.18	101.8	649.43	105.5
公共管理、社会保障和社会组织	Public Management, Social Security and Social Organization	1985.34	104.4	2050.85	103.0

2-9 各市生产总值(2022年)

Gross Domestic Product by City (2022)

本表按当年价格计算。

Data in this table are calculated at current prices.

地 区	Region	生产总值(亿元) Gross Domestic Product (100 million yuan)	第一产业 Primary Industry	第二产业 Secondary Industry	第三产业 Tertiary Industry	人均生产总值(元) Per Capita GDP (yuan)
郑州市	Zhengzhou	12735.81	183.72	4936.75	7615.35	99615
开封市	Kaifeng	2554.90	379.10	911.95	1263.85	53918
洛阳市	Luoyang	5386.17	251.53	2168.29	2966.35	76140
平顶山市	Pingdingshan	2696.36	221.17	1144.25	1330.94	54313
安阳市	Anyang	2450.37	235.54	1030.22	1184.61	45210
鹤壁市	Hebi	1025.33	85.43	540.05	399.85	65225
新乡市	Xinxiang	3362.60	337.67	1438.05	1586.88	54512
焦作市	Jiaozuo	2171.45	143.91	832.65	1194.90	61636
濮阳市	Puyang	1850.51	235.82	666.28	948.41	49433
许昌市	Xuchang	3267.86	219.47	1421.28	1627.11	74583
漯河市	Luohe	1713.61	166.51	676.55	870.55	72304
三门峡市	Sanmenxia	1584.90	158.63	707.42	718.85	77787
南阳市	Nanyang	4401.53	730.55	1278.95	2392.04	45744
商丘市	Shangqiu	3055.29	599.49	996.49	1459.31	39543
信阳市	Xinyang	3016.62	567.60	928.38	1520.63	48844
周口市	Zhoukou	3273.16	621.25	1069.77	1582.14	37058
驻马店市	Zhumadian	3050.62	567.67	1031.63	1451.32	44145
济源示范区	Jiyuan	762.32	26.24	444.69	291.39	104499

2-10 各市生产总值(2023年)

Gross Domestic Product by City (2023)

本表按当年价格计算。
Data in this table are calculated at current prices.

地区	Region	生产总值(亿元) Gross Domestic Product (100 million yuan)	第一产业 Primary Industry	第二产业 Secondary Industry	第三产业 Tertiary Industry	人均生产总值(元) Per Capita GDP (yuan)
郑州市	Zhengzhou	13617.84	172.24	5373.41	8072.19	105418
开封市	Kaifeng	2534.19	360.35	904.81	1269.03	53873
洛阳市	Luoyang	5481.56	214.08	2139.02	3128.46	77434
平顶山市	Pingdingshan	2720.07	204.30	1135.29	1380.48	55057
安阳市	Anyang	2486.14	222.53	1026.92	1236.69	46070
鹤壁市	Hebi	1033.17	74.78	543.25	415.14	65807
新乡市	Xinxiang	3347.65	296.25	1420.84	1630.56	54473
焦作市	Jiaozuo	2233.93	134.51	862.10	1237.32	63437
濮阳市	Puyang	1850.64	203.49	664.41	982.74	49722
许昌市	Xuchang	3238.18	216.53	1398.91	1622.75	73897
漯河市	Luohe	1763.95	154.69	701.88	907.38	74491
三门峡市	Sanmenxia	1620.27	174.84	696.08	749.35	79875
南阳市	Nanyang	4572.17	736.27	1315.79	2520.11	47846
商丘市	Shangqiu	3109.00	588.03	1011.84	1509.13	40403
信阳市	Xinyang	2959.40	470.43	926.68	1562.29	48459
周口市	Zhoukou	3332.57	575.49	1097.39	1659.69	38134
驻马店市	Zhumadian	3097.16	517.41	1052.24	1527.50	45333
济源示范区	Jiyuan	788.61	23.03	460.90	304.68	107955

2-11 各市生产总值指数(2022年)

Indices of Gross Domestic Product by City (2022)

本表按可比价格计算。

The indices in this table are calculated at comparable prices.

(上年=100) (preceding year=100)

地区	Region	生产总值 Gross Domestic Product	第一产业 Primary Industry	第二产业 Secondary Industry	第三产业 Tertiary Industry	人均生产总值 Per Capita GDP
郑州市	Zhengzhou	100.9	103.0	100.9	100.8	100.0
开封市	Kaifeng	103.5	104.7	103.5	103.0	105.0
洛阳市	Luoyang	102.3	103.2	101.0	103.2	102.2
平顶山市	Pingdingshan	103.2	103.3	103.2	103.2	103.5
安阳市	Anyang	102.3	104.2	102.5	101.7	102.9
鹤壁市	Hebi	102.7	105.8	102.0	103.2	102.6
新乡市	Xinxiang	104.5	105.2	105.1	103.7	105.2
焦作市	Jiaozuo	102.5	104.7	103.6	101.5	102.6
濮阳市	Puyang	104.5	104.1	106.0	103.6	104.9
许昌市	Xuchang	98.9	103.8	95.4	102.4	98.9
漯河市	Luohe	104.6	105.2	104.5	104.6	104.7
三门峡市	Sanmenxia	103.6	104.7	104.2	102.7	103.5
南阳市	Nanyang	104.2	104.5	103.6	104.5	104.8
商丘市	Shangqiu	103.3	104.9	101.0	104.5	103.9
信阳市	Xinyang	101.7	102.6	99.2	103.1	102.3
周口市	Zhoukou	100.1	103.6	94.8	103.5	101.3
驻马店市	Zhumadian	104.9	103.9	104.0	106.1	105.7
济源示范区	Jiyuan	103.2	103.7	103.5	102.8	103.2

2-12 各市生产总值指数(2023年)

Indices of Gross Domestic Product by City (2023)

本表按可比价格计算。

The indices in this table are calculated at comparable prices.

(上年=100) (preceding year=100)

地区	Region	生产总值 Gross Domestic Product	第一产业 Primary Industry	第二产业 Secondary Industry	第三产业 Tertiary Industry	人均生产总值 Per Capita GDP
郑州市	Zhengzhou	107.4	101.0	111.1	105.1	106.3
开封市	Kaifeng	100.9	102.4	102.0	99.6	101.7
洛阳市	Luoyang	103.5	101.7	101.6	105.1	103.4
平顶山市	Pingdingshan	103.2	102.2	102.8	103.8	103.7
安阳市	Anyang	103.2	102.1	102.1	104.4	103.6
鹤壁市	Hebi	103.1	101.7	103.4	102.9	103.2
新乡市	Xinxiang	101.5	101.9	100.5	102.3	101.9
焦作市	Jiaozuo	103.9	101.7	106.5	102.4	104.0
濮阳市	Puyang	102.8	102.1	102.3	103.4	103.4
许昌市	Xuchang	100.9	101.4	101.6	100.1	100.9
漯河市	Luohe	105.4	102.3	107.1	104.6	105.5
三门峡市	Sanmenxia	102.0	102.5	101.0	103.0	102.4
南阳市	Nanyang	104.8	102.1	105.7	105.1	105.5
商丘市	Shangqiu	103.6	102.1	104.1	103.9	104.1
信阳市	Xinyang	102.5	101.1	102.6	102.9	103.6
周口市	Zhoukou	104.8	102.0	106.0	104.8	105.9
驻马店市	Zhumadian	104.5	101.6	104.6	105.6	105.7
济源示范区	Jiyuan	105.4	102.6	106.4	104.0	105.2

2-13 各市分行业增加值(2022年)

Value-added by Sector and City (2022)

本表按当年价格计算。

Data in this table are calculated at current prices.

单位：亿元 (100 million yuan)

地 区	Region	合 计 Total	农 林 牧渔业 Agriculture Forestry, Animal Husbandry and Fishery	工业 Industry	建筑业 Construction	批发和零售业 Wholesale and Retail Trade	交通运输仓储及邮政业 Transport, Storage and Post	住宿和餐饮业 Hotels and Catering Services	金融业 Finance	房地产业 Real Estate	其 他 服务业 Other Services
郑 州 市	Zhengzhou	12735.81	195.07	3366.27	1581.04	1127.50	790.11	182.20	1400.37	912.86	3180.38
开 封 市	Kaifeng	2554.90	395.33	731.65	181.76	171.03	105.87	49.19	96.67	152.15	671.27
洛 阳 市	Luoyang	5386.17	286.97	1787.70	386.48	495.92	349.99	89.23	300.33	305.20	1384.34
平 顶 山 市	Pingdingshan	2696.36	232.79	969.88	177.85	236.64	147.55	54.10	114.65	141.90	621.01
安 阳 市	Anyang	2450.37	250.67	702.76	328.15	170.65	148.78	30.47	83.52	153.95	581.42
鹤 壁 市	Hebi	1025.33	91.40	481.53	58.59	56.10	83.75	20.70	23.78	43.31	166.17
新 乡 市	Xinxiang	3362.60	347.75	1085.69	353.75	222.00	265.89	39.10	119.96	215.86	712.61
焦 作 市	Jiaozuo	2171.45	152.59	698.50	134.86	176.28	248.18	43.98	78.53	119.89	518.65
濮 阳 市	Puyang	1850.51	256.50	526.68	172.35	138.15	163.67	39.00	71.55	91.22	391.39
许 昌 市	Xuchang	3267.86	238.07	1243.49	183.45	256.27	201.22	48.59	100.23	184.01	812.54
漯 河 市	Luohe	1713.61	169.79	596.31	80.64	190.87	148.06	34.07	50.58	81.02	362.28
三 门 峡 市	Sanmenxia	1584.90	161.39	539.47	170.26	106.93	143.02	23.04	47.27	65.93	327.60
南 阳 市	Nanyang	4401.53	748.60	977.09	303.32	372.00	375.40	107.49	177.95	297.38	1042.32
商 丘 市	Shangqiu	3055.29	620.62	781.50	215.81	178.84	178.97	74.86	109.41	212.87	682.41
信 阳 市	Xinyang	3016.62	708.65	725.29	206.25	150.39	107.72	56.46	127.75	208.50	725.60
周 口 市	Zhoukou	3273.16	674.66	865.44	205.33	211.04	177.41	75.87	92.28	236.30	734.83
驻 马 店 市	Zhumadian	3050.62	608.05	753.65	279.67	207.96	145.52	52.69	118.08	145.57	739.43
济 源 示 范 区	Jiyuan	762.32	27.04	406.32	38.58	53.06	58.42	12.60	16.62	24.92	124.76

2-14 各市分行业增加值(2023年)

Value-added by Sector and City (2023)

本表按当年价格计算。
Data in this table are calculated at current prices.

单位：亿元 (100 million yuan)

地 区	Region	合 计 Total	农 林 牧渔业 Agriculture Forestry, Animal Husbandry and Fishery	工业 Industry	建筑业 Constru-ction	批发和零售业 Whole-sale and Retail Trade	交通运输仓储及邮政业 Transport, Storage and Post	住宿和餐饮业 Hotels and Catering Services	金融业 Fina-nce	房地产业 Real Estate	其 他 服务业 Other Services
郑 州 市	Zhengzhou	13617.84	184.69	3624.15	1760.86	1193.69	882.52	195.60	1493.15	962.78	3320.39
开 封 市	Kaifeng	2534.19	377.02	715.41	190.95	176.33	112.03	51.26	103.02	150.79	657.37
洛 阳 市	Luoyang	5481.56	250.49	1751.62	393.83	522.32	394.81	96.09	309.30	300.77	1462.34
平 顶 山 市	Pingdingshan	2720.07	216.03	963.63	177.41	246.25	157.43	57.54	119.14	140.78	641.86
安 阳 市	Anyang	2486.14	238.61	702.34	325.32	181.87	161.19	32.38	87.48	157.11	599.84
鹤 壁 市	Hebi	1033.17	81.34	481.16	62.17	58.84	90.19	21.57	25.28	44.73	167.89
新 乡 市	Xinxiang	3347.65	306.92	1085.46	336.87	233.26	281.58	40.96	127.11	218.47	717.01
焦 作 市	Jiaozuo	2233.93	143.73	718.20	144.65	185.85	264.03	46.44	81.60	122.27	527.15
濮 阳 市	Puyang	1850.64	224.72	523.36	175.92	143.43	178.07	41.83	75.79	90.60	396.92
许 昌 市	Xuchang	3238.18	237.07	1229.39	175.57	268.69	216.17	49.41	102.97	185.56	773.36
漯 河 市	Luohe	1763.95	158.23	615.78	86.53	199.68	162.16	36.73	54.01	77.56	373.26
三 门 峡 市	Sanmenxia	1620.27	177.88	537.69	160.64	109.42	157.73	23.73	49.44	68.64	335.08
南 阳 市	Nanyang	4572.17	755.80	998.80	318.55	390.98	418.35	114.51	189.55	306.79	1078.84
商 丘 市	Shangqiu	3109.00	611.52	771.26	241.47	185.50	193.46	76.38	115.78	215.58	698.04
信 阳 市	Xinyang	2959.40	618.73	720.47	209.59	157.25	121.02	59.52	135.68	194.97	742.18
周 口 市	Zhoukou	3332.57	634.09	873.67	224.80	225.01	197.26	79.13	98.23	245.48	754.90
驻 马 店 市	Zhumadian	3097.16	562.05	757.65	296.39	220.64	163.26	55.96	124.91	145.40	770.89
济 源 示 范 区	Jiyuan	788.61	23.88	420.46	40.67	54.90	63.10	13.05	18.59	26.54	127.40

2-15 各市分行业增加值指数(2022年)

Indices of Value-added by Sector and City (2022)

本表按可比价格计算。

The indices in this table are calculated at comparable prices.

(上年=100) (preceding year=100)

地 区 Region	合 计 Total	农林牧渔业 Agriculture Forestry, Animal Husbandry and Fishery	工业 Industry	建筑业 Construction	批发和零售业 Wholesale and Retail Trade	交通运输仓储及邮政业 Transport, Storage and Post	住宿和餐饮业 Hotels and Catering Services	金融业 Finance	房地产业 Real Estate	其他服务业 Other Services
郑州市 Zhengzhou	100.9	103.9	102.7	96.9	96.5	105.2	92.9	101.9	96.7	102.5
开封市 Kaifeng	103.5	105.2	102.2	109.0	99.0	106.6	95.3	102.2	102.7	104.2
洛阳市 Luoyang	102.3	104.8	101.6	98.7	98.3	109.1	94.7	99.9	99.6	105.7
平顶山市 Pingdingshan	103.2	104.0	102.7	104.5	98.0	110.0	95.5	100.7	102.2	105.2
安阳市 Anyang	102.3	104.9	101.9	104.0	97.4	103.7	94.8	103.3	98.7	103.1
鹤壁市 Hebi	102.7	106.7	101.4	106.3	98.8	107.9	96.1	103.9	101.3	103.3
新乡市 Xinxiang	104.5	105.7	104.2	108.0	98.1	107.7	94.0	104.2	101.9	105.0
焦作市 Jiaozuo	102.5	105.3	103.1	106.5	97.1	107.4	93.0	95.6	101.2	101.9
濮阳市 Puyang	104.5	105.2	105.4	107.1	98.6	109.0	95.8	104.1	92.0	106.5
许昌市 Xuchang	98.9	104.8	95.3	95.0	98.2	108.8	92.3	101.6	98.2	104.3
漯河市 Luohe	104.6	105.5	103.7	109.8	99.1	115.7	91.4	112.7	87.8	107.0
三门峡市 Sanmenxia	103.6	104.9	102.8	107.8	98.0	110.0	94.6	101.5	98.5	103.5
南阳市 Nanyang	104.2	104.8	102.6	106.5	98.9	110.2	95.1	102.9	101.8	106.7
商丘市 Shangqiu	103.3	105.4	98.8	111.0	98.8	113.7	95.8	113.0	94.4	106.4
信阳市 Xinyang	101.7	104.6	96.8	106.6	98.6	103.9	94.9	104.0	96.9	104.9
周口市 Zhoukou	100.1	105.0	92.9	104.0	98.6	104.3	96.4	103.6	102.1	105.0
驻马店市 Zhumadian	104.9	105.0	101.7	109.5	99.4	114.1	95.5	114.0	97.2	107.4
济源示范区 Jiyuan	103.2	104.1	103.3	105.6	98.1	111.1	95.6	107.1	100.8	102.0

2-16 各市分行业增加值指数(2023年)

Indices of Value-added by Sector and City (2023)

本表按可比价格计算。

The indices in this table are calculated at comparable prices.

(上年=100) (preceding year=100)

地区 Region	合计 Total	农林牧渔业 Agriculture Forestry, Animal Husbandry and Fishery	工业 Industry	建筑业 Construction	批发和零售业 Wholesale and Retail Trade	交通运输仓储及邮政业 Transport, Storage and Post	住宿和餐饮业 Hotels and Catering Services	金融业 Finance	房地产业 Real Estate	其他服务业 Other Services
郑州市 Zhengzhou	107.4	101.5	110.5	112.5	106.7	108.2	105.9	105.5	102.5	104.3
开封市 Kaifeng	100.9	102.4	101.0	106.2	103.9	102.2	102.9	108.8	97.7	96.8
洛阳市 Luoyang	103.5	102.0	101.3	103.0	106.1	109.4	106.2	105.0	97.6	105.3
平顶山市 Pingdingshan	103.2	102.2	103.4	100.8	104.9	103.6	105.0	106.2	97.7	104.0
安阳市 Anyang	103.2	102.3	103.0	100.2	107.4	105.4	104.9	106.6	100.8	103.8
鹤壁市 Hebi	103.1	102.1	102.9	107.2	105.7	104.4	103.0	108.2	102.1	100.5
新乡市 Xinxiang	101.5	102.1	102.0	96.2	105.9	102.8	103.5	107.9	100.0	100.7
焦作市 Jiaozuo	103.9	102.0	106.2	108.4	106.3	103.2	104.5	107.2	100.7	100.1
濮阳市 Puyang	102.8	102.3	102.2	103.1	104.6	105.6	106.0	107.9	98.1	102.0
许昌市 Xuchang	100.9	101.8	102.3	96.7	105.7	104.2	100.5	104.8	99.6	96.7
漯河市 Luohe	105.4	102.4	106.8	108.4	105.4	106.8	106.6	109.1	96.4	103.9
三门峡市 Sanmenxia	102.0	102.5	102.6	95.3	103.1	106.9	101.6	106.6	103.0	100.9
南阳市 Nanyang	104.8	102.3	105.5	106.1	105.9	108.4	105.1	108.6	102.1	104.0
商丘市 Shangqiu	103.6	102.3	102.0	113.1	104.6	105.2	100.9	107.9	100.7	103.8
信阳市 Xinyang	102.5	102.0	102.6	102.7	105.3	109.3	104.0	108.3	92.1	103.1
周口市 Zhoukou	104.8	102.3	105.0	110.6	107.4	108.6	103.0	108.4	103.0	103.4
驻马店市 Zhumadian	104.5	102.0	103.5	107.1	106.9	109.1	104.9	108.1	99.2	105.2
济源示范区 Jiyuan	105.4	102.7	106.4	106.5	104.3	104.8	102.3	113.8	105.6	102.1

主要统计指标解释

国内生产总值（GDP） 指按市场价格计算的一个国家(或地区)所有常住单位在一定时期内生产活动的最终成果。国内生产总值有三种表现形态，即价值形态、收入形态和产品形态。从价值形态看，它是所有常住单位在一定时期内生产的全部货物和服务价值超过同期投入的全部非固定资产货物和服务价值的差额，即所有常住单位的增加值之和；从收入形态看，它是所有常住单位在一定时期内创造并分配给常住单位和非常住单位的初次收入之和；从产品形态看，它是所有常住单位在一定时期内最终使用的货物和服务价值减去货物和服务进口价值。在实际核算中，国内生产总值有三种计算方法，即生产法、收入法和支出法。三种方法分别从不同的方面反映国内生产总值及其构成。

三次产业 三次产业的划分是世界上较为常用的产业结构分类，但各国的划分不尽一致。根据《国民经济行业分类》(GB/T 4754-2017）和《三次产业划分规定》，我国的三次产业划分是：

第一产业是指农、林、牧、渔业（不含农、林、牧、渔服务业）。

第二产业是指采矿业（不含开采辅助活动），制造业（不含金属制品、机械和设备修理业），电力、热力、燃气及水生产和供应业，建筑业。

第三产业即服务业，是指除第一产业、第二产业以外的其他行业。

Explanatory Notes on Main Statistical Indicators

Gross Domestic Product (GDP) refers to the final products at market prices produced by all resident units in a country (or a region) during a certain period of time. Gross domestic product is expressed in three different perspectives, namely value, income, and products respectively. GDP in its value perspective refers to the total value of all goods and services produced by all resident units during a certain period of time, minus the total value of input of goods and services of the nature of non-fixed assets; in other words, it is the sum of the value-added of all resident units. GDP from the perspective of income includes the primary income created by all resident units and distributed to resident and non-resident units. GDP from the perspective of products refers to the value of all goods and services for final consumption by all resident units minus the net exports of goods and services during a given period of time. In the practice of national accounting, gross domestic product is calculated from three approaches, namely production approach, income approach and expenditure approach, which reflect gross domestic product and its composition from different angles.

Three Strata of Industry Classification of economic activities into three strata of industries is a common practice in the world, although the grouping varies to some extent from country to country. In China, according to Industrial Classification for National Economic Activities (GB/T4754-2017) and Rules on Division of Three Strata of Industries, economic activities are categorized into the following three strata of industries:

Primary industry refers to agriculture, forestry, animal husbandry and fishery industries (not including services in support of agriculture, forestry, animal husbandry and fishery industries).

Secondary industry refers to mining and quarrying (not including support activities for mining), manufacturing (not including repair service of metal products, machinery and equipment), production and supply of electricity, heat, gas and water, and construction.

Tertiary industry refers to all other economic activities not included in the primary or secondary industries.

人口
Population

3

◉ 资料整理：谷永翔 董菁茹

简要说明

一、主要内容

本篇包括历年人口及自然变动资料，城镇化资料、人口结构主要分类资料，历次人口普查主要指标。

二、资料来源

1982、1990、2000年总人口数为当年人口普查推算数；1971— 1981年、1983— 1989年总人口数是根据1982年、1990年人口普查数据调整推算的；1991—1999、2001—2009年数据是人口变动抽样调查推算数；2010年—2021年为公安户籍年报数据，2022年及以后为常住人口；市镇、乡村人口1953、1964、1982、1990、1995、2000、2005、2010、2020年数据是根据当年人口普查(或抽样调查)数据推算的，普查年度之间年份是根据两次普查间平均每年增幅调整的；2004年后非普查年份是根据当年人口抽样调查推算的。由河南省统计局人口和就业统计处编辑整理。

三、统计调查方法

在逢“0”的年份进行全国人口普查；在逢“5”的年份进行全国1%人口抽样调查；其余年份进行全国人口变动情况抽样调查。人口抽样调查是以全国为总体，各省为次总体，采用分层、多阶段、整群概率比例抽样方法抽取样本。

Brief Introduction

I. Main Contents

This chapter include the size of Henan population and natural change, urban proportion, classification of the population structure, data of All previous National Population Census, marriage registration.

II. Sources of Data

Data for the year1982, 1990, 2000 are the census year estimates; the total population for the years 1971-1981, 1983-1989 was estimated based on the 1982, 1990 census data; the figures for the years 1991-1999, 2001-2009 were estimated from the population change sample survey; the figures for 2010-2021 were from the annual police household registration data, and those years for 2022 and beyond were from the estimated resident population; the figures for urban and rural populations for 1953, 1964, 1982, 1990, 1995, 2000, 2005, 2010, and 2020 were estimated based on the respective census (or sample survey) data, the years between censuses being adjusted based on the average annual increase between the two censuses; the figures for non-census years after 2004 were estimated based on the respective year's population sample survey. Edited and compiled by the Population and Employment Statistics Department of the Henan Provincial Statistical Bureau.

III. Sampling Methodology

The national population census is conducted in the year ending with 0; the national 1 percent population sample survey is conducted in the year ending with 5; sample surveys on population changes are conducted in the rest of the years. The sample survey on population change takes the whole nation as the population and each province, autonomous region or municipality as sub-populations, and the stratified multi-stage systematic PPS cluster sampling scheme is used.

3-1 总人口(年底数)

Total Population (Year-end)

单位：万人 (10 000 persons)

年 份 Year	总人口数 Total Population	按性别分 By Sex 男 Male	女 Female	性别比 (女=100) Sex Ratio (Female=100)	城镇化率 (%) Urbanization Rate (%)	人口密度 (人/平方公里) Population Density (person/sq.km)
1978	7067	3599	3468	103.8	13.63	423
1979	7189	3662	3527	103.8	13.82	431
1980	7285	3710	3575	103.8	14.01	436
1981	7397	3768	3629	103.8	14.20	443
1982	7519	3835	3684	104.1	14.42	450
1983	7632	3902	3730	104.6	14.56	457
1984	7737	3960	3777	104.9	14.70	463
1985	7847	4022	3825	105.2	14.84	470
1986	7985	4097	3888	105.4	14.98	478
1987	8148	4184	3964	105.5	15.12	488
1988	8317	4272	4045	105.6	15.26	498
1989	8491	4366	4125	105.9	15.40	508
1990	8649	4440	4209	105.5	15.52	518
1991	8763	4501	4262	105.6	15.85	525
1992	8861	4554	4307	105.7	16.18	531
1993	8946	4602	4344	105.9	16.51	536
1994	9027	4643	4384	105.9	16.84	541
1995	9100	4651	4449	104.5	17.19	545
1996	9172	4715	4457	105.8	18.39	549
1997	9243	4751	4492	105.8	19.59	553
1998	9315	4787	4528	105.7	20.79	558
1999	9387	4825	4562	105.8	21.99	562
2000	9488	4895	4593	106.6	23.20	568
2001	9555	4915	4640	105.9	24.43	572
2002	9613	4946	4667	105.9	25.80	576
2003	9667	4980	4687	106.3	27.20	579
2004	9717	5000	4717	106.0	28.90	582
2005	9768	5045	4723	106.8	30.65	585
2006	9820	5074	4746	106.9	32.47	588
2007	9869	5100	4769	106.9	34.34	591
2008	9918	5125	4793	106.9	36.03	594
2009	9967	5150	4817	106.9	37.70	597
2010	10800	5576	5224	106.7	38.82	563
2011	10922	5641	5281	106.8	40.47	567
2012	10932	5657	5275	107.2	41.99	571
2013	11039	5714	5325	107.3	43.60	573
2014	11102	5751	5351	107.5	45.05	578
2015	11217	5810	5407	107.4	47.02	581
2016	11370	5877	5493	107.0	48.78	586
2017	11377	5878	5499	106.9	50.56	589
2018	11444	5911	5533	106.8	52.24	591
2019	11486	5930	5556	106.7	54.01	593
2020	11526	5947	5579	106.6	55.43	595
2021	11533	5947	5586	106.5	56.45	592
2022	9872	4955	4917	100.8	57.07	591
2023	9815	4922	4893	100.6	58.08	588

注：1. 1982、1990、2000年人口数为当年人口普查推算数；2009年之前其余年份数据为年度人口抽样调查推算数据；2010年及以后为公安户籍年报数据；2022年及以后为常住人口。
2. 依据2020年第七次全国人口普查结果，对2011年以来的常住人口和城镇化率进行了修正（下同）.
3. 2010年及以后人口密度为常住人口口径。

a) The number of households in 1982, 1990 and 2000 was the number of projections for the current population census; The data of other years before 2009 are calculated from the annual population sampling survey. The data since 2010 are from the annual report of Public Security Department. The data since 2022 are residents population.

b) According to the results of the seventh national census in 2020, the resident population and urbanization rate since 2011 have been revised (same as the following tables).

c) The population density since 2010 are calculated as the caliber of resident population.

3-2　人口自然变动情况
Natural Changes of Population

单位：万人　　(10 000 persons)

年 份 Year	出生 人口数 Number of Birth	出生率 (‰) Birth Rate (‰)	死亡 人口数 Number of Death	死亡率 (‰) Death Rate (‰)	自然增加 人口数 Number of Natural Growth	自然增长率 (‰) Natural Growth Rate (‰)
1978	154	21.92	44	6.30	110	15.62
1979	153	21.51	45	6.35	108	15.16
1980	145	20.00	46	6.32	99	13.68
1981	151	20.64	48	6.57	103	14.07
1982	153	20.62	46	6.21	107	14.41
1983	154	20.38	48	6.30	106	14.08
1984	145	18.89	48	6.26	97	12.63
1985	157	20.09	48	6.13	109	13.96
1986	187	23.65	51	6.44	136	17.21
1987	212	26.22	51	6.32	161	19.90
1988	214	25.95	48	5.83	166	20.12
1989	223	26.51	48	5.76	175	20.75
1990	214	24.92	56	6.52	158	18.40
1991	172	19.78	58	6.63	114	13.15
1992	159	18.13	61	6.99	98	11.14
1993	141	15.87	56	6.35	85	9.52
1994	138	15.36	57	6.34	81	9.02
1995	130	14.41	57	6.28	73	8.13
1996	130	14.28	58	6.44	72	7.84
1997	129	13.97	58	6.30	71	7.67
1998	131	14.17	59	6.37	72	7.80
1999	132	14.07	60	6.35	72	7.72
2000	123	13.07	56	5.93	67	7.14
2001	126	13.20	59	6.26	67	6.94
2002	119	12.41	61	6.38	58	6.03
2003	116	12.10	62	6.46	54	5.64
2004	113	11.67	63	6.47	50	5.20
2005	112	11.55	61	6.30	51	5.25
2006	113	11.59	61	6.27	52	5.32
2007	111	11.30	62	6.30	49	4.90
2008	113	11.42	64	6.45	49	4.97
2009	113	11.45	64	6.46	49	4.99
2010	117	11.52	67	6.57	50	4.95
2011	121	11.56	69	6.62	52	4.94
2012	125	11.87	71	6.71	54	5.16
2013	130	12.27	72	6.76	58	5.51
2014	136	12.80	75	7.02	61	5.78
2015	136	12.70	75	7.05	60	5.65
2016	143	13.26	77	7.11	66	6.15
2017	140	12.95	75	6.97	65	5.98
2018	127	11.72	74	6.80	53	4.92
2019	120	11.02	75	6.84	46	4.18
2020	92	9.24	71	7.15	21	2.09
2021	79	8.00	73	7.36	6	0.64
2022	73	7.42	74	7.50	-1	-0.08
2023	70	7.06	79	8.00	-9	-0.94

3-3 各市常住人口数
Resident Population by City

单位：万人 (10 000 persons)

地 区 Region	2012	2013	2014	2015	2016	2017	2018	2019	2020	2021	2022	2023
全 省 Total	**9532**	**9573**	**9645**	**9701**	**9778**	**9829**	**9864**	**9901**	**9941**	**9883**	**9872**	**9815**
郑 州 市 Zhengzhou	948	987	1030	1069	1119	1164	1205	1235	1262	1274	1283	1301
开 封 市 Kaifeng	474	476	478	475	476	477	478	481	483	478	469	471
洛 阳 市 Luoyang	664	666	674	683	688	692	695	702	706	707	708	708
平 顶 山 市 Pingdingshan	486	486	489	487	489	489	491	496	499	497	496	492
安 阳 市 Anyang	524	523	524	526	530	533	537	543	548	542	542	538
鹤 壁 市 Hebi	154	155	153	154	153	153	153	156	157	157	157	157
新 乡 市 Xinxiang	589	597	605	610	616	620	623	625	626	617	617	613
焦 作 市 Jiaozuo	350	348	350	350	351	350	349	351	352	352	352	352
濮 阳 市 Puyang	366	370	372	375	377	378	375	374	377	374	374	370
许 昌 市 Xuchang	428	429	429	428	429	430	436	436	438	438	438	438
漯 河 市 Luohe	248	245	242	241	239	238	238	238	237	237	237	237
三 门 峡 市 Sanmenxia	219	216	215	211	208	205	203	202	204	204	204	202
南 阳 市 Nanyang	1027	1019	1013	1007	1001	994	985	976	972	963	962	950
商 丘 市 Shangqiu	749	753	760	766	772	777	780	781	782	772	773	766
信 阳 市 Xinyang	617	618	621	622	624	624	627	625	624	619	617	605
周 口 市 Zhoukou	906	908	913	918	922	919	909	902	902	885	881	867
驻 马 店 市 Zhumadian	716	708	707	709	711	712	709	704	701	692	690	677
济源示范区 Jiyuan	69	69	70	70	71	72	72	73	73	73	73	73

3-4 各市城镇常住人口数

Urban Resident Population by City

单位：万人 (10 000 persons)

地 区 Region	2012	2013	2014	2015	2016	2017	2018	2019	2020	2021	2022	2023
全 省 Total	**4002**	**4174**	**4345**	**4561**	**4770**	**4970**	**5153**	**5348**	**5510**	**5579**	**5633**	**5701**
郑 州 市 Zhengzhou	627	665	708	755	811	862	911	955	989	1008	1019	1041
开 封 市 Kaifeng	186	194	202	210	218	226	234	243	251	253	251	257
洛 阳 市 Luoyang	316	330	347	366	384	401	420	442	459	466	471	477
平 顶 山 市 Pingdingshan	213	219	226	231	239	245	251	260	266	271	273	276
安 阳 市 Anyang	218	225	232	241	251	261	270	280	290	293	296	299
鹤 壁 市 Hebi	79	81	82	84	86	88	90	93	96	97	98	99
新 乡 市 Xinxiang	261	275	288	303	315	328	339	350	360	360	364	368
焦 作 市 Jiaozuo	176	181	186	193	199	204	209	216	222	225	227	230
濮 阳 市 Puyang	128	136	143	152	161	169	174	181	189	191	193	195
许 昌 市 Xuchang	180	186	191	199	206	214	222	228	235	239	242	246
漯 河 市 Luohe	105	107	109	113	117	120	123	128	130	132	134	136
三 门 峡 市 Sanmenxia	103	104	106	107	108	110	111	113	117	118	119	120
南 阳 市 Nanyang	371	386	398	416	434	451	464	479	491	497	502	505
商 丘 市 Shangqiu	247	261	274	291	307	323	337	351	361	365	370	374
信 阳 市 Xinyang	232	242	252	265	275	286	296	306	313	316	319	319
周 口 市 Zhoukou	291	303	314	330	343	355	363	371	384	386	390	393
驻 马 店 市 Zhumadian	233	241	249	262	274	285	293	302	309	313	316	317
济源示范区 Jiyuan	37	38	40	42	43	45	46	48	49	50	50	51

3-5 各市人口数(2023年底)

Number of Households and Population by City (End of 2023)

本表数据是根据全省2023年人口抽样调查汇总数据推算。
Data in this table are calculated based on the result of 2023 sample survey of population.

地区	Region	常住人口(万人) Resident Population (10 000 persons)	男 Male	女 Female	城镇化率(%) Urbanization Rate (%)
全省	**Total**	**9815**	**4922**	**4893**	**58.08**
郑州市	Zhengzhou	1301	665	636	80.00
开封市	Kaifeng	471	240	232	54.54
洛阳市	Luoyang	708	356	352	67.42
平顶山市	Pingdingshan	492	248	244	56.10
安阳市	Anyang	538	264	274	55.70
鹤壁市	Hebi	157	79	78	63.19
新乡市	Xinxiang	613	308	304	60.00
焦作市	Jiaozuo	352	177	175	65.25
濮阳市	Puyang	370	183	187	52.57
许昌市	Xuchang	438	221	217	56.12
漯河市	Luohe	237	119	118	57.53
三门峡市	Sanmenxia	202	102	100	59.55
南阳市	Nanyang	950	477	473	53.16
商丘市	Shangqiu	766	382	384	48.76
信阳市	Xinyang	605	300	305	52.71
周口市	Zhoukou	867	428	438	45.31
驻马店市	Zhumadian	677	335	341	46.84
济源示范区	Jiyuan	73	37	36	69.07

3-6 各市人口出生率、死亡率、自然增长率(2023年底)

Birth Rate, Death Rate, and Natural Growth Rate by City (End of 2023)

地 区 Region	出生人口 (万人) Birth (10 000 persons)	出生率 (‰) Birth Rate (‰)	死亡人口 (万人) Death (10 000 persons)	死亡率 (‰) Death Rate (‰)	自然增长人口 (万人) Natural Growth (10 000 persons)	自然增长率 (‰) Natural Growth Rate (‰)
全 省 Total	**69.50**	**7.06**	**78.70**	**8.00**	**-9.20**	**-0.94**
郑 州 市 Zhengzhou	9.80	7.59	6.40	4.95	3.40	2.64
开 封 市 Kaifeng	3.20	6.80	4.10	8.72	-0.90	-1.92
洛 阳 市 Luoyang	5.10	7.20	5.50	7.77	-0.40	-0.57
平 顶 山 市 Pingdingshan	3.30	6.68	4.00	8.10	-0.70	-1.42
安 阳 市 Anyang	3.40	6.30	4.30	7.97	-0.90	-1.67
鹤 壁 市 Hebi	1.10	7.01	1.20	7.64	-0.10	-0.63
新 乡 市 Xinxiang	4.30	7.00	4.80	7.81	-0.50	-0.81
焦 作 市 Jiaozuo	2.40	6.82	2.80	7.95	-0.40	-1.13
濮 阳 市 Puyang	2.70	7.25	2.90	7.79	-0.20	-0.54
许 昌 市 Xuchang	2.80	6.39	3.80	8.67	-1.00	-2.28
漯 河 市 Luohe	1.50	6.33	2.10	8.87	-0.60	-2.54
三 门 峡 市 Sanmenxia	1.20	5.92	1.60	7.89	-0.40	-1.97
南 阳 市 Nanyang	6.30	6.59	8.40	8.79	-2.10	-2.20
商 丘 市 Shangqiu	6.20	8.06	6.70	8.71	-0.50	-0.65
信 阳 市 Xinyang	3.70	6.06	5.40	8.84	-1.70	-2.78
周 口 市 Zhoukou	7.40	8.47	7.90	9.04	-0.50	-0.57
驻 马 店 市 Zhumadian	4.60	6.73	6.20	9.07	-1.60	-2.34
济 源 示 范 区 Jiyuan	0.50	6.84	0.60	8.21	-0.10	-1.37

3-7 各市常住人口年龄结构(2023年底)

Age Composition of Population by City (End of 2023)

本表数据是根据全省2023年人口抽样调查汇总数据推算（下表同）。
Data in this table are calculated based on the result of 2023 sample survey of population(the same as the following table).

地区 Region	常住人口数(万人) Resident Population (10 000 persons)	0-14岁 Age 0-14	15-64岁 Age 15-64	65岁及以上 Age 65+	比重(%) Proportion (%) 0-14岁 Age 0-14	15-64岁 Age 15-64	65岁及以上 Age 65+
全省 Total	**9815**	**1996**	**6357**	**1462**	**20.3**	**64.8**	**14.9**
郑州市 Zhengzhou	1301	229	941	131	17.6	72.4	10.1
开封市 Kaifeng	471	97	301	74	20.6	63.8	15.6
洛阳市 Luoyang	708	133	473	102	18.7	66.8	14.4
平顶山市 Pingdingshan	492	106	313	73	21.5	63.6	14.8
安阳市 Anyang	538	113	344	81	21.0	63.9	15.1
鹤壁市 Hebi	157	30	107	21	18.8	68.0	13.1
新乡市 Xinxiang	613	124	400	89	20.2	65.3	14.5
焦作市 Jiaozuo	352	61	239	53	17.2	67.8	15.1
濮阳市 Puyang	370	84	231	55	22.8	62.4	14.8
许昌市 Xuchang	438	84	283	71	19.3	64.5	16.3
漯河市 Luohe	237	42	153	42	17.8	64.6	17.6
三门峡市 Sanmenxia	202	34	137	31	16.7	67.9	15.4
南阳市 Nanyang	950	204	598	148	21.4	62.9	15.6
商丘市 Shangqiu	766	177	472	117	23.1	61.6	15.3
信阳市 Xinyang	605	122	381	102	20.2	63.0	16.8
周口市 Zhoukou	867	197	523	147	22.7	60.3	16.9
驻马店市 Zhumadian	677	148	413	116	21.8	61.1	17.1
济源示范区 Jiyuan	73	13	50	10	17.9	67.9	14.2

3-8 各市常住人口抚养系数(2023年底)

Dependency Ratio of Population by City (End of 2023)

单位：% (%)

地 区 Region	少儿系数 Ratio of Children	老年系数 Ratio of the aged	老少比 Ratio of the aged to Children	少儿抚养系 数 Children Dependency Ratio	老年抚养系 数 The Aged Dependency Ratio	总抚养系数 Gross Dependency Ratio
全 省 Total	**20.3**	**14.9**	**73.2**	**31.4**	**23.0**	**54.4**
郑 州 市 Zhengzhou	17.6	10.1	57.3	24.3	13.9	38.2
开 封 市 Kaifeng	20.6	15.6	75.6	32.3	24.4	56.8
洛 阳 市 Luoyang	18.7	14.4	77.1	28.0	21.6	49.6
平 顶 山 市 Pingdingshan	21.5	14.8	68.9	33.9	23.3	57.2
安 阳 市 Anyang	21.0	15.1	71.9	32.8	23.6	56.4
鹤 壁 市 Hebi	18.8	13.1	69.8	27.6	19.3	47.0
新 乡 市 Xinxiang	20.2	14.5	72.0	30.9	22.3	53.2
焦 作 市 Jiaozuo	17.2	15.1	87.6	25.4	22.2	47.6
濮 阳 市 Puyang	22.8	14.8	65.1	36.4	23.7	60.1
许 昌 市 Xuchang	19.3	16.3	84.6	29.9	25.3	55.2
漯 河 市 Luohe	17.8	17.6	98.8	27.6	27.3	54.9
三 门 峡 市 Sanmenxia	16.7	15.4	92.3	24.6	22.7	47.2
南 阳 市 Nanyang	21.4	15.6	72.8	34.1	24.8	58.9
商 丘 市 Shangqiu	23.1	15.3	66.1	37.6	24.8	62.4
信 阳 市 Xinyang	20.2	16.8	83.1	32.1	26.6	58.7
周 口 市 Zhoukou	22.7	16.9	74.6	37.7	28.1	65.7
驻 马 店 市 Zhumadian	21.8	17.1	78.3	35.7	28.0	63.7
济 源 示 范 区 Jiyuan	17.9	14.2	79.4	26.4	20.9	47.3

3-9 分年龄、性别的人口结构(2023年)

Population Construction by Age and Sex (2023)

本表数据是根据全省2023年人口抽样调查汇总数据推算。

Data in this table are calculated based on the result of 2023 sample survey of population .

年 龄	Age	占常住人口比重 (%) Percentage to Resident Population (%)	男 Male	女 Female	性别比 (女=100) Sex Ratio (Female=100)
合 计	**Total**	**100.0**	**50.2**	**49.9**	**100.6**
0-4岁	0-4 Age	4.3	2.2	2.1	109.1
5-9岁	5-9 Age	7.3	3.9	3.5	111.6
10-14岁	10-14 Age	8.7	4.7	4.0	117.1
15-19岁	15-19 Age	7.9	4.4	3.5	122.6
20-24岁	20-24 Age	5.6	3.0	2.6	115.9
25-29岁	25-29 Age	4.6	2.3	2.2	104.2
30-34岁	30-34 Age	7.4	3.6	3.8	96.4
35-39岁	35-39 Age	6.9	3.4	3.6	94.3
40-44岁	40-44 Age	5.9	2.9	3.0	95.5
45-49岁	45-49 Age	5.9	2.9	3.0	96.9
50-54岁	50-54 Age	7.8	3.8	4.0	96.5
55-59岁	55-59 Age	7.7	3.7	4.0	91.2
60-64岁	60-64 Age	5.1	2.5	2.7	91.9
65-69岁	65-69 Age	5.1	2.5	2.6	95.8
70-74岁	70-74 Age	4.3	2.1	2.3	92.0
75-79岁	75-79 Age	2.7	1.2	1.4	88.5
80-84岁	80-84 Age	1.5	0.7	0.9	76.1
85-89岁	85-89 Age	0.8	0.3	0.5	61.0
90-94岁	90-94 Age	0.3	0.1	0.2	47.7
95岁及以上	Above 95 Age	0.1		0.1	34.7

3-10 河南省人口预期寿命

Life Expectancy of Henan

单位：岁 (age)

年 龄 Age	1990			2000			2010			2020		
	合计 Total	男 Male	女 Female	合计 Total	男 Male	女 Female	合计 Total	男 Male	女 Female	合计 Total	男 Male	女 Female
0	**70.0**	**68.1**	**72.0**	**72.8**	**71.0**	**74.7**	**74.6**	**71.8**	**77.6**	**77.6**	**74.6**	**80.8**
1	70.5	68.4	72.8	73.5	71.2	75.9	74.3	71.6	77.4	77.1	74.1	80.3
5	67.1	64.9	69.4	69.7	67.4	72.2	70.5	67.7	73.5	73.2	70.2	76.3
10	62.3	60.1	64.6	64.9	62.6	67.3	65.5	62.8	68.6	68.2	65.3	71.4
15	57.4	55.3	59.7	60.0	57.7	62.4	60.6	57.9	63.6	63.3	60.3	66.5
20	52.7	50.6	54.9	55.2	52.9	57.5	55.7	53.0	58.7	58.4	55.5	61.5
25	48.0	45.9	50.2	50.4	48.2	52.7	50.9	48.3	53.8	53.5	50.7	56.6
30	43.3	41.2	45.5	45.7	43.5	47.9	46.1	43.5	48.9	48.7	45.9	51.7
35	38.6	36.5	40.8	40.9	38.8	43.1	41.3	38.8	44.0	43.9	41.2	46.8
40	33.9	31.9	36.1	36.2	34.2	38.3	36.6	34.2	39.2	39.1	36.5	41.9
45	29.3	27.3	31.4	31.6	29.7	33.6	32.0	29.7	34.4	34.5	32.0	37.1
50	24.9	23.0	26.9	27.1	25.2	29.0	27.5	25.4	29.8	30.0	27.7	32.4
55	20.7	18.9	22.6	22.8	21.0	24.6	23.2	21.3	25.4	25.6	23.5	27.8
60	16.8	15.2	18.4	18.7	17.0	20.3	19.1	17.3	21.1	21.4	19.5	23.4
65	13.4	11.9	14.7	15.0	13.4	16.4	15.4	13.7	17.1	17.4	15.7	19.1
70	10.3	9.1	11.3	11.7	10.3	12.8	12.0	10.6	13.5	13.7	12.3	15.1
75	7.8	6.8	8.5	9.1	7.9	9.9	9.4	8.1	10.6	10.5	9.3	11.6
80	5.5	4.8	6.0	6.9	5.9	7.4	7.2	6.0	8.1	7.7	6.8	8.5
85	3.6	3.2	3.8	5.4	4.6	5.7	5.8	4.8	6.5	5.6	5.0	6.0
90	1.5	1.4	1.6	3.9	3.6	4.0	4.8	3.9	5.3	4.0	3.7	4.2
95	1.3	1.1	1.3	2.8	3.0	2.8						
100	1.1	1.0	1.2	0.5	0.5	0.5						

注：本表数据是根据人口普查数据计算。
Data in this table are calculated on the basis of the National Population Census.

3-11 七次人口普查主要指标

Main Indicators of National Population Censuses in 1953, 1964, 1982, 1990, 2000, 2010, 2020

单位：万人 (10 000 persons)

项 目	Item	1953	1964	1982	1990	2000	2010	2020
全省总人口	**Total Population**	**4379**	**5033**	**7442**	**8553**	**9256**	**9403**	**9937**
按性别分的人口	**Population By Sex**							
男 性	Male	2232	2549	3795	4380	4775	4749	4983
女 性	Female	2147	2484	3647	4173	4481	4654	4953
按年龄分的人口	**Population By Age**							
0岁-6岁	Age 0-6	914	920	1027	1269	765	981	938
7岁-12岁	Age 7-12	511	846	1165	943	1211	760	1041
育龄妇女(15-49岁)	Women at Childbearing Age (Age 15-49)	1017	1109	1781	2279	2496	2623	2172
劳动年龄人口	Working Age Population							
(男16-59 女16-54)	(Male Age 16-59 and Female Age 16-54)	2290	2482	3927	4985	5601	5819	5356
男60岁女55岁以上人口	Males Aged 60 and over and Females Aged 55 and Over	458	449	739	899	1105	1483	2140
按民族分的人口	**Population By Nationality**							
汉 族	Han Nationality	4338	4981	7362	8453	9143	9291	9821
各少数民族	Minority Nationality	41	52	80	101	113	112	116
按城乡分的人口	**Population By Residence**							
城镇总人口	Urban Population	311	552	1173	1303	2145	3622	5508
乡村总人口	Rural Population	4068	4481	6270	7251	7111	5781	4429
按文化程度分的人口	**Population By Educational Level**							
#大学（大专及以上）	University (College and above)		9	25	73	248	602	1167
高中	Senior Secondary School		44	470	606	928	1242	1514
初中	Junior Secondary School		209	1427	2270	3646	3993	3728
小学	Primary School		1230	2322	2972	3073	2267	2440
文盲和半文盲(12周岁以上)	Illiterate and Semi-literate (Age 12 and Over)		2147	2015	1396	543	399	223

注：1. 第五次人口普查数据为快速汇总数据，其中文盲和半文盲人口是指15岁及以上。
2. 第五次人口普查总人口指根据《第五次人口普查办法》规定的常住人口。
3. 第六、七次人口普查数据为常住人口，其中文盲和半文盲人口是指15岁及以上。

a) Data of the fifth Population Census were fast collected results,and illiterate and semi-literate were age 15 and over.
b) Total population of the fifth Population Census refers to population of resident according to "Way of the fifth National Population Census".
c) Data of the sixth and seventh Population Census are resident population, and illiterate and semi-literate were age 15 and over.

主要统计指标解释

人口数 指一定时点、一定地区范围内的有生命的个人总和。

年度统计的年末人口数指每年 12 月 31 日 24 时的人口数。

常住人口 指实际经常居住在某地区一定时间（指半年以上）的人口。按人口普查和抽样调查规定，主要包括：1.在本地居住，户口也在本地的人口，或在任何地方都没有登记户口的人口；2.户口在外地，但在本地居住半年以上的人口，或离开户口地半年以上而调查时在本地居住的人口；3.户口在本地，且外出不满半年的人口，或在中华人民共和国境外但未定居的人口。

城镇人口和乡村人口 城镇人口是指居住在城镇范围内的全部常住人口；乡村人口是除上述人口以外的全部人口。

出生率（又称粗出生率） 指在一定时期内(通常为一年)一定地区的出生人数与同期内平均人数(或期中人数)之比，用千分率表示。本资料中的出生率指年出生率，其计算公式为：

出生率＝年出生人数／年平均人数×1000‰

式中：出生人数指活产婴儿，即胎儿脱离母体时(不管怀孕月数)，有过呼吸或其他生命现象。年平均人数指年初、年底人口数的平均数，也可用年中人口数代替。

死亡率（又称粗死亡率） 指在一定时期内（通常为一年）一定地区的死亡人数与同期平均人数（或期中人数）之比，一般用千分率表示。计算公式为：

死亡率＝年死亡人数／年平均人数×1000‰

人口自然增长率 指在一定时期内（通常为一年）人口自然增加数（出生人数减死亡人数）与该时期内平均人数（或期中人数）之比，一般用千分率表示。计算公式为：

人口自然增长率＝（本年出生人数－本年死亡人数）／年平均人数×1000‰＝人口出生率－人口死亡率

性别比 总人口中男性人数与女性人数之比。通常用每 100 个女性人口相应有多少男性人口表示。其计算公式为：

性别比＝男性人口数/女性人口数×100%

总抚养系数 指被抚养人口（0-14岁和65岁以上人口）与15-64岁人口的比例。计算公式为:

总抚养系数＝被抚养人口/15-64岁人口×100

老年抚养系数 指老年人口（65岁以上人口）与15-64岁人口的比例。计算公式为:

老年抚养系数＝老年人口/15-64岁人口×100

少年抚养系数 指少年儿童（0-14 岁人口）与 15-64 岁人口的比例。计算公式为:

少年抚养系数＝少年儿童人口/15-64 岁人口×100

Explanatory Notes on Main Statistical Indicators

Total Population refers to the total number of people alive at a certain point of time within a given area.

The annual statistics on total population is taken at midnight, the 31st of December.

Resident Population refers to the people actually residing in a certain area for a certain period of time (more than half a year). According to the regulations of population censuses and sample surveys, it mainly includes: 1. The population who reside in the local area and have their household registration there, or those who have no household registration anywhere; 2. The population whose household registration is in another place but who have resided in the local area for more than half a year, or those who left their household registration place for more than half a year and were residing in the local area at the time of the survey; 3. The population whose household registration is in the local area and have been away from home for less than half a year, or those who are residing outside the People's Republic of China but have not settled down.

Urban population and Rural Population Urban population refers to all people residing in cities and towns, while rural population refers to population other than urban population.

Birth Rate (or Crude Birth Rate) refers to the ratio of the number of births to the average population (or mid-period population) during a certain period of time (usually a year), expressed in ‰. Birth rate in the chapter refers to annual birth rate. The following formula is used:

Birth Rate=Number of Births/Average Number of Population×1000‰

Number of births in the formula refers to live births i.e. when a baby has breathed or showed any vital phenomena regardless of the length of pregnancy.

Annual average population is the average of the number of population at the beginning of the year and that at the end of the year. Sometimes it is substituted for with the mid year population.

Death Rate (or Crude Death Rate) refers to the ratio of the number of deaths to the average population (or mid year population) during a certain period of time (usually a year), expressed in ‰. The following formula is used:

Death Rate umber of Deaths=Number of Deaths/Annual Average Number of Population×1000‰

Natural Growth Rate of Population refers to the ratio of natural increase in population (number of births minus number of deaths) in a certain period of time (usually a year) to the average population (or mid year population) of the same period, which is often expressed in‰. The following formulas are applied:

Natural Growth of Population= (Number of Births－Number of Deaths) /Average Number of Population×1000‰

Natural Growth Rate of Population=Birth Rate－Death Rate

Sex Ratio Refers to the ratio of male to female among the total population, which is often described as the number of male population per 100 female population. The following formula is used:

Sex Ratio = Number of Males/Number of Females×100%

Gross Dependency Ratio refers to the ratio of dependent population (0-14 years old and 65 years old and above) to the working-age population (15-64 years old). The following formula is used:

Gross Dependency Ratio = Number of Dependents/Population Aged 15-64×100%

Elderly Dependency Ratio refers to the ratio of the elderly population (65 years of age and older) to the working-age population (15-64 years of age). The following formula is used:

Elderly Dependency Ratio = Number of the Elderly Population/ Population Aged 15-64×100%

The Juvenile and Children Dependency Ratio refers to the ratio of the juvenile and children （0-14 years old） to the working-age population (15-64 years of age). The following formula is used:

The Juvenile and Children Dependency Ratio = Number of Juvenile and Children/ Population Aged 15-64 ×100%

就业人员与职工工资

Employment and Wages

4

◎ 资料整理：薛云 祁莹茜

简要说明

一、主要内容

本篇资料反映从业人员就业情况、城镇单位平均工资及变化情况等。

二、统计范围

《劳动工资统计报表制度》的调查范围为全部法人单位，包括统计上认定的视同法人单位的产业活动单位。

三、资料来源

就业人员情况及分组数据，依据劳动力调查和人口抽样调查测算；城镇单位就业基本情况及分组、工资总额和平均工资等资料，依据劳动工资统计调查测算，由河南省统计局人口和就业统计处编辑整理。

四、调查方法

劳动工资统计报表采用全面调查和抽样调查相结合的方法，由各级统计部门组织法人单位逐级上报。

Brief Introduction

I. Main Contents

Data in this chapter include employment situation, average wages and change in urban units, etc.

II. Scope of Statistics

The investigation scope of the the Labor and Wage Statistical Reporting System covers all legal entities including industrial activity units that are statistically recognized as legal entities.

III. Sources of Data

The situation and grouping of employed persons are calculated based on the labor force survey and the sample survey on population change; The basic employment situation of urban units and the data on grouping, total wages and average wages are calculated based on the labor wage statistics survey, all data is compiled and sorted out by the Population and Employment Statistics Division of Henan Provincial Bureau of Statistics.

IV. Sampling Methodology

Labor statistics using the method of combining comprehensive survey and sampling survey, and the statistical departments report them level by level.

4-1 按城乡分的就业人员数

Number of Employed Persons in Urban and Rural Areas

单位：万人 (10 000 persons)

年 份 Year	合 计 Total	城 镇 Urban Areas	#内资单位 Domestic Invested Units	#国有单位 State-owned Units	#港 澳 台 投资单位 Units with Funds from Hong Kong, Macao and Taiwan	#外商投资 单 位 Foreign Funded Units	乡 村 Rural Areas
1978	2807	423		346			2384
1979	2873	444		363			2429
1980	2929	469		379			2460
1981	3039	508		407			2531
1982	3146	516		407			2630
1983	3289	542		425			2747
1984	3346	574		419			2772
1985	3520	627		454			2893
1986	3598	649		469			2949
1987	3782	686		488			3096
1988	3916	704		508			3212
1989	3943	717		512			3226
1990	4086	727		521			3359
1991	4216	774		544			3442
1992	4332	811		571			3521
1993	4400	865		599			3535
1994	4448	890		604			3558
1995	4509	931		617			3578
1996	4638	981		640			3657
1997	4820	1002		603			3818
1998	5000	933		485			4067
1999	5205	894		475	9	6	4311
2000	5572	860		464	10	6	4712
2001	5517	829		448	8	5	4688
2002	5522	831		417	8	5	4691
2003	5536	841		399	8	6	4695
2004	5587	869		409	8	7	4718
2005	5662	910		405	7	8	4752
2006	5719	942		402	8	10	4777
2007	5773	958		397	10	11	4815
2008	5835	976		391	10	10	4859
2009	5949	1067		381	10	11	4882
2010	5156	1736		389	11	12	3420
2011	5129	1820		400	28	16	3309
2012	5110	1902		409	19	17	3208
2013	5094	1983		370	53	20	3111
2014	5082	2064		368	55	18	3018
2015	5075	2167		366	57	19	2908
2016	5052	2264		367	52	19	2788
2017	5029	2357		362	52	17	2672
2018	4992	2442		354	35	13	2550
2019	4934	2532		324	32	16	2402
2020	4884	2591		349	32	22	2293
2021	4840	2627		354	30	22	2213
2022	4782	2573		345	28	18	2209
2023	4828	2638	757	325	18	12	2190

注：2010-2020年就业人员按照2010年、2020年人口普查数据和劳动力调查数据进行修订，城镇、乡村就业人员同时按新统计口径进行修订；2010年之前就业人员数据是按城镇非私营单位、城镇私营单位、城镇个体就业人员加乡村就业人员的统计口径测算。4-2、4-3表相同；自2023年起，按照《关于市场主体统计分类的划分规定》（国统字〔2023〕14号）执行新的登记注册统计类别，分组变更为内资单位（分为国有单位、其他内资单位）、港澳台投资单位、外商投资单位，其中国有单位包括机关事业单位、全民所有制企业，4-8至4-12表相同。

The employed persons in 2010-2020 are revised according to the census data and labor force survey data in 2010 and 2020, and the employed persons in urban and rural areas are revised according to the new statistical caliber at the same time; Before 2010, the employment data were calculated according to the statistical caliber of urban non-private units, urban private units, urban individual employees and rural employees. Table 4-2, 4-3 is the same; According to the "Regulations on the Classification of Market Entities Statistics" (Guotongzi 〔2023〕 No. 14), new registration statistics categories was implemented since 2023, and the grouping was changed to domestic units (divided into state-owned units and other domestic units), units with funds from Hong Kong,Macao and Taiwan, and foreign funded units,state-owned units include government agencies and institutions, state-owned enterprises, table 4-8 to 4-12 is the same.

4-2 分三次产业的就业人员数

Number of Employed Persons by Three Strata of Industry

年 份 Year	就业人员 (万人) Number of Employed Persons (10 000 persons)	第一产业 Primary Industry	第二产业 Secondary Industry	第三产业 Tertiary Industry	就业人员构成(以就业人员为100) Composition in Percentage (Total=100) 第一产业 Primary Industry	第二产业 Secondary Industry	第三产业 Tertiary Industry
1952	1683	1511	74	98	89.8	4.4	5.8
1957	1829	1577	111	141	86.2	6.1	7.7
1962	2021	1698	82	241	84.0	4.1	11.9
1965	2172	1796	91	285	82.7	4.2	13.1
1970	2481	2037	150	294	82.1	6.0	11.9
1975	2689	2279	230	180	84.8	8.6	6.7
1978	2807	2262	296	249	80.6	10.5	8.9
1979	2873	2366	290	217	82.4	10.1	7.6
1980	2929	2378	304	247	81.2	10.4	8.4
1981	3039	2470	310	259	81.3	10.2	8.5
1982	3146	2530	315	301	80.4	10.0	9.6
1983	3289	2598	341	350	79.0	10.4	10.6
1984	3346	2578	376	392	77.0	11.2	11.7
1985	3520	2571	523	426	73.0	14.9	12.1
1986	3598	2574	568	456	71.5	15.8	12.7
1987	3782	2596	616	570	68.6	16.3	15.1
1988	3916	2648	659	609	67.6	16.8	15.6
1989	3943	2719	659	565	69.0	16.7	14.3
1990	4086	2833	671	582	69.3	16.4	14.2
1991	4216	2921	689	606	69.3	16.3	14.4
1992	4332	2955	724	653	68.2	16.7	15.1
1993	4400	2910	808	682	66.1	18.4	15.5
1994	4448	2865	864	719	64.4	19.4	16.2
1995	4509	2814	929	766	62.4	20.6	17.0
1996	4638	2822	988	828	60.8	21.3	17.9
1997	4820	2909	1011	900	60.4	21.0	18.7
1998	5000	2947	962	1091	58.9	19.2	21.8
1999	5205	3305	913	987	63.5	17.5	19.0
2000	5572	3564	977	1031	64.0	17.5	18.5
2001	5517	3478	997	1042	63.0	18.1	18.9
2002	5522	3398	1038	1086	61.5	18.8	19.7
2003	5536	3332	1084	1120	60.2	19.6	20.2
2004	5587	3246	1142	1200	58.1	20.4	21.5
2005	5662	3139	1251	1272	55.4	22.1	22.5
2006	5719	3050	1351	1318	53.3	23.6	23.0
2007	5773	2920	1487	1366	50.6	25.8	23.7
2008	5835	2847	1564	1424	48.8	26.8	24.4
2009	5949	2765	1675	1509	46.5	28.2	25.4
2010	5156	2314	1496	1346	44.9	29.0	26.1
2011	5129	2210	1533	1386	43.1	29.9	27.0
2012	5110	2136	1560	1414	41.8	30.5	27.7
2013	5094	2044	1623	1427	40.1	31.9	28.0
2014	5082	1897	1518	1667	37.3	29.9	32.8
2015	5075	1719	1517	1839	33.9	29.9	36.2
2016	5052	1546	1512	1994	30.6	29.9	39.5
2017	5029	1375	1506	2148	27.3	30.0	42.7
2018	4992	1303	1502	2187	26.1	30.1	43.8
2019	4934	1251	1469	2214	25.4	29.8	44.9
2020	4884	1223	1443	2218	25.0	29.5	45.4
2021	4840	1172	1446	2222	24.2	29.9	45.9
2022	4782	1320	1356	2106	27.6	28.4	44.0
2023	4828	1224	1411	2193	25.4	29.2	45.4

4-3 各市就业人员数

Number of Employed Persons by City

单位：万人 (10 000 persons)

地 区 Region	2012	2013	2014	2015	2016	2017	2018	2019	2020	2021	2022	2023
全 省 Total	**5110**	**5094**	**5082**	**5075**	**5052**	**5029**	**4992**	**4934**	**4884**	**4840**	**4782**	**4828**
郑 州 市 Zhengzhou	481.22	499.95	525.29	552.84	570.89	589.17	604.38	630.47	669.95	679.45	667.27	683.90
开 封 市 Kaifeng	255.37	252.63	251.26	250.73	248.53	247.11	246.53	244.99	238.00	234.08	230.31	235.02
洛 阳 市 Luoyang	327.87	329.66	329.47	333.39	335.34	328.98	322.28	316.65	316.46	317.21	315.74	319.89
平 顶 山 市 Pingdingshan	249.30	247.90	247.94	239.48	239.18	232.76	230.88	230.54	221.61	220.10	216.40	218.02
安 阳 市 Anyang	259.34	256.21	253.22	256.32	256.17	255.60	252.48	251.66	250.35	246.31	243.21	245.06
鹤 壁 市 Hebi	80.15	79.72	79.25	80.12	79.50	79.54	80.04	80.56	81.12	81.39	79.96	80.79
新 乡 市 Xinxiang	294.74	292.88	292.70	294.39	291.53	292.17	296.45	304.51	305.22	298.84	294.05	296.46
焦 作 市 Jiaozuo	171.30	169.90	169.00	169.30	167.60	165.80	164.00	164.30	160.92	160.82	157.51	159.05
濮 阳 市 Puyang	199.52	198.33	196.02	198.01	195.66	192.72	187.59	181.90	178.59	176.35	173.08	173.87
许 昌 市 Xuchang	233.34	231.26	226.94	226.62	222.56	222.12	223.12	221.00	212.91	212.88	210.04	213.10
漯 河 市 Luohe	139.97	137.77	136.27	136.48	133.62	132.69	131.74	130.62	127.57	127.58	127.19	128.52
三 门 峡 市 Sanmenxia	128.05	125.78	123.76	122.68	118.69	116.61	115.09	113.10	109.78	109.98	109.38	109.34
南 阳 市 Nanyang	594.40	583.32	570.62	547.30	535.65	530.13	517.78	493.30	480.45	473.90	471.41	477.75
商 丘 市 Shangqiu	405.93	403.47	403.17	405.58	403.58	401.31	400.74	398.51	390.43	383.18	381.76	383.51
信 阳 市 Xinyang	342.33	339.84	338.72	338.93	334.24	330.94	327.48	320.63	311.65	307.81	304.83	304.53
周 口 市 Zhoukou	507.40	511.90	508.40	499.70	497.50	488.70	473.70	449.70	438.73	426.16	421.34	420.57
驻 马 店 市 Zhumadian	405.30	399.12	395.83	388.54	387.41	388.22	382.75	365.98	354.39	347.98	342.93	342.50
济源示范区 Jiyuan	34.57	34.34	34.14	34.54	34.34	34.49	35.08	35.50	35.87	35.98	35.59	36.12

4-4 各市分城乡的就业人员数(2023年底)

Number of Employed Persons in Urban and Rural Areas by City (End of 2023)

单位：万人 (10 000 persons)

地 区 Region	合 计 Total	城 镇 Urban Areas	乡 村 Rural Areas
郑 州 市 Zhengzhou	683.90	531.64	152.26
开 封 市 Kaifeng	235.02	120.50	114.52
洛 阳 市 Luoyang	319.89	197.65	122.24
平 顶 山 市 Pingdingshan	218.02	117.84	100.18
安 阳 市 Anyang	245.06	124.39	120.67
鹤 壁 市 Hebi	80.79	48.32	32.47
新 乡 市 Xinxiang	296.46	164.98	131.48
焦 作 市 Jiaozuo	159.05	93.66	65.39
濮 阳 市 Puyang	173.87	81.33	92.54
许 昌 市 Xuchang	213.10	110.85	102.25
漯 河 市 Luohe	128.52	69.10	59.42
三 门 峡 市 Sanmenxia	109.34	54.75	54.59
南 阳 市 Nanyang	477.75	240.59	237.16
商 丘 市 Shangqiu	383.51	183.82	199.69
信 阳 市 Xinyang	304.53	147.03	157.50
周 口 市 Zhoukou	420.57	174.74	245.83
驻 马 店 市 Zhumadian	342.50	153.48	189.02
济 源 示 范 区 Jiyuan	36.12	23.33	12.79

4-5 各市分三次产业的就业人员数(2023年底)

Number of Employed Persons by Three Strata of Industry and City (End of 2023)

地 区 Region	就业人员(万人) Number of Employed Persons (10 000 persons)	第一产业 Primary Industry	第二产业 Secondary Industry	第三产业 Tertiary Industry	就业人员构成(以从业人员为100) Composition in Percentage (Total=100) 第一产业 Primary Industry	第二产业 Secondary Industry	第三产业 Tertiary Industry
郑州市 Zhengzhou	683.90	65.53	194.00	424.37	9.6	28.4	62.1
开封市 Kaifeng	235.02	90.42	56.16	88.44	38.5	23.9	37.6
洛阳市 Luoyang	319.89	71.80	99.95	148.14	22.4	31.2	46.3
平顶山市 Pingdingshan	218.02	50.25	68.83	98.94	23.0	31.6	45.4
安阳市 Anyang	245.06	60.16	81.92	102.98	24.5	33.4	42.0
鹤壁市 Hebi	80.79	8.46	27.89	44.44	10.5	34.5	55.0
新乡市 Xinxiang	296.46	68.68	105.36	122.42	23.2	35.5	41.3
焦作市 Jiaozuo	159.05	24.75	56.16	78.14	15.6	35.3	49.1
濮阳市 Puyang	173.87	46.92	59.74	67.21	27.0	34.4	38.7
许昌市 Xuchang	213.10	57.43	70.72	84.95	26.9	33.2	39.9
漯河市 Luohe	128.52	40.15	39.98	48.39	31.2	31.1	37.7
三门峡市 Sanmenxia	109.34	32.50	27.23	49.61	29.7	24.9	45.4
南阳市 Nanyang	477.75	168.48	101.19	208.08	35.3	21.2	43.6
商丘市 Shangqiu	383.51	120.35	107.92	155.24	31.4	28.1	40.5
信阳市 Xinyang	304.53	92.65	76.48	135.40	30.4	25.1	44.5
周口市 Zhoukou	420.57	130.81	124.17	165.59	31.1	29.5	39.4
驻马店市 Zhumadian	342.50	90.43	96.64	155.43	26.4	28.2	45.4
济源示范区 Jiyuan	36.12	4.23	16.66	15.23	11.7	46.1	42.2

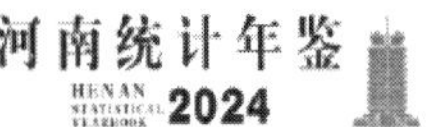

4-6 城镇非私营单位就业人员数(2023年底)

Number of Employed Persons in Urban Non-private Units by City (End of 2023)

单位：万人　　(10 000 persons)

地区	Region	合计 Total	#在岗职工 Staff and Workers
全省	**Total**	**786.86**	**749.31**
郑州市	Zhengzhou	191.73	178.39
开封市	Kaifeng	30.03	29.03
洛阳市	Luoyang	58.23	55.64
平顶山市	Pingdingshan	40.47	38.54
安阳市	Anyang	41.87	39.70
鹤壁市	Hebi	13.53	13.08
新乡市	Xinxiang	41.68	39.60
焦作市	Jiaozuo	28.52	27.65
濮阳市	Puyang	32.84	29.48
许昌市	Xuchang	27.38	25.90
漯河市	Luohe	17.18	16.86
三门峡市	Sanmenxia	16.77	16.09
南阳市	Nanyang	57.52	55.39
商丘市	Shangqiu	38.94	37.87
信阳市	Xinyang	35.76	33.97
周口市	Zhoukou	42.32	41.23
驻马店市	Zhumadian	39.52	38.76
济源示范区	Jiyuan	10.53	10.17

4-7 分行业城镇非私营单位就业人员数(2023年底)

单位：万人

地 区 Region	合 计 Total	农林牧渔业 Agriculture Forestry, Animal Husbandry and Fishery	采矿业 Mining	制造业 Manufacturing	电力、热力、燃气及水的生产和供应业 Production and Supply of Electricity, Heat, Gas and Water	建筑业 Construction	批发和零售业 Wholesale and Retail Trade	交通运输仓储及邮政业 Transport, Storage and Post	住宿和餐饮业 Hotels and Catering Services
全 省 Total	**786.86**	**1.25**	**22.91**	**132.62**	**23.01**	**90.00**	**31.67**	**35.88**	**7.54**
郑 州 市 Zhengzhou	191.73	0.07	2.11	28.47	2.02	28.47	12.50	11.98	3.59
开 封 市 Kaifeng	30.03	0.07		5.27	0.35	4.93	0.92	0.56	0.19
洛 阳 市 Luoyang	58.23	0.09	0.91	12.06	1.09	4.97	1.94	1.80	0.51
平 顶 山 市 Pingdingshan	40.47	0.05	6.76	5.81	0.70	2.55	1.11	0.93	0.31
安 阳 市 Anyang	41.87	0.05	0.05	5.26	0.61	12.02	0.86	0.79	0.31
鹤 壁 市 Hebi	13.53	0.02	1.99	4.42	0.20	0.65	0.38	0.22	0.18
新 乡 市 Xinxiang	41.68	0.09	0.05	9.75	0.64	4.98	1.46	0.90	0.28
焦 作 市 Jiaozuo	28.52	0.01	1.09	8.18	0.46	1.19	0.70	0.77	0.12
濮 阳 市 Puyang	32.84	0.04	4.39	3.29	1.32	4.55	0.54	0.63	0.13
许 昌 市 Xuchang	27.38	0.04	1.19	6.18	0.31	1.13	1.25	0.53	0.18
漯 河 市 Luohe	17.18	0.08		5.03	0.20	0.81	1.05	0.72	0.08
三 门 峡 市 Sanmenxia	16.77	0.02	1.54	2.43	0.59	1.53	0.71	0.48	0.18
南 阳 市 Nanyang	57.52	0.16	0.91	8.74	0.87	5.61	2.49	1.68	0.43
商 丘 市 Shangqiu	38.94	0.06	1.45	5.79	0.29	3.38	1.05	1.11	0.19
信 阳 市 Xinyang	35.76	0.14	0.08	3.59	0.44	3.52	1.91	0.80	0.32
周 口 市 Zhoukou	42.32	0.11		6.53	0.83	4.69	1.24	0.93	0.14
驻 马 店 市 Zhumadian	39.52	0.12	0.00	6.02	0.53	4.47	1.37	0.93	0.35
济源示范区 Jiyuan	10.53	0.03	0.40	4.88	0.11	0.56	0.17	0.43	0.05

Number of Employed Persons in Urban Non-private Units by Sector (End of 2023)

(10 000 persons)

信息传输、软件和信息技术服务业 Information Transmission, Software and Information Technology	金融业 Financial Intermediation	房地产业 Real Estate	租赁和商务服务业 Leasing and Business Services	科学研究和技术服务业 Scientific Research, and Technical Services	水利、环境和公共设施管理业 Management of Water Conservancy, Environment and Public Facilities	居民服务、修理和其他服务业 Services to Households, Repair and Other Services	教育 Education	卫生和社会工作 Health and Social Service	文化、体育和娱乐业 Culture, Sports and Entertainment	公共管理、社会保障和社会组织 Public Management, Social Security and Social Organization
18.68	**23.35**	**21.82**	**24.29**	**16.93**	**15.23**	**4.54**	**119.47**	**69.42**	**6.58**	**121.69**
9.84	7.60	8.57	10.01	8.78	2.49	2.55	18.61	14.26	2.49	17.30
0.29	1.05	0.62	0.69	0.21	1.03	0.19	4.38	3.99	0.27	5.01
3.71	1.79	2.12	1.77	1.29	0.90	0.15	7.77	5.41	0.49	9.43
0.32	1.19	0.99	0.80	0.52	0.71	0.27	6.29	3.06	0.23	7.87
0.29	1.21	0.68	0.81	0.70	0.81	0.06	6.52	3.47	0.23	7.15
0.14	0.22	0.21	0.16	0.24	0.25	0.04	1.72	0.65	0.11	1.72
0.49	1.04	0.92	1.26	0.51	0.55	0.13	7.50	3.97	0.17	7.00
0.24	0.94	0.45	0.29	0.26	0.78	0.09	4.72	2.65	0.14	5.41
0.33	0.50	0.97	2.12	0.65	0.56	0.06	4.98	1.99	0.18	5.63
0.37	0.96	0.84	0.55	0.46	0.98	0.13	4.39	2.66	0.24	5.01
0.18	0.24	0.39	0.80	0.38	0.55	0.14	2.80	1.38	0.13	2.21
0.20	0.80	0.27	0.30	0.28	0.38	0.04	2.28	1.50	0.14	3.09
0.66	1.40	1.13	1.20	0.84	1.57	0.14	11.82	6.56	0.47	10.86
0.33	0.80	0.97	0.65	0.57	0.57	0.11	7.77	4.87	0.20	8.79
0.36	1.13	0.89	0.58	0.50	0.87	0.05	8.47	3.23	0.44	8.43
0.48	1.01	0.73	0.90	0.31	1.10	0.27	9.83	4.84	0.34	8.03
0.34	1.06	0.97	1.17	0.37	0.97	0.10	8.71	4.45	0.27	7.32
0.09	0.41	0.10	0.22	0.07	0.17	0.01	0.91	0.47	0.03	1.42

4-8 各种分组的城镇非私营单位就业人员数(2023年底)

Number of Employed Persons in Urban Non-private Units by Groups (End of 2023)

单位：万人 (10 000 persons)

类别	Type	合计 Total	#在岗职工 Staff and Workers	内资单位 Domestic Invested Units	#国有单位 State-owned Units	港澳台投资单位 Units with Funds from Hong Kong, Macao and Taiwan	外商投资单位 Foreign Funded Units
总计	**Total**	**786.86**	**749.31**	**757.38**	**325.11**	**17.71**	**11.77**
按执行会计标准类别分组	**by Performing Accounting Standard Category**						
企业	Enterprises	484.43	454.74	454.95	27.79	17.71	11.77
政府	Government	296.02	288.40	296.02	295.04		
按国民经济行业分组	**by Sector**						
农、林、牧、渔业	Agriculture, Forestry, Animal Husbandry and Fishery	1.25	1.18	1.18	0.65	0.05	0.02
采矿业	Mining	22.91	20.97	22.53	0.34	0.03	0.35
制造业	Manufacturing	132.62	130.95	113.97	0.61	11.72	6.92
电力、热力、燃气及水生产和供应业	Production and Supply of Electricity, Heat, Gas and Water	23.01	22.74	21.40	0.77	1.22	0.38
建筑业	Construction	90.00	77.41	89.91	1.78	0.05	0.03
批发和零售业	Wholesale and Retail Trade	31.67	31.30	29.50	2.90	1.55	0.61
交通运输、仓储和邮政业	Transport, Storage and Post	35.88	35.29	35.81	2.86	0.07	0.00
住宿和餐饮业	Hotels and Catering Services	7.54	7.19	7.01	0.52	0.13	0.40
信息传输、软件和信息技术服务业	Information Transmission and Information Technology services	18.68	13.84	16.73	0.89	1.84	0.11
金融业	Finance	23.35	21.38	20.57	0.95	0.02	2.76
房地产业	Real estate	21.82	21.42	21.15	0.45	0.61	0.05
租赁和商务服务业	Leasing and Business Services	24.29	22.52	24.17	2.52	0.07	0.04
科学研究和技术服务业	Scientific Research and Technical Service	16.93	16.58	16.79	5.31	0.10	0.04
水利、环境和公共设施管理业	Management of Water Conservancy, Environment and Public Facilities	15.23	12.33	15.03	5.97	0.20	0.00
居民服务、修理和其他服务业	Service to Households, Repair and other Services	4.54	4.49	4.51	0.59	0.02	0.01
教育	Education	119.47	116.81	119.47	107.88		0.00
卫生和社会工作	Health and Social Work	69.42	67.58	69.41	64.08		0.01
文化、体育和娱乐业	Culture, Sports and Entertainment	6.58	6.13	6.55	4.77	0.02	0.01
公共管理、社会保障和社会组织	Public Management, Social Security and Social Organization	121.69	119.18	121.69	121.27		

4-9 各种分组的城镇非私营单位女性就业人员数(年底数)

Number of Female Employed Persons in Urban Non-private Units by Groups (Year-end)

单位：万人 (10 000 persons)

项　目	Item	2022	2023
合　计	**Total**	**353.07**	**326.86**
按国民经济行业分	**by Sector**		
农、林、牧、渔业	Agriculture, Forestry, animal Husbandry and Fishery	0.47	0.40
采矿业	Mining	4.19	3.49
制造业	Manufacturing	71.13	49.12
电力、热力、燃气及水生产和供应业	Production and Supply of Electricity, Heat,Gas and Water	6.06	6.69
建筑业	Construction	16.36	14.29
批发和零售业	Wholesale and Retail Trade	16.13	15.79
交通运输、仓储和邮政业	Transport, Storage and Post	9.87	9.52
住宿和餐饮业	Hotels and Catering Services	4.17	4.40
信息传输、软件和信息技术服务业	Information Transmission and Information Technology services	6.99	7.53
金融业	Finance	12.67	11.80
房地产业	Real estate	10.13	9.63
租赁和商务服务业	Leasing and Business Services	7.61	7.23
科学研究和技术服务业	Scientific Research and Technical Service	6.16	5.71
水利、环境和公共设施管理业	Management of Water Conservancy, Environment and Public Facilities	7.04	7.13
居民服务、修理和其他服务业	Service to Households, Repair and other Services	3.71	2.54
教育	Education	79.29	81.08
卫生和社会工作	Health and Social Work	47.77	46.86
文化、体育和娱乐业	Culture, Sports and Entertainment	3.16	3.05
公共管理、社会保障和社会组织	Public Management, Social Security and Social Organization	40.15	40.60
按三次产业分	**by Three Strata of Industry**		
第一产业	Primary Industry	0.47	0.40
第二产业	Secondary Industry	97.74	73.60
第三产业	Tertiary Industry	254.87	252.86
按注册类型分	**by Status of Registration**		
内资单位	Domestic Invested Units		314.84
#国有单位	State-owned Units	169.73	168.45
港澳台商投资单位	Units with Funds from Hong Kong, Macao & Taiwan	13.14	7.24
外商投资单位	Foreign Funded Units	8.54	4.78

4-10 城镇非私营单位就业人员平均工资
Average Wage of Employed Persons in Urban Non-private Units

单位：元 (yuan)

年 份 Year	合 计 Total	内资单位 Domestic Invested Units	#国有单位 State-owned Units	港、澳、台投资单位 Units with Funds from Hong Kong, Macao and Taiwan	外商投资单位 Foreign Funded Units
1998	5641		6103	6009	8503
1999	6136		6562	6997	7502
2000	6877		7408	9267	7997
2001	7868		8518	9596	9070
2002	9714		9791	10482	9992
2003	10639		11280	12091	13363
2004	11970		12562	14278	14045
2005	14119		14740	14937	15437
2006	16791		17702	17710	17452
2007	20639		22044	20133	21371
2008	24438		26222	23315	25237
2009	26906		28503	25153	27120
2010	29819		31470	27257	29620
2011	33634		35386	31948	32674
2012	37338		39344	36814	36053
2013	38301		42270	42801	36985
2014	42179		46604	46005	39721
2015	45403		49978	50235	42546
2016	49505		56609	52300	46116
2017	55495		65958	55195	49448
2018	63174		73330	57775	61550
2019	67268		76547	60664	63728
2020	70239		80077	62046	70804
2021	74872		82601	65837	76716
2022	77627		86247	63652	83060
2023	84156	84449	87026	69603	95353

4-11 城镇非私营单位职工工资

Wages of Staff and Workers in Urban Non-private Units

年 份 Year	工资总额 (亿元) Total Wages (100 million yuan)	内资单位 Domestic Invested Units	#国有单位 State-owned Units	港澳台投资单位 Units with Funds from Hong Kong, Macao and Taiwan	外商投资单位 Foreign Funded Units	平均工资 (元) Average Wage (yuan)	内资单位 Domestic Invested Units	#国有单位 State-owned Units	港澳台投资单位 Units with Funds from Hong Kong, Macao and Taiwan	外商投资单位 Foreign Funded Units
1978	24.30		20.65			590		609		
1979	27.63		23.60			644		668		
1980	32.93		28.14			730		759		
1981	35.43		30.33			742		772		
1982	37.40		31.82			754		789		
1983	39.19		33.36			767		805		
1984	46.24		37.76			866		921		
1985	57.85		47.06			1015		1080		
1986	69.57		56.97			1159		1245		
1987	78.98		64.34			1258		1347		
1988	95.90		78.66			1470		1582		
1989	108.70		89.48			1628		1767		
1990	123.86		102.52			1825		1997		
1991	138.18		113.58			1964		2132		
1992	165.51		138.38			2269		2473		
1993	200.82		168.89			2646		2860		
1994	275.18		229.87			3545		3851		
1995	347.70		284.17			4344		4677		
1996	407.43		332.03			4924		5265		
1997	434.08		336.34			5225		5643		
1998	431.01		299.76			5781		6204		
1999	445.61		307.17			6194		6594		
2000	495.66		338.39			6930		7453		
2001	553.40		381.92			7916		8573		
2002	622.42		400.42			9174		9864		
2003	720.52		436.31			10749		11397		
2004	801.95		497.47			12114		12701		
2005	949.97		575.63			14282		14877		
2006	1152.05		690.58			16981		17886		
2007	1431.35		849.87			20935		22345		
2008	1702.22		1008.08			24816		26536		
2009	1918.14		1066.34			27357		28914		
2010	2171.69		1200.07			30303		31924		
2011	2721.42		1390.91			34203		35894		
2012	3146.25		1575.98			37958		39948		
2013	4048.73		1556.02			38804		42831		
2014	4432.94		1667.53			42670		47258		
2015	4862.54		1786.62			45920		50662		
2016	5365.62		2026.18			50028		57333		
2017	5903.60		2313.85			55997		66685		
2018	5972.87		2566.64			64148		74649		
2019	6189.46		2406.07			68305		78036		
2020	6446.97		2709.12			71351		81430		
2021	6601.43		2831.90			76261		83940		
2022	6581.75		2906.62			78903		87578		
2023	6461.70	6183.02	2777.74	168.24	110.44	85583	85931	88238	69512	97829

注：1998年及以后年度工资总额为在岗职工口径，与以前年度不可比。
Total wages funds since 1998 were totalized by all employed staff and workers, the data are not comparable with previous years.

4-12 各种分组的城镇非私营单位就业人员平均工资(2023年)

Average Wage of Employed Persons in Urban Non-private Units by Groups (2023)

单位：元 (yuan)

类别	Type	平均工资 Average Wage	#在岗职工 Staff and Workers	内资单位 Domestic Invested Units	#国有单位 State-owned Units	港澳台投资单位 Units with Funds from Hong Kong, Macao and Taiwan	外商投资单位 Foreign Funded Units
总　计	**Total**	**84156**	**85583**	**84449**	**87026**	**69603**	**95353**
按执行会计标准类别分组	**by Performing Accounting Standard Category**						
企业	Enterprises	82766	84367	83141	89240	69603	95353
政府	Government	86801	87880	86801	86820		
按国民经济行业分组	**by Sector**						
农、林、牧、渔业	Agriculture, Forestry, animal Husbandry and Fishery	53599	54782	52664	61042	73358	57362
采矿业	Mining	107431	106416	107785	66205	95668	85923
制造业	Manufacturing	75178	75496	77221	76421	57836	87188
电力、热力、燃气及水生产和供应业	Production and Supply of Electricity, Heat,Gas and Water	122306	123012	123675	63083	108769	88176
建筑业	Construction	69071	69740	69052	64302	81428	97818
批发和零售业	Wholesale and Retail Trade	75662	76094	75855	141372	73404	72013
交通运输、仓储和邮政业	Transport, Storage and Post	101760	102605	101816	57617	78124	58275
住宿和餐饮业	Hotels and Catering Services	49171	50286	48877	49443	64565	49186
信息传输、软件和信息技术服务业	Information Transmission and Information Technology Services	107987	128311	102691	87223	151676	145231
金融业	Finance	147227	154988	149934	199061	141349	126822
房地产业	Real estate	69956	70498	69433	59690	86685	92714
租赁和商务服务业	Leasing and Business Services	62903	65539	62388	70469	115362	257012
科学研究和技术服务业	Scientific Research and Technical Service	97744	98385	97770	100504	96737	88787
水利、环境和公共设施管理业	Management of Water Conservancy, Environment and Public Facilities	42470	47249	42881	57274	11473	56429
居民服务、修理和其他服务业	Service to Households, Repair and other Services	40068	40116	39796	68895	77925	79512
教育	Education	83020	83934	83020	85644		60733
卫生和社会工作	Health and Social Work	101133	101511	101138	102879		47129
文化、体育和娱乐业	Culture, Sports and Entertainment	78775	81294	78873	75719	57840	38780
公共管理、社会保障和社会组织	Public Management, Social Security and Social Organization	81089	82173	81089	81105		

4-13 各市城镇非私营单位就业人员平均工资(2023年)

Average Wage of Employed Persons in Urban Non-private Units by City (2023)

单位：元 (yuan)

地区	Region	平均工资 Average Wages	#在岗职工 Staff and Workers
郑州市	Zhengzhou	102921	105620
开封市	Kaifeng	71690	72989
洛阳市	Luoyang	88700	91119
平顶山市	Pingdingshan	74615	76408
安阳市	Anyang	73023	74725
鹤壁市	Hebi	73697	75243
新乡市	Xinxiang	74931	74498
焦作市	Jiaozuo	72071	73187
濮阳市	Puyang	89563	89349
许昌市	Xuchang	78868	81247
漯河市	Luohe	79343	80302
三门峡市	Sanmenxia	80816	82452
南阳市	Nanyang	68582	69719
商丘市	Shangqiu	70100	71009
信阳市	Xinyang	69932	71352
周口市	Zhoukou	65955	66629
驻马店市	Zhumadian	69386	69915
济源示范区	Jiyuan	82660	84098

4-14 分行业城镇非私营单位就业人员平均工资(2023年)

单位：元

地区 Region	合计 Total	农林牧渔业 Agriculture Forestry, Animal Husbandry and Fishery	采矿业 Mining	制造业 Manufacturing	电力、热力、燃气及水的生产和供应业 Production and Supply of Electricity, Heat, Gas and Water	建筑业 Construction	批发和零售业 Wholesale and Retail Trade	交通运输仓储及邮政业 Transport, Storage and Post	住宿和餐饮业 Hotels and Catering Services
全省 Total	**84156**	**53599**	**107431**	**75178**	**122306**	**69071**	**75662**	**101760**	**49171**
郑州市 Zhengzhou	102921	51350	78113	83328	122772	90805	85260	106138	55801
开封市 Kaifeng	71690	53208		68729	86635	56569	63814	54028	47442
洛阳市 Luoyang	88700	53048	77737	88384	96014	78582	71096	71880	44016
平顶山市 Pingdingshan	74615	41105	99852	72505	103460	49708	85205	49270	42209
安阳市 Anyang	73023	33474	108730	69911	102195	58019	66541	68097	38588
鹤壁市 Hebi	73697	31589	83310	64320	72529	50596	63813	58131	34791
新乡市 Xinxiang	74931	73738	41288	65809	79133	71064	63568	85330	43035
焦作市 Jiaozuo	72071	47728	104171	69410	94252	60755	58312	65248	43140
濮阳市 Puyang	89563	35046	161352	71231	118966	57593	70085	77846	49797
许昌市 Xuchang	78868	74321	92566	83489	77922	57735	69407	61003	48519
漯河市 Luohe	79343	44601		73778	58437	55732	100094	70601	42654
三门峡市 Sanmenxia	80816	31751	81658	73113	90856	81379	75055	72824	42698
南阳市 Nanyang	68582	48447	147850	63252	65626	51914	67120	61089	43203
商丘市 Shangqiu	70100	71343	109068	64766	75151	56421	62465	64112	45041
信阳市 Xinyang	69932	49733	50390	66245	73006	60435	54646	69165	42901
周口市 Zhoukou	65955	58948		58289	137278	53465	77486	71314	41220
驻马店市 Zhumadian	69386	49812	108810	62821	76412	43091	69381	73548	43851
济源示范区 Jiyuan	82660	101196	53694	67500	89324	57261	64654	87614	38973

Average Wage of Employed Persons in Urban Non-private Units by Sector and City (2023)

(yuan)

信息传输、软件和信息技术服务业 Information Transmission, Software and Information Technology Services	金融业 Financial Intermediation	房地产业 Real Estate	租赁和商务服务业 Leasing and Business Services	科学研究和技术服务业 Scientific Research, and Technical Services	水利、环境和公共设施管理业 Management of Water Conservancy, Environment and Public Facilities	居民服务、修理和其他服务业 Services to Households, Repair and Other Services	教育 Education	卫生和社会工作 Health and Social Work	文化、体育和娱乐业 Culture, Sports and Entertainment	公共管理、社会保障和社会组织 Public Management, Social Security and Social Organization
107987	**147227**	**69956**	**62903**	**97744**	**42470**	**40068**	**83020**	**101133**	**78775**	**81089**
88378	216339	81855	70588	120024	61559	40462	120652	158556	110466	113428
85621	144079	62440	89223	88929	38161	24580	74797	81853	49051	73803
158569	125614	57258	50784	100849	51703	57691	83782	96988	62948	89451
91319	91897	53906	67643	74190	40564	29458	72802	81864	58248	67183
126476	117238	61222	60287	73946	49760	49288	83117	84173	69226	81697
107969	111950	60448	67713	37062	34008	36548	86776	81217	58399	93759
120112	110092	67052	41960	61125	42945	38184	79209	97819	63598	78071
126638	124581	63684	45858	76100	34600	48454	72950	63711	53822	73221
110494	109340	83697	84651	70577	54801	54827	81810	90971	73922	78000
116789	120454	66657	57407	69964	36566	47246	80182	86115	69904	78000
118060	102068	69601	45766	108410	44685	24498	87564	110548	69685	83167
91626	86158	65547	69082	75455	34227	54514	88612	87845	62303	88047
92774	111221	51352	49915	68535	35153	55043	71381	86431	54460	66128
129898	101759	56590	46689	47776	39744	34240	75165	77306	49598	68285
118413	109404	69381	40145	65706	27729	42421	69938	93567	54320	71585
107771	106275	61937	44462	57691	23090	29907	62986	81338	49092	66799
127901	117718	60526	47412	55649	35745	56144	73258	85173	58891	76487
97281	128878	66425	36782	85085	57842	52398	131008	85753	55770	119234

4–15　城镇私营单位就业人员平均工资

Average Wage of Employed Persons in Urban Non-private Units

单位：元　　(yuan)

项　　目	Item	2021	2022	2023
从业人员总计	**Total Employed Persons**	**48117**	**47918**	**48841**
按国民经济行业分	**By Sector**			
农、林、牧、渔业	Agriculture, Forestry, Animal Husbandry and Fishery	37839	38518	38384
采矿业	Mining	46874	48646	55337
制造业	Manufacturing	49468	49899	52265
电力、热力、燃气及水生产和供应业	Production and Supply of Electricity,Heat,Gas and Water	50884	51005	52356
建筑业	Construction	51766	49939	51896
批发和零售业	Wholesale and Retail Trade	44756	44783	44738
交通运输、仓储和邮政业	Transport, Storage and Post	49407	50881	52896
住宿和餐饮业	Hotels and Catering Services	39982	40099	40731
信息传输、软件和信息服务业	Information Transmission, Software and Information Technology	54125	53432	55206
金融业	Financial Intermediation	73972	85281	90391
房地产业	Real Estate	49860	49643	44332
租赁和商务服务业	Leasing and Business Services	49634	46476	47910
科学研究、技术服务业	Scientific Research and Technical Services	49617	49696	51748
水利、环境和公共设施管理业	Management of Water Conservancy, Environment and Public Facilities	35907	37834	34248
居民服务、修理和其他服务业	Services to Households, Repair and Other Services	40101	40790	40613
教育	Education	43488	44478	45005
卫生和社会工作	Health and Social Work	50325	50987	51966
文化、体育和娱乐业	Culture, Sports and Entertainment	42746	41600	41272

4-16 各市城镇私营单位就业人员平均工资

Average Wage of Employed Persons in Urban Non-private Units by City

单位：元 (yuan)

地区 Region	2015	2020	2021	2022	2023
郑州市 Zhengzhou	33495	56062	55746	56391	57559
开封市 Kaifeng	32628	49046	50231	49653	50656
洛阳市 Luoyang	31613	46186	47611	46272	48214
平顶山市 Pingdingshan	27980	40560	42873	44054	42458
安阳市 Anyang	28357	44978	47763	47742	47059
鹤壁市 Hebi	31292	44135	44305	44454	45541
新乡市 Xinxiang	28837	46784	50669	49540	51887
焦作市 Jiaozuo	31142	40340	43941	43175	47457
濮阳市 Puyang	25077	38337	42740	42267	44762
许昌市 Xuchang	37665	45029	45222	44560	46447
漯河市 Luohe	30565	43152	43954	45099	48724
三门峡市 Sanmenxia	29296	40881	42981	44938	43446
南阳市 Nanyang	27095	40860	42421	43615	43236
商丘市 Shangqiu	31229	49209	50055	49174	47267
信阳市 Xinyang	29744	45391	47149	48227	47056
周口市 Zhoukou	28005	44805	45948	47091	48635
驻马店市 Zhumadian	29342	44535	46466	46085	43404
济源示范区 Jiyuan	30603	48493	49900	48403	49856

主要统计指标解释

就业人员　指年满16周岁，为取得报酬或经营利润，在调查参考周内从事了1小时（含1小时）以上劳动的人员；或由于在职学习、休假等原因在调查周内暂时未工作的人员；或由于停工、单位不景气等原因临时未工作的人员。

单位就业人员　指报告期末最后一日在本单位工作，并取得工资或其他形式劳动报酬的人员数。该指标为时点指标，不包括最后一日当天及以前已经与单位解除劳动合同关系的人员，是在岗职工、劳务派遣人员及其他就业人员之和。就业人员不包括：

(1)离开本单位仍保留劳动关系，并定期领取生活费的人员；

(2)在本单位实习的各类在校学生；

(3)本单位以劳务外包形式使用的人员，如：建筑业整建制使用的人员。

工资总额　指根据《关于工资总额组成的规定》(1990年1月1日国家统计局发布的一号令)进行修订，本单位在报告期内(季度或年度)直接支付给本单位全部就业人员的劳动报酬总额。包括计时工资、计件工资、奖金、津贴和补贴、加班加点工资、特殊情况下支付的工资，是在岗职工工资总额、劳务派遣人员工资总额和其他就业人员工资总额之和。

工资总额是税前工资，包括单位从个人工资中直接为其代扣或代缴的个人所得税、社会保险基金和住房公积金等个人缴纳部分以及房费、水电费等。

工资总额不论是计入成本的还是不计入成本的，不论是以货币形式支付的还是以实物形式支付的，均应列入工资总额的计算范围。

平均工资　指单位就业人员在一定时期内平均每人所得的工资额。它表明一定时期工资收入的高低程度，是反映就业人员工资水平的主要指标。计算公式为：

$$平均工资=\frac{报告期就业人员工资总额}{报告期就业人员平均人数}$$

Explanatory Notes on Main Statistical Indicators

Employed Persons refer to persons, aged 16 and over,who performed some work for compensation or business gains for one hour or more during the reference period; or persons who do not work for the reasons of study or on holiday; or persons who are temporarily absent from a job for disorganization or suspension of work, etc.

Persons Employed in Various Units refer to the total number of employees who work at his unit on the last day and obtain wages or other forms of payment at the end of the reporting period. This indicator is a kind of time point index and it equals to the sum of the number of employed staff and workers, labor dispatch personnel and other employed persons, excluding those who have terminated labor contracts with working unit on or before the last day of the reporting period. Employed persons do not include:

1) persons who have left their working units while keeping their labour contract (employment relation) unchanged and receiving regular alimony;

2) all kinds of enrolled students who do internship in various units;

3) personnel employed by this unit in the form of labor outsourcing, such as the full-scale workforce employed in the construction industry.

Total Wage Bill It is revised according to the "Provision of Composition of Total Wages" (Order No.1 by National Bureau of Statistics on January, 1st, 1990) , total wage bill refers to the total remuneration payment to all employed persons in various units during the reporting period (by quarter or by year) , including hourly-paid wages, piece-rate wages, bonuses, allowance and subsidies, overtime wages and wages paid under special circumstances, the sum of the wages of regular employees, wages of temporary workers, and wages of other employed persons.

Total wage bill is pre-tax wages, including the room charges, utility bills, housing funds and social insurance paid or withheld by employee's units.

Total wage bill, whether or not included in cost, whether or not paid in money or in kind, shall be included in the calculation of total wage.

Average Wage refers to the average per capita wage during a certain period of time for employed persons. It shows the general level of wage income of employee during a certain period of time, one major indicator to reflect the wage level. It is calculated as follows:

$$\text{Average Wage} = \frac{\text{Total Wage Bill of Employed Persons at Reference Time}}{\text{Average Number of Persons Employed at Reference Time}}$$

固定资产投资

Investment in Fixed Assets

5

资料整理：陈琛　呼晓飞

简要说明

一、主要内容

本篇包括固定资产投资的增速、结构和比例关系、资金来源等资料。

二、统计范围

固定资产投资统计范围包括：计划总投资500万元及500万元以上建设项目投资，房地产开发投资，不包括农户投资。

三、统计口径的变化

自1997年起，除房地产开发投资、农村非农户投资、个人投资及城镇和工矿区私人建房投资外，固定资产投资的统计起点由5万元提高到50万元。自2006年起，非农户固定资产投资统计改为按项目统计，调查方法由抽样调查改为全面统计报表，起点提高到50万元。城镇和工矿区私人建房投资改为按项目统计，起点为50万元。自2011年起，固定资产投资的统计起点由50万元提高到500万元，2010年新口径数据与2011年标准一致；取消“城镇固定资产投资”指标。

四、资料来源

农村农户投资数据来源于农村住户抽样调查，除此以外的固定资产投资统计资料均为全面统计报表，由河南省统计局固定资产投资统计处编辑整理。

Brief Introduction

I. Main Contents

Statistics in this chapter include the growth rate, structure, ratio and financing of the investment in fixed assets.

II. Scopeof Statistics

Statistics on the investment in fixed assets cover investments in capital construction projects investment 5 million yuan and over, investments in real estate development. Farm household investment are not included.

II. Changes in Statistical Scope

Since 1997, the cut-off point of projects covered by statistics of investment in fixed assets are raised from an investment of 50,000 yuan to 500,000 yuan, except investment in real estate development, farm household investment non-farm household investment and private investment in housing construction in urban areas and industrial and mining areas. Since2006, statistics on investments in fixed assets of rural non-farm households are changed to project-based, the sample survey method changed from Sampling survey to comprehensive statistics, investments in private investment in housing construction in urban areas and industrial and mining areas The cut-off point has been raised to 500,000 yuan. Since 2011, the cut-off point of projects covered by statistics of investment in fixed assets are raised from an investment of 500,000 yuan to 5million yuan, and the same as New caliber data on 2010 Index of investment in fixed assets in urban areas was canceled.

IV. Sources of Data

Data on individual investments in fixed assets in rural areas are collected through sample surveys, Other data on investment in fixed assets are collected by the system of reporting form with complete enumeration, which are provided by the Department of investment in fixed assets of the Henan provincial Bureau of Statistics.

5-1 固定资产投资增速及结构

Growth Rate and Structure of Investment in Fixed Assets

单位：% (%)

项　目	Item	2023 增速 Growth Rate	2023 比重 Proportion
总　计	**Total**	**2.1**	**100.0**
#工业投资	Industry Investment	8.9	32.5
#基础设施投资	Infrastructure Investment	4.6	21.4
#民间投资	Private Investment	-3.9	58.4
按产业分	by Sector		
第一产业	Primary Industry	-19.7	1.9
第二产业	Secondary Industry	9.4	32.4
第三产业	Tertiary Industry	-0.4	65.7
按隶属关系分	by Administrative Relationship		
中央项目	Central	-4.0	3.4
地方项目	Local	2.3	96.6
按建设性质分	by Type of Construction		
#新　建	New Construction	7.0	61.5
扩　建	Expansion	14.0	5.0
改建与技术改造	Reconstruction	3.4	7.2
按构成分	by Composition		
建筑安装工程	Construction and Installation	4.1	82.6
设备工器具购置	Purchase of Equipments and Tools	1.5	7.8
其他费用	Others	-12.0	9.5
本年实际到位资金	Actual Funds	-4.5	100.0
国家预算资金	State Budgetary	9.7	9.4
国内贷款	Domestic Loans	17.6	8.4
债　券	Bond		
利用外资	Foreign Investment	-20.0	0.2
自筹资金	Self-raised Funds	-6.6	67.0
其他资金来源	Others	-11.9	15.0

5-2 按行业分固定资产投资增速及比重(2023年)

Growth Rate and Proportion of Investment in Fixed Assets by Registration Status and Sector (2023)

单位：% (%)

指　　标	Item	增速 Growth Rate	比重 Proportion
总　　计	**Total**	**2.1**	**100.0**
农、林、牧、渔业	**Agriculture, Forestry, animal Husbandry and Fishery**	**-21.1**	**2.2**
农业	Agriculture	-15.6	1.1
林业	Forestry	-10.8	0.2
畜牧业	Animal Husbandry	-28.9	0.6
渔业	Fishery	11.5	
农林牧渔专业及辅助性活动	Services in Support of Agriculture, Forestry, Animal Husbandry and Fishery	-28.3	0.3
工业	**Industry**	**8.9**	**32.5**
采矿业	Mining	6.1	1.5
煤炭开采和洗选业	Mining and Washing of Coal	98.5	0.7
石油和天然气开采业	Extraction of Petroleum and Natural Gas	20.0	0.2
黑色金属矿采选业	Mining of Ferrous Metal Ores	-24.7	
有色金属矿采选业	Mining of Non-ferrous Metal Ores	8.7	0.3
非金属矿采选业	Mining and Processing of Nonmetal Ores	-51.2	0.1
开采辅助活动	Support Activities for Mining	-73.4	0.1
其他采矿业	Mining of Other Ores	-88.1	
制造业	Manufacturing	7.4	25.8
农副食品加工业	Processing of Food from Agricultural Products	8.0	1.5
食品制造业	Manufacture of Foods	19.5	1.3
酒、饮料和精制茶制造业	Manufacture of Liquor, Beveravges and Refined Tea	-12.2	0.3
烟草制造业	Manufacture of Tobacco	38.9	0.1
纺织业	Manufacture of Textile	-2.0	0.7
纺织服装、服饰业	Manufacture of Textile, Wearing Apparel and Accessories	-27.6	0.4
皮革、毛皮、羽毛及其制品和制鞋业	Manufacture of Leather, Fur, Feather and Its Products, Footwear	51.9	0.5
木材加工及木、竹、藤、棕、草制品业	Processing of Timbers, Manufacture of Wood, Bamboo, Rattan, Palm, and Straw Products	-25.9	0.2
家具制造业	Manufacture of Furniture	-19.3	0.4
造纸及纸制品业	Manufacture of Paper and Paper Products	-7.7	0.3
印刷和记录媒介复制业	Printing,Reproduction of Recording Media	-26.8	0.1
文教、工美、体育和娱乐用品制造业	Manufacture of Articles for Culture, Arts and Crafts, Sport and Entertainment Activities	-6.4	0.2
石油、煤炭及其他燃料加工业	Petroleum, Coal and other Fuel Processing Industries	-38.8	0.3

5-2 续表 1 continued

单位：% (%)

指标	Item	增速 Growth Rate	比重 Proportion
化学原料及化学制品制造业	Manufacture of Raw Chemical Material and Chemical Products	13.6	2.1
医药制造业	Manufacture of Medicines	4.8	1.2
化学纤维制造业	Manufacture of Chemical Fiber	-19.8	0.2
橡胶和塑料制品业	Manufacture of Rubber and Plastic Products	13.7	0.6
非金属矿物制品业	Manufacture of Non-metallic Mineral Products	9.4	3.0
黑色金属冶炼和压延加工业	Smelting and pressing of Ferrous Metals	-27.1	0.4
有色金属冶炼及压延加工业	Smelting and Pressing of Non-ferrous Metals	2.2	1.1
金属制品业	Manufacture of Metal Products	-8.8	0.9
通用设备制造业	Manufacture of General Purpose Machinery	-18.1	1.4
专用设备制造业	Manufacture of Special Purpose Machinery	18.3	1.7
汽车制造业	Manufacture of Automobile	23.9	1.8
铁路、船舶、航空航天和其他运输设备制造业	Manufacture of Railway, Ship, Aerospace, and other Transport Equipment	1.2	0.1
电气机械及器材制造业	Manufacture of Electrical Machinery and Equipment	86.6	2.0
计算机、通信和其他电子设备制造业	Manufacture of Computer, Communication and Other Electronic Equipment	10.3	2.1
仪器仪表制造业	Manufacture of Measuring Instrument and Machinery	4.9	0.3
其他制造业	Manufacture of Others	-2.3	0.2
废弃资源综合利用业	Comprehensive Utilization of Waste Resources	9.1	0.4
金属制品、机械和设备修理业	Repairing of Metal Products, Machinery and Equipment	77.8	
电力、热力、燃气及水的生产和供应业	Production and Supply of Electricity, Heat, Gas and Water	18.0	5.3
电力、热力生产和供应业	Production and Supply of Electric Power and Heat Power	19.4	3.6
燃气生产和供应业	Production and Supply of Gas	3.4	0.3
水的生产和供应业	Production and Supply of Water	18.7	1.4
建筑业	**Construction**		
#房屋建筑业	Building Construction		
批发和零售业	**Wholesale and Retail Trade**	**-7.1**	**0.8**
#批发业	Wholesale	-3.6	0.4
交通运输、仓储和邮政业	**Transport, Storage and Post**	**26.4**	**11.2**
#铁路运输	Transport via Railway	81.7	0.6
道路运输业	Transport via road	27.0	9.1
装卸搬运和仓储业	Loading, Unloading and Storage	1.5	1.2
邮政业	Post	175.4	0.1

5-2 续表 2 continued

单位：% (%)

指标	Item	增速 Growth Rate	比重 Proportion
住宿和餐饮业	**Hotels and Catering Services**	**-1.5**	**0.6**
#住宿业	Hotels	6.9	0.5
信息传输、软件和信息技术服务业	**Information Transmission and Information Technology services**	**0.4**	**0.7**
#电信、广播电视和卫星传输服务业	Telecom, Radio,Television and Satellite Transmission Service	-0.5	0.3
互联网和相关服务	Internet and Related Services	-16.1	0.2
金融业	**Finance**	**21.1**	**0.1**
#货币金融服务	Monetary and Financial Services	-11.9	
保险业	Insurance	14.1	
房地产业	**Real Estate**	**-9.3**	**29.0**
租赁和商务服务业	**Leasing and Business Services**	**63.5**	**2.9**
#商务服务业	Business Service	64.9	2.9
科学研究和技术服务业	**Scientific Research and Technical Service**	**22.1**	**0.9**
#研究和试验发展	Research and Experimental Development	-4.8	0.2
专业技术服务业	Professional Technique Services	-18.7	0.2
水利、环境和公共设施管理业	**Management of Water Conservancy, Environment and Public Facilities**	**-10.0**	**11.0**
水利管理业	Management of Water Conservancy	-5.1	1.7
生态保护和环境治理业	Ecological Protection and Environmental Management	-34.1	0.6
公共设施管理业	Management of Public Facilities	-9.5	8.6
居民服务、修理和其他服务业	**Service to Households, Repair and other Services**	**24.2**	**0.3**
#居民服务业	Service to Households	2.2	0.2
教育	**Education**	**23.1**	**3.3**
卫生和社会工作	**Health and Social Service**	**14.6**	**2.4**
#卫生	Health	16.0	1.9
文化、体育和娱乐业	**Culture, Sports and Entertainment**	**-17.0**	**1.6**
#广播、电视、电影和影视录音制作业	Broadcasting,Movies, Television and Audiovisual Activities	-66.3	
文化艺术业	Culture and Art	-10.6	0.8
公共管理、社会保障和社会组织	**Public Management,Social Security and Social Organization**	**-10.3**	**0.4**
国家机构	Organ of State	-7.7	0.4
社会保障	Social Security	21.3	

5-3 工业主要产业投资增速及结构

Growth Rate and Structure of Investment in Fixed Assets in Major Industries

单位：% (%)

行　业	Sector	2023 增　速 Growth Rate	2023 占工业投资比重 Percentage of Industry Investment
五大主导产业	**Five Predominant Industry**	**14.1**	**42.9**
装备制造	Electronic Information Industry	18.7	18.5
食品制造	Equipment Manufacturing Industry	10.9	9.8
新型材料制造	Automobile and Parts Industry	-9.2	2.5
电子制造	Food Industry	10.3	6.4
汽车制造	Modern Furniture Industry	23.9	5.7
传统支柱产业	**Traditional Pillar Industry**	**10.2**	**41.6**
冶金工业	Metallurgical Industry	-7.8	4.6
建材工业	Building Materials Industry	9.6	9.2
化学工业	Chemical Industry	4.1	7.6
轻纺工业	Textile Industry	3.4	5.4
能源工业	Energy Industry	24.9	14.8
高技术产业（制造业）	**High-tech Industry (Manufacturing)**	**22.6**	**15.5**
高耗能工业	**Energy-guzzling Industry**	**13.5**	**33.3**
煤炭开采和洗选业	Mining and Washing of Coal	98.5	2.0
化学原料及化学制品制造业	Manufacture of Raw Chemical Material and Chemical Products	13.6	6.4
非金属矿物制品业	Manufacture of Non-metallic Mineral Products	9.4	9.3
黑色金属冶炼及压延加工业	Smelting and Pressing of Ferrous Metals	-27.1	1.2
有色金属冶炼及压延加工业	Smelting and Pressing of Non-ferrous Metals	2.2	3.4
电力、热力的生产和供应业	Production and Supply of Electric Power and Heat Power	19.4	11.0
工业技术改造投资	**Investment in Industrial Technological Transformation**	**17.4**	**24.7**

5-4 能源原材料工业投资增速及结构
Growth Rate and Structure of Energy Raw Material Industry

单位：% (%)

行 业	Sector	2023 增 速 Growth Rate	2023 占工业投资比重 Percentage of Industry Investment
能源原材料工业	**Energy and Raw Material Industrial**	**10.4**	**44.6**
煤炭开采和洗选业	Mining and Washing of Coal	98.5	2.0
石油和天然气开采业	Extraction of Petroleum and Natural Gas	20.0	0.7
黑色金属矿采选业	Mining of Ferrous Metal Ores	-24.7	0.1
有色金属矿采选业	Mining of Non-ferrous Metal Ores	8.7	1.0
非金属矿采选业	Mining of Non-metal Ores	-51.2	0.4
石油、煤炭及其他燃料加工业	Petroleum, Coal and other Fuel Processing Industries	-38.8	0.8
化学原料和化学制品制造业	Manufacture of Raw Chemical Material and Chemical Products	13.6	6.4
橡胶和塑料制品业	Manufacture of Rubber and Plastic	13.7	1.9
非金属矿物制品业	Manufacture of Non-metal Mineral Products	9.4	9.3
黑色金属冶炼和压延加工业	Smelting and Pressing of Ferrous Metals	-27.1	1.2
有色金属冶炼和压延加工业	Smelting and Pressing of Non-ferrous Metals	2.2	3.4
废弃资源综合利用业	Comprehensive Utilization of Waste Resources	9.1	1.1
电力、热力生产和供应业	Production and Supply of Electric Power and Heat Power	19.4	11.0
燃气生产和供应业	Production and Supply of Gas	3.4	1.1
水的生产和供应业	Production and Supply of Water	18.7	4.2

主要统计指标解释

固定资产投资（不含农户） 指城镇和农村各种登记注册类型的企业、事业、行政单位及城镇个体户进行的计划总投资500万元及以上的建设项目投资和房地产开发投资，包括原口径的城镇固定资产投资加上农村企事业组织项目投资，该口径自2011年起开始使用。

民间固定资产投资 指具有集体、私营、个人性质的内资企事业单位以及由其控股（包括绝对控股和相对控股）的企业单位在中华人民共和国境内建造或购置固定资产的投资。

基础设施投资 指为社会生产和生活提供基础性、大众性服务的工程和设施，是社会赖以生存和发展的基本条件。包括以下行业投资：铁路运输业、道路运输业、水上运输业、航空运输业、管道运输业、多式联运和运输代理业、装卸搬运业、邮政业、电信广播电视和卫星传输服务业、互联网和相关服务业、水利管理业、生态保护和环境治理业、公共设施管理业。

实际到位资金 指用于固定资产投资的各种货币资金。包括国家预算资金、国内贷款、利用外资、自筹资金和其他资金。

国家预算资金 国家预算包括一般预算、政府性基金预算、国有资本经营预算和社保基金预算。各类预算中用于固定资产投资的资金全部作为国家预算资金填报，其中一般预算中用于固定资产投资的部分包括基建投资、车购税、灾后恢复重建基金和其他财政投资。各级政府债券也应归入国家预算资金。

国内贷款 指报告期固定资产投资项目单位向银行及非银行金融机构借入用于固定资产投资的各种国内借款，包括银行利用自有资金及吸收存款发放的贷款、上级拨入的国内贷款、国家专项贷款（包括煤代油贷款、劳改煤矿专项贷款等），地方财政专项资金安排的贷款、国内储备贷款、周转贷款等。

利用外资 指报告期收到的境外（包括外国及港澳台地区）资金(包括设备、材料、技术在内)。包括对外借款(外国政府贷款、国际金融组织贷款、出口信贷、外国银行商业贷款、对外发行债券和股票)、外商直接投资、外商其他投资(包括利用外商投资收益在国内进行固定资产再投资活动的资金)。不包括我国自有外汇资金（国家外汇、地方外汇、留成外汇、调济外汇和国内银行自有资金发放的外汇贷款等）。各类外资按报告期的外汇牌价（中间价）折成人民币计算。

自筹资金 指固定资产投资单位在报告期收到的，由各企、事业单位筹集用于固定资产投资的资金，包括各类企事业单位的自有资金和从其他单位筹集的用于固定资产投资的资金，但不包括各类财政性资金、从各类金融机构借入资金和国外资金。

其他资金来源 指在报告期收到的除以上各种资金之外的用于固定资产投资的资金。包括社会集资、个人资金、无偿捐赠的资金及其他单位拨入的资金等。

固定资产投资按国民经济行业分 指根据其从事的社会经济活动性质对各类单位进行的分类。应根据建设项目建成投产后的主要产品种类或主要用途及社会经济活动种类来划分，不能根据项目单位本身的行业类别来划分。如果项目投产后有几种产品，应根据主要产品来确定行业类别。一般情况下，一个建设项目只能属于一种国民经济行业。

固定资产投资按隶属关系分 是按建设单位或企业、事业、行政单位的主管上级机关确定的。

（1）中央 是指中共中央、人大常委会和国务院各部、委、局、总公司以及直属机构直接领导的建设项目和企业、事业、行政单位。这些单位的固定资产投资计划由国务院各部门直接编制和下达，统一组织或委托下级实施。包括有中央垂直管理的部门（如国家统计局各级调查队）和中央直属企业、事业单位（如工商银行、中国电信、中国石油）等。

（2）地方 是由省（自治区、直辖市)、地（区、市、州、盟)、县（区、市、旗）三级政府及业务主管部门直接领导和管理的建设项目、企业、事业、行政单位。地方项目还包括不隶属以上各级政府及主管部门的建设项目和企业、事业单位，如外商投资企业和无主管部门的企业等。

固定资产投资按建设性质分 按整个建设项目情况来确定。建设项目的性质一般分为新建、扩建、改建和技术改造、单纯建造生活设施、迁建、恢复、单纯购置。农户投资不划分建设性质。

（1）新建　指从无到有“平地起家”开始建设的项目。现有企业、事业、行政单位投资的项目一般不属于新建。但如有的单位原有基础很小，经过建设后新增的固定资产价值超过该企业、事业、行政单位原有固定资产价值（原值）三倍以上的，也应作为新建。

（2）扩建　指在厂内或其他地点，为扩大原有产品的生产能力（或效益）或增加新的产品生产能力，而增建的生产车间（或主要工程）、分厂、独立的生产线等项目。行政、事业单位在原单位增建业务性用房（如学校增建教学用房、医院增建门诊部、病房等）也作为扩建。

现有企、事业单位为扩大原有主要产品生产能力或增加新的产品生产能力，增建一个或几个主要生产车间（或主要工程）、分厂，同时进行一些更新改造工程的，也应作为扩建。

（3）改建和技术改造　指现有企业、事业单位对原有设施进行技术改造或更新（包括相应配套的辅助性生产、生活福利设施）的建设项目。改建项目包括企业、事业单位为适应市场变化的需要，而改变企业的主要产品种类（如军工企业转民用产品等）的建设项目；原有产品生产作业线由于各工序（车间）之间能力不平衡，为填平补齐充分发挥原有生产能力而增建但不增加主要产品生产能力的建设项目。技术改造是指企业、事业单位在现有基础上用先进的技术代替落后的技术，用先进的工艺和装备代替落后的工艺和装备，以改变企业落后的技术经济面貌，实现以内涵为主的扩大再生产，达到提高产品质量、促进产品更新换代、节约能源、降低消耗、扩大生产规模、全面提高社会经效益的目的。技术改造具体包括以下内容：机器设备和工具的更新改造；生产工艺改革、节约能源和原材料的改造；厂房建筑和公共设施的改造；保护环境进行的“三废”治理改造；劳动条件和生产环境的改造等。

固定资产投资按构成分

（1）建筑工程　指各种房屋、建筑物的建造工程。这部分投资额必须兴工动料，通过施工活动才能实现，是固定资产投资额的重要组成部分。

（2）安装工程　指各种设备、装置的安装工程。

在安装工程中，不包括被安装设备本身价值。

（3）设备工器具购置　指报告期内购置或自制的，达到固定资产标准的设备、工具、器具的价值。新建单位及扩建单位的新建车间，按照设计或计划要求购置或自制的全部设备、工具、器具，不论是否达到固定资产标准均计入“设备工器具购置”中。

（4）其他费用　指在固定资产建造和购置过程中发生的，除建筑安装工程和设备、工器具购置投资完成额以外的应当分摊计入固定资产投资的费用，不指经营中财务上的其他费用。

Explanatory Notes on Main Statistical Indicators

Investment in Fixed Assets (Excluding Rural Households) refers to the investment in construction projects with a total planned investment of 5 million yuan and over by enterprises of various ownerships, institutions, administrative units and urban self-employed individuals, and the investment in real estate development in both urban and rural areas. Since 2011, it covers the urban investment in fixed assets under the previous statistical coverage plus project investments by rural enterprises and institutions.

Non-governmental Investment in Fixed Assets refers to the investment in the construction or purchase of fixed assets in the territory of the People's Republic of China by domestic-funded enterprises and institutions with collective, private and personal nature and by enterprises and institutions controlled by them (including absolute and relative holding).

Infrastructure Investment refers to projects and facilities that provide basic and popular services for social production and life. It is the basic condition for the survival and development of society. It includes: railway transport, road transport, water transport, air transport, pipeline transport, multimodal transport and transport agent Intermediatly and Forwarding Agency, loading and unloading, posts, telecommunications, radio and television and satellite transmission services, Internet and related services, water management industry, ecological protection and environmental governance, public facilities management.

Actual Funds for Investment refer to all kinds of monetary funds used for fixed assets investment. It includes state budget funds, domestic loans, foreign capital utilization, self-raising funds and other funds.

Fund from the State Budget State budget consists of general budget, government fund budget, operation budget of state-owned assets and social security fund budget. Funds for investment in fixed assets from various budgets are reported as fund from the state budget, of which, the general budget utilized on fixed assets investment includes investment on infrastructure construction, vehicle purchase tax, post-disaster restoration and reconstruction funds and other financial investment. Government bonds at all levels should also be included.

Domestic Loans refer to loans of various forms borrowed by investing units from banks and non-bank financial institutions during the reference period for the purpose of investment in fixed assets, including loans issued by banks from their self-owned funds and deposit, loans appropriated by higher responsible authorities, special loans by government (including loan for substituting petroleum with coal, special loans for reform-through-labour coal mines), loans arranged by local government from special funds, domestic reserve loan, and revolving loan, etc.

Foreign Investment refers to overseas (including foreign countries, Hongkong, Macao and Taiwan) funds received during the reference period (covering equipment, materials and technology), including foreign borrowings (loans from foreign governments and international financial institutions, export credit, commercial loans from foreign banks, issue of bonds and stocks overseas), foreign direct investment and other foreign investments (including funds from foreign direct investment income that are reinvested in fixed assets domestically). Excluded from this category is capital in foreign exchanges owned by China (foreign exchanges owned by the central and local governments, foreign exchanges retained by enterprises, foreign exchanges by enterprises through the regulating mechanism, loans in foreign exchanges issued by the Bank of China with its own fund, etc.). In calculating the utilization of foreign capital, foreign currencies are converted into Chinese Renminbi applying the exchange rate (central parity rate) at the end of the reference period.

Self-raised Funds refer to funds for investment in fixed assets received during the reference period by investing units, including investment in fixed assets using own funds of various enterprises and institutions or funds raised from other units other than financial funds, funds borrowed from financial institutions and overseas funds.

Other Funds refer to funds for investment in fixed assets received from sources other than those listed above, including funds raised from individuals and through donations, and funds transferred from other units.

Investment in Fixed Assets by Sector refers to the classification of investment by the nature of social economic activities the investing units are engaged in. The classification of construction projects by sector is determined by the major products or the purpose of the projects when they are put into production or use, and by the nature of their social economic activities, instead of being determined by industrial classification of the project enterprises. The project will be classified according to major product if there are several kinds of products yielded. In general, one project can only be classified into one sector.

Investment in Fixed Assets by Jurisdiction of Management refers to the classification of investment by the competent authorities under which investment is made by construction units, enterprises, institutions or administrative units.

(1) Central investment refers to the investment in projects or by enterprises, institutions or administrative units which are under the direct leadership and management of the State Council and of the national commissions, ministries, agencies and State-owned large corporations. Various ministries and departments of the State Council prepare and implement plans through unified organization or lower-level commissions, which include departments direct under central government (i.e. survey offices at all level of the National Bureau of Statistics) and enterprises and institutions directly under central government (like the Industrial and Commercial Bank of China, China Telecom and China National Petroleum Corporation).

(2) Local investment refers to the investment in projects or by enterprises, institutions or administrative units which are under the direct leadership and management of competent departments and governments at the level of province (autonomous regions and municipalities directly under the Central Government), prefecture （prefectures, cities and leagues） and county (districts, cities and banners). Also included are projects by foreign-invested enterprises and enterprises without competent managing authorities.

Investment in Fixed Assets by Type of Construction Construction projects in general can be classified, by the type of construction, into new construction, expansion, reconstruction and technical transformation, purely construction of living facilities, moving, restoration and purely purchasing. However, investment by type of construction is not applied to investment by real-estate development units and investment by rural households.

(1) New construction in general refers to construction projects, which start from scratch. The existing projects invested by enterprises, institutions and administrative agencies cannot be classified as new construction. In case the size of the existing unit is quite small, and the value of newly added fixed assets is more than three times of the original value, the expansion will be considered as new construction.

(2) Expansion refers to projects of construction of new production workshop, branch factory or independent production line within a factory or in other locations, for the purpose of increasing the production capacity (or improving efficiency) or adding new production capacity. Newly constructed accommodation for the operation of institutions and administrative organizations (such as newly constructed buildings for teaching in schools, buildings for clinics or wards in hospitals, etc.) are also classified as expansion.

Also included in expansion are investments by existing enterprises or institutions in building major production line(s) or branch factory (ies) along with some work on innovation, for the purpose of expanding the production capacity of original products or producing new products.

(3) Reconstruction and technical transformation refers to construction projects by existing enterprises or institutions in innovation or technical transformation of the old facilities (including auxiliary production equipment and welfare facilities). Also considered as reconstruction is the construction of new workshops by the existing enterprises or institutions to change the variety of products to meet the market demand (such as the production of civil products by defence industries), or to bring the designed production capacity into full play through a more balanced production process on production lines. Technical transformation refers to replacement of old technology or equipment by new technology or equipment, in order to expand the reproduction through improvement of technology contents in production, to improve product quality, to promote new products, to save energy, to reduce

consumption, to expand the production scale and to improve overall social-economic efficiency. Contents of technical transformation include: updating of machinery, equipment and tools; reforming production process by using energy or materials saving technology; construction of factory workshops and transformation of public facilities; treatment transformation of "three wastes" (waste gas, waste water and industrial residue) aiming at environmental protection; improvement of working conditions and environment, etc.

Investment in Fixed Assets by Structure

(1) Construction refers to the construction of houses and buildings, also known as work volume of construction. This part of investment can only be achieved through construction activities, it is the major component of the total investment in fixed assets.

(2) Installation refers to the installation of various kinds of equipment and instruments, also known as work volume of installation.

The value of equipment installed itself is not included in the value of installation projects.

(3) Purchase of equipment and instruments refers to the total value of equipment, tools, and instruments purchased or self-produced which come up to the cut-off point for fixed assets during the reference period. Equipment, tools and instruments purchased or self-produced for new workshops by newly established or expanded units are categorized as "purchase of equipment and instruments" no matter whether they come up to the cut-off point for fixed assets.

(4) Other expenses refer to expenses arising during the construction or purchase of fixed assets other than those expenses on construction, installation and purchase of equipment and instruments. Other financial expenses arising in operation are not included.

对外经济贸易
Foreign Trade

6

◎ 资料整理：施薇

简要说明

一、主要内容

本篇包括河南对外贸易资料，利用外资资料，对外经济合作等资料。

二、统计范围

对外贸易统计的范围是全省各进、出口贸易公司和有进出口经营权的生产企业、外商及港澳台商投资企业、科研机构等辖区内全部有进出口经营权的企业；利用外资统计的范围是辖区内全部外商投资企业、港澳台商投资企业和有外商其他投资的单位；对外经济合作统计范围是经各级商务部门批准的从事对外承包和劳务合作业务并具有法人地位的对外承包劳务企业。对外直接投资统计范围是境内投资主体通过直接投资在境外设立的各类公司型企业和非公司型企业。

三、资料来源

对外贸易、外商投资企业的登记注册情况、对外经济合作和对外直接投资资料采用全面调查方法。

对外贸易资料1992年及以后为海关进出口统计数字，由郑州海关提供。

利用外资资料中外商投资企业的登记注册情况资料由河南省市场监督管理局提供，其他由河南省商务厅提供。

对外经济合作资料和对外直接投资资料由河南省商务厅提供。

本篇资料由河南省统计局贸易外经处编辑整理。

Brief Introduction

I. Main Contents

Data in this chapter provide summary data of Henan provincial foreign trade, utilization of foreign capital, economic cooperation with foreign countries.

II. Statistical Scopes

The statistics of foreign trade cover the Henan provincial import and export corporation, the manufacturing enterprises that have right to operate import and export, foreign and Hong Kong, Macao and Taiwan-invested enterprises and scientific research institutions. The statistics of utilization of foreign capital cover the foreign direct investments and other foreign investments, and the basic condition of registration of foreign funded enterprises. The statistics of economic cooperation with foreign countries or territories cover the corporate enterprise engaged in contracted projects and labour services cooperation with foreign countries and has been approved by the department of commerce at various levels. The statistics of foreign direct investment cover overseas corporate and non-corporate enterprises of various forms established by domestic investors through their investment operation.

III. Data Sources

Data on foreign trade, utilization of foreign capital, economic cooperation with foreign countries or territories are calculated through a comprehensive reporting system.

Data on foreign trade since1992 and later are calculated by Zhengzhou Customs.

Data on utilization of foreign capital are calculated by the Henan provincial bureau of Commerce, data on registered cases of foreign-invested enterprises are calculated by the administration for market regulation of Henan Province.

Data on overseas direct investment and economic cooperation with foreign countries pr territories are calculated by the Henan provincial bureau of Commerce.

Data in this chapter are provided by the Department of Trade and External Economic Relations of the Henan provincial bureau of Statistics.

6-1 对外经济贸易基本情况
Foreign Trade and Economic Cooperation

指　　标	Item	2010	2015	2020	2021	2022	2023
货物进出口总值(亿元)	**Total Value of Imports and Exports (RMB 100 million)**	**1204.40**	**4600.19**	**6654.80**	**8208.07**	**8524.14**	**8107.88**
出口总额	Total Exports	713.13	2684.03	4075.00	5024.06	5246.99	5279.97
进口总额	Total Imports	491.27	1916.16	2579.90	3184.02	3277.10	2827.91
进出口差额	Balance	221.86	767.86	1495.10	1840.04	1969.90	2452.05
货物进出口总额(亿美元)	**Total Value of Imports and Exports (USD 100 million)**	**177.92**	**737.81**	**972.05**	**1271.01**	**1277.28**	**1151.63**
出口总额	Total Exports	105.34	430.61	592.96	778.07	786.34	750.11
进口总额	Total Imports	72.57	307.19	379.08	492.94	490.95	401.51
进出口差额	Balance	32.77	123.42	213.88	285.13	295.39	348.60
新设立外商直接投资企业数（个）	**Number of Newly Established Foreign Direct Investment Enterprises (unit)**	**362**	**272**	**266**	**341**	**329**	**465**
实际使用外资额(亿美元)	**Total Amount of Foreign Investment Actually Utilized (USD 100 million)**	**62.47**	**160.86**	**200.65**	**210.73**	**17.79**	**7.52**
#外商直接投资	Foreign Direct Investments	62.47	160.86	200.65	210.73	17.79	7.52
外资企业基本情况	**Registered Foreign-funded Enterprises**						
年末实有企业数(户)	Number of Registered Enterprise in the Year-end (unit)	2459	2154	2415	2580	2621	2991
投资总额(亿美元)	Total Investment (USD 100 million)	378.66	687.10	1114.18	1044.90	2054.70	
注册资本(亿美元)	Registered Capital (USD 100 million)	205.35	348.16	779.44	749.54	743.03	
#外方	Capital from Foreign Investors	148.66	248.44	584.08	578.34	573.86	
对外经济合作(亿美元)	**Economic Cooperation with Foreign Countries & Regions (USD 100 million)**						
合同金额	Contracted Value	25.26	43.35	49.65	39.93	49.77	67.49
完成营业额	Value of Turnover Fulfilled	23.23	48.32	34.64	40.68	41.46	44.06

注：1. 自2022年起“实际使用外资”统计口径发生调整，与之前年度数据不可比。
2. 因制度调整，取消“投资总额”、“注册资本”、“#外方”等统计指标。

a) From 2022, the statistical caliber of "actual use of foreign capital" has been adjusted, and it is not comparable with the previous year's data.
b) Due to regulatory adjustments, the statistical indicator of "total investmen" "registered capital" and "capital from foreign investor" has been abolished.

6-2 进出口总额

Total Value of Imports and Exports

年份 Year	美元(亿美元) (USD 100 million)				人民币(亿元) (RMB 100 million)			
	进出口总额 Total Imports & Exports	出口总额 Total Exports	进口总额 Total Imports	顺差 Balance	进出口总额 Total Imports & Exports	出口总额 Total Exports	进口总额 Total Imports	顺差 Balance
1978	1.18	1.02	0.16	0.86	1.99	1.72	0.27	1.45
1979	1.54	1.34	0.20	1.14	2.39	2.08	0.31	1.77
1980	2.26	2.04	0.22	1.83	3.40	3.07	0.33	2.74
1981	2.85	2.49	0.35	2.14	4.29	3.75	0.53	3.22
1982	2.88	2.55	0.33	2.22	5.44	4.81	0.62	4.19
1983	3.04	2.80	0.25	2.55	6.02	5.54	0.49	5.05
1984	3.82	3.42	0.40	3.01	8.90	7.96	0.94	7.02
1985	4.50	3.67	0.83	2.84	16.74	13.66	3.08	10.58
1986	5.07	4.53	0.54	3.99	18.85	16.84	2.01	14.83
1987	7.47	6.54	0.93	5.61	27.80	24.34	3.46	20.88
1988	8.50	7.51	0.99	6.51	31.61	27.92	3.69	24.23
1989	9.85	8.19	1.66	6.53	33.52	30.47	3.05	27.42
1990	10.04	8.67	1.37	7.30	48.18	41.61	6.57	35.04
1991	12.15	10.43	1.72	8.71	64.39	55.28	9.11	46.17
1992	11.62	8.16	3.46	4.71	63.33	44.49	18.84	25.65
1993	13.14	7.55	5.59	1.97	75.70	43.51	32.19	11.33
1994	16.32	10.22	6.10	4.13	139.86	87.62	52.24	35.39
1995	22.29	13.58	8.72	4.86	186.14	113.36	72.78	40.58
1996	19.69	12.40	7.29	5.11	163.19	102.80	60.40	42.40
1997	18.97	12.87	6.10	6.76	157.26	106.66	50.60	56.06
1998	17.32	11.87	5.45	6.42	143.58	98.38	45.20	53.18
1999	17.50	11.29	6.22	5.07	144.94	93.47	51.46	42.01
2000	22.75	14.93	7.81	7.12	188.36	123.65	64.71	58.95
2001	27.93	17.15	10.77	6.38	231.13	141.99	89.15	52.84
2002	32.04	21.19	10.85	10.34	265.25	175.43	89.82	85.62
2003	47.16	29.80	17.36	12.44	390.52	246.78	143.74	103.04
2004	66.13	41.76	24.37	17.39	547.59	345.78	201.81	143.97
2005	77.36	51.01	26.35	24.66	626.54	413.12	213.42	199.71
2006	97.96	66.35	31.61	34.74	780.91	528.92	251.99	276.94
2007	128.05	83.91	44.13	39.78	980.39	642.48	337.91	304.57
2008	174.79	107.19	67.60	39.58	1223.80	750.47	473.33	277.15
2009	134.38	73.46	60.92	12.55	917.98	501.84	416.14	85.70
2010	177.92	105.34	72.57	32.77	1204.40	713.13	491.27	221.86
2011	326.42	192.40	134.02	58.39	2071.20	1220.83	850.36	370.47
2012	517.50	296.78	220.72	76.05	3260.27	1869.71	1390.56	479.15
2013	599.57	359.87	239.70	120.17	3716.51	2231.21	1485.30	745.91
2014	650.33	393.84	256.49	137.35	3994.36	2418.81	1575.55	843.25
2015	737.81	430.61	307.19	123.42	4600.19	2684.03	1916.16	767.86
2016	712.26	428.34	283.92	144.42	4714.70	2835.34	1879.35	955.99
2017	776.13	470.29	305.84	164.45	5232.79	3171.81	2060.98	1110.84
2018	828.19	537.67	290.52	247.16	5512.71	3578.99	1933.73	1645.26
2019	824.45	541.93	282.52	259.41	5711.63	3754.64	1956.99	1797.65
2020	972.05	592.96	379.08	213.88	6654.80	4075.00	2579.90	1495.10
2021	1271.01	778.07	492.94	285.13	8208.07	5024.06	3184.02	1840.04
2022	1277.28	786.34	490.95	295.39	8524.14	5246.99	3277.10	1969.90
2023	1151.63	750.11	401.51	348.60	8107.88	5279.97	2827.91	2452.06

注：本表1991年及以前年度为有关部门统计数据，从1992年开始为海关进出口数据。
Data before 1991 are obtained from the related department, and the data since 1992 are obtained from the customs statistics.

6−3 各种分组的进出口总值

Total Value of Imports and Exports by Group

单位：亿元 (RMB 100 million)

项 目	Item	进出口总值 Total Value of Imports and Exports 2022	2023	#出口总值 Exports Trade 2022	2023
合 计	**Total**	**8524.14**	**8107.88**	**5246.99**	**5279.97**
按贸易方式分	**By Trade System**				
一般贸易	General Trade	2993.99	3190.29	2238.19	2293.79
援助物资	Aid Material	0.11		0.11	
加工贸易	Processing Trade	5113.26	3673.24	2881.29	1928.79
#来料加工贸易	Processing Trade with Customer's Materials	41.85	29.40	21.56	17.92
进料加工贸易	Processing Trade with Imported Materials	5071.41	3643.83	2859.73	1910.87
对外承包工程出口	Export of Contracted Projects	10.40	22.24	10.40	22.24
三资企业投资设备进口	Import of Machines Invested by Equity Joint Venture, Contractual Joint Venture, Wholly Foreign-owned Enterprise	0.01	0.00		
保税物流	Bonded Logistics	358.09	1187.92	73.62	1006.75
其他	Others	48.28	34.20	43.38	28.40
按注册类型分	**By Registration Status**				
国有企业	State-owned Enterprises	637.19	713.86	270.35	309.33
外商投资企业	Foreign Investment	3724.92	2484.71	2720.07	1649.30
合作	Cooperative Operation	0.70	0.99	0.64	0.99
合资	Equity Joint Ventures	3513.28	2397.28	2671.54	1605.48
独资	Sole Proprietorship	210.93	86.44	47.88	42.84
民营企业	Private Enterprise	4077.61	4826.01	2175.70	3239.75
其他	Others	84.43	83.31	80.88	81.59

6-4 河南向一些国家(地区)进出口总值

Total Value of Imports and Exports To Related Countries and Regions

单位：亿元 (RMB 100 million)

国家(地区)	Country (Region)	进出口总值 Total Imports & Exports		#出口 Exports	
		2022	2023	2022	2023
合　计	**Total**	**8524.14**	**8107.88**	**5246.99**	**5279.97**
亚洲	**Asia**	**4087.46**	**3878.25**	**1655.30**	**1944.49**
韩国	Republic of Korea	839.31	723.30	169.31	195.85
日本	Japan	317.16	412.21	195.67	324.65
中国	China	76.32	39.74		
中国台湾	Taiwan, China	856.01	581.21	32.37	32.52
越南	Vietnam	592.33	531.20	112.31	97.37
中国香港	Hong Kong, China	261.01	242.52	260.18	241.57
非洲	**Africa**	**216.96**	**256.72**	**182.80**	**209.21**
南非	South Africa	38.29	40.39	32.56	33.06
贝宁	Benin	1.17	1.28	1.17	1.28
欧洲	**Europe**	**1395.28**	**1335.73**	**1156.25**	**1153.60**
荷兰	Holland	239.47	269.47	234.50	266.35
德国	Germany	157.32	117.63	125.37	86.56
英国	United Kingdom	194.65	182.83	185.85	175.68
俄罗斯联邦	Russia	223.11	181.76	107.56	121.47
意大利	Italy	110.44	129.24	103.88	119.51
拉丁美洲	**Latin America**	**664.45**	**788.46**	**288.23**	**339.85**
巴西	Brazil	119.71	140.12	73.03	80.39
墨西哥	Mexico	220.30	257.93	103.97	130.52
智利	Chile	138.34	142.14	31.06	33.67
北美洲	**North America**	**1904.79**	**1598.75**	**1838.33**	**1531.55**
美国	United States	1800.69	1494.86	1746.46	1437.22
加拿大	Canada	104.10	103.88	91.87	94.32
大洋洲	**Oceania**	**253.96**	**248.70**	**126.07**	**101.27**
澳大利亚	Australia	239.69	231.73	116.02	93.53
新西兰	New Zealand	12.71	14.06	8.50	5.92

6-5 人民币汇率(年平均价)

Exchange Rate of Renminbi (Annual Average)

单位：元 (yuan)

年 份 Year	100美元 100 US Dollars	100日元 100 Japanese Yen	100港元 100 Hong Kong Dollars	100欧元 100 Euros
1985	293.66	1.2457	37.57	
1986	345.28	2.0694	44.22	
1987	372.21	2.5799	47.74	
1988	372.21	2.9082	47.70	
1989	376.51	2.7360	48.28	
1990	478.32	3.3233	61.39	
1991	532.33	3.9602	68.45	
1992	551.46	4.3608	71.24	
1993	576.20	5.2020	74.41	
1994	861.87	8.4370	111.53	
1995	835.10	8.9225	107.96	
1996	831.42	7.6352	107.51	
1997	828.98	6.8600	107.09	
1998	827.91	6.3488	106.88	
1999	827.83	7.2932	106.66	
2000	827.84	7.6864	106.18	
2001	827.70	6.8075	106.08	
2002	827.70	6.6237	106.07	800.58
2003	827.70	7.1466	106.24	936.13
2004	827.68	7.6552	106.23	1029.00
2005	819.17	7.4484	105.30	1019.53
2006	797.18	6.8570	102.62	1001.90
2007	760.40	6.4632	97.46	1041.75
2008	694.51	6.7427	89.19	1022.27
2009	683.10	7.2986	88.12	952.70
2010	676.95	7.7279	87.13	897.25
2011	645.88	8.1050	82.97	900.11
2012	631.25	7.9037	81.38	810.67
2013	619.32	6.3323	79.85	822.19
2014	614.28	5.8196	79.22	816.51
2015	622.84	5.1543	80.34	691.41
2016	664.23	6.1243	85.58	734.26
2017	675.18	6.0200	88.64	763.03
2018	661.74	5.9890	84.43	780.16
2019	689.85	6.3347	88.05	772.55
2020	689.76	6.4626	88.93	787.55
2021	645.15	5.8735	83.00	762.93
2022	672.61	5.1261	85.89	707.21
2023	704.67	5.0350	90.02	764.25

注：数据来源于国家外汇管理局。
Data are from State Administration of Foreign Exchange.

6–6 外商和港澳台商直接投资情况

Foreign, Hong Kong, Macao and Taiwan's Direct Investments

单位：万美元 (USD 10 000)

年 份 Year	新设企业数 Number of Newly Established Enterprises	合同外资金额 Amount of Extra-contractual Funds	实际利用外资额 Actually Utilized Foreign Value
1985	29	6870	565
1986	14	2724	605
1987	31	12562	467
1988	38	1986	6436
1989	36	1681	4266
1990	50	2107	1049
1991	154	12716	3791
1992	1053	88327	10691
1993	1727	157768	34197
1994	1011	79168	42488
1995	815	86748	47981
1996	478	92166	52566
1997	423	86799	64735
1998	353	57333	61794
1999	264	61832	49527
2000	237	69921	53999
2001	224	62188	35861
2002	290	101964	45165
2003	324	182560	56149
2004	478	205383	87367
2005	472	235176	122960
2006	497	336788	184526
2007	516	483538	306162
2008	364	604146	403266
2009	274	492055	479858
2010	362	578385	624670
2011	355	767752	1008209
2012	363	1172936	1211777
2013	344	1154233	1345659
2014	328	1183590	1492688
2015	272	737323	1608637
2016	196	875349	1699312
2017	210	864691	1722428
2018	217	682233	1790214
2019	214	413554	1872727
2020	266	272853	2006476
2021	341	551227	2107349
2022	329	499713	177943
2023	465	960987	75172

注：自2022年起"实际使用外资"统计口径发生调整，与之前年度数据不可比。
From 2022, the statistical caliber of "actual use of foreign capital" has been adjusted , and it is not comparable with the previous year's data.

6-7 外商和港澳台商在豫直接投资(2023年)

Direct Investment From Foreign, Hong Kong, Macao and Taiwan Businessmen in Henan (2023)

项　目	Item	新设企业数(个) Number of Newly Established Enterprises (unit)	合同外资金额(万美元) Amount of Extra-contractual Funds (USD 10 000)	实际投资(万美元) Actually Investments (USD 10 000)
总　计	**Total**	**465**	**960987**	**75172**
按国民经济行业分	**By Sector**			
#农、林、牧、渔业	Agriculture, Forestry, Animal Husbandry and Fishery	15	8431	
采矿业	Mining	2	518	40
制造业	Manufacturing	68	51571	24263
电力、热力、燃气及水生产和供应业	Production and Supply of Electricity, Heat, Gas and Water	17	19619	16890
建筑业	Construction	4	14255	
交通运输、仓储及邮政业	Transport, Storage and Post	5	15082	2030
信息传输、计算机服务和软件业	Information Transimission, Computer Services and Software	35	546022	623
批发和零售业	Wholesale and Retail Trade	124	114929	6273
住宿和餐饮业	Hotels and Catering Services	8	8793	2257
金融业	Financial Intermediation	1	7675	109
房地产业	Real Estate	2	49480	4439
租赁和商务服务业	Leasing and Business Services	62	39793	4114
科学研究、技术服务和地质勘查业	Scientific Research, Technical Service and Geologic Perambulation	103	77279	13275
水利、环境和公共设施管理业	Management of Water Conservancy, Environment and Public Facilities	4	3510	46
居民服务和其他服务业	Services to Households and Other Services	3	779	35
教育	Education	1	173	
卫生、社会保障和社会福利业	Health, Social Security and Social Welfare			
文化、体育和娱乐业	Culture, Sports and Entertainment	11	3078	778
按地区、国别分	**By Country or Region**			
中国香港	Hong Kong, China	228	896812	51420
中国台湾	Taiwan,China	75	10597	405
加拿大	Canada	11	6650	52
日本	Japan	7	4413	2
英国	United Kingdom	3	-1655	5148
美国	America	16	1706	518
新加坡	Singapore	6	11370	6862
德国	Germany	4	568	271
韩国	Republic of Korea	14	3981	444

注：自2022年起"实际使用外资"统计口径发生调整，与之前年度数据不可比。
From 2022, the statistical caliber of "actual use of foreign capital" has been adjusted , and it is not comparable with the previous year's data.

6-8 各市外商和港澳台商在豫直接投资金额

Direct Investment from Foreign, Hong Kong, Macao and Taiwan in Henan by City

单位：万美元 (USD 10 000)

地 区 Region	合同外资金额 Amount of extra-contractual funds		实际利用外资 Actually Utilized Foreign Capital	
	2022	2023	2022	2023
全 省 Total	**499713**	**960987**	**177943**	**75172**
郑州市 Zhengzhou	201515	736815	120176	23622
开封市 Kaifeng	12116	12172	1576	1991
洛阳市 Luoyang	25782	6397	1909	2524
平顶山市 Pingdingshan	14308	9716	5555	6473
安阳市 Anyang	1142	12198	5190	5592
鹤壁市 Hebi	22870	7912	1550	1223
新乡市 Xinxiang	27225	8582	4952	3331
焦作市 Jiaozuo	30793	1373	10141	9105
濮阳市 Puyang	3696	3688	570	1074
许昌市 Xuchang	11168	17926	471	765
漯河市 Luohe	15329	22541	6027	6090
三门峡市 Sanmenxia	21145	145	1059	
南阳市 Nanyang	66743	82990	6901	4015
商丘市 Shangqiu	7060	4262	2263	1846
信阳市 Xinyang	13979	2921	4101	1175
周口市 Zhoukou	10163	22753	809	2
驻马店市 Zhumadian	7962	8596	2678	1266
济源示范区 Jiyuan	7327		2015	5078

注：自2022年起"实际使用外资"统计口径发生调整，与之前年度数据不可比。
From 2022, the statistical caliber of "actual use of foreign capital" has been adjusted , and it is not comparable with the previous year's data.

6-9 各市外商和港澳台商投资企业登记注册情况(2023年)

Registration Status of Foreign, Hong Kong, Macao and Taiwan Funded Enterprises by City (2023)

地区	Region	年末实有企业数（个，含分公司） Real Number of Enterprises by the end of the year (unit, including branch company)	本年登记企业数（个，含分公司） Registered Enterprises in the year (unit, including branch company)	累计注销企业数（个） Accumulative Number of Deregistered Enterprises (unit)
全省	**Total**	**10729**	**761**	**8308**
河南省（省级）	**Provincial**	**22**		**253**
郑州市	Zhengzhou	2855	262	2215
开封市	Kaifeng	461	21	413
洛阳市	Luoyang	889	45	815
平顶山市	Pingdingshan	420	20	359
安阳市	Anyang	461	44	390
鹤壁市	Hebi	205	16	139
新乡市	Xinxiang	685	47	480
焦作市	Jiaozuo	408	15	456
濮阳市	Puyang	239	17	281
许昌市	Xuchang	413	22	283
漯河市	Luohe	288	35	180
三门峡市	Sanmenxia	210	9	247
南阳市	Nanyang	838	93	449
商丘市	Shangqiu	608	24	372
信阳市	Xinyang	571	24	449
周口市	Zhoukou	489	36	297
驻马店市	Zhumadian	556	31	159
济源示范区	Jiyuan	111		71

6-10　对外国和港澳台地区投资

Investment to Foreign, Hong Kong, Macao and Taiwan

项　目	Item	2015	2020	2021	2022	2023
对外投资项目备案个数	Number of Foreign Investment Projects on Record (Unit)	92	92	84	160	116
中方新签协议(合同)	Investments of New Agreement (Contract)					
投资额(万美元)	Signed by China (USD 10 000)	232461	123186	136962	138006	179741
年末已建成投产(开业)	Number of Business Completed and					
企业数(个)	Put into Use in the Year-end (unit)	561	569	595	566	626

6-11　对外承包工程和劳务合作

Contracted Projects and Labor Cooperation with Foreign Countries or Regions

指　标	Item	2015	2020	2021	2022	2023
签订合同数(个)	Number of Contracts Signed (unit)	151	239	155	273	304
签订合同金额(亿美元)	Contracted Value (USD 100 million)	43.35	49.65	39.93	49.77	67.49
营业额(亿美元)	Value of Business (USD 100 million)	48.32	34.64	40.68	41.46	44.06
派出人员(人次)	Person Send Abroad (person-time)	70243	9466	13805	10196	19846
年底在外人员(人)	Number of Abroad Person at Year-end (person)	101289	25113	26776	24762	27055

主要统计指标解释

货物进出口总额 指实际进出我国国境的货物总金额。包括对外贸易实际进出口货物，来料加工装配进出口货物，国家间、联合国及国际组织无偿援助物资和赠送品，华侨、港澳台同胞和外籍华人捐赠品，租赁期满归承租人所有的租赁货物，进料加工进出口货物，边境地方贸易及边境地区小额贸易进出口货物（边民互市贸易除外），中外合资企业、中外合作经营企业、外商独资经营企业进出口货物和公用物品，到、离岸价格在规定限额以上的进出口货样和广告品（无商业价值、无使用价值和免费提供出口的除外），从保税仓库提取在中国境内销售的进口货物，以及其他进出口货物。进出口总额用以观察一个国家在对外贸易方面的总规模。我国规定出口货物按离岸价格统计，进口货物按到岸价格统计。

利用外资 指我国各级政府、部门、企业和其他经济组织通过对外借款、吸收外商直接投资以及用其他方式筹措的境外现汇、设备、技术等。

外商直接投资 是指外国投资者在我国境内通过设立外商投资企业、合伙企业、与中方投资者共同进行石油资源的合作勘探开发以及设立外国公司分支机构等方式进行投资。外国投资者可以用现金、实物、无形资产、股权等投资，还可以用从外商投资企业获得的利润进行再投资。

外商其他投资 指除对外借款和外商直接投资以外的各种利用外资的形式。包括企业在境内外股票市场公开发行的以外币计价的股票（目前主要是在香港证券市场发行的H股和在境内证券市场发行的B股）发行价总额，国际租赁进口设备的应付款，补偿贸易中外商提供的进口设备、技术、物料的价款，加工装配贸易中外商提供的进口设备、物料的价款。

对外承包工程 指各对外承包公司以招标议标承包方式承揽的下列业务：⑴承包国外工程建设项目，⑵承包我国对外经援项目，⑶承包我国驻外机构的工程建设项目，⑷承包我国境内利用外资进行建设的工程项目，⑸与外国承包公司合营或联合承包工程项目时我国公司分包部分，⑹对外承包兼营的房屋开发业务。对外承包工程的营业额是以货币表现的本期内完成的对外承包工程的工作量，包括以前年度签订的合同和本年度新签订的合同在报告期内完成的工作量。

对外劳务合作 指以收取工资的形式向业主或承包商提供技术和劳动服务的活动。我国对外承包公司在境外开办的合营企业，中国公司同时又提供劳务的，其劳务部分也纳入劳务合作统计。劳务合作营业额按报告期内向雇主提交的结算数(包括工资、加班费和奖金等)统计。

Explanatory Notes on Main Statistical Indicators

Total Imports and Exports of Goods refer to the real value of commodities imported into and exported from the boundary of China. They include the actual imports and exports through foreign trade, imported and exported goods under the processing and assembling trades and materials, supplies and gifts as aid given gratis between governments and by the United Nations and other international organizations, and contributions donated by overseas Chinese, compatriots in Hong Kong and Macao and Chinese with foreign citizenship, leasing commodities owned by tenant at the expiration of leasing period, the imported and exported commodities processed with imported materials, commodities trading in border areas(excluding mutual exchange goods), the imported and exported commodities and articles for public use of the Sino-foreign joint ventures, cooperative enterprises and ventures exclusively with foreign own investment. Also included are import or export of samples and advertising goods for whose CIF or FOB value are beyond the permitted ceiling (excluding goods of no trading or use value and free commodities for export), imported goods sold in China from bonded warehouses and other imported or exported goods. The indicator of the total imports and exports at customs can be used to observe the total size of external trade in a country. In accordance with the stipulation of the Chinese government, imports are calculated at CIF, while exports are calculated at FOB.

Utilization of Foreign Capital refers to remittance, equipment and technology financed from abroad, by loans, foreign direct investment and other forms undertaken by the Chinese governments at all levels, by various departments, enterprises and other economic units.

Direct Investment by Foreign Entrepreneurs refers to foreign investment in China through the establishment of foreign invested enterprises, cooperative exploration and development of petroleum resources with domestic investors and the establishment of branch organizations of foreign enterprises. Foreign investment can be made in forms of cash, physical investment, intangible assets and equity, in addition with reinvestment of the foreign enterprises with the profits gained from the investment.

Other Investment by Foreign Entrepreneurs refers to all forms of utilization of foreign capitals other than foreign borrowings and foreign direct investment. It includes the total value of stock shares in foreign currencies issued by enterprises at domestic or foreign stock exchanges (now mainly consisting of H shares issued at Hong Kong Security Market and B shares issued at domestic security markets), rent payable for the imported equipment through international leasing arrangement, cost of imported equipment, technology and materials provided by foreign counterparts in compensation trade and processing and assembly trade.

Contracted Projects with Foreign Countries refer to projects undertaken by Chinese contractors (project contracting companies) through bidding process. They include: (1) overseas civil engineering construction projects financed by foreign investors; (2) overseas projects financed by the Chinese government through its foreign aid programs; (3) construction projects of Chinese diplomatic missions, trade offices and other institutions stationed abroad; (4) construction projects in China financed by foreign investment; (5)sub-contracted projects to be taken by Chinese contractors through a joint umbrella project with foreign contractor's); (6)housing development projects. The business income from international contracted projects is the work volume of contracted projects completed during the reference period, expressed in monetary terms, including completed work on projects signed in previous years.

Service Cooperation with Foreign Countries refers to the activities of providing technology and labor services to employers or contractors in the forms of receiving salaries and wages. Labor services providing by contractual joint ventures of Chinese international contracting corporations should be included in the statistics of service co-operation with foreign countries. The business income of labor service co-operation is the income in the form of wages and salaries, overtime pay, bonuses and other remuneration received from the employers during the reference period.

能源
Energy

7

◉ 资料整理：刘金娜 郭俊峰 刘芦苇 孙昊

简要说明

一、主要内容

本篇包括能源生产、消费及品种构成，能源生产和消费弹性系数、能源加工转换效率、规模以上工业分行业主要能源品种的购进、消费及库存，社会用电量等资料。

二、统计范围

本篇统计范围为全社会或规模以上工业法人企业(年主营业收入达到2000万元及以上)。

三、资料来源

本篇数据主要来自能源平衡表以及规模以上工业企业能源购进、消费、库存统计报表。

各市全社会用电量数据来自省电力公司。

四、关于计算方法与数据修订的说明

1.能源生产与消费弹性系数分别以能源生产、消费增长速度与国内生产总值增长速度相比求得。

2.能源平衡表中，电力折算标准煤系数按平均发电煤耗计算。

3.能源加工转换效率表中，电力折算标准煤系数采用当量值计算，每千瓦小时折0.1229千克标准煤。

4.GDP按可比价格计算。

5.2010年、2015年以来相关数据根据第三、第四次经济普查结果进行修订。

Brief Introduction

I. Main Contents

Data in this chapter cover mainly energy production, consumption, and composition; elasticity ratio of energy production and consumption; efficiency of energy processing and conversion; Purchase, consumption and Stock of enterprises above designated size by sector; social electricity consumption.

II. Scope of Statistics

The scope of data in this chapter is the whole province, and Industrial enterprises above designated size (annual main business income reaches 20 million yuan and above).

III. Sources of Data

Data in this part comes from the energy balance sheets and statistical report on energy purchase, consumption and Stock by industrial enterprises above designated size. Electricity consumption by city data are from.

IV. Notes on Coverage and Compilation of Data

(1)The elasticity ratio of energy production is calculated as the quotient of the growth rate of energy production divided by the growth rate of GDP; and the elasticity ratio of energy consumption is calculated as the quotient of the growth rate of energy consumption divided by the growth rate of GDP.

(2)In the energy balance sheet, the coefficient for conversion of electric power into the standard coal equivalent is calculated according to the average consumption of coal for generating electricity.

(3)In the table on the efficiency of energy conversion, the coefficient for the conversion of electric power into the standard coal equivalent is calculated on the basis of the heat value equivalent. One kilowatt is equal to0.1229 kg SCE.

(4)Gross domestic product are calculated at constant prices.

(5)Data on 2010 and 2015 have been revised according to the results of the third and fourth national economic census.

7-1 一次能源生产总量及构成

Total Production of Primary Energy and Its Composition

年 份 Year	一次能源生产总量（万吨标准煤） Total Primary Energy Production (10 000 tons of SCE)	占能源生产总量的比重（%） As Percentage of Total Energy Production (%)			
		原 煤 Coal	原 油 Crude Oil	天然气 Natural Gas	一次电力及其他能源 Primary Electricity and Other Energy
1978	4434	93.7	5.4		0.9
1979	4536	91.9	7.1		1.0
1980	4402	91.3	7.5	0.1	1.1
1981	4760	87.4	11.1	0.5	1.0
1982	4998	85.3	12.8	0.7	1.2
1983	5456	83.8	14.1	0.9	1.2
1984	5981	82.8	15.3	0.9	1.0
1985	6909	81.5	16.4	1.2	0.9
1986	7261	80.3	17.3	1.6	0.8
1987	7361	79.3	18.1	1.9	0.7
1988	7624	78.6	18.3	2.3	0.8
1989	8031	80.0	17.0	2.2	0.8
1990	8071	81.3	15.6	2.3	0.8
1991	7999	81.9	15.2	2.2	0.7
1992	8058	82.8	14.4	2.1	0.7
1993	8037	83.7	13.6	1.9	0.8
1994	8085	85.0	12.1	2.0	0.9
1995	8454	87.5	10.2	1.6	0.7
1996	8757	88.1	9.6	1.6	0.7
1997	8558	87.9	9.8	1.7	0.6
1998	8080	87.4	10.4	2.0	0.2
1999	6947	85.6	11.6	2.5	0.3
2000	6591	83.7	12.2	2.8	1.4
2001	7238	84.0	11.2	2.9	1.9
2002	8321	85.2	9.8	2.8	2.3
2003	10634	88.3	7.4	2.3	2.0
2004	13079	90.4	5.7	1.7	2.2
2005	14522	91.3	5.0	1.8	1.9
2006	15002	91.7	4.7	1.7	2.0
2007	14604	91.8	4.8	1.4	2.0
2008	15487	92.6	4.4	1.2	1.8
2009	17002	93.4	4.0	0.8	1.8
2010	17438	92.4	4.1	0.5	3.0
2011	15786	91.3	4.4	0.4	3.9
2012	12224	90.2	5.6	0.5	3.7
2013	13133	90.6	5.2	0.5	3.7
2014	11796	89.8	5.7	0.6	3.9
2015	11173	89.3	5.3	0.5	4.9
2016	9695	89.0	4.7	0.5	5.9
2017	10254	87.2	3.9	0.4	8.5
2018	9731	84.8	3.8	0.4	11.0
2019	10304	82.3	3.5	0.4	13.8
2020	10403	80.0	3.3	0.4	16.4
2021	9749	73.2	3.4	0.4	23.0
2022	10357	69.6	3.3	0.5	26.6

注：电力折算标准煤数根据当年平均发电煤耗计算。

The coefficient for conversion of electric power into SCE is calculated on the basis of the data on average coal consumption in generating electric power in the same year.

7-2 能源消费总量及构成

Total Consumption of Energy and Its Composition

年 份 Year	能源消费总量 (万吨标准煤) Total Energy Consumption (10 000 tons of SCE)	占能源消费总量的比重 (%) As Percentage of Total Energy Consumption (%)			
		煤 炭 Coal	石 油 Crude Oil	天然气 Natural Gas	一次电力及其他能源 Primary Electricity and Other Energy
1978	3353	92.3	6.8		0.9
1979	3228	92.1	6.9		1.0
1980	3389	91.6	7.0	0.2	1.2
1981	3612	91.3	6.9	0.6	1.2
1982	3560	91.1	6.5	0.9	1.5
1983	4035	90.9	6.5	1.1	1.5
1984	4474	91.0	6.5	1.2	1.3
1985	4618	89.9	7.0	1.8	1.3
1986	4709	88.3	8.4	2.2	1.1
1987	5006	88.4	8.4	2.2	1.0
1988	5292	87.7	8.8	2.5	1.0
1989	5112	87.7	8.7	2.3	1.3
1990	5206	87.8	8.4	2.6	1.2
1991	5363	88.3	8.5	2.2	1.0
1992	5583	88.4	8.4	2.3	0.9
1993	5862	88.2	8.8	2.0	1.0
1994	6225	87.7	9.0	2.2	1.1
1995	6473	87.6	9.6	1.8	1.0
1996	6654	87.5	9.8	1.7	1.0
1997	6711	87.8	9.6	1.7	0.9
1998	7244	87.6	9.8	1.6	1.0
1999	7380	87.5	9.8	1.7	1.0
2000	7919	87.6	9.6	1.7	1.1
2001	8367	87.0	9.5	1.9	1.6
2002	9005	86.6	9.3	2.0	2.1
2003	10595	86.7	9.4	1.9	2.0
2004	13074	86.6	9.2	2.0	2.2
2005	14625	87.2	8.7	2.2	1.9
2006	16234	87.4	8.0	2.5	2.1
2007	17838	87.7	7.9	2.5	1.9
2008	18976	87.2	8.0	2.6	2.2
2009	19751	87.0	7.9	2.8	2.3
2010	18964	82.8	9.3	3.4	4.5
2011	20462	81.6	10.4	3.6	4.4
2012	20920	80.0	11.5	4.7	3.8
2013	21909	77.2	12.9	4.8	5.2
2014	22890	77.7	12.6	4.5	5.3
2015	22343	76.4	13.3	5.2	5.1
2016	22323	75.4	14.3	5.2	5.0
2017	22162	71.6	14.6	5.8	8.0
2018	22659	69.9	15.3	5.8	9.0
2019	22300	67.4	15.7	6.1	10.7
2020	22752	67.6	15.3	5.9	11.2
2021	23501	63.3	15.7	6.4	14.6
2022	24371	62.7	15.7	6.5	15.1

7-3 能源生产弹性系数
Elasticity Ratio of Energy Production

年 份 Year	能源生产比上年增长 (%) Growth Rate of Energy Production over Preceding Year (%)	电力生产比上年增长 (%) Growth Rate of Electricity Production over Preceding Year (%)	生产总值比上年增长 (%) Growth Rate of Gross Domestic Product(GDP) over Preceding Year (%)	能源生产弹性系数 Elasticity Ratio of Energy Production	电力生产弹性系数 Elasticity Ratio of Electricity Production
1980	-3.0		15.4		
1981	8.1	13.6	7.8	1.04	1.74
1982	5.0	4.1	4.3	1.16	0.95
1983	9.2	5.6	23.8	0.39	0.24
1984	9.6	5.8	10.1	0.95	0.57
1985	15.5	5.3	13.5	1.15	0.39
1986	5.1	12.3	4.6	1.11	2.67
1987	1.4	12.0	15.0	0.09	0.80
1988	3.6	0.1	9.8	0.37	0.01
1989	5.3	5.6	7.0	0.76	0.80
1990	0.5	5.4	4.5	0.11	1.20
1991	-0.9	11.3	6.9		1.64
1992	0.7	16.2	13.7	0.05	1.18
1993	-0.3	8.8	15.6		0.56
1994	0.6	10.3	13.5	0.04	0.76
1995	4.6	12.8	14.7	0.31	0.87
1996	3.6	8.5	13.9	0.26	0.61
1997	-2.3	6.2	10.5		0.59
1998	-5.6		8.8		
1999	-14.0	4.4	8.1		0.54
2000	-5.1	6.6	9.1		0.73
2001	9.8	12.8	8.7	1.13	1.47
2002	15.0	14.4	9.1	1.65	1.58
2003	27.8	12.7	10.9	2.55	1.17
2004	23.0	24.2	12.8	1.80	1.89
2005	11.0	11.3	14.3	0.77	0.79
2006	3.3	12.6	14.5	0.23	0.87
2007	-2.7	19.9	14.6		1.36
2008	6.1	2.2	12.0	0.51	0.18
2009	9.8	4.9	11.0	0.89	0.45
2010	2.6	10.4	12.4	0.21	0.84
2011	-9.5	13.8	12.0		1.15
2012	-22.6	1.9	10.1		0.19
2013	7.4	8.3	9.0	0.82	0.92
2014	-10.2	-4.9	8.9		
2015	-5.3	-4.3	8.4		
2016	-13.2	1.5	8.2		0.18
2017	5.8	4.1	7.8	0.74	0.53
2018	-5.1	10.0	7.6		1.32
2019	5.9	-5.3	6.8	0.87	
2020	1.0	-0.9	1.1	0.91	
2021	-6.3	5.0	6.0		0.83
2022	6.2	13.6	2.4	2. 58	5.67

7-4 能源消费弹性系数

Elasticity Ratio of Energy Consumption

年 份 Year	能源消费比上年增长 (%) Growth Rate of Energy Consumption over Preceding Year (%)	电力消费比上年增长 (%) Growth Rate of Electricity Consumption over Preceding Year (%)	生产总值比上年增长 (%) Growth Rate of Gross Domestic Product(GDP) over Preceding Year (%)	能源消费弹性系数 Elasticity Ratio of Energy Consumption	电力消费弹性系数 Elasticity Ratio of Electricity Consumption
1980	5.0		15.4	0.32	
1981	6.6	5.6	7.8	0.85	0.72
1982	-1.4	32.3	4.3		7.51
1983	13.3	-3.2	23.8	0.56	
1984	10.9	6.5	10.1	1.08	0.64
1985	3.2	5.6	13.5	0.24	0.41
1986	2.0	7.0	4.6	0.43	1.52
1987	6.3	10.6	15.0	0.42	0.71
1988	5.7	12.1	9.8	0.58	1.23
1989	-3.4	9.8	7.0		1.40
1990	1.8	2.2	4.5	0.40	0.49
1991	3.0	9.3	6.9	0.43	1.35
1992	4.1	15.7	13.7	0.30	1.15
1993	5.0	7.5	15.6	0.32	0.48
1994	6.2	8.8	13.5	0.46	0.65
1995	4.0	13.2	14.7	0.27	0.90
1996	2.8	8.3	13.9	0.20	0.60
1997	0.9	6.5	10.5	0.09	0.62
1998	7.9	-0.5	8.8	0.90	
1999	1.9	3.4	8.1	0.23	0.42
2000	7.3	6.8	9.1	0.77	0.75
2001	5.7	12.7	8.7	0.66	1.46
2002	7.6	14.7	9.1	0.84	1.62
2003	17.7	13.7	10.9	1.62	1.26
2004	23.4	22.3	12.8	1.83	1.74
2005	11.9	7.6	14.3	0.83	0.53
2006	11.0	10.6	14.5	0.76	0.73
2007	9.9	21.5	14.6	0.68	1.47
2008	6.4	12.0	12.0	0.53	1.00
2009	4.1	5.6	11.0	0.37	0.51
2010	8.5	13.1	12.4	0.69	1.06
2011	7.9	13.0	12.0	0.66	1.08
2012	2.2	3.3	10.1	0.22	0.33
2013	4.7	5.5	9.0	0.52	0.61
2014	4.5	0.7	8.9	0.51	0.08
2015	1.2	-1.4	8.4	0.14	
2016	-0.1	3.8	8.2		0.46
2017	-0.7	5.9	7.8		0.76
2018	2.2	7.9	7.6	0.29	1.04
2019	-1.6	-1.6	6.8		
2020	2.0	0.8	1.1	1.82	0.73
2021	3.3	7.5	6.0	0.55	1.25
2022	3.7	7.2	2.4	1.54	3.00

7-5 能源加工转换效率

Efficiency of Energy Conversion

单位：%　　　　(%)

年　份 Year	总效率 Total Efficiency	发电及供热 Electricity Generation and Heating by Power Stations	炼　焦 Coking	炼　油 Petroleum Refining
1995	59.73	33.58	93.35	96.93
1996	61.21	35.64	91.90	97.71
1997	61.61	36.27	94.79	95.69
1998	67.84	35.41	99.40	99.40
1999	63.57	36.54	95.44	95.44
2000	61.78	36.03	96.71	96.71
2001	61.26	35.49	96.06	96.06
2002	59.47	36.36	98.31	98.31
2003	58.34	34.34	97.90	97.90
2004	58.36	33.45	94.38	94.38
2005	60.97	34.18	96.81	96.81
2006	64.94	36.10	99.08	99.08
2007	66.22	38.10	89.43	99.67
2008	65.96	39.49	91.89	95.43
2009	70.15	39.62	91.97	99.16
2010	72.64	40.85	93.24	87.14
2011	73.74	41.96	91.22	97.01
2012	72.24	41.99	91.62	97.66
2013	73.09	42.61	97.40	96.25
2014	74.30	43.51	96.33	97.88
2015	73.46	43.84	94.32	98.18
2016	75.03	44.60	94.11	98.92
2017	73.79	44.94	93.90	98.80
2018	68.95	45.58	94.62	98.62
2019	69.75	46.33	95.77	98.55
2020	69.59	46.78	95.74	98.41
2021	70.06	47.68	95.64	98.46
2022	69.63	47.96	95.43	98.99

7-6 平均每天能源消费量

Average Daily Energy Consumption by Type of Energy

能源品种	Item	2000	2005	2010	2015	2020	2021	2022
合计 （万吨标准煤）	**Total (10 000 tons of SCE)**	**21.70**	**40.07**	**50.94**	**61.21**	**62.33**	**64.39**	**66.77**
原煤 （万吨）	Coal (10 000 tons)	26.58	55.38	73.33	77.96	60.94	61.43	66.35
焦炭 （万吨）	Coke (10 000 tons)	1.17	2.72	4.78	3.87	4.06	4.33	4.34
原油 （万吨）	Crude Oil (10 000 tons)	1.67	1.83	2.29	1.66	2.44	2.53	2.40
汽油 （万吨）	Gasoline (10 000 tons)	0.33	0.64	0.81	1.87	2.09	2.13	2.19
煤油 （万吨）	Kerosene (10 000 tons)	0.04	0.04	0.08	0.19	0.26	0.25	0.26
柴油 （万吨）	Diesel Oil (10 000 tons)	0.42	0.90	1.54	2.36	2.81	3.07	3.21
燃料油 （万吨）	Fuel Oil (10 000 tons)	0.16	0.21	0.05	0.11	0.01	0.02	0.14
天然气 （亿立方米）	Natural Gas (100 million cu.m)	0.03	0.06	0.13	0.24	0.29	0.32	0.34
电力 （亿千瓦小时）	Electricity (100 million kwh)	1.97	3.80	7.00	9.22	9.87	10.29	10.74

7-7 人均生活能源消费量

Average Per Capita Energy Consumption of Households

能源品种	Item	2000	2005	2010	2015	2020	2021	2022
平均每人生活消费能源	**Annual Per Capita Consumption**							
（千克标准煤）	**for Households (kg of SCE)**	**121.27**	**161.29**	**179.79**	**276.33**	**359.68**	**382.65**	**441.10**
煤炭 （千克）	Coal (kg)	95.36	112.90	53.89	40.00	32.27	31.94	28.19
液化石油气 （千克）	Liquefied Petroleum gas (kg)	2.18	2.62	3.40	8.19	13.08	13.92	13.67
天然气 （立方米）	Natural Gas (cu.m)	2.00	5.49	6.45	22.93	35.71	37.75	40.35
热力 （百万千焦）	Heat (million kJ)	0.09	0.17	0.24	0.59	0.88	0.90	0.98
电力 （千瓦小时）	Electricity (kwh)	80.05	128.91	288.20	462.40	653.75	703.57	880.79

注：2010年以后使用常住人口计算人均生活能源消费量。
Per capita energy consumption is calculated on resident population since 2010.

7–8 规模以上工业企业分品种能源购进、消费及库存(2023年)

Purchase, Consumption, and Stock of Energy in Industrial Enterprises above Designated Size by Catalog (2023)

项 目	Item	年初库存 Stock of Year Beginning	购进量 Purchase Capacity	工业生产消费量 Consumption of Industrial Production	年末库存 Stock at Year-end
原煤(万吨)	Coal (10 000 tons)	929.21	20520.94	22500.77	1151.79
洗精煤(用于炼焦，万吨)	Clean Coal (for Coking, 10 000 tons)	98.66	3041.52	3048.25	118.45
其他洗煤(万吨)	Other Clean Coal (10 000 tons)	8.63	267.09	269.72	11.01
煤制品(万吨)	Coal Products (10 000 tons)				
焦炭(万吨)	Coke (10 000 tons)	31.23	1132.27	1394.14	31.13
其他焦化产品(万吨)	Other Coking Products (10 000 tons)	4.31	166.77	167.93	6.81
焦炉煤气(亿立方米)	Coking Gas (100 million cu.m)		31.30	65.94	
高炉煤气(亿立方米)	Blast furnace Gas (100 million cu.m)		41.27	456.44	
转炉煤气(亿立方米)	Linz-Donawitz Process Gas (100 million cu.m)		1.53	37.46	
其他煤气(亿立方米)	Other Gas (100 million cu.m)		5.80	42.82	
天然气(亿立方米)	Natural Gas (100 million cu.m)	0.18	68.10	69.08	0.57
液化天然气(万吨)	Liquefied Gas (10 000 tons)	1.33	33.91	16.68	17.44
氢气(亿立方米)	Hydrogenium (100 million cu.m)	0.00	4.68	7.09	0.00
原油(万吨)	Crude Oil (10 000 tons)	85.68	769.58	803.02	59.56
汽油(万吨)	Gasoline (10 000 tons)	0.02	4.22	3.97	0.01
煤油(万吨)	Kerosene (ton)	0.01	0.33	0.34	0.00
柴油(万吨)	Diesel Fuel Oil (10 000 tons)	1.83	34.16	34.15	1.70
燃料油(万吨)	Fuel Oil (10 000 tons)	0.53	73.97	56.61	9.96
液化石油气(万吨)	Liquefied Petroleum Gas (10 000 tons)	1.97	55.09	54.85	2.48
炼厂干气(万吨)	Net Gas of Plant (10 000 tons)		3.31	32.40	
其他石油制品(万吨)	Other Petroleum Products (10 000 tons)	2.23	39.17	155.35	2.61
热力(万百万千焦)	Heat (10 billion kilo-joule)		17841.99	31328.75	
电力(亿千瓦时)	Power (100 million kwh)		1858.07	2025.89	
其他燃料(万吨标准煤)	Other Fuel (10 000 tons of SCE)	0.44	11.32	11.31	0.46

7-9 规模以上工业企业分行业主要能源消费量(2023年)

行 业	Sector	综合能源消费量(万吨标准煤) Total Energy Consumption (10 000 tons of SCE)
总 计	**Total**	**14313.57**
采矿业	**Mining**	**524.76**
煤炭开采和洗选业	Mining and Washing of Coal	400.95
石油和天然气开采业	Extraction of Petroleum and Natural Gas	55.55
黑色金属矿采选业	Mining and Processing of Ferrous Metal Ores	7.31
有色金属矿采选业	Mining and Processing of Non-ferrous Metal Ores	29.37
非金属矿采选业	Mining and Processing of Nonmetal Ores	9.75
开采辅助活动	Support Activities for Mining	21.82
其他采矿业	Mining of Other Ores	
制造业	**Manufacturing**	**8675.22**
农副食品加工业	Processing of Food from Agricultural Products	114.56
食品制造业	Manufacture of Foods	92.67
酒、饮料和精制茶制造业	Manufacture of Liquor, Beverages and Refined Tea	63.84
烟草制造业	Manufacture of Tobacco	6.28
纺织业	Manufacture of Textile	68.66
纺织服装、服饰业	Manufacture of Textile, Wearing, Apparel and Accessories	8.55
皮革、毛皮、羽毛及其制品和制鞋业	Manufacture of Leather, Fur, Feather and Related Products and Footwear	13.48
木材加工及木、竹、藤、棕、草制品业	Processing of Timbers, Manufacture of Wood, Bamboo, Rattan, Palm, and Straw Products	17.78
家具制造业	Manufacture of Furniture	4.67
造纸及纸制品业	Manufacture of Paper and Paper Products	200.14
印刷和记录媒介复制业	Printing,Reproduction of Recording Media	8.56
文教、工美、体育和娱乐用品制造业	Manufacture of Articles for Culture, Arts and Crafts, Sport and Entertainment Activities	7.46
石油、煤炭及其他燃料加工业	Petroleum, Coal and other Fuel Processing Industries	523.71
化学原料及化学制品制造业	Manufacture of Raw Chemical Materials and Chemical Products	2506.33
医药制造业	Manufacture of Medicines	64.54
化学纤维制造业	Manufacture of Chemical Fibers	62.37
橡胶和塑料制品业	Manufacture of Rubber and Plastics Products	44.62
非金属矿物制品业	Manufacture of Non-metallic Mineral Products	1331.48
黑色金属冶炼和压延加工业	Smelting and Pressing of Ferrous Metals	1946.61
有色金属冶炼及压延加工业	Smelting and Pressing of Non-ferrous Metals	1189.29
金属制品业	Manufacture of Metal Products	109.99
通用设备制造业	Manufacture of General Purpose Machinery	36.29
专业设备制造业	Manufacture of Special Purpose Machinery	39.93
汽车制造业	Manufacture of Automobiles	58.89
铁路、船舶、航空航天和其他运输设备制造业	Manufacture of Railway, Ship, Aerospace, and other Transport Equipments	9.09
电气机械及器材制造业	Manufacture of Electrical Machinery and Apparatus	64.78
计算机、通信和其他电子设备制造业	Manufacture of Computer, Communication and Other Electronic Equipment	60.18
仪器仪表制造业	Manufacture of Measuring Instrument and Machinery	3.84
其他制造业	Manufacture of Others	2.61
废弃资源综合利用业	Utilization of Waste Resources	13.45
金属制品、机械和设备修理业	Repairing Services of Metal Products, Machinery and Equipment	0.54
电力、热力、燃气及水的生产和供应业	**Production and Distribution of Electricity, Heat, Gas and Water**	**5113.60**
电力、热力生产和供应业	Production and Supply of Electric Power and Heat Power	5073.87
燃气生产和供应业	Production and Supply of Gas	14.90
水的生产和供应业	Production and Supply of Water	24.83

Consumption of Main Energy in Industrial Enterprises above Designated Size by Sector (2023)

原煤 (万吨) Coal (10 000tons)	焦炭 (万吨) Coke (10 000tons)	原油 (万吨) Crude Oil (10 000tons)	柴油 (万吨) Diesel Fuel Oil (10 000tons)	燃料油 (万吨) Fuel Oil (10 000tons)	热力 (万百万千焦) Heat (10 billion Kilo Joule)	电力 (亿千瓦时) Electricity (100 million kwh)
22500.77	**1394.14**	**803.02**	**34.15**	**56.61**	**31328.75**	**2025.89**
5912.87		**7.33**	**18.26**	**0.07**	**467.99**	**115.21**
5907.82			1.45	0.07	70.96	66.30
5.06		7.33	1.39		387.30	14.37
			0.42			5.25
			2.27			20.03
0.00			2.06			4.98
			10.68		9.73	4.29
4860.24	**1390.91**	**795.69**	**12.03**	**56.36**	**30354.35**	**1545.60**
31.64			0.19	0.03	927.88	43.88
24.87			0.10		908.04	23.40
60.39			0.10		672.41	10.82
			0.01		13.43	2.04
			0.03	0.03	137.52	46.88
			0.02	0.03	56.92	3.14
5.83			0.06		34.68	5.14
			0.11		55.34	10.03
			0.01			2.35
130.16			0.47	0.00	3148.25	36.40
			0.02		15.15	5.90
			0.00		70.70	2.56
156.19	2.35	795.69	0.24	49.95	851.53	36.29
2230.56	13.29		0.77	5.79	16177.62	233.62
2.13			0.07		542.51	25.19
53.80			0.01	0.15	869.88	14.83
8.42			0.04	0.01	251.14	22.89
749.92	5.62		5.17	0.37	185.71	204.01
438.42	1310.17		0.83		407.40	182.46
958.19	29.21		1.93		4678.39	421.78
9.73	27.78		0.26	0.00	11.13	36.78
			0.11		10.75	25.07
0.01	0.11		0.57		51.81	20.17
	0.00		0.46		2.66	36.74
			0.02		4.15	4.91
			0.20		69.20	39.92
			0.01	0.00	191.63	39.96
			0.01		0.85	2.91
						1.13
	2.40		0.17		2.78	4.18
			0.01		4.89	0.21
11727.65	**3.23**		**3.87**	**0.18**	**506.41**	**365.08**
11708.17	3.23		3.80	0.18	486.35	342.06
19.47			0.02			3.52
			0.05		20.05	19.50

7-10 各市规模以上工业企业分品种主要能源消费量(2023年)

Consumption of Main Energy Sources in Industrial Enterprises above Designated Size by City (2023)

地区 Region	综合能源消费量(万吨标准煤) Total Energy Consumption (10 000 tons of SCE)	原煤(万吨) Coal (10 000 tons)	焦炭(万吨) Coke (10 000 tons)	原油(万吨) Crude Oil (10 000 tons)	柴油(万吨) Diesel Fuel Oil (10 000 tons)	燃料油(万吨) Fuel Oil (10 000 tons)	热力(万百万千焦) Heat (10 billion Kilo Joule)	电力(亿千瓦时) Electricity (100 million kwh)
全省 Total	**14313.57**	**22500.77**	**1394.14**	**803.02**	**34.15**	**56.61**	**31328.75**	**2025.89**
郑州市 Zhengzhou	1404.73	2101.81	4.95		3.03	0.12	1564.19	241.87
开封市 Kaifeng	426.24	546.21	0.25		0.29		2575.24	48.18
洛阳市 Luoyang	1371.31	1720.82	0.01	597.70	3.13	49.99	1207.85	313.05
平顶山市 Pingdingshan	941.47	4305.40	117.69		1.80	0.04	2732.95	135.79
安阳市 Anyang	1619.75	1216.26	613.56		1.14		476.15	171.23
鹤壁市 Hebi	413.15	1045.51			1.01		405.29	34.80
新乡市 Xinxiang	1050.93	1367.21	0.35		1.18	0.19	4779.76	127.71
焦作市 Jiaozuo	1230.85	1686.17	6.66		1.15		4744.72	203.09
濮阳市 Puyang	641.91	478.44		185.79	11.67	5.65	1561.23	62.43
许昌市 Xuchang	543.77	1137.76	28.84		2.70	0.12	496.93	74.35
漯河市 Luohe	424.96	547.99			0.30	0.01	3255.65	42.12
三门峡市 Sanmenxia	670.09	1216.02	0.71		2.29	0.05	3168.90	104.64
南阳市 Nanyang	817.54	1099.81	88.71	19.53	1.57	0.14	2222.06	126.27
商丘市 Shangqiu	788.15	2032.67	121.39		0.87	0.07	177.68	82.03
信阳市 Xinyang	434.90	378.24	120.90		0.57		425.75	50.02
周口市 Zhoukou	335.89	317.68	80.20		0.30	0.14	592.95	50.90
驻马店市 Zhumadian	353.45	443.64	7.85		0.35	0.05	479.76	51.04
济源示范区 Jiyuan	839.11	859.12	202.06		0.80	0.03	457.32	103.90

7-11 各市全社会用电量

Electricity Consumption by City

单位：亿千瓦时 (100 million kwh)

地区	Region	2015	2020	2021	2022	2023
郑州市	Zhengzhou	500.65	554.11	595.51	623.78	652.04
开封市	Kaifeng	95.59	112.36	123.99	135.05	138.66
洛阳市	Luoyang	382.44	422.09	452.78	467.43	465.87
平顶山市	Pingdingshan	157.17	204.21	227.82	232.90	239.80
安阳市	Anyang	214.53	215.10	231.52	232.23	244.96
鹤壁市	Hebi	52.40	61.76	62.15	67.63	70.03
新乡市	Xinxiang	196.32	257.40	257.26	286.91	298.02
焦作市	Jiaozuo	215.23	246.39	252.78	266.08	274.92
濮阳市	Puyang	90.37	118.47	126.02	129.41	134.25
许昌市	Xuchang	104.53	151.68	162.85	162.74	170.82
漯河市	Luohe	57.87	77.09	81.47	87.72	93.39
三门峡市	Sanmenxia	114.68	104.49	135.58	151.29	151.68
南阳市	Nanyang	180.13	251.84	282.21	307.30	323.53
商丘市	Shangqiu	158.02	170.01	188.13	203.56	212.76
信阳市	Xinyang	95.86	137.65	142.75	165.18	168.14
周口市	Zhoukou	86.56	135.23	153.45	173.49	182.69
驻马店市	Zhumadian	111.44	149.71	144.90	164.66	168.63
济源示范区	Jiyuan	82.12	95.20	95.78	104.17	114.15

主要统计指标解释

能源生产总量 指一定时期内全国（地区）一次能源生产量的总和。该指标是观察全国（地区）能源生产水平、规模、构成和发展速度的总量指标。一次能源生产量包括原煤、原油、天然气、水电、核能及其他动力能（如风能、地热能等）发电量，不包括低热值燃料生产量、生物质能、太阳能等的利用和由一次能源加工转换而成的二次能源产量。

能源消费总量 是指一定地域内，国民经济各行业和居民家庭在一定时间消费的各种能源的总和。包括：原煤、原油、天然气、水能、核能、风能、太阳能、地热能、生物质能等一次能源；一次能源通过加工转换产生的洗煤、焦炭、煤气、电力、热力、成品油等二次能源和同时产生的其他产品；其他化石能源、可再生能源和新能源。其中水能、风能、太阳能、地热能、生物质能等可再生能源，是指人们通过一定技术手段获得的，并作为商品能源使用的部分。在核算过程中，一次能源、二次能源消费不能重复计算。能源消费总量分为终端能源消费量、能源加工转换损失量和能源损失量三部分。

（1）终端能源消费量：指一定时期内，生产和生活消费的各种能源在扣除了用于加工转换二次能源消费量和损失量以后的数量。

（2）能源加工转换损失量：指一定时期内，投入加工转换的各种能源数量之和与产出各种能源产品之和的差额。该指标是观察能源在加工转换过程中损失量变化的指标。

（3）能源损失量：指一定时期内，能源在输送、分配、储存过程中发生的损失和由客观原因造成的各种损失量，不包括各种气体能源放空、放散量。

能源生产弹性系数 研究能源生产增长速度与国民经济增长速度之间关系的指标。计算公式为：

能源生产弹性系数=能源生产总量年平均增长速度/国民经济年平均增长速度

国民经济年平均增长速度，可根据不同的目的或需要，用国民生产总值、国内生产总值等指标来计算，本年鉴是采用国内生产总值指标计算的。

电力生产弹性系数 是研究电力生产增长速度与国民经济增长速度之间关系的指标。一般来说，电力的发展应当快于国民经济的发展，也就是说电力应超前发展。计算公式为：

电力生产弹性系数=电力生产量年平均增长速度/国民经济年平均增长速度

能源消费弹性系数 反映能源消费增长速度与国民经济增长速度之间比例关系的指标。计算公式为：

能源消费弹性系数=能源消费量年平均增长速度/国民经济年平均增长速度

电力消费弹性系数 反映电力消费增长速度与国民经济增长速度之间比例关系的指标。计算公式为：

电力消费弹性系数=电力消费量年平均增长速度/国民经济年平均增长速度

能源加工转换效率 指一定时期内能源经过加工、转换后，产出的各种能源产品的数量与同期内投入加工转换的各种能源数量的比率。该指标是观察能源加工转换装置和生产工艺先进与落后、管理水平高低等的重要指标。计算公式为：

能源加工转换效率=能源加工转换产出量/能源加工转换投入量×100%

Explanatory Notes on Main Statistical Indicators

Total Energy Production refers to the total production of primary energy by all energy producing enterprises in the country in a given period of time. It is a comprehensive indicator to show the capacity, scale, composition and development of energy production of the country. The production of primary energy includes that of coal, crude oil, natural gas, hydro-power and electricity generated by nuclear energy and other means such as wind power and geothermal power. However, it excludes the production of fuels of low calorific value, bio-energy, solar energy and the secondary energy converted from the primary energy.

Total Energy Consumption refers to the total consumption of energy of various kinds by the production sectors of the economy and the households in a given period of time. It includes the primary kinds of energy such as coal, crude oil, natural gas, hydro-power, nuclear power, wind power, solar power, geothermal power and bio-energy; the secondary kinds of energy and their products which are transformed from the primary energy such as washed coal, coke, coal gas, electricity, heating, and petroleum products; and other kinds of fossil energy, renewable energy and new energy. The renewable energy, including hydro-power, wind power, solar power, geothermal power and bio-energy, refers to the part attained with some given technical means and used for commercial purpose. Total energy consumption can be divided into three parts: end-use energy consumption, loss during the process of energy conversion, and energy loss.

(1) End-use Energy Consumption: It refers to the total energy consumption by the production sectors and the households in the country (region) in a given period of time. It does not include the consumption during the conversion of primary energy into secondary energy and the loss in the process of energy conversion.

(2) Loss During the Process of Energy Conversion: It refers to the total input of various kinds of energy for conversion, minus the total output of various kinds of energy in the country in a given period of time. It is an indicator to show the loss that occurs during the process of energy conversion.

(3) Energy Loss: It refers to the total of the loss of energy during the course of energy transport, distribution and storage and the loss caused by any objective reason in a given period of time. The loss of various kinds of gas due to gas discharges and stocktaking is not included.

Elasticity Ratio of Energy Production the indicator to show the relationship between the growth rate of energy production and the growth rate of the national economy. The formula is:

Elasticity Ratio of Energy Production = Average Annual Growth Rate of Energy Production / Average Annual Growth Rate of National Economy

The average annual growth rate of the national economy can be shown by the gross national product, gross domestic product and other indicators, depending upon the purposes or needs. The gross domestic product is used in calculation of the ratio in this chapter.

Elasticity Ratio of Electricity Production is an indicator to show the relationship between the growth rate of electricity production and the growth rate of the national economy. Generally speaking, the growth rate of electricity production should be higher than that of the national economy.

Its formula is:

$$\text{Elasticity Ratio of Electricity Production} = \frac{\text{Average Annual Growth Rate of Electricity Production}}{\text{Average Annual Growth Rate of National Economy}}$$

Elasticity Ratio of Energy Consumption the indicator to show the relationship between the growth rate of energy consumption and the growth rate of the national economy. The formula is:

Elasticity Ratio of Energy Consumption = Average Annual Growth Rate of Energy Consumption / Average Annual Growth Rate of National Economy

Elasticity Ratio of Electricity Consumption is an indicator to show the relationship between the growth rate of electricity consumption and the growth rate of the national economy. The formula is:

$$\text{Elasticity Ratio of Electricity Consumption} = \frac{\text{Average Annual Growth Rate of Electricity Consumption}}{\text{Average Annual Growth Rate of National Economy}}$$

Efficiency of Energy Conversion refers to the ratio of the total output of energy products of various kinds after processing and conversion and the total input of energy of various kinds for processing and conversion in the same reference period. It is an important indicator to show the current conditions of energy processing and conversion equipment, production technique and management. The formula is:

Efficiency of Energy Conversion = (Output of Energy After Processing & Conversion / Input of Energy for Processing & Conversion)×100%

财政
Government Finance

8

◉ 资料整理：刘蒙单

简要说明

一、主要内容

本篇包括地方财政收支和预算外资金收支资料。

二、统计口径

2007年起，财政收支科目实施了较大改革，特别是财政支出项目口径变化很大，与往年数据不可比，2015年开始，财政收支指标改为财政一般公共预算收支，财政部门对指标口径进行相应调整。

三、资料来源

资料来源于河南省财政厅的财政总决算，由河南省统计局国民经济核算处编辑整理。

Brief Introduction

I. Main Contents

The data in this chapter present the government revenue and expenditure situation, the extra-budgetary revenue and expenditure.

II. Scope of Statistics

Because of the classifications of revenue and expenditure accounts have been adjusted largely since 2007, especially the government expenditure, the relative data are not compared with data in preceding years.

III. Sources of Data

The data are based on final Henan provincial financial accounts, which are provided by the Department of National Accounts of the Henan provincial Bureau of Statistics.

8-1 一般公共预算收支额

General Public Budget Revenue and Expenditure of the Local Government

单位：亿元 (100 million yuan)

年 份 Year	财 政 总收入 Total Revenue	一般公共 预算收入 General Public Budget Revenue of Local Government	#税收 收入 Taxes	一般公共 预算支出 General Public Budget Expenditure of Local Government	#农林 水事务 Agriculture Forestry, Water Conservancy Operating	#社会保障 和 就 业 Social Security and Employment	#教科 文卫 Culture, Education, Science & Health Care	#科学 技术 Technology	#教育 Education	#医疗 卫生 Medical Treatment and Public Health
1978		33.73	23.04	27.67	4.20		5.77	0.43		
1979		33.68	23.62	29.86	5.28		7.05	0.53		
1980		31.86	24.86	26.74	4.66		8.31	0.59		
1981		34.23	29.73	25.84	4.25		8.84	0.61		
1982		33.49	30.96	29.81	4.57		9.83	0.67		
1983		36.49	30.69	30.06	4.73		10.45	0.91		
1984		39.26	34.54	36.79	4.86		11.83	1.08		
1985		48.93	44.57	49.51	5.01		13.93	1.16		
1986		54.92	49.71	69.20	5.92		15.78	1.31		
1987		63.15	56.10	65.26	6.90		16.67	1.18		
1988		70.98	65.09	76.22	8.64		19.47	1.35		
1989		80.97	75.50	87.67	10.85		22.76	1.49		
1990		83.59	78.85	89.53	10.74		24.54	1.53		
1991		91.36	84.61	97.88	12.18		26.99	1.70		
1992		104.03	95.41	116.49	13.29		33.22	1.93		
1993		139.20	126.36	147.73	14.34		39.28	2.01		
1994		(171.38)								
		93.35	81.77	169.62	15.09		50.64	2.54		
1995		124.63	103.45	207.28	17.59		58.30	3.24		
1996		162.06	126.63	255.29	21.12		69.49	3.75		
1997		192.63	152.09	290.84	23.47		75.43	4.52		
1998		208.20	160.60	323.63	25.71		82.89	5.05		
1999		223.35	176.12	384.32	28.39		95.57	6.01		
2000		246.47	195.04	445.53	34.19		108.46	6.86		
2001		267.75	226.70	508.58	36.94		131.35	7.25		
2002		296.72	242.24	629.18	44.77		166.56	7.95		
2003		338.05	264.40	716.60	47.92		188.27	9.06		
2004	789.05	428.78	307.12	879.96	65.99		220.81	10.40		
2005	967.16	537.65	365.67	1116.04	82.28		270.22	13.85		
2006	1202.96	679.17	471.80	1440.09	(99.12)		(344.21)	(18.84)		
					111.34		362.82	17.37		
2007	1530.48	862.08	625.02	1870.61	152.51	281.22	523.51	25.23	366.12	98.78
2008	1781.89	1008.90	742.27	2281.61	209.59	330.23	661.40	30.44	444.03	145.47
2009	1921.80	1126.06	821.50	2905.76	361.60	403.62	843.47	35.52	526.14	223.15
2010	2293.70	1381.32	1016.55	3416.14	399.19	461.22	979.24	44.67	609.37	270.21
2011	2851.91	1721.76	1263.10	4248.82	480.48	547.96	1332.75	56.59	857.14	361.48
2012	3282.48	2040.33	1469.57	5006.40	551.73	631.61	1671.77	69.64	1106.51	425.99
2013	3686.81	2415.45	1764.71	5582.31	629.85	731.41	1824.78	80.00	1171.52	492.48
2014	4094.78	2739.26	1951.46	6028.69	661.94	790.87	1976.74	81.25	1201.38	602.95
2015	4426.96	3016.05	2101.17	6799.35	791.63	945.83	2177.38	83.25	1270.99	717.74
2016	4706.96	3153.48	2158.45	7453.74	807.06	1067.40	2315.19	96.10	1343.76	778.01
2017	5238.35	3407.22	2329.31	8215.52	916.81	1160.23	2565.23	137.94	1493.11	836.66
2018	5875.82	3766.02	2656.65	9217.73	1001.08	1298.45	2852.33	155.67	1664.67	928.95
2019	6187.23	4041.89	2841.34	10163.93	1059.70	1457.14	3136.43	211.07	1810.71	986.78
2020	6267.39	4168.84	2764.73	10372.67	1145.40	1575.03	3363.16	254.28	1882.56	1085.39
2021	6611.24	4353.92	2842.56	9784.29	1015.22	1560.44	3256.25	329.25	1786.41	1018.59
2022	6188.75	4250.35	2590.47	10646.75	1110.48	1791.76	3596.27	409.20	1895.57	1161.28
2023	6972.49	4518.10	2855.48	11052.54	1059.78	1932.18	3730.37	470.10	1993.35	1140.93

注：1. 财政收入1993年以前为分税制前老口径，1994年以后为分税制后新口径，括号内为分税制前老口径。

2. 1994-2006年，财政收支均为地方财政一般预算收支。2007年以后，财政收支项目按新科目列支。2011-2014年财政一般预算收支改称公共财政预算收支，2015年以后为一般公共预算收支口径（括号里为老口径）。

a) Before 1993, government revenue are calculated on old caliber. Data on 1994 and after are calculated on new caliber, and the data in parentheses are calculated on old caliber.

b) From1994 to 2006, financial revenue and expenditure refer to general public budget revenue and expenditure of local government. Data of revenue and expenditure based on new system since 2007.Data of financial general budget revenue and expenditure changed to public financial revenue and expenditure from 2011 to 2014, and changed to general public budget revenue and expenditure since 2015. Data in parentheses are calculated on old caliber.

8-2 各项税收
Taxes

单位：亿元 (100 million yuan)

年份 Year	一般公共预算收入 General Public Budget Revenue of Local Government	#增值税 Value-added Tax	#企业所得税 Corporate Income Tax	#个人所得税 Individual Income Tax	#城市维护建设税 City Maintenance and Construction Tax
1995	124.63	25.57	18.64	3.44	8.39
1996	162.06	30.00	19.83	4.92	10.13
1997	192.63	32.80	28.43	6.38	11.18
1998	208.20	36.07	22.68	8.84	12.28
1999	223.35	36.72	29.47	10.83	12.69
2000	246.47	42.24	39.60	12.88	13.64
2001	267.75	44.35	60.85	19.25	13.73
2002	296.72	49.25	31.97	17.82	17.24
2003	338.05	57.95	29.14	15.60	20.54
2004	428.78	65.78	38.43	19.32	24.60
2005	537.65	87.97	51.56	22.05	29.18
2006	679.17	105.84	70.21	24.05	35.02
2007	862.08	129.96	103.06	30.26	42.87
2008	1008.90	153.89	116.76	32.30	49.06
2009	1126.06	140.82	114.81	33.33	51.93
2010	1381.32	155.79	136.63	40.29	61.35
2011	1721.76	181.38	185.21	48.38	80.22
2012	2040.33	187.79	209.13	41.41	89.77
2013	2415.45	202.66	235.60	47.63	98.57
2014	2739.26	256.47	261.00	58.01	106.67
2015	3016.05	263.73	281.41	62.03	112.72
2016	3153.48	550.61	297.31	71.75	117.09
2017	3407.22	888.93	332.02	86.31	131.43
2018	3766.02	1007.46	370.23	102.74	152.50
2019	4041.89	1076.10	382.13	77.15	158.92
2020	4168.84	980.69	362.63	82.32	156.69
2021	4353.92	1087.92	363.02	95.46	173.03
2022	4250.35	810.50	343.12	98.11	158.10
2023	4518.10	1220.21	344.36	99.68	166.04

8-3 一般公共预算收入
General Public Budget Revenue of the Local Government

单位：亿元 (100 million yuan)

项目	Item	2022 绝对数 Absolute Value	2022 比重(%) Proportion (%)	2023 绝对数 Absolute Value	2023 比重(%) Proportion (%)
收入合计	**Total Revenue**	**4250.35**	**100.0**	**4518.10**	**100.0**
税收收入	Tax Revenue	2590.47	60.9	2855.48	63.2
增值税	Value-added Tax	810.50	19.1	1220.21	27.0
企业所得税	Corporate Income Tax	343.12	8.1	344.36	7.6
个人所得税	Individual Income Tax	98.11	2.3	99.68	2.2
资源税	Resources Tax	99.94	2.4	104.78	2.3
城市维护建设税	City Maintenance and Construction Tax	158.10	3.7	166.04	3.7
房产税	House Property Tax	100.61	2.4	103.70	2.3
印花税	Stamp Tax	58.40	1.4	62.29	1.4
城镇土地使用税	Urban Land Use Tax	150.42	3.5	141.54	3.1
土地增值税	Land Appreciation Tax	214.21	5.0	157.25	3.5
车船税	Tax on Vehicles and Boat Operation	61.34	1.4	65.90	1.5
耕地占用税	Farm Land Occupation Tax	166.63	3.9	119.17	2.6
契税	Deed Tax	312.15	7.3	251.01	5.6
烟叶税	Tobacco Leaf Tax	6.04	0.1	7.41	0.2
环境保护税	Environment Protection Tax	10.03	0.2	11.84	0.3
其他税收收入	Other Tax Revenue	0.87	0.0	0.30	0.0
非税收入	Non-Tax Revenue	1659.88	39.1	1662.62	36.8
专项收入	Special Program Receipts	429.14	10.1	398.64	8.8
行政事业性收费收入	Charge of Administrative and Institutional Units	243.91	5.7	218.37	4.8
罚没收入	Penalty Receipts	148.12	3.5	201.97	4.5
国有资本经营收入	Operating Income from Government Capital	147.39	3.5	119.72	2.6
国有资源(资产)有偿使用收入	Income from Use of Stated-owned Resources(Assets)	513.58	12.1	560.06	12.4
其他收入	Other Revenue	177.75	4.2	163.85	3.6

8-4 一般公共预算支出

General Public Budget Expenditure of the Local Government

单位：亿元 (100 million yuan)

项 目	Item	2022 绝对数 Absolute Value	2022 比重(%) Proportion (%)	2023 绝对数 Absolute Value	2023 比重(%) Proportion (%)
本年支出合计	**Total Expenditure**	**10646.75**	**100.0**	**11052.54**	**100.0**
一般公共服务	General Public Service	1094.67	10.3	1162.92	10.5
国防	National Defense	7.38	0.1	8.10	0.1
公共安全	Public Security	476.84	4.5	492.03	4.5
教育	Education	1895.57	17.8	1993.35	18.0
科学技术	Science and Technology	409.20	3.8	470.10	4.3
文化旅游体育与传媒	Culture, Tourism, Sport and Media	130.22	1.2	125.99	1.1
社会保障和就业	Social Security and Employment	1791.76	16.8	1932.18	17.5
卫生健康	Health	1161.28	10.9	1140.93	10.3
节能环保	Energy Conservation and Environment Protection	183.19	1.7	178.61	1.6
城乡社区事务	Urban and Rural Community Affairs	865.99	8.1	978.56	8.9
农林水事务	Agriculture, Forestry and Water Conservancy Operating	1110.48	10.4	1059.78	9.6
交通运输	Transportation	416.62	3.9	347.81	3.1
资源勘探工业信息等事务	Resource exploration Industry Information and Other Affairs	132.21	1.2	135.58	1.2
商业服务业等事务	Affairs of Commerce and Services	35.15	0.3	42.48	0.4
金融支出	Financial Affairs	55.91	0.5	107.02	1.0
援助其他地区支出	Other Regional Assistance	3.87	0.0	5.83	0.1
自然资源海洋气象等支出	Natural Resources, Marine Meteorology	98.45	0.9	104.43	0.9
住房保障支出	Housing Security	284.64	2.7	325.65	2.9
粮油物资储备支出	Grain and Oil Reserves Management	37.52	0.4	37.92	0.3
灾害防治及应急管理支出	Disaster Prevention and Emergency Management	172.62	1.6	93.40	0.8
债务付息支出	Interest Payment on Debts	190.47	1.8	193.86	1.8
债务发行费用支出	Issuing Debts	0.88	0.0	0.83	0.0
其他支出	Others	91.82	0.9	115.20	1.0

8-5 各级一般公共预算收入(2023年)
General Public Budget Revenue of the Local Government by Rank (2023)

单位：亿元 (100 million yuan)

项目	Item	合计 Total	省级 Province	市级 City	县市级 County	乡镇级 Town & Township
收入合计	**Total Revenue**	**4518.10**	**142.97**	**1409.55**	**2126.97**	**838.62**
税收收入	Tax Revenue	2855.48	-71.50	944.82	1211.23	770.94
增值税	Value-added Tax	1220.21	-88.00	397.36	486.23	424.61
企业所得税	Corporate Income Tax	344.36	16.19	137.07	121.08	70.02
个人所得税	Individual Income Tax	99.68		38.00	45.84	15.85
资源税	Resources Tax	104.78	0.01	17.12	55.95	31.70
城市维护建设税	City Maintenance and Construction Tax	166.04	0.30	78.87	54.01	32.86
房产税	House Property Tax	103.70		36.09	47.01	20.60
印花税	Stamp Tax	62.29		21.41	24.51	16.38
城镇土地使用税	Urban Land Use Tax	141.54		34.70	62.47	44.37
土地增值税	Land Appreciation Tax	157.25		46.15	70.71	40.39
车船税	Tax on Vehicles and Boat Operation	65.90		11.58	33.18	21.14
耕地占用税	Farm Land Occupation Tax	119.17		25.49	78.26	15.43
契税	Deed Tax	251.01		99.22	123.86	27.92
烟叶税	Tobacco Leaf Tax	7.41		0.01	1.47	5.93
环境保护税	Environment Protection Tax	11.84		1.52	6.61	3.71
其他税收收入	Other Tax Revenue	0.30		0.24	0.04	0.01
非税收入	Non-Tax Revenue	1662.62	214.47	464.73	915.74	67.68
专项收入	Special Program Receipts	398.64	60.28	178.92	154.20	5.24
行政事业性收费收入	Charge of Administrative and Institutional Units	218.37	62.37	48.81	104.55	2.64
罚没收入	Penalty Receipts	201.97	36.34	44.96	117.66	3.01
国有资本经营收入	Operating Income from Government Capital	119.72		41.18	71.92	6.61
国有资源(资产)有偿使用收入	Income from Use of Stated-owned Resources (Assets)	560.06	48.69	82.09	397.47	31.82
其他收入	Other Revenue	163.85	6.80	68.77	69.94	18.35

8-6 各级一般公共预算支出(2023年)

General Public Budget Expenditure of the Local Government by Rank (2023)

单位：亿元 (100 million yuan)

项目	Item	合计 Total	省级 Province	市级 City	县市级 County	乡镇级 Town & Township
本年支出合计	**Total Expenditure**	**11052.54**	**1909.37**	**2810.36**	**5544.85**	**787.95**
一般公共服务	General Public Service	1162.92	69.79	233.74	538.71	320.67
国防	National Defense	8.10	2.46	2.31	3.32	0.01
公共安全	Public Security	492.03	163.90	155.41	171.46	1.26
教育	Education	1993.35	311.44	395.14	1266.22	20.55
科学技术	Science and Technology	470.10	89.19	139.91	186.03	54.97
文化旅游体育与传媒	Culture, Tourism, Sport and Media	125.99	20.28	44.44	57.75	3.52
社会保障和就业	Social Security and Employment	1932.18	837.14	268.40	795.18	31.47
卫生健康	Health	1140.93	60.69	598.11	472.24	9.88
节能环保	Energy Conservation and Environment Protection	178.61	9.45	63.26	88.20	17.71
城乡社区事务	Urban and Rural Community Affairs	978.56	0.94	372.50	494.91	110.20
农林水事务	Agriculture, Forestry and Water Conservancy Operating	1059.78	95.16	94.06	707.61	162.95
交通运输	Transportation	347.81	36.91	109.84	197.88	3.17
资源勘探工业信息等事务	Resource exploration Industry Information and Other Affairs	135.58	10.76	46.17	61.67	16.98
商业服务业等事务	Affairs of Commerce and Services	42.48	1.67	16.12	22.92	1.77
金融支出	Financial Affairs	107.02	78.23	27.17	1.44	0.19
援助其他地区支出	Other Regional Assistance	5.83	4.83	0.79	0.21	
自然资源海洋气象等支出	Natural Resources, Marine Meteorology	104.43	13.44	20.64	68.21	2.14
住房保障支出	Housing Security	325.65	27.47	100.52	181.96	15.70
粮油物资储备支出	Grain and Oil Reserves Management	37.92	17.25	5.59	15.05	0.03
灾害防治及应急管理支出	Disaster Prevention and Emergency Management	93.40	10.02	21.46	54.22	7.70
债务付息支出	Interest Payment on Debts	193.86	45.56	64.88	83.41	
债务发行费用支出	Issuing Debts	0.83	0.79	0.01	0.02	
其他支出	Others	115.20	2.02	29.89	76.23	7.06

8-7 各市一般公共预算收入

单位：亿元

地区 Region	收入合计 Total Revenue	税收收入 Tax Revenue	#增值税 Value-added Tax	#企业所得税 Corporate Income Tax	#个人所得税 Individual Income Tax
2010	1381.32	1016.55	155.79	136.63	40.29
2011	1721.76	1263.10	181.38	185.21	48.38
2012	2040.33	1469.57	187.78	209.13	41.41
2013	2415.45	1764.71	202.66	235.60	47.63
2014	2739.26	1951.46	256.47	261.00	58.01
2015	3016.05	2101.17	263.73	281.41	62.03
2016	3153.48	2158.45	550.61	297.31	71.75
2017	3407.22	2329.31	888.93	332.02	86.31
2018	3766.02	2656.65	1007.46	370.23	102.74
2019	4041.89	2841.34	1076.10	382.13	77.15
2020	4168.84	2764.73	980.69	362.63	82.32
2021	4353.92	2842.56	1087.92	363.02	95.46
2022	4250.35	2590.47	810.50	343.12	98.11
2023	4518.10	2855.48	1220.21	344.36	99.68
郑州市 Zhengzhou	1165.85	786.38	330.83	127.93	39.69
开封市 Kaifeng	153.86	112.87	67.13	8.15	3.20
洛阳市 Luoyang	404.29	265.64	106.90	23.98	9.80
平顶山市 Pingdingshan	237.13	148.67	62.18	16.05	4.03
安阳市 Anyang	235.68	152.60	74.67	14.67	4.02
鹤壁市 Hebi	80.34	51.54	19.28	3.43	1.41
新乡市 Xinxiang	241.51	160.05	75.09	22.53	5.01
焦作市 Jiaozuo	143.55	109.33	47.29	12.05	5.10
濮阳市 Puyang	118.55	79.97	29.56	7.61	2.09
许昌市 Xuchang	211.87	142.23	64.40	12.63	2.64
漯河市 Luohe	136.31	96.22	45.53	13.60	4.80
三门峡市 Sanmenxia	140.69	90.82	52.62	5.17	1.46
南阳市 Nanyang	289.38	197.38	88.02	14.40	5.76
商丘市 Shangqiu	200.94	119.72	44.91	15.09	2.95
信阳市 Xinyang	141.62	99.24	41.22	8.31	2.51
周口市 Zhoukou	202.27	136.35	80.60	7.69	1.79
驻马店市 Zhumadian	211.29	131.01	53.39	9.56	2.32
济源示范区 Jiyuan	60.02	46.97	24.59	5.32	1.07

General Public Budget Revenue of the Local Government by City

(100 million yuan)

#城市维护建设税 City Maintenance and Construction Tax	#城镇土地使用税 Urban Land Use Tax	#契税 Deed Tax	#其他各项税收 Other Tax	非税收入 Non-Tax Revenue	#专项收入 Special Program Receipts	#行政事业性收费收入 Charge of Administrative and Institutional Units	#国有资本经营收入 Operating Income from Government Capital
61.35	48.96	88.98	165.20	364.77	89.04	122.42	60.36
80.22	61.18	98.06	204.39	458.65	90.60	161.33	71.97
89.77	78.15	120.21	217.40	570.77	87.89	199.92	88.48
98.57	102.62	185.29	310.55	650.74	90.25	224.78	90.17
106.67	125.31	142.01	374.66	787.80	101.42	263.90	108.25
112.72	184.74	138.75	398.64	914.88	201.29	238.34	103.28
117.09	184.34	186.95	73.41	995.03	241.07	238.63	92.53
131.43	189.15	208.54	83.79	1077.91	283.27	250.60	77.55
152.50	175.73	246.79	105.15	1109.36	350.07	224.06	45.27
158.92	153.83	274.94	110.55	1200.54	373.49	225.41	66.91
156.69	155.12	316.86	116.12	1404.11	409.89	216.18	77.52
173.03	135.61	320.69	123.12	1511.36	455.26	240.02	89.47
158.10	150.42	312.15	136.68	1659.88	429.14	243.91	147.39
166.04	141.54	251.01	147.74	1662.62	398.64	218.37	119.72
48.45	22.09	73.40	41.43	379.46	172.35	16.74	45.21
5.23	6.96	10.45	3.83	41.00	8.43	6.86	2.36
15.05	14.49	18.11	12.00	138.64	12.34	12.27	10.84
6.89	13.39	8.94	7.73	88.45	26.83	10.53	5.43
10.55	9.07	10.14	9.45	83.09	16.45	10.31	8.46
2.20	8.89	3.57	3.39	28.80	2.97	1.41	1.31
8.04	8.09	11.59	7.34	81.45	17.48	5.73	10.61
5.40	11.67	5.84	5.45	34.22	4.24	3.60	1.23
4.42	6.26	9.50	4.17	38.58	16.17	8.26	0.85
11.98	3.71	22.87	6.84	69.64	12.08	4.64	7.77
5.89	2.91	-0.23	2.94	40.09	6.47	3.02	1.99
4.70	3.12	3.18	5.45	49.87	3.70	5.97	6.54
10.56	6.56	17.08	8.16	92.00	9.22	20.75	6.86
5.07	5.86	15.52	7.07	81.23	4.15	5.48	4.07
4.42	2.80	12.18	4.59	42.37	7.12	10.21	0.99
7.17	5.34	10.97	5.31	65.92	6.18	12.77	3.57
6.93	7.44	15.32	8.96	80.27	8.32	15.96	0.98
2.81	2.90	2.58	3.64	13.05	3.88	1.52	0.65

8-8 各市一般公共预算支出

单位：亿元

地区 Region	支出合计 Payout	#一般公共服务 General Public Service	#公共安全 Public Security	#教育 Education	#科学技术 Technology	#文化旅游体育与传媒 Culture, Tourism, Sport and Media
2010	3416.14	478.69	189.72	609.37	44.67	54.99
2011	4248.82	559.02	204.80	857.14	56.59	57.54
2012	5006.40	663.07	244.42	1106.51	69.64	69.63
2013	5582.31	733.21	261.22	1171.52	80.00	80.78
2014	6028.69	700.71	274.12	1201.38	81.25	91.16
2015	6799.35	695.32	301.12	1271.00	83.25	105.38
2016	7453.74	750.94	358.41	1343.76	96.10	97.33
2017	8215.52	850.29	417.11	1493.11	137.94	97.52
2018	9217.73	972.55	460.18	1664.67	155.67	103.04
2019	10163.93	1097.40	496.79	1810.71	211.07	127.87
2020	10372.67	1061.53	488.26	1882.56	254.28	140.93
2021	9784.29	995.38	452.58	1786.41	329.25	122.01
2022	10646.75	1094.67	476.84	1895.57	409.20	130.22
2023	11052.54	1162.92	492.03	1993.35	470.10	125.99
郑州市 Zhengzhou	1519.62	136.52	59.42	251.75	88.27	17.33
开封市 Kaifeng	413.35	57.83	15.55	72.33	22.33	4.64
洛阳市 Luoyang	666.60	63.78	25.40	119.35	42.37	12.34
平顶山市 Pingdingshan	424.60	71.53	18.72	78.19	14.18	5.52
安阳市 Anyang	447.58	71.52	17.42	87.35	11.84	6.64
鹤壁市 Hebi	166.10	23.40	6.78	29.00	7.06	3.37
新乡市 Xinxiang	489.88	65.57	20.23	93.13	17.66	4.71
焦作市 Jiaozuo	302.44	41.84	14.56	49.96	8.99	5.05
濮阳市 Puyang	330.10	37.01	11.98	66.17	8.71	3.66
许昌市 Xuchang	348.11	43.11	12.20	73.42	13.95	5.02
漯河市 Luohe	264.10	37.39	8.24	44.54	13.97	2.12
三门峡市 Sanmenxia	283.02	53.98	10.22	46.26	13.59	3.70
南阳市 Nanyang	816.68	90.95	20.92	186.29	19.34	8.85
商丘市 Shangqiu	561.82	64.84	22.70	102.91	17.85	4.75
信阳市 Xinyang	646.92	68.51	19.37	119.83	25.24	6.13
周口市 Zhoukou	730.99	81.46	22.51	130.18	14.91	6.65
驻马店市 Zhumadian	655.71	71.36	19.76	114.11	37.40	3.85
济源示范区 Jiyuan	75.54	12.51	2.16	17.15	3.26	1.38

General Public Budget Expenditure of the Local Government by City

(100 million yuan)

#社会保障和就业 Social Security and Employment	#卫生健康 Health	#节能保护 Energy Conservation and Environment Protection	#城乡社区事务 Urban and Rural Community Affairs	#农林水事务 Agriculture, Forestry and Water Conservancy	#交通运输 Transportation	#住房保障 Housing Security
461.22	270.21	96.38	165.30	399.19	173.84	77.25
547.96	361.48	95.60	191.30	480.48	281.21	142.64
631.61	425.99	109.45	237.97	551.73	300.43	185.65
731.41	492.48	111.92	309.12	629.85	346.19	191.11
790.87	602.95	119.95	431.74	661.94	364.86	247.57
945.83	717.74	177.77	645.21	791.63	371.01	242.04
1067.40	778.01	195.72	879.33	807.06	347.97	268.58
1160.23	836.66	241.65	1122.67	916.81	296.17	248.12
1298.45	928.95	358.70	1152.43	1001.08	283.19	359.62
1457.14	986.78	352.29	1381.48	1059.70	383.82	284.71
1575.03	1085.39	272.63	1063.83	1145.40	437.31	349.43
1560.44	1018.59	210.41	978.22	1015.22	332.42	273.58
1791.76	1161.28	183.19	865.99	1110.48	416.62	284.64
1932.18	1140.93	178.61	978.56	1059.78	347.81	325.65
139.05	114.00	35.64	349.83	75.77	47.80	67.57
48.97	48.02	7.34	46.06	48.98	11.18	9.88
86.28	67.91	14.01	86.28	64.93	20.90	19.20
57.82	49.56	4.63	27.47	37.09	16.08	14.57
49.21	56.66	7.03	41.86	40.45	11.00	13.73
18.65	17.62	2.90	14.88	14.82	3.07	7.31
61.46	60.38	6.22	32.49	62.92	20.08	10.91
42.55	40.58	4.46	25.65	25.39	10.98	11.94
39.66	41.61	7.68	26.16	37.66	12.98	13.81
44.54	41.27	12.40	31.86	32.67	9.18	5.53
27.36	24.59	4.34	28.13	24.22	8.15	8.80
27.54	30.57	7.62	19.48	31.84	11.82	7.21
114.24	119.94	17.26	37.09	108.60	32.39	20.53
71.15	86.34	9.86	37.30	65.56	19.61	28.43
82.99	77.58	11.26	35.71	105.58	25.87	18.42
85.06	111.72	8.52	79.10	104.41	28.73	17.68
89.13	85.17	5.64	53.74	76.21	18.97	20.93
9.38	6.70	2.37	4.52	7.52	2.12	1.73

主要统计指标解释

一般公共预算收入 指国家财政参与社会产品分配所取得的收入，是实现国家职能的财力保证。主要包括税收收入和非税收入。

（1）税收收入：包括国内增值税、国内消费税、进口货物增值税和消费税、出口货物退增值税和消费税、营业税、企业所得税、个人所得税、资源税、城市维护建设税、房产税、印花税、城镇土地使用税、土地增值税、车船税、船舶吨税、车辆购置税、关税、耕地占用税、契税、烟叶税等。

（2）非税收入：包括专项收入、行政事业性收费收入、罚没收入、国有资本经营收入、国有资源（资产）有偿使用收入和其他收入。

一般公共预算支出 指国家财政将筹集起来的资金进行分配使用，以满足经济建设和各项事业的需要。主要包括：

（1）一般公共服务：指政府提供基本公共管理与服务的支出，包括人大事务、政协事务、政府办公厅（室）及相关机构事务、发展与改革事务、统计信息事务、财政事务、税收事务、审计事务、海关事务、人力资源事务、纪检监察事务、人口与计划生育事务、商贸事务、知识产权事务、工商行政管理事务、质量技术监督与检验检疫事务、国土资源事务、海洋管理事务、测绘事务、地震事务、气象事务、民族事务、宗教事务、港澳台侨事务、档案事务、共产党事务、民主党派及工商联事务、群众团体事务、彩票发行事务、国债事务、债券投资、其他一般公共服务支出。

（2）国防：指政府用于国防方面的支出，包括现役部队、预备役部队、民兵、国防科研事业、专项工程、国防动员等方面的支出。

（3）公共安全：指政府维护社会公共安全方面的支出，包括武装警察、公安、国家安全、检察、法院、司法行政、监狱、劳教、国家保密、缉私警察等。

（4）教育：指政府教育事务支出，包括教育管理、学前教育、小学教育、初中教育、普通高中教育、普通高等教育、中专教育、技校教育、职业高中教育、高等职业教育、广播电视教育、留学生教育、特殊教育、干部继续教育、教育机关服务等。

（5）科学技术：指用于科学技术方面的支出，包括科学技术管理事务、基础研究、应用研究、技术研究与开发、科技条件与服务、社会科学、科学技术普及、科技交流与合作等。

（6）文化体育与传媒：指政府在文化、文物、体育、广播影视、新闻出版等方面的支出。

（7）社会保障和就业：指政府在社会保障与就业方面的支出，包括社会保障和就业管理事务、民政管理事务、财政对社会保险基金的补助、补充全国社会保障基金、行政事业单位离退休、企业改革补助、就业补助、抚恤、退役安置、社会福利、残疾人事业、城市居民最低生活保障、其他城镇社会救济、农村社会救济、自然灾害生活救助、红十字事务等。

（8）医疗卫生：指政府在医疗卫生方面的支出，包括医疗卫生管理事务、医疗服务、社区卫生服务、医疗保障、疾病预防控制、卫生监督、妇幼保健、农村卫生、中医药等。

（9）节能环保：指政府节能环保的支出，包括环境保护管理事务、环境监测与监察、污染防治、自然生态保护、天然林保护工程、退耕还林、风沙荒漠治理、退牧还草、已垦草原退耕还草、能源节约利用、污染减排、可再生能源和资源综合利用等支出。

（10）城乡社区事务：指政府城乡社区事务支出，包括城乡社区管理事务、城乡社区规划与管理、城乡社区公共设施、城乡社区住宅、城乡社区环境卫生、建设市场管理与监督等。

（11）农林水事务：指政府农林水事务的支出，包括农业、林业、水利、扶贫、农业综合开发等。

（12）交通运输：指政府交通运输和邮政业方面的支出，包括公路运输、水路运输、铁路运输、民用航空运输、邮政业支出等。

（13）资源勘探工业信息等事务：指政府对资源勘探工业信息等事务支出，包括资源勘探业、制造业、建筑业、电力监管、工业和信息产业监管、安全生产监管、国有资产监管、支持中小企业发展和管理支出等。

（14）商业服务业等事务：指政府对商业服务业等事务的支出，包括商业流通事务、旅游业管理与服务、涉外发展服务支出等。

（15）金融监管等事务：指政府对金融保险业监管等事务方面的支出。

（16）国土资源气象等事务：指政府用于国土资源、海洋、测绘、地震、气象等公益服务事业方面的支出。

（17）住房保障支出：指政府用于住房保障方面的支出。

（18）粮油物资储备事务：指政府用于粮油物资储备事务方面的支出。

（19）国债还本付息支出：指政府在国债还本、付息、发行等方面的支出。

Explanatory Notes on Main Statistical Indicators

General Public Budget Revenue of the Local Government refers to income for the government finance through participating in the distribution of social products. It is the financial guarantee to ensure government functioning. Now it includes Tax Revenue and Non-Tax Revenue:

(1) Tax Revenue: Including Value-added tax, consumption tax, business tax, enterprise income tax, enterprise income tax rebate, personal income tax, resources tax , regulatory taxes on investment in fixed assets, urban maintenance and construction taxes, property taxes, stamp duty, tax on using urban land, land value-added tax, tax on using Vehicles and Ships, tax on using licence, Ship tons of tax, vehicle purchase tax (charges), tax on Slaughtering, banquet tax, customs, agriculture (tobacco) specialty tax, land tax, contract taxes and other tax revenue.

(2) Non-Tax Revenue: Including Special revenue, the Community Chest lottery income, administrative fees income, confiscated income, the state capital operating revenue, compensation income of using state-owned resources (assets), other income.

General Public Budget Expenditure of the Local Government refers to the distribution and use of the funds which the government finance has raised, so as to meet the needs of economic construction and various causes. It includes the following main items:

(1) General Public Service：including affairs of People's Congress, affairs of Committee of People's Political Consultative Conference, the Government Office (room) and related organizations affairs, development and reform Affairs, statistical information Affairs, financial services, revenue Affairs, audit Affairs, customs affairs, personnel affairs, the discipline inspection and supervision Affairs, population and family planning Affairs, commerce and trade Affairs, intellectual property Affairs, administration affairs of industrial and commercial, supervision and administration Affairs of food and drug, quality of technical supervision and inspection and quarantine Affairs, land and natural resources Affairs, marine management Affairs, surveying and mapping Affairs, seismic Affairs, meteorological Affairs, ethical affairs, religion Affairs, Hong Kong, Macao and Taiwan affairs, file Affairs, the Communist Party affairs, other parties and the Federation of Industry and Commerce Services Mass organizations Affairs, Lottery Affairs, Treasury Affairs, bond investment, the other general public Affairs expenditure.

(2) National Defense: refers to the government for defense spending, including standing army, the reserve forces and the militia, national defense scientific research career, special engineering, national defense mobilization of expenditure.

(3) Public Security: refers to the government's expenditure on maintaining social and public security, including armed police, public security, national security, prosecution, courts, judicial administration, prisons, re-education through labor, state secrecy, anti-smuggling police, etc.

(4) Education: including Education and management Affairs, general education, vocational education, adult education, radio and television education, studying abroad education, special education, teacher education and continuing education of cadres, education surcharge and education fund, other educational expenses.

(5) Science and technology: including Science and technology management Affairs, basic research, applied research, technology research and development, conditions and service of science and technology, social science, science and technology popularization , Science and technology exchanges and cooperation, and other science and technology expenditure.

(6) Culture, Tourism, Sport and Media: including Culture, heritage, sports, radio, television, press, publishing, sports and other cultural and media expenditure.

(7) Social Security and Employment: including Social security and Obtain employment Affairs, civil administration Management

Affairs, added the National Social Security Fund, retired from administrative institutions, subsidies for shutdown and bankruptcy enterprises, employment subsidies, pension, placement of retirement, social welfare, handicapped Affairs, the minimum living guarantee for urban residents, other urban social relief, rural social relief, living relief for natural disaster, the Red Cross Affairs, other social security expenditure and employment expenditure.

(8) Medical Treatment and Public Health: including Medical and health management affairs, medical services, community health services, health ensure, disease prevention and control, sanitation surveillance, health care of female and child, rural sanitation, Chinese traditional medicine, other medical and health expenditure.

(9) Energy Conservation and Environment Protection: including Environmental management affairs, environmental monitoring and surveillance, pollution control, natural ecological protection, natural forests protection, returning farmland to forests, desertification and sandstorms control, returning farmland to grassland, other environmental protection expenditure.

(10) Urban and Rural Community Affairs: Including The management of urban and rural communities affairs, planning and management of urban and rural community, public facilities in rural and urban communities, residential of rural and urban communities, sanitation of urban and rural communities, management and supervision of marketable construction, the Government Housing Fund expenditures, expenditures of using land, additional expenditures of urban public utilities, other expenses of urban and rural community affairs.

(11) Agriculture, Forestry and Water Conservancy Operating: including Agriculture, forestry, water conservancy, moving water from north to south, poverty alleviation, agricultural development, and other expenditures of agriculture, forestry, water affairs.

(12) Transportation: including Highway and waterway transport, rail transport, air transport, and other transport expenses.

(13) Resource exploration industry information and other affairs: refers to the government's expenditure on resource exploration industry information and other affairs, including resource exploration industry, manufacturing industry, construction industry, power supervision, industrial and information industry supervision, safety production supervision, state-owned asset supervision, support for the development and management of small and medium-sized enterprises, and other expenditures.

(14) Affairs of Commerce and Services: refers to the government to business service and other affairs expenses, including commercial distribution affairs, tourism management and service, foreign development service expenditure, etc.

(15) Financial supervision: refers to the government for financial insurance regulatory affairs expenses.

(16) Land and resources weather affairs: refers to the government for land and resources, ocean, surveying and mapping, earthquake, meteorology and so on public service business spending.

(17) Housing Security : refers to the government for housing safeguard expenses.

(18) Grain and Oil Reserves Management: refers to the government for cereals and oil materials reserve affairs expenses.

(19) National debt repayment of capital and interest expenses: refers to the government in national debt repayment of principal and interest payment and issue of expenditure.

价格
Prices

9

◎ 资料整理：刘涵　王帅

简要说明

一、主要内容

本篇包括居民消费价格指数，商品零售价格指数，农产品生产价格指数，工业生产者出厂价格指数，工业生产者购进价格指数，固定资产投资价格指数等资料。

二、资料来源

价格指数编制由国家统计局河南调查总队组织实施。由省、市及抽选出的市、县调查队依据国家统计局统一制定的价格统计调查制度向基层采集原始数据汇总后得到。

居民消费、商品零售采用抽样调查和重点调查相结合的方法取得，即在全省选择不同经济区域和分布合理的地区，以及有代表性的商品作为样本，对其市场价格进行定期调查，以样本推断总体。由国家统计局河南调查总队消费价格调查处编辑整理。

工业生产者价格调查采用重点调查与典型调查相结合的调查方法。重点调查将全部年主营业务收入2000万元以上的企业列为调查对象，采用主观选样的方法选择调查企业；典型调查是把年主营业务收入2000万元以下的企业作为抽样对象，采用随机抽样的调查方法。由国家统计局河南调查总队生产投资价格调查处编辑整理。

Brief Introduction

I. Main Contents

Data on price indices in this chapter including mainly consumer price indices, retail price indices, producer price indices for farm products, Industrial producers ex-factory price index, industrial producers purchase price index, price indices for investment in fixed assets.

II. Sources of Data

Compilation of statistics on price indices is organized by the Department of Henan Survey organizations, NBS. The survey organizations of the provinces, cities directly under the Central Government and of the selected cities and counties collect data from the grassroots units in accordance with the scheme of price survey system, tabulate them and report them to the higher agencies.

Data for compilation of the consumer price indices and the retail price indices in Henan province are collected through a combination of sample surveys and surveys of key units Areas distributed in different economic regions are selected as the sample areas and representative commodities are selected as the sample commodities. Regular surveys are conducted to collect data on their market prices Population parameters are inferred on the basis of the sample data. Data of this part are provided by the Department of Henan Survey organizations, NBS.

Industrial producer prices are collected through a combined use of the key units' survey and typical units survey methods. Key units refer to enterprises which annual sale revenue above 20 million yuan, using the method of subjective selection. Typical units refer to the enterprises which annual sale revenue below 20 million yuan, using the method of sampling survey. Data of this part are provided by the Department of Henan Survey organizations, NBS.

9-1 各种物价总指数

General Price Indices

(上年=100) (preceding year=100)

年份 Year	居民消费价格总指数 General Consumer Price Index			工业生产者出厂价格指数 Producer Price Index for Industrial Products	工业生产者购进价格指数 Purchasing Price Index for Industrial Producers
		城市 Urban Areas	农村 Rural Areas		
1978	100.1	100.0	100.1		
1980	104.6	106.0	103.8		
1985	104.6	106.5	103.6		
1990	100.7	100.5	100.9	105.5	105.5
1991	102.3	105.1	100.0	104.3	104.4
1992	105.4	107.7	102.9	106.2	110.0
1993	110.4	110.6	110.3	118.1	133.0
1994	125.2	127.4	123.5	124.1	122.0
1995	116.5	116.9	116.3	115.0	114.1
1996	110.5	109.5	110.9	104.1	106.0
1997	103.5	102.4	103.9	100.6	100.6
1998	97.5	97.9	97.1	95.3	94.8
1999	96.9	96.6	97.1	95.4	94.3
2000	99.2	99.1	99.2	104.0	105.1
2001	100.7	100.7	100.7	100.5	101.9
2002	100.1	99.8	100.6	98.6	97.6
2003	101.6	101.7	101.4	105.0	107.8
2004	105.4	105.4	105.4	110.2	115.7
2005	102.1	102.1	102.1	106.1	108.3
2006	101.3	101.2	101.5	104.3	105.3
2007	105.4	105.4	105.5	105.2	106.4
2008	107.0	106.5	107.9	112.1	111.9
2009	99.4	98.8	100.4	94.9	97.1
2010	103.5	103.4	103.8	107.8	110.2
2011	105.6	105.4	106.1	107.2	110.1
2012	102.5	102.6	102.4	99.4	99.2
2013	102.9	102.9	102.9	98.5	99.3
2014	101.9	102.0	101.6	98.1	98.4
2015	101.3	101.3	101.2	95.4	95.4
2016	101.9	101.9	102.0	99.0	99.2
2017	101.4	101.5	101.2	106.8	107.3
2018	102.3	102.4	102.0	103.6	104.0
2019	103.0	102.9	103.1	100.2	101.2
2020	102.8	102.5	103.3	99.2	99.4
2021	100.9	101.0	100.8	107.8	109.5
2022	101.5	101.4	101.7	105.0	105.7
2023	99.8	99.6	100.2	97.4	95.3

9-2 各种物价定基指数

Fixed-base Price Indices

(1978年＝100) (1978 year =100)

年 份 Year	居民消费价格总指数 General Consumer Price Index	城 市 Urban Areas	农 村 Rural Areas	工业生产者出厂价格指数 Producer Price Index for Industrial Products	工业生产者购进价格指数 Purchasing Price Index for Industrial Producers
1978	100.0	100.0	100.0		
1979	100.4	100.3	100.4		
1980	105.0	106.3	104.2		
1981	106.5	108.9	105.0		
1982	108.0	110.8	106.3		
1983	109.7	114.0	107.3		
1984	110.6	116.6	107.4		
1985	115.7	124.1	111.2		
1986	122.0	132.6	116.0		
1987	129.7	142.9	122.2		
1988	154.9	173.6	144.3	100.0	100.0
1989	183.9	199.5	176.0	119.7	130.0
1990	185.1	200.5	177.6	126.3	137.2
1991	189.4	210.7	177.6	131.7	143.2
1992	199.6	227.0	182.8	139.9	157.5
1993	220.4	251.0	201.6	165.2	209.5
1994	275.9	319.8	249.0	205.0	255.6
1995	321.4	373.8	289.5	235.8	291.6
1996	355.2	409.3	321.1	245.4	309.1
1997	367.6	419.2	333.6	246.9	310.9
1998	358.4	410.4	323.9	235.3	294.8
1999	347.3	396.4	314.6	224.5	278.0
2000	344.6	392.9	312.0	233.5	292.2
2001	347.0	395.6	314.2	234.6	297.7
2002	347.3	394.8	316.1	231.4	290.5
2003	352.9	401.5	320.5	243.0	313.0
2004	371.9	423.2	337.8	267.9	362.0
2005	379.7	432.1	344.9	284.1	392.0
2006	384.7	437.3	350.1	296.3	412.7
2007	405.5	460.9	369.4	311.8	439.2
2008	433.9	490.9	398.6	349.6	491.3
2009	431.3	485.0	400.2	331.8	477.2
2010	446.4	501.5	415.4	357.7	525.9
2011	471.4	528.6	440.7	383.4	579.1
2012	483.2	542.3	451.3	381.2	574.2
2013	497.2	558.0	464.4	375.6	570.0
2014	506.7	569.2	471.8	368.2	560.8
2015	513.3	576.8	477.7	351.1	534.9
2016	523.1	587.5	487.3	347.7	530.8
2017	530.4	596.3	493.2	371.4	569.3
2018	542.6	610.6	503.1	384.6	592.3
2019	558.9	628.6	518.8	385.2	599.4
2020	574.3	644.1	537.7	382.0	595.9
2021	579.5	650.5	542.0	411.9	652.4
2022	588.2	659.6	551.2	432.3	689.7
2023	587.0	657.0	552.3	421.2	657.4

注：工业生产者出厂价格和工业生产者购进价格指数以1988年=100。
Producer Price Index for Industrial Products and Purchasing Prices Index for Industrial Products are Calculated as the index on 1988=100.

9-3 居民消费价格指数(2023年)

Consumer Price Indices (2023)

(上年=100) (preceding year=100)

项 目	Item	全 省 The Whole Province	城 市 Urban	农 村 Rural
总 指 数	**General Consumer Price Index**	**99.8**	**99.6**	**100.2**
食品烟酒	**Food,Tobacco and Liquor**	**99.6**	**99.4**	**100.0**
食品	Food	99.0	98.8	99.4
粮食	Grain	101.2	101.1	101.4
食用油	Cooking Oil	100.7	101.0	100.4
菜及食用菌	Vegetables and Edible Mushrooms	96.7	97.2	95.5
#鲜菜	Fresh Vegetables	95.8	96.4	94.4
畜肉类	Livestock Meat	89.9	90.3	89.0
#猪肉	Pork	83.1	83.3	82.8
禽肉类	Meal and Poultry	102.2	101.9	102.8
水产品	Aquatic Products	98.3	97.6	100.3
蛋类	Eggs	97.7	96.7	99.7
奶类	Milk	99.1	98.5	100.1
干鲜瓜果类	Dried and Fresh Melons and Fruits	106.1	104.9	109.1
#鲜果	Fresh Fruits	106.6	105.5	109.3
茶及饮料	Tea and Beverages	100.0	99.8	100.3
烟酒	Tobacco and Liquor	101.1	100.8	101.5
在外餐饮	Dining Out	101.0	100.9	101.3
衣着	**Clothing**	**99.8**	**99.8**	**100.0**
服装	Garments	100.0	100.0	100.0
衣着材料及配件	Clothing Material	100.1	99.8	100.7
衣着服务费	Other Clothing and Accessories	101.5	100.5	104.9
鞋类	Footwear	99.1	98.8	99.8
居住	**Residence**	**99.6**	**99.3**	**100.1**
租赁房房租	Rental Housing Rent	99.1	99.0	99.8
住房保养维修及管理	Maintenance and Management of Housing	99.9	99.6	100.5
水电燃料	Water, Electricity and Fuels	100.2	99.9	100.7
自有住房	Private Housing	99.3	99.1	99.8
生活用品及服务	**Living Supplies and Services**	**99.6**	**99.7**	**99.4**
家具及室内装饰品	Furniture and Decorations	99.6	99.9	98.9
家用器具	Home Appliances	98.4	98.4	98.5
家用纺织品	Home Textile	99.1	99.1	99.3
家庭日用杂品	Daily Use Household Articles	99.6	99.5	99.7
个人护理用品	Personal Article and Service	100.8	100.8	100.8
家庭服务	Household Service	101.5	101.4	101.7
交通和通信	**Transportation and Communication**	**97.9**	**97.6**	**98.4**
交通	Transportation	97.2	97.0	97.9
通信	Communication	99.6	99.6	99.8
教育文化和娱乐	**Education Culture and Entertainment**	**101.4**	**101.2**	**101.8**
教育	Education	101.3	101.0	102.0
文化娱乐	Cultural and Entertainment	101.7	101.8	101.2
医疗保健	**Health Care**	**100.9**	**100.8**	**101.3**
药品及医疗器具	Medicines and Medical Instrument	101.5	101.1	102.1
医疗服务	Medical Service	100.7	100.6	100.9
其他用品和服务	**Other Articles and Service**	**103.2**	**103.1**	**103.5**
其他用品类	Articles	104.7	104.9	104.1
其他服务类	Service	101.7	101.3	102.7

9-4 各市居民消费价格指数(2023年)

Consumer Price Indices by City (2023)

(上年=100) (preceding year=100)

地 区 Region	居民消费价格总指数 Consumer Price Index	食品烟酒 Food, Tobacco, Liquor	衣 着 Clothing	居 住 Residence	生活用品及服务 Living Supplies and Services	交通和通信 Transportation and Communication	教育文化和娱乐 Education, Culture and Entertainment	医疗保健 Health Care	其他用品和服务 Others
郑州市 Zhengzhou	99.4	99.6	99.8	98.7	100.1	97.3	100.7	100.3	103.3
开封市 Kaifeng	99.9	99.4	100.3	99.9	100.0	97.7	100.5	102.1	103.6
洛阳市 Luoyang	99.8	99.5	98.7	99.5	98.2	97.8	103.8	99.9	104.1
平顶山市 Pingdingshan	99.8	100.0	99.6	99.3	100.2	97.3	101.2	100.7	104.1
安阳市 Anyang	99.6	100.1	100.2	99.6	100.2	97.2	99.1	100.7	103.0
鹤壁市 Hebi	99.6	98.9	99.4	99.9	99.6	97.2	102.0	101.1	102.4
新乡市 Xinxiang	99.5	98.7	98.8	100.0	99.2	97.6	102.7	99.4	103.9
焦作市 Jiaozuo	100.0	97.4	101.4	99.9	99.9	98.2	103.7	104.8	100.9
濮阳市 Puyang	99.4	99.5	99.3	99.9	99.8	96.4	100.4	99.9	102.0
许昌市 Xuchang	99.8	99.2	99.2	100.2	99.2	98.4	101.0	101.7	103.3
漯河市 Luohe	99.7	99.7	98.5	99.1	100.0	98.8	101.1	100.7	102.2
三门峡市 Sanmenxia	99.5	98.9	99.7	99.5	100.4	97.8	100.2	100.6	102.7
南阳市 Nanyang	99.7	99.1	100.9	100.2	99.1	97.4	100.5	101.2	102.4
商丘市 Shangqiu	99.6	99.7	99.6	99.0	99.4	97.7	100.5	101.0	103.1
信阳市 Xinyang	100.0	101.3	100.6	99.0	99.8	98.4	99.0	100.4	102.5
周口市 Zhoukou	100.0	98.7	101.9	100.0	99.7	98.7	102.7	100.0	103.0
驻马店市 Zhumadian	99.8	99.5	100.4	99.2	100.2	97.4	101.7	101.3	102.3
济源示范区 Jiyuan	99.5	99.4	98.2	99.5	98.4	97.3	101.1	102.1	102.6

9-5 工业生产者出厂价格指数

Producer Price Index for Industrial Products

(上年=100) (preceding year=100)

类 别	Type	2019	2020	2021	2022	2023
总 指 数	**General Index**	**100.2**	**99.2**	**107.8**	**105.0**	**97.4**
按轻、重工业分	**Grouped by Light & Heavy Industry**					
轻工业	Light Industry	101.0	101.3	101.6	104.2	99.4
以农产品为原料	Using Farm Products as Raw Materials	101.5	102.4	101.2	103.8	98.1
以非农产品为原料	Using Non-Farm Products as Raw Materials	99.0	97.5	102.4	105.0	102.0
重工业	Heavy Industry	99.8	98.2	110.4	105.2	96.6
采掘工业	Mining & Quarrying Industry	103.1	98.8	131.5	119.7	94.5
原料工业	Raw Materials Industry	98.7	98.3	116.5	108.5	97.9
加工工业	Manufacturing Industry	99.8	98.1	106.2	102.4	96.3
按部类分	**Grouped by Division**					
生产资料	Means of Production	100.0	98.4	111.7	105.4	96.2
采掘工业	Mining & Quarrying Industry	103.1	98.8	131.5	119.7	94.5
原料工业	Raw Materials Industry	98.3	98.0	115.8	108.2	98.1
加工工业	Manufacturing Industry	100.2	98.5	108.3	102.7	95.4
生活资料	Consumer Goods	100.5	101.2	97.8	103.4	100.8
食品类	Food	103.8	105.8	98.7	103.9	99.7
衣着类	Clothing	99.8	99.3	100.0	102.9	99.8
一般日用品类	Articles for Daily Use	99.4	97.9	98.2	104.9	104.2
耐用消费品类	Durable Consumer Goods	93.6	93.4	95.5	102.2	101.1
按工业部门分	**Grouped by Sector**					
冶金工业	Metallurgical Industry	101.0	102.2	121.3	100.5	95.9
电力工业	Power Industry	98.4	100.1	101.2	108.9	101.7
煤炭及炼焦工业	Coal and Smelt Industry	98.1	90.3	139.5	113.9	84.5
石油工业	Petroleum Industry	96.5	83.8	120.2	129.4	100.1
化学工业	Chemical Industry	97.7	97.0	116.1	110.7	95.8
机械工业	Machine Building Industry	98.9	98.2	100.7	103.1	99.3
建筑材料工业	Building Materials Industry	104.2	99.1	100.4	99.6	94.3
森林工业	Timber Industry	100.5	100.2	100.0	99.3	103.1
食品工业	Food Industry	103.8	105.9	99.5	103.8	99.0
纺织工业	Textile Industry	99.2	94.3	108.9	103.8	92.4
缝纫工业	Tailoring Industry	99.0	99.4	100.9	100.4	100.1
皮革工业	Leather Industry	101.1	99.4	99.4	104.5	99.2
造纸工业	Paper Industry	93.5	96.5	103.5	100.7	98.3
文教艺术用品工业	Cultural, Educational & Handicrafts Articles	100.2	93.7	88.6	100.1	97.9
其他工业	Others	96.9	93.0	105.6	110.5	98.4

9-6 工业生产者购进价格指数

Purchasing Price Index for Industrial Producers

(上年=100) (preceding year=100)

类 别	Type	2019	2020	2021	2022	2023
总 指 数	**General Index**	**101.2**	**99.4**	**109.5**	**105.7**	**95.3**
燃料、动力类	Fuels and Motive Power	98.2	93.0	125.8	120.1	94.3
黑色金属材料类	Ferrous Metals Materials	105.0	100.7	121.9	96.7	93.4
#钢材	Steel Products	98.9	99.6	120.1	99.2	91.8
有色金属材料和电线类	Nonferrous Metals Materials and Electric Wire	98.1	97.6	116.5	104.3	101.1
化工原料类	Chemical Raw Materials	96.6	93.3	112.0	104.8	91.5
木材及纸浆类	Logging and Paper Pulp	98.4	97.6	105.5	100.9	96.1
建筑材料及非金属矿类	Building Materials and Nonmetal Minerals	111.1	104.7	104.6	108.7	87.1
其他工业原材料及半成品类	Others Industry Materials & Semi Finished Articles	101.1	101.8	101.8	102.1	97.6
农副产品类	Farm Products	102.9	104.4	97.9	101.4	98.5
纺织原料类	Textile Raw Materials	98.3	97.4	110.6	111.8	90.9

主要统计指标解释

居民消费价格指数　是反映一定时期内城乡居民所购买的生活消费品价格和服务项目价格变动趋势和程度的相对数，是对城市居民消费价格指数和农村居民消费价格指数进行综合汇总计算的结果。利用居民消费价格指数，可以观察和分析消费品的零售价格和服务价格变动对城乡居民实际生活费支出的影响程度。

城市居民消费价格指数　是反映一定时期内城市居民家庭所购买的生活消费品价格和服务项目价格变动趋势和程度的相对数。通过该指数可以观察和分析消费品的零售价格和服务项目价格变动对城镇居民收入和消费支出的影响。

农村居民消费价格指数　是反映一定时期内农村居民家庭所购买的生活消费品价格和服务项目价格变动趋势和程度的相对数。该指数可以观察农村消费品的零售价格和服务项目价格变动对农村居民收入和生活消费支出的影响。

工业生产者出厂价格指数　是反映工业企业产品第一次出售时的出厂价格总水平的变化趋势和变动幅度。

工业生产者购进价格指数　是反映工业企业作为中间投入产品的材料、燃料、动力购进价格的变化趋势和变动幅度。

Explanatory Notes on Main Statistical Indicators

Consumer Price Index reflects the trend and degree of changes in prices of consumer goods and services purchased by urban and rural residents, and is a composite index derived from the urban consumer price index and the rural consumer price index. Consumer price index can be used to analyze the impact of consumer price change on actual expenditure for living cost of urban and rural residents.

Consumer Price Indices of Urban Household reflect the trend and degree of changes in prices of consumer goods and services purchased by urban households during a given period. It can be used to observe and analyze the impact of price changes in consumer goods and services on urban household income and consumption expenditure.

Consumer Price Indices of Rural Household reflect the trend and degree of changes in prices of consumer goods and services purchased by rural households during a given period. It can be used to observe the impact of change in retail prices of consumer goods and service prices on rural household income and consumption expenditure on living.

Producer Price Indices for Industrial Products reflect the trend and degree of changes in general ex-factory prices of all manufactured goods for first sale during a given period.

Purchasing Price Indices for Industrial Producers reflect the change trend and range of the general level of ex-factory price when the products of industrial enterprises are sold for the first time.

人民生活

People's Living Conditions

10

资料整理：左俊勇　孙江丽　孙培浩　季鑫缘

简要说明

一、主要内容

本篇资料反映全省人民生活现状及变化情况，包括居民家庭情况、收入、消费等资料，分为全体居民生活、城镇居民生活和农村居民生活三部分。

二、资料来源

从2013年起，国家统计局开展了城乡一体化住户收支与生活状况调查，全省人民生活状况的数据来源于住户收支生活状况调查，该调查采用抽样调查的方法，国家统计局使用统一的抽样框，以省为总体，在对县级调查网点代表性进行评估的基础上，采用分层、多阶段随机抽样方法抽选调查住宅，确定调查户。采用固定样本户连续记帐的调查方式，调查网点实行样本轮换制度，每五年为一个周期，抽中调查小区五年内保持不变，抽中住宅每年轮换一半。省级数据调查网点分布在18个市、43个县的7200余住宅，2014年以后数据根据城乡一体化调查取得，2014年以前数据为老口径，农民收入为纯收入口径，由国家统计局河南调查总队编辑整理。

各省辖市、省直管县数据由河南省地方经济社会调查队编辑整理。

Brief Introduction

I. Main Contents

Data in this chapter show the people's living conditions in Henan province, including basic condition, revenue and expenditure of household, consisting of two parts, on the life of urban and rural households respectively.

II. Sources of Data

Since 2013, the national bureau of statistics (NBS)caries out the integration of urban and rural residents income and expenditure survey and living conditions survey. Data on the living condition of the whole province of people come from the data collected through a sample survey on the rural households conducted. The national bureau of statistics using uniform sampling frame collected the data of living condition through a combination of Regular accounting and One-time accounting .This is on the basis of evaluating representative of the county network. The NBS adopts the survey method of charging to an account continuously for fixed sample. Network survey is set through a sample rotation, which is conducted for every five years. The sample remains unchanged for five years, and the sample rotation is half the year. The provincial sample of provincial data included 7200 households from 18 cities and 43 counties2014 data cannot do compare with the data of antecedent years. Data in this part are provided by the Department of Henan Survey organizations, NBS.

Data of the provincial cities and Provincial-controlled division are provided by economic and social survey office of Henan Province.

10-1 城乡居民家庭人均收支

Per Capita Income, Expenditure in Urban and Rural Areas

指数以上年为100，按可比价格计算。

Indices of preceding year=100, and indices are calculated at comparable prices.

单位：元 (yuan)

年份 Year	城镇居民家庭人均 Per Capita Income and Expenditure of Urban Household			农村居民家庭人均 Per Capita Income and Expenditure of Rural Household		
	可支配收入 Disposable Income	可支配收入指数 Disposable Income Index	消费支出 Consumption Expenditure	可支配收入 Disposable Income	可支配收入指数 Disposable Income Index	生活消费支出 Household Expenditure
1978	315		274	105		82
1979	361	114.3	303	134	127.6	
1980	365	108.1	335	161	120.5	136
1981	395	103.1	363	216	133.4	166
1982	429	103.9	382	217	99.7	178
1983	453	101.6	405	272	124.5	196
1984	497	108.8	432	301	110.3	220
1985	601	114.2	557	329	107.0	260
1986	724	113.2	654	334	99.7	292
1987	814	104.9	711	378	110.1	310
1988	946	87.2	897	401	98.2	347
1989	1111	102.2	964	457	102.5	390
1990	1268	113.5	1068	527	105.5	438
1991	1385	103.9	1200	539	102.3	455
1992	1608	107.8	1343	588	104.9	473
1993	1963	110.4	1609	696	109.0	565
1994	2619	104.7	2155	910	103.4	732
1995	3299	107.8	2674	1232	109.5	929
1996	3755	103.9	3009	1579	113.8	1206
1997	4094	106.4	3378	1734	107.4	1271
1998	4219	105.3	3416	1864	106.5	1240
1999	4532	111.2	3498	1948	106.4	1164
2000	4766	106.1	3831	1986	103.9	1316
2001	5267	108.8	4110	2098	104.9	1376
2002	6245	114.2	4505	2216	105.1	1452
2003	6926	109.0	4942	2236	99.6	1509
2004	7705	105.5	5294	2553	108.1	1664
2005	8668	110.2	6038	2871	107.5	1892
2006	9810	111.9	6685	3261	112.1	2229
2007	11477	111.0	7827	3852	112.2	2676
2008	13231	108.3	8837	4454	107.2	3044
2009	14372	109.9	9567	4807	107.5	3388
2010	15930	107.2	10838	5524	111.0	3682
2011	18195	108.4	12336	6604	112.7	4320
2012	20443	109.5	13733	7525	111.3	5032
2013	22398	106.6	14822	8475	109.5	5628
2014	24391	106.8	15726	9416	109.4	6438
2014新口径	23672	106.8	16184	9966	109.4	7277
2015	25576	106.7	17154	10853	107.6	7887
2016	27233	104.5	18088	11697	105.7	8587
2017	29558	106.9	19422	12719	107.5	9212
2018	31874	107.8	20989	13831	108.7	10392
2019	34201	104.3	21972	15164	106.3	11546
2020	34750	99.1	20645	16108	102.8	12201
2021	37095	105.7	23178	17533	108.0	14073
2022	38484	102.3	23539	18697	104.9	14824
2023	40234	104.5	25570	20053	107.3	16638

注：1. 1978年-1991年城镇居民可支配收入根据当年生活费收入测算。

2. 2014年以后为实施城乡一体化调查的数据，2013年以前农村居民人均可支配收入为纯收入口径。(以下相关全省的表格相同)

a) Data on disposable income of urban household on 1978-1991 are calculated on basis of income of living to the corresponding year.

b) Data since 2014 are calculated on the basis of investigation of the integration of urban and rural areas. (the same as the following tables about provincial data)

10–2 家庭平均每人收入、支出及结构(2023年)

Per Capita Income and Expenditure and Structure in Households (2023)

项　目	Item	绝对数 (元) Absolute Number (yuan)	结构 (%) Structure (%)
可支配收入	**Disposable Income**	**29932.89**	**100.0**
工资性收入	Income from Wages and Salaries	15166.20	50.7
工资	Wages and Salaries	14695.78	49.1
实物福利	Physical Welfare	57.90	0.2
其他	Others	412.52	1.4
经营净收入	Net Business Income	6037.15	20.2
第一产业	Primary Industry	2387.64	8.0
第二产业	Secondary Industry	729.23	2.4
第三产业	Tertiary Industry	2920.27	9.8
财产净收入	Net Income of Properties	1888.86	6.3
转移净收入	Net Income of Transfers	6840.68	22.9
现金可支配收入(未扣除生产费用)	**Cash Disposable Income (Without deduction of production expenses)**	**28251.27**	**100.0**
工资性收入	Laborage	15108.30	53.5
工资	Wages and Salaries	14695.78	52.0
其他	Others	412.52	1.5
经营净收入	Net Business Income	5881.71	20.8
第一产业	Primary Industry	1950.63	6.9
第二产业	Secondary Industry	763.88	2.7
第三产业	Tertiary Industry	3167.21	11.2
财产净收入	Net Income of Properties	832.21	2.9
转移净收入	Net Income of Transfers	6429.04	22.8
消费支出	**Consumption Expenditure**	**21010.95**	**100.0**
食品烟酒	Food, Tobacco and Liquor	6275.17	29.9
衣着	Clothing	1508.83	7.2
居住	Residence	4333.79	20.6
生活用品及服务	Living Supplies and Services	1266.97	6.0
交通通信	Transportation and Communication	2570.28	12.2
教育文化娱乐	Education, Culture and Entertainment	2461.03	11.7
医疗保健	Health Care	2115.96	10.1
其他用品和服务	Others	478.91	2.3
现金消费支出	**Cash Consumption Expenditures**	**17766.53**	**100.0**
食品烟酒	Food, Tobacco and Liquor	6161.27	34.7
衣着	Clothing	1508.51	8.5
居住	Residence	1626.38	9.2
生活用品及服务	Living Supplies and Services	1264.57	7.1
交通通信	Transportation and Communication	2568.98	14.5
教育文化娱乐	Education, Culture and Entertainment	2460.60	13.8
医疗保健	Health Care	1699.40	9.6
其他用品和服务	Others	476.81	2.7

10−3 各市居民家庭人均收支情况(2023年)

Per Capita Income and Expenditure in Urban and Rural Areas by City (2023)

单位：元 (yuan)

地区 Region	居民家庭人均 Per Capita Residents			城镇居民家庭人均 Per Capita (Urban) Residents			农村居民家庭人均 Per Capita (Rural) Residents		
	可支配收入 Disposable Income	消费支出 Consumption Expenditure	#食品烟酒 Food, Tobacco and Liquor	可支配收入 Disposable Income	消费支出 Consumption Expenditure	#食品烟酒 Food, Tobacco and Liquor	可支配收入 Disposable Income	消费支出 Consumption Expenditure	#食品烟酒 Food, Tobacco and Liquor
郑州市 Zhengzhou	43785	29501	7327	48740	31843	7674	30383	23168	6389
开封市 Kaifeng	27079	21518	5379	36700	28798	6498	19288	15623	4473
洛阳市 Luoyang	33662	24193	6360	45727	31573	7985	19734	15673	4485
平顶山市 Pingdingshan	29810	19719	6426	39987	23878	7636	19279	15416	5174
安阳市 Anyang	30266	17941	4923	39861	21117	5880	20876	14834	3986
鹤壁市 Hebi	32979	20144	5850	39390	23625	6901	24815	15711	4512
新乡市 Xinxiang	30329	20113	5427	39165	24734	6649	21683	15592	4230
焦作市 Jiaozuo	33417	23458	6184	39175	26696	6976	25299	18893	5068
濮阳市 Puyang	27962	17812	4833	38712	21840	5465	19106	14494	4312
许昌市 Xuchang	31685	20312	5811	39538	23700	6707	24228	17095	4961
漯河市 Luohe	31636	21529	7609	40692	27002	9686	23036	16333	5636
三门峡市 Sanmenxia	29357	20709	6185	37363	25797	7613	20732	15227	4647
南阳市 Nanyang	28742	19517	6215	39814	25108	7563	20435	15322	5204
商丘市 Shangqiu	25069	17255	5645	37378	22326	6436	16932	13900	5121
信阳市 Xinyang	27179	19883	6868	36525	24403	8167	19446	16142	5792
周口市 Zhoukou	23102	17286	5405	33084	21197	6588	16342	14638	4604
驻马店市 Zhumadian	25044	19029	5710	36370	25350	7198	17496	14817	4717
济源示范区 Jiyuan	35963	17964	3967	43401	19870	4313	26719	15596	3537

10-4 城镇居民家庭人口及居住情况
Population and Living Condition of Urban Households

指　标	Item	2022	2023
人口及就业情况(人)	**Population and Living condition (person)**		
期内住户常住人口数	Number of Resident Population During the Period	3.3	3.1
户均就业人数	Average Number of Employee per household	1.6	2.1
#雇主	Employers		
公职人员	Civil Servants		0.1
事业单位人员	Staff of Public Institution	0.2	0.2
国有企业雇员	Staff of State-owned Enterprise	0.1	0.1
住房情况	**Housing condition**		
现住房总建筑面积(平方米/人)	Construction area of Present Housing (sq.m/person)	44.7	45.4
期末自有现住房面积(平方米/人)	Area of Private Housing (sq.m/person)	47.0	43.4
现住房房屋来源结构(%)	Source Structure of Present Housing (%)		
#租赁私房	Leasing Private Housing	1.8	5.6
自建住房	Self-built Housing	45.2	32.4
购买商品房	Purchasing Commercial Housing	37.9	43.3
购买房改住房	Purchasing Housing-reform House	7.4	7.2
购买保障性住房	Purchasing Indemnificatory Housing	1.8	2.6
拆迁安置房	Removal Settlement Housing	3.7	6.1
本住户居住空间样式结构(%)	Structure of Residents Living Space Style (%)		
#单栋楼房	Single-span Building	31.6	25.0
单栋平房	Single-span Bungalow	14.8	8.7
四居室及以上单元房	Flat with Four and Over Bedrooms	3.0	3.4
三居室单元房	Flat with Three Bedrooms	31.0	39.9
二居室单元房	Flat with Two Bedrooms	17.9	19.1
住户主要饮用水来源情况结构(%)	Source Structure of Resident Main Drinking Water (%)		
#经过净化处理的自来水	Purificatory Tap water	91.1	89.7
受保护的井水和泉水	Wells and Springs with Protection	8.3	9.6
不受保护的井水和泉水	Wells and Springs without Protection	0.5	0.3
住户厕所类型结构(%)	Structure of Household Toilet Type (%)		
#水冲式卫生厕所	Flush Sanitary Toilet	92.1	97.6
卫生旱厕	Sanitary Dry Toilet	3.7	1.9
普通旱厕	General Dry Toilet	2.6	0.5
无厕所	No Toilet		
住户洗澡设施情况结构(%)	Structure of Resident Shower Facility (%)		
#统一供热水	Unified Hot Water	4.1	1.5
家庭自装热水器	Water Heater Installed by Household	89.6	89.2
无洗澡设施	No Shower Facilities	2.9	3.3
住户主要取暖设备状况结构(%)	Structure of Main Heating Facility (%)		
由市政或小区集中供暖	Unified Heating Supplied by Municipal Administration and Community	29.4	16.1
自行供暖	Self-heating	60.3	74.9
无取暖设备	No Heating Facilities	10.3	9.1

10-5 城镇居民家庭人均收支及结构(2023年)

Per Capita Income, Expenditure and Structure in Urban Areas (2023)

指　标	Item	城镇平均 Average	低收入户 Low Income Households	中低收入户 Lower Middle Income Households
城镇家庭人均可支配收入(元)	**Per Capita Disposable Income of Urban Household (yuan)**	40234	14288	24061
工资性收入	Income from Wages and Salaries	23114	9681	15506
经营净收入	Net Business Income	5674	1466	3002
财产净收入	Net Income of Properties	3567	1170	1896
#出租房屋财产性收入	Income from Renting Room	959	180	359
房屋虚拟租金	Building Virtual Money	2158	930	1473
转移净收入	Net Income of Transfers	7879	1971	3657
城镇家庭人均可支配收入结构(%)	**Structure of Per Capita Disposable Income (%)**			
工资性收入	Income from Wages and Salaries	57.4	67.8	64.4
经营净收入	Net Business Income	14.1	10.3	12.5
财产净收入	Net Income of Properties	8.9	8.2	7.9
转移净收入	Net Income of Transfers	19.6	13.8	15.2
家庭人均总支出(元)	**Per Capita Total Expenditure of Households (yuan)**	32612	20567	22281
消费支出	Consumption Expenditure	25570	15597	18439
食品烟酒	Food,Tobacco and Liquor	7436	4634	5379
衣着	Clothing	1836	1090	1372
居住	Residence	5487	3160	3869
生活用品及服务	Living Supplies and Services	1575	845	1068
交通通信	Transportation and Communication	3099	1877	1998
教育文化娱乐	Education, Culture and Entertainment	2934	2251	2525
医疗保健	Health Care	2506	1475	1830
其他用品和服务	Others	698	266	397
生产经营费用支出	Expenditure of Production Business	1116	1495	642
财产性支出	Property Expenditure	121	76	73
转移性支出	Transfer Expenditure	1647	866	932
部分商业保险支出	Expenditure of Commercial Insurance	261	119	155
购置资产及非经常性转移支出	Expenditure of Purchasing Assets and Non-transfer Expenditure	2338	1278	1326
购置资产支出	Purchase of Assets	419	184	149
非经常性转移支出	Non Regular Payments	1919	1094	1177
借贷性支出	Debit and Credit	1558	1136	714
家庭人均总支出结构(%)	**Structure of Per Capita Expenditure of Households (%)**			
消费支出	Consumption Expenditure	78.4	75.8	82.8
生产经营费用支出	Expenditure of Production Business	3.4	7.3	2.9
财产性支出	Property Expenditure	0.4	0.4	0.3
转移性支出	Transfer Expenditure	5.1	4.2	4.2
部分商业保险支出	Expenditure of Commercial Insurance	0.8	0.6	0.7
购置资产及非经常性转移支出	Expenditure of Purchasing Assets and Non-transfer Expenditure	7.2	6.2	6.0
借贷性支出	Debit and Credit	4.8	5.5	3.2

10－5 续表 continued

指　标	Item	中等收入户 Middle Income Households	中高收入户 Upper Middle Income Households	高收入户 High Income Households
城镇家庭人均可支配收入(元)	**Per Capita Disposable Income of Urban Household (yuan)**	32675	45421	86048
工资性收入	Income from Wages and Salaries	19862	26348	43724
经营净收入	Net Business Income	4565	6270	22538
财产净收入	Net Income of Properties	2486	3816	7406
#出租房屋财产性收入	Income from Renting Room	616	1100	2512
房屋虚拟租金	Building Virtual Money	1733	2385	3273
转移净收入	Net Income of Transfers	5762	8988	12379
城镇家庭人均可支配收入结构(%)	**Structure of Per Capita Disposable Income (%)**			
工资性收入	Income from Wages and Salaries	60.8	58.0	50.8
经营净收入	Net Income from Operations	14.0	13.8	26.2
财产净收入	Net Property Income	7.6	8.4	8.6
转移净收入	Net Transfer Income	17.6	19.8	14.4
家庭人均总支出(元)	**Per Capita Total Expenditure of Households (yuan)**	28406	35137	54449
消费支出	Consumption Expenditure	22517	27208	41346
食品烟酒	Food,Tobacco and Liquor	6523	8116	11356
衣着	Clothing	1563	1985	3043
居住	Residence	4655	5756	8852
生活用品及服务	Living Supplies and Services	1392	1711	2852
交通通信	Transportation and Communication	3050	3505	5794
教育文化娱乐	Education Culture and Entertainment	2869	3075	3832
医疗保健	Health Care	2015	2297	4032
其他用品和服务	Others	451	763	1585
生产经营费用支出	Expenditure of Production Business	964	878	2620
财产性支出	Property Expenditure	83	97	228
转移性支出	Transfer Expenditure	1140	1720	3215
部分商业保险支出	Expenditure of Commercial Insurance	200	381	362
购置资产及非经常性转移支出	Expenditure of Purchasing Assets and Non-transfer Expenditure	2035	2978	3786
购置资产支出	Purchase of Assets	403	957	669
非经常性转移支出	Non Regular Payments	1632	2021	3117
借贷性支出	Debit and Credit	1467	1874	2892
家庭人均总支出结构(%)	**Structure of Per Capita Expenditure of Households (%)**			
消费支出	Consumption Expenditure	79.3	77.4	75.9
生产经营费用支出	Expenditure of Production Business	3.4	2.5	4.8
财产性支出	Property Expenditure	0.3	0.3	0.4
转移性支出	Transfer Expenditure	4.0	4.9	5.9
部分商业保险支出	Expenditure of Commercial Insurance	0.7	1.1	0.7
购置资产及非经常性转移支出	Expenditure of Purchasing Assets and Non-transfer Expenditure	7.2	8.5	7.0
借贷性支出	Debit and Credit	5.2	5.3	5.3

10-6 城镇居民家庭人均购买生活消费品及服务现金支出(2023年)

Per Capita Cash Expenditure of Urban Households to Purchase Living Goods and Services (2023)

单位：元 (yuan)

指　　标	Index	城镇平均 Average	低收入户 Low Income Households	中低收入户 Lower Middle Income Households	中等收入户 Middle Income Households	中高收入户 Upper Middle Income Households	高收入户 High Income Households
现金消费支出	**Cash Expenditure on Consumption**	**21400.86**	**13552.35**	**15655.04**	**19173.21**	**22921.36**	**34594.33**
食品烟酒	**Food, Cigarettes and Wine**	**7339.47**	**4579.89**	**5336.13**	**6466.93**	**8031.22**	**11121.23**
食品	Food	4162.42	2861.94	3243.49	3837.93	4500.92	5611.70
谷物	Cereal	667.03	458.15	489.60	607.64	707.60	1102.50
薯类	Tubers	65.81	50.22	53.02	65.10	70.84	76.02
豆类	Beans	60.41	50.73	50.09	57.27	68.15	69.63
食用油	Edible Oil	110.61	82.86	96.59	107.89	109.50	137.37
蔬菜和食用菌	Vegetables and Edible Mushrooms	447.04	311.06	357.32	424.98	478.30	534.77
肉类	Meat	945.97	636.45	729.66	893.30	1055.40	1240.98
禽类	Poultry	205.25	139.72	164.61	187.95	211.30	254.98
水产品	Aquatic Products	187.47	96.11	123.05	149.42	182.58	271.37
蛋类	Egg	199.04	167.01	174.42	206.42	214.90	218.27
奶类	Milk	312.26	230.39	254.33	281.52	357.53	386.34
干鲜瓜果类	Dried and Fresh Melons and Fruits	584.95	365.40	431.64	508.35	629.95	842.03
糖果糕点类	Sugar and Cake	171.02	115.19	139.75	154.84	190.37	236.68
其他食品	Others	205.57	158.64	179.41	193.24	224.51	240.76
烟	Tobacco	479.58	309.93	378.57	439.69	580.68	811.62
酒类	Liquor	343.40	174.47	179.95	229.10	374.41	630.60
饮料	Beverages	216.84	120.62	159.33	175.73	234.95	352.04
饮食服务	Catering Services	2137.24	1112.94	1374.80	1784.47	2340.25	3715.27
衣着	**Clothing**	**1835.41**	**1089.28**	**1371.89**	**1562.73**	**1984.34**	**3039.32**
衣类	Clothing	1481.97	855.27	1084.53	1240.55	1608.60	2539.38
鞋类	Footwear	353.44	234.02	287.35	322.18	375.74	499.94
居住	**Residence**	**1929.53**	**1286.04**	**1309.76**	**1690.14**	**1959.76**	**3477.60**
租赁房房租	Renting	203.51	92.07	112.67	153.74	225.90	400.47
住房维修及管理	Housing Maintenance and Management	659.37	470.55	398.02	539.71	556.37	1489.92
水电燃料及其他	Water, Electricity and Fuels	1066.65	723.42	799.07	996.70	1177.49	1587.20
生活用品及服务	**Living Supplies and Services**	**1571.75**	**844.20**	**1067.13**	**1389.83**	**1708.40**	**2844.24**
家具及室内装饰品	Furniture and Interior Decorations	250.58	111.76	127.68	221.59	263.80	555.23
家用器具	Home Appliances	380.09	177.20	256.47	350.79	421.70	707.64
家用纺织品	Home Textiles	127.21	63.21	101.74	117.92	131.82	213.07
家庭日用杂品	Household Articles for Daily Use	362.12	242.37	267.15	330.05	386.78	582.57
个人用品	Personal Items	388.82	218.94	276.25	310.13	428.76	659.65
家庭服务	Household Services	62.93	30.72	37.84	59.34	75.54	126.08
交通通信	**Transportation and Communication**	**3096.27**	**1876.41**	**1997.30**	**3047.39**	**3504.18**	**5787.23**
交通	Transportation	2387.82	1405.06	1470.77	2410.35	2689.80	4650.25
通信	Communication	708.45	471.36	526.53	637.04	814.37	1136.98
教育文化娱乐	**Education, Culture and Entertainment**	**2932.98**	**2250.56**	**2525.31**	**2868.27**	**3074.32**	**3827.66**
教育	Education	2059.32	1874.81	1987.21	2143.72	2036.76	2230.42
文化娱乐	Culture and Entertainment	873.66	375.75	538.11	724.55	1037.56	1597.24
医疗保健	**Health Care**	**2000.06**	**1361.14**	**1650.59**	**1698.96**	**1898.39**	**2921.82**
医疗器具及药品	Medicines and Medical Instrument	670.52	406.32	460.79	592.74	690.42	1036.80
医疗服务	Medical Services	1329.54	954.81	1189.80	1106.22	1207.97	1885.03
其他用品和服务	**Others**	**695.39**	**264.83**	**396.92**	**448.95**	**760.75**	**1575.23**

10-7 城镇居民家庭平均每人购买食品数量(2023年)
Food Consumption Per Person of Urban Households (2023)

单位：千克 (kg)

指标	Indicator	城镇平均 Average	低收入户 Low Income Households	中低收入户 Lower Middle Income Households	中等收入户 Middle Income Households	中高收入户 Upper Middle Income Households	高收入户 High Income Households
面粉	Flour	15.80	14.96	12.74	15.48	16.18	16.48
大米	Rice	15.99	15.41	15.20	14.13	13.62	15.69
食用植物油	Edible Vegetable Oil	7.58	6.26	7.03	7.63	7.34	8.97
鲜菜	Vegetable	107.76	83.26	93.32	106.56	115.73	121.42
猪肉	Pork	21.90	18.78	19.41	21.47	23.35	24.41
牛肉	Beef	2.64	1.34	1.81	2.30	2.88	3.88
羊肉	Mutton	1.97	0.99	1.22	1.91	2.15	2.93
鸡	Chicken	6.82	5.52	5.82	6.22	6.77	7.53
鸭	Duck	0.39	0.26	0.35	0.39	0.34	0.37
鱼类	Fish	5.10	3.45	3.96	4.58	4.61	5.90
虾类	Shrimp	1.42	0.80	1.04	1.09	1.42	1.91
鲜蛋	Fresh Eggs	21.20	18.90	18.98	22.32	22.38	23.16
鲜奶	Fresh Milk	10.65	7.54	9.01	10.19	12.44	12.77
酸奶	Yogurt	3.65	2.37	2.96	3.36	3.73	5.61
奶粉	Milk Powder	0.54	0.47	0.44	0.51	0.67	0.53
鲜瓜果	Fresh Fruit and Melon	75.89	59.41	65.00	72.22	80.80	93.82

10-8 城镇居民家庭平均每百户主要消费品年末拥有量(2023年)

Main Consumer Goods Owned Per 100 Urban Households in the year end (2023)

指　标	Item	城镇平均 Average
家用汽车(辆)	Car (unit)	58.02
摩托车(辆)	Motorcycle (unit)	7.51
助力车(台)	Electric Bicycle (unit)	129.29
洗衣机(台)	Washing Machine (unit)	102.28
电冰箱(柜)(台)	Refrigerator (unit)	100.98
微波炉(台)	Microware Oven (unit)	47.79
彩色电视机(台)	Color TV Set (unit)	106.34
空调(台)	Air Conditioner (unit)	220.36
热水器(台)	Water Heater (unit)	94.42
洗碗机(台)	Dishwasher（unit）	4.33
排油烟机(台)	Exhaust Fan (set)	85.37
固定电话(线)(部)	Telephone (unit)	3.40
移动电话(部)	Mobile Phone (unit)	252.23
计算机(台)	Computers (unit)	52.71
照相机(台)	Camera (unit)	7.27
健身器材(台)	Fitness Equipment (unit)	5.20
空气净化器(含新风系统)(台)	Air Cleaner (Including Fresh Air System) (unit)	11.19
地面清洁电器	Vacuum Cleaner (unit)	11.79

10-9 各市城镇居民家庭平均每人全年可支配收入情况(2023年)
Per Capita Annual Disposable Income of Urban Households by City (2023)

单位：元 (yuan)

地 区	Region	平均可支配收入 Average	低收入户 Low Income Households	中低收入户 Lower Middle Income Households	中等收入户 Middle Income Households	中高收入户 Upper Middle Income Households	高收入户 High Income Households
郑州市	Zhengzhou	48740	21822	33530	44456	62834	113469
开封市	Kaifeng	36700	14833	25368	34809	46124	84882
洛阳市	Luoyang	45727	18833	32528	43113	57186	99388
平顶山市	Pingdingshan	39987	18086	27934	36516	53222	88311
安阳市	Anyang	39861	15640	24891	31202	40716	73494
鹤壁市	Hebi	39390	17360	26020	35335	47621	83943
新乡市	Xinxiang	39165	17528	27077	35899	47332	77841
焦作市	Jiaozuo	39175	21833	28862	36614	46358	73404
濮阳市	Puyang	38712	8549	23841	32019	44571	102368
许昌市	Xuchang	39538	14810	24608	34894	47297	104911
漯河市	Luohe	40692	16404	29527	36642	46548	81291
三门峡市	Sanmenxia	37363	11923	23204	35413	49162	81640
南阳市	Nanyang	39814	19995	28898	35423	47088	79615
商丘市	Shangqiu	37378	15386	27069	35196	42903	77795
信阳市	Xinyang	36525	15711	26399	35041	43964	75720
周口市	Zhoukou	33084	13909	22447	29960	41147	69961
驻马店市	Zhumadian	36370	17159	25805	34638	47032	73431
济源示范区	Jiyuan	43401	13496	26167	32318	39116	127904

10−10 各市城镇居民家庭消费支出情况(2023年)

Per Capita Consumption Expenditure of Urban Households by City (2023)

单位：元 (yuan)

地区 Region	消费支出 Consumption Expenditure	食品烟酒 Food, Tobacco, Liquor	衣着 Clothing	居住 Residence	生活用品及服务 Living Suppies and Services	交通、通信及服务 Transportation and Communi-cation	教育及文化娱乐 Education, Culture and Entertainment	医疗、保健及服务 Health Care and Medical Service	其他商品及服务 Other Goods and Services
郑州市 Zhengzhou	31843	7674	1884	9067	1991	3697	3651	3001	877
开封市 Kaifeng	28798	6498	2159	5733	1529	8100	2228	1982	570
洛阳市 Luoyang	31573	7985	2166	6689	2229	4462	3311	3874	857
平顶山市 Pingdingshan	23878	7636	1860	4516	1656	3195	2337	2141	537
安阳市 Anyang	21117	5880	1524	5374	1445	2174	2611	1658	451
鹤壁市 Hebi	23625	6901	1731	4144	1905	3503	2386	2407	648
新乡市 Xinxiang	24734	6649	1604	5949	1588	3001	2913	2446	584
焦作市 Jiaozuo	26696	6976	2183	6201	1805	3183	3239	2322	786
濮阳市 Puyang	21840	5465	1367	5326	1151	2485	4349	1402	295
许昌市 Xuchang	23700	6707	1838	4551	1383	3477	3214	1974	557
漯河市 Luohe	27002	9686	2575	4612	1862	2873	3068	1571	755
三门峡市 Sanmenxia	25797	7613	2085	4677	1985	3895	2315	2216	1012
南阳市 Nanyang	25108	7563	1946	5994	1807	2518	2557	2130	593
商丘市 Shangqiu	22326	6436	1848	3644	1765	2681	2521	1723	1708
信阳市 Xinyang	24403	8167	1869	4776	1670	2714	2697	1969	542
周口市 Zhoukou	21197	6588	1587	4335	1447	2308	2566	1928	439
驻马店市 Zhumadian	25350	7198	1937	4826	1794	4334	2603	2005	653
济源示范区 Jiyuan	19870	4313	1386	6596	780	1864	3046	1454	430

10－11 各市按收入等级分的城镇居民家庭平均每人全年消费支出(2023年)

Per Capita Annual Consumption Expenditure of Urban Households by Level of Income and City (2023)

单位：元 (yuan)

地　区 Region	城镇平均 Average	低收入户 Low Income Households	中低收入户 Lower Middle Income Households	中等收入户 Middle Income Households	中高收入户 Upper Middle Income Households	高收入户 High Income Households
郑　州　市 Zhengzhou	31843	19055	26246	30538	41775	54600
开　封　市 Kaifeng	28798	12501	19093	30748	39018	58811
洛　阳　市 Luoyang	31573	19465	29360	27442	34765	56162
平　顶　山　市 Pingdingshan	23878	15952	20486	21267	28065	42542
安　阳　市 Anyang	21117	15860	16401	22223	23804	33143
鹤　壁　市 Hebi	23625	15660	21403	19120	25083	41283
新　乡　市 Xinxiang	24734	15028	17697	25629	28053	40075
焦　作　市 Jiaozuo	26696	19798	22602	26856	27879	40838
濮　阳　市 Puyang	21840	8932	15404	17128	24269	24494
许　昌　市 Xuchang	23700	13982	21099	21692	28042	42663
漯　河　市 Luohe	27002	15608	20348	26911	28465	46409
三　门　峡　市 Sanmenxia	25797	18479	18465	21234	31934	45137
南　阳　市 Nanyang	25108	16963	20666	26438	28664	36970
商　丘　市 Shangqiu	22326	14128	21325	23701	28983	26092
信　阳　市 Xinyang	24403	15612	18978	21800	24109	31965
周　口　市 Zhoukou	21197	14827	15503	25188	21087	33113
驻　马　店　市 Zhumadian	25350	15094	19870	27010	27054	46430
济 源 示 范 区 Jiyuan	19870	12739	13828	16371	20846	42043

10－12　各市城镇居民家庭平均每人主要食品消费量(2023年)

Per Capita Consumption of Major Food of Urban Households by City (2023)

单位：千克　(kg)

地　区	Region	粮 食 Grain	食用油 Edible Oil	蔬菜及菜制品 Vegetables	猪牛羊肉 Pork, Beef and Mutton	家 禽 Poultry	水产品 Aquatic Products	蛋类及其制品 Eggs and Related Products	奶和奶制品 Fresh Milk and Dairy Products
郑　州　市	Zhengzhou	119.0	6.0	113.0	23.0	8.0	8.0	22.0	18.0
开　封　市	Kaifeng	132.1	9.2	111.9	21.2	8.0	7.1	23.5	13.0
洛　阳　市	Luoyang	138.0	10.1	118.8	32.2	8.1	6.1	22.9	22.5
平 顶 山 市	Pingdingshan	185.7	7.3	165.1	35.9	10.6	7.5	23.5	14.6
安　阳　市	Anyang	144.1	10.4	120.9	27.7	7.2	5.1	24.1	13.9
鹤　壁　市	Hebi	163.4	9.4	141.5	24.2	8.8	5.2	26.1	14.0
新　乡　市	Xinxiang	128.2	6.3	109.9	25.3	7.0	7.2	22.2	14.2
焦　作　市	Jiaozuo	120.5	14.6	102.6	32.3	8.0	5.6	26.3	17.1
濮　阳　市	Puyang	126.2	6.7	105.0	20.4	9.3	6.8	24.3	12.3
许　昌　市	Xuchang	89.6	7.3	81.0	16.9	6.2	3.5	15.8	13.1
漯　河　市	Luohe	158.5	9.4	133.6	41.3	14.1	7.8	24.0	16.5
三 门 峡 市	Sanmenxia	141.2	7.3	121.4	28.1	6.7	5.5	20.9	18.3
南　阳　市	Nanyang	160.1	9.2	139.6	38.4	10.8	8.3	25.6	18.3
商　丘　市	Shangqiu	136.9	7.0	101.1	33.7	12.1	8.7	30.8	13.2
信　阳　市	Xinyang	109.2	8.7	112.3	47.3	14.3	15.3	16.9	12.2
周　口　市	Zhoukou	153.9	7.2	98.8	30.1	12.7	8.1	24.5	14.0
驻 马 店 市	Zhumadian	177.9	6.9	111.3	37.8	16.7	9.9	23.5	17.2
济源示范区	Jiyuan	127.7	2.3	98.8	26.9	8.3	4.6	31.2	13.5

10−13 农民家庭人口，劳动力及居住状况(2023年)

Status of the Peasant Family Population, Labor Force and Housing Conditions (2023)

项　目	Item	全省平均 Average
调查户数(户)	Number of Households Surveyed (household)	3400
调查户常住人口(人)	Number of Residents Surveyed (person)	11441
平均每户中	Average Number of Permanent	
常住人口	Residents Per Household	3.4
整、半劳动力	Average Number of Able-bodied and Semi-ablebodied Laborers Per Household	2.1
劳动力占常住人口比重(%)	Percentage of Laborers to Residents Surveyed (%)	0.6
平均每个劳动力负担人口	Average Number of Persons Supported by a Laborer	1.6
平均每百个常住人口中(人)	Among Per 100 Permanent Residents (person)	
5岁及以下	Age 5 and Below	5.5
6−15岁	Age 6-15	20.1
16−60岁	Age 16-60	57.7
61岁及以上	Age 61 and above	16.6
每百个就业劳动力文化程度(人)	Among Per 100 Laborers (person) (by Educational level)	
未上过学	Illiterate or Semiliterate	2.6
小学	Primary School	21.9
初中	Junior Secondary School	54.8
高中	Senior Secondary School	13.3
大学专科	Specialty	5.4
大学本科	Undergraduate College	1.8
研究生	Graduate Degrees	0.1
每百个就业劳动力从事的主要行业(人)	Among Per 100 Laborers (person)	
第一产业	Primary Industry	40.6
第二产业	Secondary Industry	26.0
第三产业	Tertiary Industry	33.4
居住情况	**Housing condition**	
期末人均住房情况	Per Capita Housing Situation	
住房面积(平方米)	Living Space (sq.m.)	54.52
住房主要建筑材料构成(%)	Structure of Main Building Materials (%)	
#钢筋混凝土	Reinforced Concrete	36.71
砖混材料	Brick Mixed Material	57.9
砖瓦砖木	Brick Tile and Brick Wood	5.4
住宅外道路路面构成(%)	Structure of the Road Pavement Outside Home (%)	
水泥或柏油路面	Asphalt or Cement Road	88.4
沙石或石板等硬质路面	Rigid Pavement	6.4
其他	Others	5.2
住户主要饮用水来源构成(%)	Structure of Drinking Water for Residents (%)	
#经过净化处理的自来水	After Purification Treatment of Tap Water	85.0
受保护的井水和泉水	Protected Well and Spring Water	14.7
不受保护的井水和泉水	Unprotected Wells and Springs Water	0.2
住户厕所类型构成(%)	Structure of Toilet (%)	
#水冲式卫生厕所	Flush Sanitary Toilet	84.8
卫生旱厕	Sanitary Dry Toilet	12.7
普通旱厕	General Dry Toilet	2.5
主要炊用能源构成(%)	Structure of Cooking Energy (%)	
#柴草	Straw	3.9
煤炭	Coal	0.7
罐装液化石油气	Canned Liquefied Petroleum Gas	48.7
电	Electricity	24.8

10-14 按收入分组的农民家庭平均每人总收支及结构(2023年)

Per Capita Total Income and Expenditure in Rural Households by Level of Income (2023)

单位：元 (yuan)

项 目	Item	全省平均 Average	低收入户 Low Income Households	中低收入户 Lower Middle Income Households
总收入	**Total Cash Income**	**24036.45**	**11160.67**	**15726.45**
工资性收入	Income from Wages and Salaries	7543.88	3674.81	7067.33
经营性收入	Net Business Income	9764.57	3506.88	3495.95
第一产业	Primary Industry	6940.86	2648.11	2620.77
第二产业	Secondary Industry	568.01	84.96	136.72
第三产业	Tertiary Industry	2255.69	773.81	738.45
财产性收入	Net Income of Properties	313.12	142.17	186.25
转移性收入	Net Income of Transfers	6414.89	3836.81	4976.91
#家庭外出从业人员寄回带回收入	Income from Migrant Workers	4470.11	2828.05	3690.27
农民家庭平均每人总收入构成(%)	**Structure of Peasant Family Per Capita Income (%)**			
总收入	Total Cash Income	100.0	100.0	100.0
工资性收入	Income from Wages and Salaries	31.4	32.9	44.9
经营性收入	Net Business Income	40.6	31.4	22.2
财产性收入	Net Income of Properties	1.3	1.3	1.2
转移性收入	Net Income of Transfers	26.7	34.4	31.6
总支出	**Total Expenditure**	**23166.88**	**17549.33**	**18472.69**
消费支出	Consumption Expenditure	16638.15	12627.24	14216.55
生产经营费用支出	Expenditure of Production Business	2991.97	2453.17	1278.91
第一产业	Primary Industry	2531.77	1945.47	1016.13
第二产业	Secondary Industry	47.35	34.57	6.22
第三产业	Tertiary Industry	412.85	473.14	256.56
财产性支出	Property Expenditure	33.88	41.39	34.06
转移性支出	Transfer Expenditure	570.17	509.89	500.26
部分商业保险支出	Expenditure of Commercial Insurance	61.24	46.14	79.37
购置资产及非经常性转移支出	Expenditure of Purchasing Assets and Non-transfer Expenditure	2186.85	1258.52	1893.49
借贷性支出	Expenditure of Debit and Credit	684.62	612.98	470.06
农民家庭平均每人总支出构成(%)	**Structure of Per Capita Total Expenditure of Rural Households (%)**			
总支出	Total Expenditure	100.0	100.0	100.0
消费支出	Consumption Expenditure	71.8	72.0	77.0
生产经营费用支出	Expenditure of Production Business	12.9	14.0	6.9
财产性支出	Property Expenditure	0.1	0.2	0.2
转移性支出	Transfer Expenditure	2.5	2.9	2.7
部分商业保险支出	Expenditure of Commercial Insurance	0.3	0.3	0.4
购置资产及非经常性转移支出	Expenditure of Purchasing Assets and Non-transfer Expenditure	9.4	7.2	10.3
借贷性支出	Expenditure of Debit and Credit	3.0	3.5	2.5

10-14 续表 continued

单位：元 (yuan)

项 目	Item	中等收入户 Middle Income Households	中高收入户 Upper Middle Income Households	高收入户 High Income Households
总收入	**Total Cash Income**	**20678.51**	**28238.35**	**55071.99**
工资性收入	Income from Wages and Salaries	9137.30	12657.84	16421.67
经营性收入	Net Business Income	5299.79	8261.08	28545.94
第一产业	Primary Industry	3635.76	5810.75	17910.86
第二产业	Secondary Industry	193.00	196.46	2705.80
第三产业	Tertiary Industry	1471.03	2253.88	7929.28
财产性收入	Net Income of Properties	283.77	402.61	1254.01
转移性收入	Net Income of Transfers	5957.65	6916.82	8850.37
#家庭外出从业人员寄回带回收入	Income from Migrant Workers	4132.51	4589.81	4783.76
农民家庭平均每人总收入构成(%)	**Structure of Peasant Family Per Capita Income (%)**			
总收入	Total Cash Income	100.0	100.0	100.0
工资性收入	Income from Wages and Salaries	44.2	44.8	29.8
经营性收入	Net Business Income	25.6	29.3	51.8
财产性收入	Net Income of Properties	1.4	1.4	2.3
转移性收入	Net Income of Transfers	28.8	24.5	16.1
总支出	**Total Expenditure**	**20429.62**	**25540.16**	**39113.32**
消费支出	Consumption Expenditure	15948.02	19021.86	25368.29
生产经营费用支出	Expenditure of Production Business	1556.55	2419.47	6546.52
第一产业	Primary Industry	1193.00	2159.53	5386.41
第二产业	Secondary Industry	14.04	8.27	123.97
第三产业	Tertiary Industry	349.52	251.67	1036.14
财产性支出	Property Expenditure	35.58	75.36	49.80
转移性支出	Transfer Expenditure	496.57	685.17	828.28
部分商业保险支出	Expenditure of Commercial Insurance	71.19	84.55	133.32
购置资产及非经常性转移支出	Expenditure of Purchasing Assets and Non-transfer Expenditure	1821.65	2390.13	4486.93
借贷性支出	Expenditure of Debit and Credit	500.05	863.62	1700.19
农民家庭平均每人总支出构成(%)	**Structure of Per Capita Total Expenditure of Rural Households (%)**			
总支出	Total Expenditure	100.0	100.0	100.0
消费支出	Consumption Expenditure	78.1	74.5	64.9
生产经营费用支出	Expenditure of Production Business	7.6	9.5	16.7
财产性支出	Property Expenditure	0.2	0.3	0.1
转移性支出	Transfer Expenditure	2.4	2.7	2.1
部分商业保险支出	Expenditure of Commercial Insurance	0.3	0.3	0.3
购置资产及非经常性转移支出	Expenditure of Purchasing Assets and Non-transfer Expenditure	8.9	9.4	11.5
借贷性支出	Expenditure of Debit and Credit	2.4	3.4	4.3

10-15 按收入分组的农民家庭平均每人可支配收入及消费性支出(2023年)

Per Capita Disposable Income and Consumption Expenditure of Rural Households by Income Level (2023)

单位：元 (yuan)

项　目	Item	全省平均 Average	低收入户 Low Income Households	中低收入户 Lower Middle Income Households
可支配收入	**Disposable Income**	**20052.93**	**7784.57**	**13749.67**
工资性收入	Income from Wages and Salaries	7543.88	3674.81	7067.33
经营净收入	Net Business Income	6385.32	682.09	2053.61
第一产业	Primary Industry	4183.66	495.71	1530.80
第二产业	Secondary Industry	480.38	16.71	89.26
第三产业	Tertiary Industry	1721.28	169.67	433.54
财产净收入	Net Income of Properties	279.25	100.78	152.20
转移净收入	Net Income of Transfers	5844.49	3326.89	4476.53
#家庭外出从业人员寄回带回收入	Income from Migrant Workers	4470.11	2828.05	3690.27
生活消费支出	**Living Consumption Expenditure**	**16638.15**	**12627.24**	**14216.55**
食品烟酒	Food,Tobacco and Liquor	5162.33	3879.67	4360.99
衣着	Clothing	1195.04	896.01	1073.42
居住	Residence	3227.52	2616.28	2783.90
生活用品及服务	Living Supplies and Services	971.98	742.52	815.28
交通通信	Transport and Communications	2063.35	1303.36	1709.35
教育文化娱乐	Education Culture and Entertainment	2007.60	1776.68	1941.89
医疗保健	Health Care	1741.81	1242.15	1310.86
其他用品和服务	Other Goods and Services	268.52	170.56	220.86

项　目	Item	中等收入户 Middle Income Households	中高收入户 Uper Middle Income Households	高收入户 High Income Households
可支配收入	**Disposable Income**	**18364.04**	**24731.70**	**46717.11**
工资性收入	Income from Wages and Salaries	9137.30	12657.84	16421.67
经营净收入	Net Business Income	3517.92	5515.40	21069.44
第一产业	Primary Industry	2323.55	3487.79	11983.96
第二产业	Secondary Industry	164.32	173.68	2461.27
第三产业	Tertiary Industry	1030.05	1853.93	6624.21
财产净收入	Net Income of Properties	248.19	327.26	1204.21
转移净收入	Net Income of Transfers	5460.63	6231.21	8021.79
#家庭外出从业人员寄回带回收入	Income from Migrant Workers	4132.51	4589.81	4783.76
生活消费支出	**Living Consumption Expenditure**	**15948.02**	**19021.86**	**25368.29**
食品烟酒	Food,Tobacco and Liquor	4899.76	5820.77	7534.66
衣着	Clothing	1128.27	1356.61	1634.72
居住	Residence	3152.04	3759.71	5316.34
生活用品及服务	Living Supplies and Services	859.73	1060.35	1557.40
交通通信	Transport and Communications	1976.52	2685.60	3710.94
教育文化娱乐	Education Culture and Entertainment	2039.18	2001.93	2294.79
医疗保健	Health Care	1644.76	2003.12	2786.24
其他用品和服务	Other Goods and Services	247.76	333.77	533.20

10-16 按收入分组的农民家庭平均每人现金收入及支出(2023年)

Per Capita Cash Income and Expenditure of Rural Households by Income Level (2023)

单位：元 (yuan)

项　目	Item	全省平均 Average	低收入户 Low Income Households	中低收入户 Lower Middle Income Households
现金收入(未扣除生产费用)	**Cash Income (including Product Expenditure)**	**22549.72**	**11578.53**	**15478.30**
现金工资性收入	Cash Income from Wages	7525.36	3668.54	7045.77
现金经营性收入	Cash Income from Business	8627.65	4096.04	3451.62
第一产业	Primary Industry	5803.94	3237.27	2576.45
第二产业	Secondary Industry	568.01	84.96	136.72
第三产业	Tertiary Industry	2255.69	773.81	738.45
现金财产性收入	Cash Income of Properties	313.12	142.17	186.25
现金转移性收入	Cash Income of Transfers	6083.60	3671.79	4794.66
#家庭外出从业人员寄回带回收入	Income Taken back by Employees out Home	4470.11	2828.05	3690.27
现金支出	**Cash Expenditure**	**20760.12**	**15615.30**	**16404.07**
现金消费支出	Cash Expenditure on Consumption	14280.94	10733.06	12156.39
生产经营现金费用支出	Cash Expenditure on Business	2942.43	2413.32	1270.44
第一产业	Primary Industry	2482.24	1905.61	1007.66
第二产业	Secondary Industry	47.35	34.57	6.22
第三产业	Tertiary Industry	412.85	473.14	256.56
现金财产性支出	Cash Expenditure of Properties	33.88	41.39	34.06
现金转移性支出	Cash Expenditure of Transfers	570.17	509.89	500.26
部分商业保险支出	Expenditure of Commercial Insurance	61.24	46.14	79.37
购置资产及非经常性转移支出	Expenditure of Purchasing Assets and Non-transfer Expenditure	2186.85	1258.52	1893.49
借贷性支出	Expenditure of Debit and Credit	684.62	612.98	470.06

项　目	Item	中等收入户 Middle Income Households	中高收入户 Upper Middle Income Households	高收入户 High Income Households
现金收入(未扣除生产费用)	**Cash Income (including Product Expenditure)**	**19948.49**	**27172.35**	**49872.56**
现金工资性收入	Cash Income from Wages	9118.53	12622.30	16352.82
现金经营性收入	Cash Income from Business	4862.71	7640.92	24153.51
第一产业	Primary Industry	3198.68	5190.58	13518.43
第二产业	Secondary Industry	193.00	196.46	2705.80
第三产业	Tertiary Industry	1471.03	2253.88	7929.28
现金财产性收入	Cash Income of Properties	283.77	402.61	1254.01
现金转移性收入	Cash Income of Transfers	5683.47	6506.52	8112.22
#家庭外出从业人员寄回带回收入	Income Taken back by Employees out Home	4132.51	4589.81	4783.76
现金支出	**Cash Expenditure**	**17982.56**	**22646.79**	**35238.40**
现金消费支出	Cash Expenditure on Consumption	13527.91	16180.77	21574.00
生产经营现金费用支出	Cash Expenditure on Business	1529.60	2367.20	6465.87
第一产业	Primary Industry	1166.05	2107.25	5305.77
第二产业	Secondary Industry	14.04	8.27	123.97
第三产业	Tertiary Industry	349.52	251.67	1036.14
现金财产性支出	Cash Expenditure of Properties	35.58	75.36	49.80
现金转移性支出	Cash Expenditure of Transfers	496.57	685.17	828.28
部分商业保险支出	Expenditure of Commercial Insurance	71.19	84.55	133.32
购置资产及非经常性转移支出	Expenditure of Purchasing Assets and Non-transfer Expenditure	1821.65	2390.13	4486.93
借贷性支出	Expenditure of Debit and Credit	500.05	863.62	1700.19

10-17　按收入分组的农民家庭主要食品消费量(2023年)

Consumption of Major Food in Rural Households by Income Level (2023)

单位：公斤/人　(kg/person)

项　目	Item	全省平均 Average	低收入户 Low Income Households	中低收入户 Lower Middle Income Households
粮食消费量	Grain Consumption	168.5	141.6	143.4
#小麦	Wheat	112.7	98.6	97.1
稻谷	Rice	31.9	23.7	24.4
玉米	Corn	3.5	1.7	3.2
油脂类消费量	Oil	8.5	6.8	6.9
蔬菜及菜制品消费量	Vegetables	116.0	94.6	102.8
肉类	Meat	33.6	25.6	28.5
禽类	Poultry	10.5	7.7	9.0
水产品	Aquatic Products	6.9	5.0	6.0
蛋类及蛋制品	Eggs and Related Productions	25.7	20.4	22.3
奶和奶制品	Milk and Dairy Products	10.7	8.2	10.7

项　目	Item	中等收入户 Middle Income Households	中高收入户 Upper Middle Income Households	高收入户 High Income Households
粮食消费量	Grain Consumption	159.9	186.3	194.5
#小麦	Wheat	111.2	126.1	130.7
稻谷	Rice	26.5	35.5	34.7
玉米	Corn	2.5	3.0	4.1
油脂类消费量	Oil	7.9	9.6	11.3
蔬菜及菜制品消费量	Vegetables	107.7	121.7	141.8
肉类	Meat	30.5	35.4	40.6
禽类	Poultry	9.6	10.2	11.9
水产品	Aquatic Products	6.0	6.8	9.4
蛋类及蛋制品	Eggs and Related Productions	23.7	27.3	30.4
奶和奶制品	Milk and Dairy Products	10.1	12.4	11.7

10-18 农民家庭平均每百户主要耐用消费品及生产性固定资产年末拥有量(2023年)

Main Durable Goods and Productive Fixed Assets Owned Per 100 Rural Households at Year-end by Income Level (2023)

项　目	Item	全省平均 Average
耐用消费品年末拥有量	**Durable Consumer Goods**	
家用汽车(台)	Car (unit)	52.08
摩托车(台)	Motorcycle (unit)	22.99
助力车(台)	Electric Bicycle (unit)	146.29
洗衣机(台)	Washing Machine (unit)	104.58
电冰箱(台)	Refrigerator (unit)	103.15
微波炉(台)	Microwave Oven (unit)	19.66
彩色电视机(台)	Color TV Set (unit)	110.09
空调(台)	Air Conditioner (unit)	165.35
热水器(台)	Water Heater (unit)	80.26
洗碗机(台)	Dishwasher (unit)	1.03
排油烟机(台)	Exhaust Fan (unit)	44.78
固定电话(部)	Telephone (unit)	2.87
移动电话(部)	Mobile Phone (unit)	295.80
计算机(台)	Computer (unit)	26.66
照相机(架)	Camera (unit)	1.73
健身器材(套)	Fitness Equipment (unit)	1.55
生产性固定资产数量	**Productive Fixed Assets**	
大中型农用拖拉机(台)	Large and Medium Tractors (unit)	3.15
小型农用拖拉机(台)	Minitype Tractors (unit)	15.32
农用排灌动力机械(台)	Drainage and Irrigation Agricultural Machinery (unit)	7.50
插秧机(台)	Transplanter (unit)	0.63
收割机(台)	Harvesters (unit)	1.31
脱粒机(台)	Thresher (unit)	2.97

10-19 各市农村居民家庭平均每人全年可支配收入按收入来源分组情况(2023年)

Per Capita Annual Disposable Income of Rural Household by Source and City (2023)

单位：元 (yuan)

地区	Region	合计 Total	工资性收入 Income from Wages and Salaries	经营净收入 Net Business Income	财产净收入 Net Income from Properties	转移净收入 Net Income from Transfers
郑州市	Zhengzhou	30383	19055	6567	1481	3280
开封市	Kaifeng	19288	9961	4807	93	4426
洛阳市	Luoyang	19734	10338	4232	468	4696
平顶山市	Pingdingshan	19279	8850	5026	111	5292
安阳市	Anyang	20876	9480	3659	233	7504
鹤壁市	Hebi	24815	16017	6387	139	2272
新乡市	Xinxiang	21683	11268	5348	129	4938
焦作市	Jiaozuo	25299	16545	4641	401	3711
濮阳市	Puyang	19106	10264	2737	161	5944
许昌市	Xuchang	24228	11450	6504	430	5845
漯河市	Luohe	23036	12717	4649	282	5390
三门峡市	Sanmenxia	20732	7579	8733	286	4134
南阳市	Nanyang	20435	6920	7233	278	6006
商丘市	Shangqiu	16932	7418	4164	115	5236
信阳市	Xinyang	19446	8322	5341	151	5633
周口市	Zhoukou	16342	8274	2591	88	5390
驻马店市	Zhumadian	17496	6978	4361	143	6014
济源示范区	Jiyuan	26719	18366	4609	454	3290

10-20 各市农村居民家庭平均每人全年可支配收入分组情况(2023年)
Per Capita Annual Disposable Income of Rural Household by City (2023)

单位：元 (yuan)

地 区	Region	低收入户 Low Income Households	中低收入户 Lower Middle Income Households	中等收入户 Middle Income Households	中高收入户 Upper Middle Income Households	高收入户 High Income Households
郑州市	Zhengzhou	13327	20957	26803	36523	64223
开封市	Kaifeng	7052	13137	17455	23421	40826
洛阳市	Luoyang	8136	13649	18099	24380	41485
平顶山市	Pingdingshan	8296	12977	14888	18933	45297
安阳市	Anyang	9465	16776	21997	28313	44467
鹤壁市	Hebi	12426	16484	21190	27388	48056
新乡市	Xinxiang	9418	14751	19240	25231	47254
焦作市	Jiaozuo	9909	19220	23991	31235	48538
濮阳市	Puyang	6762	11815	15580	22291	44065
许昌市	Xuchang	8519	14902	21419	29124	50226
漯河市	Luohe	5586	15105	20829	27820	54293
三门峡市	Sanmenxia	3824	11463	16255	24187	58180
南阳市	Nanyang	9109	16163	19793	23993	40220
商丘市	Shangqiu	6558	11371	14553	20486	35490
信阳市	Xinyang	9270	15788	21291	28969	54599
周口市	Zhoukou	5856	11155	14289	19638	35692
驻马店市	Zhumadian	7461	12652	15574	19640	40663
济源示范区	Jiyuan	5672	14192	20294	33451	79082

10-21 各市农村居民家庭平均每人生活消费总支出(2023年)
Per Capita Consumption Expenditure of Rural Households by City (2023)

单位：元 (yuan)

地区	Region	生活消费支出合计 Consumption Expenditure	食品烟酒 Food, Tobacco, Liquor	衣着 Clothing	居住 Residence	生活用品及服务 Living Supplies and Services	交通、通信及服务 Transportation, and Communi-cation	教育及文化娱乐 Education, Culture and Entertainment	医疗、保健及服务 Health Care and Medical Services	其他商品及服务 Other Goods and Services
郑州市	Zhengzhou	23168	6389	1466	4983	1550	3734	2176	2393	477
开封市	Kaifeng	15623	4473	1143	3650	963	1978	1871	1223	322
洛阳市	Luoyang	15673	4485	1105	3404	1001	2152	1658	1610	257
平顶山市	Pingdingshan	15416	5174	1027	2943	1112	1602	1785	1493	279
安阳市	Anyang	14834	3986	956	3464	858	1847	2087	1453	182
鹤壁市	Hebi	15711	4512	1267	3253	1094	2058	1984	1256	286
新乡市	Xinxiang	15592	4230	1167	3132	1045	2093	2054	1518	351
焦作市	Jiaozuo	18893	5068	1475	4231	1276	2445	2174	1539	685
濮阳市	Puyang	14494	4312	965	3264	1068	1826	1754	1092	213
许昌市	Xuchang	17095	4961	1038	3468	891	2040	2109	2303	285
漯河市	Luohe	16333	5636	1329	3249	1074	1711	2004	1054	277
三门峡市	Sanmenxia	15227	4647	1174	2786	995	2291	1440	1593	300
南阳市	Nanyang	15322	5204	1124	3258	854	1581	1725	1359	219
商丘市	Shangqiu	13900	5121	1173	2643	890	1196	1330	1357	191
信阳市	Xinyang	16142	5792	1110	3102	1032	1510	2148	1206	242
周口市	Zhoukou	14638	4604	1119	2753	891	1637	1577	1827	231
驻马店市	Zhumadian	14817	4717	1011	2641	1015	2009	1720	1499	205
济源示范区	Jiyuan	15596	3537	940	2634	802	3843	1980	1586	273

10-22 各市农村居民家庭平均每人生活消费现金支出(2023年)
Per Capita Cash Consumption Expenditure of Rural Households by City (2023)

单位：元 (yuan)

地区	Region	生活消费支出合计 Consumption Expenditure	食品烟酒 Food, Tobacco, Liquor	衣着 Clothing	居住 Residence	生活用品及服务 Living Supplies and Services	交通、通信及服务 Transportation and Communi-cation	教育及文化娱乐 Education, Culture and Entertainment	医疗、保健及服务 Health Care and Medical Services	其他商品及服务 Other Goods and Services
郑州市	Zhengzhou	19178	6142	1447	1749	1528	3685	2148	2011	468
开封市	Kaifeng	13565	4431	1143	1862	961	1977	1871	999	322
洛阳市	Luoyang	13360	4294	1105	1480	996	2151	1658	1421	256
平顶山市	Pingdingshan	13060	5042	1027	994	1109	1602	1785	1222	279
安阳市	Anyang	12473	3962	956	1468	858	1847	2086	1114	181
鹤壁市	Hebi	14053	4458	1267	1756	1094	2058	1984	1149	286
新乡市	Xinxiang	13620	4186	1167	1369	1044	2093	2054	1356	350
焦作市	Jiaozuo	15917	4996	1475	1634	1273	2445	2174	1236	685
濮阳市	Puyang	13211	4274	965	2111	1064	1826	1754	1011	207
许昌市	Xuchang	14386	4812	1038	1552	890	2040	2109	1660	285
漯河市	Luohe	14435	5571	1328	1464	1073	1711	2004	1008	277
三门峡市	Sanmenxia	13234	4591	1174	988	994	2291	1440	1456	299
南阳市	Nanyang	12622	4955	1123	1081	850	1581	1725	1090	218
商丘市	Shangqiu	12156	5060	1173	1032	890	1195	1330	1286	189
信阳市	Xinyang	13932	5550	1110	1248	1029	1510	2148	1095	241
周口市	Zhoukou	12487	4546	1119	911	890	1637	1577	1588	220
驻马店市	Zhumadian	13142	4625	1011	1174	1014	2009	1720	1384	205
济源示范区	Jiyuan	13952	3472	939	1061	802	3843	1980	1580	273

10–23 各市农村居民家庭平均每人主要食品消费量(2023年)

Per Capita Consumption of Major Food of Rural Households by City (2023)

单位：千克 (kg)

地 区	Region	粮 食 Grain	食用油 Edible Oil	蔬菜及食用菌 Vegetables and Mushrooms	猪牛羊肉 Pork, Beef and Mutton	家 禽 Poultry	水产品 Aquatic Products	蛋类及其制品 Eggs and Related Products	奶和奶制品 Milk and Dairy Products
郑州市	Zhengzhou	155.3	7.6	112.8	29.7	7.7	5.8	22.6	13.1
开封市	Kaifeng	128.2	5.1	98.7	23.7	6.8	7.5	23.7	6.5
洛阳市	Luoyang	166.0	10.0	104.2	25.5	4.5	2.4	21.5	12.3
平顶山市	Pingdingshan	202.1	6.3	139.0	26.8	7.5	3.0	23.5	7.7
安阳市	Anyang	153.5	6.4	88.7	21.1	4.2	2.9	22.3	8.7
鹤壁市	Hebi	150.2	7.2	106.5	19.0	5.9	5.6	27.7	8.2
新乡市	Xinxiang	139.3	6.3	83.5	22.2	5.9	4.1	23.1	9.0
焦作市	Jiaozuo	139.8	13.3	86.1	27.6	5.8	3.5	24.8	11.4
濮阳市	Puyang	179.9	7.5	106.6	19.5	7.1	4.2	27.7	8.4
许昌市	Xuchang	129.9	11.1	85.0	17.9	5.5	2.3	15.7	11.0
漯河市	Luohe	145.6	9.1	100.0	31.6	8.3	6.3	21.1	7.7
三门峡市	Sanmenxia	178.4	8.8	118.2	21.3	3.1	3.1	21.1	7.5
南阳市	Nanyang	204.0	8.4	136.3	34.0	9.0	6.6	29.8	12.0
商丘市	Shangqiu	148.2	7.2	92.2	30.0	10.8	7.3	27.1	10.4
信阳市	Xinyang	150.2	9.5	123.0	54.0	16.0	14.9	21.9	8.4
周口市	Zhoukou	145.6	6.6	87.4	27.0	9.6	6.6	23.4	9.3
驻马店市	Zhumadian	169.6	6.2	103.9	36.2	13.5	7.4	23.2	11.2
济源示范区	Jiyuan	117.7	5.8	67.5	16.9	7.5	0.8	18.8	14.6

10−24 各市农村居民家庭住房情况(2023年)
Housing Conditions of Rural Households by City (2023)

地 区	Region	实际住房按主要建筑材料分的户数占比重(%) Proportion of Real Houses by Main Building Materials (%)			
		#钢筋混凝土 Reinforced Concrete Structure	砖混材料 Brick Mixed Structure	砖瓦砖木 Brick Tile and Wood	其它 Others
郑州市	Zhengzhou	42.6	57.0	0.8	0.4
开封市	Kaifeng	27.4	67.3	4.5	0.8
洛阳市	Luoyang	23.2	75.2	1.6	
平顶山市	Pingdingshan	32.4	60.1	7.2	0.2
安阳市	Anyang	28.9	65.3	5.3	0.4
鹤壁市	Hebi	29.3	68.0	2.6	
新乡市	Xinxiang	26.7	70.6	2.7	
焦作市	Jiaozuo	29.8	62.3	7.9	
濮阳市	Puyang	33.8	46.9	19.0	0.3
许昌市	Xuchang	32.3	65.6	2.1	
漯河市	Luohe	23.0	71.2	5.5	0.3
三门峡市	Sanmenxia	10.9	85.3	3.8	
南阳市	Nanyang	61.5	37.0	1.0	0.5
商丘市	Shangqiu	34.2	60.4	5.3	0.1
信阳市	Xinyang	44.8	49.9	5.3	
周口市	Zhoukou	46.1	106.9	9.6	
驻马店市	Zhumadian	52.6	49.3	1.0	
济源示范区	Jiyuan	7.1	92.9		

主要统计指标解释

期内常住人口数 指居住在一个住宅内，共同分享生活开支或收入的一群人。凡计算为家庭常住人口的成员其全部收支都包括在本家庭中。

户均就业人数 指家庭人口与就业人口之比。

可支配收入 指调查户在调查期内获得的、可用于最终消费支出和储蓄的综合，即调查户可以用来自由支配的收入。可支配收入既包括现金，也包括实物收入。按照收入的来源，可支配收入包含四项，分别为：工资性收入、经营净收入、财产净收入和转移净收入。计算公式为：

可支配收入=工资性收入+经营净收入+财产净收入+转移净收入

总支出 指全部家庭支出。包括消费支出、生产经营费用支出、财产性支出、转移性支出、部分商业保险支出、购置资产及非经常性转移支出、借贷性支出。

消费性支出 指用户用于满足家庭日常生活消费需要的全部支出，包括用于消费品的支出和用于服务性消费的支出。根据用途不同，消费支出可以划分为食品烟酒、衣着、居住、生活用品及服务、交通通讯、教育文化娱乐、医疗保健、其他用品及服务八大类。根据来源不同，消费支出可以划分为现金消费支出、实物消费支出（含自产自用、来自单位、来自政务和其他社会组织）。

收入分组方法 是将所有调查户分别按照全体居民、城镇居民、农村居民，将户人均可支配收入由低到高排队，按 20%，20%，20%，20%，20%的比例依次分成：低收入户、中低收入户、中等收入户、中高收入户、高收入户等五组。

Explanatory Notes on Main Statistical Indicators

Number of Usual Population refers to members of households living and sharing living cost and income together. All the income and expenditure of all the members of such households are included in the income and expenditure of the household.

Number of Employee per Household refers to the ratio between number of persons in an urban household and the number of employed persons.

Disposal Income refers to the total income at the disposal of investigation residents which can be used for final consumption and savings in the investigation period. It includes income both in cash and in kind from four categories: income from wages and salaries, net income from household operations, net income from transfers and net income from properties. The following formula is used:

Disposal income = income from wages and salaries+ net income from household operations+ net income from transfers+ net income from properties

Total Expenditure refers to all expenditure of households. It includes consumption expenditure, production and operation expenditure, property expenditure, transfer expenditure, expenditure on commercial insurance, expenditure on purchase of assets and non regular transfer expenditure and expenditure on debit and credit.

Consumption Expenditure refers to total expenditure of households for consumption in daily life, including expenditure on consumer goods and on services. It is classified by usage into eight categories of food; clothing; housing; household appliances and services; health care and medical services; transport and communications; recreation, education and cultural services; and miscellaneous goods and services. It is classified by source of expenditure into expenditure in cash and reality consumption expenditure (including it from produce on their own, from the unit, from government and other social groups).

Methods of Income Group All households in the sample are grouped according to all the residents, urban residents and rural residents, by per capita disposal income of the household, into groups of low income, lower middle income, middle income, upper middle income and high income, each group consisting of 20%, 20%, 20%, 20% and 20% of all households respectively.

城市概况

General Survey of Cities

11

◎ 资料整理：靳伟莉　刘金娜　张旭

简要说明

一、主要内容

本篇反映河南省城市社会经济发展和城市建设规模及综合水平的资料。城市公用事业概况主要包括：城市建设、供水、供气、供热、市政设施、公共交通、城市绿化、环境卫生等资料。

二、统计范围

包括全省所有设市城市在建成区范围内的城市规划管理、投资、建设或经营管理相关设施的单位。

三、资料来源

省辖市主要经济指标由河南省地方经济社会调查队编辑整理。

省辖市和县级市城市公用事业基本情况资料由省住房城乡建设厅和省交通厅提供，由河南省统计局能源和生态统计处、服务业统计处编辑整理。

Brief Introduction

I. Main Contents

Data in this chapter present the scale and the comprehensive level of Social economic development and urban construction of Henan provincial cities, main include supply of water, gas and heating; municipal infrastructure; public transportation; urban greenery; public transportation and environmental, sanitation.

II. Scope of Statistics

Data in this chapter cover all units under the jurisdiction of cities which are engaged in urban planning and management, investment, construction and operation of relevant facilities.

III. Sources of Data

Data on Districts are provided by economic and social survey office of Henan Province.

Data on basic conditions and overall level of urban public facilities in provincial and county city are collected by the Henan provincial bureau of Housing and Urban-Rural development. Data on this chapter compiled by Energy and Ecological Statistics Department and Service Statistics Department of Henan Provincial Bureau of Statistics, Edited and organized by Energy and Ecological Statistics Division and Service Industry Division of Henan Provincial Bureau of Statistics.

11-1 省辖市市辖区社会经济主要指标
Major Social and Economic Indicators of Municipal Districts in Cities Directly Under the Province

本表价值量指标均按当年价格计算。
Data in value terms in this table are calculated at current prices.

指　标	Item	2023
生产总值(亿元)	Gross Domestic Product (100 million yuan)	23725.15
#第二产业	Secondary Industry	8491.51
第三产业	Tertiary Industry	14481.88
年末金融机构住户存款余额(亿元)	Outstanding Amount of Savings Deposits at Year-end (100 million yuan)	30220.14
技术合同成交额（万元）	Transaction Value of Technology Contracts (10 000 yuan)	6332291
在校学生数(万人)	Student Enrollment (10 000 persons)	
中等职业教育学校	Number of Vocational Secondary Schools	56.01
普通高中	Number of Senior Secondary Schools	77.57
初中阶段	Number of Junior Secondary Schools	140.08
小学阶段	Number of Primary Schools	343.77
医疗卫生机构数（个）	Number of Health Institutions (unit)	22051
医院数（个）	Number of Hospitals (unit)	1090
医院床位数（张）	Number of Beds in Hospitals (unit)	271988
城市公共交通客运总量（万人次）	Volume of Urban Public Transport Passenger (10 000 person-times)	202368
公共供水总量（万立方米）	Volume of Water Supply (10 000 cu.m)	178714
天然气供气总量（万立方米）	Volume of Natural Gas Supply(10 000 cu.m)	482700
公共图书馆数（个）	Number of Public Libraries (unit)	65
体育场地数（个）	Number of Sports Venues (unit)	76786

注：11-1和11-2表中2023年数据为初步上报数据。
2023 datas in table 11-1 and 11-2 are preliminary reported data.

11-2 省辖市市辖区社会经济主要指标(2023年)

本表价值量指标均按当年价格计算。
Data in value terms in this table are calculated at current prices.

指标	Item	郑州 Zhengzhou	开封 Kaifeng	洛阳 Luoyang	平顶山 Pingdingshan	安阳 Anyang
生产总值(亿元)	Gross Domestic Product (100 million yuan)	7769.97	999.29	3368.38	1000.09	941.49
#第二产业	Secondary Industry	2230.90	308.63	1338.39	506.37	442.01
第三产业	Tertiary Industry	5531.41	606.66	1972.32	487.04	484.41
年末金融机构住户存款余额	Outstanding Amount of Savings Deposits					
(亿元)	at Year-end (100 million yuan)	9633.06	1360.06	3777.12	1363.30	1195.64
技术合同成交额(万元)	Transaction Value of Technology Contracts					
	(10 000 yuan)	2596599	165107	1419181	261950	148118
在校学生数(万人)	Student Enrollment (10 000 persons)					
中等职业教育学校	Number of Vocational Secondary Schools	19.39	3.60	4.76	1.78	2.03
普通高中	Number of Senior Secondary Schools	14.31	4.75	6.66	3.25	4.40
初中阶段	Number of Junior Secondary Schools	26.42	8.20	12.43	5.18	9.17
小学阶段	Number of Primary Schools	71.36	15.87	29.00	11.21	17.13
医疗卫生机构数(个)	Number of Health Institutions (unit)	2676	1238	2225	803	1628
医院数(个)	Number of Hospitals (unit)	196	44	95	53	46
医院床位数(张)	Number of Beds in Hospitals (unit)	76479	12548	27537	10877	13076
城市公共交通客运总量(万人次)	Volume of Urban Public Transport Passenger					
	(10 000 person-times)	123330	3393	25275	4577	3155
公共供水总量(万立方米)	Volume of Water Supply (10 000 cu.m)	55192	9164	18889	10882	7752
天然气供气总量(万立方米)	Volume of Natural Gas Supply (10 000 cu.m)	135765	20177	88445	16701	18560
公共图书馆数(个)	Number of Public Libraries (unit)	6	5	8	4	5
体育场地数(个)	Number of Sports Venues (unit)	14237	6398	10089	3345	2515

Major Social and Economic Indicators of Municipal Districts in Cities Directly Under the Province (2023)

鹤壁 Hebi	新乡 Xinxiang	焦作 Jiaozuo	濮阳 Puyang	许昌 Xuchang	漯河 Luohe	三门峡 Sanmenxia	南阳 Nanyang	商丘 Shangqiu	信阳 Xinyang	周口 Zhoukou	驻马店 Zhumadian
505.89	997.97	765.65	732.91	1027.48	1147.81	612.86	1186.05	675.07	757.38	623.34	613.52
267.99	415.50	295.44	310.65	411.12	473.99	249.59	328.83	205.80	252.13	212.91	241.26
217.30	576.02	461.93	396.44	578.12	600.40	324.48	778.89	362.30	423.27	339.80	341.09
534.47	1250.77	952.93	1039.72	1080.66	997.19	618.03	1751.89	1241.29	1349.30	1138.98	935.73
100496	309259	291174	108658	177410	150058	32971	297400	41850	103038	25829	103193
0.76	1.72	1.50	1.29	2.34	2.81	0.80	4.03	2.71	1.87	2.52	2.09
2.36	3.20	2.00	4.40	3.20	2.96	1.22	8.16	4.37	4.34	4.93	3.06
4.00	5.68	4.00	7.99	5.90	6.30	2.06	11.77	9.40	7.90	8.04	5.64
6.66	12.86	8.00	12.85	12.11	12.65	4.60	66.26	20.59	14.16	17.77	10.69
591	1170	443	842	1179	1250	571	2355	1592	1056	1947	485
26	72	72	29	60	52	28	90	49	46	84	48
4211	12392	10516	8784	9740	9487	6227	21907	9210	12582	15793	10622
1615	6423	3441	2297	3031	3694	4332	5858	5006	3000	1310	2631
4922	10307	5981	7186	5551	6325	3523	8241	7050	6352	5083	6314
8091	24236	35825	12684	13218	13426	9500	20026	26756	18900	12212	8178
4	5	5	2	3	3	3	3	2	3	3	1
2722	3177	4750	3605	4417	3970	1810	3903	3694	3609	2210	2335

11-3 城市建设基本情况

Basic Statistics on City Construction

指 标	Item	2020	2021	2022	2023
城市个数(个)	Number of Cities (unit)	39	38	39	39
城区面积(平方公里)	Urban Area (sq.km)	5364	5763	6384	6353
年底供水综合生产能力(万立方米/日)	General Production Capacity of Tap Water Supply (year-end) (10 000 cu.m/day)	1257	1255	1122	1171
全年供水总量(万立方米)	Total Annual Volume of Water Supply (10 000 cu.m)	217730	231305	234881	245463
#居民家庭用水量	Household Water Consumption	98437	107178	112175	115390
人均日生活用水量（升）	Daily Water Consumption Per Capita (liter)	129.0	141.3	139.9	143.6
供水普及率(%)	Water Coverage Rate (%)	98.2	99.3	99.3	99.5
公共交通标准运营车辆(标台)	Standard Public Vehicles Under Operation (Standard unit)	42290	43002	40796	37693
出租汽车数(辆)	Taxi (unit)	64696	63658	63767	63345
煤气家庭用量(万立方米)	Consumption of Coal Gas for Residential Use (10 000cu.m)	24			
天然气家庭用量(万立方米)	Consumption of Natural Gas for Residential Use (10 000cu.m)	225626	232025	248570	217921
液化石油气家庭用量(吨)	Consumption of Liquefied Petroleum Gas for Residential Use (ton)	138686	133508	130148	117341
燃气普及率(%)	Percentage of Population with Access to Gas (%)	96.8	97.7	98.2	99.3
集中供热面积(万平方米)	Heated Area (10 000 sq.m)	55995	64003	64403	66551
道路长度(千米)	Length of Roads (km)	16295	17956	19532	21053
排水管道长度(千米)	Length of Sewage Pipelines (km)	29222	31369	34497	38388
建成区绿化覆盖面积(公顷)	Coverage Space of Green Areas Developed (hectare)	127423	134460	141908	150094
建成区绿化覆盖率(%)	Coverage Rate of Green Areas Developed (%)	41.9	41.6	40.3	43.5
公园个数(个)	Number of Parks (unit)	538	633	681	886
公园绿地面积(公顷)	Public Green Areas (hectare)	38664	41318	44627	46814
人均公园绿地面积(平方米)	Per Capita Public Green Area (sq.m)	14.4	15.1	15.6	16.1
生活垃圾清运量(万吨)	Collection,Transport and Disposal of Consumption Wastes (10 000 tons)	1130	1108	1088	1121
生活垃圾无害化处理率(%)	Harmless Treatment Rate of Consumption Wastes (%)	99.9	100.0	99.7	100.0
城市污水排放量(亿立方米)	Volume of Consumption Waste Water in Cities (100 million cu.m)	19.48	25.41	26.00	28.55
城市污水处理量(亿立方米)	Processing Volume of Consumption Waste Water in Cities (100 million cu.m)	19.15	25.21	25.88	28.37
城市污水处理厂集中处理率(%)	Concentration Treatment Rate of Consumption Waste Water in Cities (%)	98.3	99.2	99.5	99.4

11-4 城市市政公用设施水平情况(2023年)

Statistics on Level of Public Facilities by City (2023)

地区	Region	人口密度(人/平方公里) Population Density (person/sq.km)	人均日生活用水量(升) Daily Water Consumption Per Capita (liter)	供水普及率(%) Water Accessibility (%)	燃气普及率(%) Gas Coverage Rate (%)	建成区供水管道密度(公里/平方公里) Built-up Areas Density of Water Pipes (km/sq.km)	建成区排水管道密度(公里/平方公里) Density of Sewers in Built District (km/sq.km)
全省	**Total**	**4570**	**143.61**	**99.4**	**99.3**	**9.34**	**10.61**
郑州市	Zhengzhou	10143	147.72	100.0	100.0	9.45	8.56
巩义市	Gongyi	7039	107.29	85.1	94.5	3.77	7.08
荥阳市	Xingyang	3060	194.44	100.0	100.0	16.12	8.71
新密市	Xinmi	2678	124.27	100.0	99.7	8.00	4.74
新郑市	Xinzheng	9172	152.94	99.2	95.0	10.62	8.22
登封市	Dengfeng	3233	112.47	100.0	92.0	4.90	4.22
开封市	Kaifeng	5326	165.33	100.0	100.0	16.82	8.80
洛阳市	Luoyang	7262	175.17	100.0	99.4	8.79	9.45
平顶山市	Pingdingshan	4438	145.37	100.0	100.0	13.43	8.99
舞钢市	Wugang	1771	130.79	99.8	100.0	8.53	13.67
汝州市	Ruzhou	2510	91.41	100.0	100.0	7.08	8.37
安阳市	Anyang	4466	203.27	100.0	100.0	9.31	16.01
林州市	Linzhou	5974	150.00	100.0	100.0	9.55	8.57
鹤壁市	Hebi	4069	85.03	100.0	100.0	10.22	10.80
新乡市	Xinxiang	5515	169.84	100.0	99.4	8.54	7.61
卫辉市	Weihui	3676	190.81	99.8	99.8	7.85	6.36
辉县市	Huixian	2000	167.51	100.0	100.0	1.41	13.79
长垣市	Changyuan	7850	106.09	99.3	99.6	11.89	17.59
焦作市	Jiaozuo	6170	122.30	100.0	100.0	9.67	10.97
沁阳市	Qinyang	4112	81.92	85.4	99.3	8.86	12.44
孟州市	Mengzhou	1166	148.80	100.0	100.0	12.36	18.39
濮阳市	Puyang	4268	138.64	100.0	100.0	14.55	14.36
许昌市	Xuchang	1775	168.92	100.0	100.0	4.36	6.70
禹州市	Yuzhou	8083	92.40	99.6	100.0	7.50	9.38
长葛市	Changge	2645	162.87	98.6	98.9	6.43	10.46
漯河市	Luohe	5776	168.70	100.0	99.2	11.15	15.42
三门峡市	Sanmenxia	6986	115.28	100.0	100.0	5.24	10.98
义马市	Yima	1290	94.23	100.0	100.0	9.48	7.96
灵宝市	Lingbao	6438	124.59	100.0	99.9	7.13	13.62
南阳市	Nanyang	2659	87.56	100.0	100.0	8.51	12.08
邓州市	Dengzhou	9813	136.09	98.2	98.1	20.62	17.14
商丘市	Shangqiu	2797	116.39	96.2	93.0	9.86	12.11
永城市	Yongcheng	5979	128.17	99.8	97.5	7.34	12.04
信阳市	Xinyang	2543	200.36	100.0	100.0	12.56	11.65
周口市	Zhoukou	6213	130.78	99.7	99.4	7.09	13.20
项城市	Xiangcheng	5120	101.05	100.0	100.0	12.98	13.98
驻马店市	Zhumadian	3753	184.12	100.0	100.0	6.26	18.89
济源示范区	Jiyuan	5103	115.99	100.0	100.0	10.53	9.85
郑州航空港经济综合实验区	Zhengzhou Airport Economic Comprehensive Experimental Zone	1092	111.25	96.5	96.5	5.00	11.26

11-4 续表 continued

地 区 Region	污水处理率 (%) WasteWater Treatment Rate (%)	人均公园绿地面积 (平方米) Per Capita Public Green Area (sq.m)	建成区绿化覆盖率 (%) Green Coverage Rate of Built-up District (%)	建成区绿地率 (%) Green Space Rate of Built-up District (%)	生活垃圾无害化处理率 (%) Harmless Treatment Rate of Consumption Wastes (%)
全 省 Total	**99.39**	**16.1**	**43.5**	**38.7**	**100.0**
郑 州 市 Zhengzhou	98.81	14.9	41.8	37.0	100.0
巩 义 市 Gongyi	98.61	16.0	42.3	38.4	100.0
荥 阳 市 Xingyang	100.00	14.6	56.4	50.7	99.9
新 密 市 Xinmi	100.00	14.4	39.0	34.6	100.0
新 郑 市 Xinzheng	97.82	16.3	41.3	39.8	100.0
登 封 市 Dengfeng	100.00	15.0	43.1	39.7	100.0
开 封 市 Kaifeng	100.00	15.9	46.3	40.0	100.0
洛 阳 市 Luoyang	100.00	16.3	45.0	39.4	100.0
平 顶 山 市 Pingdingshan	100.00	13.1	45.0	38.3	100.0
舞 钢 市 Wugang	98.04	13.3	42.0	37.4	100.0
汝 州 市 Ruzhou	100.00	18.0	42.2	36.4	100.0
安 阳 市 Anyang	100.00	13.6	42.5	37.5	100.0
林 州 市 Linzhou	99.61	12.0	44.7	40.3	100.0
鹤 壁 市 Hebi	100.00	21.5	48.8	43.3	100.0
新 乡 市 Xinxiang	100.00	13.4	43.1	39.2	100.0
卫 辉 市 Weihui	100.00	9.4	36.2	30.5	100.0
辉 县 市 Huixian	100.00	9.3	38.0	33.6	100.0
长 垣 市 Changyuan	99.65	14.9	44.6	40.5	100.0
焦 作 市 Jiaozuo	100.00	16.3	45.8	40.7	100.0
沁 阳 市 Qinyang	100.00	8.3	36.8	31.0	100.0
孟 州 市 Mengzhou	100.00	13.8	43.2	40.1	100.0
濮 阳 市 Puyang	100.00	17.2	45.3	40.4	100.0
许 昌 市 Xuchang	100.00	18.0	45.9	40.5	100.0
禹 州 市 Yuzhou	99.81	13.3	43.5	36.0	100.0
长 葛 市 Changge	97.32	15.2	42.6	38.2	100.0
漯 河 市 Luohe	100.00	19.9	43.0	40.7	100.0
三 门 峡 市 Sanmenxia	99.20	14.6	43.4	39.0	100.0
义 马 市 Yima	99.02	20.6	46.8	41.4	100.0
灵 宝 市 Lingbao	99.81	13.7	41.2	36.8	100.0
南 阳 市 Nanyang	100.00	17.5	45.8	41.7	100.0
邓 州 市 Dengzhou	100.00	14.5	47.7	44.7	100.0
商 丘 市 Shangqiu	98.79	15.6	44.3	41.2	100.0
永 城 市 Yongcheng	97.63	15.1	43.6	37.8	100.0
信 阳 市 Xinyang	100.00	17.3	48.4	40.0	100.0
周 口 市 Zhoukou	99.00	20.8	43.8	40.3	100.0
项 城 市 Xiangcheng	98.43	12.1	42.1	39.9	100.0
驻 马 店 市 Zhumadian	100.00	18.7	46.2	40.8	100.0
济源示范区 Jiyuan	100.00	14.1	43.8	38.7	100.0
郑州航空港经济综合实验区 Zhengzhou Airport Economic Comprehensive Experimental Zone	97.79	42.7	30.3	26.6	100.0

11-5 城市供、排水情况(2023年)

Basic Statistics on Tap Water Supply and Drainage in Cities (2023)

地区	Region	综合生产能力(万立方米/日) Production Capacity of Tap Water Supply (10 000 cu.m/day)	供水管道长度(公里) Length of Water Supply Pipelines (km)	供水总量(万立方米) Total Volume of Water Supply (10 000 cu.m)	居民家庭用水 Water for Residential Use	用水人口(万人) Number of Residents with Access to Tap Water (10 000 person)	污水排放量(万立方米) Volume of Sewage Drainage (10 000 cu.m)
全省	**Total**	**1342.93**	**33659**	**245462.75**	**115390.09**	**2887.11**	**285498**
郑州市	Zhengzhou	211.00	6722	51321.08	30640.05	773.33	81213
巩义市	Gongyi	6.80	191	1768.75	829.98	33.81	1592
荥阳市	Xingyang	18.90	620	2908.28	1384.00	28.27	4315
新密市	Xinmi	7.00	284	1610.90	950.26	20.95	1730
新郑市	Xinzheng	16.73	407	2004.11	1345.70	31.20	4249
登封市	Dengfeng	10.00	262	1678.01	995.47	24.25	2179
开封市	Kaifeng	77.40	2375	10853.98	4418.95	102.40	10311
洛阳市	Luoyang	122.15	2628	23135.42	10078.01	282.32	19230
平顶山市	Pingdingshan	56.83	1133	13008.87	4260.10	90.09	14081
舞钢市	Wugang	8.00	183	1196.91	513.58	12.02	1024
汝州市	Ruzhou	14.00	299	1684.36	971.93	34.26	1796
安阳市	Anyang	72.59	874	7965.67	4402.95	82.16	7182
林州市	Linzhou	22.00	296	2478.63	1114.83	22.70	2156
鹤壁市	Hebi	32.95	669	6585.00	1647.06	53.07	5167
新乡市	Xinxiang	45.40	1097	10452.90	4919.63	79.36	9090
卫辉市	Weihui	15.00	510	2381.93	884.36	33.50	1690
辉县市	Huixian	19.30	203	1861.00	1003.70	16.51	1530
长垣市	Changyuan	7.82	421	2038.70	1057.68	23.29	2019
焦作市	Jiaozuo	83.50	1281	8636.95	3321.96	86.38	10966
沁阳市	Qinyang	7.60	191	622.33	297.00	11.94	967
孟州市	Mengzhou	3.06	228	1042.20	645.39	13.22	1450
濮阳市	Puyang	43.81	975	7311.93	3084.96	65.54	5426
许昌市	Xuchang	34.11	561	5590.89	3241.05	67.75	5580
禹州市	Yuzhou	13.47	407	2204.76	1383.26	42.08	2620
长葛市	Changge	16.00	282	2075.92	895.72	19.70	2000
漯河市	Luohe	42.00	764	6324.71	3082.29	61.70	7973
三门峡市	Sanmenxia	28.78	437	4975.40	1767.22	51.00	4402
义马市	Yima	15.33	193	2002.00	477.00	14.45	1978
灵宝市	Lingbao	10.70	178	2553.00	801.00	18.67	2394
南阳市	Nanyang	66.55	1461	9770.42	4940.87	170.36	9660
邓州市	Dengzhou	14.60	784	3041.60	1478.00	38.56	3323
商丘市	Shangqiu	28.00	1626	7050.00	4311.40	110.60	16618
永城市	Yongcheng	13.00	365	3137.00	1769.24	48.48	3740
信阳市	Xinyang	26.00	1358	6351.98	3516.50	66.00	5399
周口市	Zhoukou	27.52	835	5170.28	2193.77	77.39	6950
项城市	Xiangcheng	16.40	529	2848.00	988.00	30.72	3312
驻马店市	Zhumadian	23.21	693	6755.14	3053.91	64.28	11486
济源示范区	Jiyuan	24.98	643	3878.39	1655.00	39.80	4034
郑州航空港经济综合实验区	Zhengzhou Airport Economic Comprehensive Experimental Zone	40.44	695	9185.35	1068.31	45.00	4666

11–6 城市天然气、石油液化气供应情况(2023年)

Basic Statistics on Supply of Natural Gas and Liquefied Gas in Cities (2023)

地区 Region	天然气 Natural Gas					液化气 Liquefied Gas		
	供气管道长度(公里) Length of Gas Supply Pipelines (km)	供气总量合计(万立方米) Volume of Gas Supply (10 000 cu.m)	#居民家庭 Households	用气人口(万人) Population with Access to Gas (10 000 persons)	天然气汽车加气站(座) Natural Gas Station (unite)	供气总量合计(吨) Volume of Gas Supply (ton)	#居民家庭 Households	用气人口(万人) Population with Access to Gas (10 000 persons)
全省 Total	**31323**	**719252**	**217921**	**2603.97**	**166**	**144953**	**117341**	**278.16**
郑州市 Zhengzhou	3792	198512	52552	706.81	15	10684	919	66.50
巩义市 Gongyi	561	10908	3755	37.53		330		
荥阳市 Xingyang	435	3783	1563	26.90	4	828	628	1.37
新密市 Xinmi	463	7228	1690	19.70	2	553	550	1.18
新郑市 Xinzheng	260	12948	3777	25.42	5	3705	1644	4.46
登封市 Dengfeng	984	9629	1118	18.30	3	3700	3696	4.00
开封市 Kaifeng	1879	20177	7961	92.93	14	24660	23100	9.47
洛阳市 Luoyang	1080	88445	15521	258.31	13	15784	15764	22.34
平顶山市 Pingdingshan	501	16701	6158	90.09	4			
舞钢市 Wugang	101	1460	901	12.05	3			
汝州市 Ruzhou	425	5894	2343	33.10		2000	1270	1.16
安阳市 Anyang	1991	18560	7379	79.06	1	5869	3126	3.10
林州市 Linzhou	581	4418	3904	21.26	1	802	728	1.44
鹤壁市 Hebi	634	8091	3626	51.17	3	885	880	1.90
新乡市 Xinxiang	2212	24236	11622	77.02	3	1247	1125	1.88
卫辉市 Weihui	295	3513	1755	16.00	3	659	658	0.50
辉县市 Huixian	216	8705	4509	22.50	3	408	229	0.80
长垣市 Changyuan	372	5474	3224	33.00	5	1503	1500	0.60
焦作市 Jiaozuo	1990	36427	5610	86.38				
沁阳市 Qinyang	470	4193	1469	12.88	1	1032	518	1.00
孟州市 Mengzhou	200	2602	2474	13.22				
濮阳市 Puyang	494	12684	7088	65.54	16			
许昌市 Xuchang	816	13218	8406	65.82	11	5982	2091	1.90
禹州市 Yuzhou	234	14500	3945	26.78	2	4863	4231	15.46
长葛市 Changge	365	33134	1695	10.55	1	2346	2000	9.21
漯河市 Luohe	493	13605	7236	42.20	9	10868	10832	19.00
三门峡市 Sanmenxia	316	9500	2841	46.81	2	2449	2428	4.19
义马市 Yima	134	1841	583	13.70	1	810	800	0.75
灵宝市 Lingbao	300	2991	827	16.46		580	560	2.20
南阳市 Nanyang	3152	20026	6692	168.63	4	587	585	1.73
邓州市 Dengzhou	163	954	872	12.55	11	5104	5042	25.97
商丘市 Shangqiu	915	26756	5141	88.50	3	13788	13600	18.50
永城市 Yongcheng	312	5150	1981	34.13	2	3708	3610	13.25
信阳市 Xinyang	836	18900	7410	52.52	14	7154	6092	13.48
周口市 Zhoukou	1061	12212	6048	61.46	3	5428	4240	15.70
项城市 Xiangcheng	282	3205	2400	24.21	1	2042	2025	6.51
驻马店市 Zhumadian	820	8178	5311	56.98		2070	1980	7.30
济源示范区 Jiyuan	363	19402	4913	39.80	3			
郑州航空港经济综合实验区 Zhengzhou Airport Economic Comprehensive Experimental Zone	827	11093	1621	43.70		2528	890	1.31

11—7 城市道路、园林和绿化情况(2023年)

Basic Statistics on Road, Botanical Garden and Green Coverage Area in Cities (2023)

地 区	Region	道路长度 (公里) Length of Road (km)	道路照明灯盏数 (盏) Number of Road Lamp (unit)	绿化覆盖面积 (公顷) Green Coverage Area (hectare)	#建成区 Built-up Areas	绿地面积 (公顷) Garden Areas (hectare)	公园绿地面积 (公顷) Public Green Area (hectare)	公园个数 (个) Number of Parks (unit)
全省	**Total**	**21053.01**	**1170015**	**164940**	**150094**	**145488**	**46814**	**886**
郑州市	Zhengzhou	2643.96	136823	32181	29219	28130	11511	264
巩义市	Gongyi	161.70	11440	1701	1606	1496	638	3
荥阳市	Xingyang	172.42	13862	2178	2172	1997	414	4
新密市	Xinmi	136.20	15686	1387	1386	1237	303	5
新郑市	Xinzheng	148.00	9634	1416	1416	1367	514	14
登封市	Dengfeng	267.33	12555	1817	1594	1576	364	15
开封市	Kaifeng	827.00	46165	7749	6533	6385	1624	16
洛阳市	Luoyang	1277.23	123213	13553	13394	12467	4616	27
平顶山市	Pingdingshan	645.81	35053	3454	3303	2976	1181	18
舞钢市	Wugang	138.90	4193	756	714	669	160	2
汝州市	Ruzhou	277.47	9832	1800	1785	1539	615	12
安阳市	Anyang	748.82	29300	4110	3993	3580	1115	14
林州市	Linzhou	176.33	29889	1417	1342	1252	273	2
鹤壁市	Hebi	550.46	24975	3392	3196	3001	1140	14
新乡市	Xinxiang	610.91	35682	5540	5538	5039	1067	19
卫辉市	Weihui	402.53	22441	1990	1912	1748	504	12
辉县市	Huixian	134.59	9664	1141	865	773	217	10
长垣市	Changyuan	97.93	8559	840	830	710	155	2
焦作市	Jiaozuo	1025.68	30157	5645	5396	5039	1406	19
沁阳市	Qinyang	185.78	8654	788	772	671	116	5
孟州市	Mengzhou	119.27	12252	757	751	703	183	4
濮阳市	Puyang	499.54	38274	3691	3034	3107	1124	14
许昌市	Xuchang	1250.95	47587	7306	5904	6096	1220	10
禹州市	Yuzhou	380.91	26722	2382	2100	1862	563	4
长葛市	Changge	204.28	10581	1321	1205	1095	304	3
漯河市	Luohe	614.45	31448	3444	2945	3220	1228	16
三门峡市	Sanmenxia	359.75	32968	2877	2813	2585	744	11
义马市	Yima	143.30	5873	937	874	820	298	4
灵宝市	Lingbao	133.45	7981	972	956	862	255	6
南阳市	Nanyang	1523.20	47181	10214	7839	9522	2988	24
邓州市	Dengzhou	270.59	22736	2050	1814	1878	568	8
商丘市	Shangqiu	1321.61	57970	7265	7213	6729	1792	213
永城市	Yongcheng	370.79	16037	2384	2170	1974	732	11
信阳市	Xinyang	811.80	35858	6836	5232	5834	1143	11
周口市	Zhoukou	737.10	53901	6114	5157	5664	1614	31
项城市	Xiangcheng	322.49	9835	1874	1595	1658	373	4
驻马店市	Zhumadian	506.40	50826	5007	4975	4431	1200	17
济源示范区	Jiyuan	254.44	23315	2683	2583	2314	562	10
郑州航空港经济综合实验区	Zhengzhou Airport Economic Comprehensive Experimental Zone	599.64	20893	3969	3969	3482	1992	8

11-8 城市市容环境卫生情况(2023年)

Basic Statistics on Urban Sanitation in Cities (2023)

地区	Region	排水管道长度(公里) Length of Drainage Pipelines (km)	污水处理总量(万立方米) Volume of Sewage Treatment (10 000 cu.m)	道路清扫面积(万平方米) Road Area Under Cleaning Program (10 000 sq.m)	生活垃圾 Living Garbage 清运量(万吨) Volume of Disposal (10 000 tons)	无害化处理量(万吨) Volume of Harmless Treatment (10 000 tons)	公共厕所(座) Number of Public Lavatories (unit)	市容环卫专用车辆设备总数(辆) Number of Special Vehicles for Enviromental Sanitation (unit)
全省	**Total**	**38388**	**283700**	**57933**	**1121.15**	**1121.14**	**12852**	**19799**
郑州市	Zhengzhou	5980	80245	11758	253.55	253.55	2720	8082
巩义市	Gongyi	269	1570	720	11.65	11.65	70	159
荥阳市	Xingyang	401	4315	769	18.95	18.95	92	209
新密市	Xinmi	172	1730	605	9.45	9.45	126	174
新郑市	Xinzheng	300	4156	505	10.05	10.05	160	219
登封市	Dengfeng	191	2179	538	13.37	13.37	65	172
开封市	Kaifeng	1287	10311	2601	40.01	40.01	982	599
洛阳市	Luoyang	2861	19229	4906	82.61	82.61	1102	1364
平顶山市	Pingdingshan	758	14081	1574	32.85	32.85	340	389
舞钢市	Wugang	242	1004	210	5.13	5.13	89	40
汝州市	Ruzhou	385	1796	834	10.89	10.89	91	177
安阳市	Anyang	1503	7182	1911	35.98	35.98	473	416
林州市	Linzhou	279	2148	508	9.10	9.10	114	75
鹤壁市	Hebi	707	5167	1519	17.34	17.34	233	393
新乡市	Xinxiang	1161	9090	1870	29.70	29.70	550	715
卫辉市	Weihui	155	1690	295	7.46	7.46	8	167
辉县市	Huixian	314	1530	385	15.10	15.10	54	101
长垣市	Changyuan	765	2012	1150	14.48	14.48	64	110
焦作市	Jiaozuo	1317	10966	1671	39.73	39.73	181	349
沁阳市	Qinyang	264	967	398	5.70	5.70	43	70
孟州市	Mengzhou	720	1450	550	3.09	3.09	32	34
濮阳市	Puyang	1007	5426	1399	30.20	30.20	165	308
许昌市	Xuchang	1053	5580	2091	36.90	36.90	614	428
禹州市	Yuzhou	590	2615	760	13.89	13.89	82	114
长葛市	Changge	296	1946	495	7.31	7.31	57	50
漯河市	Luohe	1193	7973	1436	39.31	39.31	465	101
三门峡市	Sanmenxia	713	4367	638	17.99	17.99	212	107
义马市	Yima	149	1958	330	4.97	4.97	54	90
灵宝市	Lingbao	316	2390	490	8.43	8.43	73	75
南阳市	Nanyang	2173	9660	2548	73.96	73.96	748	784
邓州市	Dengzhou	666	3323	723	22.28	22.28	150	141
商丘市	Shangqiu	1972	16418	2173	40.76	40.76	704	1345
永城市	Yongcheng	665	3651	1090	19.16	19.16	136	119
信阳市	Xinyang	1259	5399	895	28.66	28.66	429	252
周口市	Zhoukou	1561	6881	2049	31.94	31.94	399	378
项城市	Xiangcheng	608	3260	604	20.11	20.11	108	217
驻马店市	Zhumadian	2036	11486	2315	32.76	32.76	427	491
济源示范区	Jiyuan	622	4034	620	11.95	11.95	234	417
郑州航空港经济综合实验区	Zhengzhou Airport Economic Comprehensive Experimental Zone	1475	4563	2000	14.39	14.39	206	368

主要统计指标解释

城区面积 包括：市本级（1）街道办事处所辖地域；（2）城市公共设施、居住设施和市政公用设施等连接到的其他镇（乡）地域；（3）常住人口在3000人以上独立的工矿区、开发区、科研单位、大专院校等特殊区域。

建成区面积 城市行政区内实际已成片开发建设、市政公用设施和公共设施基本具备的区域。对核心城市，它包括集中连片的部分以及分散的若干个已经成片建设起来，市政公用设施和公共设施基本具备的地区；对一城多镇来说，它包括由几个连片开发建设起来的，市政公用设施和公共设施基本具备的地区组成。因此建成区范围，一般是指建成区外轮廓线所能包括的地区，也就是这个城市实际建设用地所达到的范围。

供水总量 指报告期供水企业（单位）供出的全部水量。包括有效供水量和漏损水量。

供气总量 指报告期燃气企业（单位）向用户供应的燃气数量。包括销售量和损失量

集中供热面积 指从一个或多个热源通过热网向城市的热用户供给生产和生活热能，供热企业（单位）向城市各类房屋建筑物、构筑物及其附属设施供热的全部建筑面积。

道路长度 指道路长度和与道路相通的桥梁、隧道的长度，按车行道中心线计算。

排水管道长度 指所有排水总管、干管、支管、检查井及连接井进出口等长度之和。计算时应按单管计算，即在同一条街道上如有两条或两条以上并排的排水管道时，应按每条排水管道的长度相加计算。

公园绿地面积 城市中向公众开放的、以游憩为主要功能，有一定的游憩设施和服务设施，同时兼有健全生态、美化景观、防灾减灾等综合作用的绿化用地。它是城市建设用地、城市绿地系统和城市市政公用设施的重要组成部分。

生活垃圾清运量 指报告期内收集和运送到各生活垃圾处理厂(场)和生活垃圾最终消纳点的生活垃圾数量。生活垃圾指城市日常生活或为城市日常生活提供服务的活动中产生的固体废物以及法律行政规定的视为城市生活垃圾的固体废物。包括：居民生活垃圾、商业垃圾、集市贸易市场垃圾、街道清扫垃圾、公共场所垃圾和机关、学校、厂矿等单位的生活垃圾。

Explanatory Notes on Main Statistical Indicators

Urban Area include three parts:(1), area under the jurisdiction of the street agency;(2), urban public facilities, residential facilities and municipal public facilities connected to other towns area, (3) Independent industrial and mining district, development area, scientific research units, colleges and other special areas with over 3000 resident population.

Area of Built-up Districts refers to the Urban area that already development and construction and have public facilities. Core cities include focused even dispersion of parts, as well as several have film build up, the urban areas of basic public infrastructure and public facilities; on more than one city, town, it included several continuous development and construction, municipal and public facilities and public areas with basic facilities. Scope of the built-up area, generally refer to the built-up areas can include outer contour line, which is achieved by the actual construction of the city's range.

Volume of Water Supply refers to the total volume of water supplied by water-works (units) during the reference period, including both the effective water supply and loss during the water supply.

Volume of gas supply refers to Volume of gas supply for household by gas enterprises in reference period. Including sales and the amount of loss.

Heated Area refers to supply to user Production and life heat energy us heat net from one or more Means from one or more sources of heat, all heat area of urban housing buildings, structures and their ancillary equipment by Heating enterprise (units).

Length of Roads refers to the length of roads with paved surface including bridges and tunnels connected with roads. Length of the roads is measured by the central lines for vehicles for paved roads.

Length of Sewage Pipelines refers to the total length of general drainage, trunks, branch and inspection wells, connection wells, inlets and outlets, etc. if there are two or more than two side-by-side in a street pipes, length of pipes should be calculated by adding length.

Public Green Areas refers to green areas open to the public for amusement and rest with the facilities of amusement, rest and services. Its function includes perfecting ecology, beautifying landscape, and preventing and reducing disaster. Park green areas include comprehensive park, community park, topic park, belt-shaped park and green area nearby street. Total areas of comprehensive park, topic park and belt-shaped is the area of park.

Collection,Transport and Disposal of Consumption Wastes refers to volume of consumption wastes collected and transported to disposal factories or sites. Consumption wastes are solid wastes produced from urban households or from service activities for urban households, and solid wastes regarded by laws and regulations as urban consumption wastes, including those from households, commercial activities, markets, cleaning of streets, public sites, offices, schools, factories, mining units and other sources.

农业
Agriculture

12

◎ 资料整理：程子旋　杨浩　徐崇

简要说明

一、主要内容

本篇资料全面反映我省农林牧渔业生产成果及农业生产条件情况，内容主要包括农林牧渔业产值、主要农产品产量、农业机械拥有量、水利设施基本情况等方面的统计资料。

二、统计范围

包括全部农业生产经营户，各种经济组织类型、各个系统的全部农林牧渔业生产单位和非农行业单位附属的农林牧渔业生产活动单位，以及所经营的农作物种植地块、养殖场、牧场等，但不包括农业科学试验机构进行的农业生产。

1.农业：指对各种农作物的种植活动。包括谷物、豆类、薯类、棉花、油料、糖料、麻类、烟叶、蔬菜、园艺作物、水果、坚果、饮料和香料作物、中草药及其他作物的种植。

2.林业：包括林木的栽培(不包括茶园、桑园和果园的栽培、管理和收获等活动),木材和竹材的采运，林产品的采集。

3.畜牧业：包括牲畜饲养和放牧，家禽饲养。

4.渔业：包括水生动物的养殖和捕捞。

5.农、林、牧、渔专业及辅助性活动：指对农、林、牧、渔业生产活动进行的各种支持性服务，但不包括各种科学技术和专业性技术服务活动。

三、资料来源

农林牧渔业总产值、农业生产条件、经济作物生产情况等由河南省统计局农业农村处根据《农业产值和消耗统计报表制度》、《农林牧渔业统计报表制度》的有关资料整理提供。

粮食作物生产情况、畜牧业生产情况由国家统计局河南调查总队农业调查处、农村调查处根据《农林牧渔业统计报表制度》的有关资料整理提供。

林业生产情况资料来源于河南省林业局。

渔业生产情况资料、农业机械和农产品加工机械拥有量等资料来源于河南省农业农村厅。

灌溉、水库等水利设施和除涝、治水资料来源于河南省水利厅。

耕地面积资料来源于河南省自然资源厅。

四、数据使用注意事项

根据第三次全国农业普查结果，按照国际惯例，对2007年以后农业、畜牧业、渔业年报数据及农林牧渔业总产值等数据进行了修订。具体修订情况见相关表的标注。

2010年以后的农业、林业总产值数据按照国家统计局制定的新《统计用产品分类目录》进行了调整。

Brief Introduction

Ⅰ.Main Contents

The data in this chapter show comprehensively the production results in agriculture, forestry, animal husbandry, fishery, as well as conditions of agricultural production, including output value of agriculture, forestry, animal husbandry and fishery, output of major products, quantity of agricultural machinery and facilities of water conservancy.

Ⅱ.Statistics Coverage

Cover all rural households engaged in production and operation, organizations for agriculture, forestry, animal husbandry, fishery of all types of economic organization and their branches; organizations engaged in agricultural production activiies belonging to non-agricultural industry; and all crop land, farms, pastures. Agricultural production activities undertaken by agriculture research institutions are not included.

(1)Agriculture:refers to cultivation of farm crops, including cereals, beans, tuber crops, cotton, oil-bearing crops, sugar crops, hemp, tobacco leaves, vegetables, gardening plants, fruits, nuts, beverage and spice crops, medicinal herbs and other farm crops.

(2)Forestry:includes the planting of trees(excluding the operations of planting, management and harvesting on tea plantations, mulberry fields and orchards), cutting and transport of timber and bamboo and collection of forest products.

(3)Animal husbandry: includes the raising and grazing of domestic animals and poultry.

(4)Fishery:includes cultivation and catching of aquatic animals.

(5)Professional and support activities for agriculture, forestry, animal husbandry and fishery: include supporting services to production activities in agriculture, forestry, animal husbandry and fishery, but do not include activities of science and technology and professional services.

Ⅲ. Data Sources

Data on output value of agriculture, forestry, animal husbandry, fishery, conditions of agricultural production and cash crop production are provided by the Agricultural and Rural Division of the Henan Provincial Bureau of Statistics using data from the Statistical Reporting System on Agricultural Output and Consumption and the Statistical Reporting System on Agriculture, Forestry, Animal Husbandry and Fishery.

Data on grain crop production and animal husbandry production are provided by the Agricultural Survey Division and Rural Survey Division of the Henan General Bureau of Investigation of the National Bureau of Statistics using data from the Statistical Reporting System on Agriculture, Forestry, Animal Husbandry and Fishery.

Data on the basic conditions of forestry come from the Forestry Bureau of Henan Province.

Data on fishery production, ownership of agricultural machinery and machinery for processing agricultural products was obtained from the Henan Provincial Department of Agriculture and Rural Development.

Data on irrigation and reservoirs, data on efforts to eliminate water-logging, to prevent floods by water control come from the Water Resources Department of Henan Province.

Data on cultivated land area come from Henan Provincial Department of Natural Resources.

IV. Notes on Use of Data

According to the results of the Third National Agricultural Census and in line with international practices, data on gross output value of agriculture, forestry, animal husbandry and fishery after 2007 were revised. Please refer to the footnotes of relevant tables for detail.

Data on the gross output value of agriculture and forestry from 2010 onwards have been adjusted in accordance with the Catalog of Product Classification for Statistical Purposes developed by the National Bureau of Statistics.

12-1 农林牧渔业总产值

Gross Output Value of Agriculture, Forestry, Animal Husbandry and Fishery

本表数据为当年价。

Data in this table are calculated at current prices.

单位：亿元 (100 million yuan)

地 区 Region	农林牧渔业 Agriculture, Forestry, Animal Husbandry and Fishery	农 业 Agriculture	林 业 Forestry	牧 业 Animal Husbandry	渔 业 Fishery	农林牧渔专业及辅助性活动 Professional and Support Activities for Agriculture, Forestry, Animal Husbandry and Fishery
1978	95.38	81.74	2.58	10.87	0.19	
1980	134.62	113.17	3.88	17.28	0.29	
1985	241.54	188.79	10.29	41.19	1.27	
1990	502.01	372.19	20.77	105.17	3.88	
1995	1304.25	865.82	38.32	391.08	9.03	
2000	1981.54	1264.29	56.18	641.56	19.51	
2005	3309.70	1790.37	83.92	1251.65	35.26	148.50
2010	5619.70	3504.07	115.29	1733.07	66.30	200.96
2011	6055.54	3553.25	127.32	2088.14	66.33	220.50
2012	6473.70	3897.46	140.85	2120.56	77.59	237.23
2013	6938.24	4126.25	152.35	2313.49	82.50	263.65
2014	7244.34	4399.17	152.40	2307.23	91.07	294.47
2015	7299.58	4503.71	134.28	2229.01	105.20	327.38
2016	7405.42	4459.29	121.28	2355.99	107.27	361.59
2017	7562.53	4552.68	128.88	2368.92	107.79	404.26
2018	7757.94	4825.97	136.98	2210.88	119.28	464.83
2019	8541.77	5408.59	140.76	2316.50	118.16	557.76
2020	9956.35	6244.84	126.69	2855.83	117.63	611.36
2021	10501.20	6564.83	134.08	2942.06	143.41	716.82
2022	10952.24	6948.30	149.55	2832.30	147.45	874.64
2023	10304.58	6471.19	162.24	2595.99	141.51	933.65
郑州市 Zhengzhou	263.94	163.52	8.10	61.80	13.43	17.10
开封市 Kaifeng	702.19	432.16	2.74	201.64	11.90	53.76
洛阳市 Luoyang	433.78	272.62	16.19	87.23	4.25	53.49
平顶山市 Pingdingshan	380.52	195.50	7.04	147.53	5.13	25.31
安阳市 Anyang	427.36	288.60	2.95	106.04	1.14	28.63
鹤壁市 Hebi	148.11	52.21	4.08	77.27	1.44	13.11
新乡市 Xinxiang	511.72	335.74	7.51	130.82	7.51	30.13
焦作市 Jiaozuo	262.00	155.12	3.55	63.45	1.29	38.58
濮阳市 Puyang	413.04	225.86	6.36	125.30	4.00	51.51
许昌市 Xuchang	362.64	217.11	7.05	87.97	1.46	49.04
漯河市 Luohe	272.96	135.97	1.24	124.07	2.02	9.67
三门峡市 Sanmenxia	318.22	256.35	6.30	48.47	1.58	5.52
南阳市 Nanyang	1338.35	938.05	32.50	305.21	14.43	48.16
商丘市 Shangqiu	1095.66	775.40	11.07	245.36	6.09	57.74
信阳市 Xinyang	1118.07	628.50	29.09	176.32	39.47	244.70
周口市 Zhoukou	1185.63	773.04	5.40	296.70	6.57	103.92
驻马店市 Zhumadian	1030.23	608.86	9.89	292.81	16.95	101.73
济源示范区 Jiyuan	40.15	16.57	1.18	17.99	2.87	1.54

12-2 农林牧渔业总产值指数(上年=100)

Gross Output Value and Related Indices of Agriculture, Forestry, Animal Husbandry and Fishery (Preceding year=100)

本表数据按可比价格计算。
Data in this table are calculated at comparable prices.

地 区 Region	农林牧渔业 Agriculture, Forestry, Animal Husbandry and Fishery	农 业 Agriculture	林 业 Forestry	牧 业 Animal Husbandry	渔 业 Fishery	农林牧渔专业及辅助性活动 Professional and Support Activities for Agriculture, Forestry, Animal Husbandry and Fishery
1978	109.6	110.2	109.7	105.3	100.7	
1980	105.0	106.4	117.9	93.7	114.0	
1985	104.3	98.8	119.3	143.6	130.5	
1990	107.8	107.0	105.0	111.9	119.8	
1995	117.6	113.3	106.1	128.5	115.3	
2000	105.4	104.2	105.6	107.2	112.1	
2005	107.5	107.7	104.7	107.6	122.5	104.0
2010	104.6	104.3	104.5	105.0	107.5	105.0
2011	103.8	104.3	107.1	102.2	107.2	105.5
2012	104.5	104.2	104.9	104.6	105.8	106.0
2013	104.4	104.1	107.0	104.1	106.5	108.9
2014	104.2	103.9	104.8	104.1	107.8	109.5
2015	104.6	105.6	101.7	102.2	110.5	109.7
2016	104.5	105.3	105.1	102.2	106.1	109.7
2017	104.5	105.0	106.3	102.5	106.4	109.9
2018	103.9	103.6	107.4	102.4	106.0	115.0
2019	103.0	105.2	105.9	94.8	109.9	111.7
2020	102.7	103.1	109.8	99.9	101.9	107.5
2021	107.0	101.0	104.2	120.4	106.7	108.4
2022	105.1	105.4	106.6	103.3	103.7	109.9
2023	102.2	102.1	109.7	100.8	105.1	107.2
郑州市 Zhengzhou	101.5	100.9	104.4	100.7	101.4	109.7
开封市 Kaifeng	102.5	102.6	94.9	100.7	128.9	103.8
洛阳市 Luoyang	102.0	103.4	102.5	97.7	93.1	104.4
平顶山市 Pingdingshan	102.2	102.4	101.6	101.7	109.4	102.7
安阳市 Anyang	102.3	101.9	103.2	102.3	99.9	106.5
鹤壁市 Hebi	102.1	100.6	131.8	101.4	109.7	107.5
新乡市 Xinxiang	102.1	100.4	186.0	103.2	104.8	107.0
焦作市 Jiaozuo	102.0	102.3	139.5	96.1	177.6	107.2
濮阳市 Puyang	102.3	102.1	109.5	101.2	107.9	104.7
许昌市 Xuchang	101.8	102.3	239.1	93.5	106.3	108.4
漯河市 Luohe	102.4	102.6	113.2	100.7	101.7	109.9
三门峡市 Sanmenxia	102.5	103.1	116.5	98.2	101.0	108.0
南阳市 Nanyang	102.3	102.0	104.1	102.4	102.8	107.2
商丘市 Shangqiu	102.3	103.0	106.0	98.9	104.0	107.8
信阳市 Xinyang	102.0	100.4	103.7	100.1	101.2	108.8
周口市 Zhoukou	102.3	102.5	101.2	100.7	108.0	106.0
驻马店市 Zhumadian	102.0	101.2	107.4	101.5	106.0	108.6
济源示范区 Jiyuan	102.7	98.2	104.3	105.7	106.2	106.8

12-3 河南省十大优势特色农业产值

Output Value of Ten Dominant Characteristic Agriculture in Henan Province

本表按当年价格计算。

Data in this table are calculated at current prices.

品　种	Kind	产值（亿元）Output Value (100 million yuan)		占农林牧渔业的比重（%）Proportion (%)	
		2022	2023	2022	2023
优势特色农业	Dominant Characteristic Agriculture	6117.68	5652.58	55.9	54.9
小麦	Wheat	1147.63	886.52	10.5	8.6
花生	Peanut	360.02	439.52	3.3	4.3
草畜	Grass Livestock	671.39	606.54	6.1	5.9
牛的饲养	Cattles	331.53	299.75	3.0	2.9
羊的饲养	Sheep and Goats	254.81	221.50	2.3	2.1
奶产品	Milk Product	85.06	85.29	0.8	0.8
林果	Timber and Fruit	563.17	525.97	5.1	5.1
食用坚果	Edible Nuts	27.01	52.34	0.2	0.5
园林水果	Garden Fruit	536.16	473.62	4.9	4.6
蔬菜	Vegetables	1915.94	1946.48	17.5	18.9
花卉	Flowers and Plants	33.73	116.85	0.3	1.1
茶叶	Tea	369.24	373.47	3.4	3.6
食用菌	Edible Mushrooms	358.38	339.84	3.3	3.3
中草药材	Chinese Herbs	550.75	275.89	5.0	2.7
水产	Aquatic Products	147.45	141.51	1.3	1.4

12-4 农业生产条件

Conditions of Agriculture

年 份 Year	耕地面积 (千公顷) Area of Cultivated land (1 000 hectares)	农用机械总动力 (万千瓦) Total Power of Agricultural Machinery (10 000 kw)	灌溉面积 (千公顷) Irrigated Area (1 000 hectares)	农村用电量 (亿千瓦小时) Electricity Consumption in Rural Areas (100 million kwh)	农用柴油使用量 (万吨) Diesel Oil Use for Agriculture (10 000 tons)	农用塑料薄膜使用量 (万吨) Plastic Film Use for Agriculture (10 000 tons)	地膜覆盖面积 (千公顷) Mulch Area (1 000 hectares)
1978	7157.30	974.40	3722.67	13.25			
1979	7138.70	1079.30	3636.00	14.59			
1980	7128.10	1178.00	3536.23	17.23			
1981	7121.30	1262.10	3388.00	20.85			
1982	7109.30	1356.30	3265.33	22.76			
1983	7100.70	1405.90	3210.00	23.50			
1984	7079.30	1507.00	3278.67	25.83			
1985	7033.20	1590.00	3189.97	28.33			
1986	6998.90	1737.90	3212.71	33.30			
1987	6972.60	1865.90	3250.07	37.29			
1988	6956.40	2004.20	3358.76	40.81			
1989	6944.40	2153.40	3438.00	45.20			
1990	6933.20	2264.00	3550.09	46.93		2.75	
1991	6920.00	2330.40	3676.59	52.06		3.15	
1992	6887.80	2424.40	3779.72	59.58		3.45	
1993	6871.00	2624.00	3868.33	61.10		3.84	
1994	6830.00	2780.50	3931.30	70.54		4.87	
1995	6805.80	3115.40	4044.19	85.07		5.32	
1996	6786.30	4256.40	4191.05	103.66		6.17	
1997	6773.40	4337.90	4333.06	118.27		6.95	
1998	6834.00	4764.40	4513.86	121.21		7.49	
1999	6825.90	5342.90	4648.78	122.54		7.94	
2000	6875.25	5780.60	4725.31	125.80	79.56	9.19	651.10
2001	6907.30	6078.70	4766.00	134.61	83.51	9.41	738.22
2002	7262.80	6548.20	4802.36	141.36	85.10	9.86	797.30
2003	7187.20	6953.20	4792.22	144.59	84.58	9.88	823.38
2004	7177.50	7521.10	4829.10	157.69	86.86	10.16	871.71
2005	7201.20	7934.20	4864.12	172.15	89.79	10.84	887.01
2006	7202.40	8309.10	4918.80	188.82	93.04	11.84	923.91
2007	7201.90	8718.70	4955.84	223.43	96.40	12.66	957.71
2008	7202.20	9429.30	4989.20	237.36	99.20	13.07	960.38
2009	8192.01	9817.90	5033.03	257.76	104.20	14.14	1002.25
2010	8177.45	10195.88	5080.96	269.41	107.90	14.70	1032.13
2011	8161.90	10515.79	5150.44	281.82	107.92	15.16	1028.34
2012	8156.76	10872.73	5205.63	290.03	111.07	15.52	1050.86
2013	8140.71	11149.96	4969.11	305.42	113.40	16.78	1072.89
2014	8126.06	11476.81	5101.74	313.23	116.00	16.35	1076.68
2015	8105.93	11710.08	5333.90	321.01	114.70	16.20	1032.10
2016	8111.01	9858.82	5360.30	317.23	112.40	16.31	1019.29
2017	8112.28	10038.32	5389.79	328.82	108.80	15.73	984.36
2018	8158.29	10204.46	5408.31	330.59	103.92	15.28	1005.12
2019	7514.07	10356.97	5452.93	353.83	100.08	15.08	995.34
2020	7488.15	10463.71	5586.93	373.17	97.37	15.17	927.56
2021	7519.97	10650.20	5681.94	451.43	95.30	14.04	806.40
2022	7534.92	10828.66	5905.82	576.67	95.20	14.00	793.77
2023	7579.59	11118.39	5924.33	568.85	94.19	13.89	766.83

注：1. 2008年及以前年份耕地面积为年底常用耕地面积，2009年数据为第二次全省土地调查数据，2010年以后数据已按2009年数据口径进行了调整。
2. 灌溉面积2013年及以前年份的数据为农田有效灌溉面积。(下表同)
3. 农用机械总动力2016年以后数据不再包含农用运输车和三轮运输车（下表同）。
4. 2019年耕地面积数据为第三次全省土地调查数据。
5. 2021年农村用电量数据从中国电力企业联合会取得。

a) Data on area of cultivated land of 2008and before were cultivated land area at year-end, data in 2009 are from the second provincial land survey, and data since 2010 were adjusted by 2009's caliber.
b) The irrigated area before 2013 refer to the effective irrigation area of farmland (The same as following tables).
c) Data on total power of agricultural machinery exclude the number of agricultural vehicles and three wheeled transport vehicles since 2016 (The same as following tables).
d) The date of area of cultivated land in 2019 was from the third provincial land survey data.
e) The data of electricity consumption in rural area in 2021 was obtained from the China Electricity Council.

12-5 各市农业机械和农产品加工机械年末拥有量(2023年)

Number of Agricultural Machinery and Machinery for Processing Farm Products at Year-end by City (2023)

地区 Region	农业机械总动力(万千瓦) Total Power of Agricultural Machinery (10 000 kw)	农用大中型拖拉机(混合台)(台) Large and Medium-sized Tractors (unit)	58.8千瓦及以上拖拉机配套农具(部) Number of 58.8kw and above Tractors Towing Farm Machinery (unit)	节水灌溉机械(万套) Water-saving Irrigation Machinery (10 000 units)	饲草料加工机械(台(套)) Composite Feed Processing Machinery (units)	农产品初加工动力机械 Agricultural Products Primary Processing Power Machinery	
						(万台) (10 000 units)	(万千瓦) (10 000 kw)
1990	2263.99	49288	65700		99200	53.09	355.10
2000	5780.60	66200	118700		115300	67.76	466.80
2010	10195.94	274400	642600	17.37	169200	80.24	582.70
2011	10515.79	310700	732000	17.98	180700	81.63	582.91
2012	10872.73	338500	802200	19.73	182500	82.71	594.05
2013	11149.96	357800	849900	20.81	184400	83.19	598.77
2014	11476.81	378100	896100	21.30	186400	84.36	605.37
2015	11710.08	402300	948300	21.56	187100	85.57	611.00
2016	9858.82	432700	1007400	21.83	187400	85.45	609.41
2017	10038.32	458549	1051961	21.91	188383	85.54	610.06
2018	10204.46	347150	631862	22.71	183010	85.21	608.67
2019	10356.97	373074	654206	23.04	185829	85.48	609.58
2020	10463.71	397203	663345	22.98	188082	85.58	616.20
2021	10650.20	418337	660899	23.15	188338	85.76	621.38
2022	10858.66	446531	683321	22.84	190343	63.04	264.34
2023	11118.39	479294	734777	23.02	193193	68.35	435.90
郑州市 Zhengzhou	442.47	15801	18336	1.16	7460	2.53	30.57
开封市 Kaifeng	613.05	28402	44487	2.85	12384	3.28	26.87
洛阳市 Luoyang	540.99	11893	14741	1.57	11404	4.59	50.81
平顶山市 Pingdingshan	452.23	25117	29241	0.64	11283	3.89	18.50
安阳市 Anyang	541.06	22091	29617	0.12	5701	2.49	11.27
鹤壁市 Hebi	241.40	6748	9118	0.16	1470	0.58	3.17
新乡市 Xinxiang	822.69	26468	49092	0.39	17217	8.15	32.44
焦作市 Jiaozuo	259.72	17497	22234	0.10	5286	1.08	5.07
濮阳市 Puyang	420.67	16686	29168	0.54	5564	2.00	11.45
许昌市 Xuchang	417.79	14528	23658	0.07	16262	2.24	16.68
漯河市 Luohe	277.19	12588	22174	0.36	578	0.79	0.64
三门峡市 Sanmenxia	124.14	3886	6349	0.44	5288	1.26	5.23
南阳市 Nanyang	1521.37	75351	102988	2.45	18660	8.42	48.16
商丘市 Shangqiu	973.15	44994	76640	2.39	23062	6.85	41.02
信阳市 Xinyang	766.17	46089	44374	0.41	6132	9.27	60.70
周口市 Zhoukou	1094.62	49963	82998	1.69	17548	5.73	42.74
驻马店市 Zhumadian	1537.09	57685	126737	7.65	25739	4.89	29.32
济源示范区 Jiyuan	72.61	3507	2825	0.01	2155	0.30	1.26

注：从2018年开始，农用大中型拖拉机统计标准由14.7千瓦及以上提高到22.1千瓦及以上。

In the annual report from the Provincial Agricultural Machinery Bureau in 2018, the standard of medium-sized agricultural tractors has been adjusted from ⩾ 14.7kw to ⩾ 22.1kw.

12-6 各市农田水利情况

Condition of Irrigation and Conservancy Project by City

单位：千公顷 (1 000 hectares)

地　区 Region	灌溉面积 Irrigated Area	#耕地灌溉面积 Irrigated Area of Cultivated Land	农业用水量（亿立方米） Agricultural Water Consumption (100 million cu.m)
2000	4785.59	4725.31	
2005	4941.21	4864.12	
2010	5172.01	5080.96	
2011			
2012	5026.93	4922.72	
2013	5088.50	4969.11	
2014	5521.62	5101.74	
2015	5333.90	5210.64	
2016	5360.28	5244.49	
2017	5389.79	5273.63	
2018	5408.31	5288.69	
2019	5452.93	5328.94	
2020	5586.93	5463.07	
2021	5681.94	5534.16	114.99
2022	5905.82	5623.21	135.53
2023	5924.33	5666.70	118.60
郑州市 Zhengzhou	154.92	132.39	4.41
开封市 Kaifeng	405.96	388.85	8.68
洛阳市 Luoyang	168.23	160.27	4.26
平顶山市 Pingdingshan	239.29	230.90	3.89
安阳市 Anyang	366.27	325.22	8.89
鹤壁市 Hebi	112.07	86.90	2.11
新乡市 Xinxiang	440.10	437.25	11.63
焦作市 Jiaozuo	188.77	173.64	5.90
濮阳市 Puyang	239.43	228.98	6.79
许昌市 Xuchang	247.47	247.13	3.34
漯河市 Luohe	145.60	145.60	2.12
三门峡市 Sanmenxia	63.32	59.01	1.77
南阳市 Nanyang	540.66	527.64	14.18
商丘市 Shangqiu	685.23	628.62	7.77
信阳市 Xinyang	500.48	488.92	13.21
周口市 Zhoukou	720.77	719.08	12.27
驻马店市 Zhumadian	680.60	663.61	6.08
济源示范区 Jiyuan	25.16	22.70	1.31

注：农业用水量数据来源于2021年河南省水资源公报。农业用水量包括农田灌溉用水、林牧渔业灌溉用水和牲畜用水，输水损失包括在内。
The data of agricultural water consumption comes from the water resources bulletin of Henan Province in 2021. Agricultural water consumption includes farmland irrigation water, forestry, animal husbandry and fishery irrigation water and livestock water. Including water transmission loss.

12-7 水库、灌区和除涝治水情况

Reservoirs, Irrigation, Flood Prevention, Water and Soil Conservation

指　　标	Item	2010	2015	2020	2021	2022	2023
年底水库数(座)	Number of Reservoirs at Year-end (unit)	2350	2653	2510	2506	2511	2540
大型水库(1亿立方米以上)	Large Reservoirs (100 million and over cu.m)	21	25	27	27	27	28
中型水库(1千万至1亿立方米)	Medium-sized Reservoirs (10 million - 100 million cu.m)	108	121	121	121	121	123
小型水库(10万至1千万立方米)	Small Reservoirs (100 thousand -10 million cu.m)	2221	2507	2362	2358	2363	2389
塘坝数量(座)	Small Reservoirs (in a hilly area, unit)	277838	160097	164898	165136	165139	165200
窖池数量(座)	Pits (unit)		277873	274410	274417	269085	269096
年底灌区数(处)	Number of Irrigation Areas at Year-end (unit)	191	664	665	657	598	597
规模以上灌区渠道长度(公里)	Irrigation Channel Length Above Designated Size (km)	2075	2454	2686	2371	2569	47262
除涝面积(千公顷)	Flooded or Waterlogged Area Under Control (1 000 hectares)	1973.30	2074.64	2167.10	2191.05	2184.86	2190.64
堤防长度(公里)	Total Length of Dikes (km)	16313	19531	20323	20716	21032	20329
达标堤防长度(公里)	Standards Length of Dikes (km)	6440	10617	11383	11919	12037	11862
堤防保护耕地面积(千公顷)	Area of Protected Land by Dikes (1 000 hectares)	3388	3524	3585	3551	3580	3596

12-8 各市水库和除涝治水情况(2023年)

Reservoirs, Flood Prevention, Water and Soil Conservation by City (2023)

地 区 Region	水库数量 (座) Reservoir (unit)	塘坝数量 (座) Spoilage (unit)	机电井数量 (眼) Motor-pumped Well (unit)	年底灌区数 (处) Number of Irrigation Areas at Year-end (unit)	除涝面积 (千公顷) Flooded or Waterlogged Area Under Control (1 000 hectares)
郑州市 Zhengzhou	142	610	49348	43	35.08
开封市 Kaifeng			116912	4	155.98
洛阳市 Luoyang	157	697	17926	55	6.50
平顶山市 Pingdingshan	164	1205	51804	29	71.61
安阳市 Anyang	46	1069	330998	11	93.77
鹤壁市 Hebi	14	220	26690	10	30.56
新乡市 Xinxiang	33	711	150633	22	183.18
焦作市 Jiaozuo	29	151	47419	16	71.03
濮阳市 Puyang			143743	14	88.98
许昌市 Xuchang	39	98	352246	10	88.91
漯河市 Luohe			213732	1	102.42
三门峡市 Sanmenxia	91	149	37354	35	
南阳市 Nanyang	520	19995	635962	67	181.79
商丘市 Shangqiu	15		180042	10	207.84
信阳市 Xinyang	1112	131372	430938	166	106.67
周口市 Zhoukou			168444	18	378.73
驻马店市 Zhumadian	159	8454	303460	79	379.68
济源示范区 Jiyuan	19	469	3844	7	7.91

12-9 农业生产情况
Agriculture Production

年 份 Year	播种面积(千公顷) Total Sown Area (1 000 hectares)	#粮食 Grain	#棉花 Cotton	#油料 Oil- bearing Crops	粮食产量(万吨) Grain Output (10 000 tons)	#小麦 Wheat	棉花产量(万吨) Cotton (10 000 tons)	油料产量(万吨) Oil- bearing Crops (10 000 tons)	园林水果产量(万吨) Garden Fruits (10 000 tons)
1978	10966.70	9123.30	612.00	465.33	2097.40	868.18	22.42	24.16	47.11
1979	10917.00	9066.70	555.33	632.67	2134.50	969.00	19.84	36.87	52.37
1980	10788.20	8858.90	626.67	710.00	2148.68	890.37	40.62	46.20	43.55
1981	11013.00	9029.30	641.33	744.67	2314.50	1083.50	35.50	55.99	52.30
1982	11076.00	8923.30	754.00	709.33	2217.10	1220.10	32.04	44.16	46.63
1983	11326.70	9286.70	794.00	607.33	2904.00	1455.75	63.24	51.52	58.67
1984	11432.70	8996.70	1162.00	579.33	2893.50	1653.00	86.89	52.50	41.01
1985	11685.30	9029.30	814.30	793.70	2710.53	1528.23	54.73	96.18	53.33
1986	11819.50	9372.20	619.33	921.33	2545.67	1567.90	39.86	98.99	61.23
1987	11952.90	9365.20	717.33	977.33	2948.41	1626.00	57.00	136.57	77.84
1988	11930.20	9053.80	916.03	952.84	2663.00	1520.95	63.71	96.17	74.81
1989	11999.40	9262.00	836.15	915.43	3149.44	1695.13	52.72	118.48	76.75
1990	11889.70	9316.10	823.00	876.40	3303.66	1639.86	67.61	152.29	63.92
1991	12001.90	9040.40	1193.20	896.00	3010.30	1554.28	94.77	127.62	63.67
1992	11936.30	8804.70	1247.90	908.60	3109.61	1650.67	65.85	133.63	87.79
1993	12068.00	8969.00	974.00	1075.00	3639.21	1922.13	66.01	204.50	125.12
1994	12087.70	8810.90	966.70	1242.00	3253.80	1798.42	62.81	225.00	170.54
1995	12136.80	8810.00	1000.10	1271.50	3466.50	1754.18	77.00	298.00	211.66
1996	12257.40	8965.30	933.30	1181.10	3839.90	2026.76	73.57	278.46	247.26
1997	12276.74	8879.90	868.30	1208.50	3894.66	2372.35	79.00	276.66	269.26
1998	12567.05	9101.98	800.00	1235.90	4009.61	2073.53	72.84	312.13	312.60
1999	12659.90	9032.30	733.30	1316.10	4253.25	2291.46	70.73	349.25	349.42
2000	13136.91	9029.60	779.33	1492.54	4101.50	2235.95	70.38	392.55	364.73
2001	13127.70	8822.79	858.20	1443.97	4119.88	2299.71	82.77	362.49	399.12
2002	13359.80	8975.10	793.10	1537.00	4209.98	2248.39	76.49	420.68	427.01
2003	13684.40	8923.30	926.67	1569.90	3569.47	2292.50	37.67	309.91	430.38
2004	13805.69	8970.07	951.80	1554.96	4260.00	2480.93	66.67	408.75	507.07
2005	13922.60	9153.40	781.47	1605.80	4582.00	2577.69	67.70	449.60	555.69
2006	13995.39	9455.80	748.20	1489.10	5112.30	2936.50	81.00	460.07	591.78
2007	14381.42	9528.52	653.16	1464.65	5252.92	2958.31	69.98	478.27	663.80
2008	14473.45	9746.87	527.62	1452.62	5405.80	3036.20	56.66	493.48	714.77
2009	14322.07	9890.62	436.53	1442.27	5506.87	3092.20	42.03	514.34	756.98
2010	14320.79	10027.00	354.23	1431.68	5581.82	3121.00	33.89	515.66	797.50
2011	14373.33	10244.43	280.57	1413.60	5733.92	3144.90	27.04	501.69	835.56
2012	14386.89	10434.56	169.40	1378.05	5898.38	3223.07	16.95	530.38	872.91
2013	14586.50	10697.43	114.96	1361.87	6023.80	3266.33	11.68	542.13	891.25
2014	14731.54	10944.97	88.11	1339.01	6133.60	3385.20	8.44	531.41	899.36
2015	14879.73	11126.30	64.34	1311.84	6470.22	3526.90	6.77	538.99	919.68
2016	14902.72	11219.55	50.03	1302.35	6498.01	3618.62	4.88	549.82	927.12
2017	14732.53	10915.13	40.00	1397.49	6524.25	3705.21	4.40	586.95	931.98
2018	14769.06	10906.08	36.68	1461.40	6648.91	3602.85	3.79	631.03	907.39
2019	14676.43	10734.54	33.80	1533.93	6695.36	3741.77	2.71	645.45	950.74
2020	14741.61	10738.80	16.20	1597.53	6825.80	3753.13	1.77	672.57	1001.82
2021	14705.13	10772.31	11.50	1604.37	6544.20	3802.86	1.40	657.28	995.85
2022	14771.51	10778.35	10.85	1592.45	6789.37	3812.71	1.36	684.03	1035.14
2023	14747.14	10785.29	6.12	1610.25	6624.27	3549.73	0.75	703.04	1058.92

注：依据第三次全国农业普查结果，对2007-2016年农业生产数据进行了修订（以下相关表格同）。
According to the results of the Third National Agricultural Census, the data of production from 2007 to 2016 were revised (the same as other tables).

12-10 农作物播种面积

单位：千公顷

地 区 Region	播种面积总计 Total	粮食作物 Grain	夏粮 Summer Harvest	秋粮 Autumn Harvest	谷物 Cereal	#稻谷 Rice	#小麦 Wheat	#玉米 Corn	豆类 Beans	大豆 Soybean
2012	14386.89	10434.56	5494.66	4939.90	9717.68	621.77	5468.80	3564.70	487.79	448.04
2013	14586.50	10697.43	5543.70	5153.72	10014.77	610.97	5517.98	3823.60	460.80	424.01
2014	14731.54	10944.97	5606.83	5338.14	10270.37	614.65	5581.24	4009.42	413.25	381.90
2015	14879.73	11126.30	5648.60	5477.70	10498.94	616.35	5623.14	4189.91	370.35	343.56
2016	14902.72	11219.55	5730.24	5489.31	10608.13	614.09	5704.91	4210.46	366.40	341.06
2017	14732.53	10915.13	5741.31	5173.82	10412.61	615.03	5714.64	3998.94	389.85	345.17
2018	14769.06	10906.08	5770.11	5135.97	10367.18	620.41	5739.85	3918.96	424.00	385.55
2019	14676.43	10734.54	5718.65	5015.89	10193.87	616.60	5706.65	3801.33	428.00	394.67
2020	14741.61	10738.80	5676.28	5062.52	10168.26	617.07	5673.67	3818.01	406.13	375.17
2021	14705.13	10772.31	5695.56	5076.75	10193.12	595.30	5690.74	3865.78	355.24	330.49
2022	14771.51	10778.35	5683.76	5094.59	10183.58	601.70	5682.45	3857.52	390.97	363.56
2023	14747.14	10785.29	5687.43	5097.86	10180.95	590.75	5686.07	3864.37	403.01	380.80
郑州市 Zhengzhou	394.74	287.90	138.55	149.35	270.85	0.01	138.55	131.13	5.76	5.14
开封市 Kaifeng	849.53	515.69	295.35	220.34	480.66	3.95	295.35	181.22	14.94	14.54
洛阳市 Luoyang	666.54	496.50	231.81	264.69	442.11	1.17	231.81	194.48	23.82	17.95
平顶山市 Pingdingshan	558.23	446.68	221.08	225.60	418.95	1.05	220.85	196.79	16.04	15.24
安阳市 Anyang	702.68	562.26	290.03	272.23	547.48	0.01	290.03	252.10	8.07	7.74
鹤壁市 Hebi	198.34	171.11	89.97	81.14	168.52		89.97	77.77	1.96	1.81
新乡市 Xinxiang	873.43	723.46	388.02	335.44	703.91	7.34	388.02	307.66	15.62	15.61
焦作市 Jiaozuo	347.63	281.24	149.41	131.83	275.55	0.67	149.41	125.41	4.80	4.80
濮阳市 Puyang	518.61	431.83	231.47	200.36	404.13	15.91	231.47	156.36	24.76	24.74
许昌市 Xuchang	544.21	450.70	230.80	219.90	389.18		230.80	155.86	42.16	42.15
漯河市 Luohe	373.86	275.07	147.55	127.52	241.12		147.55	93.58	30.21	30.21
三门峡市 Sanmenxia	269.90	164.41	75.12	89.29	137.50		75.12	60.18	20.10	15.45
南阳市 Nanyang	2031.48	1308.89	729.65	579.24	1238.88	32.22	728.92	472.36	38.39	32.67
商丘市 Shangqiu	1487.30	1100.53	605.94	494.59	1047.29		605.76	439.60	43.57	42.88
信阳市 Xinyang	1185.01	841.76	312.59	529.17	833.84	502.13	312.59	18.43	3.68	2.34
周口市 Zhoukou	1856.71	1377.80	734.40	643.40	1282.40		734.40	545.96	75.89	74.93
驻马店市 Zhumadian	1835.32	1305.06	793.79	511.27	1256.08	26.28	793.58	434.94	31.80	31.21
济源示范区 Jiyuan	53.62	44.40	21.90	22.50	42.50		21.90	20.55	1.42	1.40

Total Sown Areas of Farm Crops

(1 000 hectares)

经济作物											
	油料			棉花	麻类	糖料	烟叶	中草药材	蔬菜及食用菌	瓜果	花卉
		#花生	#油菜籽								
Cash Crops	Oilbearing Crops	Peanuts	Rapeseeds	Cotton	Fiber Crops	Sugar Crops	Fluecured Tobacco	Chinese Herbs	Vegetables and Edible Mushrooms	Melon and Fruit	Flowers and Plants
3952.33	1378.05	999.67	250.98	169.40	6.61	3.23	125.42	122.73	1676.77	308.05	106.01
3889.08	1361.87	1016.70	228.58	114.96	6.54	3.11	137.15	121.20	1682.96	309.75	105.59
3786.58	1339.01	1023.57	207.70	88.11	4.68	2.94	123.80	118.80	1654.84	297.05	115.06
3753.43	1311.84	1023.96	186.58	64.34	4.56	2.60	114.27	113.58	1671.03	292.69	71.11
3683.17	1302.35	1051.03	162.19	50.03	4.11	2.42	109.21	99.81	1682.12	312.36	86.35
3817.40	1397.49	1151.93	155.69	40.00	3.29	2.31	103.95	112.19	1736.14	318.24	147.56
3862.98	1461.40	1203.18	145.02	36.68	3.00	2.03	94.88	132.44	1721.09	307.69	92.18
3941.88	1533.93	1223.11	171.51	33.80	2.82	1.62	86.50	153.59	1732.94	308.60	123.56
4002.81	1597.53	1261.84	176.99	16.20	1.59	1.51	80.52	159.52	1753.78	301.06	119.75
3932.82	1604.37	1292.93	189.89	11.50	1.35	1.41	76.38	159.55	1758.07	283.43	115.50
3933.16	1592.45	1287.12	187.45	10.85	1.14	1.21	75.98	168.29	1782.50	287.15	107.41
3961.86	1610.25	1307.04	194.20	6.12	0.71	1.10	73.19	173.07	1799.40	285.83	95.72
106.84	42.59	37.28	4.38	0.23				1.08	56.29	6.45	0.71
333.84	100.19	97.74	2.04	1.99		0.02		0.69	180.32	48.88	0.40
170.04	43.76	28.38	11.01	0.70			16.55	31.52	68.12	7.70	4.19
111.56	46.25	34.29	9.93	0.21		0.01	9.31	2.12	47.53	5.71	0.59
140.42	46.59	42.90	2.68	0.78				1.51	82.29	9.22	0.93
27.23	14.88	13.48	0.93	0.10				0.77	10.96	0.28	1.48
149.97	73.70	70.32	3.15	0.30				4.07	67.05	3.25	2.28
66.39	23.47	22.98	0.38	0.04				9.09	31.21	2.57	0.12
86.78	18.49	17.90	0.57	0.21				3.96	58.06	6.00	0.68
93.51	21.97	15.10	6.17	0.29		0.01	11.24	13.90	43.21	2.89	40.61
98.79	17.64	14.86	2.04	0.01		0.01	3.25	0.22	66.44	11.21	0.51
105.49	12.94	4.56	4.11	0.02			16.77	39.23	32.74	3.26	0.06
722.59	396.36	327.89	30.68	0.16		0.05	11.65	29.78	260.12	22.84	11.38
386.77	84.89	78.99	5.37	0.32		0.09	0.08	6.33	241.90	53.11	1.22
343.25	178.45	80.90	90.29	0.44	0.71	0.58	0.36	4.92	138.15	19.19	22.89
478.91	116.00	88.54	6.58	0.27		0.28	0.01	15.33	281.46	64.55	1.29
530.26	371.20	330.19	13.87	0.02		0.04	3.46	7.50	128.52	18.60	6.16
9.22	0.87	0.74	0.02	0.03			0.50	1.04	5.01	0.11	0.23

12-11 主要农产品产量

单位：万吨

地 区 Region	粮食 Grain	夏粮 Summer Harvest	秋粮 Autumn Harvest	谷物 Cereal	#稻谷 Rice	#小麦 Wheat	#玉米 Corn	豆类 Beans	#大豆 Soybean
2012	5898.38	3231.72	2666.65	5720.95	472.80	3223.07	2011.38	78.97	74.81
2013	6023.80	3275.08	2748.72	5859.83	463.16	3266.33	2116.47	72.87	69.34
2014	6133.60	3395.20	2738.39	5989.56	500.53	3385.20	2088.89	54.00	51.52
2015	6470.22	3537.70	2932.52	6331.75	499.88	3526.90	2288.50	48.84	46.75
2016	6498.01	3628.32	2869.69	6360.41	508.29	3618.62	2216.29	49.00	46.90
2017	6524.25	3715.98	2808.27	6382.89	485.25	3705.21	2170.14	53.36	50.36
2018	6648.91	3613.70	3035.21	6483.41	501.41	3602.85	2351.38	101.70	95.57
2019	6695.36	3745.40	2949.96	6528.85	512.50	3741.77	2247.37	102.00	98.21
2020	6825.80	3753.75	3072.05	6631.76	513.71	3753.13	2342.37	97.87	93.42
2021	6544.20	3804.50	2739.70	6333.05	479.69	3802.86	2033.93	78.25	74.21
2022	6789.37	3813.05	2976.32	6582.60	479.15	3812.71	2275.05	88.55	84.85
2023	6624.27	3550.06	3074.21	6409.76	479.22	3549.73	2365.70	95.90	92.69
郑州市 Zhengzhou	141.78	68.26	73.53	132.97	0.01	68.26	64.34	1.20	1.12
开封市 Kaifeng	294.16	178.47	115.69	280.57	2.68	178.47	99.36	3.09	3.02
洛阳市 Luoyang	241.54	114.63	126.91	218.45	0.62	114.63	97.10	5.04	4.18
平顶山市 Pingdingshan	223.18	114.26	108.92	212.50	0.58	114.22	97.62	3.85	3.73
安阳市 Anyang	377.84	206.08	171.76	371.68	0.00	206.08	164.07	2.21	2.15
鹤壁市 Hebi	124.94	67.44	57.51	124.12		67.44	56.46	0.52	0.50
新乡市 Xinxiang	465.14	265.47	199.67	458.14	4.57	265.47	187.83	4.63	4.62
焦作市 Jiaozuo	204.80	110.85	93.95	202.73	0.49	110.85	91.36	1.40	1.40
濮阳市 Puyang	299.57	167.08	132.49	290.90	11.09	167.08	112.55	6.88	6.88
许昌市 Xuchang	289.15	158.50	130.65	267.03		158.50	107.46	10.48	10.48
漯河市 Luohe	184.97	105.68	79.29	174.81		105.68	69.13	7.82	7.82
三门峡市 Sanmenxia	73.98	34.45	39.53	65.61		34.45	30.35	3.93	3.30
南阳市 Nanyang	694.20	397.66	296.54	668.15	21.07	397.52	247.86	7.45	6.71
商丘市 Shangqiu	717.55	417.72	299.83	698.60		417.67	279.73	12.27	12.12
信阳市 Xinyang	581.76	146.34	435.42	578.46	420.07	146.34	11.77	0.76	0.56
周口市 Zhoukou	902.61	508.58	394.03	874.82		508.58	365.54	17.11	16.99
驻马店市 Zhumadian	782.77	475.97	306.80	766.53	18.04	475.88	272.17	6.93	6.79
济源示范区 Jiyuan	24.31	12.62	11.70	23.66		12.62	11.02	0.32	0.32

Output of Major Farm Products

(10 000 tons)

油料			棉花	麻类	糖料	烟叶(未加工)	中草药材	蔬菜及食用菌	瓜果
	#花生	#油菜籽							
Oil-bearing Crops	Peanuts	Rapeseeds	Cotton	Fiber Crops	Sugar Crops	Flue-cured Tobacco	Chinese Herbs	Vegetables and Edible Mushrooms	Melon and Fruit
530.38	453.73	57.86	16.95	3.67	21.89	30.68		6839.94	1515.71
542.13	469.19	55.35	11.68	3.65	22.28	34.65		6745.29	1534.13
531.41	466.09	49.69	8.44	2.87	20.74	29.99		6848.11	1468.76
538.99	477.12	46.21	6.77	2.87	17.88	28.85		6970.99	1519.94
549.82	494.27	40.90	4.88	2.71	16.67	28.26	122.63	7238.18	1613.93
586.95	529.81	42.08	4.40	2.24	16.24	26.70	144.01	7530.22	1670.46
631.03	572.44	38.97	3.79	2.12	15.39	25.31	155.31	7260.67	1585.37
645.45	576.72	44.25	2.71	1.94	11.93	22.76	164.74	7368.74	1638.92
672.57	594.93	45.95	1.77	0.67	10.69	21.02	175.68	7612.39	1561.61
657.28	588.21	49.44	1.40	0.60	9.83	19.31	167.92	7607.15	1459.49
684.03	615.41	49.01	1.36	0.50	8.44	19.96	175.56	7845.30	1506.89
703.04	638.86	45.78	0.75	0.33	7.96	19.51	181.43	8045.56	1502.73
17.55	16.70	0.75	0.03				0.70	206.87	24.49
48.05	47.43	0.53	0.27		0.16		0.30	870.38	261.03
14.25	10.78	2.69	0.10		0.01	4.66	11.61	286.57	25.53
16.56	13.88	2.35	0.02		0.06	2.41	1.79	231.47	24.26
20.68	20.09	0.41	0.08				0.90	471.18	55.85
6.22	5.97	0.16	0.01				1.31	40.61	0.93
34.17	33.41	0.73	0.04		0.05		0.94	329.84	15.33
12.28	12.16	0.09	0.01		0.03		30.59	185.57	15.10
8.04	7.90	0.13	0.03		0.00		1.39	295.56	26.48
7.75	6.07	1.59	0.02		0.09	3.19	11.85	159.54	12.46
7.59	6.97	0.52	0.00		0.05	0.75	0.06	218.69	48.32
3.71	1.71	0.93	0.00		0.00	4.04	10.45	130.32	10.05
181.49	167.37	7.63	0.02		0.48	3.41	71.16	1241.22	126.22
43.27	41.78	1.36	0.04		0.81	0.03	3.53	1185.41	321.02
54.69	32.80	20.96	0.04	0.33	3.87	0.10	2.19	437.51	76.22
56.43	50.65	1.84	0.05		2.06	0.00	25.75	1186.96	356.92
169.96	162.85	3.11	0.00		0.31	0.82	6.39	544.82	102.16
0.36	0.33	0.00	0.00			0.10	0.52	23.03	0.36

12-12 蔬菜瓜果播种面积

单位：千公顷

地 区 Region	蔬菜及食用菌 Vegetables and Edible Mushrooms	叶菜类 Leaf Vegetables	白菜类 Chinese Cabbage	甘蓝类 Cabbages	块根、块茎类 Root and Stem Tuber for Vegetable	瓜菜类 Melons for Vegetable
2012	1676.77	190.67	188.28	51.70	218.62	175.49
2013	1682.96	192.98	185.59	52.01	225.45	175.36
2014	1654.84	192.68	185.36	48.41	226.78	175.44
2015	1671.03	208.00	198.79	42.75	190.65	212.17
2016	1682.12	225.90	150.10	42.17	175.49	208.66
2017	1736.14	237.67	150.58	42.90	174.26	208.14
2018	1721.09	239.03	157.11	41.24	184.57	200.61
2019	1732.94	255.43	160.33	44.73	192.13	203.21
2020	1753.78	268.82	153.57	44.62	186.77	205.05
2021	1758.07	273.89	154.44	43.98	186.54	202.65
2022	1782.50	277.58	158.34	44.14	189.34	204.64
2023	1799.40	281.60	159.07	44.91	192.04	204.98
郑 州 市 Zhengzhou	56.29	11.06	3.75	1.20	4.04	4.23
开 封 市 Kaifeng	180.32	21.08	13.81	4.92	26.86	11.83
洛 阳 市 Luoyang	68.12	14.14	6.07	1.33	9.42	6.24
平 顶 山 市 Pingdingshan	47.53	9.00	4.89	1.16	6.16	4.23
安 阳 市 Anyang	82.29	12.32	7.85	1.61	5.48	9.99
鹤 壁 市 Hebi	10.96	2.11	1.07	0.58	0.98	1.71
新 乡 市 Xinxiang	67.05	14.14	11.58	0.67	4.51	7.44
焦 作 市 Jiaozuo	31.21	4.51	4.15	0.94	3.95	5.49
濮 阳 市 Puyang	58.06	7.61	5.70	1.03	3.73	7.75
许 昌 市 Xuchang	43.21	7.35	4.69	0.65	6.20	3.38
漯 河 市 Luohe	66.44	12.61	4.09	0.71	5.62	8.12
三 门 峡 市 Sanmenxia	32.74	3.97	2.67	1.71	5.26	3.40
南 阳 市 Nanyang	260.12	36.99	24.98	11.48	39.09	23.71
商 丘 市 Shangqiu	241.90	31.55	20.74	3.42	17.24	26.36
信 阳 市 Xinyang	138.15	25.59	13.62	5.07	16.76	17.44
周 口 市 Zhoukou	281.46	45.62	18.05	5.66	21.30	43.86
驻 马 店 市 Zhumadian	128.52	21.66	10.70	2.74	14.99	19.15
济 源 示 范 区 Jiyuan	5.01	0.29	0.64	0.04	0.45	0.65

Total Sown Areas of Vegetables and Fruits

(1 000 hectares)

菜用豆类 Legume for Vegetable	茄果菜类 Eggplant and Fruit for Vegetable	葱蒜类 Shallot and Garlic for Vegetable	水生菜类 Aquicolous Vegetable	其他蔬菜 Other Vegetables	瓜果类 Melon and Fruit	西瓜 Watermelon	甜瓜 Honey-dew Melon	草莓 Strawberry
126.87	273.52	222.91	31.50	197.21	308.05	256.67	46.28	4.94
124.69	327.35	224.06	30.94	144.52	309.75	258.45	45.88	5.23
126.39	321.08	213.85	30.24	134.61	297.05	248.15	43.51	5.20
135.38	346.40	208.32	24.55	104.01	292.69	241.45	44.78	6.40
143.65	387.74	217.45	25.58	105.38	312.36	257.03	47.63	7.71
145.08	398.50	235.63	26.54	116.82	318.24	260.86	48.12	9.25
139.49	385.75	232.65	25.41	115.24	307.69	251.08	46.49	9.76
127.09	388.58	241.15	23.72	96.57	308.60	250.11	45.97	10.34
121.96	394.59	257.01	20.76	100.63	301.06	244.62	43.54	9.86
118.26	396.43	261.84	20.37	99.66	283.43	228.81	41.35	10.59
117.66	402.56	270.38	20.12	97.72	287.15	232.10	40.79	11.52
115.82	400.90	281.16	19.90	99.01	285.83	232.98	37.55	12.54
2.43	5.53	22.72	0.18	1.14	6.45	4.43	0.10	1.90
9.36	26.89	59.66	1.45	4.47	48.88	45.06	3.60	0.14
5.68	15.08	7.90	0.01	2.25	7.70	5.23	0.88	1.10
3.34	9.20	5.31	0.20	4.06	5.71	4.56	0.82	0.33
5.27	26.68	10.97	0.06	2.08	9.22	4.02	5.00	0.06
0.38	2.39	0.86	0.00	0.86	0.28	0.19	0.04	0.05
3.35	12.71	7.18	0.30	5.17	3.25	2.62	0.49	0.13
2.72	4.52	4.56	0.22	0.15	2.57	2.25	0.18	0.11
3.55	14.87	7.89	1.42	4.51	6.00	3.97	1.45	0.52
2.32	14.41	2.61	0.30	1.29	2.89	2.35	0.38	0.16
2.23	22.56	5.16	0.03	5.32	11.21	7.61	2.39	0.94
2.16	9.52	1.90	0.40	1.74	3.26	2.67	0.47	0.11
18.20	37.99	36.07	8.24	23.37	22.84	17.69	4.24	0.76
8.31	77.07	45.25	1.01	10.95	53.11	47.39	2.18	2.44
15.29	18.52	10.17	3.83	11.87	19.19	14.60	2.53	1.75
22.15	77.85	34.44	1.60	10.92	64.55	52.70	10.37	1.41
8.66	23.25	18.09	0.66	8.63	18.60	15.56	2.43	0.60
0.41	1.87	0.42	0.00	0.23	0.11	0.08	0.00	0.02

12-13 蔬菜及食用菌、瓜果产量

单位：万吨

地 区 Region	蔬菜及食用菌 Vegetables and Edible Mushrooms	叶菜类 Leaf Vegetables	白菜类 Chinese Cabbage	甘蓝类 Cabbages	块根、块茎类 Root and Stem Tuber for Vegetable	瓜菜类 Melons for Vegetable
2012	6839.94	778.42	888.40	233.85	1019.10	824.08
2013	6745.29	782.09	932.95	241.10	1065.19	821.63
2014	6848.11	784.62	975.49	228.56	1096.56	855.04
2015	6970.99	795.78	983.75	205.66	925.79	989.86
2016	7238.18	924.53	828.76	205.96	906.71	1040.30
2017	7530.22	961.76	842.08	212.09	901.12	1059.34
2018	7260.67	944.40	812.72	198.26	900.80	996.04
2019	7368.74	971.76	833.93	211.50	907.23	1021.79
2020	7612.39	1016.34	811.24	213.76	881.08	1082.78
2021	7607.15	1026.21	806.62	208.98	903.13	1068.60
2022	7845.30	1059.50	831.66	210.65	923.15	1097.58
2023	8045.56	1086.68	848.10	216.32	945.29	1118.56
郑州市 Zhengzhou	206.87	38.63	20.15	6.21	19.04	20.87
开封市 Kaifeng	870.38	96.30	84.41	24.26	149.58	72.80
洛阳市 Luoyang	286.57	59.13	33.53	6.01	34.96	32.83
平顶山市 Pingdingshan	231.47	34.96	28.06	6.89	35.33	24.43
安阳市 Anyang	471.18	53.34	48.88	9.14	32.57	84.93
鹤壁市 Hebi	40.61	4.81	7.46	2.17	3.78	6.61
新乡市 Xinxiang	329.84	52.59	59.90	3.14	22.43	45.83
焦作市 Jiaozuo	185.57	20.95	26.32	5.31	24.53	39.24
濮阳市 Puyang	295.56	31.70	31.63	5.96	20.98	43.19
许昌市 Xuchang	159.54	21.70	23.86	3.15	29.09	16.85
漯河市 Luohe	218.69	40.09	21.97	2.03	29.55	32.42
三门峡市 Sanmenxia	130.32	11.40	12.33	9.58	22.38	18.46
南阳市 Nanyang	1241.22	138.22	134.49	61.76	198.30	132.27
商丘市 Shangqiu	1185.41	138.48	120.07	18.58	87.50	155.36
信阳市 Xinyang	437.51	67.71	54.06	17.08	63.76	65.84
周口市 Zhoukou	1186.96	196.84	83.55	23.03	88.11	247.77
驻马店市 Zhumadian	544.82	78.50	53.14	11.88	80.82	75.38
济源示范区 Jiyuan	23.03	1.35	4.29	0.14	2.58	3.47

Output of Vegetables, Edible Mushrooms and Fruits

(10 000 tons)

菜用豆类 Legume for Vegetable	茄果菜类 Eggplant and Fruit for Vegetable	葱蒜类 Shallot and Garlic for Vegetable	水生菜类 Aquicolous Vegetable	其他蔬菜 Others	食用菌 Edible Mushrooms	瓜果类 Melon and Fruit	西瓜 Watermelon	甜瓜 Honey-dew Melon	草莓 Strawberry
477.60	1018.63	863.76	134.91	460.53	140.66	1515.71	1328.94	172.12	14.64
468.03	1039.70	841.00	129.39	267.33	156.86	1534.13	1342.89	176.67	14.58
480.37	1063.11	810.84	123.69	263.11	166.71	1468.76	1285.42	169.34	14.00
515.61	1235.79	751.66	100.38	288.95	177.76	1519.94	1349.91	152.37	17.66
540.75	1386.27	815.87	105.96	304.27	178.79	1613.93	1402.18	191.70	20.05
560.80	1461.41	914.54	107.86	328.35	180.86	1670.46	1447.01	201.38	22.08
519.05	1406.77	888.41	103.27	325.70	165.26	1585.37	1364.32	196.99	22.68
464.67	1427.54	925.95	96.06	334.40	173.91	1638.92	1417.17	187.29	25.70
447.74	1533.74	1026.11	86.56	335.55	177.48	1561.61	1348.82	178.67	26.15
432.13	1513.77	1062.99	84.01	322.53	178.16	1459.49	1256.46	166.88	27.81
435.29	1572.15	1107.99	84.88	337.52	184.95	1506.89	1292.32	169.58	31.38
432.84	1598.36	1180.56	84.57	344.49	189.78	1502.73	1301.73	152.65	34.55
8.35	25.36	63.30	0.76	3.75	0.46	24.49	18.56	0.32	5.55
39.85	128.52	242.50	8.38	19.69	4.10	261.03	247.48	12.82	0.40
16.98	55.34	26.76	0.04	9.39	11.58	25.53	19.25	2.21	2.68
13.46	37.25	21.23	0.81	17.22	11.84	24.26	21.06	2.39	0.81
21.09	142.49	62.08	0.39	10.66	5.62	55.85	26.80	28.43	0.14
1.20	8.93	2.63	0.00	2.62	0.39	0.93	0.76	0.10	0.08
11.43	75.75	27.89	0.93	17.26	12.69	15.33	12.77	2.16	0.34
13.26	28.29	24.78	0.95	0.50	1.47	15.10	13.99	0.68	0.34
15.71	68.80	32.06	5.21	17.91	22.40	26.48	18.94	5.71	1.61
8.31	40.08	9.77	1.31	5.11	0.31	12.46	10.54	1.43	0.49
7.08	53.67	16.90	0.11	13.44	1.44	48.32	36.07	7.51	3.57
6.81	24.86	7.02	1.85	4.25	11.39	10.05	8.62	1.09	0.33
84.39	152.93	190.95	41.30	73.57	33.03	126.22	111.72	12.58	1.57
35.38	334.22	227.14	4.23	46.99	17.47	321.02	293.42	10.48	8.55
42.91	54.37	26.97	8.86	29.91	6.03	76.22	62.22	9.21	4.00
78.90	270.37	139.46	6.73	42.58	9.61	356.92	307.97	46.08	2.64
26.54	90.35	57.24	2.72	29.36	38.90	102.16	91.30	9.45	1.38
1.20	6.78	1.87	0.00	0.28	1.06	0.36	0.29	0.01	0.06

12-14 各市茶园、果园面积

Area of Tea Garden and Orchard

单位：千公顷 (1 000 hectares)

地 区 Region	茶园面积 Tea Garden	果园面积 Orchard	#苹果园 Apple	#梨园 Pears	#葡萄园 Grapes	#柑橘园 Orange	#猕猴桃园 Chinese Goosebeery	#桃园 Peach
2012	87.63	467.96	179.73	52.12	29.69	10.99	10.24	76.42
2013	97.69	477.19	177.67	52.48	32.50	11.54	10.30	76.57
2014	105.47	460.05	173.09	53.15	34.07	11.75	10.82	70.20
2015	114.00	457.47	171.48	54.94	36.41	11.60	10.99	74.04
2016	118.29	449.55	157.84	54.81	38.05	11.60	11.16	78.87
2017	115.76	442.67	147.39	55.49	36.94	11.74	11.34	82.42
2018	115.67	434.07	129.06	63.36	39.04	8.53	12.00	88.23
2019	114.64	432.28	119.29	65.53	41.99	4.47	13.33	90.34
2020	113.00	452.21	117.65	66.60	41.38	4.36	13.80	112.66
2021	115.78	404.22	105.53	64.04	37.54	4.41	13.67	93.48
2022	116.63	401.86	104.31	63.66	37.59	4.48	14.05	94.89
2023	116.79	386.72	100.81	59.17	35.87	4.57	14.44	92.36
郑州市 Zhengzhou		11.74	1.10	0.74	1.01		0.03	1.53
开封市 Kaifeng		16.52	7.40	1.27	1.66	0.00	0.04	4.94
洛阳市 Luoyang		36.50	14.23	3.82	2.81		0.51	6.33
平顶山市 Pingdingshan	0.07	16.10	0.58	3.65	2.17	0.00	0.16	4.72
安阳市 Anyang		14.05	4.17	1.60	0.64		0.02	4.17
鹤壁市 Hebi		2.31	0.26	0.16	0.04		0.00	1.39
新乡市 Xinxiang		9.99	1.67	0.90	1.04		0.02	5.09
焦作市 Jiaozuo		5.43	0.94	0.60	0.53		0.05	2.31
濮阳市 Puyang		8.41	3.80	1.50	0.38	0.00	0.09	1.20
许昌市 Xuchang		4.62	0.86	0.39	0.72		0.03	0.90
漯河市 Luohe		3.29	0.10	0.65	1.42		0.20	0.70
三门峡市 Sanmenxia		67.34	45.71	2.35	3.26		0.19	5.31
南阳市 Nanyang	7.03	85.66	3.21	13.59	4.07	4.34	12.35	21.47
商丘市 Shangqiu		41.35	14.41	10.49	5.59		0.08	9.54
信阳市 Xinyang	106.74	21.35	0.07	4.32	4.90	0.21	0.47	8.53
周口市 Zhoukou		19.15	2.13	5.42	2.75		0.02	4.93
驻马店市 Zhumadian	2.94	21.53	0.03	7.50	2.81	0.02	0.18	9.03
济源示范区 Jiyuan	0.01	1.39	0.16	0.23	0.06		0.01	0.27

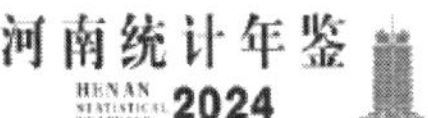

12-15 茶叶、园林水果及食用坚果产量
Output of Tea, Garden Fruit and Edible Nuts

单位：万吨 (10 000 tons)

地区 Region	茶叶 Tea	园林水果 Garden Fruit	#苹果 Apple	#梨 Pear	#葡萄 Grape	#枣 Jujube	#柿 Persimmon	#桃 Peach	柑橘 Orange	食用坚果 Edible Nuts	核桃 Walnut	板栗 Chinese Chestnut
2012	5.14	872.91	438.99	104.82	55.33	40.78	54.41	110.33	4.04	33.06	10.97	22.09
2013	5.59	891.25	445.86	108.24	55.83	41.77	54.81	109.79	4.81	37.45	8.30	12.23
2014	6.11	899.36	444.83	113.52	58.57	35.85	54.53	112.83	4.67	38.40	10.70	17.70
2015	6.49	919.68	453.19	115.53	64.00	32.63	52.19	118.89	4.94	46.50	16.59	28.36
2016	6.86	927.12	442.42	118.27	68.54	33.00	51.14	127.26	4.79	47.82	18.04	28.10
2017	6.40	931.98	434.53	121.84	70.29	29.91	50.87	133.58	4.91	49.95	19.10	29.56
2018	6.34	907.39	402.74	122.86	76.96	25.23	48.39	141.42	3.91	48.59	20.34	28.22
2019	6.53	950.74	408.79	137.43	83.22	18.30	46.39	154.60	4.63	49.49	21.51	27.88
2020	7.10	1001.82	407.57	138.16	88.10	16.28	43.73	193.01	4.71	49.58	22.53	26.95
2021	7.50	995.85	405.12	139.63	86.04	14.89	42.72	193.05	4.80	48.59	21.86	26.63
2022	7.52	1035.14	421.23	140.80	90.47	11.99	44.38	201.83	5.00	50.09	22.93	26.97
2023	7.30	1058.92	422.38	150.30	91.44	11.29	43.58	209.29	5.24	51.66	24.18	27.12
郑州市 Zhengzhou		20.08	2.14	1.71	3.46	2.54	0.42	4.84		3.04	3.04	0.00
开封市 Kaifeng		48.16	20.76	3.86	4.82	0.47	1.19	16.06	0.00	0.10	0.10	
洛阳市 Luoyang		93.97	47.26	7.66	9.60	0.82	5.84	15.23		5.77	5.13	0.60
平顶山市 Pingdingshan	0.00	28.25	0.66	5.54	9.08	0.12	1.18	7.21		2.18	1.63	0.55
安阳市 Anyang		39.96	13.23	5.21	1.70	1.13	1.15	15.24	0.00	0.38	0.37	0.01
鹤壁市 Hebi		2.08	0.60	0.46	0.14	0.00	0.21	0.58		0.13	0.13	0.00
新乡市 Xinxiang		32.64	6.06	3.67	1.84	0.09	0.67	19.28		0.23	0.23	
焦作市 Jiaozuo		16.04	2.77	2.25	1.74	0.12	0.96	7.01		0.76	0.76	0.00
濮阳市 Puyang		31.09	15.90	7.05	1.58	0.60	0.30	4.27	0.00	0.13	0.13	
许昌市 Xuchang		7.84	1.37	1.14	1.67	0.12	0.61	2.06		0.69	0.69	0.00
漯河市 Luohe		9.82	0.24	1.91	5.01	0.02	0.10	2.04		0.01	0.01	
三门峡市 Sanmenxia		281.59	213.17	8.92	11.45	2.36	18.29	20.33		8.98	8.05	0.77
南阳市 Nanyang	0.38	142.29	1.64	16.39	3.58	0.52	4.27	24.99	5.03	7.47	2.80	4.51
商丘市 Shangqiu		202.61	88.84	60.47	21.91	0.53	1.40	25.29		0.07	0.07	
信阳市 Xinyang	6.81	16.59	0.03	3.53	2.97	0.13	0.59	8.21	0.19	14.14	0.02	14.12
周口市 Zhoukou		56.25	6.96	11.60	6.85	1.42	6.10	22.48		0.01	0.01	
驻马店市 Zhumadian	0.10	26.58	0.05	8.03	3.94	0.30	0.24	13.32	0.01	6.65	0.09	6.56
济源示范区 Jiyuan	0.00	3.07	0.70	0.89	0.10	0.01	0.07	0.84		0.90	0.90	

12-16 各市林业生产情况(2023年)

Conditions of Forestry Production by City (2023)

单位：公顷 (hectares)

地 区 Region	当年造林面积 Current New Forest Area	#人工造林 Artificial Afforestation	飞播造林 Afforestation by Aerial Seeding	封山育林 Closing Hillsides for Afforestation	退化林修复 Restoration of Degraded Forest	森林抚育面积 Area of Tending Woods	木材产量(万立方米) Wood (10 000 Cubic metres)	大径竹产量(万根) Bamboo Wood (10 000 pieces)
全 省 Total	**126445.73**	**39663.63**	**16917.84**	**30461.11**	**39403.15**	**143989.00**	**231.96**	**229.00**
郑 州 市 Zhengzhou	373.80	203.00			170.80	2961.00	11.10	
开 封 市 Kaifeng	527.00	433.00			94.00	1387.00	18.80	
洛 阳 市 Luoyang	6177.85	911.78	1721.87	2967.01	577.20	21480.00	16.87	18.00
平 顶 山 市 Pingdingshan	829.00	829.00				9555.00	8.90	
安 阳 市 Anyang	4312.80	1961.80	2048.80		302.20	3110.00	7.69	
鹤 壁 市 Hebi	2175.13	1113.43	666.70	395.00		1713.00	1.47	
新 乡 市 Xinxiang	5476.85	71.87	2000.01	3303.77	101.20	2911.00	12.66	
焦 作 市 Jiaozuo	1546.98	586.59	686.53	67.53	206.33	4684.00	7.18	75.00
濮 阳 市 Puyang	216.84	216.84				810.00	3.54	
许 昌 市 Xuchang	725.00	46.00	679.00			1245.00	4.87	
漯 河 市 Luohe	97.74	97.74				931.00	5.55	
三 门 峡 市 Sanmenxia	9562.52	2274.82	2747.67	2000.33	2539.70	19868.00	12.15	
南 阳 市 Nanyang	41474.48	9337.70	5700.60	10501.54	15934.64	45653.00	21.16	
商 丘 市 Shangqiu	1499.21	1023.53			475.68	3136.00	15.13	
信 阳 市 Xinyang	48249.87	18512.13		10869.33	18868.40	15795.00	33.13	136.00
周 口 市 Zhoukou	552.80	419.80			133.00	1583.00	22.49	
驻 马 店 市 Zhumadian	1581.20	1224.60		356.60		5567.00	25.94	
济源示范区 Jiyuan	1066.67	400.00	666.67			1600.00	3.35	

12-17 牧渔业产量
Output of Animal Husbandry and Fishery

年份 Year	肉类产量(万吨) Total Output of Meat (10 000 tons)	#猪肉 Pork	#牛肉 Beef	#羊肉 Mutton	#禽肉 Poultry	大牲畜年底头数(万头) Large Animals at Year-end (10 000 heads)	#役畜 Draught Animals	猪年底头数(万头) Hogs (10 000 heads)	禽蛋产量(万吨) Poultry Eggs (10 000 tons)	奶类产量(万吨) Output of Milk (10 000 tons)	水产品产量(万吨) Total Aquatic Products (10 000 tons)
1978	45.64	42.20				515.03	401.70	1724.90			2.47
1979	55.14	50.00				521.50	400.40	1592.30			2.30
1980	55.03	49.45	0.69	2.88	1.90	541.99	423.75	1474.24	15.86	2.20	2.91
1981	51.58	44.30	0.60	3.36		607.00	498.90	1386.50	16.31		3.00
1982	54.26	47.60	0.52	3.46		671.50	542.10	1310.70	16.75		3.25
1983	51.33	43.70	0.88	3.41		704.70	562.20	1195.70	21.41		3.78
1984	58.59	49.60	1.83	3.31		794.70	615.70	1327.00	31.38		4.89
1985	71.83	61.08	3.01	3.38	4.10	886.35	664.55	1621.74	37.15	4.50	6.37
1986	79.42	65.00	5.50	3.70		957.44	708.10	1539.41	37.32		6.61
1987	86.63	66.10	8.90	5.00		1000.82	738.44	1404.72	43.55		7.62
1988	103.75	76.87	12.24	6.48		1069.20	779.57	1586.18	50.43		9.39
1989	121.53	88.11	15.26	7.89		1111.56	794.04	1680.22	53.62		9.83
1990	134.86	97.45	18.16	8.05	9.40	1116.33	798.30	1750.32	59.58	7.40	10.48
1991	157.95	108.73	24.82	7.76		1102.10	782.25	1820.80	73.81		10.77
1992	171.66	119.23	25.67	7.96		1135.50	794.90	1959.70	79.29		11.55
1993	203.51	137.60	32.64	9.90	19.30	1211.00	843.00	2085.00	95.58	7.50	13.83
1994	253.31	165.81	44.00	12.57	25.70	1329.18	919.79	2325.17	125.28	8.90	15.84
1995	333.00	210.37	64.39	21.10	31.00	1420.45	985.76	2667.72	140.01	9.80	18.09
1996	347.72	225.63	59.45	21.72	34.10	1089.14	783.00	2229.67	154.54	9.70	20.51
1997	403.00	256.12	64.88	25.23	49.30	1420.87	857.03	2931.91	201.40	10.60	23.88
1998	461.63	297.86	76.71	28.00	50.76	1416.84	803.70	3439.66	229.34	12.30	27.02
1999	485.11	313.95	82.21	29.96	51.47	1448.42	530.60	3556.43	251.82	15.90	28.83
2000	517.00	337.88	83.00	32.00	55.00	1445.73	482.84	3787.69	270.00	20.20	32.17
2001	540.65	343.77	89.23	34.51	63.90	1435.93	479.53	3672.07	286.00	30.00	31.46
2002	570.01	366.49	89.20	37.85	66.40	1409.78	437.03	3800.00	302.00	39.00	36.22
2003	603.55	386.00	93.00	42.00	74.00	1469.45	430.00	3917.80	326.20	52.60	38.95
2004	643.00	412.37	98.33	44.06	79.55	1491.19	427.00	4152.87	347.40	78.90	42.70
2005	689.00	441.20	102.75	47.38	87.51	1508.80	412.90	4439.00	375.30	108.50	51.68
2006	584.60	391.30	82.00	23.80	76.60	1114.26	410.12	3953.30	329.50	142.26	40.98
2007	545.87	338.88	75.28	24.82	84.58	985.75	387.21	4184.00	333.14	149.82	45.68
2008	573.35	366.84	70.70	25.51	91.52	910.09	337.42	4458.81	363.82	201.86	50.58
2009	591.61	389.18	64.75	24.46	96.88	814.97	369.30	4524.05	370.74	203.56	53.77
2010	608.96	407.72	58.67	23.35	101.32	719.19	296.16	4540.55	372.29	207.04	57.86
2011	604.28	405.67	53.14	22.54	105.59	619.07	243.38	4560.84	370.13	214.85	65.47
2012	632.84	431.57	47.80	22.07	114.60	537.56	211.21	4577.45	379.00	220.85	71.72
2013	648.97	452.99	43.89	21.66	113.48	487.16	200.09	4415.68	380.58	219.07	85.01
2014	662.02	476.63	41.02	21.80	108.34	447.59	192.82	4407.38	370.81	227.28	91.76
2015	647.22	466.45	37.84	21.81	108.97	411.70	183.71	4361.95	372.30	233.66	102.37
2016	625.94	449.04	34.87	21.85	110.05	353.67	167.47	4268.82	379.56	223.30	94.76
2017	655.84	466.90	35.04	26.10	118.97	376.09	108.50	4390.00	401.18	212.87	94.67
2018	669.41	479.04	34.80	26.90	121.94	377.01	107.96	4337.15	413.61	208.90	98.38
2019	560.06	344.43	36.22	28.11	145.24	388.27	92.21	3170.46	442.42	208.55	99.08
2020	544.05	324.80	36.71	28.64	148.05	394.88	85.00	3886.98	449.42	214.72	98.05
2021	646.81	426.78	35.53	28.87	149.98	403.11	72.48	4392.29	446.42	216.82	94.32
2022	660.03	434.89	36.71	29.05	154.63	402.90	37.20	4260.52	457.17	217.80	94.25
2023	679.15	465.33	37.99	27.30	142.57	382.81		4038.97	441.19	241.78	97.95

12-18 畜禽产品年末存栏数量及产量

Number of Livestock and Output of Livestock Products at Year-end

单位：万头、万只 (10 000 heads)

指　标	Item	2021	2022	2023
年底存栏总头数	**Number of Livestock at Year-end**			
#大牲畜	Large Livestock	403.11	402.90	382.81
#从事农事劳役	Draught Animals	72.48	37.20	
牛	Cow	400.30	400.74	380.73
#肉牛	Cattle	289.34	322.81	341.58
#乳牛	Dairy	38.48	40.73	39.15
马	Horse	0.45	0.29	0.28
驴	Donkey	2.27	1.79	1.72
骡	Mule	0.11	0.10	0.08
猪	Pig	4392.29	4260.52	4038.97
羊	Sheep	2012.29	2030.40	1931.66
山羊	Goat	1710.55	1680.24	1596.80
绵羊	Sheep	301.74	350.16	334.86
家禽	Poultry	72172.92	71090.33	60071.33
猪牛羊出栏头(只)数	**Slaughtered Fattened Hogs, Cattle and Sheep**			
肉猪	Hogs	5802.77	5918.83	6102.31
肉用牛	Cattle	235.94	243.49	245.92
肉用羊	Sheep and Goats	2359.05	2370.84	2207.57
肉用禽	Poultry	112158.06	115859.28	100805.18
肉类总产量(万吨)	**Total Output of Meat (10 000 tons)**	**646.81**	**660.50**	**679.15**
#猪肉	Pork	426.78	434.89	465.33
牛肉	Beef	35.53	36.71	37.99
羊肉	Mutton	28.87	29.05	27.30
禽肉	Meat of Poultry	149.98	154.63	142.57
兔肉	Rabbit	3.60	3.01	3.07
其他畜产品产量	**Others Output of Livestock Products**			
奶类总产量(万吨)	Output of Milk (10 000 tons)	216.82	217.80	241.78
牛奶	Cow Milk	212.15	213.17	237.47
羊奶	Sheep Milk	4.67	4.63	4.31
羊毛总产量(吨)	Output of Wool (ton)	5115	4384	4491
山羊粗毛	Goat Wool	1765	1628	1561
绵羊毛	Sheep Wool	3118	2602	2634
羊绒产量(吨)	Cashmere (ton)	233	154	148
蜂蜜产量(吨)	Honey (ton)	65206	48410	48800
禽蛋产量(万吨)	Poultry Eggs (10 000 tons)	446.42	457.17	441.19
蚕茧产量(吨)	Output of Silkworm Cocoons (ton)	5282	4971	4624
#桑蚕茧	Mulberry Silkworm Cocoons	2923	2484	2255
柞蚕茧	Tussore Silkworm Cocoons	2360	2488	2369

12–19　各市牲畜饲养情况(2023年底)

Number of Livestock by City (End of 2023)

地　区　　Region	牛 (万头) Cattles (10 000 heads)	马 (头) Horses (head)	驴 (头) Donkeys (head)	骡 (头) Mules (head)	猪年底头数 (万头) Hogs (year-end) (10 000 heads)	羊年底只数 (万只) Sheep and Goats (year-end) (10 000 heads)	家　禽 (万只) Poultry (10 000 heads)	兔 (万只) Rabbits (10 000 heads)
郑　州　市 Zhengzhou	7.32	1	216		59.27	42.05	834.92	6.60
开　封　市 Kaifeng	30.11	20	2570		230.86	174.99	4220.00	32.93
洛　阳　市 Luoyang	33.63	98	828	151	134.40	77.58	2399.86	63.24
平 顶 山 市 Pingdingshan	17.85	675	1564	380	220.58	123.16	1852.98	17.35
安　阳　市 Anyang	5.99	131	174	44	183.32	55.09	3101.00	30.35
鹤　壁　市 Hebi	2.53	78	74	88	81.16	33.50	2566.79	1.73
新　乡　市 Xinxiang	16.26	102	858	1	190.13	67.49	2679.92	29.18
焦　作　市 Jiaozuo	7.42	12	1110	4	44.45	41.42	1402.90	42.74
濮　阳　市 Puyang	6.39	651	1116	27	103.90	58.06	6439.16	57.32
许　昌　市 Xuchang	5.36		106		144.18	50.31	1215.84	2.18
漯　河　市 Luohe	3.35	102			183.50	25.88	2394.99	3.01
三 门 峡 市 Sanmenxia	15.56		788		65.00	36.22	586.00	1.97
南　阳　市 Nanyang	65.59	238	684	3	619.49	275.13	5003.00	31.08
商　丘　市 Shangqiu	36.65	140	1416		321.56	294.00	8049.15	37.71
信　阳　市 Xinyang	17.91				242.47	84.80	4656.53	42.65
周　口　市 Zhoukou	28.10	129	1428	102	547.01	297.40	7999.56	79.53
驻 马 店 市 Zhumadian	76.42	423	4268		640.90	179.11	4502.72	240.00
济源示范区 Jiyuan	4.30				26.80	15.46	166.00	27.50

12-20 各市畜产品产量(2023年)
Output of Livestock Products by City (2023)

地 区 Region	猪牛羊出栏头(只)数 Slaughtered Fattened Hogs, Cattle, Sheep and Goats			猪肉产量(万吨) Output of Pork (10 000 tons)	蜂 蜜(吨) Honey (ton)	禽 蛋(万吨) Poultry Eggs (10 000 tons)	绵羊毛(吨) Sheep Wool (ton)	#细羊毛 Fine Wool	山羊粗毛(吨) Goat Wool (ton)
	猪(万头) Hogs (10 000 heads)	牛(万头) Cattle (10 000 heads)	羊(万只) Sheep and Goats (10 000 units)						
郑 州 市 Zhengzhou	103.12	4.36	34.46	8.25	624.48	10.13	13.07	6.85	
开 封 市 Kaifeng	362.94	16.80	201.37	28.39	673.01	34.60	420.56	17.61	5.99
洛 阳 市 Luoyang	187.00	16.00	80.46	15.03	2570.87	17.46	232.92	86.19	203.29
平顶山市 Pingdingshan	342.02	12.32	140.87	26.04	1391.03	17.30	240.80	22.64	41.17
安 阳 市 Anyang	238.53	2.90	52.32	18.27	139.47	16.80	123.75	15.86	1.51
鹤 壁 市 Hebi	116.92	1.51	37.69	8.84	6.26	15.39	50.68	26.98	45.98
新 乡 市 Xinxiang	360.13	8.31	90.01	27.05	96.22	26.99	144.80	41.88	43.11
焦 作 市 Jiaozuo	86.00	6.17	38.71	6.84	86.19	14.42	633.09	120.78	
濮 阳 市 Puyang	157.00	4.50	72.77	12.12	2.90	27.43	83.01	79.02	
许 昌 市 Xuchang	285.24	6.12	64.70	22.11	1198.28	15.60			
漯 河 市 Luohe	338.24	2.35	30.00	27.08		11.88			
三门峡市 Sanmenxia	101.00	7.31	33.51	8.03	1854.70	6.48	348.10	18.80	329.00
南 阳 市 Nanyang	844.14	51.00	270.80	63.35	26671.89	38.42	251.37	9.35	529.47
商 丘 市 Shangqiu	495.28	24.92	388.48	37.20	360.51	57.56	1.81	0.77	
信 阳 市 Xinyang	346.33	9.99	74.53	26.03	6300.12	41.12			
周 口 市 Zhoukou	745.02	18.98	347.77	55.08	1007.99	49.48	2.10		
驻马店市 Zhumadian	950.00	50.70	241.30	72.24	5675.71	37.40	86.07	78.41	361.03
济源示范区 Jiyuan	43.42	1.68	7.82	3.39	140.00	2.75	2.00		

主要统计指标解释

农林牧渔业总产值 指以货币表现的农、林、牧、渔业全部产品和对农林牧渔业生产活动进行的各种支持性服务活动的价值总量，它反映一定时期内农林牧渔业生产总规模和总成果。1957 年以前的农林牧渔业总产值中包括了厩肥和农民自给性手工业（如农民自制衣服、鞋、袜，自己从事粮食初步加工等）。1958 年及以后，林业中增加了村及村以下竹木采伐产值；牧业中取消了厩肥产值；副业中取消了农民自给性手工业产值，增加了村及村以下办的工业产值； 渔业中增加了海洋捕捞水产品产值。1980 年及以后，在副业中增加了农民家庭兼营工业商品部分的产值。从 1984 年起村及村以下工业产值划归工业。从 1993 年起取消副业，将野生动物的捕猎划入牧业，野生植物采集和农民家庭兼营商品性工业划归农业。从 2003 年起，执行新的国民经济行业分类标准，农林牧渔业总产值中包括了农林牧渔服务业产值，2018 年以后农林牧渔服务业产值改称农林牧渔专业及辅助性活动产值。林业中增加了森林采运业产值。农业中取消了家庭兼营商品性工业产值，将野生林产品的采集划归林业。第一、二、三次农业普查以后，根据农业普查结果，对农业、畜牧业、渔业年报数据和农业、畜牧业、渔业产值进行了修订。2010 年执行《统计用产品分类目录》， 对 2009 年的农业、林业产值做了相应调整。

农林牧渔业总产值的计算方法通常是按农、林、牧、渔业产品及其副产品的产量分别乘以各自单位产品价格求得；少数生产周期较长，当年没有产品或产品产量不易统计的，则采用间接方法匡算其产值；然后将四业产品产值及农林牧渔专业及辅助性活动产值相加即为农林牧渔业总产值。

粮食产量 指农业生产经营者日历年度内生产的全部粮食数量。按收获季节包括夏收粮食、早稻和秋收粮食，按作物品种包括谷物、薯类和豆类。其产量计算方法：谷物按脱粒后的原粮计算，豆类按去豆荚后的干豆计算；薯类（包括甘薯和马铃薯，不包括芋头和木薯）1963 年以前按每 4 公斤鲜薯折 1 公斤粮食计算，从 1964 年开始改为按 5 公斤鲜薯折 1 公斤粮食计算。城市郊区作为蔬菜的薯类（如马铃薯等）按鲜品计算，并且不作粮食统计。1989 年以前全国粮食产量数据主要靠全面报表取得，1989 年开始使用抽样调查数据。

棉花产量 指全社会的产量。包括春播棉和夏播棉。产量按皮棉计算。不包括木棉。

油料产量 指全部油料作物的生产量。包括花生、油菜籽、芝麻、向日葵籽、胡麻籽（亚麻籽）和其他油料。不包括大豆、木本油料和野生油料。花生以带壳干花生计算。

水产品产量 指渔业（捕捞和养殖）生产活动的最终有效成果，包括全部海水和淡水鱼类、甲壳类（虾、蟹）、贝类、头足类、藻类和其他类渔业产品的最终产量。水产品产量是通过各级水产和统计部门逐级上报取得数据。1995 年及以前，贝类中牡蛎按鲜肉计算；蚶、蛤、蛙按 5 斤鲜品折 1 斤计算。1996 年以后则统一按鲜品计算。

猪、牛、羊肉产量 指当年出栏并已屠宰、除去头蹄下水后带骨肉（即胴体重）的重量。

期初(末)畜禽存栏头(只)数 指报告期初（末）农村各种合作经济组织和国营农场、农民个人、机关、团体、学校、工矿企业、部队等单位以及城镇居民饲养的大牲畜、猪、羊、家禽等畜禽的存栏数。

常用耕地 是指耕地总资源中专门种植农作物并经常进行耕种、能够正常收获的土地。包括当年实际耕种的熟地；弃耕、休闲不满三年，随时可以复耕的地；开荒利用三年以上的地。不包括临时种植农作物的坡度在 25 度以上的陡坡地；在河套、湖畔、库区临时开发的成片或零星土地；也不包括已列为国家和省（区、市）退耕计划但临时耕种的土地。

农作物播种面积 指农业生产经营者应在日历年度内收获农作物在全部土地（耕地或非耕地）上的播种或移植面积。凡是本年内收获的农作物，无论是本年还是上年播种，都算为播种面积，但不包括本年播种，下年收获的农作物面积。

有效灌溉面积 指具有一定的水源，地块比较平整，灌溉工程或设备已经配套，在一般年景下当年能够进行正常灌溉的耕地面积。

农业机械总动力 指全部农业机械动力的额定功率之和。农业机械是指用于种植业、畜牧业、渔业、农产品初加工、农用运输和农田基本建设等活动的机械及设备。农机总动力按使用能源不同分为以下四部分：

柴油发动机动力：指全部柴油发动机额定功率之和；

汽油发动机动力：指全部汽油发动机额定功率之和；

电动机动力：指全部电动机（含潜水电泵的电动机）额定功率之和；

其他机械动力：指采用柴油、汽油、电力之外的其他能源，如水力、风力、煤炭、太阳能等动力机械功率之和。

Explanatory Notes on Main Statistical Indicators

Gross Output Value of Agriculture, Forestry, Animal Husbandry and Fishery refers to the total value of products of agriculture, forestry, animal husbandry and fishery, and total value of services in support of agriculture, forestry, animal husbandry and fishery activities. It reflects the total scale and results of agricultural production during a given period. Prior to 1957, China' s gross agricultural output value included barnyard manure and handicraft products for self-consumption (clothes, shoes, stockings, and initial grain processing undertaken by peasants). Since 1958, cutting and felling of bamboo and trees by villages and other cooperative organizations under villages have been included in forestry; value of barnyard manure has been excluded from animal husbandry; self consumed handicrafts have not been included from sideline occupations, while the output value of industries run by villages and cooperative organizations under village has been included in sideline occupations; and the output value of fish catches by motor fishing boats has been added to fishery. Since 1980, the value of handicraft products made for sale by individuals in households has been added to sideline occupations. Since 1984, industries run by villages and under villages have been included in the sector of industry. Since 1993, the subdivision of sideline occupations has been cancelled, and the hunting of wild animals has been classified into animal husbandry, and the gathering of wild plants and commodity industry run by rural household have been included in farming. A new industrial classification of economic activities was introduced in 2003. Under the new classification, value of services to agriculture, forestry, animal husbandry and fishery is included in the gross output value of agriculture. In 2018, the output value of agriculture, forestry, animal husbandry and fishery services was renamed the output value of professional and auxiliary activities in support of agriculture, forestry, animal husbandry and fishery, value of wood felling and transport is included in forestry, value of industrial output by rural households is not included in agriculture. According to the result of the first, second, third Agriculture Census, efforts were made to adjust the annual reports of animal husbandry and fishery output and the output value of agriculture, animal husbandry and fishery output to make the figures from the annual reports consistent with the census data. "The Classification of Products for Statistical Purposes" implemented in 2010 made relevant revision on the output value of agriculture and forestry in 2009.

Gross output value of agriculture is obtained by multiplying the output of each product or by-product by its price, resulting in the output value of each single item. For a small number of products, annual output of which is not available or difficult to get due to the long production (growing) process involved, the output value is estimated through an indirect approach. The sum of output values of all products of agriculture, forestry, animal husbandry and fishery and professional and auxiliary activities in support of agriculture, forestry, animal husbandry and fishery is then equal to the gross output value of agriculture.

Grain Output refers to the total output of grains produced by agricultural producers within a calendar year. It includes summer grain, early rice and autumn grain if classified by harvest seasons; it covers cereal, tubers and beans if classified by type of crops. Output of cereal should be limited to husked grain only. Output of beans refers to dry beans without pods. The output of tubers (sweet potatoes and potatoes, not including taros and cassava) are converted into that of grain at the ratio 4:1, i.e. 4 kilograms of fresh tubers were equivalent to 1 kilogram of grain up to 1963. Since 1964 the ratio for conversion has been 5:1. Tubers supplied as vegetables (such as potatoes) in cities and suburbs are calculated as fresh vegetables and their output is not included in the output of grain. Data on grain production before 1989 were obtained through the Comprehensive Statistical Reporting System. Since 1989, data from sample surveys are used.

Cotton Output refers to cotton production in the whole country including cotton planted in spring and in autumn. Output is measured as the weight of ginned cotton. Ceiba is not included.

Output of Oil-bearing Crops refers to the total production of oil-bearing crops of various kinds, including peanuts (dry, in shell), rapeseeds, sesame, sunflower seeds, flax seeds, and other oil-bearing crops. Soybeans, oil-bearing woody plants, and wild oil-bearing crops are not included.

Output of Aquatic Products refers to final output actually yielded from fishing production (fishery and breeding), including all output of marine and freshwater fish, crustaceans (shrimps, crabs), shellfish, cephalopod, seaweed and other fishery products. Data on output of aquatic products are reported by aquatic product and statistical agencies level by level. Before 1995, among the shellfish, oyster was counted as fresh meat; 5 kilograms of ark shell, clams and frogs are equivalent to 1 kilogram of fresh aquatic products; they have all been counted as fresh aquatic products since 1996.

Output of Pork, Beef and Mutton refers to the meat of slaughtered hogs, cattle, sheep and goats with head, feet, and offal taken away.

Number of Livestock or Poultry in Stock at Beginning (or End) refers to the total number of large animals, pigs, sheep, fowls, etc. raised by rural cooperative organizations, state farms, rural individuals, government agencies, schools, industrial and mining enterprises, army, and urban residents at the beginning (or end) of the reference period.

Regularly Cultivated Land refers to farmland among the total land resources which is exclusively used for farming and is under regular cultivation with harvest in normal years. Included are currently cultivated land, land that has been abandoned or put in idle for less than 3 years and could be re-used for cultivation at any time, and new-claimed land that has been put into cultivation for more than 3 years. Excluded under this category are steep slope land over 25 degrees under temporary cultivation, land (large or small plots) that is claimed along river bends, lake sides or banks of reservoirs, as well as land that has been designated under the "Green for Grain" programs of the state and provincial governments but is still temporarily under cultivation.

Sown Area of Crops refers to area of all land (cultivated or non-cultivated area) sown or transplanted with crops that are harvested within the calendar year by agricultural producers. All crops harvested within the year are counted as sown area, regardless of being sown in this year or the previous year. Crops sown this year but will be harvested in the coming year are excluded.

Irrigated Area refers to areas that are effectively irrigated, i.e. level land, which has water source and complete sets of irrigation facilities to lift and move adequate water for irrigation purpose under normal conditions.

Total Power of Agricultural Machinery refers to the total rated capacity of all agricultural machinery. Agricultural machinery refers to the machineries and equipments which are used for activities of planting, animal husbandry, fishery, primary processing of agricultural products, agricultural transport and infrastructure construction of farmland. Total power of agricultural machinery is grouped into four parts according to the energy used:

Diesel engine power refers to the total rated capacity of all diesel engines.

Gasoline engine power refers to the total rated capacity of all gasoline engines.

Motor power refers to the total rated capacity of all motors (include submersible pump motors).

Other mechanical powers refer to the total mechanical capacity of the sources of energy besides diesel, gasoline and motor power, such as hydro power, wind power, coal and solar energy.

工业

Industry

13

◉ 资料整理：张静 张高峰 褚之浩 郭婷婷

简要说明

一、主要内容

本篇包括河南省规模以上工业企业单位数，工业增加值指数，工业主要产品产量和主要经济效益指标。

二、统计范围

2010年为年主营业务收入在500万元及以上的工业企业，2011年至2020年为主营业务收入在2000万元及以上的工业法人单位，2021年及以后为主营业务收入在2000万元及以上的工业法人单位和规模以上工业个体经营户。

三、数据使用注意事项

规模以上工业企业利润总额、营业收入等财务指标和工业产品产量数据与上年公布的数据存在不可比因素，其主要原因是：（一）根据统计制度，每年定期对规模以上工业企业调查范围进行调整。每年有部分企业达到规模标准纳入调查范围，也有部分企业因规模变小而退出调查范围，还有新建投产企业、破产、注(吊)销企业等变化。（二）加强统计执法，对统计执法检查中发现的不符合规模以上工业统计要求的企业进行了清理，对相关基数依规进行了修正。（三）加强数据质量管理，剔除跨地区、跨行业重复统计数据。根据国家统计局最新开展的企业组织结构调查情况，对企业集团(公司)跨地区、跨行业重复计算进行了剔重。（四）“营改增”政策实施后，服务业企业改交增值税且税率较低，工业企业逐步将内部非工业生产经营活动剥离，转向服务业，使工业企业财务数据有所减小。

Brief Introduction

I. Main Contents

Data in this chapter include the number of industrial enterprises above designated size in Henan Province, the industrial value index, the output of major industrial products and the main economic benefit indicators.

II. Scope of Statistics

2010 industrial enterprises with annual main business income of 5 million yuan and above. From 2011 to 2020,it will be an industrial legal entity with a main business income of 20 million yuan or more, and an industrial legal entity with a main business income of 20 million yuan or more from 2021 and later, and an industrial individual industrial enterprise with a business income of 20 million yuan or above.

III. Data usage Notes

The main reason for the non-comparability of financial indicators such as total profits and operating revenues of industrial enterprises above designated size and data on the output of industrial products with those published in the previous year: (1)According to the statistical system, the investigation scope of industrial enterprises above designated size should be adjusted regularly every year. Every year, some enterprises meet the scale criteria to be included in the scope of investigation, some enterprises withdraw from the scope of investigation because of the smaller scale, and there are other changes: new enterprises, bankruptcy, annotation (cancellation)enterprises,etc. (2)Strengthening of statistic all aw enforcement, cleaning up enterprises found in the inspection of statistical law enforcement that do not meet the standard of industrial statistics above designated size, and amending the relevant cardinality in accordance with regulations. (3)Strengthening data quality management and eliminating duplicated statistical data across regions and across industries. According to the latest survey of organizational structure of enterprises carried out by the National Bureau of Statistics, the repeated calculation of enterprise groups(companies)across regions and industries is weighed. (4)After the implementation of the program to replace the business tax with a value-added tax, the value-added tax was paid by the service enterprises and the tax rate was lower. The industrial enterprises gradually stripped off the internal non-industrial production and operation activities and turned to the service industry which reduced the financial data of the industrial enterprises.

13-1 各种分组的规模以上工业增加值指数

Indices of Value-added of Industrial Enterprises above Designated Size

(上年=100) (preceding year=100)

项 目	Item	2010	2015	2019	2020	2021	2022	2023
指 数	**Indices**	**119.0**	**108.6**	**107.8**	**100.4**	**106.3**	**105.1**	**105.0**
按注册类型分	**By Registration Status**							
内资企业	Domestic Funded	119.8	108.5	108.1	100.0	105.0	105.3	105.7
国有	State-owned	115.5	98.6	109.9	102.5	109.5	105.9	101.5
集体	Collective-owned	115.9	105.4	80.9	72.4	100.6	106.6	99.4
股份合作	Cooperative	122.2	111.1	111.7	45.5	105.0	122.1	58.0
联营	Joint Ownership	101.9	73.5	103.8	111.5	107.0	82.1	99.1
有限责任公司	Limited Liability Corporations	120.5	110.6	103.4	105.6	104.3	110.0	110.4
股份有限公司	Share-holding Corporation Ltd	116.7	102.2	108.7	104.2	100.5	106.1	110.7
私营	Private	121.6	108.6	110.3	98.2	105.3	101.2	101.1
其他	Others	129.0	108.4	107.7	98.5	142.3	202.5	100.5
港澳台商投资	Enterprises with Funds from Hong Kong, Macao and Taiwan	117.4	116.0	109.9	113.4	127.5	106.6	94.4
外商投资	Foreign Funded	118.0	100.8	98.4	93.5	99.0	96.3	105.8
按控股类型分	**By Controlling Type**							
# 国有控股	State-holding	113.6	97.9	104.7	105.0	102.3	105.2	103.6
集体控股	Collective-holding	117.9	101.2	92.3	88.2	107.1	101.1	101.3
私人控股	Private-holding	121.5	110.9	109.1	99.4	106.5	105.2	106.8
港澳台控股	Hong Kong, Macao and Taiwan-holding	117.4	116.4	110.9	113.8	130.7	103.4	93.9
外商控股	Foreign-holding	110.7	100.5	100.3	88.1	96.5	99.9	107.6
按所有制分	**By Proprietorial System**							
公有制	Public-owned	115.3	98.6	104.2	104.3	102.5	105.2	103.5
非公有制	Non-Public-owned	121.8	111.0	109.0	99.7	107.4	105.1	105.8
按轻重工业分	**Grouped by Light & Heavy Industry**							
轻工业	Enterprises of Light Industry	120.0	108.1	107.3	99.8	112.2	103.3	100.0
重工业	Enterprises of Heavy Industry	118.8	108.9	108.1	100.7	103.0	106.0	107.0
按企业规模分	**Grouped by Size of Enterprises**							
大型企业	Large Enterprises	116.3	106.7	107.5	103.5	104.9	106.6	106.0
中型企业	Medium-sized Enterprises	118.7	108.6	101.1	97.5	107.5	104.2	106.3
小型企业	Small Enterprises	122.4	111.6	109.3	103.0	108.1	106.2	104.5
微型企业	Micro-enterprises		68.9	115.8	84.1	88.3	76.8	89.8

13-2 规模以上工业企业主要指标(2023年)

单位：亿元

行 业	Sector	单位数(个) Number of Enterprises (unit)	平均用工人数(万人) Average Number of Employees (10 000 persons)
总 计	**Total**	**25626**	**322.88**
按轻重工业分	**Grouped by Light & Heavy Industry**		
轻工业	Enterprises of Light Industry	9265	99.85
重工业	Heavy Industry	16361	223.03
按企业规模分	**Grouped by Size of Enterprises**		
大型企业	Large Enterprises	342	123.29
中型企业	Medium-sized Enterprises	1251	67.31
小型企业	Small Enterprises	15794	121.02
微型企业	Micro-enterprises	8239	11.27
按所有制分	**By Proprietorial System**		
公有制	Public-owned	1464	87.89
非公有制	Non-Public-owned	24162	234.99
按行业分	**By Sector**		
煤炭开采和洗选业	Mining and Washing of Coal	250	24.47
石油和天然气开采业	Extraction of Petroleum and Natural Gas	4	3.18
黑色金属矿采选业	Mining of Ferrous Metal Ores	29	0.35
有色金属矿采选业	Mining of Non-ferrous Metal Ores	128	1.98
非金属矿采选业	Mining and Processing of Nonmetal Ores	222	0.90
开采辅助活动	Support Activities for Mining	7	2.07
其他采矿业	Mining of Other Ores		
农副食品加工业	Processing of Food from Agricultural Products	1652	18.29
食品制造业	Manufacture of Foods	881	11.88
酒、饮料和精制茶制造业	Manufacture of Liquor, Beverages and Refined Tea	330	4.30
烟草制品业	Manufacture of Tobacco	13	1.25
纺织业	Manufacture of Textile	967	9.23
纺织服装服饰业	Manufacture of Textile,Wearing Apparel and Accessories	672	8.26
皮革、毛皮、羽毛及其制品和制鞋业	Manufacture of Leather, Fur, Feather and Its Products, Footwear	579	5.61
木材加工及木、竹、藤、棕、草制品业	Processing of Timbers, Manufacture of Wood, Bamboo, Rattan, Palm, and Straw Products	988	4.35
家具制造业	Manufacture of Furniture	506	3.39
造纸及纸制品业	Manufacture of Paper and Paper Products	405	4.54
印刷和记录媒介的复制业	Printing, Reproduction of Recording Media	242	2.00
文教、工美、体育和娱乐用品制造业	Manufacture of Articles for Culture, Education, Arts and Crafts, Sport and Entertainment Activities	667	4.58
石油、煤炭及其他燃料加工业	Petroleum, Coal and other Fuel Processing Industries	106	2.33
化学原料及化学制品制造业	Manufacture of Raw Chemical Material and Chemical Products	1384	14.60
医药制造业	Manufacture of Medicines	597	9.62
化学纤维制造业	Manufacture of Chemical Fiber	48	1.63
橡胶和塑料制品业	Manufacture of Rubber and Plastic	810	5.39
非金属矿物制品业	Manufacture of Non-metallic Mineral Products	4695	27.01
黑色金属冶炼及压延加工业	Smelting and Pressing of Ferrous Metals	238	6.69
有色金属冶炼及压延加工业	Smelting and Pressing of Non-ferrous Metals	774	14.85
金属制品业	Manufacture of Metal Products	1292	9.36
通用设备制造业	Manufacture of General Purpose Machinery	1461	14.70
专用设备制造业	Manufacture of Special Purpose Machinery	1303	13.48
汽车制造业	Manufacture of Automobile	693	13.78
铁路、船舶、航空航天和其他运输设备制造业	Manufacture of Railway, Ship, Aerospace, and other Transport Equipments	192	4.36
电气机械及器材制造业	Manufacture of Electrical Machinery and Apparatus	1159	13.65
计算机、通信和其他电子设备制造业	Manufacture of Computer , Communication and Other Electronic Equipment	445	32.22
仪器仪表制造业	Manufacture of Measuring Instrument and Machinery	313	3.73
其他制造业	Manufacture of Others	176	2.02
废弃资源综合利用业	Utilization of Waste Resources	189	1.26
金属制品、机械和设备修理业	Repair Service of Metal Products, Machinery and Equipment	35	0.74
电力、热力的生产和供应业	Production and Supply of Electric Power and Heat Power	695	13.58
燃气生产和供应业	Production and Supply of Gas	239	2.36
水的生产和供应业	Production and Supply of Water	240	4.91

注：部分数据因四舍五入的原因，存在总计与分项合计不等的情况。
Due to rounding, there may be discrepancies between the total and subtotals of some data.

Main Indicators of Industrial Enterprises above Designated Size by Sector (2023)

(100 million yuan)

增加值指数 (%) Indices (%)	资产总计 Total Assets	流动资产合计 Total Current Assets	负债合计 Total Liabilities	营业收入 Business Revenue	营业成本 Business Cost	利润总额 Total Profits
105.0	**59760.47**	**30037.09**	**36406.76**	**49278.56**	**43015.55**	**2152.74**
100.0	10235.12	5454.25	5549.39	9939.98	8147.35	599.24
107.0	49525.35	24582.84	30857.37	39338.59	34868.20	1553.51
106.0	27114.36	13417.82	16756.47	24444.83	21594.41	1097.84
106.3	12898.34	6143.46	7834.21	9447.56	8024.38	437.95
104.5	16734.94	8884.37	9827.85	13670.84	11865.12	556.22
89.8	3012.82	1591.44	1988.23	1715.33	1531.64	60.74
103.5	24000.56	9924.29	15580.63	15164.75	13051.76	479.52
105.8	35759.91	20112.80	20826.13	34113.81	29963.79	1673.22
107.7	4418.79	1976.24	3019.38	1874.91	1509.93	131.95
99.3	456.28	90.07	336.80	140.73	135.93	-44.25
69.0	120.73	70.32	56.15	39.99	31.64	2.76
95.2	449.01	170.47	273.65	253.36	154.02	53.58
86.6	943.02	269.10	454.38	97.66	72.63	2.19
104.8	124.99	64.94	123.95	121.30	111.79	0.32
109.1	2458.71	1167.64	1263.41	3191.90	2923.71	157.07
101.0	970.16	551.90	562.61	1004.84	838.41	70.39
100.7	487.09	272.86	316.64	516.55	393.80	44.61
105.4	454.91	340.00	115.26	640.21	173.58	72.84
87.6	676.39	332.78	414.19	606.35	553.44	15.03
60.2	216.27	117.24	107.70	206.97	169.94	10.32
88.3	427.14	222.90	212.55	356.23	302.35	27.27
86.4	351.23	174.38	169.30	357.35	316.02	24.33
95.0	198.29	116.91	97.50	171.45	146.41	8.90
98.9	388.79	192.06	259.69	440.13	394.78	10.56
102.3	180.29	102.87	95.66	163.30	132.80	10.61
83.1	263.44	208.45	164.96	272.55	246.25	8.49
95.50	1131.72	553.67	900.84	1429.07	1304.55	-14.09
105.60	4118.78	1772.36	2442.03	2839.96	2404.45	176.94
102.4	1455.57	695.35	736.28	698.24	424.19	87.36
112.6	449.33	183.08	252.27	256.70	243.03	9.42
103.9	485.36	285.30	266.37	477.12	405.54	27.97
96.7	4816.30	2771.77	2744.67	2715.56	2269.82	96.55
103.2	2052.20	1083.04	1390.28	2544.44	2400.97	31.29
106.0	5131.58	2586.01	2960.99	6575.86	5903.35	283.96
107.0	1048.70	631.63	566.76	1034.30	910.13	44.75
106.5	1868.08	1292.50	984.50	1308.18	1048.48	90.97
104.0	2274.62	1484.47	1267.37	1407.83	1110.44	118.09
145.2	2435.39	1517.39	1801.70	2135.83	1838.98	113.59
120.3	1038.65	802.43	643.85	633.24	520.99	45.31
118.5	2512.13	1618.17	1550.77	2048.90	1773.56	87.65
113.6	3954.17	3060.40	2361.53	6795.43	6457.42	188.09
105.2	432.42	292.53	174.78	254.99	191.60	19.42
112.3	217.90	132.96	90.47	107.24	80.77	11.08
140.0	285.55	159.35	158.32	618.22	591.66	15.74
134.8	76.54	61.55	47.52	135.35	126.78	2.15
99.1	8205.53	1803.15	5665.60	3728.80	3477.27	37.65
91.1	1050.87	521.42	686.05	855.32	760.72	56.16
101.4	1133.54	287.44	670.02	222.19	163.41	15.71

13-3 规模以上国有控股工业企业主要指标(2023年)

单位：亿元

行 业	Sector	单位数（个）Number of Enterprises (unit)	平均用工人数（万人）Average Number of Employees (10 000 persons)
总 计	**Total**	**1261**	**83.62**
按轻重工业分	**Grouped by Light & Heavy Industry**		
轻工业	Enterprises of Light Industry	155	6.94
重工业	Heavy Industry	1106	76.68
按企业规模分	**Grouped by Size of Enterprises**		
大型企业	Large Enterprises	142	60.73
中型企业	Medium-sized Enterprises	245	14.06
小型企业	Small Enterprises	638	8.09
微型企业	Micro-enterprises	236	0.73
按行业分	**By Sector**		
煤炭开采和洗选业	Mining and Washing of Coal	74	21.56
石油和天然气开采业	Extraction of Petroleum and Natural Gas	3	3.15
黑色金属矿采选业	Mining of Ferrous Metal Ores	1	0.09
有色金属矿采选业	Mining of Non-ferrous Metal Ores	21	1.00
非金属矿采选业	Mining and Processing of Nonmetal Ores	36	0.26
开采辅助活动	Support Activities for Mining	1	2.05
其他采矿业	Mining of Other Ores		
农副食品加工业	Processing of Food from Agricultural Products	31	0.79
食品制造业	Manufacture of Foods	18	0.44
酒、饮料和精制茶制造业	Manufacture of Liquor, Beverages and Refined Tea	9	0.19
烟草制品业	Manufacture of Tobacco	11	1.21
纺织业	Manufacture of Textile	5	0.45
纺织服装服饰业	Manufacture of Textile,Wearing Apparel and Accessories	14	0.27
皮革、毛皮、羽毛及其制品和制鞋业	Manufacture of Leather, Fur, Feather and Its Products, Footwear	4	0.19
木材加工及木、竹、藤、棕、草制品业	Processing of Timbers, Manufacture of Wood, Bamboo, Rattan, Palm, and Straw Products		
家具制造业	Manufacture of Furniture		
造纸及纸制品业	Manufacture of Paper and Paper Products	8	0.49
印刷和记录媒介的复制业	Printing, Reproduction of Recording Media	11	0.24
文教、工美、体育和娱乐用品制造业	Manufacture of Articles for Culture, Education, Arts and Crafts, Sport and Entertainment Activities	5	0.06
石油、煤炭及其他燃料加工业	Petroleum, Coal and other Fuel Processing Industries	10	0.80
化学原料及化学制品制造业	Manufacture of Raw Chemical Material and Chemical Products	67	3.29
医药制造业	Manufacture of Medicines	13	0.82
化学纤维制造业	Manufacture of Chemical Fiber	8	1.29
橡胶和塑料制品业	Manufacture of Rubber and Plastic	9	0.64
非金属矿物制品业	Manufacture of Non-metallic Mineral Products	126	3.01
黑色金属冶炼及压延加工业	Smelting and Pressing of Ferrous Metals	9	1.99
有色金属冶炼及压延加工业	Smelting and Pressing of Non-ferrous Metals	46	5.16
金属制品业	Manufacture of Metal Products	23	0.56
通用设备制造业	Manufacture of General Purpose Machinery	44	2.37
专用设备制造业	Manufacture of Special Purpose Machinery	48	3.67
汽车制造业	Manufacture of Automobile	19	1.17
铁路、船舶、航空航天和其他运输设备制造业	Manufacture of Railway, Ship, Aerospace, and other Transport Equipments	21	2.64
电气机械及器材制造业	Manufacture of Electrical Machinery and Apparatus	39	2.33
计算机、通信和其他电子设备制造业	Manufacture of Computer , Communication and Other Electronic Equipment	25	3.86
仪器仪表制造业	Manufacture of Measuring Instrument and Machinery	14	0.97
其他制造业	Manufacture of Others	2	1.14
废弃资源综合利用业	Utilization of Waste Resources	8	0.09
金属制品、机械和设备修理业	Repair Service of Metal Products, Machinery and Equipment	6	0.31
电力、热力的生产和供应业	Production and Supply of Electric Power and Heat Power	305	11.52
燃气生产和供应业	Production and Supply of Gas	49	0.51
水的生产和供应业	Production and Supply of Water	118	3.05

注：部分数据因四舍五入的原因，存在总计与分项合计不等的情况。

Due to rounding, there may be discrepancies between the total and subtotals of some data.

Main Indicators of State-holding Industrial Enterprises above Designated Size (2023)

(100 million yuan)

增加值指数 (%) Indices (%)	资产总计 Total Assets	流动资产合计 Total Current Assets	负债合计 Total Liabilities	营业收入 Business Revenue	营业成本 Business Cost	利润总额 Total Profits
103.6	**23476.51**	**9666.10**	**15251.02**	**14728.37**	**12671.48**	**462.71**
103.2	1443.89	777.19	683.02	1319.38	780.06	93.07
103.7	22032.62	8888.90	14568.00	13408.99	11891.42	369.64
104.7	14940.97	6459.17	9651.25	10167.32	8779.40	306.86
99.2	4461.76	1707.03	3125.27	2540.02	2111.77	76.02
103.4	3451.00	1254.47	2034.62	1712.23	1503.16	65.98
100.8	622.78	245.43	439.88	308.80	277.15	13.85
107.5	4126.62	1798.52	2780.30	1563.71	1234.66	125.93
98.4	452.92	87.35	335.39	138.58	133.93	-44.31
56.2	38.82	16.82	5.51	14.27	10.14	2.28
102.0	185.45	55.88	99.72	115.01	53.09	35.69
87.2	179.81	52.86	89.11	25.45	18.07	-0.11
105.7	119.98	61.53	119.16	118.51	109.21	0.53
116.8	54.83	26.30	34.06	92.82	87.89	0.92
105.4	62.38	33.50	43.60	50.11	43.63	1.88
67.1	24.81	14.66	14.58	17.74	15.02	0.11
105.5	449.95	336.64	113.79	635.89	170.59	72.29
46.9	92.58	39.06	54.57	43.43	41.30	-2.17
97.6	14.74	9.01	4.18	9.92	6.01	0.63
71.0	12.49	8.67	4.09	10.51	8.35	0.51
98.2	81.70	29.96	54.36	60.82	53.36	-0.46
108.4	35.43	21.91	15.71	26.17	20.12	2.01
106.2	3.71	2.16	2.19	6.43	5.72	0.12
93.1	475.34	217.81	384.92	730.73	649.27	-9.68
84.5	1378.01	496.85	1043.36	737.98	668.65	-18.05
111.6	122.71	46.90	61.71	55.36	36.48	6.47
112.2	404.72	161.24	229.58	233.06	222.99	8.81
114.5	96.15	58.93	56.82	71.14	59.12	3.91
100.0	974.91	381.17	475.72	381.86	319.79	16.20
120.3	968.93	407.49	686.21	819.90	781.76	-4.87
107.7	1378.22	752.48	848.58	1895.52	1773.15	38.28
116.3	92.98	57.04	54.71	114.34	103.39	2.09
105.5	503.76	330.65	305.91	312.63	254.69	26.16
112.7	1172.34	720.09	693.86	680.41	563.95	59.68
136.7	297.30	155.33	228.41	521.04	463.15	33.14
117.5	784.61	649.42	555.45	466.79	389.28	26.66
134.6	899.67	543.14	577.73	450.18	384.61	20.66
101.8	707.24	497.17	367.80	436.74	333.44	43.67
94.5	111.99	80.81	59.50	85.10	71.01	1.92
116.1	179.84	114.62	73.00	69.94	50.45	7.57
113.4	26.73	18.64	15.67	70.64	71.48	0.71
113.0	37.95	29.40	28.21	97.03	93.91	0.25
99.2	5911.29	1098.09	4114.43	3068.38	2931.46	-19.91
90.4	189.68	53.86	141.35	341.36	319.80	14.55
107.6	825.91	200.14	477.75	158.88	118.54	8.67

13-4 规模以上公有制工业企业主要指标(2023年)

单位：亿元

行　业	Sector	单位数(个) Number of Enterprises (unit)	平均用工人数(万人) Average Number of Employees (10 000 persons)
总　计	**Total**	**1464**	**87.89**
按轻重工业分	**Grouped by Light & Heavy Industry**		
轻工业	Enterprises of Light Industry	217	9.19
重工业	Heavy Industry	1247	78.71
按企业规模分	**Grouped by Size of Enterprises**		
大型企业	Large Enterprises	150	62.54
中型企业	Medium-sized Enterprises	271	15.28
小型企业	Small Enterprises	755	9.27
微型企业	Micro-enterprises	288	0.81
按行业分	**By Sector**		
煤炭开采和洗选业	Mining and Washing of Coal	79	21.71
石油和天然气开采业	Extraction of Petroleum and Natural Gas	3	3.15
黑色金属矿采选业	Mining of Ferrous Metal Ores	1	0.09
有色金属矿采选业	Mining of Non-ferrous Metal Ores	22	1.01
非金属矿采选业	Mining and Processing of Nonmetal Ores	38	0.28
开采辅助活动	Support Activities for Mining	1	2.05
其他采矿业	Mining of Other Ores		
农副食品加工业	Processing of Food from Agricultural Products	41	1.33
食品制造业	Manufacture of Foods	23	1.09
酒、饮料和精制茶制造业	Manufacture of Liquor, Beverages and refined tea	11	0.19
烟草制品业	Manufacture of Tobacco	12	1.23
纺织业	Manufacture of Textile	8	0.51
纺织服装服饰业	Manufacture of Textile,Wearing Apparel and Accessories	17	0.30
皮革、毛皮、羽毛及其制品和制鞋业	Manufacture of Leather, Fur, Feather and Its Products, Footwear	7	0.21
木材加工及木、竹、藤、棕、草制品业	Processing of Timbers, Manufacture of Wood, Bamboo, Rattan, Palm, and Straw Products		
家具制造业	Manufacture of Furniture		
造纸及纸制品业	Manufacture of Paper and Paper Products	15	0.71
印刷和记录媒介的复制业	Printing, Reproduction of Recording Media	17	0.32
文教、工美、体育和娱乐用品制造业	Manufacture of Articles for Culture, Education, Arts and Crafts, Sport and Entertainment Activities	6	0.15
石油、煤炭及其他燃料加工业	Petroleum, Coal and other Fuel Processing Industries	11	0.80
化学原料及化学制品制造业	Manufacture of Raw Chemical Material and Chemical Products	83	3.44
医药制造业	Manufacture of Medicines	24	1.24
化学纤维制造业	Manufacture of Chemical Fiber	8	1.29
橡胶和塑料制品业	Manufacture of Rubber and Plastic	19	0.72
非金属矿物制品业	Manufacture of Non-metallic Mineral Products	151	3.26
黑色金属冶炼及压延加工业	Smelting and Pressing of Ferrous Metals	10	2.00
有色金属冶炼及压延加工业	Smelting and Pressing of Non-ferrous Metals	50	5.37
金属制品业	Manufacture of Metal Products	37	0.72
通用设备制造业	Manufacture of General Purpose Machinery	55	2.50
专用设备制造业	Manufacture of Special Purpose Machinery	64	3.82
汽车制造业	Manufacture of Automobile	28	1.33
铁路、船舶、航空航天和其他运输设备制造业	Manufacture of Railway, Ship, Aerospace, and other Transport Equipments	25	2.70
电气机械及器材制造业	Manufacture of Electrical Machinery and Apparatus	45	2.41
计算机、通信和其他电子设备制造业	Manufacture of Computer , Communication and Other Electronic Equipment	26	3.89
仪器仪表制造业	Manufacture of Measuring Instrument and Machinery	14	0.97
其他制造业	Manufacture of Others	2	1.14
废弃资源综合利用业	Utilization of Waste Resources	9	0.25
金属制品、机械和设备修理业	Repair Service of Metal Products, Machinery and Equipment	8	0.33
电力、热力的生产和供应业	Production and Supply of Electric Power and Heat Power	316	11.57
燃气生产和供应业	Production and Supply of Gas	52	0.53
水的生产和供应业	Production and Supply of Water	126	3.30

注：部分数据因四舍五入的原因，存在总计与分项合计不等的情况。
Due to rounding, there may be discrepancies between the total and subtotals of some data.

Main Indicators of Public-owned Industrial Enterprises above Designated Size (2023)

(100 million yuan)

增加值指数 (%) Indices (%)	资产总计 Total Assets	流动资产合计 Total Current Assets	负债合计 Total Liabilities	营业收入 Business Revenue	营业成本 Business Cost	利润总额 Total Profits
103.5	**24000.56**	**9924.29**	**15580.63**	**15164.75**	**13051.76**	**479.52**
102.5	1608.20	867.47	788.06	1486.71	919.14	104.96
103.8	22392.36	9056.82	14792.57	13678.04	12132.62	374.57
104.7	15106.33	6534.79	9763.28	10363.71	8954.20	315.06
98.8	4571.13	1768.36	3193.43	2629.68	2186.47	80.03
103.4	3653.33	1358.31	2144.30	1851.88	1625.20	70.10
100.3	669.77	262.83	479.62	319.47	285.89	14.33
107.8	4142.86	1803.94	2793.61	1578.94	1248.61	125.78
98.4	452.92	87.35	335.39	138.58	133.93	-44.31
56.2	38.82	16.82	5.51	14.27	10.14	2.28
102.4	186.57	56.49	100.08	116.01	53.56	35.73
86.1	182.77	54.91	92.12	27.63	20.01	-0.12
105.7	119.98	61.53	119.16	118.51	109.21	0.53
107.8	96.24	48.99	51.47	177.86	159.73	11.05
86.8	111.82	63.49	82.80	72.48	61.51	2.20
67.3	24.81	14.66	14.58	17.74	15.02	0.11
105.4	452.51	338.53	114.81	639.12	172.88	72.72
49.0	100.33	43.37	58.89	45.51	43.26	-2.16
97.2	14.92	9.11	4.29	10.22	6.32	0.58
70.0	13.17	8.96	4.33	11.08	8.86	0.53
95.0	101.62	38.55	73.53	79.87	71.93	-2.42
108.2	38.97	24.55	17.18	29.28	22.65	2.07
82.5	5.73	3.25	2.50	8.66	7.62	0.23
93.1	480.87	220.57	389.51	732.77	651.31	-9.75
84.7	1398.24	508.29	1050.46	768.87	694.86	-15.15
108.2	151.60	59.30	78.11	76.43	50.48	9.02
110.2	404.72	161.24	229.58	233.06	222.99	8.81
112.2	101.38	62.57	60.69	77.45	64.78	4.06
98.8	1016.22	397.12	493.91	404.05	339.06	15.69
120.3	968.98	407.54	686.22	820.23	782.03	-4.82
108.0	1432.03	778.23	884.75	1993.77	1865.78	38.70
114.0	105.66	63.60	63.06	121.02	108.78	2.27
104.9	513.61	338.25	312.49	318.52	259.63	26.16
112.3	1189.73	732.22	704.06	689.09	570.70	60.09
135.4	338.03	181.41	247.09	540.57	480.57	32.74
129.9	787.32	651.68	557.03	469.53	391.57	26.74
133.6	918.73	559.80	593.25	459.57	393.10	20.48
108.9	709.41	498.93	369.52	440.57	337.19	43.70
92.9	111.99	80.81	59.50	85.10	71.01	1.92
116.0	179.84	114.62	73.00	69.94	50.45	7.57
113.6	36.27	23.08	25.34	79.35	79.45	0.75
112.6	38.94	30.22	28.95	97.62	94.45	0.27
99.2	5953.76	1108.44	4148.85	3079.63	2941.56	-19.04
90.6	201.56	59.99	148.23	350.16	327.72	15.01
106.8	877.65	211.86	506.79	171.69	129.03	9.55

13-5 规模以上私营工业企业主要指标(2023年)

单位：亿元

行　业	Sector	单位数(个) Number of Enterprises (unit)	平均用工人数(万人) Average Number of Employees (10 000 persons)
总　计	**Total**	**20380**	**134.09**
按轻重工业分	**Grouped by Light & Heavy Industry**		
轻工业	Enterprises of Light Industry	7816	56.45
重工业	Heavy Industry	12564	77.63
按企业规模分	**Grouped by Size of Enterprises**		
大型企业	Large Enterprises	61	14.21
中型企业	Medium-sized Enterprises	482	23.60
小型企业	Small Enterprises	12671	87.13
微型企业	Micro-enterprises	7166	9.15
按行业分	**By Sector**		
煤炭开采和洗选业	Mining and Washing of Coal	142	1.41
石油和天然气开采业	Extraction of Petroleum and Natural Gas	1	0.04
黑色金属矿采选业	Mining of Ferrous Metal Ores	22	0.14
有色金属矿采选业	Mining of Non-ferrous Metal Ores	64	0.41
非金属矿采选业	Mining and Processing of Nonmetal Ores	129	0.40
开采辅助活动	Support Activities for Mining	6	0.02
其他采矿业	Mining of Other Ores		
农副食品加工业	Processing of Food from Agricultural Products	1298	8.28
食品制造业	Manufacture of Foods	704	6.06
酒、饮料和精制茶制造业	Manufacture of Liquor, Beverages and refined tea	246	1.98
烟草制品业	Manufacture of Tobacco	1	0.02
纺织业	Manufacture of Textile	891	7.17
纺织服装服饰业	Manufacture of Textile,Wearing Apparel and Accessories	567	5.27
皮革、毛皮、羽毛及其制品和制鞋业	Manufacture of Leather, Fur, Feather and Its Products, Footwear	535	3.44
木材加工及木、竹、藤、棕、草制品业	Processing of Timbers, Manufacture of Wood, Bamboo, Rattan, Palm, and Straw Products	957	3.92
家具制造业	Manufacture of Furniture	473	2.67
造纸及纸制品业	Manufacture of Paper and Paper Products	354	3.27
印刷和记录媒介的复制业	Printing, Reproduction of Recording Media	204	1.22
文教、工美、体育和娱乐用品制造业	Manufacture of Articles for Culture, Education, Arts and Crafts, Sport and Entertainment Activities	635	3.57
石油、煤炭及其他燃料加工业	Petroleum, Coal and other Fuel Processing Industries	75	0.49
化学原料及化学制品制造业	Manufacture of Raw Chemical Material and Chemical Products	1044	6.38
医药制造业	Manufacture of Medicines	420	4.13
化学纤维制造业	Manufacture of Chemical Fiber	27	0.17
橡胶和塑料制品业	Manufacture of Rubber and Plastic	715	3.80
非金属矿物制品业	Manufacture of Non-metallic Mineral Products	4081	18.55
黑色金属冶炼及压延加工业	Smelting and Pressing of Ferrous Metals	196	2.53
有色金属冶炼及压延加工业	Smelting and Pressing of Non-ferrous Metals	622	5.51
金属制品业	Manufacture of Metal Products	1096	6.83
通用设备制造业	Manufacture of General Purpose Machinery	1248	9.76
专用设备制造业	Manufacture of Special Purpose Machinery	1018	6.44
汽车制造业	Manufacture of Automobile	501	5.42
铁路、船舶、航空航天和其他运输设备制造业	Manufacture of Railway, Ship, Aerospace, and other Transport Equipments	140	1.07
电气机械及器材制造业	Manufacture of Electrical Machinery and Apparatus	926	5.99
计算机、通信和其他电子设备制造业	Manufacture of Computer, Communication and Other Electronic Equipment	294	3.32
仪器仪表制造业	Manufacture of Measuring Instrument and Machinery	239	1.58
其他制造业	Manufacture of Others	166	0.72
废弃资源综合利用业	Utilization of Waste Resources	138	0.71
金属制品、机械和设备修理业	Repair Service of Metal Products, Machinery and Equipment	17	0.23
电力、热力的生产和供应业	Production and Supply of Electric Power and Heat Power	91	0.49
燃气生产和供应业	Production and Supply of Gas	56	0.45
水的生产和供应业	Production and Supply of Water	41	0.25

注：1.部分数据因四舍五入的原因，存在总计与分项合计不等的情况；
2."私营工业企业"包含《关于市场主体统计分类的划分规定》(国统字〔2023〕14号)中的"私营有限责任公司""私营 股份有限公司"

a) Due to rounding, there may be discrepancies between the total and subtotals of some data.
b)The private industrial enterprises include private limited liability corporations, private share-holding limited corporations, sole proprietorship

Main Indicators of Private Industrial Enterprises above Designated Size (2023)

(100 million yuan)

增加值指数 (%) Indices (%)	资产总计 Total Assets	流动资产合计 Total Current Assets	负债合计 Total Liabilities	营业收入 Business Revenue	营业成本 Business Cost	利润总额 Total Profits
101.1	**15136.08**	**8955.34**	**8473.29**	**14826.78**	**12854.47**	**623.13**
96.6	4126.96	2261.47	2332.11	4330.18	3755.95	200.97
103.2	11009.13	6693.87	6141.18	10496.60	9098.52	422.16
103.9	2849.91	1569.56	1479.60	2673.58	2253.20	146.70
101.4	3007.16	1549.54	1629.66	2458.35	2090.65	115.78
102.0	7903.97	4890.05	4487.69	8588.48	7504.04	337.62
86.4	1375.05	946.18	876.33	1106.38	1006.57	23.03
102.5	169.48	126.76	109.45	249.83	225.69	9.19
117.6	3.36	2.72	1.41	2.15	2.00	0.05
100.5	45.71	21.40	33.27	13.21	10.54	-0.19
98.2	72.16	28.47	48.58	38.58	28.97	3.76
90.2	601.85	178.06	285.81	31.73	24.15	1.07
59.5	5.01	3.41	4.79	2.79	2.58	-0.20
114.0	837.01	443.13	443.15	1171.50	1075.13	39.13
98.8	337.13	176.52	206.36	382.78	322.19	18.95
103.0	189.01	100.54	121.14	181.05	136.84	16.37
	2.40	1.47	0.46	1.09	0.70	0.12
93.1	430.79	215.30	264.35	467.50	425.35	15.89
53.4	149.74	79.25	74.29	142.88	118.94	6.67
84.4	255.78	135.20	103.38	264.11	226.79	21.04
80.3	237.91	139.06	125.73	301.38	267.74	19.91
90.4	155.98	91.30	75.90	137.49	118.03	6.85
98.3	253.84	136.95	169.68	320.15	288.11	10.64
100.7	94.17	49.55	54.81	97.44	80.98	4.42
83.3	171.73	137.76	114.56	235.05	214.61	7.58
81.5	134.30	69.87	111.07	168.55	158.79	1.08
96.9	1330.86	641.34	704.29	987.58	844.44	73.36
88.8	518.88	236.09	304.93	260.10	178.71	19.54
68.1	13.11	7.71	6.19	11.18	9.91	0.39
100.0	283.50	168.42	152.70	291.87	253.61	13.18
95.1	2417.99	1618.66	1360.72	1714.55	1439.60	64.07
95.7	548.42	368.45	332.96	921.06	854.39	19.55
116.5	970.04	610.10	626.22	2263.88	2049.05	25.73
102.7	621.51	402.71	343.44	645.25	564.93	28.05
105.1	986.29	694.10	461.37	753.65	604.40	45.15
96.8	681.04	473.51	354.84	456.44	347.95	35.21
118.5	626.96	388.06	362.88	529.07	430.08	27.29
111.1	122.64	78.10	50.75	94.45	76.38	8.84
111.6	677.19	503.06	364.61	736.64	644.51	26.54
104.5	280.22	172.64	125.16	186.30	152.33	8.60
94.1	140.74	100.10	51.75	86.03	59.78	10.02
104.2	32.18	16.11	14.10	32.26	26.37	3.18
139.5	150.78	101.92	97.45	405.42	385.40	13.69
214.0	23.79	19.19	12.82	23.13	20.58	0.66
94.2	346.72	108.95	253.10	115.03	97.72	10.77
92.1	161.79	89.44	115.83	90.70	77.51	4.90
78.9	54.03	19.96	28.98	12.92	8.72	2.07

"个人独资公司""合伙企业"。

companies and partnership enterprises as defined in the Regulations on the Classification of Market Entity Statistics (Guotongzi [2023] No. 14).

13-6 规模以上工业主要产业单位数及增加值(2023年)

Main Indicators of Industrial Enterprises above Designated Size (2023)

行 业	Sector	单位数(个) Number of Enterprises (unit)	增加值占规模以上工业比重(%) Proportion of Added Value on Industry (%)	增加值指 数(上年=100) Indices of Value-Added of Industry (Preceding year=100)
五大主导产业	**Five Predominant Industry**	**9863**	**46.8**	**110.9**
装备产业	Equipment Manufacturing Industry	4763	11.3	110.0
食品产业	Food Industry	2725	13.8	105.6
新材料产业	Modern Furniture Industry	1279	6.6	105.1
电子信息产业	Electronic Information Industry	418	11.4	113.6
汽车及零部件产业	Automobile and Parts Industry	678	3.7	145.2
传统支柱产业	**Traditional Pillar Industry**	**10980**	**50.1**	**101.5**
冶金工业	Metallurgical Industry	903	13.2	105.2
建材工业	Building Materials Industry	4424	5.7	96.7
化学工业	Chemical Industry	1496	9.7	102.4
轻纺工业	Textile Industry	3075	4.4	94.1
能源工业	Energy Industry	1082	17.1	102.0
战略性新兴产业	**Strategic Emerging Industry**	**4490**	**25.5**	**110.3**
高耗能工业	**Energy-guzzling Industry**	**7482**	**37.0**	**101.6**
煤炭开采和洗选业	Mining and Washing of Coal	113	3.0	95.5
化学原料及化学制品制造业	Manufacture of Chemical Raw Material and Chemical Products	1282	6.5	105.6
非金属矿物制品业	Manufacture of Non-metallic Mineral Products	4544	5.7	96.7
黑色金属冶炼及压延加工业	Manufacture and Processing of Ferrous Metals	214	3.2	103.2
有色金属冶炼及压延加工业	Manufacture and Processing of Non-ferrous Metals	689	10.0	106.0
电力、热力的生产和供应业	Production and Supply of Electric Power and Heat Power	640	8.6	99.1
高技术制造业	**High Technology Industry**	**1550**	**14.7**	**111.7**
医药制造业	Manufacture of Medicines	581	2.1	102.4
航空、航天器及设备制造业	Manufacture of Aviation, Spacecraft, and Equipment	12	0.0	92.0
电子及通信设备制造业	Manufacture of Electronic and Communication Equipment	494	10.9	113.1
计算机及办公设备制造业	Manufacture of Computer and Office Equipment	48	0.9	131.6
医疗仪器设备及仪器仪表制造业	Manufacture of Medical Equipment and Instruments	403	0.7	100.0
信息化学品制造业	Manufacture of Information Chemicals	12	0.0	87.2
能源原材料工业	**Energy and Raw Material Industry**	**8481**	**48.4**	**101.8**
消费品制造业	**Manufacture of Consumer Goods**	**7226**	**21.1**	**100.3**

13-7 规模以上能源原材料工业增加值结构

Struction of Added value on Energy and Raw Material Industries above Designated Size

行　业	Sector	2020	2021	2022	2023
能源原材料工业占规模以上	**Proportion in Value-added of Industry Enterprises**				
工业增加值比重(%)	**Above Designated Size (%)**	**41.0**	**44.1**	**45.4**	**48.4**
煤炭开采和洗选业	Mining and Washing of Coal	4.4	5.1	6.4	6.6
石油和天然气开采业	Extraction of Petroleum and Natural Gas	0.2	0.3	0.4	0.5
黑色金属矿采选业	Mining of Ferrous Metal Ores	0.1	0.2	0.2	0.1
有色金属矿采选业	Mining of Non-ferrous Metal Ores	1.1	1.1	1.2	1.6
非金属矿采选业	Mining and Processing of Nonmetal Ores	0.5	0.5	0.6	0.3
石油、煤炭及其他燃料加工业	Petroleum, Coal and other Fuel Processing Industries	1.8	2.1	2.7	3.0
化学原料和化学制品制造业	Manufacture of Raw Chemical Material and Chemical Products	5.4	6.3	6.8	6.5
非金属矿物制品业	Manufacture of Non-metallic Mineral Products	9.0	8.2	7.5	5.7
黑色金属冶炼和压延加工业	Manufacture and Processing of Ferrous Metals	4.4	4.2	3.7	3.2
有色金属冶炼和压延加工业	Manufacture and Processing of Non-ferrous Metals	6.5	7.9	8.1	10.0
电力、热力生产和供应业	Production and Supply of Electric Power and Heat Power	6.2	6.7	6.2	8.6
燃气生产和供应业	Production and Supply of Gas	1.0	1.0	1.3	1.4
水的生产和供应业	Production and Supply of Water	0.6	0.6	0.6	0.8

注：2021年调整能源原材料工业统计口径，不再包含橡胶制品业、废弃资源综合利用业，同时按照新的统计口径对历史数据进行调整。
In 2021, the statistical caliber of the energy and raw materials industry adjusted,no longer include the rubber products industry and the comprehensive utilization of waste resources industry. Meanwhile, the historical data were adjusted according to the new statistical caliber.

13−8 各市规模以上工业企业主要指标(2023年)

Main Financial Indicators of Industrial Enterprises above Designated Size by City (2023)

单位：亿元 (100 million yuan)

地 区 Region	单位数(个) Number of Enterprises (unit)	平均用工人数(万人) Average Number of Employees (10 000 persons)	资产总计 Total Assets	流动资产合计 Total Current Assets	负债合计 Total Liabilities	营业收入 Business Revenue	营业成本 Business Cost	利润总额 Total Profits	增加值指数(上年=100) Indices of Value-Added (Preceding year=100)
全 省 Total	**25626**	**322.88**	**59760.47**	**30037.09**	**36406.76**	**49278.56**	**43015.55**	**2152.74**	**105.0**
郑 州 市 Zhengzhou	2909	59.88	12328.31	7245.36	7601.91	13610.35	12065.54	503.77	112.8
开 封 市 Kaifeng	1224	11.14	1914.81	943.74	1194.16	1450.20	1249.22	67.72	100.1
洛 阳 市 Luoyang	2084	29.50	7927.65	4144.58	4843.55	5468.06	4543.91	367.59	100.2
平 顶 山 市 Pingdingshan	1101	21.20	6220.48	2831.92	3983.00	3116.69	2753.72	117.96	103.4
安 阳 市 Anyang	1001	13.16	2860.46	1331.10	2032.26	2532.41	2307.09	20.62	102.8
鹤 壁 市 Hebi	575	9.01	1161.72	468.72	861.71	663.96	576.42	2.64	103.8
新 乡 市 Xinxiang	2059	26.80	3737.00	2066.74	2132.56	3011.34	2585.22	120.38	101.0
焦 作 市 Jiaozuo	1202	18.07	3113.24	1470.33	1755.31	2544.85	2207.53	140.63	107.6
濮 阳 市 Puyang	817	12.31	1848.21	784.67	1283.43	1444.06	1329.62	-21.38	102.6
许 昌 市 Xuchang	1898	16.91	2805.96	1538.72	1787.81	2134.51	1784.94	115.72	102.0
漯 河 市 Luohe	929	10.78	1312.95	551.86	676.89	1390.61	1185.60	146.29	107.0
三 门 峡 市 Sanmenxia	634	7.18	1986.67	867.55	1268.25	1718.97	1574.74	31.30	101.9
南 阳 市 Nanyang	2180	22.46	3475.75	1667.63	1991.05	2457.63	2049.63	118.81	106.0
商 丘 市 Shangqiu	1936	16.42	2126.99	1032.20	1273.99	1591.98	1406.58	61.52	101.7
信 阳 市 Xinyang	1591	10.86	1502.50	618.10	853.98	1237.27	1096.07	50.88	102.0
周 口 市 Zhoukou	1830	17.34	1938.90	776.16	1017.73	1539.31	1291.24	138.66	105.0
驻 马 店 市 Zhumadian	1369	12.01	1874.83	754.25	980.45	1285.56	1078.12	100.70	103.5
济源示范区 Jiyuan	287	7.86	1624.04	943.48	868.70	2080.81	1930.33	68.93	108.4

注：部分数据因四舍五入的原因，存在总计与分项合计不等的情况。
Due to rounding, there may be discrepancies between the total and subtotals of some data.

13-9 规模以上工业企业主要经济效益指标(2023年)
Main Economic Efficiency Indicators of Industrial Enterprises above Designated Size by Sector (2023)

行　业	Sector	总资产贡献率(%) Ratio of Total Assets to Industrial Output Value (%)	成本费用利润率(%) Ratio of Profits to Industrial Cost (%)
总　计	**Total**	**7.4**	**4.6**
按轻重工业分	**Grouped by Light & Heavy Industry**		
轻工业	Light Industry	12.4	6.6
重工业	Heavy Industry	6.4	4.1
按企业规模分	**Grouped by Size of Enterprises**		
大型企业	Large Enterprises	8.6	4.8
中型企业	Medium-sized Enterprises	7.2	4.9
小型企业	Small Enterprises	6.3	4.3
微型企业	Micro-enterprises	4.3	3.7
按所有制分	**By Proprietorial System**		
公有制	Public-owned	6.9	3.4
非公有制	Non-Public-owned	7.8	5.2
按行业分	**Grouped by Sectors**		
煤炭开采和洗选业	Mining and Washing of Coal	6.8	7.7
石油和天然气开采业	Extraction of Petroleum and Natural Gas	-2.3	-26.6
黑色金属矿采选业	Mining of Ferrous Metal Ores	5.2	7.7
有色金属矿采选业	Mining of Non-ferrous Metal Ores	17.9	29.6
非金属矿采选业	Mining and Processing of Nonmetal Ores	1.5	2.4
开采辅助活动	Support Activities for Mining	5.4	0.3
其他采矿业	Mining of Other Ores		
农副食品加工业	Processing of Food from Agricultural Products	8.0	5.1
食品制造业	Manufacture of Foods	10.4	7.5
酒、饮料和精制茶制造业	Manufacture of Liquor, Beverages and Refined Tea	15.3	9.7
烟草制品业	Manufacture of Tobacco	103.0	33.6
纺织业	Manufacture of Textile	4.4	2.5
纺织服装服饰业	Manufacture of Textile,Wearing Apparel and Accessories	8.4	5.3
皮革、毛皮、羽毛及其制品和制鞋业	Manufacture of Leather, Fur, Feather and Its Products, Footwear	9.2	8.3
木材加工及木、竹、藤、棕、草制品业	Processing of Timbers, Manufacture of Wood, Bamboo, Rattan, Palm, and Straw Products	9.6	7.3
家具制造业	Manufacture of Furniture	7.2	5.5
造纸及纸制品业	Manufacture of Paper and Paper Products	6.9	2.5
印刷和记录媒介的复制业	Printing, Reproduction of Recording Media	8.7	7.0
文教、工美、体育和娱乐用品制造业	Manufacture of Articles for Culture, Education, Arts and Crafts, Sport and Entertainment Activities	8.0	3.2
石油、煤炭及其他燃料加工业	Petroleum, Coal and other Fuel Processing Industries	9.3	-1.0
化学原料及化学制品制造业	Manufacture of Raw Chemical Material and Chemical Products	6.9	6.6
医药制造业	Manufacture of Medicines	8.7	14.2
化学纤维制造业	Manufacture of Chemical Fiber	4.6	3.7
橡胶和塑料制品业	Manufacture of Rubber and Plastic	8.3	6.2
非金属矿物制品业	Manufacture of Non-metallic Mineral Products	4.7	3.7
黑色金属冶炼及压延加工业	Smelting and Pressing of Ferrous Metals	3.7	1.2
有色金属冶炼及压延加工业	Smelting and Pressing of Non-ferrous Metals	9.1	4.6
金属制品业	Manufacture of Metal Products	7.3	4.5
通用设备制造业	Manufacture of General Purpose Machinery	7.7	7.4
专用设备制造业	Manufacture of Special Purpose Machinery	7.4	9.0
汽车制造业	Manufacture of Automobile	7.4	5.7
铁路、船舶、航空航天和其他运输设备制造业	Manufacture of Railway, Ship, Aerospace, and other Transport Equipments	5.4	7.7
电气机械及器材制造业	Manufacture of Electrical Machinery and Apparatus	6.2	4.5
计算机、通信和其他电子设备制造业	Manufacture of Computer, Communication and Other Electronic Equipment	9.8	2.8
仪器仪表制造业	Manufacture of Measuring Instrument and Machinery	6.8	8.2
其他制造业	Manufacture of Others	6.3	11.5
废弃资源综合利用业	Utilization of Waste Resources	24.9	2.6
金属制品、机械和设备修理业	Repair Service of Metal Products, Machinery and Equipment	6.5	1.6
电力、热力的生产和供应业	Production and Supply of Electric Power and Heat Power	3.2	1.0
燃气生产和供应业	Production and Supply of Gas	6.8	7.0
水的生产和供应业	Production and Supply of Water	3.6	7.6

13-9 续表 continued

行 业	Sector	资产负债率(%) Assets-Liability Ratio (%)	产品销售率(%) Products Sales Rate (%)
总 计	**Total**	**60.9**	**98.8**
按轻重工业分	**Grouped by Light & Heavy Industry**		
轻工业	Light Industry	54.2	99.1
重工业	Heavy Industry	62.3	98.6
按企业规模分	**Grouped by Size of Enterprises**		
大型企业	Large Enterprises	61.8	99.4
中型企业	Medium-sized Enterprises	60.7	97.6
小型企业	Small Enterprises	58.7	98.4
微型企业	Micro-enterprises	66.0	99.6
按所有制分	**By Proprietorial System**		
公有制	Public-owned	64.9	98.4
非公有制	Non-Public-owned	58.2	98.9
按行业分	**Grouped by Sectors**		
煤炭开采和洗选业	Mining and Washing of Coal	68.3	99.2
石油和天然气开采业	Extraction of Petroleum and Natural Gas	73.8	100.2
黑色金属矿采选业	Mining of Ferrous Metal Ores	46.5	94.5
有色金属矿采选业	Mining of Non-ferrous Metal Ores	61.0	100.2
非金属矿采选业	Mining and Processing of Nonmetal Ores	48.2	96.6
开采辅助活动	Support Activities for Mining	99.2	100.0
其他采矿业	Mining of Other Ores		
农副食品加工业	Processing of Food from Agricultural Products	51.4	98.5
食品制造业	Manufacture of Foods	58.0	99.0
酒、饮料和精制茶制造业	Manufacture of Liquor, Beverages and Refined Tea	65.0	98.1
烟草制品业	Manufacture of Tobacco	25.3	98.4
纺织业	Manufacture of Textile	61.2	96.7
纺织服装服饰业	Manufacture of Textile,Wearing Apparel and Accessories	49.8	96.8
皮革、毛皮、羽毛及其制品和制鞋业	Manufacture of Leather, Fur, Feather and Its Products, Footwear	49.8	98.0
木材加工及木、竹、藤、棕、草制品业	Processing of Timbers, Manufacture of Wood, Bamboo, Rattan, Palm, and Straw Products	48.2	98.7
家具制造业	Manufacture of Furniture	49.2	97.3
造纸及纸制品业	Manufacture of Paper and Paper Products	66.8	97.1
印刷和记录媒介的复制业	Printing, Reproduction of Recording Media	53.1	99.2
文教、工美、体育和娱乐用品制造业	Manufacture of Articles for Culture, Education, Arts and Crafts, Sport and Entertainment Activities	62.6	98.2
石油、煤炭及其他燃料加工业	Petroleum, Coal and other Fuel Processing Industries	79.6	100.7
化学原料及化学制品制造业	Manufacture of Raw Chemical Material and Chemical Products	59.3	98.7
医药制造业	Manufacture of Medicines	50.6	90.8
化学纤维制造业	Manufacture of Chemical Fiber	56.1	93.6
橡胶和塑料制品业	Manufacture of Rubber and Plastic	54.9	99.1
非金属矿物制品业	Manufacture of Non-metallic Mineral Products	57.0	97.6
黑色金属冶炼及压延加工业	Smelting and Pressing of Ferrous Metals	67.8	96.3
有色金属冶炼及压延加工业	Smelting and Pressing of Non-ferrous Metals	57.7	97.9
金属制品业	Manufacture of Metal Products	54.0	99.3
通用设备制造业	Manufacture of General Purpose Machinery	52.7	99.5
专用设备制造业	Manufacture of Special Purpose Machinery	55.7	95.2
汽车制造业	Manufacture of Automobile	74.0	99.1
铁路、船舶、航空航天和其他运输设备制造业	Manufacture of Railway, Ship, Aerospace, and other Transport Equipments	62.0	98.0
电气机械及器材制造业	Manufacture of Electrical Machinery and Apparatus	61.7	98.4
计算机、通信和其他电子设备制造业	Manufacture of Computer , Communication and Other Electronic Equipment	59.7	101.9
仪器仪表制造业	Manufacture of Measuring Instrument and Machinery	40.4	97.4
其他制造业	Manufacture of Others	41.5	95.9
废弃资源综合利用业	Utilization of Waste Resources	55.4	99.1
金属制品、机械和设备修理业	Repair Service of Metal Products, Machinery and Equipment	62.1	100.9
电力、热力的生产和供应业	Production and Supply of Electric Power and Heat Power	69.1	99.7
燃气生产和供应业	Production and Supply of Gas	65.3	99.5
水的生产和供应业	Production and Supply of Water	59.1	95.7

13-10 规模以上国有控股工业企业主要经济效益指标(2023年)

Main Economic Efficiency Indicators of State-holding Industrial Enterprises above Designated Size by Sector (2023)

行业	Sector	总资产贡献率(%) Ratio of Total Assets to Industrial Output Value (%)	成本费用利润率(%) Ratio of Profits to Industrial Cost (%)	资产负债率(%) Assets-Liability Ratio (%)
总计	**Total**	**6.9**	**3.4**	**65.0**
按轻重工业分	**Grouped by Light & Heavy Industry**			
轻工业	Enterprises of Light Industry	35.9	10.5	47.3
重工业	Heavy Industry	5.0	2.9	66.1
按企业规模分	**Grouped by Size of Enterprises**			
大型企业	Large Enterprises	7.4	3.2	64.6
中型企业	Medium-sized Enterprises	7.4	3.2	70.1
小型企业	Small Enterprises	4.6	4.0	59.0
微型企业	Micro-enterprises	4.6	4.7	70.6
按行业分	**By Sector**			
煤炭开采和洗选业	Mining and Washing of Coal	6.8	9.0	67.4
石油和天然气开采业	Extraction of Petroleum and Natural Gas	-2.4	-27.0	74.1
黑色金属矿采选业	Mining of Ferrous Metal Ores	9.4	20.0	14.2
有色金属矿采选业	Mining of Non-ferrous Metal Ores	26.8	54.1	53.8
非金属矿采选业	Mining and Processing of Nonmetal Ores	2.2	-0.5	49.6
开采辅助活动	Support Activities for Mining	5.7	0.4	99.3
其他采矿业	Mining of Other Ores			
农副食品加工业	Processing of Food from Agricultural Products	4.4	1.0	62.1
食品制造业	Manufacture of Foods	6.9	3.9	69.9
酒、饮料和精制茶制造业	Manufacture of Liquor, Beverages and Refined Tea	8.4	0.7	58.8
烟草制品业	Manufacture of Tobacco	103.9	33.9	25.3
纺织业	Manufacture of Textile	1.1	-4.8	59.0
纺织服装服饰业	Manufacture of Textile,Wearing Apparel and Accessories	9.6	6.8	28.4
皮革、毛皮、羽毛及其制品和制鞋业	Manufacture of Leather, Fur, Feather and Its Products, Footwear	5.7	5.2	32.8
木材加工及木、竹、藤、棕、草制品业	Processing of Timbers, Manufacture of Wood, Bamboo, Rattan, Palm, and Straw Products			
家具制造业	Manufacture of Furniture			
造纸及纸制品业	Manufacture of Paper and Paper Products	3.4	-0.8	66.5
印刷和记录媒介的复制业	Printing, Reproduction of Recording Media	8.7	8.4	44.3
文教、工美、体育和娱乐用品制造业	Manufacture of Articles for Culture, Education, Arts and Crafts, Sport and Entertainment Activities	6.5	1.9	59.0
石油、煤炭及其他燃料加工业	Petroleum, Coal and other Fuel Processing Industries	17.1	-1.4	81.0
化学原料及化学制品制造业	Manufacture of Raw Chemical Material and Chemical Products	1.7	-2.4	75.7
医药制造业	Manufacture of Medicines	8.4	12.1	50.3
化学纤维制造业	Manufacture of Chemical Fiber	4.7	3.8	56.7
橡胶和塑料制品业	Manufacture of Rubber and Plastic	5.7	5.9	59.1
非金属矿物制品业	Manufacture of Non-metallic Mineral Products	3.9	4.4	48.8
黑色金属冶炼及压延加工业	Smelting and Pressing of Ferrous Metals	2.3	-0.6	70.8
有色金属冶炼及压延加工业	Smelting and Pressing of Non-ferrous Metals	6.0	2.1	61.6
金属制品业	Manufacture of Metal Products	4.9	1.9	58.8
通用设备制造业	Manufacture of General Purpose Machinery	7.6	9.0	60.7
专用设备制造业	Manufacture of Special Purpose Machinery	7.1	9.4	59.2
汽车制造业	Manufacture of Automobile	17.4	6.9	76.8
铁路、船舶、航空航天和其他运输设备制造业	Manufacture of Railway, Ship, Aerospace, and other Transport Equipments	3.9	6.1	70.8
电气机械及器材制造业	Manufacture of Electrical Machinery and Apparatus	4.5	4.8	64.2
计算机、通信和其他电子设备制造业	Manufacture of Computer, Communication and Other Electronic Equipment	7.6	11.0	52.0
仪器仪表制造业	Manufacture of Measuring Instrument and Machinery	4.0	2.3	53.1
其他制造业	Manufacture of Others	5.1	12.2	40.6
废弃资源综合利用业	Utilization of Waste Resources	33.7	1.0	58.6
金属制品、机械和设备修理业	Repair Service of Metal Products, Machinery and Equipment	3.8	0.3	74.3
电力、热力的生产和供应业	Production and Supply of Electric Power and Heat Power	2.6	-0.6	69.6
燃气生产和供应业	Production and Supply of Gas	9.4	4.4	74.5
水的生产和供应业	Production and Supply of Water	3.3	5.8	57.9

13-11 规模以上公有制工业企业主要经济效益指标(2023年)

Main Economic Efficiency Indicators of Public-owned Industrial Enterprises above Designated Size by Sector (2023)

行业	Sector	总资产贡献率(%) Ratio of Total Assets to Industrial Output Value (%)	成本费用利润率(%) Ratio of Profits to Industrial Cost (%)	资产负债率(%) Assets-Liability Ratio (%)
总计	**Total**	**6.9**	**3.4**	**64.9**
按轻重工业分	**Grouped by Light & Heavy Industry**			
轻工业	Enterprises of Light Industry	33.4	10.1	49.0
重工业	Heavy Industry	5.0	2.8	66.1
按企业规模分	**Grouped by Size of Enterprises**			
大型企业	Large Enterprises	7.4	3.2	64.6
中型企业	Medium-sized Enterprises	7.4	3.3	69.9
小型企业	Small Enterprises	4.6	3.9	58.7
微型企业	Micro-enterprises	4.4	4.7	71.6
按行业分	**By Sector**			
煤炭开采和洗选业	Mining and Washing of Coal	6.8	8.9	67.4
石油和天然气开采业	Extraction of Petroleum and Natural Gas	-2.4	-27.0	74.1
黑色金属矿采选业	Mining of Ferrous Metal Ores	9.4	20.0	14.2
有色金属矿采选业	Mining of Non-ferrous Metal Ores	26.7	53.6	53.6
非金属矿采选业	Mining and Processing of Nonmetal Ores	2.2	-0.5	50.4
开采辅助活动	Support Activities for Mining	5.7	0.4	99.3
其他采矿业	Mining of Other Ores			
农副食品加工业	Processing of Food from Agricultural Products	15.9	6.7	53.5
食品制造业	Manufacture of Foods	5.1	3.1	74.1
酒、饮料和精制茶制造业	Manufacture of Liquor, Beverages and Refined Tea	8.4	0.7	58.8
烟草制品业	Manufacture of Tobacco	103.5	33.7	25.4
纺织业	Manufacture of Textile	1.1	-4.5	58.7
纺织服装服饰业	Manufacture of Textile,Wearing Apparel and Accessories	9.2	6.1	28.8
皮革、毛皮、羽毛及其制品和制鞋业	Manufacture of Leather, Fur, Feather and Its Products, Footwear	5.7	5.1	32.9
木材加工及木、竹、藤、棕、草制品业	Processing of Timbers, Manufacture of Wood, Bamboo, Rattan, Palm, and Straw Products			
家具制造业	Manufacture of Furniture			
造纸及纸制品业	Manufacture of Paper and Paper Products	1.4	-3.0	72.4
印刷和记录媒介的复制业	Printing, Reproduction of Recording Media	8.5	7.6	44.1
文教、工美、体育和娱乐用品制造业	Manufacture of Articles for Culture, Education, Arts and Crafts, Sport and Entertainment Activities	9.1	2.7	43.6
石油、煤炭及其他燃料加工业	Petroleum, Coal and other Fuel Processing Industries	16.9	-1.5	81.0
化学原料及化学制品制造业	Manufacture of Raw Chemical Material and Chemical Products	2.0	-2.0	75.1
医药制造业	Manufacture of Medicines	9.0	12.5	51.5
化学纤维制造业	Manufacture of Chemical Fiber	4.7	3.8	56.7
橡胶和塑料制品业	Manufacture of Rubber and Plastic	5.7	5.6	59.9
非金属矿物制品业	Manufacture of Non-metallic Mineral Products	3.8	4.0	48.6
黑色金属冶炼及压延加工业	Smelting and Pressing of Ferrous Metals	2.3	-0.6	70.8
有色金属冶炼及压延加工业	Smelting and Pressing of Non-ferrous Metals	5.9	2.0	61.8
金属制品业	Manufacture of Metal Products	4.9	1.9	59.7
通用设备制造业	Manufacture of General Purpose Machinery	7.5	8.8	60.8
专用设备制造业	Manufacture of Special Purpose Machinery	7.0	9.3	59.2
汽车制造业	Manufacture of Automobile	15.4	6.6	73.1
铁路、船舶、航空航天和其他运输设备制造业	Manufacture of Railway, Ship, Aerospace, and other Transport Equipments	3.9	6.0	70.8
电气机械及器材制造业	Manufacture of Electrical Machinery and Apparatus	4.4	4.7	64.6
计算机、通信和其他电子设备制造业	Manufacture of Computer, Communication and Other Electronic Equipment	7.6	10.9	52.1
仪器仪表制造业	Manufacture of Measuring Instrument and Machinery	4.0	2.3	53.1
其他制造业	Manufacture of others	5.1	12.2	40.6
废弃资源综合利用业	Utilization of Waste Resources	26.1	0.9	69.9
金属制品、机械和设备修理业	Repair Service of Metal Products, Machinery and Equipment	3.8	0.3	74.3
电力、热力的生产和供应业	Production and Supply of Electric Power and Heat Power	2.6	-0.6	69.7
燃气生产和供应业	Production and Supply of Gas	9.3	4.5	73.5
水的生产和供应业	Production and Supply of Water	3.3	5.9	57.7

13−12 规模以上私营工业企业主要经济效益指标(2023年)

Main Economic Efficiency Indicators of Private Industrial Enterprises above Designated Size by Sector (2023)

行业	Sector	总资产贡献率 (%) Ratio of Total Assets to Industrial Output Value (%)	成本费用利润率 (%) Ratio of Profits to Industrial Cost (%)	资产负债率 (%) Assets-Liability Ratio (%)
总计	**Total**	**7.2**	**4.4**	**56.0**
按轻重工业分	**Grouped by Light & Heavy Industry**			
轻工业	Enterprises of Light Industry	7.7	4.9	56.5
重工业	Heavy Industry	7.0	4.2	55.8
按企业规模分	**Grouped by Size of Enterprises**			
大型企业	Large Enterprises	7.6	5.9	51.9
中型企业	Medium-sized Enterprises	6.5	5.0	54.2
小型企业	Small Enterprises	7.8	4.1	56.8
微型企业	Micro-enterprises	4.2	2.1	63.7
按行业分	**By Sector**			
煤炭开采和洗选业	Mining and Washing of Coal	9.1	3.8	64.6
石油和天然气开采业	Extraction of Petroleum and Natural Gas	4.2	2.4	42.0
黑色金属矿采选业	Mining of Ferrous Metal Ores	3.1	-1.5	72.8
有色金属矿采选业	Mining of Non-ferrous Metal Ores	10.4	11.4	67.3
非金属矿采选业	Mining and Processing of Nonmetal Ores	0.8	3.6	47.5
开采辅助活动	Support Activities for Mining	0.4	-6.7	95.7
其他采矿业	Mining of Other Ores			
农副食品加工业	Processing of Food from Agricultural Products	6.3	3.5	52.9
食品制造业	Manufacture of Foods	8.9	5.2	61.2
酒、饮料和精制茶制造业	Manufacture of Liquor, Beverages and Refined Tea	15.4	10.3	64.1
烟草制品业	Manufacture of Tobacco	7.1	12.5	19.1
纺织业	Manufacture of Textile	5.9	3.5	61.4
纺织服装服饰业	Manufacture of Textile,Wearing Apparel and Accessories	7.5	4.9	49.6
皮革、毛皮、羽毛及其制品和制鞋业	Manufacture of Leather, Fur, Feather and Its Products, Footwear	10.9	8.7	40.4
木材加工及木、竹、藤、棕、草制品业	Processing of Timbers, Manufacture of Wood, Bamboo, Rattan, Palm, and Straw Products	11.8	7.1	52.9
家具制造业	Manufacture of Furniture	7.0	5.2	48.7

注:"私营工业企业"包含《关于市场主体统计分类的划分规定》(国统字〔2023〕14号)中的"私营有限责任公司""私营股份有限公司""个人独资公司""合伙企业"。

The private industrial enterprises include private limited liability corporations, private share-holding limited corporations, sole proprietorship companies and partnership enterprises as defined in the Regulations on the Classification of Market Entity Statistics (Guotongzi [2023] No. 14).

13-12 续表 continued

行 业	Sector	总资产贡献率(%) Ratio of Total Assets to Industrial Output Value (%)	成本费用利润率(%) Ratio of Profits to Industrial Cost (%)	资产负债率(%) Assets-Liability Ratio (%)
造纸及纸制品业	Manufacture of Paper and Paper Products	8.3	3.4	66.8
印刷和记录媒介的复制业	Printing, Reproduction of Recording Media	7.5	4.8	58.2
文教、工美、体育和娱乐用品制造业	Manufacture of Articles for Culture, Education, Arts and Crafts, Sport and Entertainment Activities	10.3	3.3	66.7
石油、煤炭及其他燃料加工业	Petroleum, Coal and other Fuel Processing Industries	3.1	0.6	82.7
化学原料及化学制品制造业	Manufacture of Raw Chemical Material and Chemical Products	7.5	7.8	52.9
医药制造业	Manufacture of Medicines	6.1	8.2	58.8
化学纤维制造业	Manufacture of Chemical Fiber	6.0	3.5	47.2
橡胶和塑料制品业	Manufacture of Rubber and Plastic	7.1	4.7	53.9
非金属矿物制品业	Manufacture of Non-metallic Mineral Products	5.5	3.9	56.3
黑色金属冶炼及压延加工业	Smelting and Pressing of Ferrous Metals	5.9	2.2	60.7
有色金属冶炼及压延加工业	Smelting and Pressing of Non-ferrous Metals	8.5	1.2	64.6
金属制品业	Manufacture of Metal Products	8.0	4.6	55.3
通用设备制造业	Manufacture of General Purpose Machinery	7.6	6.4	46.8
专用设备制造业	Manufacture of Special Purpose Machinery	7.8	8.4	52.1
汽车制造业	Manufacture of Automobile	6.8	5.5	57.9
铁路、船舶、航空航天和其他运输设备制造业	Manufacture of Railway, Ship, Aerospace, and other Transport Equipments	9.9	10.2	41.4
电气机械及器材制造业	Manufacture of Electrical Machinery and Apparatus	6.6	3.7	53.8
计算机、通信和其他电子设备制造业	Manufacture of Computer, Communication and Other Electronic Equipment	5.5	4.8	44.7
仪器仪表制造业	Manufacture of Measuring Instrument and Machinery	10.0	13.0	36.8
其他制造业	Manufacture of Others	12.8	10.9	43.8
废弃资源综合利用业	Utilization of Waste Resources	32.8	3.5	64.6
金属制品、机械和设备修理业	Repair Service of Metal products, Machinery and Equipment	6.3	3.0	53.9
电力、热力的生产和供应业	Production and Supply of Electric Power and Heat Power	5.8	9.9	73.0
燃气生产和供应业	Production and Supply of Gas	4.7	5.7	71.6
水的生产和供应业	Production and Supply of Water	5.7	18.8	53.6

13-13 各市规模以上工业企业主要经济效益指标(2023年)

Main Economic Efficiency Indicators of Industrial Enterprises above Designated Size by City (2023)

地区 Region	总资产贡献率 (%) Ratio of Total Assets to Industrial Output Value (%)	成本费用利润率 (%) Ratio of Profits to Industrial Cost (%)	资产负债率 (%) Assets-Liability Ratio (%)	产品销售率 (%) Products Sales Rate (%)
全　省 Total	**7.4**	**4.6**	**60.9**	**98.8**
郑州市 Zhengzhou	9.1	3.9	61.7	99.4
开封市 Kaifeng	6.2	4.9	62.4	96.9
洛阳市 Luoyang	8.5	7.3	61.1	99.1
平顶山市 Pingdingshan	4.7	4.0	64.0	97.9
安阳市 Anyang	4.7	0.8	71.1	97.4
鹤壁市 Hebi	3.2	0.4	74.2	99.6
新乡市 Xinxiang	5.9	4.2	57.1	99.3
焦作市 Jiaozuo	7.6	5.8	56.4	99.8
濮阳市 Puyang	3.5	-1.5	69.4	98.5
许昌市 Xuchang	10.5	6.0	63.7	97.6
漯河市 Luohe	16.2	11.5	51.6	99.1
三门峡市 Sanmenxia	4.3	1.9	63.8	96.8
南阳市 Nanyang	7.3	5.2	57.3	98.0
商丘市 Shangqiu	5.9	4.0	59.9	98.1
信阳市 Xinyang	6.2	4.3	56.8	98.1
周口市 Zhoukou	10.3	9.9	52.5	98.3
驻马店市 Zhumadian	8.6	8.6	52.3	98.8
济源示范区 Jiyuan	7.1	3.4	53.5	99.8

13−14 各市规模以上主要工业产品产量(2023年)

Output of Major Industrial Products above Designated Size by City (2023)

地 区 Region	化学纤维 (万吨) Chemical Fiber (ton)	纱 (万吨) Yarn (10 000 tons)	布 (万米) Cloth (10 000 m)	服 装 (万件) Garments (10 000 sets)	饮料酒 (万千升) Alcoholic Beverages (10 000 000 litre)	液体乳 (万吨) Liquid Milk (10 000 tons)	熟肉制品 (万吨) Raise Meat Products (10 000 tons)
全 省 Total	**69.66**	**142.61**	**6.87**	**36454.37**	**140.15**	**126.66**	**87.06**
郑 州 市 Zhengzhou		0.14	0.04	2011.04	48.34	18.96	12.63
开 封 市 Kaifeng		21.16		1618.94	1.61		0.03
洛 阳 市 Luoyang	17.80	0.83	0.27	180.03	22.61	1.43	1.12
平 顶 山 市 Pingdingshan	14.60	12.91	0.15	61.14	0.58	3.23	0.02
安 阳 市 Anyang	0.13	9.54	0.95	1886.35	1.27		3.56
鹤 壁 市 Hebi	1.03	0.39	0.07	2471.74		0.02	3.62
新 乡 市 Xinxiang	32.51	19.52	0.44	6544.41	25.75	8.76	2.55
焦 作 市 Jiaozuo	0.89	2.62	0.14	905.00	5.97	58.19	1.30
濮 阳 市 Puyang		1.14	0.03	565.18			2.26
许 昌 市 Xuchang	0.62	8.19	1.26	1756.38	0.04		0.06
漯 河 市 Luohe	0.11	0.26		199.00	1.22	0.97	45.88
三 门 峡 市 Sanmenxia		0.02		243.19	2.12	0.19	0.74
南 阳 市 Nanyang		21.16	0.52	845.38	3.13	3.12	0.67
商 丘 市 Shangqiu	0.11	18.44	0.17	3720.93	6.82	8.59	4.15
信 阳 市 Xinyang	0.96	4.21	1.06	2141.41	7.36		3.61
周 口 市 Zhoukou	0.90	20.13	1.72	9313.17	2.32	1.28	0.58
驻 马 店 市 Zhumadian		1.68	0.04	1991.08	11.01	7.20	2.54
济源示范区 Jiyuan		0.26				14.71	1.75

注：部分数据因四舍五入的原因，存在总计与分项合计不等的情况。
Due to rounding, there may be discrepancies between the total and subtotals of some data.

13-14 续表 1 continued

地 区 Region	速冻米面食品(万吨) Quick-frozen Rice and Wheat Flour foods (10 000 tons)	机制纸及纸板(万吨) Machine-made Paper and Paperboard (10 000 tons)	塑料制品(万吨) Plastic Products (10 000 tons)	原煤(万吨) Coal (10 000 tons)	焦 炭(万吨) Synthetic Detergents (10 000 tons)	十种有色金属(万吨) Ten Kinds of Non-ferrous Metals (10 000 tons)	发电量(亿千瓦小时) Electricity (100 million kwh)
全 省 Total	**107.59**	**433.41**	**287.89**	**10214.76**	**2240.68**	**494.25**	**3171.83**
郑 州 市 Zhengzhou	75.45	41.39	11.66	1854.98		23.28	396.20
开 封 市 Kaifeng		0.33	1.48			2.13	73.40
洛 阳 市 Luoyang		0.65	24.89	738.16	43.30	120.38	382.70
平顶山市 Pingdingshan		11.55	1.34	3304.68	576.86	0.01	211.08
安 阳 市 Anyang	2.15	1.48	5.42	173.40	950.28	11.91	204.20
鹤 壁 市 Hebi	2.75		12.77	371.71			123.86
新 乡 市 Xinxiang	11.63	142.09	30.08	582.37		1.01	211.65
焦 作 市 Jiaozuo		82.47	19.43	244.16		35.94	254.61
濮 阳 市 Puyang	6.53	31.16	11.21				101.12
许 昌 市 Xuchang		3.98	2.62	971.77	285.07		93.20
漯 河 市 Luohe	0.47	29.86	8.03				39.42
三门峡市 Sanmenxia			0.23	613.66		81.68	193.29
南 阳 市 Nanyang	0.02	42.51	7.10		5.37	2.59	239.96
商 丘 市 Shangqiu	7.45	15.20	2.19	1230.21			156.57
信 阳 市 Xinyang			0.10		72.22		106.08
周 口 市 Zhoukou	0.97	1.66	144.45		28.42		90.10
驻马店市 Zhumadian		29.10	4.83	44.92			85.16
济源示范区 Jiyuan	0.18		0.05	84.73	279.15	215.32	209.22

13-14 续表 2 continued

地 区 Region	生 铁(万吨) Pig Iron (10 000 tons)	粗 钢(万吨) Steel (10 000 tons)	钢材(万吨) Steel Products (10 000 tons)	硫 酸(万吨) Sulfuric Acid (10 000 tons)	烧 碱(万吨) Caustic Soda (10 000 tons)	原 铝(万吨) Aluminum (10 000 tons)	合成氨(万吨) Synthetic Ammonia (10 000 tons)
全 省 Total	**2819.11**	**3374.30**	**3528.03**	**545.58**	**187.49**	**195.35**	**455.13**
郑 州 市 Zhengzhou		20.75	120.70			23.28	
开 封 市 Kaifeng					18.39		134.81
洛 阳 市 Luoyang			0.52	15.13	3.40	113.10	
平 顶 山 市 Pingdingshan	295.47	290.20	253.94		50.88		
安 阳 市 Anyang	1468.68	1501.95	1398.65	13.39			54.56
鹤 壁 市 Hebi			6.74	10.70			
新 乡 市 Xinxiang			9.07				167.05
焦 作 市 Jiaozuo			119.67	42.63	65.02	35.35	28.37
濮 阳 市 Puyang			1.41				28.99
许 昌 市 Xuchang		101.27	38.88				
漯 河 市 Luohe					11.19		
三 门 峡 市 Sanmenxia				229.32		23.63	
南 阳 市 Nanyang	243.01	246.80	264.75				
商 丘 市 Shangqiu		368.90	388.15				
信 阳 市 Xinyang	292.11	316.53	386.02				
周 口 市 Zhoukou	169.25	150.74	158.08				
驻 马 店 市 Zhumadian			0.74				41.36
济源示范区 Jiyuan	350.59	377.17	380.70	234.41	38.62		

13-14 续表 3 continued

地 区 Region	农用化肥(折纯量)(万吨) Synthetic Ammonia (10 000 tons)	化学农药(原药)(吨) Chemical Pesticide (ton)	人造板(万立方米) Artificial Board (10 000 cu.m)	水 泥(万吨) Cement (10 000 tons)	平板玻璃(万重量箱) Plate Glass (10 000 weight cases)	大中型拖拉机(台) Large and Medium-sized Tractors (unit)	小型拖拉机(台) Small Tractors (unit)
全 省 Total	**391.51**	**14.25**	**874.84**	**9620.95**	**1453.50**	**99471**	**3218**
郑 州 市 Zhengzhou		0.16	1.42	1230.60			
开 封 市 Kaifeng	56.58	0.65	173.93	35.15		8487	207
洛 阳 市 Luoyang			29.81	343.78	536.94	90984	1400
平 顶 山 市 Pingdingshan				782.90			
安 阳 市 Anyang	43.21	0.31	5.43	572.20	67.80		
鹤 壁 市 Hebi			1.29	215.27			
新 乡 市 Xinxiang	103.59	0.03	19.51	1996.97			
焦 作 市 Jiaozuo	54.83	1.62		491.98			
濮 阳 市 Puyang	23.19	1.68	49.31	414.72			
许 昌 市 Xuchang		7.93	200.81	960.16			1611
漯 河 市 Luohe	16.41	0.93	35.94	63.97			
三 门 峡 市 Sanmenxia	0.19	0.01		517.95	1.92		
南 阳 市 Nanyang		0.03	67.54	905.69			
商 丘 市 Shangqiu	10.76	0.62	131.01	114.94	846.84		
信 阳 市 Xinyang			44.14	207.62			
周 口 市 Zhoukou		0.17	37.66	82.24			
驻 马 店 市 Zhumadian	43.98		77.03	541.03			
济源示范区 Jiyuan	38.77	0.10		143.79			

主要统计指标解释

工业 指从事自然资源的开采，对采掘品和农产品进行加工和再加工的物质生产部门。具体包括：(1)对自然资源的开采，如采矿、晒盐等（但不包括禽兽捕猎和水产捕捞）；(2)对农副产品的加工、再加工，如粮油加工、食品加工、缫丝、纺织、制革等；(3)对采掘品的加工、再加工，如炼铁、炼钢、化工生产、石油加工、机器制造、木材加工等，以及电力、自来水、煤气的生产和供应等；(4)对工业品的修理、翻新，如机器设备的修理、交通运输工具（如汽车）的修理等。

工业统计调查单位为工业法人单位。

工业法人单位指从事工业生产经营活动的法人单位。工业法人单位应同时具备以下条件：(1)依法成立，有自己的名称、组织机构和场所，能够独立承担民事责任；(2)独立拥有（或授权）使用资产，承担负债，有权与其他单位签订合同；(3)具有包括资产负债表在内的账户，或者能够根据需要编制账户。

轻工业 指主要提供生活消费品和制作手工工具的工业。按其所使用的原料不同，可分为两大类：(1)以农产品为原料的轻工业，是指直接或间接以农产品为基本原料的轻工业。主要包括食品制造、饮料制造、烟草加工、纺织、缝纫、皮革和毛皮制作、造纸以及印刷等工业；(2)以非农产品为原料的轻工业，是指以工业品为原料的轻工业。主要包括文教体育用品、化学药品制造、合成纤维制造、日用化学制品、日用玻璃制品、日用金属制品、手工工具制造、医疗器械制造、文化和办公用机械制造等工业。

重工业 指为国民经济各部门提供物质技术基础的主要生产资料的工业。按其生产性质和产品用途，可以分为下列三类：(1)采掘（伐）工业，是指对自然资源的开采，包括石油开采、煤炭开采、金属矿开采、非金属矿开采等工业；(2)原材料工业，指向国民经济各部门提供基本材料、动力和燃料的工业。包括金属冶炼及加工、炼焦及焦炭、化学、化工原料、水泥、人造板以及电力、石油和煤炭加工等工业；(3)加工工业，是指对工业原材料进行再加工制造的工业。包括装备国民经济各部门的机械设备制造工业、金属结构、水泥制品等工业，以及为农业提供的生产资料如化肥、农药等工业。

根据上述划分原则，修理业中以重工业产品为修理作业对象的划为重工业，反之划为轻工业。

资产总计 指企业过去的交易或者事项形成的、由企业拥有或者控制的、预期会给企业带来经济利益的资源。资产一般按流动性分为流动资产和非流动资产。其中流动资产可分为货币资金、交易性金融资产、应收票据、应收账款、预付款项、其他应收款、存货等；非流动资产可分为长期股权投资、固定资产、无形资产及其他非流动资产等。根据会计“资产负债表”中“资产总计”项目的期末余额数填报。

流动资产合计 资产满足以下条件之一应归为流动资产：（1）预计在一个正常营业周期中变现、出售或耗用，主要包括存货、应收账款等；（2）主要为交易目的而持有；（3）预计在资产负债表日起一年内（含一年）变现；（4）自资产负债日起一年内，交换其他资产或清偿负债的能力不受限制的现金或现金等价物。包括货币资金、应收票据、应收账款、存货等项目。根据会计“资产负债表”中“流动资产合计”项目的期末余额数填报。

负债合计 指企业过去的交易或者事项形成的，预期会导致经济利益流出企业的现时义务。负债一般按偿还期长短分为流动负债和非流动负债。根据会计“资产负债表”中“负债合计”项目的期末余额数填报。

营业收入 指企业从事销售商品、提供劳务和让渡资产使用权等生产经营活动形成的经济利益流入。包括“主营业务收入”和“其他业务收入”。根据会计“利润表”中“营业收入”项目的本年累计数填报。

营业成本 指企业从事销售商品、提供劳务和让渡资产使用权等生产经营活动发生的实际成本。包括“主营业务成本”和“其他业务成本”。根据会计“利润表”中“营业成本”项目的本年累计数填报。

利润总额 指企业在一定会计期间的经营成果，是生产经营过程中各种收入扣除各种耗费后的盈余，反映企业在报告期内实现的盈亏总额。利润总额为营业利润加上营业外收入，减去营业外支出后的金额，根据会计“利润表”中“利润总额”项目的本年累计数填报。

平均用工人数 指报告期企业平均实际拥有的、参与本企业生产经营活动的人员数。具体计算方法参见指标解释从业人员及工资总额中从业人员平均人数的计算。

总资产贡献率 反映企业全部资产的获利能力，是企业经营业绩和管理水平的集中体现，是评价和考核企业盈利能力的核心指标。计算公式为：

$$\text{总资产贡献率}(\%)=\frac{\text{利润总额}+\text{税金总额}+\text{利息支出}}{\text{平均资产总额}}\times 100\%$$

公式中：税金总额为主营业务税金及附加与应交增值税之和；平均资产总额为期初期末资产之和的算术平均值。

成本费用利润率 是企业一定期间的利润总额与成本、费用总额的比率，用于衡量企业投入成本获得利润的能力。计算公式为：

$$\text{成本费本费用利润率}(\%)=\frac{\text{利润总额}}{(\text{营业成本}+\text{销售费用}+\text{管理费理}+\text{财务费用}+\text{研发发费})}\times 100\%$$

资产负债率 该指标既反映企业经营风险的大小，也反映企业利用债权人提供的资金从事经营活动的能力。计算公式为：

$$\text{资产负债率}(\%)=\frac{\text{负债总额}}{\text{资产总额}}\times 100\%$$

资产与负债均为报告期期末数。

产品销售率 该指标反映工业产品已实现销售的程度，是分析工业产销衔接情况，研究工业产品满足社会需求的指标。计算公式为：

$$\text{产品销售率}(\%)=\frac{\text{工业销售产值}}{\text{工业总产值}}\times 100\%$$

Explanatory Notes on Main Statistical Indicators

Industry refers to the material production sector which is engaged in the extraction of natural resources and processing and reprocessing of minerals and agricultural products, including (1) extraction of natural resources, such as mining, salt production (but not including hunting and fishing); (2) processing and reprocessing of farm and sideline produces, such as rice husking, flour milling, wine making, oil pressing, silk reeling, spinning and weaving, and leather making; (3) manufacture of industrial products, such as steel making, iron smelting, chemicals manufacturing, petroleum processing, machine building, timber processing; water and gas production and electricity generation and supply; (4) repairing of industrial products such as the repairing of machinery and means of transport (including cars).

In industrial surveys, the units of enquiry are industrial corporate units.

Industrial corporate units refer to corporate units engaging in industrial production and operation activities, which meet the following requirements: (1) They are established legally, having their own names, organizations, location, and are able to take civil liability independently; (2) They possess (or are authorized to use) assets independently, assume liabilities and are entitled to sign contracts with other units; (3) They have accounts including the balance sheets or can compile the accounts according to the need.

Light Industry refers to the industry that produces consumer goods and hand tools. It consists of two categories, depending on the materials used:

(1) Industries using farm products as raw materials. These are the branches of light industry which directly or indirectly use farm products as basic raw materials, including the manufacture of food and beverages, tobacco processing, textile, clothing, fur and leather manufacturing, paper making, printing, etc.

(2) Industries using non-farm products as raw materials. These are the branches of light industry which use manufactured goods as raw materials, including the manufacture of cultural, educational articles and sports goods, chemicals, synthetic fibre, chemical products for daily use, glass products for daily use, metal products for daily use, hand tools, medical apparatus and instruments, and the manufacture of cultural and office machinery.

Heavy Industry refers to the industry which produces capital goods, and provides various sectors of the national economy with necessary material and technical basis for production. It consists of the following three branches according to the purpose of production or the use of products:

(1) Mining, quarrying and logging industry, which refers to the industry that extracts natural resources, including extraction of petroleum, coal, metal and non-metal ores.

(2) Raw materials industry refers to the industry that provides various sectors of the national economy with raw materials, fuels and power. It includes smelting and processing of metals, coking and coke chemistry, chemical materials and building materials such as cement, plywood, and power, petroleum refining and coal dressing.

(3) Manufacturing industry which refers to the industry that processes raw materials. It includes machine-building industries which equip sectors of the national economy; industries producing metal structure and cement products; and industries producing means of agricultural production, such as chemical fertilizers and pesticides.

In accordance with the above principles of classification, the repairing trades, which are engaged primarily in repairing products of heavy industry, are classified as heavy industry while those which are engaged in repairing products of light industry are classified as light industry.

Total Assets refer to all resources that are owned or controlled by enterprises through previous trades or transactions with expectation of making economic profits. Classified by the degree of liquidity, total assets include current assets, and non-current assets. Current assets can be classified into monetary assets, trading financial assets, notes receivable, accounts receivable, advanced payments, other prepaid money and inventories. Non-current assets can be divided into long-term equity investment, fixed assets, intangible assets and other non-current assets. Data on this indicator can be obtained by the year-end figures of total assets in the Assets and Liability Table of accounting records of enterprises.

Total Current Assets refer to the assets that meet one of the following requirements: (1) expected to be cashed, sold or used in a normal operation cycle, mainly including inventory and accounts receivable; (2) be owned for trading purpose mainly; (3) expected to be cashed in one year (including one year) from the day of the Assets and Liability Table; (4) unlimited cash or cash equivalents that can be exchanged with other assets or being capable of settling debts during one year since the day of Assets and Liability Table. Included are monetary assets, notes receivable, accounts receivable and inventories. Data on this indicator can be obtained by the year-end figures of total current assets in the Assets and Liability Table of the accounting records of enterprises.

Total Liabilities refer to payable liabilities of enterprises that accumulated from previous trades or transactions with expectation of economic profits leaking out. In terms of payment, it can be divided into liquid liabilities and long-term liabilities. Data on this item is obtained from the year-end figures on total liabilities from the Assets and Liability Table of the accounting record of the enterprises.

Business Revenue refers to the inflow of economic benefits generated by enterprises engaged in production and operation activities such as selling goods, providing services, and transferring asset use rights. Business revenue includes " revenue from principal Business" and " revenue from other business". It comes from this year’ s cumulative report of "business revenue" items from the "income statement".

Business Cost refers to the actual costs incurred by enterprises in production and operation activities such as selling goods, providing services, and transferring asset use rights. It includes "Cost of principal business" and "Cost of other business". It comes from this year’ s cumulative report of "operating cost" items from the "income statement".

Total Profits refers to the operation results in a certain accounting period, and it is the balance of various incomes minus various spendings in the course of operation, reflecting the total profits and losses of enterprises in reference period. The total profit is the amount obtained by adding operating profit to non operating income and subtracting non operating expenses, Data are obtained from the amount of “total profits” in the “profit table” of the accounting record of enterprise.

Annual Average Employees refer to the number of persons engaged in the production and operation activities of enterprises in the reporting period, which are actually employed by the enterprises.

Ratio of Profits, Taxes and Interests to Average Assets reflects the profit-making capability of all assets of the enterprise and is a key indicator manifesting the performance and management and evaluating the profit-making potential of the enterprise. It is calculated as follows:

$$\text{Ratio of Profits, Taxes and Interests to Average Assets }(\%) = \frac{\text{total profits} + \text{total taxes} + \text{interest payment}}{\text{average assets}} \times 100\%$$

In the above formula, total taxes is the sum of tax and extra charges on the principal business and value-added tax payable; and average assets is the arithmetic mean of the sum of beginning assets and ending assets.

Ratio of Cost to Revenue it is the ratio of a company's total profit for a certain period to its total cost and expenses, used to measure the company's ability to generate profits from its investment.

$$\text{Ratio of Cost to Revenue }(\%) = \frac{\text{total profit}}{\begin{gathered}\text{operating costs} + \text{sales expenses} + \text{administrative expenses} \\ + \text{financial expenses} + \text{research and development expenses}\end{gathered}}$$

Cost expense profit margin it is the ratio of a company's total profit to its total costs and expenses over a certain period of time, used to measure the company's ability to generate profits by investing in costs.

$$\text{Cost expense profit margin (\%)} = \frac{\text{total profit}}{\text{total cost expenses}} \times 100\%$$

Ratio of Debts to Assets reflects both the operation risk and the capability of the enterprise in making use of the capital from the creditors. It is calculated as follows:

$$\text{Ratio of Debts to Assets (\%)} = \frac{\text{total debts}}{\text{total assets}} \times 100\%$$

Both assets and debts are figures at the end of the reference period.

Sales Ratio of Products is an indicator reflecting the actual sale of industrial products, analyzing the production-selling and supply-demand relations. It is calculated as:

$$\text{Sales Ratio of Products (\%)} = \frac{\text{value of industrial sales}}{\text{gross industrial output value (current prices)}} \times 100\%$$

建筑业

Construction

14

◎ 资料整理：陈琛　周晓燕

简要说明

一、主要内容

本篇资料反映河南省建筑业企业的基本情况和经营情况。包括企业个数、从事建筑业活动的平均人数、建筑业总产值、房屋建筑面积、资产、利润、劳动生产率等资料。

二、统计范围

从2002年起，由原具有建筑业资质等级四级及四级以上的独立核算建筑业企业，调整为具有建筑业资质的独立核算企业。

三、资料来源

建筑业资料采取全面调查的方法，由河南省统计局固定资产投资处编辑整理。

四、数据情况说明

本篇资料与上年已公布的同期数据之间存在不可比因素，不能直接相比计算增速。主要原因是：2022年建筑业总产值等指标进行了修订，（一）加强统计执法，对统计执法检查中发现的问题数据，按照相关规定进行了改正。（二）加强数据质量管理，剔除主营业务为非建筑业企业在库数据。

Brief Introduction

I. Main Contents

Data in this chapter show the general and operation situation of the construction industry in Henan provincial. They cover the situation of production and management of the construction enterprises, including the number of enterprises; the average number of people engaged in construction activities within the construction industry; gross output value of the construction industry; floor space of buildings under construction; assets; profits; and labour productivity etc.

II. Scope of Statistics

Starting from 2002 the scope of construction statistics has been adjusted to include all the construction enterprises of various types of ownership with qualification certificates and independent accounting systems, replacing the previous criteria that required construction enterprises of various types of ownership to have qualification certificates at or above Class 4 with independent accounting systems.

III. Sources of Data

Data on construction enterprises are collected in accordance with the Reporting Form System of Construction Statistics, which are provided by Department of investment in fixed assets of the Henan provincial Bureau of Statistics.

IV. Data Situation

This data cannot be directly compared with the same period data released last year due to the existence of non-comparable factors. The main reasons are as follows: In 2022, the total output of the construction industry and other indicators were revised, and the following measures were taken: (a) Strengthened statistical law enforcement, corrected the problematic data found during the statistical law enforcement inspection according to relevant regulations. (b) Enhanced data quality management, excluding the data of enterprises whose main business is not in the construction industry from the data in the sample.

14-1 建筑业企业生产情况(2023年)

Main Indicators on Construction Enterprises (2023)

指标	Item	合计 Total	内资 Domestic Funded	港澳台商投资 Funded from Hong Kong, Macao and Taiwan	外商投资 Foreign Funded
企业个数(个)	Number of Enterprises (unit)	10042	10033	2	7
签订的合同额(亿元)	Contract Value Signed (100 million yuan)	26817.69	26782.46	4.71	30.53
建筑业总产值(亿元)	Gross Output Value of Construction (100 million yuan)	11493.20	11484.32	1.17	7.72
#在外省完成的产值	Output Value Completed in other Provinces	3487.18	3481.75		5.43
建筑业竣工产值(亿元)	Output Value of Buildings Completed (100 million yuan)	4593.36	4588.81		4.55
从事建筑业活动的平均人数(万人)	The average number of people engaged in construction activities (10 000 persons)	277.04	276.82	0.07	0.15
全员劳动生产率	Overall Labor Productivity				
按总产值计算(元/人)	In Terms of Gross Output Value (yuan/person)	414855	414866	173262	500534
房屋建筑施工面积(万平方米)	Floor Space of Buildings Under Construction (10 000 sq.m)	61392.66	61362.58	30.08	
房屋建筑竣工面积(万平方米)	Floor Space of Buildings Completed (10 000 sq.m)	13419.45	13419.45		
房屋竣工率(%)	Rate of Floor Space of Buildings Completed (%)	21.86	21.87		

指标	Item	房屋建筑业 Floor Space Construction	土木工程建筑业 Civil Engineering Construction	建筑安装业 Building Installation	建筑装饰和其他建筑业 Building Decoration and Others
企业个数(个)	Number of Enterprises (unit)	4700	2667	800	1875
签订的合同额(亿元)	Contract Value Signed (100 million yuan)	13694.95	10671.15	1033.30	1418.30
建筑业总产值(亿元)	Gross Output Value of Construction (100 million yuan)	6224.50	3775.34	560.16	933.19
#在外省完成的产值	Output Value Completed in other Provinces	1446.29	1685.39	160.04	195.47
建筑业竣工产值(亿元)	Output Value of Buildings Completed (100 million yuan)	2869.84	1142.69	198.48	382.35
从事建筑业活动的平均人数(万人)	The average number of people engaged in construction activities (10 000 persons)	165.03	70.60	13.46	27.95
全员劳动生产率	Overall Labor Productivity				
按总产值计算(元/人)	In Terms of Gross Output Value (yuan/person)	377167	534735	416241	333894
房屋建筑施工面积(万平方米)	Floor Space of Buildings Under Construction (10 000 sq.m)	52778.95	6681.55	645.87	1286.29
房屋建筑竣工面积(万平方米)	Floor Space of Buildings Completed (10 000 sq.m)	11817.49	931.64	236.58	433.75
房屋竣工率(%)	Rate of Floor Space of Buildings Completed (%)	22.39	13.94	36.63	33.72

14-2 建筑业企业房屋建筑竣工面积及竣工价值(2023年)

Floor space and Value of Building completed of Construction Enterprises (2023)

指　　标	Item	竣工面积 (万平方米) Floor space Completed (10 000 sq.m)	竣工价值 (亿元) Value of Floor Space Completed (10 million yuan)
竣工房屋	**Buildings Completed**	**13419.45**	**2050.92**
住宅房屋	Residential Building	9252.91	1357.69
商业及服务用房屋	Buildings for Commercial and Service	618.75	88.72
办公用房屋	Official Building	402.63	74.95
科研、教育、医疗用房屋	Buildings for Scientific Research, Education and Public Health and Medical	661.88	135.42
文化、体育、娱乐用房屋	Buildings for Culture and Sports and Amusement	168.57	30.92
厂房及建筑物	Workshop and Buildings	1526.82	232.41
仓库	Buildings for Other Uses	110.26	12.24
其他未列明的房屋建筑物	Others	677.62	118.57

14-3 建筑业企业主要财务指标(2023年)

Main Financial Indicators on Construction Enterprises by Registration Status (2023)

单位：亿元 (100 million yuan)

指　标	Item	合　计 Total	内　资 Domestic Funded	港澳台商投　资 Funded from Hong Kong, Macao and Taiwan	外商投资 Foreign Funded
资产总计	Total Assets	14389.54	14347.59	9.36	32.59
流动资产合计	Total Circulating Funds	11471.69	11436.45	9.18	26.06
固定资产原价	Original Value of Fixed Assets	1210.44	1203.88	0.21	6.34
累计折旧	Total Depreciation Drawn Accumulated	575.94	574.31	0.06	1.57
#本年折旧	Draw Depreciation This Year	87.74	87.53	0.01	0.21
在建工程	Under Construction Project	111.07	110.91		0.16
流动负债合计	Liquid Liabilities	8359.97	8333.81	8.32	17.83
非流动负债合计	Non-current liabilities	527.37	521.53	0.01	5.83
负债合计	Total Liabilities	10174.24	10142.24	8.34	23.66
所有者权益合计	Owner's Equity	4215.30	4205.35	1.02	8.93
营业收入	Business Revenue	9808.47	9799.51	1.18	7.78
#主营业务收入	Revenue from Principal Business	9554.69	9545.78	1.18	7.73
营业成本	Operating costs	8897.90	8891.35	1.06	5.50
#主营业务成本	Cost of Principle Business	8531.38	8524.92	1.06	5.41
营业税金及附加	Business Taxes and Surcharges	52.27	52.19	0.02	0.06
#主营业务税金及附加	Main Business Taxes and Surcharges	49.26	49.18	0.02	0.06
其他业务利润	Other Profit from Business	6.04	6.04		0.00
销售费用	Sales expenses	26.93	26.79		0.13
管理费用	Management Expenses	310.38	309.62	0.11	0.65
研发费用	R&D Expenses	122.72	122.49		0.23
财务费用	Financial Expenses	76.65	76.59	0.00	0.06
营业利润	Profits of Business	324.73	323.71	-0.01	1.03
利润总额	Total Profits	315.23	314.25	-0.01	0.99
应交增值税	VAT Payable	231.46	231.04	0.09	0.33

14-3 续表 contiuned

单位：亿元 (100 million yuan)

指 标	Item	房屋建筑业 Floor Space Construction	土木工程建筑业 Civil Engineering Construction	建筑安装业 Building Installation	建筑装饰和其他建筑业 Building Decoration and Others
资产总计	Total Assets	7441.59	5293.34	610.10	1044.50
流动资产合计	Total Circulating Funds	6060.73	4013.08	509.04	888.84
固定资产原价	Original Value of Fixed Assets	467.71	595.23	66.83	80.67
累计折旧	Total Depreciation Drawn Accumulated	208.23	295.83	31.45	40.42
#本年折旧	Draw Depreciation This Year	34.28	42.30	4.50	6.66
在建工程	Under Construction Project	66.22	35.84	3.97	5.03
流动负债合计	Liquid Liabilities	4362.34	3120.62	342.77	534.25
非流动负债合计	Non-current liabilities	225.70	279.81	10.73	11.13
负债合计	Total Liabilities	5322.43	3820.30	410.51	621.01
所有者权益合计	Owner's Equity	2119.17	1473.04	199.59	423.50
营业收入	Business Revenue	4851.33	3547.39	537.84	871.91
#主营业务收入	Revenue from Principal Business	4743.47	3463.87	511.70	835.66
营业成本	Operating costs	4418.88	3215.67	483.57	779.78
#主营业务成本	Cost of Principle Business	4318.02	3005.70	459.48	748.18
营业税金及附加	Business Taxes and Surcharges	29.34	16.46	2.34	4.13
#主营业务税金及附加	Main Business Taxes and Surcharges	27.87	15.47	2.11	3.81
其他业务利润	Other Profit from Business	3.19	2.49	0.26	0.09
销售费用	Sales expenses	10.95	8.72	2.31	4.95
管理费用	Management Expenses	131.49	112.31	26.79	39.79
研发费用	R&D Expenses	50.07	55.86	8.77	8.02
财务费用	Financial Expenses	46.26	23.16	2.30	4.93
营业利润	Profits of Business	163.31	113.52	15.71	32.19
利润总额	Total Profits	158.82	111.20	13.67	31.53
应交增值税	VAT Payable	125.12	67.77	14.21	24.36

14-4 各市建筑业企业总产值(2023年)

Total Output Value of Construction Enterprises by City (2023)

单位：亿元 (100 million yuan)

地区 Region	总产值 Gross Output Value	内资 Domestic Funded	港澳台商投资 Funded from Hong Kong, Macao and Taiwan	外商投资 Foreign Funded	房屋建筑业 Floor Space Construction	土木工程建筑业 Civil Engineering Construction	建筑安装业 Building Installation	建筑装饰和其他建筑业 Building Decoration and Others
全省 Total	**11493.20**	**11484.32**	**1.17**	**7.72**	**6224.50**	**3775.34**	**560.16**	**933.19**
郑州市 Zhengzhou	5707.47	5704.13	0.46	2.89	3028.11	2108.20	240.14	331.03
开封市 Kaifeng	458.57	458.55		0.02	282.67	56.92	12.40	106.57
洛阳市 Luoyang	790.96	790.96			286.18	375.92	96.67	32.20
平顶山市 Pingdingshan	154.12	154.12			92.11	53.45	4.99	3.56
安阳市 Anyang	933.94	931.19		2.75	805.68	88.41	26.55	13.30
鹤壁市 Hebi	65.00	65.00			44.44	17.11	2.50	0.96
新乡市 Xinxiang	784.11	782.43		1.69	310.97	110.82	63.37	298.95
焦作市 Jiaozuo	131.45	131.45			73.22	41.83	5.49	10.91
濮阳市 Puyang	291.26	291.26			107.31	111.26	40.83	31.86
许昌市 Xuchang	123.67	123.67			74.91	31.89	13.39	3.48
漯河市 Luohe	58.65	58.65			40.71	14.86	1.23	1.86
三门峡市 Sanmenxia	249.68	249.68			25.27	218.61	2.42	3.38
南阳市 Nanyang	348.36	348.36			229.53	95.84	14.68	8.31
商丘市 Shangqiu	392.65	392.28		0.38	238.30	123.82	1.28	29.25
信阳市 Xinyang	260.40	260.40			173.21	63.78	17.94	5.47
周口市 Zhoukou	342.65	342.65			177.29	122.98	11.74	30.65
驻马店市 Zhumadian	338.61	337.90	0.71		201.91	115.48	2.90	18.32
济源示范区 Jiyuan	61.63	61.63			32.68	24.15	1.65	3.15

主要统计指标解释

建筑业统计单位 指从事房屋、构筑物建造和设备安装活动的法人企业。建筑业法人企业应具有建筑业资质并能够独立核算，同时还应具备以下条件：①依法成立，有自己的名称、组织机构和场所，能够承担民事责任；②独立拥有和使用资产，承担负债，有权与其他单位签订合同；③独立核算盈亏，能够编制资产负债表。

建筑业总产值 是以货币形式表现的建筑业企业在一定时期内生产的建筑业产品和提供服务的总和。建筑业总产值包括：

（1）建筑工程产值：指列入建筑工程预算内的各种工程价值。

（2）安装工程产值：指设备安装工程价值以及将预制部品部件安装成建筑工程产品的价值，不包括被安装设备本身的价值。

（3）其他产值：建筑业总产值中除建筑工程、安装工程以外的产值。包括房屋构筑物修理产值、非标准设备制造产值、总包企业向分包企业收取的管理费以及不能明确划分的施工活动所完成的产值。

a. 房屋构筑物修理产值：指房屋和构筑物修理所完成的产值，但不包括被修理房屋、构筑物本身价值和生产设备的修理价值。

b. 非标准设备制造产值：指加工制造没有定型的非标准生产设备的加工费和原材料价值（如化工厂、炼油厂用的各种罐、槽，矿井生产统一使用的各种漏斗、三角槽、阀门等）以及附属加工厂为本企业承建工程制作的非标准设备的价值。

房屋施工面积 指在报告期内施工的全部房屋建筑面积，包括本期新开工的房屋建筑面积、上期施工跨入本期继续施工的房屋建筑面积、上期停缓建在本期恢复施工的房屋建筑面积、本期竣工的房屋建筑面积及本期施工后又停缓建的房屋建筑面积。多层建筑应填各层建筑面积之和。

房屋竣工面积 指在报告期内房屋建筑按照设计要求已全部完工，达到住人和使用条件，经验收鉴定合格或达到竣工验收标准，可正式移交使用的各栋房屋建筑面积的总和。

Explanatory Notes on Main Statistical Indicators

Statistical Unit in Construction refers to corporate enterprise engaged in the construction of buildings and structures and in the installation of equipment. A corporate construction enterprise should have the qualification of the construction industry and be able to conduct independent accounting,and also should meet the following 3 requirements: ①being set up in line with relevant legal basis, having its full name, organization and location, and capable of taking civil liabilities; ②independently possessing and using its assets and assuming its liabilities, and entitled to sign contracts with other institutions; and ③making independent accounts of its profits and losses, and capable of compiling its own balance sheet

Gross Output Value of Construction refers to total of construction products and services, expressed in money terms, produced or rendered by construction and installation enterprises during a given period of time. It includes:

(1) Output value of construction projects: the value of projects covered by the project budgets;

(2) Output value of installation projects: the value of the installation of equipment and the value of the installation of prefabricated parts into construction products, excluding the value of the installed equipment itself.

(3) Other output values: the output value of construction industry apart from that of construction projects and installation projects. It includes: output value of repair of buildings and structures; output value of non-standard equipment manufacturing; overhead expenses received by contracted enterprises from the sub-contracted enterprises and the completed output value of construction activities for which there is no clear definition.

a. Output value of repair of buildings and structures: the value created through the repairs of buildings or structures. It does not include the value of buildings or structures being repaired and the value of the repair of production equipment;

b. Output value of manufactured non-standard equipment: the value of non-standard production equipment, including raw materials and manufacturing cost, made for the construction project (i.e., chemical plant; kettles or tanks used by refineries; various fillers, triangle tanks, valves used by mines). It also includes the output value of equipment manufactured by subsidiary workshops.

Floor Space of Buildings Under Construction refers to floor space of buildings under construction during the reference period, including newly started buildings, buildings started earlier and continued during the reference period, and buildings suspended earlier but restarted during the reference period, buildings completed during the reference period, and buildings under construction and then suspended during the reference period. Multi-storey buildings shall be filled with the sum of the building area of each floor.

Floor Space of Buildings Completed refers to the sum of the building area of each building that has been completed in accordance with the design requirements during the reporting period, has met the conditions of residents and use, has passed the evaluation of experience or has met the completion acceptance standards, and can be formally transferred for use.

房地产业

Real Estate

15

资料整理：陈琛　汪艳丽

简要说明

一、本篇资料的主要内容及统计范围

本篇资料通过对一定时期内房地产开发企业开发经营活动的数量方面的描述，反映报告期内房地产开发企业投资总规模及完成情况、实际到位资金情况、房屋建筑面积和造价情况、房屋新开工面积情况、商品房销售情况以及资产负债和经营情况。

本篇资料的统计范围包括有开发经营活动的全部房地产开发经营业法人单位。

二、本篇资料来源及统计调查方法

本篇统计资料是根据《房地产开发统计报表制度》进行搜集和加工整理而得，全部数据采用全面调查的统计方法。

三、数据情况说明

本篇资料与上年已公布的同期数据之间存在不可比因素，不能直接相比计算增速。主要原因是：(一)本年数据包含纳入房地产统计的“三大工程”项目数据。(二)加强统计执法，对发现的问题数据按照相关规定进行了改正。(三)加强数据质量管理，剔除非房地产开发性质的项目投资以及具有抵押性质的非商品房销售数据。本篇资料中的合计数和部分计算数据因小数取舍而产生的误差，均未作机械调整。

Brief Introduction

I. Main Contents and Scope

Statistics in this chapter describe activities made by real estate development companies during a given period of time, and reflect the, size of investment and its progressing, funds actually available, floor space and cost esti, floor space of new housing starts, sales of commercial housing, assets and liabilities, and operation status of real estate developers during the reference period.

Data in this chapter covers legal entities with all development and operating activities engaged in real estate development.

II. Sources of Data

Data in this chapter are collected and compiled with the Statistical Reports Program on Real Estate Development, which has a full coverage of all companies.

III. Explanation of Data Situation

This article cannot be directly compared with the same period data released last year due to the existence of non-comparable factors, Mainly due to:(1)This year's data includes data on the "three major projects" included in real estate statistics. (2) Strengthen statistical law enforcement and made corrections to the problem data discovered in accordance with relevant regulations. (3) Strengthen data quality management, exclude non-real estate development project investment and non-commercial housing sales data with mortgage nature. No mechanical adjustment has been made for errors in the total numbers and some calculated data due to decimal choice.

15-1 房地产开发企业主要指标
Main Indicators of Enterprises for Real Estate Development

项　目	Item	2023年
企业个数(个)	**Number of Enterprises (unit)**	**8337**
期末从业人数(人)	**Number of Employed Persons at Year-end (person)**	**146742**
本年完成投资(亿元)	**Investment Completed This Year (100 million yuan)**	**4225.18**
#住宅	Residential Buildings	3673.64
本年实际到位资金(亿元)	**Actual Funds for Investment (100 million yuan)**	**4432.51**
#国内贷款	Domestic Loans	367.69
#自筹资金	Self-raising Funds	2262.24
房屋建筑面积	**Floor Space of Buildings**	
施工面积(万平方米)	Floor Space Under Construction (10 000 sq.m)	52064.48
#住宅	Residential Buildings	40891.80
本年新开工面积(万平方米)	Floor Space of Buildings Started in this Year (10 000 sq.m)	5629.64
#住宅	Residential Buildings	4788.28
房屋竣工面积(万平方米)	Floor Space Completed (10 000 sq.m)	6193.15
#住宅	Residential Buildings	4954.94
房屋竣工价值(亿元)	**Value of Buildings Completed (100 million yuan)**	**1720.53**
#住宅	Residential Buildings	1396.45
房屋建筑面积竣工率(%)	**Rate of Floor Space of Buildings Completed (%)**	**11.9**
商品房销售	**Sale and for Sale of Commercialized Buildings**	
新建商品房销售面积(万平方米)	Floor Space of Newly-built Commercial Buildings Sold (10 000 sq.m)	6966.64
#住宅	Residential Buildings	6520.56
新建商品房销售额(亿元)	Selling Price of Newly-built Commercial Buildings (100 million yuan)	4547.52
#住宅	Residential Buildings	4210.55
商品房待售面积(万平方米)	Commercial Housing Area for Sale (10 000 sq.m)	2709.08
#住宅	Residential Buildings	1841.49
实收资本(亿元)	**Capital Hold (100 million yuan)**	**4005.44**
资产负债率(%)	**Ratio of Liabilities to Assets (%)**	**83.9**
主营业务收入(亿元)	**Revenue from Principal Business (100 million yuan)**	**6386.04**

15-2 各市房地产开发企业(单位)个数(2023年)

Number of Enterprises (Units) for Real Estate Development by City (2023)

单位：个 (unit)

地 区	Region	企业个数 Number of Enterprises	#国有控股 State-holding	集体控股 Collective-holding	私人控股 Private-holding	港澳台商控股 Hong Kong, Macao and Taiwan-holding	外商控股 Foreign-holding
全 省	**Total**	**8337**	**570**	**75**	**7634**	**41**	**17**
郑州市	Zhengzhou	1554	256	21	1252	18	7
开封市	Kaifeng	229	10		217	2	
洛阳市	Luoyang	693	32	9	643	6	3
平顶山市	Pingdingshan	583	21	7	549	2	4
安阳市	Anyang	342	10	1	331		
鹤壁市	Hebi	162	8		153		1
新乡市	Xinxiang	672	36	10	619	6	1
焦作市	Jiaozuo	268	16	5	246		1
濮阳市	Puyang	230	17	2	211		
许昌市	Xuchang	344	19	7	317	1	
漯河市	Luohe	234	18	3	213		
三门峡市	Sanmenxia	167	18		148	1	
南阳市	Nanyang	654	29	1	623	1	
商丘市	Shangqiu	517	25	2	490		
信阳市	Xinyang	601	20	3	577	1	
周口市	Zhoukou	425	24	1	400		
驻马店市	Zhumadian	587	7	3	575	2	
济源示范区	Jiyuan	75	4		70	1	

15-3 各市房地产开发企业从业人员(2023年)

Number of Employed Persons in Enterprises for Real Estate Development by City (2023)

单位：人 (person)

地 区 Region	期末从业人数 Number of Employed Persons at Year-end	#国有控股 State-holding	集体控股 Collective-holding	私人控股 Private-holding	港澳台商控股 Hong Kong, Macao and Taiwan-holding	外商控股 Foreign-holding
全 省 Total	**146742**	**12527**	**1055**	**131834**	**954**	**372**
郑 州 市 Zhengzhou	30329	6438	256	22821	586	228
开 封 市 Kaifeng	5643	206		5411	26	
洛 阳 市 Luoyang	11266	701	106	10302	74	83
平 顶 山 市 Pingdingshan	8288	775	69	7405	8	31
安 阳 市 Anyang	7085	246	38	6801		
鹤 壁 市 Hebi	2772	137		2605		30
新 乡 市 Xinxiang	7960	375	124	7324	137	0
焦 作 市 Jiaozuo	4561	373	15	4173		0
濮 阳 市 Puyang	5191	262	36	4893		
许 昌 市 Xuchang	5789	246	124	5372	47	
漯 河 市 Luohe	3530	221	77	3232		
三 门 峡 市 Sanmenxia	2846	432		2399	15	
南 阳 市 Nanyang	12539	626	97	11807	9	
商 丘 市 Shangqiu	8155	548	14	7593		
信 阳 市 Xinyang	10132	283	63	9773	13	
周 口 市 Zhoukou	9252	503	10	8739		
驻 马 店 市 Zhumadian	10540	111	26	10365	38	
济 源 示 范 区 Jiyuan	864	44		819	1	

15-4 房地产开发投资和企业到位资金情况(2023年)
Real Estate Development Investment and Enterprise Funding (2023)

单位：亿元 (100 million yuan)

项　　目	Item	2023年
投资总额	**Total Investment**	**4225.18**
#国有控股	State-holding	704.10
#集体控股	Collective-holding	51.50
#私人控股	Private-holding	3430.96
#港澳台商控股	Hong Kong, Macao and Taiwan-holding	34.18
#外商控股	Foreign-holding	4.44
按构成分	**By Composition**	
建筑、安装工程	Construction and Installation	3487.35
设备、工器具购置	Purchase of Equipment and Instruments	34.01
其他费用	Others	703.82
#土地购置费	Total Value of Land Purchased	595.42
按工程用途分	**By Use of Projects**	
住宅	Residential Buildings	3673.64
#90平方米以下	Under 90 sq.m	583.45
#144平方米以上	Over 144 sq.m	424.16
办公楼	Office Buildings	101.01
商业营业用房	Houses for Bussiness Use	214.73
其他	Others	235.80
新增固定资产	**Newly Increased Fixed Assets**	**2038.74**
本年实际到位资金	**Actual Funds for Investment**	**4432.51**
国内贷款	Domestic Loans	367.69
利用外资	Foreign Investment	
自筹资金	Self-raising Funds	2262.24
定金及预收款	Deposit and Advance Payment	1022.80
个人按揭贷款	Personal Mortgage Loan	695.39
其他到位资金	Others	84.40

15-5 房地产开发企业（单位）施工、销售和待售情况(2023年)

Construction, Sales and Pending Sale of Real Estate Development Enterprises (Units) (2023)

项目	Item	合计 Total	住宅 Commercially Residential Buildings	#90平方米以下 Under 90 sq.m	#144平方米以上 Over 144sq.m	办公楼 Office Buildings	商业营用房 House for Business Use	其他 Others
房屋施工面积(万平方米)	Floor Space of Buildings under Construction (10 000 sq.m)	52064.48	40891.80	—	—	1567.10	3680.90	5924.68
#新开工	Started This Year	5629.64	4788.28	—	—	43.71	306.66	490.98
房屋竣工面积(万平方米)	Floor Space of Buildings Completed (10 000 sq.m)	6193.15	4954.94	—	—	201.56	359.90	676.74
#不可销售面积	Floor Space Cannot be Sold	252.56	57.54	—	—	13.35	7.96	173.72
住宅竣工套数(万套)	Total Number of Flats of Residential Buildings Completed (10 000 sets)	—	41.93	—	—	—	—	—
房屋竣工价值(亿元)	Value of Buildings Completed (100 million yuan)	1720.53	1396.45	—	—	62.04	88.83	173.20
新建商品房销售面积(万平方米)	Floor Space of Newly-built Commercial Buildings Sold (10 000 sq.m)	6966.64	6520.56	639.86	792.38	122.13	250.09	73.86
现房销售	Sale of Marketable Housing	994.98	857.69	—	—	41.84	65.35	30.10
期房销售	Sale of Futures Marketable Housing	5971.66	5662.87	—	—	80.28	184.75	43.76
新建商品房销售额(亿元)	Selling Price of Newly-built Commercial Buildings (100 million yuan)	4547.52	4210.55	415.12	718.68	124.04	183.86	29.06
现房销售	Sale of Marketable Housing	596.51	495.37	—	—	42.58	45.93	12.62
期房销售	Sale of Futures Marketable Housing	3951.01	3715.17	—	—	81.47	137.93	16.44
商品住宅销售套数(万套)	Total Number of Flats of Residential Buildings Sold (10 000 sets)	—	55.86	—	—	—	—	—
现房销售	Sale of Marketable Housing	—	7.74	—	—	—	—	—
期房销售	Sale of Futures Marketable Housing	—	48.12	—	—	—	—	—
商品房待售面积(万平方米)	Commercial Housing Area for Sale (10 000 sq.m)	2709.08	1841.49	—	—	149.49	431.79	286.31
#待售1-3年	On Sale for 1-3Years	751.20	497.53	—	—	26.51	120.27	106.89
待售3年以上	On Sale Over 3 Years	297.14	191.63	—	—	28.31	57.24	19.96

15-6 各市房地产开发企业(单位)财务状况(2023年)

Financial Conditions of Enterprises for Real Estate Development by City (2023)

单位：亿元 (100 million yuan)

地 区 Region	实收资本合计 Total Capital Hold	资产总计 Total Assets	累计折旧 Total Depreciation	#本年折旧 Depriciation This Year	负债总计 Total Liabilities	所有者权益 Owners' Equity	资产负债率(%) Ratio of Liabilities to Assets (%)
全 省 Total	**4005.44**	**50607.55**	**234.84**	**36.24**	**42473.18**	**8134.37**	**83.9**
郑 州 市 Zhengzhou	1976.42	25221.10	92.74	11.93	21026.08	4195.01	83.4
开 封 市 Kaifeng	90.94	1067.91	3.19	0.51	935.85	132.06	87.6
洛 阳 市 Luoyang	369.53	4054.46	25.72	2.81	3452.85	601.61	85.2
平 顶 山 市 Pingdingshan	173.12	1524.85	11.12	2.04	1381.97	142.88	90.6
安 阳 市 Anyang	100.25	1574.33	7.39	1.23	1381.59	192.74	87.8
鹤 壁 市 Hebi	67.91	533.84	4.13	1.50	466.40	67.44	87.4
新 乡 市 Xinxiang	139.57	2096.06	9.34	1.32	1803.21	292.85	86.0
焦 作 市 Jiaozuo	75.51	838.38	6.58	0.69	748.84	89.54	89.3
濮 阳 市 Puyang	88.68	1455.63	4.24	0.86	1083.41	372.22	74.4
许 昌 市 Xuchang	124.87	1609.08	8.16	0.95	1458.79	150.29	90.7
漯 河 市 Luohe	69.26	955.50	2.05	0.34	848.32	107.18	88.8
三 门 峡 市 Sanmenxia	86.34	651.15	1.71	0.29	490.98	160.17	75.4
南 阳 市 Nanyang	167.11	1793.36	13.35	2.84	1534.42	258.94	85.6
商 丘 市 Shangqiu	124.33	2708.17	10.33	2.25	2040.29	667.89	75.3
信 阳 市 Xinyang	108.73	1372.43	11.22	1.78	1231.02	141.41	89.7
周 口 市 Zhoukou	112.19	1512.64	12.93	3.13	1157.12	355.52	76.5
驻 马 店 市 Zhumadian	106.77	1400.33	8.21	1.51	1214.72	185.61	86.7
济源示范区 Jiyuan	23.90	238.32	2.43	0.26	217.32	21.00	91.2

15-7 各市房地产开发企业(单位)经营状况(2023年)

Operating Statistics of Enterprises (Units) for Real Estate Development by City (2023)

单位：亿元 (100 million yuan)

地 区 Region	主营业务收入 Revenue from Principal Business	土地转让收入 Land Transferred	商品房屋销售收入 Commercialized Buildings Sold	房屋出租收入 Houses Leased	其他收入 Others	税金及附加 Taxes and other Charges	利润总额 Total Profits
全 省 Total	**6386.04**	**13.33**	**6065.54**	**34.93**	**259.36**	**191.93**	**386.35**
郑州市 Zhengzhou	2419.14	1.23	2274.83	20.66	117.72	81.57	152.48
开封市 Kaifeng	103.84	2.81	99.91	0.16	0.93	2.89	14.09
洛阳市 Luoyang	451.91	0.45	433.27	3.31	14.75	17.55	25.45
平顶山市 Pingdingshan	193.43	0.01	189.71	0.68	2.59	5.61	0.98
安阳市 Anyang	313.85	0.18	311.07	1.02	1.58	10.93	13.74
鹤壁市 Hebi	84.48		81.66	0.01	2.80	2.02	-0.01
新乡市 Xinxiang	345.06	0.51	339.77	0.61	3.90	9.21	12.50
焦作市 Jiaozuo	96.70		96.44	0.12	0.14	3.92	-0.91
濮阳市 Puyang	232.22		231.42	0.19	0.61	5.36	4.88
许昌市 Xuchang	314.11	0.04	312.73	0.29	1.02	5.99	8.30
漯河市 Luohe	116.06		114.78	0.02	1.03	3.45	5.97
三门峡市 Sanmenxia	56.87	1.46	51.61	0.23	3.53	2.43	1.27
南阳市 Nanyang	318.97	3.46	311.97	1.01	1.16	9.42	17.45
商丘市 Shangqiu	518.74	0.88	421.44	0.44	95.90	10.96	43.70
信阳市 Xinyang	234.89	2.97	227.57	0.70	3.00	7.01	14.13
周口市 Zhoukou	299.03	-1.47	294.53	0.44	2.94	5.99	36.41
驻马店市 Zhumadian	246.29	0.80	232.69	4.97	5.52	6.06	33.88
济源示范区 Jiyuan	40.45		40.12	0.10	0.24	1.56	2.03

主要统计指标解释

房地产开发投资 指房地产开发企业本年完成的全部投资额。具体指各种登记注册类型的房地产开发法人单位统一开发的住宅、厂房、仓库、饭店、宾馆、度假村、写字楼、办公楼等房屋建筑物，配套的服务设施，土地开发工程（如道路、给水、排水、供电、供热、通讯、平整场地等基础设施工程）和土地购置的投资；不包括单纯的土地开发和交易活动。

土地购置费 指房地产开发企业通过各种方式取得土地使用权而支付的费用。土地购置费按实际发生计入投资，分期付款的应分期计入。项目分期开发的，只计入与本期项目有关的土地购置费。前期支付的土地购置费，项目纳入统计后计入。

本年实际到位资金 指房地产开发企业本年实际到位，用于在建项目投资的各种货币资金。包括国内贷款、利用外资、自筹资金和其他资金。

房屋施工面积 指房地产开发企业本年施工的全部房屋建筑面积。包括本年新开工的房屋建筑面积、上年跨入本年继续施工的房屋建筑面积、上年停缓建在本年恢复施工的房屋建筑面积、本年竣工的房屋建筑面积以及本年施工后又停缓建的房屋建筑面积。多层建筑应填各层建筑面积之和。

房屋新开工面积 指房地产开发企业本年新开工建设的房屋建筑面积，以单位工程为核算对象。不包括在上年开工跨入本年继续施工的房屋建筑面积和上年停缓建而在本年恢复施工的房屋建筑面积。房屋的开工应以房屋正式开始破土刨槽（地基处理或打永久桩）的日期为准。房屋新开工面积指整栋房屋的全部建筑面积，不能分割计算。

房屋竣工面积 指房地产开发企业本年按照设计要求已全部完工，达到住人和使用条件，经验收鉴定合格或达到竣工验收标准，可正式移交使用的各栋房屋建筑面积的总和。

新建商品房销售面积 指房地产开发企业本年出售商品房屋的合同总面积（即双方签署的正式买卖合同中所确定的建筑面积）。

新建商品房销售额 指房地产开发企业本年出售商品房屋的合同总价款（即双方签署的正式买卖合同中所确定的合同总价）。该指标与商品房销售面积同口径。

Explanatory Notes on Main Statistical Indicators

Investment in Real Estate Development refers to the total investment completed by the real estate development enterprise this year. Specifically, it refers to the investment in housing and buildings, supporting service facilities, land development projects (such as road, water supply, drainage, power supply, heat supply, communication, site leveling and other infrastructure projects) and land purchase uniformly developed by various registered real estate development legal entities; It does not include simple land development and trading activities.

Value of Land Purchased refers to the cost paid by the real estate development enterprise to obtain the land use right through various ways. The land purchase cost shall be included in the investment according to the actual occurrence, and the installment payment shall be included in the installment. If the project is developed by stages, only the land purchase cost related to the current project will be included. The land purchase cost paid in the early stage is included in the statistics of the project.

Total Actual Funds in Place This Year refer to various monetary funds actually paid in this year by real estate development enterprises for investment in projects under construction. Including domestic loans, utilization of foreign capital, self raised funds and other funds.

Floor Space of Buildings under Construction refers to the total space area of the buildings under construction in the year by real estate development companies. It includes buildings started in the year, continued from the previous year, suspended in earlier years but restarted in the year, completed in the year, and started in the year but suspended in the year as well. The floor space of a multi-storied building should be the sum of floor space of all the stories.

Floor Space of Buildings Started This Year refers to the total floor space area of the buildings started in the year by real estate development companies. It excludes the buildings started in previous years and continued in the year, and the buildings suspended in previous years but restarted in the year. The start of a construction is defined by the date of ground breaking or pile driving. The floor space of the building includes that of the entire building.

Floor Space of Buildings Completed refers to the total floor space area of the buildings completed in the year by real estate development companies, which meet the requirements as designed, reach the criteria set for people to live in or use, have passed the acceptance checks, and are ready for delivery or use.

Area of Newly-built Commercialized Housing Sold refers to total contracted area of commercialized housing (i.e. area of floor space as designated in the formal contracts signed by both sides) sold by real estate development companies during the reference time.

Value of Newly-built Commercialized Housing Sold refers to the total contracted value (i.e. value of sales/purchase for selling/purchase of commercialized housing as designated in the contract signed by both sides) received from the sales of the buildings by real estate development companies during the reference time. This indicator has the same coverage as the area of commercialized housing sold.

批发和零售业、住宿和餐饮业

Wholesale and Retail Sale Trades, Hotels and Catering Services

16

资料整理：徐慧 韩治宇

简要说明

一、主要内容

本篇包括河南省商品市场状况和批发零售业、住宿餐饮业经营情况以及主要财务状况。

二、统计范围

辖区内批发零售业和住宿餐饮业企业(单位)、个体经营户、连锁经营 企业和亿元商品交易市场。

社会消费品零售总额不包括农业生产资料、居民购买住房；不包括各种经济类型的制造业法人企业、产业活动单位和个体工业直接售给城乡居民 (包括本企业职工)和社会集团的商品；不包括农民在田间地头出售的农产品 。

限额以上批发和零售业、住宿和餐饮业企业统计限额标准：批发业，年主营业务收入2000万元及以上；零售业，年主营业务收入500万元及以上；住宿业，年主营业务收入200万元及以上；餐饮业，年主营业务收入200万元及以上 。

三、资料来源

达到限额以上标准的批发和零售业、住宿和餐饮业企业、个体经营户和其他行业附营的产业活动单位经营性指标和财务指标以及连锁经营企业、亿元商品交易市场采用全面调查的方法取得资料；限额以下批发零售企业采用抽样调查方法取得资料，限额以下住宿和餐饮业企业采用全西调查方法取得资料；批发零售和住宿餐饮业个体经营户资料采用抽样调查方法取得。由省统计局贸易外经处编辑整理。

企业信息化及电子商务情况，由河南省地方经济社会调查队编辑整理。

Brief Introduction

I. Main Contents

Data in this chapter include the conditions of commodity market and wholesale and retail trades, hotels and catering services in Henan province.

II. Scope of Statistics

Wholesale and retail, accommodation catering enterprises(units), individual, chain business enterprises and one hundred million yuan commodity trading market.

Total retail sales of consumer goods do not include means of agricultural production; purchase of housing by residents; and do not include commodities that various types of corporate enterprise, industrial activity units and individual industrial directly sale to residents and social groups; and do not include agricultural products that sold by farmers in the fields.

Criteria for wholesale and retail sale trades, hotels and catering services above designated size are as follows: wholesale trade, having main business income over 20 million yuan; retail trade, having main business income over 5 million yuan; hotels, having main business income over 2 million yuan; catering services, having main business income over 2 million yuan.

III. Sources of Data

Data on business index and financial indicators of wholesale and retail trades, hotels and catering services enterprises, individual, Industrial activity unit above designated size, Chain group, trading market above one hundred million yuan are collected through comprehensive reporting form system. Data on enterprises and individual enterprises below the designated size are collected by sample surveys. Data in this chapter are provided by the Department of Trade and External Economic Relations of the Henan provincial bureau of Statistics.

Data on enterprise informatization and e-commerce are provided by economic and social survey office of Henan Province.

16-1 社会消费品零售总额

Total Retail Sale of Consumer Goods

单位：亿元 (100 million yuan)

年 份 Year	社会消费品零售总额 Total Retail Sales of Consumer Goods	#批发和零售业 Wholesale and Retail Trades	住宿和餐饮业 Hotels and Catering Services	城 镇 Urban	乡 村 Rural
1978	71.79				
1980	96.04				
1985	180.59				
1990	314.31	300.50	13.81	244.31	70.00
1991	368.92	352.39	16.53	290.23	78.69
1992	470.30	447.23	23.07	373.33	96.97
1993	577.52	548.95	28.57	462.82	114.70
1994	788.97	739.65	49.32	629.42	159.55
1995	955.58	884.95	70.63	755.93	199.64
1996	1191.13	1098.33	92.80	933.55	257.58
1997	1422.11	1284.41	137.71	1126.35	295.77
1998	1558.75	1418.50	140.26	1231.71	327.04
1999	1682.22	1532.29	149.93	1329.38	352.85
2000	1858.46	1687.86	170.61	1468.33	390.14
2001	2057.80	1858.34	199.47	1628.17	429.63
2002	2275.39	2036.23	239.16	1808.58	466.81
2003	2518.19	2245.95	272.24	2010.11	508.07
2004	2923.73	2621.52	302.21	2363.63	560.11
2005	3362.58	3011.77	350.80	2738.23	624.35
2006	3908.68	3467.77	440.91	3203.99	704.69
2007	4658.58	4086.67	571.90	3842.56	816.01
2008	5772.92	5050.87	722.05	4783.79	989.13
2009	6689.09	5884.81	804.28	5551.18	1137.91
2010	7922.66	6972.81	949.86	6602.68	1319.98
2011	9337.22	8223.04	1114.18	7786.36	1550.87
2012	10767.69	9484.15	1283.54	8971.78	1795.91
2013	12243.51	10806.41	1437.09	10172.35	2071.16
2014	13777.41	12172.61	1604.80	11412.70	2364.72
2015	15475.80	13670.39	1805.40	12784.75	2691.05
2016	17274.50	15261.47	2013.03	14247.07	3027.43
2017	19289.11	17040.56	2248.55	15892.34	3396.77
2018	21267.96	18778.81	2489.14	17500.93	3767.02
2019	23476.13	20699.86	2776.26	19297.91	4178.21
2020	22502.77	20203.52	2299.25	18471.41	4031.36
2021	24381.70	21768.30	2613.40	20189.77	4191.93
2022	24407.41	21882.07	2525.34	20330.42	4076.99
2023	26004.45	23104.89	2899.56	21633.55	4370.90

注：1993年以后数据已根据河南省第四次全国经济普查结果修订。
The data since 1993 have been revised according to the results of the fourth national economic census in Henan Province.

16−2 各市社会消费品零售总额(2023年)

Total Retail Sale of Consumer Goods by City (2023)

单位：亿元 (100 million yuan)

地区	Region	社会消费品零售总额 Total Retail Sales of Consumer Goods	批发和零售业 Wholesale and Retail Sale Trade	住宿和餐饮业 Hotels and Catering Services	城镇 Urban Area	乡村 Rural Area
全省	**Total**	**26004.45**	**23104.89**	**2899.56**	**21633.55**	**4370.90**
郑州市	Zhengzhou	5623.07	4669.06	954.01	5075.35	547.72
开封市	Kaifeng	1174.81	1016.13	158.68	938.95	235.86
洛阳市	Luoyang	2454.31	2112.75	341.56	2152.91	301.39
平顶山市	Pingdingshan	1184.18	949.13	235.05	962.23	221.95
安阳市	Anyang	959.26	830.77	128.48	764.42	194.84
鹤壁市	Hebi	345.94	288.17	57.77	326.68	19.26
新乡市	Xinxiang	1130.32	998.23	132.09	1012.40	117.92
焦作市	Jiaozuo	938.50	790.35	148.16	779.06	159.44
濮阳市	Puyang	777.98	640.38	137.60	528.14	249.84
许昌市	Xuchang	1372.72	1125.42	247.29	1075.06	297.65
漯河市	Luohe	785.87	671.21	114.66	636.55	149.31
三门峡市	Sanmenxia	569.95	497.91	72.04	468.24	101.71
南阳市	Nanyang	2405.35	1985.91	419.44	1841.98	563.37
商丘市	Shangqiu	1592.17	1336.67	255.50	1152.09	440.08
信阳市	Xinyang	1329.22	933.30	395.92	1072.03	257.19
周口市	Zhoukou	1954.60	1520.82	433.78	1615.23	339.37
驻马店市	Zhumadian	1198.74	1032.75	166.00	852.74	346.00
济源示范区	Jiyuan	207.45	166.52	40.93	199.28	8.18

16-3 限额以上批发和零售业法人基本情况(2023年)

Basic Conditions of Corporation in Wholesale and Retail Trades above Designated Size (2023)

指标名称	Item	法人企业（个）Corporate Enterprises (unit)	从业人员期末人数（人）Persons Employed (person)
总 计	**Total**	**19227**	**523440**
批发业	**Wholesale Trades**	**9280**	**205809**
按国民经济行业分	By Sector		
农、林、牧产品	Agriculture, Forestry and Livestock Products	635	10138
食品、饮料及烟草制品	Food, Beverages, Tobaccos	1007	50700
纺织、服装及家庭用品	Textiles, Wearing Apparel and Household Articles	382	9540
文化、体育用品及器材	Culture, Sports Supplies and Equipment	170	5288
医药及医疗器材	Medicine and the Medical Equipment	906	46206
矿产品、建材及化工产品	Mineral Products, Building Materials and Chemical Products	4632	55949
机械设备、五金产品及电子产品	Machinery Hardware and Electronic Products	1226	23582
贸易经纪与代理	Trade Brokers and Agents	16	131
其他	Others	306	4275
按登记注册统计类别分	By Registered Statistical Categories		
内资企业	Domestic Invested Enterprises	9245	199386
港澳台商投资企业	Enterprises With Investment from Hong Kong, Macao and Taiwan	17	2844
外商投资企业	Enterprises With Foreign Investment	14	3533
按控股情况分	By Controlling Type		
国有控股	State-holding	434	47055
集体控股	Collective-holding	36	4193
私人控股	Private-holding	8779	149915
港澳台商控股	Hong Kong, Macao and Taiwan-holding	18	2932
外商控股	Foreign-holding	12	1680
其他	Others	1	34
按经营形式分	By Management Style		
独立门店	Independent Store	6134	117681
连锁总店	Head Office of Chain Store	15	3367
连锁直营店	Chain Direct-sale Store	6	434
连锁加盟店	Chain Franchisee Store	3	617
其他	Others	3122	83710

16–3 续表 continued

指标名称	Item	法人企业 (个) Corporate Enterprises (unit)	从业人员期末人数 (人) Persons Employed (person)
零售业	**Retail trades**	**9947**	**317631**
按国民经济行业分	By Sector		
综合	Comprehensive	1339	96171
食品、饮料及烟草制品	Food, Beverages, Tobaccos	816	16067
纺织、服装及日用品	Textiles, Wearing Apparel and Household Articles	402	11358
文化、体育用品及器材	Culture, Sports Supplies and Equipment	358	14603
医药及医疗器材	Medicine and Medical Equipment	410	44035
汽车、摩托车、燃料及零配件	Automobile, Motorcycle, Fuel and Spare Parts	4348	100831
家用电器及电子产品	Household Appliances and Electronic Products	1349	19820
五金、家具及室内装饰材料	Hardware, Furniture and Interior Decoration Materials	512	5064
货摊、无店铺及其他	Non-store and Others	413	9682
按登记注册统计类别分	By Registered Statistical Categories		
内资企业	Domestic Invested Enterprises	9901	299068
港澳台商投资企业	Enterprises With Investment from Hong Kong, Macao and Taiwan	26	12070
外商投资企业	Enterprises With Foreign Investment	20	6493
按控股情况分	By Controlling Type		
国有控股	State-holding	268	24762
集体控股	Collective-holding	57	1406
私人控股	Private-holding	9576	277654
港澳台商控股	Hong Kong, Macao and Taiwan-holding	28	11935
外商控股	Foreign-holding	18	1874
其他	Others		
按经营形式分	By Management Style		
独立门店	Independent Store	8746	208424
连锁总店	Head Office of Chain Store	225	75349
连锁直营店	Chain Direct-sale Store	89	8377
连锁加盟店	Chain Franchisee Store	44	1010
其他	Others	843	24471
按零售业态分	By Retail Formats		
有店铺零售	Store Retailing	8339	286558
无店铺零售	Non-store Retailing	1608	31073

16–4 限额以上住宿和餐饮业法人基本情况(2023年)

Basic Conditions of Corporation of Hotels and Catering Services above Designated Size (2023)

指标名称	Item	法人企业 (个) Corporate Enterprises (unit)	从业人员期末人数 (人) Persons Employed (person)
总　计	**Total**	**4150**	**147967**
住宿业	**Hotels**	**2018**	**77740**
按国民经济行业分	By sector		
旅游饭店	Tourist hotel	664	41174
一般旅馆	Fonda	1254	33086
其他住宿业	Others	66	2898
按登记注册统计类别分	By Registered Statistical Categories		
内资企业	Domestic Invested Enterprises	2008	76364
国有独资公司	Solely State-owned Enterprise	6	563
私营有限责任公司	Private Limited Liability Corporations	1564	48138
其他有限责任公司	Other Limited Liability Corporations	309	20981
私营股份有限公司	Private Share-holding Corporations Ltd.	4	553
其他股份有限公司	Other Share-holding Corporations Ltd.	2	372
全民所有制企业（国有企业）	Enterprise Owned by the Whole People (State-owned Enterprise)	32	3207
集体所有制企业（集体企业）	Collectively-owned Enterprises (Collective Enterprises)	16	815
股份合作企业	Cooperative Enterprises	1	94
联营企业	Joint Enterprises		
个人独资企业	Sole Proprietorship Enterprises	70	1571
合伙企业	Partnership Enterprises	4	70
其他内资企业	Other Domestic Invested Enterprises		
港澳台商投资企业	Enterprises with Investment from Hong Kong, Macao and Taiwan	6	934
外商投资企业	Enterprises With Foreign Investment	4	442
按控股情况分	By Controlling Type		
国有控股	State-holding	112	12040
集体控股	Collective-holding	36	2197
私人控股	Private-holding	1861	62515
港澳台商控股	Hong Kong, Macao and Taiwan-holding	5	546
外商控股	Enterprises with Investment from Hong Kong,Macao and Taiwan	4	442
其他	Others		
按经营形式分	By Management Style		
独立门店	Independent Store	1730	68885
连锁总店	Head Office of Chain Store	3	77
连锁直营店	Chain Direct-sale Store	18	677
连锁加盟店	Chain Franchisee Store	169	4238
其他	Others	98	3863
按星级分	By Star Level		
五星	Five-star	48	7174
四星	Four-star	184	13937
三星	Three-star	308	13450
二星	Two-star	66	1751
一星	One-star	21	541
其他	Others	1391	40887

16-4 续表 continued

指标名称	Item	法人企业（个）Corporate Enterprises (unit)	从业人员期末人数（人）Persons Employed (person)
餐饮业	**Catering Services**	**2132**	**70227**
按国民经济行业分	By sector		
正餐服务	Dinner	1828	52245
快餐服务	Fast Food	110	10040
饮料及冷饮服务	Drinks and Cold drinks	25	822
其他餐饮业	Others	22	443
按登记注册统计类别分	By Registered Statistical Categories		
内资企业	Domestic Invested Enterprises	2127	66439
国有独资公司	Solely State-owned Enterprise		
私营有限责任公司	Private Limited Liability Corporations	1765	45721
其他有限责任公司	Other Limited Liability Corporations	275	18538
私营股份有限公司	Private Share-holding Corporations Ltd.	1	40
其他股份有限公司	Other Share-holding Corporations Ltd.	1	130
全民所有制企业（国有企业）	Enterprise Owned by the Whole People (State-owned Enterprise)	2	274
集体所有制企业（集体企业）	Collectively-owned Enterprises (Collective Enterprises)		
股份合作企业	Cooperative Enterprises	1	26
联营企业	Joint Enterprises		
个人独资企业	Sole Proprietorship Enterprises	70	1565
合伙企业	Partnership Enterprises	12	145
其他内资企业	Other Domestic Invested Enterprises		
港澳台商投资企业	Enterprises with Investment from Hong Kong, Macao and Taiwan	3	41
外商投资企业	Enterprises With Foreign Investment	2	3747
按控股情况分	By Controlling Type		
国有控股	State-holding	28	2268
集体控股	Collective-holding	2	81
私人控股	Private-holding	2096	63889
港澳台商控股	Hong Kong, Macao and Taiwan-holding	3	47
外商控股	Foreign-holding	3	3942
其他	Others		
按经营形式分	By Management Style		
独立门店	Independent Store	1847	49246
连锁总店	Head Office of Chain Store	13	7762
连锁直营店	Chain Direct-sale Store	51	3699
连锁加盟店	Chain Franchisee Store	19	929
其他	Others	202	8591

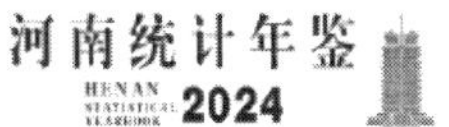

16-5 限额以上批发和零售企业(单位)商品购销存总额(2023年)

Total Purchases, Sales and Inventory of Enterprises above Designated Size of Wholesale and Retail Trades (2023)

单位：万元 (10 000 yuan)

指　标	Item	商品购进额 Purchases	#进口 Imports	商品销售额 Total Sales
总　计	**Total**	**231965583**	**2847054**	**248377856**
批发业	**Wholesale Trades**	**179416804**	**2116849**	**190612291**
按国民经济行业分	By Sector			
农、林、牧产品	Farming, Forestry, Animal Husbandry Products	10239016	73931	10645131
食品、饮料及烟草制品	Food, Drinks and Tobacco Products	21233679	854657	26810935
纺织、服装及家庭用品	Textile, Clothing and Household Items	4493527	35831	4843382
文化、体育用品及器材	Cultural and Sports Supplies and Equipment	3230876		3208298
医药及医疗器材	Medicine and Medical Equipment	19878726	112094	21965925
矿产品、建材及化工产品	Minerals, Building Materials and Chemical Products	102442125	983507	103989921
机械设备、五金产品及电子产品	Mechanical Equipment, Metal Products and Electronic Products	11820969	56813	12732884
贸易经纪与代理	Trade Brokers and Agents	322843		337847
其他批发业	Others	5755045	16	6077969
按登记注册统计类别分	By Registered Statistical Categories			
内资企业	Domestic Invested Enterprises	172557752	2105595	183795707
国有独资公司	Solely State-owned Enterprise	247663		266759
私营有限责任公司	Private Limited Liability Corporations	79072805	1180224	84326661
其他有限责任公司	Other Limited Liability Corporations	74955418	924058	77992657
私营股份有限公司	Private Share-holding Corporations Ltd.	2056946		2153769
其他股份有限公司	Other Share-holding Corporations Ltd.	6995614		6176417
全民所有制企业(国有企业)	Enterprise Owned by the Whole People (State-owned Enterprise)	8266100	1314	11889012
集体所有制企业(集体企业)	Collectively-owned Enterprises (Collective Enterprises)	794272		808918
股份合作企业	Cooperative Enterprises	1997		1940
联营企业	Joint Enterprises			
个人独资企业	Sole Proprietorship Enterprises	159564		171766
合伙企业	Partnership Enterprises	7373		7808
其他内资企业	Other Domestic Invested Enterprises			
港澳台商投资企业	Enterprises with Investment from Hong Kong, Macao and Taiwan	3509361	11254	3927743
外商投资企业	Enterprises With Foreign Investment	3338202		2877114
个体经营	Individual			
按控股情况分	By Controlling Type			
#国有控股	State-owned and State-holding	58605660	700108	61939854

16-5 续表 1 continued

单位：万元 (10 000 yuan)

指标	Item	商品购进额 Purchases	#进口 Imports	商品销售额 Total Sales
零售业	**Retail Trades**	**52548779**	**730205**	**57765566**
按国民经济行业分	By Sector			
综合零售	Comprehensive Retail	7328204	793	8373726
食品、饮料及烟草制品	Food, Beverages, Tobaccos	1794347	2177	2078388
纺织、服装及日用品	Textiles, Wearing Apparel and Household Articles	1117035	3302	1357384
文化、体育用品及器材	Culture, Sports Supplies and Equipment	1375032		1532163
医药及医疗器材	Medicine and Medical Equipment	2103753	301	2538968
汽车、摩托车、燃料及零配件	Automobiles, motorcycles, fuel and spare parts	32896584	696932	35293110
家用电器及电子产品	Household appliances and electronic products	2779656	650	3025562
五金、家具及室内装饰材料	Hardware, furniture and interior decoration materials	473485	946	552514
货摊、无店铺及其他	Booth and others	2680683	25105	3013751
按登记注册统计类别分	By Registered Statistical Categories			
内资企业	Domestic Invested Enterprises	47561878	691343	50410135
国有独资公司	Solely State-owned Enterprise	99779		105790
私营有限责任公司	Private Limited Liability Corporations	25611000	112605	26884615
其他有限责任公司	Other Limited Liability Corporations	17824866	576197	18769228
私营股份有限公司	Private Share-holding Corporations Ltd.	235137		262454
其他股份有限公司	Other Share-holding Corporations Ltd.	1875507	2542	2322421
全民所有制企业(国有企业)	Enterprise Owned by the Whole People (State-owned Enterprise)	552959		546596
集体所有制企业(集体企业)	Collectively-owned Enterprises (Collective Enterprises)	37492		43922
股份合作企业	Cooperative Enterprises	4340		5860
联营企业	Joint Enterprises	20		39
个人独资企业	Sole Proprietorship Enterprises	1268750		1411602
合伙企业	Partnership Enterprises	52029		57608
其他内资企业	Other Domestic Invested Enterprises			
港澳台商投资企业	Enterprises with Investment from Hong Kong, Macao and Taiwan	3168015	38696	3206946
外商投资企业	Enterprises With Foreign Investment	1818887	166	4148485
个体经营	Individual			
按控股情况分	By Controlling Type			
#国有控股	State-owned and State-holding	5653424	51366	8514818

16-5 续表 2 continued

单位：万元 (10 000 yuan)

指标	Item	批发额 Wholesale Trade	#出口 Imports	零售额 Retail Trade	年末商品库存额 Inventory (year-end)
总计	**Total**	**191732392**	**2461027**	**56645464**	**14439003**
批发业	**Wholesale Trades**	**186358264**	**2440763**	**4254026**	**8933071**
按国民经济行业分	By Sector				
农、林、牧产品	Farming, Forestry, Animal Husbandry Products	10535949	97327	109181	1629134
食品、饮料及烟草制品	Food, Drinks and Tobacco Products	25977003	262498	833932	1709179
纺织、服装及家庭用品	Textile, Clothing and Household Items	4616336	472249	227046	325004
文化、体育用品及器材	Cultural and Sports Supplies and Equipment	3112689	67563	95610	467706
医药及医疗器材	Medicine and Medical Equipment	21555507	13242	410418	1587210
矿产品、建材及化工产品	Minerals, Building Materials and Chemical Products	101853375	683246	2136546	2432618
机械设备、五金产品及电子产品	Mechanical Equipment, Metal Products and Electronic Products	12363646	556607	369238	701118
贸易经纪与代理	Trade Brokers and Agents	336606	98749	1241	3321
其他批发业	Others	6007154	189282	70815	77780
按登记注册统计类别分	By Registered Statistical Categories				
内资企业	Domestic Invested Enterprises	180714380	2318125	3081327	8734560
国有独资公司	Solely State-owned Enterprise	263739		3020	21547
私营有限责任公司	Private Limited Liability Corporations	82498169	1615795	1828492	3831593
其他有限责任公司	Other Limited Liability Corporations	77259484	628131	733174	3616374
私营股份有限公司	Private Share-holding Corporations Ltd.	2126298		27471	59791
其他股份有限公司	Other Share-holding Corporations Ltd.	5714524	73337	461893	337233
全民所有制企业(国有企业)	Enterprise Owned by the Whole People (State-owned Enterprise)	11883214	862	5798	863382
集体所有制企业(集体企业)	Collectively-owned Enterprises (Collective Enterprises)	808918			676
股份合作企业	Cooperative Enterprises	1940			259
联营企业	Joint Enterprises				
个人独资企业	Sole Proprietorship Enterprises	150286		21480	3570
合伙企业	Partnership Enterprises	7808			134
其他内资企业	Other Domestic Invested Enterprises				
港澳台商投资企业	Enterprises with Investment from Hong Kong, Macao and Taiwan	3776251	12396	151492	99060
外商投资企业	Enterprises With Foreign Investment	1859050	110242	1018064	99194
个体经营	Individual				
按控股情况分	By Controlling Type				
#国有控股	State-owned and State-holding	60139972	304777	1799882	3117932

16-5 续表 3 continued

单位：万元 (10 000 yuan)

指标	Item	批发额 Wholesale Trade	#出口 Imports	零售额 Retail Trade	年末商品库存额 Inventory (year-end)
零售业	**Retail Trades**	**5374128**	**20265**	**52391438**	**5505932**
按国民经济行业分	By Sector				
综合零售	Comprehensive Retail	146259	1	8227467	684797
食品、饮料及烟草制品	Food, Beverages, Tobaccos	187449		1890940	286760
纺织、服装及日用品	Textiles, Wearing Apparel and Household Articles	119783	1118	1237601	137597
文化、体育用品及器材	Culture, Sports Supplies and Equipment	81975		1450187	161911
医药及医疗器材	Medicine and Medical Equipment	85654		2453314	344649
汽车、摩托车、燃料及零配件	Automobiles, motorcycles, fuel and spare parts	4259572	3991	31033538	3337674
家用电器及电子产品	Household appliances and electronic products	227313	162	2798249	389640
五金、家具及室内装饰材料	Hardware, furniture and interior decoration materials	50811	14944	501703	49603
货摊、无店铺及其他	Booth and others	215312	49	2798440	113300
按登记注册统计类别分	By Registered Statistical Categories				
内资企业	Domestic Invested Enterprises	3927534	20265	46482601	5247810
国有独资公司	Solely State-owned Enterprise	36502		69288	12352
私营有限责任公司	Private Limited Liability Corporations	1862088	16404	25022527	3261683
其他有限责任公司	Other Limited Liability Corporations	1054381	3861	17714848	1656963
私营股份有限公司	Private Share-holding Corporations Ltd.	23793		238661	40326
其他股份有限公司	Other Share-holding Corporations Ltd.	525880		1796542	176206
全民所有制企业(国有企业)	Enterprise Owned by the Whole People (State-owned Enterprise)	274455		272141	24591
集体所有制企业(集体企业)	Collectively-owned Enterprises (Collective Enterprises)	4425		39497	5517
股份合作企业	Cooperative Enterprises	435		5425	60
联营企业	Joint Enterprises			39	0
个人独资企业	Sole Proprietorship Enterprises	141778		1269824	62806
合伙企业	Partnership Enterprises	3798		53810	7306
其他内资企业	Other Domestic Invested Enterprises				
港澳台商投资企业	Enterprises with Investment from Hong Kong, Macao and Taiwan	82177		3124770	121335
外商投资企业	Enterprises With Foreign Investment	1364417		2784067	136787
个体经营	Individual				
按控股情况分	By Controlling Type				
#国有控股	State-owned and State-holding	2302791	45	6212027	481249

16-6 各市限额以上批发和零售企业(单位)商品购、销、存总额(2023年)

Total Purchases, Sales and Inventory of Enterprises above Designated Size of Wholesale and Retail Trades by City (2023)

单位：亿元 (100 million yuan)

地 区	Region	商品购进额 Purchases	商品销售额 Total Sales	批发额 Wholesale Trade	零售额 Retail Trade	年末商品库存额 Inventory (year-end)
郑州市	Zhengzhou	10784.58	11285.98	8993.35	2292.63	650.79
开封市	Kaifeng	327.23	358.79	219.85	138.94	22.13
洛阳市	Luoyang	2342.38	2486.37	2034.87	451.50	100.05
平顶山市	Pingdingshan	792.42	829.17	649.23	179.93	32.03
安阳市	Anyang	948.69	995.43	838.68	156.75	58.40
鹤壁市	Hebi	273.62	319.88	256.20	63.68	12.29
新乡市	Xinxiang	845.51	946.00	645.72	300.29	62.70
焦作市	Jiaozuo	742.41	828.50	690.45	138.05	40.98
濮阳市	Puyang	501.29	549.21	404.28	144.93	32.07
许昌市	Xuchang	587.84	651.16	428.41	222.75	45.70
漯河市	Luohe	647.46	735.04	598.53	136.51	19.41
三门峡市	Sanmenxia	468.36	550.45	476.91	73.54	26.29
南阳市	Nanyang	1142.45	1221.31	886.01	335.30	89.67
商丘市	Shangqiu	878.90	860.79	607.90	252.89	52.26
信阳市	Xinyang	430.31	521.34	266.59	254.75	36.61
周口市	Zhoukou	619.72	733.23	432.57	300.66	123.10
驻马店市	Zhumadian	462.58	547.45	354.28	193.17	29.97
济源示范区	Jiyuan	400.81	417.69	389.41	28.28	9.47

16-7 限额以上住宿和餐饮业企业(单位)经营情况(2023年)

Management of Enterprises above Designated Size of Star-rated Hotels and Catering Services (2023)

单位：万元 (10 000 yuan)

指标名称	Item	营业额 Total Business Revenue	客房收入 Guest room Revenue	餐费收入 Meal Revenue	商品销售额 Total Retail Sales of Consumer Goods	其他收入 Other Revenue
总　计	**Total**	**3179311**	**876564**	**2098998**	**65198**	**138551**
住宿业	**Hotels**	**1497387**	**845280**	**508294**	**36375**	**107437**
按国民经济行业分	By sector					
旅游饭店	Tourist hotel	811306	391033	312941	26758	80574
一般旅馆	General hotel	624741	418381	173598	8498	24264
其他住宿业	Others	51782	30163	18099	1036	2485
按登记注册统计类别分	By Registered Statistical Categories					
内资企业	Domestic Invested Enterprises	1469682	832706	496139	36322	104515
国有独资公司	Solely State-owned Enterprise	6426	3463	2804	114	46
私营有限责任公司	Private Limited Liability Corporations	934234	581301	291104	15789	46040
其他有限责任公司	Other Limited Liability Corporations	423244	205940	155430	15372	46502
私营股份有限公司	Private Share-holding Corporations Ltd.	10401	2541	3490	1742	2627
其他股份有限公司	Other Share-holding Corporations Ltd.	6360	3047	2744	1	568
全民所有制企业(国有企业)	Enterprise Owned by the Whole People (State-owned Enterprise)	51202	17734	23907	2178	7383
集体所有制企业(集体企业)	Collectively-owned Enterprises (Collective Enterprises)	11457	5009	6056	80	312
股份合作企业	Cooperative Enterprises	1356	513	698	115	31
联营企业	Joint Enterprises					
个人独资企业	Sole Proprietorship Enterprises	23520	12660	9434	866	560
合伙企业	Partnership Enterprises	1483	498	473	65	448
其他内资企业	Other Domestic Invested Enterprises					
港澳台商投资企业	Enterprises with Investment from Hong Kong, Macao and Taiwan	22511	9996	11002	1	1513
外商投资企业	Enterprises With Foreign Investment	5194	2578	1153	53	1410
个体经营	Individual					
按控股情况分	By Controlling Type					
#国有控股	State-holding	220489	87436	90580	7190	35283
按经营形式分	By Management Style					
独立门店	Independent store	1291275	687258	471521	34739	97757
连锁总店	Head office of Chain Store	1852	1305	547		
连锁直营店	Chain Direct-sale Store	11721	9067	2209	19	427
连锁加盟店	Chain Franchisee Store	107084	96609	7626	849	2000
其他	Others	85454	51040	26392	768	7254
按星级分	By Star Level					
五星	Five-star	176201	76957	67358	11017	20869
四星	Four-star	251691	119584	100662	6999	24445
三星	Three-star	234001	114040	93705	8812	17445
二星	Two-star	25897	14425	9060	328	2084
一星	One-star	8627	6357	1789	184	296
其他	Others	800970	513916	235720	9037	42298

16-7 续表 continued

单位：万元 (10 000 yuan)

指标名称	Item	营业额 Total Business Revenue	客房收入 Guest room Revenue	餐费收入 Meal Revenue	商品销售额 Total Retail Sales of Consumer Goods	其他收入 Other Revenue
餐饮业	**Catering Services**	**1681924**	**31284**	**1590704**	**28823**	**31113**
按国民经济行业分	By sector					
正餐服务	Dinner	1218445	30767	1148383	16249	23046
快餐服务	Fast Food	236560	97	227354	6516	2592
饮料及冷饮服务	Drinks and Cold Drinks	36785		35632	539	614
其他餐饮业	Others	11320	420	10671	1	227
按登记注册统计类别分	By Registered Statistical Categories					
内资企业	Domestic Invested Enterprises	1559968	31284	1468751	28819	31113
国有独资公司	Solely State-owned Enterprise					
私营有限责任公司	Private Limited Liability Corporations	946749	18885	903533	19342	4988
其他有限责任公司	Other Limited Liability Corporations	576144	10069	532442	8269	25364
私营股份有限公司	Private Share-holding Corporations Ltd.	269		269		
其他股份有限公司	Other Share-holding Corporations Ltd.	3153		2243	910	
全民所有制企业(国有企业)	Enterprise Owned by the Whole People (State-owned Enterprise)	1832	689	1143		
集体所有制企业(集体企业)	Collectively-owned Enterprises (Collective Enterprises)					
股份合作企业	Cooperative Enterprises	310		310		
联营企业	Joint Enterprises					
个人独资企业	Sole Proprietorship Enterprises	28433	1231	26338	190	673
合伙企业	Partnership Enterprises	3079	410	2474	108	87
其他内资企业	Other Domestic Invested Enterprises					
港澳台商投资企业	Enterprises with Investment from Hong Kong, Macao and Taiwan	1765		1762	4	0
外商投资企业	Enterprises With Foreign Investment	120191		120191		
个体经营	Individual					
按控股情况分	By Controlling Type					
#国有控股	State-holding	51706	6037	41013	1425	3231
按经营形式分	By Management Style					
独立门店	Independent store	1066398	27023	998355	16874	24146
连锁总店	Head office of Chain Store	183311		183272	22	16
连锁直营店	Chain Direct-sale Store	136853	573	134961	685	634
连锁加盟店	Chain Franchisee Store	18453		18329		124
其他	Others	276910	3689	255786	11242	6194

16-8 各市限额以上住宿和餐饮企业(单位)经营情况(2023年)

Operation Conditions of Enterprises above Designated Size of Star-rated Hotels and Catering Services by City (2023)

单位：万元 (10 000 yuan)

地区	Region	营业额 Total Business Revenue	客房收入 Guest Room Revenue	餐费收入 Meal Revenue	商品销售额 Total Retail Sales of Consumer Goods	其他收入 Other Revenue
郑州市	Zhengzhou	1496572	297581	1073422	30942	94627
开封市	Kaifeng	104013	41597	57809	1759	2848
洛阳市	Luoyang	253937	91531	150310	4417	7679
平顶山市	Pingdingshan	99829	27720	63655	5087	3368
安阳市	Anyang	119615	37573	79071	813	2158
鹤壁市	Hebi	26357	11204	13306	1153	695
新乡市	Xinxiang	86945	33970	50119	1343	1513
焦作市	Jiaozuo	48254	23161	21794	1418	1880
濮阳市	Puyang	39632	15273	21864	226	2268
许昌市	Xuchang	89947	32015	52996	1274	3662
漯河市	Luohe	49602	12520	36227	492	362
三门峡市	Sanmenxia	56006	20786	30853	979	3389
南阳市	Nanyang	228634	75061	143044	6795	3735
商丘市	Shangqiu	78029	27401	47390	855	2383
信阳市	Xinyang	137450	50890	79631	4568	2360
周口市	Zhoukou	140044	35034	102279	2339	392
驻马店市	Zhumadian	107444	36956	65703	609	4176
济源示范区	Jiyuan	17003	6292	9527	129	1055

16-9 各市限额以上住宿企业(单位)经营情况(2023年)
Operation Conditions of Star-rated Hotels above Designated Sized by City (2023)

单位：万元 (10 000 yuan)

地 区	Region	营业额 Total Business Revenue	客房收入 Guest Room Revenue	餐费收入 Meal Revenue	商品销售额 Total Retail Sales of Consumer Goods	其他收入 Other Revenue
郑州市	Zhengzhou	545530	297581	162222	16668	69059
开封市	Kaifeng	56777	37286	16041	885	2566
洛阳市	Luoyang	146042	88593	49544	839	7066
平顶山市	Pingdingshan	47758	26057	14997	4463	2241
安阳市	Anyang	57276	37573	17339	443	1922
鹤壁市	Hebi	17775	10970	5614	500	692
新乡市	Xinxiang	57039	33055	21726	953	1305
焦作市	Jiaozuo	28710	19296	7383	532	1499
濮阳市	Puyang	24668	14132	8142	137	2258
许昌市	Xuchang	63069	30756	28066	877	3370
漯河市	Luohe	24031	12149	11530	33	319
三门峡市	Sanmenxia	40243	20706	15358	801	3377
南阳市	Nanyang	122564	67925	49311	2688	2640
商丘市	Shangqiu	38862	26259	9989	569	2045
信阳市	Xinyang	93556	49757	37298	4285	2217
周口市	Zhoukou	53687	32689	19569	1074	354
驻马店市	Zhumadian	66040	34205	27882	500	3452
济源示范区	Jiyuan	13761	6292	6285	129	1055

16-10　各市限额以上餐饮企业(单位)经营情况(2023年)

Operation Conditions of Catering Services above Designated Size by City (2023)

单位：万元　　(10 000 yuan)

地　区	Region	营业额 Total Business Revenue	客房收入 Guest Room Revenue	餐费收入 Meal Revenue	商品销售额 Total Retail Sales of Consumer Goods	其他收入 Other Revenue
郑州市	Zhengzhou	951042		911199	14274	25568
开封市	Kaifeng	47236	4312	41768	874	282
洛阳市	Luoyang	107895	2938	100767	3578	613
平顶山市	Pingdingshan	52071	1663	48658	624	1127
安阳市	Anyang	62339		61732	370	237
鹤壁市	Hebi	8582	234	7692	653	3
新乡市	Xinxiang	29906	915	28393	390	208
焦作市	Jiaozuo	19543	3865	14411	887	381
濮阳市	Puyang	14963	1141	13722	89	11
许昌市	Xuchang	26878	1259	24930	398	292
漯河市	Luohe	25571	371	24698	459	43
三门峡市	Sanmenxia	15764	80	15495	178	11
南阳市	Nanyang	106070	7136	93732	4107	1095
商丘市	Shangqiu	39167	1141	37401	286	338
信阳市	Xinyang	43894	1134	42333	283	143
周口市	Zhoukou	86358	2345	82710	1265	38
驻马店市	Zhumadian	41404	2750	37821	108	724
济源示范区	Jiyuan	3242		3242		

16-11 限额以上批发和零售、住宿和餐饮法人企业主要财务指标(2023年)

Main Financial Indicators of Enterprises in Wholesale and Retail Trades, Hotels and Catering Services above Designated Size (2023)

单位：万元 (10 000 yuan)

指　标	Item	批发业 Wholesale	零售业 Retail	住宿业 Hotels	餐饮业 Catering
期末资产负债	**Assets and Liability (year-end)**				
流动资产合计	Current Assets	71710630	19956691	1864638	709593
应收帐款	Accounts Receivable	19552588	2653581	236908	153609
存货	Inventory	8846245	5705562	78162	55885
固定资产原价	Original Value of Fixed Assets	5094314	5406388	2595564	564142
累计折旧	Accumulated Depreciation	2050562	2190727	1077739	211647
本年折旧	Depreciation of Deducted This Year	337461	343883	112231	33294
固定资产净额	Net Fixed Assets	1894720	2080716	836876	161839
在建工程	Project Under Construction	279790	311531	203581	17346
无形资产	Intangible Assets	1019736	965012	211115	524823257
土地使用权	Land Use Right	457884	596495	101100	506374072
资产总计	Total Assets	85653354	27675206	4510999	1323422
流动负债合计	Total Flow liabilities	55554935	19803647	2577530	652405
应付账款	Accounts Payable	13851567	5798412	461243	149770
负债合计	Total Liabilities	61425555	20904405	3415291	833592
所有者权益合计	Total Owner's Equity	24168918	8033659	1095708	489808
实收资本	Actual Capital	16581056	10446166	1150125	342189
损益及分配	**Profit and Loss Apportionment**				
营业收入	Business Income	171027346	53085491	1452641	1606254
主营业务收入	Revenue from Principle Business	170321646	51590025	1404439	1569882
营业成本	Operating Costs	159919718	46406716	699633	937756
营业税金及附加	Business Taxes and Surcharges	1606228	155539	16547	5333
其他业务利润	Other Profits	219563	378369	4799	5356
销售费用	Selling Expenses	3461036	3192200	324444	357412
管理费用	Management Expenses	2468995	1586057	384967	203089
研发费用	R&D Expenses	52344	9335	250	403
财务费用	Financial Expenses	412893	244729	46368	11513
利息收入	Interest Income	146429	8832	2278	168
利息费用	Intrest Expenses	530991	116108	28995	3937
投资收益	Investment Income	340283	17448	3443	1504
营业利润	Operating Profit	3450935	1530539	-14912	102326
营业外收入	Non-operating Income	183139	71729	10893	5741
营业外支出	Non-business Expenses	85915	60829	6189	4471
利润总额	Total Profit	3540330	1533723	-10425	107139
应交所得税	Payable Income Tax	586347	251292	5104	12331
人工成本及增值税	**Labor cost and value added tax**				
应付职工薪酬	Wages Payable	2421165	2129188	433972	365126
应交增值税	VAT payable	1828851	516120	34202	21623

16-12 各市限额以上批发和零售法人企业主要财务指标(2023年)

Main Financial Indicators of Enterprises in Wholesale and Retail Trades above Designated Size by City (2023)

单位：万元 (10 000 yuan)

地区 Region	流动资产合计 Current Funds	#存货 Inventory	固定资产原价 Fixed Asset	资产总计 Original Values of Fixed Asset	所有者权益 Owners' Equity	营业收入 Business Income	营业成本 Operating Costs
郑州市 Zhengzhou	43382698	6131204	3005080	52498930	15363061	100052501	93331161
开封市 Kaifeng	1063816	261068	292855	1474444	600037	3300347	2785825
洛阳市 Luoyang	7774997	1093493	731406	10144790	2508156	22483214	21159150
平顶山市 Pingdingshan	3805371	341126	394139	4423727	860004	7493797	6909325
安阳市 Anyang	3602807	471524	332817	4258547	912832	9026773	8485405
鹤壁市 Hebi	991697	147413	281818	1513834	248288	2987644	2828918
新乡市 Xinxiang	3693632	689762	496604	4334257	1261249	8616651	7664261
焦作市 Jiaozuo	2349646	397607	346361	2900841	830635	7422223	6756434
濮阳市 Puyang	2298632	382082	270807	2721897	614961	5032098	4670169
许昌市 Xuchang	2161706	470119	389759	2718766	606295	6278482	5727965
漯河市 Luohe	1885742	224774	254942	2346995	502441	6911250	6236295
三门峡市 Sanmenxia	1765693	304189	374774	2166203	765754	4998407	4519674
南阳市 Nanyang	6599715	1014278	908798	7956100	2124630	11234494	9980312
商丘市 Shangqiu	2625584	550920	487391	3223959	1094832	7917443	7305721
信阳市 Xinyang	1760486	422894	615171	2485110	932975	4885943	4120272
周口市 Zhoukou	2925261	1180638	674250	3765525	1269612	6720661	5793363
驻马店市 Zhumadian	2311011	364124	527054	3421850	1266518	4950664	4411182
济源示范区 Jiyuan	668827	104592	116675	972784	440296	3800243	3641006

16−12 续表　continued

单位：万元　(10 000 yuan)

地区 Region	营业税金及附加 Business Taxes and Surcharges	销售费用 Selling Expenses	管理费用 Management Expenses	财务费用 Financial Expenses	营业利润 Operating Profits	利润总额 Total Profits	本年应缴增值税 VAT Payable
郑州市 Zhengzhou	372835	2919484	1537228	315243	1728286	1717913	720141
开封市 Kaifeng	70208	158454	105975	13536	167791	168686	45472
洛阳市 Luoyang	120965	455473	348645	56566	384071	385332	158143
平顶山市 Pingdingshan	76690	207421	154853	29737	118302	121161	83622
安阳市 Anyang	87229	169361	118573	17905	145729	137712	134338
鹤壁市 Hebi	24659	64287	42078	15187	43442	43734	17655
新乡市 Xinxiang	84232	353008	195876	21682	295372	297314	120418
焦作市 Jiaozuo	57583	271260	116054	17115	239917	258609	109077
濮阳市 Puyang	50294	122480	89686	12656	89161	93125	44049
许昌市 Xuchang	75319	212711	159771	18132	92884	100902	101507
漯河市 Luohe	63611	254204	102247	5412	277218	287399	146297
三门峡市 Sanmenxia	54106	174388	93229	7572	149554	182895	159741
南阳市 Nanyang	164518	383725	310343	46858	339229	348480	114973
商丘市 Shangqiu	111730	177746	142043	5056	151297	154096	86533
信阳市 Xinyang	99081	316174	154102	15145	192923	194817	68450
周口市 Zhoukou	133692	208673	190583	24566	377748	383352	120917
驻马店市 Zhumadian	99955	148233	156006	21167	135999	140150	80067
济源示范区 Jiyuan	15059	56156	37762	14086	52550	58378	33572

16-13 各市限额以上住宿和餐饮法人企业主要财务指标(2023年)

Main Economic Indicators of Enterprises in Hotels and Catering Services above Designated Size by City (2023)

单位：万元 (10 000 yuan)

地区	Region	流动资产合计 Current Funds	#存货 Inventory	固定资产原价 Original Values of Fixed Asset	资产总计 Total Assets	所有者权益 Owner's Equity	#实收资本 Paid-in Capital	营业收入 Business Income
郑州市	Zhengzhou	984191	43392	933309	1870895	285604	458029	1426831
开封市	Kaifeng	68213	7078	182923	244050	127135	118295	100834
洛阳市	Luoyang	247591	13184	270167	577378	153855	180411	244299
平顶山市	Pingdingshan	110917	4693	145345	244027	103971	123379	93761
安阳市	Anyang	66992	4209	194579	258094	121121	87476	121559
鹤壁市	Hebi	22529	1115	17576	39851	5392	12612	25590
新乡市	Xinxiang	166774	5453	85032	284473	69302	90445	84513
焦作市	Jiaozuo	50116	1374	55761	114398	13997	25992	46800
濮阳市	Puyang	41328	1536	113116	178486	82839	25970	41209
许昌市	Xuchang	89478	3100	148355	232946	48664	59255	90801
漯河市	Luohe	45786	3605	24957	61086	10947	8385	48745
三门峡市	Sanmenxia	32361	4200	188396	193125	4253	12006	53757
南阳市	Nanyang	175928	10518	226244	407295	125820	111266	217229
商丘市	Shangqiu	47802	4139	50341	104837	36644	19699	73754
信阳市	Xinyang	130849	9598	152793	327934	139781	43615	132414
周口市	Zhoukou	87211	5675	118003	195011	96226	27259	134944
驻马店市	Zhumadian	150701	10417	228151	386929	121783	80835	105213
济源示范区	Jiyuan	55466	760	24657	113606	38183	7385	16643

16-13 续表 continued

单位：万元 (10 000 yuan)

地 区 Region	营业成本 Operating Costs	营业税金及附加 Business Taxes and Surcharges	销售费用 Selling Expenses	管理费用 Management Expenses	财务费用 Financial Expenses	营业利润 Operating Profits	利润总额 Total Profits
郑 州 市 Zhengzhou	713072	5561	410554	282536	12869	16741	22174
开 封 市 Kaifeng	45914	863	19824	17964	1285	14998	14983
洛 阳 市 Luoyang	132941	1986	48179	51702	6671	1859	2814
平 顶 山 市 Pingdingshan	59339	1012	18555	18096	2451	-5147	-4798
安 阳 市 Anyang	78712	450	14459	26442	842	793	1130
鹤 壁 市 Hebi	17384	658	4027	5087	316	-1977	-1364
新 乡 市 Xinxiang	41587	705	19480	18942	2685	885	1297
焦 作 市 Jiaozuo	22275	182	6782	16344	1593	-248	166
濮 阳 市 Puyang	21550	233	9348	9201	4577	-3075	-2864
许 昌 市 Xuchang	44638	1129	15775	22338	2951	3587	3646
漯 河 市 Luohe	30092	173	7523	8748	619	1591	1665
三 门 峡 市 Sanmenxia	25248	1082	15226	13996	3225	-4280	-5624
南 阳 市 Nanyang	139826	2948	23038	23944	7595	19848	20342
商 丘 市 Shangqiu	44595	286	11614	12919	1391	3094	3230
信 阳 市 Xinyang	69943	1408	22780	21828	3002	13864	14863
周 口 市 Zhoukou	85134	1327	11955	14801	1933	19317	19491
驻 马 店 市 Zhumadian	56640	1639	19542	18124	3235	6530	6530
济 源 示 范 区 Jiyuan	8500	240	3196	5046	643	-966	-969

16-14 各种分组的连锁企业单位数(2023年)

Number of Chain Enterprise by Variety of Group (2023)

单位：个 (unit)

指标名称	Item	连锁总店 Head Offices of Chain Store	连锁门店数 Chain Stores	直营店 Under Direct Management	加盟店 Through License Arrangement
批发和零售业	**Wholesale and Retail**	**221**	**14852**	**11581**	**3271**
按登记注册统计类别分	By Registered Statistical Categories				
内资企业	Domestic Invested Enterprises	211	13713	10565	3148
国有独资公司	Solely State-owned Enterprise	2	164	108	56
私营有限责任公司	Private Limited Liability Corporations	126	4761	3193	1568
其他有限责任公司	Other Limited Liability Corporations	66	5366	3842	1524
私营股份有限公司	Private Share-holding Corporations Ltd.				
其他股份有限公司	Other Share-holding Corporations Ltd.	14	3197	3197	
全民所有制企业（国有企业）	Enterprise Owned by the Whole People (State-owned Enterprise)	3	225	225	
集体所有制企业（集体企业）	Collectively-owned Enterprises (Collective Enterprises)				
股份合作企业	Cooperative Enterprises				
联营企业	Joint Enterprises				
个人独资企业	Sole Proprietorship Enterprises				
合伙企业	Partnership Enterprises				
其他内资企业	Other Domestic Invested Enterprises				
港、澳、台商投资企业	Enterprises with Investment from Hong Kong, Macao and Taiwan	3	419	419	
外商投资企业	Enterprises With Foreign Investment	7	720	597	123
按国民经济行业分	By Sector				
批发业	Wholesale Trades	15	1758	1012	746
食品、饮料及烟草制品批发	Food, Beverages, Tobaccos Products	2	613	11	602
矿产品、建材及化工产品批发	Minerals, Building Materials and Chemical Products	10	797	797	
机械设备、五金产品及电子产品批发	Mechanical Equipment, Metal Products and Electronic Products				
零售业	Retail Trades	206	13094	10569	2525
综合零售	Comprehensive	54	1879	1525	354
食品、饮料及烟草制品专门零售	Food, Beverages and Tobaccos	9	212	171	41
纺织、服装及日用品专门零售	Textiles, Wearing Apparel and Household Articles	3	67	67	
文化、体育用品及器材专门零售	Culture, Sports Supplies and Equipment	6	30	30	
医药及医疗器材专门零售	Medicine and Medical Equipment	112	10060	8062	1998
汽车、摩托车、燃料及零配件专门零售	Automobiles, Motorcycles, Fuel and Spare Parts	11	721	589	132
家用电器及电子产品专门零售	Household Appliances and Electronic Products	11	125	125	
按业态分	By Format				
便利店	Neighbourhood Market	9	692	384	308
超市	Supermarket	30	474	428	46
仓储会员店	Warehouse Club				
百货店	Department Store	13	582	582	
专业店	Professional Shop	159	12347	10073	2274
#加油站	Gas station	21	1518	1386	132
品牌专卖店	Brand Store	5	80	80	

16-14 续表 continued

单位：个 (unit)

指标名称	Item	连锁总店 Head Offices of Chain Store	连锁门店数 Chain Stores	直营店 Under Direct Management	加盟店 Through License Arrangement
住宿和餐饮业	**Hotels and Catering**	**14**	**673**	**386**	**287**
按登记注册统计类别分	By Registered Statistical Categories				
内资企业	Domestic Invested Enterprises	12	147	147	
国有独资公司	Solely State-owned Enterprise				
私营有限责任公司	Private Limited Liability Corporations	10	42	42	
其他有限责任公司	Other Limited Liability Corporations	1	5	5	
私营股份有限公司	Private Share-holding Corporations Ltd.				
其他股份有限公司	Other Share-holding Corporations Ltd.	1	100	100	
全民所有制企业(国有企业)	Enterprise Owned by the Whole People (State-owned Enterprise)				
集体所有制企业(集体企业)	Collectively-owned Enterprises (Collective Enterprises)				
股份合作企业	Cooperative Enterprises				
联营企业	Joint Enterprises				
个人独资企业	Sole Proprietorship Enterprises				
合伙企业	Partnership Enterprises				
其他内资企业	Other Domestic Invested Enterprises				
港、澳、台商投资企业	Enterprises with Investment from Hong Kong, Macao and Taiwan				
外商投资企业	Enterprises With Foreign Investment	2	526	239	287
按国民经济行业分	By Sector				
住宿业	Hotels	1	4	4	
旅游饭店	Tourist hotel				
一般旅馆	General hotel	1	4	4	
其他住宿业	Others				
餐饮业	Catering Services	13	669	382	287
正餐服务	Restaurant	10	43	43	
快餐服务	Fast Food	3	626	339	287
小吃服务	Snack				

16−15 各种分组的连锁企业基本情况(2023年)

Basic Conditions of Chain Enterprise by Variety of Group (2023)

指标名称	Item	营业面积(平方米) Operational Area (sq.m)	从业人数(人) Employed Persons (person)	商品销售总额(万元) Total Sale Value (10 000yuan)	零售额(万元) Retail Sale (10 000yuan)
批发和零售业	**Wholesale and Retail**	**6384137**	**87164**	**10995040**	**9469399**
按登记注册统计类别分	By Registered Statistical Categories				
内资企业	Domestic Invested Enterprises	4335493	77891	7043601	6008497
国有独资公司	Solely State-owned Enterprise	112320	1452	327290	295563
私营有限责任公司	Private Limited Liability Corporations	1544257	32588	2694581	2451373
其他有限责任公司	Other Limited Liability Corporations	1206750	28048	1656790	1599087
私营股份有限公司	Private Share-holding Corporations Ltd.				
其他股份有限公司	Other Share-holding Corporations Ltd.	1401377	14872	1879927	1436233
全民所有制企业(国有企业)	Enterprise Owned by the Whole People (State-owned Enterprise)	70789	931	485013	226241
集体所有制企业(集体企业)	Collectively-owned Enterprises (Collective Enterprises)				
股份合作企业	Cooperative Enterprises				
联营企业	Joint Enterprises				
个人独资企业	Sole Proprietorship Enterprises				
合伙企业	Partnership Enterprises				
其他内资企业	Other Domestic Invested Enterprises				
港、澳、台商投资企业	Enterprises with Investment from Hong Kong, Macao and Taiwan	1005698	6067	1467079	1465084
外商投资企业	Enterprises With Foreign Investment	1042946	3206	2484360	1995818
按国民经济行业分	By Sector				
批发业	Wholesale Trades	1657047	6306	2663775	1861284
食品、饮料及烟草制品批发	Food, Beverages, Tobaccos Products	1860	688	53651	47478
矿产品、建材及化工产品批发	Minerals, Building Materials and Chemical Products	1626304	4655	2576533	1798808
机械设备、五金产品及电子产品批发	Mechanical Equipment, Metal Products and Electronic Products				
零售业	Retail Trades	4727090	80858	8331265	7608115
综合零售	Comprehensive	3023651	39580	4407595	4209701
食品、饮料及烟草制品专门零售	Food, Beverages and Tobaccos	20859	880	55198	41835
纺织、服装及日用品专门零售	Textiles, Wearing Apparel and Household Articles	13010	106	32024	30028
文化、体育用品及器材专门零售	Culture, Sports Supplies and Equipment	19356	662	55977	55977
医药及医疗器材专门零售	Medicine and Medical Equipment	1125006	35091	1295101	1250601
汽车、摩托车、燃料及零配件专门零售	Automobiles, Motorcycles, Fuel and Spare Parts	384946	3440	2229286	1763887
家用电器及电子产品专门零售	Household Appliances and Electronic Products	140262	1099	256086	256086
按业态分	By Format				
便利店	Neighbourhood Market	103998	2262	155274	84697
超市	Supermarket	1408870	25711	2450807	2339989
仓储会员店	Warehouse Club				
百货店	Department Store	1495233	10981	1783601	1767101
专业店	Professional Shop	3360983	47136	6489432	5169208
#加油站	Gas station	2011250	8095	4805819	3562695
品牌专卖店	Brand Store	13928	247	114577	108405

16-15 续表 continued

指标名称	Item	营业面积(平方米) Operational Area (sq.m)	从业人数(人) Employed Persons (person)	商品销售总额(万元) Total Sale Value (10 000yuan)	零售额(万元) Retail Sale (10 000yuan)
住宿和餐饮业	**Hotels and Catering**	**151560**	**9866**		
按登记注册统计类别分	By Registered Statistical Categories				
内资企业	Domestic Invested Enterprises	55264	4120		
国有独资公司	Solely State-owned Enterprise				
私营有限责任公司	Private Limited Liability Corporations	28111	938		
其他有限责任公司	Other Limited Liability Corporations	1153	73		
私营股份有限公司	Private Share-holding Corporations Ltd.				
其他股份有限公司	Other Share-holding Corporations Ltd.	26000	3109		
全民所有制企业(国有企业)	Enterprise Owned by the Whole People (State-owned Enterprise)				
集体所有制企业(集体企业)	Collectively-owned Enterprises (Collective Enterprises)				
股份合作企业	Cooperative Enterprises				
联营企业	Joint Enterprises				
个人独资企业	Sole Proprietorship Enterprises				
合伙企业	Partnership Enterprises				
其他内资企业	Other Domestic Invested Enterprises				
港、澳、台商投资企业	Enterprises with Investment from Hong Kong, Macao and Taiwan				
外商投资企业	Enterprises With Foreign Investment	96296	5746		
按国民经济行业分	By Sector				
住宿业	Hotels	40	77		
旅游饭店	Tourist hotel				
一般旅馆	General hotel	40	77		
其他住宿业	Others				
餐饮业	Catering Services	151520	9789		
正餐服务	Restaurant	29224	934		
快餐服务	Fast Food	122296	8855		
小吃服务	Snack				

16-16 连锁企业商品购进和配送情况(2023年)

Conditions of Purchase and Delivery of Chain Enterprise (2023)

单位：万元 (10 000 yuan)

指标名称	Item	商品购进总额 Total Purchases	统一配送商品购进额 Centralized Purchase and Delivery	自有配送中心配送商品购进额 Self Centralized Purchase and Delivery	非自有配送中心配送商品购进额 Non-self Centralized Purchase and Delivery
批发和零售业	**Wholesale and Retail**	**8746461**	**5577699**	**3093506**	**653878**
按登记注册统计类别分	By Registered Statistical Categories				
内资企业	Domestic Invested Enterprises	5391979	4854145	3084700	433251
国有独资公司	Solely State-owned Enterprise	1908	1908		
私营有限责任公司	Private Limited Liability Corporations	2283472	1954401	1577029	25643
其他有限责任公司	Other Limited Liability Corporations	1407563	1337054	760001	52747
私营股份有限公司	Private Share-holding Corporations Ltd.				
其他股份有限公司	Other Share-holding Corporations Ltd.	1214313	1076058	262947	354861
全民所有制企业(国有企业)	Enterprise Owned by the Whole People (State-owned Enterprise)	484723	484723	484723	
集体所有制企业(集体企业)	Collectively-owned Enterprises (Collective Enterprises)				
股份合作企业	Cooperative Enterprises				
联营企业	Joint Enterprises				
个人独资企业	Sole Proprietorship Enterprises				
合伙企业	Partnership Enterprises				
其他内资企业	Other Domestic Invested Enterprises				
港、澳、台商投资企业	Enterprises with Investment from Hong Kong, Macao and Taiwan	1458162	220628		220628
外商投资企业	Enterprises With Foreign Investment	1896321	502927	8806	
按国民经济行业分	By Sector				
批发业	Wholesale Trades	1920418	827345	601234	
食品、饮料及烟草制品批发	Food, Beverages, Tobaccos Products	98566	98566		
矿产品、建材及化工产品批发	Minerals, Building Materials and Chemical Products	1787344	701397	573851	
机械设备、五金产品及电子产品批发	Mechanical Equipment, Metal Products and Electronic Products				
零售业	Retail Trades	6826044	4750354	2492272	653878
综合零售	Comprehensive	4153541	2501125	1916868	245036
食品、饮料及烟草制品专门零售	Food, Beverages and Tobaccos	46069	22551	283	4644
纺织、服装及日用品专门零售	Textiles, Wearing Apparel and Household Articles	18297	16081		
文化、体育用品及器材专门零售	Culture, Sports Supplies and Equipment	44382	35041	12985	
医药及医疗器材专门零售	Medicine and Medical Equipment	1027362	947330	148692	395524
汽车、摩托车、燃料及零配件专门零售	Automobiles, Motorcycles, Fuel and Spare Parts	1271964	963796	180375	
家用电器及电子产品专门零售	Household Appliances and Electronic Products	264430	264430	233070	8674
按业态分	By Format				
便利店	Neighbourhood Market	132589	54885	20483	11027
超市	Supermarket	2266757	2131345	1843584	11796
仓储会员店	Warehouse Club				
百货店	Department Store	1741347	303999	41906	222214
专业店	Professional Shop	4459880	2942392	1187534	408842
#加油站	Gas station	3059308	1665192	754226	
品牌专卖店	Brand Store	126132	126132		

16-16 续表 continued

单位：万元 (10 000 yuan)

指标名称	Item	商品购进总额 Total Purchases	统一配送商品购进额 Centralized Purchase and Delivery	自有配送中心配送商品购进额 Self Centralized Purchase and Delivery	非自有配送中心配送商品购进额 Non-self Centralized Purchase and Delivery
住宿和餐饮业	**Hotels and Catering**	**101624**	**85671**	**33764**	**1134**
按登记注册统计类别分	By Registered Statistical Categories				
内资企业	Domestic Invested Enterprises	20819	4867	1314	1134
国有独资公司	Solely State-owned Enterprise				
私营有限责任公司	Private Limited Liability Corporations	5843	4867	1314	1134
其他有限责任公司	Other Limited Liability Corporations				
私营股份有限公司	Private Share-holding Corporations Ltd.				
其他股份有限公司	Other Share-holding Corporations Ltd.	14977			
全民所有制企业(国有企业)	Enterprise Owned by the Whole People (State-owned Enterprise)				
集体所有制企业(集体企业)	Collectively-owned Enterprises (Collective Enterprises)				
股份合作企业	Cooperative Enterprises				
联营企业	Joint Enterprises				
个人独资企业	Sole Proprietorship Enterprises				
合伙企业	Partnership Enterprises				
其他内资企业	Other Domestic Invested Enterprises				
港、澳、台商投资企业	Enterprises with Investment from Hong Kong, Macao and Taiwan				
外商投资企业	Enterprises With Foreign Investment	80805	80805	32450	
按国民经济行业分	By Sector				
住宿业	Hotels				
旅游饭店	Tourist hotel				
一般旅馆	General hotel				
其他住宿业	Others				
餐饮业	Catering Services	101624	85671	33764	1134
正餐服务	Restaurant	5843	4867	1314	1134
快餐服务	Fast Food	95781	80805	32450	
小吃服务	Snack				

16−17 各种分组的住宿餐饮业连锁企业主要指标(2023年)

Main Indicators of Chain Hotels and Catering Services Enterprise by Variety of Group (2023)

指标名称	Item	客房数(间) Number of Rooms (unit)	床位数(个) Number of Beds (unit)	餐位数(位) Number of Seats in Restaurant (unit)	营业额(万元) Bussiness Revenue (10 000 yuan)	餐费收入(万元) From Meals (10 000 yuan)
总计	**Total**	**307**	**465**	**66229**	**247937**	**246768**
按登记注册统计类别分	By Registered Statistical Categories					
内资企业	Domestic Invested Enterprises	307	465	31970	62971	61802
国有独资公司	Solely State-owned Enterprise					
私营有限责任公司	Private Limited Liability Corporations	307	465	8517	15139	14097
其他有限责任公司	Other Limited Liability Corporations			453	1981	1854
私营股份有限公司	Private Share-holding Corporations Ltd.					
其他股份有限公司	Other Share-holding Corporations Ltd.			23000	45851	45851
全民所有制企业(国有企业)	Enterprise Owned by the Whole People (State-owned Enterprise)					
集体所有制企业(集体企业)	Collectively-owned Enterprises (Collective Enterprises)					
股份合作企业	Cooperative Enterprises					
联营企业	Joint Enterprises					
个人独资企业	Sole Proprietorship Enterprises					
合伙企业	Partnership Enterprises					
其他内资企业	Other Domestic Invested Enterprises					
港、澳、台商投资企业	Enterprises with Investment from Hong Kong, Macao and Taiwan					
外商投资企业	Enterprises With Foreign Investment			34259	184966	184966
按国民经济行业分	By Sector					
住宿业	Hotels	307	465	40	1022	6
旅游饭店	Tourist Hotel					
一般旅馆	General Hotel	307	465	40	1022	6
其他住宿业	Others					
餐饮业	Catering Services			66189	246915	246762
正餐服务	Restaurant			8930	16098	15945
快餐服务	Fast Food			57259	230817	230817
小吃服务	Snack					

16-18 亿元以上商品交易市场情况

Statistics on Commodity Exchange Market of Turnover above 100 million yuan

类　别	Type	2022		2023	
		摊位数量（个）Number of Booths (unit)	成交额（亿元）Total Turnover (100 million yuan)	摊位数量（个）Number of Booths (unit)	成交额（亿元）Total Turnover (100 million yuan)
总　计	**Total**	**81128**	**2969.28**	**75674**	**3025.91**
粮油、食品类	Food	27756	1816.56	27369	1868.52
#粮油类	Grain, Edible Oil, Fruits, Vegetables	4283	395.27	4170	382.60
肉禽蛋类	Meat, Poultry and Eggs	2647	143.15	2426	132.51
水产品类	Aquatic Products	4180	386.11	4554	398.84
蔬菜类	Vegetables	7702	368.03	7414	406.46
干鲜果品类	Dried and Fresh Melons and Fruits	5519	393.81	5233	400.69
饮料类	Beverages	2162	134.21	1966	126.25
烟酒类	Tobacco and Liquor	974	33.98	964	36.29
服装、鞋帽、针纺织品类	Garments, Footwears, Hats, Knitwear and Textiles	21316	228.34	19127	224.45
服装类	Clothing	12738	126.15	11188	117.66
鞋帽类	Shoes and Hats	5056	85.46	4774	89.48
针纺织品类	Knitwear and Textiles	3522	16.73	3165	17.30
化妆品类	Cosmetics	717	8.76	671	14.15
金银珠宝类	Gold, Silver and Jewelry	144	6.93	184	7.39
日用品类	Articles for Daily Use	5393	35.00	5031	22.83
其中：可穿戴智能设备	Wearable smart devices	679	18.52	872	2.49
五金、电料类	Hardware and Electrical Materials	3847	28.00	3406	22.10
体育、娱乐用品类	Sports & Recreation Articles	377	10.72	514	1.33
书报杂志类	Newspapers and Magazines	3	0.00	3	0.00
电子出版物及音像制品类	E-journals and Video Products	24	0.51	25	0.52
家用电器和音像器材类	Household Appliances and Video Appliances	1211	32.09	947	9.03
中西药品类	Traditional Chinese and Western Medicines	124	1.77	115	1.74
#西药类	Western Medicines	3	0.02	3	0.03
中草药及中成药类	Traditional Chinese Medicines	117	1.72	108	1.68
文化办公用品类	Cultural and Official Appliances	2342	21.46	1593	56.05
家具类	Furniture	1597	34.20	1793	33.95
通讯器材类	Communication Appliances	515	18.49	757	30.04
煤炭及制品类	Coal and Related Products				
木材及制品类	Wood and Wooden Products			14	0.02
石油及制品类	Petroleum and Related Products				
化工材料及制品类	Chemical Materials and Related Products	377	1.55	330	0.99
#化肥类	Fertilizers				
金属材料类	Metals Materials	1869	309.40	1931	322.93
建筑及装潢材料类	Building and Decoration Materials	5563	98.38	5518	101.90
机电产品及设备类	Mechanical & Electrical Products	1318	9.63	490	3.59
#农机类	Agricultural Machineries				
汽车类	Automobiles	301	69.73	230	75.80
种子饲料类	Seeds and Feedstuff	8	0.01	8	0.00
棉麻类	Cotton and Hemp				
其他类	Others	3190	69.55	2688	66.05

16-19 各市亿元以上商品交易市场情况

Statistics on Commodity Exchange Market of Turnover above 100 million yuan by City

地区	Region	2022		2023	
		摊位数量 (个) Number of Booths (unit)	成交额 (亿元) Total Turnover (100 million yuan)	摊位数量 (个) Number of Booths (unit)	成交额 (亿元) Total Turnover (100 million yuan)
郑州市	Zhengzhou	29215	1203.84	28857	1264.15
开封市	Kaifeng	1597	11.08	1678	10.92
洛阳市	Luoyang	5836	263.66	5890	280.48
平顶山市	Pingdingshan	165	4.71	125	2.25
安阳市	Anyang	447	7.92	428	6.66
鹤壁市	Hebi	228	22.03	167	12.76
新乡市	Xinxiang	4831	72.84	3585	71.42
焦作市	Jiaozuo	972	9.45	972	14.47
濮阳市	Puyang			1381	306.67
许昌市	Xuchang	1345	286.47	1588	12.79
漯河市	Luohe	1589	12.72	68	7.65
三门峡市	Sanmenxia	65	6.89	5193	96.68
南阳市	Nanyang	6040	98.74	12704	494.64
商丘市	Shangqiu	12700	513.81	1519	20.26
信阳市	Xinyang	1535	19.78	6361	298.39
周口市	Zhoukou	6320	284.78	2413	102.53
驻马店市	Zhumadian	5502	131.98	2745	23.19
济源示范区	Jiyuan	2741	18.58		

16-20 按行业分企业信息化及电子商务情况(2023年)

Informationization and E-commerce Situation by Sector (2023)

行业	Sector	企业个数(个) Number of Enterprises (unit)	期末使用计算机数(台) Number of Computers in Use at Year-end (set)	每百人使用计算机数(台) Number of Computers in Use Per 100 People (unit)	企业拥有网站数(个) Number of Websites Owned by Enterprises (unit)
总计	**Total**	**71075**	**1966765**	**30**	**25170**
采矿业	Mining	542	62278	21	174
制造业	Manufacturing	21034	597198	24	11380
电力、热力、燃气及水生产和供应业	Production and Supply of Electricity, Heat, Gas and Water	1115	123659	53	434
建筑业	Construction	10554	245606	17	2822
批发和零售业	Wholesale and Retail Trade	17759	237673	45	4107
交通运输、仓储和邮政业	Transport, Storage and Post	2196	82973	31	533
住宿和餐饮业	Hotels and Catering Services	3833	33398	23	918
信息传输、软件和信息技术	Information Transmission, Software and Information Technology	787	191765	96	629
房地产业	Real Estate	7989	104936	39	1990
租赁和商务服务业	Leasing and Business Services	1739	42175	14	589
科学研究和技术服务业	Scientific Research and Technical Services	1152	96830	76	650
水利、环境和公共设施管理业	Management of Water Conservancy, Environment and Public Facilities	401	9197	7	146
居民服务、修理和其他服务业	Services to Households, Repair and Other Services	488	3442	7	107
教育	Education	559	78616	92	263
卫生和社会工作	Health and Social Work	440	43355	60	245
文化、体育和娱乐业	Culture, Sports and Entertainment	487	13664	53	183

注：有电子商务交易活动的企业是指通过互联网开展电子商务销售或电子商务采购的企业(下表同)。
Enterprises with e-commerce transaction activities refer to enterprises that carry out e-commerce sales or e-commerce procurement through the Internet (the same as the table below).

16-20 续表 continued

行业	Sector	每百家企业拥有网站数(个) Number of Websites Owned Per 100 Enterprises (unit)	有电子商务交易活动 E-commerce Transactions 企业数(个) Number of Enterprises (unit)	比重(%) Proportion (%)	电子商务销售额(亿元) Sales of E-commerce (100 million yuan)	电子商务采购额(亿元) Purchase Amount of E-commerce (100 million yuan)
总计	**Total**	**35**	**6438**	**9.1**	**9813.26**	**3953.67**
采矿业	Mining	32	24	4.4	309.32	300.02
制造业	Manufacturing	54	1911	9.1	2968.66	1462.79
电力、热力、燃气及水生产和供应业	Production and Supply of Electricity, Heat Gas and Water	39	82	7.4	2370.74	16.13
建筑业	Construction	27	241	2.3	3.21	212.85
批发和零售业	Wholesale and Retail Trade	23	2054	11.6	2970.77	1735.14
交通运输、仓储和邮政业	Transport, Storage and Post	24	159	7.2	266.88	10.40
住宿和餐饮业	Hotels and Catering Services	24	1121	29.2	43.10	1.15
信息传输、软件和信息技术	Information Transmission, Software and Information Technology	80	175	22.2	606.49	91.50
房地产业	Real Estate	25	160	2.0	8.93	1.73
租赁和商务服务业	Leasing and Business Services	34	135	7.8	220.65	120.01
科学研究和技术服务业	Scientific Research and Technical Services	56	69	6.0	12.50	1.72
水利、环境和公共设施管理业	Management of Water Conservancy, Environment and Public Facilities	36	46	11.5	11.49	0.02
居民服务、修理和其他服务业	Services to Households, Repair and Other Services	22	38	7.8	0.80	0.01
教育	Education	47	43	7.7	2.29	0.02
卫生和社会工作	Health and Social Work	56	44	10.0	2.50	0.16
文化、体育和娱乐业	Culture, Sports and Entertainment	38	136	27.9	14.92	0.02

16-21 按地区分企业信息化及电子商务情况(2023年)

Informationization and E-commerce Situation by Region (2023)

地 区 Region	企业个数 (个) Number of Enterprises (unit)	期末使用计算机数 (台) Number of Computers in Use at Year-end (set)	每百人使用计算机数 (台) Number of Computers in Use Per 100 People (unit)	企业拥有网站数 (个) Number of Websites Owned by Enterprises (unit)	每百家企业拥有网站数 (个) Number of Websites Owned Per 100 Enterprises (unit)	有电子商务交易活动 E-commerce Transactions 企业数 (个) Number of Enterprises (unit)	有电子商务交易活动 E-commerce Transactions 比重 (%) Proportion (%)	电子商务销售额 (亿元) Sales of E-commerce (100 million yuan)	电子商务采购额 (亿元) Purchase Amount of E-commerce (100 million yuan)
全 省 Total	**71075**	**1966765**	**30**	**25170**	**35**	**6438**	**9.1**	**9813.26**	**3953.67**
郑 州 市 Zhengzhou	14632	780512	39	7922	54	2003	13.7	5505.13	1593.73
开 封 市 Kaifeng	2673	48312	22	959	36	218	8.2	182.58	77.14
洛 阳 市 Luoyang	5833	212808	42	2188	38	556	9.5	405.60	178.95
平 顶 山 市 Pingdingshan	3400	82845	27	829	24	241	7.1	536.79	323.18
安 阳 市 Anyang	3289	73014	18	980	30	223	6.8	195.74	82.34
鹤 壁 市 Hebi	1396	36168	30	387	28	84	6.0	39.54	18.36
新 乡 市 Xinxiang	5118	119153	26	2306	45	407	8.0	230.68	81.22
焦 作 市 Jiaozuo	2909	66441	27	954	33	225	7.7	416.79	159.92
濮 阳 市 Puyang	2237	56467	23	740	33	173	7.7	236.17	186.58
许 昌 市 Xuchang	3241	66140	27	892	28	328	10.1	305.32	260.39
漯 河 市 Luohe	1904	31738	23	442	23	173	9.1	564.72	462.77
三 门 峡 市 Sanmenxia	1855	42253	32	359	19	130	7.0	320.70	96.76
南 阳 市 Nanyang	5837	104441	24	1554	27	388	6.6	206.31	125.94
商 丘 市 Shangqiu	3906	60824	20	886	23	193	4.9	159.11	69.24
信 阳 市 Xinyang	3990	53797	21	1164	29	423	10.6	159.58	66.07
周 口 市 Zhoukou	4447	60813	18	1397	31	271	6.1	160.15	78.57
驻 马 店 市 Zhumadian	3525	49189	20	907	26	333	9.4	145.27	58.60
济源示范区 Jiyuan	883	21550	22	304	34	69	7.8	43.10	33.93

主要统计指标解释

社会消费品零售总额 指企业（单位、个体户）通过交易直接售给个人、社会集团非生产、非经营用的实物商品金额，以及提供餐饮服务所取得的收入金额。个人包括城乡居民和入境人员，社会集团包括机关、社会团体、部队、学校、企事业单位、居委会或村委会等。

批发业 指向其他批发或零售单位（含个体经营者）及其他企事业单位、机关团体等批量销售生活用品、生产资料的活动，以及从事进出口贸易和贸易经纪与代理的活动，包括拥有货物所有权，并以本单位（公司）的名义进行交易活动，也包括不拥有货物的所有权，收取佣金的商品代理、商品代售活动；还包括各类商品批发市场中固定摊位的批发活动，以及以销售为目的的收购活动。

零售业 指百货商店、超级市场、专门零售商店、品牌专卖店、售货摊等主要面向最终消费者（如居民等）的销售活动，以互联网、邮政、电话、售货机等方式的销售活动，还包括在同一地点，后面加工生产，前面销售的店铺（如面包房）；谷物、种子、饲料、牲畜、矿产品、生产用原料、化工原料、农用化工产品、机械设备（乘用车、计算机及通信设备除外）等生产资料的销售不作为零售活动；多数零售商对其销售的货物拥有所有权，但有些则是充当委托人的代理人，进行委托销售或以收取佣金的方式进行销售；零售也按销售渠道分为有店铺零售和无店铺零售，其中有店铺零售分为综合零售和专门零售。

批发和零售业商品购进、销售、库存额 指各种登记注册类型的批发和零售业企业（单位）以本企业（单位）为总体的，从国内、国外市场购进的商品总价，销售和出口的商品总价，库存的商品总价等情况。该指标可以反映商品流转过程中商品的购进、销售、库存之间的比例关系和存在的问题。

商品购进额 指从本企业以外的单位和个人购进（包括从国外直接进口）作为转卖或加工后转卖的商品金额（含增值税）。商品购进包括：(1)从工农业生产者、批发和零售业、住宿和餐饮业、出版社或报社的出版发行部门和其他服务业等企事业单位和个体经营户购进的商品；(2)从机关、社会团体购进的商品；(3)从海关、市场管理部门购进的缉私和没收的商品；(4)从居民收购的废旧商品等。不包括：(1)企业为本单位自身经营用，不是作为转卖而购进的商品，如材料物资、包装物、低值易耗品、办公用品等；(2)未通过买卖行为而收入的商品，如接受其他部门移交的商品、借入的商品、收入代其他单位保管的商品、其他单位赠送的样品、加工回收的成品等；(3)经本单位介绍，由买卖双方直接结算，本单位只收取手续费的业务；(4)销售退回和买方拒付货款的商品；(5)商品溢余；(6)期货交易商品。

商品销售额 指对本单位以外的单位和个人出售的商品金额（包括售给本单位消费用的商品，含增值税）。商品销售包括：(1)售给城乡居民和社会集团消费用的商品；(2)售给农业、工业、建筑业、服务业等国民经济各行业用于生产、经营用的商品，包括售予批发和零售业作为转卖或加工后转卖的商品；(3)对国（境）外直接出口的商品。不包括：(1)未通过买卖行为付出的商品，如因机构变动移交给其他企业单位的商品、借出的商品、归还受其他单位委托代保管的商品、付出的加工原料和赠送给其他单位的样品等；(2)促销返券所销售的、不计入营业收入的商品；(3)经本单位介绍，由买卖双方直接结算，本单位只收取手续费的业务；(4)未发生所有权转移的商品预付卡销售，如加油卡；(5)汽车维修、电话卡销售等服务性经营活动；(6)购货退回的商品；(7)商品损耗和损失；(8)出售本单位自用的废旧物资；(9)期货交易商品；(10)自来水供应企业、电力企业、天然气供应企业提供的水、电、气。

期末商品库存额 对于批发和零售业法人单位和个体经营户，是指报告期末取得所有权的全部商品金额（含增值税）；对于批发和零售业产业活动单位，是指报告期末实际在库且归属法人具有所有权的全部商品金额（含增值税）。这个指标反应批发和零售业的商品库存情况，以及对市场商品供应的保证程度。库存商品包括：(1)存放在本单位（如门市部、批发站、采购站、经营处）的仓库、货场、货柜和货架中的商品；(2)挑选、整理、包装中的商品；(3)已记入购进而尚未运到本单位的商品，即发货单或银行承兑凭证已到而货未到的商品；(4)寄放他处的商品，如因购货方拒绝付款而暂时存在购货方的商品；(5)委托其他单位代销（未作销售或调出）尚未售出的商品；(6)代其他单位购进尚未交付的商品。不包括：(1)所有权不属于本单位的商品，如商品已作销售但买方尚未取走的商品，代替他人保管、运输、加工的商品，代其他单位销售（未做购进或调入）而未出售的商品；(2)委托外单位加工的商品（包括本单位所属加工厂和其他生产单位加工生产尚未收回成品的商品）；(3)外贸企业代理其他单位从国外进口，尚未付给订货单位的商品；(4)代国家储备部门保管的商品。

连锁总店（总部）　指负责连锁企业资源（商号、商誉、经营模式、服务标准、管理模式等等）的开发、配置、控制或使用等功能的企业核心管理机构。连锁经营是指经营同类商品或服务，使用统一商号的若干店铺，在同一总店（总部）的管理下，采取统一采购或特许经营等方式，实现规模效益的组织形式，包括直营连锁、特许连锁和自愿连锁三种形式。系统内企业，如新华书店、烟草公司、石油公司等，应注意是否具备连锁经营特征，如果不具备连锁经营特征，则不能纳入连锁统计范畴。直营连锁是指连锁店铺由连锁公司全资或控股开设，在总部的直接控制下，开展统一经营的连锁经营形式；特许连锁是指拥有注册商标、企业标志、专利、专有技术等经营资源的企业（特许人），以合同形式将其拥有的经营资源许可其他经营者（被特许人）使用，被特许人按合同约定在统一的经营模式下开展经营，并向特许人支付特许经营费用的连锁经营形式；自愿连锁是指若干个店铺或企业自愿组合起来，在不改变各自资产所有权关系的情况下，以同一个品牌形象面对消费者，以共同进货为纽带开展的连锁经营形式。

亿元以上商品交易市场　指年成交额在亿元及以上的商品交易市场。商品交易市场是指经有关部门和组织批准设立，有固定场所、设施，有经营管理部门和监管人员，若干市场经营者入内，常年或实际开业三个月以上，集中、公开、独立地进行生活消费品、生产资料等现货商品交易以及提供相关服务的交易场所，包括各类消费品市场、生产资料市场等。

住宿业　指为旅行者提供短期留宿场所的活动，有些单位只提供住宿，也有些单位提供住宿、饮食、商务、娱乐一体的服务，不包括主要按月或按年长期出租房屋住所的活动。

餐饮业　指通过即时制作加工、商业销售和服务性劳动等，向消费者提供食品和消费场所及设施的服务。

营业额　指住宿和餐饮业单位在经营活动中，因提供服务或销售商品等取得的全部收入（含增值税），收入主要来源于提供客房、餐费服务、商品销售和其他服务，如商务服务。不包括多产业法人企业附营的其他行业产业活动单位的餐费收入、商品销售收入等各项收入。

Explanatory Notes on Main Statistical Indicators

Total Retail Sales of Consumer Goods refer to the amount obtained by enterprises (units, self-employed individuals) through direct sales of non-production and non-business physical commodity to individuals, social institutions, and revenue from providing catering services. Individuals include rural and urban households, population from abroad, social institutions include government agencies, social organizations, military units, schools, institutions, neighbourhood (village) committees.

Wholesale Trade refers to the activities of selling wholesale commodities for daily use and capital goods to enterprises of wholesale and retail trades (including self-employed individuals) and other enterprises, institutions and government organs and organizations, and the activities of engaging in import and export and acting as a trade agent. The wholesaler may have the ownership of the commodities for wholesale and trade in the name of its own (a company), and the wholesaler can act as commission agent or commodity broker without the ownership of commodities. Also included are the wholesale activities at the fixed stalls in wholesale market and the acquisition for sales purpose.

Retail Trade refers to sales activities mainly aimed at end consumers (such as residents), such as department stores, supermarkets, specialized retail stores, brand stores, and vending stalls. Sales activities through the internet, postal service, telephone, vending machines, and other means also include stores (such as bakeries) that are processed and produced in the same location and sold in the front; The sale of production materials such as grains, seeds, feed, livestock, mineral products, production raw materials, chemical raw materials, agricultural chemical products, mechanical equipment (excluding passenger cars, computers, and communication equipment) shall not be considered as retail activities; Most retailers have ownership of the goods they sell, but some act as agents for the principal, either through commission or commission; Retail is also divided into store based retail and non store based retail according to sales channels, with store based retail divided into comprehensive retail and specialized retail.

Purchase, Sales and Stock of Commodities by Wholesale and Retail Trades refer to the total volume of commodities purchased, total volume of sales and exports, and the stock of commodities by wholesale and retail enterprises (establishments) of different status of registration from domestic and overseas markets. This indicator reflects the relationship among purchase, sales and stock of commodities in the circulation of goods and reveals the existing problems.

Total Purchases of Commodities refer to the total value of purchases of commodities by enterprises (establishments) from other establishments or individuals (including direct import from abroad) for the purpose of re-selling, either with or without further processing of the commodities purchased. The commodities include: (1) commodities purchased from agricultural and industrial producer, wholesaler, retailer, publishing house and other enterprises, institutions and individual operators of service business; (2) commodities purchased from institutions and government departments; (3) confiscated goods purchased from the customs authorities or market management agencies; (4) second-hand goods and wastes purchased from residents; The commodities exclude (1) commodities purchased by enterprises (establishments) for use in their own business operation, commodities obtained without buying or selling procedures such as materials, consumable goods of low value, office appliance, etc; (2) received goods without trading, such as goods handed over from others, borrowed goods, preserved goods for others, donated goods from others, processed and retrieved goods, etc; (3) goods of direct settlement between buyer and seller with handling fees introduced by others; (4) goods returned or refused to pay by the buyer; (5) excessive goods; (6) futures trading commodities.

Total Sales of Commodities refers to sales activities mainly aimed at end consumers (such as residents), such as department stores, supermarkets, specialized retail stores, brand stores, and vending stalls. Sales activities through the internet, postal service, telephone, vending machines, and other means also include stores (such as bakeries) that are processed and produced in the same location and sold in the front; The sale of production materials such as grains, seeds, feed, livestock, mineral products, production raw materials, chemical raw materials, agricultural chemical products, mechanical equipment (excluding passenger cars, computers, and communication equipment) shall not be considered as retail activities; Most retailers have ownership of the goods they sell, but some act as agents for the principal, either through commission or commission; Retail is also divided into store based retail and non store based retail according to sales channels, with store based retail divided into comprehensive retail and specialized retail. Sales revenue of goods refers to the amount of goods sold to units and individuals outside of the unit (including goods sold to the unit for consumption, including value-added tax). Sales of goods include (1) goods sold to urban and rural residents and social groups for consumption; (2) Goods sold to various industries of the national economy, such as agriculture, industry, construction, and service industries, for production and business purposes, including goods sold to wholesale and retail industries for resale or resale after processing; (3) Goods directly exported to foreign countries. Excluding: (1) Goods that have not been paid through buying and selling behavior, such as goods transferred to other enterprise units due to institutional changes, borrowed goods, returned goods entrusted by other units for safekeeping, paid processing materials, and samples given to other units; (2) Products sold through promotional rebates that are not included in operating income; (3) According to our company's introduction, direct settlement is made between the buyer and the seller, and our company only charges handling fees for the business; (4) Prepaid card sales of goods that have not undergone ownership transfer, such as fuel cards; (5) Service business activities such as car maintenance and telephone card sales; (6) Goods returned after purchase; (7) Loss and loss of goods; (8) Sell waste materials used by the unit itself; (9) Futures trading commodities; (10) Water, electricity, and gas provided by water supply enterprises, power enterprises, and natural gas supply enterprises.

Ending Inventory of Goods For wholesale and retail legal entities and individual businesses, it refers to the total amount of goods (including value-added tax) that have acquired ownership at the end of the reporting period; For wholesale and retail industry activity units, it refers to the total amount of goods (including value-added tax) that are actually in stock and owned by the legal person at the end of the reporting period. This indicator reflects the inventory situation of goods in the wholesale and retail industries, as well as the degree of guarantee for market supply of goods. Inventory goods include: (1) goods stored in warehouses, yards, containers, and shelves of the unit (such as stores, wholesale stations, procurement stations, and operating offices); (2) Selecting, organizing, and packaging goods; (3) Goods that have been recorded as purchased but have not yet been shipped to our unit, i.e. goods that have arrived on the delivery note or bank acceptance certificate but have not yet arrived; (4) Goods sent elsewhere, such as goods temporarily existing due to the buyer's refusal to pay; (5) Entrusting other units to sell (unsold or transferred out) unsold goods on a commission basis; (6) Purchase undelivered goods on behalf of other units. Excluding: (1) Goods whose ownership does not belong to this unit, such as goods that have been sold but have not been taken away by the buyer, goods that have been stored, transported, or processed on behalf of others, and goods that have been sold (not purchased or transferred in) on behalf of other units but have not been sold; (2) Goods processed by outsourcing units (including goods processed and produced by processing factories and other production units that have not yet received finished products); (3) Foreign trade enterprises act as agents for other units to import goods from abroad that have not yet been paid to the ordering unit; (4) Goods stored on behalf of the national reserve department.

Chain Head Stores (headquarter) refers to the core management organization responsible for the development, configuration, control, or use of chain enterprise resources (trade names, goodwill, business models, service standards, management models, etc.). Chain operation refers to the organizational form of operating similar goods or services, using several stores under a unified business name, under the management of the same head office (headquarters), through unified procurement or franchise, to achieve economies of scale. It includes three forms: direct chain, franchise chain, and voluntary chain. Enterprises within the system, such as Xinhua Bookstore, Tobacco Company, Oil Company, etc., should pay attention to whether they have the characteristics of chain operation. If they do not have the characteristics of chain operation, they cannot be included in the category of chain statistics.

Direct chain refers to a form of chain operation in which a chain store is wholly owned or controlled by a chain company and operates under the direct control of the headquarters;

Franchised chain operation refers to a chain operation form in which an enterprise (franchisor) that owns registered trademarks, corporate logos, patents, proprietary technologies, and other operating resources licenses its own operating resources to other operators (franchisees) in the form of a contract. The franchisee operates under a unified operating model according to the contract and pays franchise fees to the franchisor;

Voluntary chain operation refers to the form of chain operation in which several stores or enterprises voluntarily combine to face consumers with the same brand image without changing their respective asset ownership relationships, and carry out joint purchasing as a link.

Large Commodity Markets with Transaction Value over 100 Million Yuan refers to the commodity markets with an annual transaction at and above 100 million. The commodity market refers to the markets approved and managed by related departments, where there are fixed sites, facilities, managers and administration offices, where there are a certain number of traders to operate for three month and above or all the year, where the commodities including the articles for daily consumption and capital goods and services are traded in a centralized, independent and open way. Such market includes markets of daily goods and market of capital goods, etc.

Hotel Services refer to the accommodation services provided to visitors. Some units may provide only accommodation while others provide a combination of accommodation, meals, business services and/or recreational facilities. It excludes activities related to the provision of long-term primary residences in facilities such as apartments typically leased on a monthly or annual basis.

Catering Services refer to the activities of providing foods, serving locations and facilities to customers through instant processing, commercial sales and service-type labor.

Business Revenue refers to the total income (including value-added tax) obtained by accommodation and catering units in their business activities from providing services or selling goods. The income mainly comes from providing guest rooms, meal services, selling goods, and other services, such as business services. Excluding various income such as meal expenses and sales revenue from other industry activity units operated by multi industry legal entity enterprises.

金融业

Financial Intermediation

17

◎ 资料整理：刘蒙单

简要说明

一、主要内容

本篇包括金融机构、证券业、保险业和国债发行情况资料。

二 、资料来源

金融机构和国债发行情况资料来源于中国人民银行河南省分行。

证券业资料来源于河南证监局、中共河南省委金融委员会办公室。

保险业资料来源于国家金融监督管理总局河南监管局。

本篇资料由河南省统计局国民经济核算处编辑整理。

Brief Introduction

I. Main Contents

Data in this chapter including four aspects: the financial activities of the financial institutions; the situations of the securities industry; the situation regarding the insurance business and the situation regarding the issuance of treasury bonds.

II. Sources of Data

Data on financial institutions and issuance of treasury bonds are calculated from The People's Bank of China Henan Provincial Branch.

Data on securities industry are calculated from China Securities Regulatory Commission, Henan Office and The CPC Henan Provincial Committee Finance Committee office.

Data on insurance business are calculated from National Financial Regulatory Administration, Henan Office.

Data on this chapter are provided of Department of National Accounts of the Henan provincial Bureau of Statistics.

17–1 金融机构和保险业主要指标

Main Indicators of Financial Institutions and Insurance

单位：亿元 (100 million yuan)

年 份 Year	金融机构人民币存款年底余额 Total Saving Deposit Balance	金融机构人民币贷款年底余额 Total Loan Balance	#短期 Short-term	#中长期 Medium-term & Long-term	保险公司保费收入 Premium Income of Insurance Companies	保险公司赔款及给付 Claim & Payment of Insurance Companies
1978	45.71	99.99				
1979	52.00	108.14				
1980	57.77	125.01				
1981	68.45	146.42				
1982	74.08	153.73				
1983	88.10	174.83				
1984	136.84	229.88				
1985	146.42	284.91				
1986	184.66	350.21				
1987	231.71	392.32				
1988	270.67	447.99				
1989	329.01	511.90				
1990	593.96	773.04			6.57	3.18
1991	754.03	945.90			8.47	4.49
1992	936.04	1127.26			13.65	5.46
1993	1143.66	1366.98			18.48	7.55
1994	1602.95	1704.82			21.03	11.89
1995	2131.69	2170.17			25.57	11.47
1996	2707.65	2665.41			26.87	15.23
1997	3271.76	3320.89			34.84	16.02
1998	3772.51	3878.53			44.92	17.78
1999	4198.10	4179.51			47.89	15.83
2000	4753.41	4356.94	3114.58	1057.50	55.77	17.30
2001	5530.16	4885.73	3336.16	1447.99	69.57	21.85
2002	6451.59	5553.58	3673.39	1702.63	126.22	22.68
2003	7618.03	6422.66	4025.08	2138.16	162.98	27.53
2004	8631.79	7092.31	4200.53	2487.19	202.05	33.84
2005	10003.96	7434.53	4088.16	2736.63	213.55	38.16
2006	11492.55	8567.33	4731.54	3259.90	252.31	50.98
2007	12576.42	9545.48	5213.08	3800.96	323.56	100.88
2008	15255.42	10368.05	5180.84	4302.41	518.92	128.77
2009	19175.06	13437.43	6016.17	6066.05	565.39	148.23
2010	23148.83	15871.32	6995.81	7806.31	793.28	153.91
2011	26646.15	17506.24	8273.66	8690.17	839.82	171.14
2012	31970.43	20301.72	9977.52	9608.35	841.13	199.55
2013	37591.70	23511.41	11823.35	11029.60	916.52	279.75
2014	41374.91	27228.27	12801.98	13625.90	1036.08	324.03
2015	47629.91	31432.62	13763.71	16416.30	1248.76	447.71
2016	53977.62	36501.17	14253.21	20570.22	1555.15	548.03
2017	59068.66	41743.31	14528.69	25748.37	2020.07	625.86
2018	63867.63	47834.76	15267.62	30454.25	2262.85	654.75
2019	69508.66	55659.00	16672.11	36230.33	2430.84	668.59
2020	76446.19	62866.68	17689.36	42093.88	2506.00	720.11
2021	82430.22	69444.62	18318.02	47331.73	2360.03	891.01
2022	92548.37	75528.53	18619.74	51286.74	2369.53	801.54
2023	100206.75	83140.94	21359.23	55649.26	2399.87	1004.73

注：各项存款、贷款年底余额1989年及以前为国家银行口径，1990年以后为金融机构口径。
The balance of Deposits and loans before 1998 are measured by statistics of state-owned banks, otherwise, after 1990, they are evaluated by data from financial institutions.

17-2 金融机构人民币存贷款情况

Deposits and Loans of Financial Institutions

单位：亿元 (100 million yuan)

项　目	Item	2022	2023
各项存款	**Deposits**	**92548.37**	**100206.75**
境内存款	Domestic Savings	92506.78	100162.29
住户存款	Household Savings	60228.30	68274.06
非金融企业存款	Non-financial Corporate Deposits	17426.38	17080.67
机关团体存款	Institutional Group Deposits	10059.85	10361.59
财政性存款	Fiscal Deposit	598.49	633.90
非银行业金融机构存款	Non-banking Financial Institutions Deposits	4193.76	3812.07
境外存款	Overseas Deposits	41.60	44.47
各项贷款	**Loans**	**75528.53**	**83140.94**
境内贷款	Domestic Loans	75527.31	83134.80
住户贷款	Households Loans	30210.24	32964.78
短期贷款	Short-term Loans	5696.70	6920.54
中长期贷款	Medium and Long-term Loans	24513.55	26044.24
企（事）业单位贷款	Enterprises (Institutions) Loans	45317.06	50149.02
非银行业金融机构贷款	Non-banking Financial Institutions Loans		21.00
境外贷款	Foreign Loans	1.23	6.14

17-3 各类银行人民币存贷款情况(2023年)

Deposits and Loans of Financial Institutions (2023)

单位：亿元 (100 million yuan)

项　目	Item	大型银行 Large Banks	中小型银行 Small and Medium Banks	区域性中小型银行 Urban Commercial Banks	农村信用社 Rural Credit Cooperatives
各项存款	**Deposits**	**52298.35**	**12219.14**	**31084.34**	**3696.46**
境内存款	Domestic Savings	52271.36	12202.69	31083.96	3696.46
个人存款	Individual Deposit	38043.13	3423.52	23309.42	3496.26
单位存款	Unit Deposit	12868.92	7535.67	6434.56	200.19
国库定期存款	Treasury Deposit	0.85			
非存款类金融机构存款	Financial Institutions Deposits	1358.46	1243.50	1339.98	
境外存款	Overseas Deposits	27.00	16.45		
各项贷款	**Loans**	**42210.99**	**15276.99**	**22479.82**	**1770.84**
境内贷款	Domestic Loans	42206.01	15275.84	22479.80	1770.84
短期贷款	Short-term Loans	8338.53	4550.47	7745.61	518.95
#个人贷款及透支	Personal Loans and Overdrafts	3289.39	393.23	2636.54	323.14
#个人消费贷款	Personal Consumption Loans	1154.14	203.70	954.47	97.99
单位贷款及透支	Unit Loans and Overdrafts	5049.13	4156.74	4660.37	195.82
中长期贷款	Medium-term & Long-term Loans	32022.22	9917.23	12304.71	1251.49
个人贷款	Personal Loan	15642.11	4161.03	5565.11	623.31
#个人消费贷款	Personal Consumption Loans	14856.61	3387.58	3741.36	366.08
单位贷款	Unit Loans	16380.11	5756.21	6739.55	628.18
票据融资	Bill Financing	1725.14	792.20	2337.71	
融资租赁	Financing Lease				
各项垫款	Advance Payment	120.12	15.94	91.77	0.39
境外贷款	Foreign Loans	4.98		0.01	

17-4 各市金融机构贷款年底余额

Loans of Financial Institutions by City

单位：亿元 (100 million yuan)

地 区	Region	2022	#短期 Short-term	#中长期 Medium-term & Long-term	2023	#短期 Short-term	#中长期 Medium-term & Long-term
郑州市	Zhengzhou	34337.38	6229.78	25433.26	36842.29	7187.56	27093.14
开封市	Kaifeng	2427.21	591.57	1618.25	2757.56	709.70	1712.55
洛阳市	Luoyang	6225.02	1882.60	3542.42	6892.43	2138.68	3783.87
平顶山市	Pingdingshan	2786.89	1058.04	1378.04	3053.29	1177.46	1490.93
安阳市	Anyang	2602.51	651.79	1623.11	2921.49	786.01	1768.20
鹤壁市	Hebi	854.41	266.02	537.88	1007.14	306.13	628.29
新乡市	Xinxiang	3011.43	829.59	1980.87	3368.80	921.23	2232.73
焦作市	Jiaozuo	1761.79	551.13	1083.62	2010.99	643.74	1222.28
濮阳市	Puyang	1629.14	452.50	1128.95	1874.63	537.21	1270.91
许昌市	Xuchang	2622.30	802.30	1674.68	2847.84	885.35	1805.13
漯河市	Luohe	1248.95	423.21	793.09	1385.37	436.49	907.01
三门峡市	Sanmenxia	1057.46	407.10	585.40	1182.93	469.54	635.47
南阳市	Nanyang	3657.72	1237.24	2189.01	4258.83	1527.59	2443.76
商丘市	Shangqiu	2615.97	878.25	1664.35	2948.87	981.65	1853.45
信阳市	Xinyang	2410.21	643.12	1743.00	2606.24	669.57	1908.61
周口市	Zhoukou	2226.72	562.93	1611.65	2578.57	686.31	1847.45
驻马店市	Zhumadian	2637.41	798.03	1796.02	2952.55	894.40	2034.20
济源示范区	Jiyuan	560.30	232.38	208.23	720.04	268.15	267.35

17-5 个人贷款总额

Total Amount of Personal Loans

单位：亿元 (100 million yuan)

指 标	Indicators	2022	2023
个人贷款总额	**Total Amount of Personal Loans**	**30210.24**	**32964.78**
个人消费贷款	Personal Consumption Loan	23503.71	25088.58
#个人住房贷款	Housing Mortgage Loan	18978.12	19182.05
汽车消费贷款	Car Consumption Loan	66.76	173.19
个人住房贷款占个人消费贷款额比重(%)	**Percentage of Housing Mortgage Loan in Personal Consumption Loan (%)**	**80.7**	**76.5**

注：本表数据不含公积金贷款。
Data in this table do not include provident fund loans.

17-6 各市证券交易额
Stock Turnover by City

单位：亿元 (100 million yuan)

地　区	Region	2022	2023
全　　省	**Total**	**112457**	**123826**
郑　州　市	Zhengzhou	65959	74160
开　封　市	Kaifeng	2048	2139
洛　阳　市	Luoyang	9293	10412
平顶山市	Pingdingshan	3101	3412
安　阳　市	Anyang	2542	2769
鹤　壁　市	Hebi	805	977
新　乡　市	Xinxiang	4324	4757
焦　作　市	Jiaozuo	2907	3202
濮　阳　市	Puyang	1485	1597
许　昌　市	Xuchang	3473	3556
漯　河　市	Luohe	1303	1422
三门峡市	Sanmenxia	1312	1277
南　阳　市	Nanyang	4507	4576
商　丘　市	Shangqiu	2310	2469
信　阳　市	Xinyang	2682	2625
周　口　市	Zhoukou	1825	1875
驻马店市	Zhumadian	2100	2095
济源示范区	Jiyuan	481	506

17-7 各市国债发行情况

Issuance of National Debt by City

单位：万元　　(10 000 yuan)

地　区	Region	2022	2023
全　　省	**Total**	**528605**	**637950**
郑　州　市	Zhengzhou	130719	151822
开　封　市	Kaifeng	17330	15765
洛　阳　市	Luoyang	39767	51281
平顶山市	Pingdingshan	13439	20576
安　阳　市	Anyang	24492	25602
鹤　壁　市	Hebi	7016	9054
新　乡　市	Xinxiang	44965	53040
焦　作　市	Jiaozuo	37496	45269
濮　阳　市	Puyang	38427	44311
许　昌　市	Xuchang	12740	13537
漯　河　市	Luohe	7422	9925
三门峡市	Sanmenxia	21635	29848
南　阳　市	Nanyang	41281	48805
商　丘　市	Shangqiu	14491	18392
信　阳　市	Xinyang	8532	11964
周　口　市	Zhoukou	36856	56877
驻马店市	Zhumadian	21243	21713
济源示范区	Jiyuan	10754	10169

17−8 证券市场情况

Basic Statistics on Securities Market

指　标	Item	2022	2023
年末河南上市公司数量(家)	Number of Listed Companies in Henan at the Year-end (unit)	156	162
年末发行股票(只)	Number of Listed Stocks at the Year-end (unit)	157	163
发行A股	A Shares	107	110
#新发行	Issued in this Year	11	4
发行境外股票	Overseas stock	50	53
#新发行	Issued in this Year	2	3
截至年末募集资金总额(亿元)	Capital Available at the end year (100 million yuan)	5362.34	5459.12
本年首次发行、再融资募集资金(亿元)	Capital Available from First Issued and Refinancing (100 million yuan)	259.73	172.73
#A股	A Shares	251.42	168.50
年末A股上市公司流通股市价总值(亿元)	Total Market Value of Circulation Stock of Companies Listed in A Share Market at the Year-end (100 million yuan)	11048.48	13346.47
股票成交量(亿元)	Total Stock Turnover (100 million yuan)	71780.59	65677.61
债券成交量金额(亿元)	Bonds Turnover (100 million yuan)	4986.47	3352.97
投资者开户数(万户)	Total Investors (10 000 households)	1112.21	1233.55
#机构	Institutions	0.92	1.02
个人	Individuals	1111.29	1232.53
证券营业部个数(个)	Number of Business Departments of Security Companies (unit)	404	398
#外省证券公司设本省营业部	Number of Local Business Departments of Security Companies from Other Provinces	320	315

17-9 河南A股股票发行情况(1993-2023年)

Issuance of A Shares (1993-2023)

股票名称 Name of Stocks	证券代码 Code of Stocks	发行(上市)日期 Issue or the Listing date	发行数量(万股) Total Issued Volume (10 000 shares)	发行价格(元/股) Issued Prices (yuan/share)	发行总市值(万元) Issued Aggregate Market Value (10 000 yuan)	募集资金净额(万元) Net Capitalization Collected (10 000 yuan)
豫白鸽A	000544.SZ	1993/12/08	4500	3.50	15750	15075
神马实业	600810.SH	1994/01/06	4950	4.68	23166	23166
洛阳玻璃	600876.SH	1995/10/31	5000	5.03	25150	23900
郑百文（迁出）	600898.SH	1996/04/18	5149	200.00		
冰熊股份（迁出）	600753.SH	1996/09/11	2000	5.18	10360	9760
焦作万方	000612.SZ	1996/09/26	3201	6.80	21767	21127
思达高科(迁出)	000676.SZ	1996/11/30	1250	5.20	6500	6000
焦作鑫安	000719.SZ	1997/03/31	1478	1.00		
许继电气	000400.SZ	1997/04/18	5000	9.24	46200	44700
银鸽投资(退市)	600069.SH	1997/04/30	4000	4.62	18480	17810
宇通客车	600066.SH	1997/05/08	3500	9.75	34125	33075
郑州煤电	600121.SH	1998/01/07	8000	5.50	44000	42520
豫能控股	001896.SZ	1998/01/22	8000	3.36	26880	25920
莲花味精	600186.SH	1998/08/25	10000	7.01	70100	68000
黄河旋风	600172.SH	1998/11/26	4000	6.40	25600	24721
双汇发展	000895.SZ	1998/12/10	5000	6.24	31200	30046
春都A	000885.SZ	1999/03/19	6000	7.08	42480	40980
安彩高科	600207.SH	1999/07/14	18000	7.20	129600	127623
神火股份	000933.SZ	1999/08/31	7000	7.50	52500	51170
新乡化纤	000949.SZ	1999/10/21	7500	7.80	58500	56752
众生制药	600222.SH	1999/11/05	3500	6.52	22820	21823
中原油气(退市)	000956.SZ	1999/11/10	17000	4.89	83130	80580
羚锐制药	600285.SH	2000/10/18	4000	8.30	33200	32030
天方药业(退市)	600253.SH	2000/12/27	6000	7.75	46500	44820
平高电气	600312.SH	2001/02/21	6000	12.45	74700	72787
安阳钢铁	600569.SH	2001/08/20	27500	6.80	187000	165925
中孚实业	600595.SH	2002/06/26	5000	8.30	41500	39939
豫光金铅	600531.SH	2002/07/30	4500	7.34	33030	31502
瑞贝卡	600439.SH	2003/07/10	2400	10.40	24960	23956
中原高速	600020.SH	2003/08/08	28000	6.36	178080	172754
风神股份	600469.SH	2003/10/21	7500	4.30	32250	30533
华兰生物	002007.SZ	2004/06/25	2200	15.74	34628	32924
轴研科技	002046.SZ	2005/05/26	2500	6.39	15975	14784
平煤股份	601666.SH	2006/11/23	37000	8.16	301920	294892
新野纺织(退市)	002087.SZ	2006/11/30	8000	5.19	41520	38821
恒星科技	002132.SZ	2007/04/27	4100	8.00	32800	30200
中航光电	002179.SZ	2007/11/01	3000	16.19	48570	46231
利达光电	002189.SZ	2007/12/03	5000	5.10	25500	23512
三全食品	002216.SZ	2008/02/20	2350	21.59	50737	48864
濮耐股份	002225.SZ	2008/04/25	6000	4.79	28740	27012
辉煌科技	002296.SZ	2009/09/29	1550	25.00	38750	37004
汉威科技	300007.SZ	2009/10/30	1500	27.00	40500	37364
华英农业	002321.SZ	2009/12/16	3700	16.98	62826	58884
森源电气	002358.SZ	2010/02/10	2200	26.00	57200	54715
豫金刚石(退市)	300064.SZ	2010/03/26	3800	21.32	81016	74502
远东传动	002406.SZ	2010/05/18	4700	26.60	125020	121490
多氟多	002407.SZ	2010/05/18	2700	39.39	106353	99085
中原特钢	002423.SZ	2010/06/03	7900	9.00	71100	67383
新大新材	300080.SZ	2010/06/25	3500	43.40	151900	148008
中原内配	002448.SZ	2010/07/16	2350	21.80	51230	47275
郑煤机	601717.SH	2010/08/03	14000	20.00	280000	270040
新开源	300109.SZ	2010/08/25	900	30.00	27000	24805
雏鹰农牧(退市)	002477.SZ	2010/09/15	3350	35.00	117250	108623
西泵股份	002536.SZ	2011/01/11	2400	36.00	86400	81749
林州重机	002535.SZ	2011/01/11	5120	25.00	128000	120520
四方达	300179.SZ	2011/02/15	2000	24.75	49500	46312
通达股份	002560.SZ	2011/03/03	2000	28.80	57600	53389
好想你	002582.SZ	2011/05/20	1860	46.00	85560	81478

17−9 续表 continued

股票名称 Name of Stocks	证券代码 Code of Stocks	发行(上市)日期 Issue or the Listing date	发行数量(万股) Total Issued Volume (10 000 shares)	发行价格(元/股) Issued Prices (yuan/share)	发行总市值(万元) Issued Aggregate Market Value (10 000 yuan)	募集资金净额(万元) Net Capitalization Collected (10 000 yuan)
佰利联	002601.SZ	2011/07/15	2400	55.00	132000	125818
新开普	300248.SZ	2011/07/29	1120	30.00	33600	29903
北玻股份	002613.SZ	2011/08/30	6700	13.50	90450	82145
新天科技	300259.SZ	2011/08/31	1900	21.90	41610	38732
隆华科技	300263.SZ	2011/09/16	2000	33.00	66000	61074
明泰铝业	601677.SH	2011/09/19	6000	20.00	120000	113549
中信重工	601608.SH	2012/07/06	68500	4.67	319895	308557
一拖股份	601038.SH	2012/08/08	15000	5.40	81000	77373
洛阳钼业	603993.SH	2012/10/09	20000	3.00	60000	55815
牧原股份	002714.SZ	2014/01/28	6050	24.07	145624	66782
清水源	300437.SZ	2015/04/23	1670	10.53	17585	15230
普莱柯	603566.SH	2015/05/18	4000	15.52	62080	55988
科迪乳业(退市)	002770.SZ	2015/06/30	6840	6.85	46854	40698
濮阳惠成	300481.SZ	2015/06/30	2000	9.13	18260	14599
光力科技	300480.SZ	2015/07/02	2300	7.28	16744	13938
思维列控	603508.SH	2015/12/24	4000	33.56	134240	127427
安图生物	603658.SH	2016/09/01	4200	14.58	61236	57453
中原证券	601375.SH	2017/01/03	70000	4.00	280000	266981
三晖电气	002857.SZ	2017/03/23	2000	10.26	20520	17647
森霸传感	300701.SZ	2017/09/15	2000	13.14	26280	23617
设研院	300732.SZ	2017/12/12	1800	41.42	74556	68872
郑州银行	002936.SZ	2018/09/19	60000	4.59	275400	270879
建龙微纳	688357.SH	2019/12/04	1446	43.28	62583	56992
天迈科技	300807.SZ	2019/12/19	1700	17.68	30056	26069
金丹科技	300829.SZ	2020/04/22	2830	22.53	63760	54168
捷安高科	300845.SZ	2020/07/03	2309	17.63	40708	34017
新强联	300850.SZ	2020/07/13	2650	19.66	52099	44235
恒拓开源	834415.BJ	2020/07/27	3856	7.03	27108	24172
仕佳光子	688313.SH	2020/08/12	4600	10.82	49772	44490
开普检测	003008.SZ	2020/09/23	2000	30.42	60840	55567
仲景食品	300908.SZ	2020/11/23	2500	39.74	99350	91275
瑞丰新材	300910.SZ	2020/11/27	3750	30.26	113475	104183
蓝天燃气	605368.SH	2021/01/29	6550	14.96	97988	86694
利通科技	832225.BJ	2021/02/25	1652	6.60	10906	9267
翔宇医疗	688626.SH	2021/03/31	4000	28.82	115280	104966
百川畅银	300614.SZ	2021/05/25	4011	9.19	36861	32779
金冠电气	688517.SH	2021/06/18	3403	7.71	26235	19580
千味央厨	001215.SZ	2021/09/06	2128	15.71	33431	28212
力量钻石	301071.SZ	2021/09/24	1509	20.62	31122	27373
拓新药业	301089.SZ	2021/10/27	3150	19.11	60197	54327
同心传动	833454.BJ	2021/11/15	3250	3.95	12838	10270
凯旺科技	301182.SZ	2021/12/23	2396	27.12	64980	58033
华兰疫苗	301207.SZ	2022/02/18	4001	56.88	227577	224420
科创新材	833580.BJ	2022/05/13	2600	4.60	11960	9728
中钢洛耐	688119.SH	2022/06/06	22500	5.06	113850	105409
惠丰钻石	839725.BJ	2022/07/18	1430	28.18	40297	32903
天力锂能	301152.SZ	2022/08/29	3050	57.00	173850	155033
众诚科技	835207.BJ	2022/09/23	2079	7.00	14553	11068
天马新材	838971.BJ	2022/09/27	1441	21.38	30801	28216
硅烷科技	838402.BJ	2022/09/28	10170	5.66	57563	46588
新天地	301277.SZ	2022/11/16	3336	27.00	90072	81557
众智科技	301361.SZ	2022/11/16	2908	26.44	76898	70485
秋乐种业	831087.BJ	2022/12/07	3304	6.00	19824	17560
驰诚股份	834407.BJ	2023/02/16	1300	5.87	7631	5783
花溪科技	872895.BJ	2023/04/06	1400	6.60	9240	8072
致欧科技	301376.SZ	2023/06/21	4015	24.66	99010	89208
东方碳素	832175.BJ	2023/06/30	3200	12.60	40320	36871

注：1. 2007年及以前为发行日期，2008年起为上市日期。

2. 恒拓开源于2020年7月27日挂牌新三板精选层，2021年11月15日北交所开市后，由精选层公司平移成为北交所上市公司。
利通科技于2021年2月25日挂牌新三板精选层，2021年11月15日北交所开市后，由精选层公司平移成为北交所上市公司。

a) Data before 2007 is issue date, and Since 2008 is listing date.

b) Forever opensource software Inc. was listed on the new third board select layer on July 27, 2020. After the opening of the Beijing stock exchange on November 15, 2021, it moved from a select layer company to a listed company on the Beijing stock exchange. On February 25, 2021, Litong technology was listed in the select layer of the new third board. After the opening of the Beijing stock exchange on November 15, 2021, it was translated from a select layer company to a listed company of the Beijing stock exchange.

17-10 保险业务情况

Main Indicators of Insurance Business

单位：亿元 (100 million yuan)

项　目	Item	2022	2023
保费收入	**Premium Income**	**2369.53**	**2399.87**
财产保险	Property Insurance	579.26	617.83
#机动车辆险	Motor Vehicle Insurance	407.79	426.33
企业财产险	Enterprise Property Insurance	11.01	11.42
家庭财产险	Family Property Insurance	7.10	12.00
人身保险	Personal Insurance	1790.27	1782.04
寿险	Life Insurance	1278.59	1308.37
健康险	Health Insurance	465.49	433.08
意外伤害险	Accident Insurance	46.19	40.59
赔款及给付	**Claim and Payment**	**801.54**	**1004.73**
财产保险	Property Insurance	401.80	458.63
#机动车辆险	Motor Vehicle Insurance	266.48	296.49
企业财产险	Enterprise Property Insurance	11.56	9.40
家庭财产险	Family Property Insurance	1.37	1.53
人身保险	Personal Insurance	399.74	546.10
寿险	Life Insurance	211.23	330.32
健康险	Health Insurance	175.05	200.33
意外伤害险	Accident Insurance	13.45	15.45

17-11 各市国内保险业务主要指标(2023年)

Main Indicators of Domestic Insurance Business by City (2023)

单位：亿元 (100 million yuan)

地区 Region	保费收入 Premium Income	财产保险 Property Insurance	#机动车辆险 Motor Vehicle Insurance	#企业财产险 Enterprise Property Insurance	#家庭财产险 Family Property Insurance	人身保险 Personal Insurance	寿险 Life Insurance	健康险 Health Insurance	意外伤害险 Accident Insurance
全省 Total	**2399.87**	**617.83**	**426.33**	**11.42**	**12.00**	**1782.04**	**1308.37**	**433.08**	**40.59**
省本级 Provincial Level	**15.39**	**0.01**				**15.38**		**15.37**	
郑州市 Zhengzhou	785.11	174.22	131.59	7.08	3.51	610.89	462.31	134.27	14.31
开封市 Kaifeng	75.59	20.87	13.02	0.22	0.42	54.72	34.40	18.64	1.68
洛阳市 Luoyang	166.63	35.75	26.93	0.42	0.70	130.88	103.99	24.20	2.69
平顶山市 Pingdingshan	84.38	23.53	15.67	0.37	0.52	60.85	45.90	13.83	1.12
安阳市 Anyang	96.52	28.95	19.99	0.29	0.73	67.57	52.20	14.13	1.23
鹤壁市 Hebi	26.58	8.67	6.09	0.13	0.22	17.91	12.83	4.46	0.61
新乡市 Xinxiang	130.12	33.95	23.80	0.51	0.88	96.17	73.69	20.05	2.44
焦作市 Jiaozuo	97.85	21.65	16.22	0.34	0.22	76.20	54.40	20.33	1.48
濮阳市 Puyang	84.72	23.02	15.90	0.40	0.40	61.70	43.03	16.97	1.70
许昌市 Xuchang	83.31	21.00	15.58	0.28	0.39	62.31	46.17	14.70	1.43
漯河市 Luohe	55.79	13.63	8.67	0.08	0.27	42.16	30.60	10.78	0.79
三门峡市 Sanmenxia	40.13	9.69	6.72	0.10	0.17	30.44	22.50	7.23	0.71
南阳市 Nanyang	191.54	47.94	28.76	0.41	0.71	143.60	98.80	42.04	2.75
商丘市 Shangqiu	120.27	42.26	27.98	0.20	0.69	78.01	56.76	19.08	2.17
信阳市 Xinyang	105.89	28.09	19.40	0.11	0.59	77.80	61.53	14.61	1.67
周口市 Zhoukou	114.03	44.22	26.62	0.20	0.95	69.81	48.77	19.10	1.94
驻马店市 Zhumadian	104.14	35.22	19.77	0.14	0.59	68.92	49.08	18.25	1.58
济源示范区 Jiyuan	21.88	5.15	3.61	0.13	0.06	16.73	11.41	5.02	0.30

地区 Region	赔款及给付 Claim and Payment	财产保险 Property Insurance	#机动车辆险 Motor Vehicle Insurance	#企业财产险 Enterprise Property Insurance	#家庭财产险 Family Property Insurance	人身保险 Personal Insurance	寿险 Life Insurance	健康险 Health Insurance	意外伤害险 Accident Insurance
全省 Total	**1004.73**	**458.63**	**296.49**	**9.40**	**1.53**	**546.10**	**330.32**	**200.33**	**15.45**
省本级 Provincial Level	**29.63**	**1.34**	**1.02**	**0.02**	**0.02**	**28.29**	**0.01**	**28.24**	**0.04**
郑州市 Zhengzhou	335.61	150.48	91.00	6.93	0.30	185.13	122.17	57.01	5.94
开封市 Kaifeng	36.39	16.52	9.63	0.43	0.06	19.87	8.83	10.48	0.56
洛阳市 Luoyang	56.33	21.61	16.01	0.17	0.06	34.72	26.95	6.84	0.93
平顶山市 Pingdingshan	36.27	16.05	10.86	0.11	0.11	20.22	13.64	6.18	0.40
安阳市 Anyang	41.29	18.94	13.38	0.20	0.21	22.35	16.86	4.65	0.84
鹤壁市 Hebi	10.97	6.61	4.52	0.09	0.01	4.36	2.76	1.33	0.27
新乡市 Xinxiang	43.55	19.52	14.28	0.39	0.08	24.03	15.90	7.14	1.00
焦作市 Jiaozuo	34.85	14.58	10.74	0.10	0.01	20.27	11.82	7.92	0.53
濮阳市 Puyang	33.75	15.12	11.06	0.18	0.09	18.63	11.71	6.41	0.51
许昌市 Xuchang	34.05	15.32	10.97	0.03	0.03	18.73	11.91	6.35	0.48
漯河市 Luohe	22.64	10.56	6.28	0.13	0.08	12.08	6.76	5.05	0.27
三门峡市 Sanmenxia	15.19	6.37	4.20	0.07	0.02	8.82	5.33	3.14	0.35
南阳市 Nanyang	83.51	33.24	20.81	0.17	0.04	50.27	30.18	19.24	0.85
商丘市 Shangqiu	49.37	29.44	19.98	0.09	0.07	19.93	8.60	10.60	0.73
信阳市 Xinyang	38.38	19.76	14.39	0.05	0.01	18.62	13.05	5.20	0.37
周口市 Zhoukou	53.48	33.94	20.89	0.14	0.16	19.54	11.99	6.87	0.68
驻马店市 Zhumadian	42.51	26.03	14.44	0.05	0.16	16.48	9.82	6.16	0.50
济源示范区 Jiyuan	6.95	3.20	2.04	0.07		3.75	2.04	1.51	0.20

注：合计数和部分数据因小数取舍而产生的误差均未做机械调整。
No mechanical adjustment has been made to the total count and the error caused by fractional choice of some data.

主要统计指标解释

信贷资金 指金融机构以信用方式积聚和分配的货币资金。金融机构信贷资金的来源有各项存款、金融债券、对国际金融机构负债、流通中现金、其他项目等；信贷资金的运用有各项贷款、有价证券及投资、黄金占款、外汇买卖、财政借款及在国际金融机构中的资产等。

存款 指企业、机关、团体或居民把货币资金存入银行或其他信贷机构保管，可随时或按约定时间支取款项，并取得一定利息的一种信用活动形式。根据存款对象或性质的不同可划分为住户存款、非金融企业存款、政府存款、非银行业金融机构存款等科目。它是银行信贷资金的主要来源。

贷款 指银行或其他信贷机构根据资金必须归还的原则，按一定利率，为企业、个人等提供资金的一种信用活动形式。我国银行贷款分为短期贷款、中长期贷款、融资租赁、票据融资、各项垫款、境外贷款等。

保险公司 在中国境内的、经过保险监督管理部门批准设立，并依法登记注册的各类商业保险公司。

保险金额 指保险人承担赔偿或者给付保险金责任的最高限额。

证券 由债券购买者承购的或因销售产品而拥有的，可在金融市场上交易并代表一定债权的书面证明。包括政府债券、金融债券、企业债券、商业票据、股票、支付固定收入但不提供法人企业残余价值分享权的优先股等。

股票 指股票购买者及直接投资者对其投资企业净资产所拥有的权益。股票是股份公司签发的证明股东投资并按其所持股份享有权益和承担义务的权益性证券。

保费 指投保人为取得保险人在约定范围内所承担赔偿责任而支付给保险人的费用。

赔款 指保险人根据保险合同的规定，向被保险人支付的赔偿保险责任损失的金额。

给付 包括死伤医疗给付和满期给付。死伤医疗给付是指保险人根据人寿保险及长期健康保险合同的规定，因被保险人在保险期内发生保险责任范围内的保险事故支付给被保险人(或受益人)的金额。满期给付是指被保险人生存期满，保险人按人寿保险合同规定支付给被保险人的满期保险金额。

Explanatory Notes on Main Statistical Indicators

Credit Funds refer to the monetary funds accumulated and distributed in the means of credit by the financial institutions. The sources of credit funds include various deposits, financial bonds, liabilities to international financial institutions, currency in circulation, other items. The uses of credit funds include loans, securities and investment, position for bullion purchase, foreign exchange trading, advances to treasury, and assets with international financial institutions.

Deposit is a form of credit by which enterprises, institutions, organizations or households can put money into banks and other credit institutions for safekeeping and interest earning and can withdraw anytime or at appointed time. According to different depositors, deposits are divided into household deposits, non financial enterprise deposits, government deposits, non banking financial institutions deposits. Deposits are major sources of the credit funds of banks.

Loan is a form of credit by which banks and other credit institutions provide funds at certain interest rate to enterprises and individuals in the light of the principle of unconditional repayment. Loans from Chinese banks include short-term loan, medium-term and long-term loans, financial lease, bill financing, various money advanced, foreign loans.

Insurance Companies refer to commercial insurance companies of various forms registered by law and established in China with the approval of insurance regulatory agencies.

Amount Insured refers to the maximum that the insurant will get for the claim of the case insured.

Securities refer to written certificates representing creditors' rights, purchased by bond holders or owned by selling products, which can be transacted at the financial markets. They include government bonds, financial bonds, corporation bonds, commercial drafts, stocks, preferential stocks that provide fixed income without the right to share the residual value of corporations, etc.

Stocks refer to the rights by stockholders and direct investors on the net assets of corporations they invested in. Stocks refer to negotiable securities on creditor's rights, issued by stock companies certifying the investment by stockholders and their rights and duties depending on their stocks.

Premium is the fee paid by the insurant to the insurer to obtain the obligation of compensation from the insurance within the agreed terms.

Settled Claim is the compensation paid by the insurer to the insurant in accordance with the insurance contract.

Payment includes payment for death, injury or medical treatment and payment at maturity. Payment for death, injury or medical treatment refers to the money paid to the insurant (or the beneficiary) in accordance with the life or health insurance contract when the insurant encounters accidents within the insured period covered in the contract. Payment at maturity refers to the payment to the insurant in accordance with the life insurance contract at the end of the insured period.

运输和邮电

Transport, Postal and Telecommunication Services

18

资料整理：张旭

简要说明

一、主要内容

本篇反映河南省交通运输业和邮政、通信、软件业发展的基本情况。交通运输业资料主要包括：主要运输方式的线路里程、运输设备拥有量、货物运输量和旅客运输量。邮政、通信业资料主要包括：全省邮政局(所)及邮路情况，邮政设备拥有量，邮政业务完成情况，邮政通信业发展水平等资料。

二、统计范围

铁路包括国家铁路、合资铁路、地方铁路。公路里程包括全省范围内所有国道、省道、县道、乡道(含村道)、专用公路。民用车辆拥有量包括辖区内全部登记注册民用车辆。公路、水路运输量统计范围是在全省交通运输主管部门办理营运证的从事公路、水路客、货运输的营业性的车辆和船舶所完成的运输量。邮电通信包括省邮政管理局、省邮政公司、省通信管理局及所有从事邮电通信运营的企业。

三 、资料来源

铁路资料由郑州铁路局、武汉铁路局、登封铁路公司提供。

公路、水运资料由省交通运输厅提供。

民用车辆资料由省公安厅、省农机局和各省辖市统计局提供。

民航资料由郑州新郑国际机场、南方航空公司河南分公司等提供。

邮政电信业资料由省邮政管理局、省邮政公司和省通信管理局提供。

本篇资料由河南省统计局服务业统计处编辑整理。

Brief Introduction

I. Main Contents

Data in this chapter present the development of transportation, post, telecommunication and software in Henan province, Data on traffic and transport include the length of the routes of main transportation, the possession of transport equipment, the condition of technological quality, freight traffic and passenger traffic accomplished. Data on post and telecommunication cover mainly the situation of post offices and postal routes; telephone lines, telegraph lines and the possession of post facilities; business volume of postal services achieved; and the level of development of postal services.

II. Scope of Statistics

Data on railway transportation including National railway, joint-venture and local railways. The length of highways refer to the road of the national, provincial, county, town and dedicated lanes. Data on the possession of civil motor vehicles include all registered vehicles. Data on passenger traffic and freight traffic by highways, the statistical scope encompasses all the enterprises, institutional units and individuals (including joint-households) engaged in highway freight or passenger transport business. The data on civil aviation transport cover the civil enterprises that set up base in Henan. The data on post cover the Henan provincial bureau of post, Henan provincial postal company, Henan provincial bureau of communications authority and all enterprises for post.

III. Sources of Data

Data on railway transportation are calculated from Henan provincial operation bureau of local railways, Zhengzhou Railway Administration, Wuhan Railway Administration.

Data on highway and waterway transportation are calculated from Henan provincial bureau of transportation.

Data on civilian vehicles are calculated from Henan provincial bureau of public safety, Henan provincial bureau of agricultural machinery and municipal Henan provincial bureau of statistics.

Data on civil aviation are calculated from Xinzheng international airport and Henan Branch of China Southern airlines, etc.

Data on postal and telecommunications industry come from the Henan provincial bureau of post, Henan provincial post company and Henan provincial communications authority.

Data in this chapter are provided by the Department of Services industry of the Henan provincial bureau of Statistics.

18-1 交通运输基本情况

Basic Conditions of Transport

年 份 Year	铁路营业里程 (公里) Length of Railways in Operation (km)	公路里程 (公里) Length of Highways (km)	#高速公路 Expressway	通航里程 (公里) Length of Navigable Inland Waterways (km)	民用汽车拥有量 (万辆) Possession of Civil Motor Vehicles (10 000 units)	#私人汽车 Private Vehicles
1949	1224	3909		2312	0.04	
1952	1225	5766		2916	0.11	
1957	1318	14945		3837	0.33	
1962	1690	17876		2537	1.05	
1965	1823	19907		3389	1.10	
1970	2792	22320		2072	1.71	
1975	3113	26934		2268	3.80	
1978	3212	31549		2202	6.30	
1979	3216	36155		1352	7.35	
1980	3192	36423		1361	8.51	
1981	3460	36478		1419	10.13	
1982	3401	36912		1110	11.28	
1983	3305	37196		1110	12.21	
1984	3342	37704		1110	14.10	
1985	3248	38840		1110	17.82	
1986	3344	39286		1110	18.42	3.29
1987	3409	39713		1110	21.60	3.72
1988	3358	40622		1110	24.92	5.87
1989	3546	41170		1110	28.61	6.97
1990	3536	43150		1110	30.79	7.65
1991	3384	44199		1110	33.38	8.12
1992	3486	45049		1105	34.32	8.46
1993	3456	46487		1105	38.40	7.04
1994	3350	47704	81	1104	45.23	12.45
1995	3382	49707	230	1104	46.93	12.18
1996	3426	50907	294	1104	51.41	14.98
1997	3428	55016	416	1104	60.35	19.41
1998	3461	57172	465	1104	68.09	22.01
1999	3354	60330	465	1104	76.59	29.93
2000	3354	64453	505	1104	84.73	34.93
2001	3319	69041	1077	1587	92.46	39.24
2002	3347	71741	1231	1587	105.82	50.41
2003	3410	73831	1418	1208	119.75	57.20
2004	3752	75718	1759	1381	130.97	64.10
2005	4000	79506	2678	1439	206.01	132.16
2006	3988	236351	3439	1439	252.94	169.91
2007	3989	238676	4556	1439	292.69	209.22
2008	3989	240645	4841	1439	338.44	248.77
2009	3898	242314	4861	1439	404.53	305.49
2010	4224	245089	5016	1439	484.89	377.32
2011	4203	247587	5196	1439	582.14	463.08
2012	4822	249649	5830	1439	645.92	529.67
2013	4822	249831	5859	1439	746.90	628.22
2014	5108	249857	5859	1439	896.02	774.37
2015	5205	250584	6305	1589	1342.13	866.76
2016	5466	267441	6448	1589	1481.66	1010.01
2017	5470	267805	6523	1589	1286.02	1166.82
2018	5460	268589	6600	1589	1459.24	1327.36
2019	6467	269832	6967	1675	1620.60	1480.08
2020	6519	270271	7100	1725	1759.17	1609.65
2021	6519	271570	7190	1725	1890.61	1736.96
2022	6719	277482	8009	1825	1996.65	1840.55
2023	6762	281101	8321	1825	2083.92	1924.05

注：1. 2006年起，公路里程包括村道(以下相关表同)。

2. 高速公路通车里程数据为交通部反馈数据(以下相关表同)。

3. 2019年起，铁路营业里程为国家反馈数据。

a) Length of ways include county ways since 2006 (the same as following tables).

b) The data of length of expressways are from the Ministry of Communications (the same as following tables).

c) From 2019, the railway operating mileage is national feedback data.

18−2 旅客和货物运输量

Passenger and Freight Traffic

年 份 Year	客运量 (万人) Passenger Traffic (10000 persons)	#铁路 Railway	#公路 Highway	#水运 Waterway	货运量 (万吨) Freight Traffic (10000 tons)	#铁路 Railway	#公路 Highway	#水运 Waterway
1978	11145	4319	6781	45	18176	6722	11321	133
1979	12784	4513	8218	53	17533	6693	10728	112
1980	15092	4860	10151	81	17047	6758	10183	106
1981	17559	4752	12724	83	16403	6614	9705	84
1982	20129	4680	15373	76	19847	6934	12794	119
1983	23050	5060	17907	82	21579	7142	14308	129
1984	25985	5474	20412	97	23908	7456	16296	155
1985	36576	5723	30729	121	35642	8101	27340	201
1986	43590	5659	37822	105	36436	8420	27799	217
1987	46140	5524	40510	100	39539	8632	30670	237
1988	54667	6073	48421	168	38357	8772	29282	303
1989	52328	5476	46634	211	38245	9089	28811	345
1990	53567	4429	48977	150	38111	9038	28818	255
1991	53846	4223	49494	119	39923	9193	30486	244
1992	58096	4271	53703	106	44018	9343	34404	271
1993	61285	4602	56511	146	47347	9811	37182	354
1994	62686	4563	57996	81	50988	9974	40428	395
1995	61964	4288	57522	82	53582	10373	42692	324
1996	66490	3818	62464	129	55920	10594	44800	382
1997	69863	3843	65786	152	56113	9996	45542	433
1998	74182	4133	69917	55	58150	9416	48250	342
1999	78009	4366	73493	76	59218	9657	49208	352
2000	83912	4727	79017	91	60678	10172	50133	372
2001	85412	4980	80259	95	65191	11196	53596	398
2002	90334	5085	85078	86	68397	12148	55743	505
2003	81323	4864	76301	63	69689	12925	56100	663
2004	91013	5695	85016	84	73796	14732	58147	915
2005	98099	5842	91920	97	78827	14806	62684	1334
2006	108060	6313	101345	105	86608	15190	69898	1516
2007	122557	6585	115460	160	101410	16010	83537	1858
2008	(139290)	7476	(131291)	(167)	(116889)	16226	(98433)	(2226)
	130436	7476	122414	190	138392	16226	118198	3964
2009	144666	7724	136278	206	169643	13856	151343	4439
2010	167804	8399	158630	255	202470	14224	183291	4950
2011	193882	8952	184213	268	240965	14312	220122	6527
2012	208094	9628	197785	250	272240	12779	251772	7685
2013	(225738)	11160	(213900)	(261)	(304369)	12762	(282970)	(8632)
	137571	11160	125450	255	184669	12762	162040	9854
2014	141780	12400	128279	254	200626	11577	179680	9350
2015	(146066)	13068	(131788)	280	(211854)	9802	(191572)	10459
	126812	13068	112535	280	192715	9802	172431	10459
2016	122342	14525	106415	288	205385	9562	184255	11545
2017	116574	16178	98753	347	229458	9406	207066	12879
2018	112611	17095	93707	331	259461	10012	235183	14240
2019	111458	18278	91281	306	(281221)	10502	(253457)	17236
	111458	18278	91281	306	218647	10502	190883	17236
2020	58873	11176	46322	172	219072	10259	193631	15150
2021	51273	12586	37388	203	254624	10602	226447	17541
2022	27367	7512	19189	127	260014	12156	230055	17772
2023	60492	20224	38583	291	283086	12521	251333	19202

注：2008年客货运输量为公路水路运输量专项调查数据，2013年、2015年客货运输量按交通部新统计方法测算，2019年货运量按交通部道路货物运输量专项调查数据测算，括号内均为原口径数据。2023年公路客运量延续原口径数据。2022年、2023年，铁路客运量、货运量数据为国家反馈数据。

Data on passenger and freight traffic in 2008 are calculated on basis of Highway and waterway traffic special investigation, Data on passenger and freight traffic in 2013 and 2015 are calculated on new statistical methods of the Ministry of Communications, Data on freight traffic in 2019 are calculated on basis of freight traffic special investigation of the Ministry of Communications, and data in the brackets are original data. The data on road passenger transport volume in 2023 continues to follow the original metric. The data of railway passenger traffic and freight traffic in 2022 and 2023 are national feedback data.

18-3 旅客和货物周转量

Passenger-Kilometers and Freight Ton-Kilometers

年 份 Year	旅客周转量 (亿人公里) Passenger-Kilometers (100 million passenger-km)	#铁路 Railways	#公路 Highways	货物周转量 (亿吨公里) Freight Ton-Kilometers (100 million ton-km)	#铁路 Railways	#公路 Highways
1949	6.46	6.45	0.01	16.53	16.00	0.21
1952	15.62	15.26	0.36	39.12	36.56	0.88
1957	33.23	30.85	2.33	112.68	106.68	3.13
1962	90.02	82.01	7.98	131.21	125.02	4.08
1965	46.46	37.79	8.65	227.88	219.56	6.07
1970	80.54	64.74	15.66	332.55	322.03	8.74
1975	105.23	82.18	22.90	390.77	372.64	16.29
1978	123.22	92.62	30.47	508.41	484.79	21.57
1979	140.25	105.73	34.37	529.00	507.56	19.77
1980	163.98	122.40	41.35	547.65	525.31	21.01
1981	176.99	126.76	49.98	563.45	537.75	24.45
1982	195.70	135.60	59.87	617.77	578.55	37.41
1983	226.31	155.09	70.96	674.22	624.37	47.86
1984	253.11	171.10	81.71	702.70	643.53	55.88
1985	323.50	209.77	113.36	838.22	728.25	105.72
1986	358.20	228.54	129.34	881.90	777.12	99.73
1987	400.06	249.01	150.75	1020.81	880.94	133.83
1988	484.77	290.16	194.24	1079.26	932.37	139.64
1989	488.56	280.00	208.16	1157.63	1007.00	142.70
1990	423.46	229.90	193.10	1169.44	1001.79	160.66
1991	459.53	249.52	209.64	1199.31	1022.17	170.03
1992	511.40	275.46	235.56	1302.34	1085.18	209.03
1993	538.45	295.85	242.15	1337.03	1099.61	227.37
1994	566.29	305.35	260.74	1432.97	1164.43	258.41
1995	573.85	304.66	262.11	1538.82	1233.74	295.18
1996	584.25	285.72	289.65	1603.52	1263.13	326.16
1997	620.28	296.80	314.26	1547.18	1179.62	352.74
1998	640.16	310.79	320.93	1452.74	1083.35	355.48
1999	689.89	339.15	342.56	1432.08	1058.12	363.56
2000	740.98	378.80	353.78	1476.51	1101.74	363.94
2001	779.93	401.77	369.41	1573.28	1185.36	375.78
2002	820.83	421.00	390.00	1649.22	1234.77	398.87
2003	822.92	462.10	350.02	1891.73	1463.20	405.20
2004	963.09	542.00	395.40	2107.26	1650.00	422.02
2005	1000.70	535.43	437.84	2282.60	1759.77	467.00
2006	1113.77	586.88	492.72	2415.89	1810.80	538.76
2007	1264.10	620.68	601.81	2729.30	1962.93	681.85
2008	(1444.29)	667.32	(734.96)	(2969.81)	1985.84	(848.22)
	1517.33	667.32	808.32	5215.84	1985.84	2995.15
2009	1645.18	675.48	914.80	6146.09	1955.36	3927.08
2010	1840.64	747.20	1031.18	7141.82	1980.23	4860.63
2011	2033.68	766.45	1211.28	8471.07	2120.10	5949.04
2012	2144.50	779.57	1309.58	9436.42	2088.97	6863.01
2013	(2328.12)	853.38	(1417.54)	(10357.41)	2096.81	(7702.95)
	1661.89	853.38	712.39	7205.05	2096.81	4488.01
2014	1858.89	895.65	844.86	7367.09	1926.50	4822.37
2015	(1941.88)	910.24	(898.08)	(7582.38)	1666.02	(5208.16)
	1787.70	910.24	743.91	6916.89	1666.02	4542.67
2016	1857.17	938.30	760.57	7336.28	1685.89	4838.53
2017	1945.20	1029.09	736.62	8165.54	1899.81	5341.67
2018	1979.25	1061.11	711.19	8934.35	2014.91	5893.92
2019	2012.66	1091.34	699.03	(9742.43)	2079.80	(6446.46)
	2012.66	1091.34	699.03	8595.74	2079.80	5299.76
2020	1074.96	591.31	314.20	8690.52	2012.14	5572.59
2021	1104.76	669.06	293.73	10439.88	2144.91	7026.33
2022	711.44	470.27	169.05	11755.58	2748.05	7716.19
2023	1696.60	1124.62	371.14	12233.29	2696.26	8183.17

注：2008年客货周转量为公路水路运输量专项调查数据，2013年、2015年客货周转量按交通部新统计方法测算，2019年货物周转量按交通部道路货物运输量专项调查数据测算，括号内均为原口径数据。2023年公路客运量延续原口径数据。2022年、2023年，铁路旅客周转量、货物周转量为国家反馈数据。

Data on passenger-kilometers and freight ton-kilometers in 2008 are calculated on basis of Highway and waterway traffic special investigation, and data in 2013 and 2015 are calculated on new statistical methods of the Ministry of Communications, Data on freight ton-kilometers in 2019 are calculated on basis of freight traffic special investigation of the Ministry of Communicationsand data in the brackets are original data. The data on road passenger transport volume in 2023 continues to follow the original metric. The data of railway passenger-kilometers and freight ton-kilometers in 2022 and 2023 are national feedback data.

18-4 交通运输工具拥有量(年底数)

Possession of Means of Transportation (Year-end)

指 标	Item	2019	2020	2021	2022	2023
铁路	**Railways**					
国家铁路	National Railways					
内燃机车(台)	Diesel Locomotives (unit)	221	225	221	234	235
电力机车(台)	Electric Locomotives (unit)	1241	1278	1268	1290	1251
客车(辆)	Passenger Coaches (unit)	1996	1996	1893	1855	1780
公路	**Highways**					
载货汽车(辆)	Trucks (unit)	1768531	1900524	1997983	2026126	1986882
#重型	Heavy	577577	599280	568125	561434	548118
中型	Middle	39725	29286	20340	21141	19980
轻型	Light	1150378	1271429	1343305	1384334	1370086
载客汽车(辆)	Buses and Cars (unit)	14284766	15539621	16825718	17854051	18766465
#大型	Large	79243	77824	72495	69851	67003
中型	Middle	36459	34673	32154	30073	27119
小型	Small	14040709	15303068	16603345	17640963	18567118
内河	**Inland Rivers**					
机动船(艘)	Motor Vessels (unit)	5153	4797	5095	4767	5049
驳船(艘)	Barges (unit)	314	314	314	314	314

18-5　各市公路线路里程(2023年底)

Length of Highways by City (End of 2023)

单位：公里　　(km)

地　区　Region	总　计 Total	等级公路 Expressway and Class Ⅰ to Ⅳ Highways	高　速 Express-way	一　级 First Class	二　级 Second Class	三　级 Third Class	四　级 Fourth Class
全　省 Total	**281101**	**279937**	**8321**	**5227**	**31979**	**23198**	**211211**
郑州市 Zhengzhou	14122	14076	633	774	2140	1672	8857
开封市 Kaifeng	10294	10197	463	112	1311	274	8038
洛阳市 Luoyang	20343	20310	738	273	2482	2278	14538
平顶山市 Pingdingshan	15055	14974	478	321	2083	1136	10956
安阳市 Anyang	13247	13239	339	355	1763	1355	9426
鹤壁市 Hebi	4784	4782	98	129	400	529	3627
新乡市 Xinxiang	14174	14156	487	268	2527	1467	9408
焦作市 Jiaozuo	8167	8093	242	328	1769	857	4898
濮阳市 Puyang	7561	7542	314	320	1252	619	5037
许昌市 Xuchang	10430	10407	289	298	1582	749	7491
漯河市 Luohe	5755	5744	172	108	666	518	4280
三门峡市 Sanmenxia	10468	10306	426	221	1352	1191	7116
南阳市 Nanyang	42001	41838	892	369	3687	3861	33029
商丘市 Shangqiu	25142	25089	581	288	2183	1368	20668
信阳市 Xinyang	29072	29072	629	153	2319	2436	23535
周口市 Zhoukou	24940	24861	591	323	1861	1350	20735
驻马店市 Zhumadian	22702	22416	817	482	2010	1146	17962
济源示范区 Jiyuan	2844	2834	132	108	593	392	1609

18-5 续表 continued

单位：公里 (km)

地 区 Region	等外公路 Highways Below Class Ⅳ	有铺装路面里程 Paved Highway	沥青混凝土 Bitumen	水泥混凝土 Concrete	简易铺装路面里程 Simply Paved Highway	未铺装路面里程 Unpaved Highway
全 省 Total	**1164**	**271935**	**65938**	**205997**	**7866**	**1300**
郑 州 市 Zhengzhou	46	14031	5473	8558	45	46
开 封 市 Kaifeng	98	10032	4008	6023	154	109
洛 阳 市 Luoyang	33	20288	5219	15069	22	33
平 顶 山 市 Pingdingshan	81	14945	3596	11349	21	89
安 阳 市 Anyang	8	12430	3492	8939	809	8
鹤 壁 市 Hebi	2	4564	1065	3499	217	4
新 乡 市 Xinxiang	18	13875	4892	8983	275	23
焦 作 市 Jiaozuo	73	7782	2773	5009	312	73
濮 阳 市 Puyang	19	7505	2431	5074	36	19
许 昌 市 Xuchang	23	10026	2601	7425	379	25
漯 河 市 Luohe	11	5547	1002	4546	197	11
三 门 峡 市 Sanmenxia	162	10294	2863	7430	10	165
南 阳 市 Nanyang	163	41153	8350	32802	602	247
商 丘 市 Shangqiu	53	23668	4801	18867	1421	53
信 阳 市 Xinyang		28779	2857	25921	275	18
周 口 市 Zhoukou	79	22140	4916	17225	2721	79
驻 马 店 市 Zhumadian	286	22139	4488	17652	275	288
济 源 示 范 区 Jiyuan	10	2739	1111	1627	95	10

18-6 各种民用车辆拥有量(2023年底)

Possession of Civil Vehicles (End of 2023)

单位：辆 (unit)

指标	Item	总计 Total	营运 Commercial	非营运 Non-commercial	#进口 Imports	#私人 Private-owned	#新注册 Newly-registered	报废 Abandoned
合计	**Total**	**25774728**	**1406462**	**21100477**	**535736**	**20668587**	**1578220**	**235818**
汽车	Vehicles	20839205	1066180	19696991	511913	19240526	1428256	217384
载客汽车	Passenger Vehicles	18766465	166661	18523770	509629	17926602	1261440	186847
大型	Large	67003	52128	8980	339	270	1936	2879
中型	Medium	27119	7442	7823	616	1761	412	2018
小型	Small	18567118	107078	18401755	504770	17822223	1259074	177039
微型	Minicar	105225	13	105212	3904	102348	18	4911
#轿车	Saloon Cars	11734989	102717	11580923	200901	11322848	787871	99286
载货汽车	Trucks	1986882	896339	1090543	2190	1275091	162070	29532
重型	Heavy	548118	533882	14236	618	59984	39072	3544
中型	Medium	19980	10843	9137	5	8200	1788	378
轻型	Light	1370086	335653	1034433	1566	1160912	118811	22958
微型	Mini	807	14	793	1	242	592	78
三轮	Tricycle	29436	8965	20471		28281	1807	1159
低速货车	Low-speed Truck	18455	6982	11473		17472		1415
专项作业车	Special Operation Vehicle	85858	3180	82678	94	38833	4746	1005
重型	Heavy	52210	2313	49897	65	26038	2539	298
中型	Medium	14454	398	14056	21	4410	599	254
轻型	Light	19158	468	18690	8	8371	1608	444
微型	Mini	36	1	35		14		9
电车	Buses	95	95					1
摩托车	Motorcycle	1436686	35175	1401511	23783	1407949	132189	17469
普通	Standard	1428899	35175	1393724	23783	1400760	131392	13830
轻便	Light	7787		7787		7189	797	3639
拖拉机	Tractors	3191755						
挂车	Trailer	306947	305012	1935	40	20109	17774	963
其他类型车	Others	40		40		3	1	1

注：拖拉机数据来源于农机管理局，其他数据来源于公安厅。

Data of Tractor was calculated from the Administration of agricultural machinery,data of cars and other vehicles was calculated from Provincial public security department.

18-7 各市民用车辆拥有量(2023年底)

Possession of Civil Vehicles by City (End of 2023)

单位：辆 (unit)

地区	Region	民用汽车 Civil Vehicles	载客汽车 Passenger Vehicles	#大型 Large	#轿车 Saloon Cars	载货汽车 Trucks	#重型 Heavy
全省	**Total**	**20839205**	**18766465**	**67003**	**11734989**	**1986882**	**548118**
郑州市	Zhengzhou	4960391	4692611	14840	2825062	246896	76338
开封市	Kaifeng	802491	715164	2913	455676	84816	14973
洛阳市	Luoyang	1583327	1449543	5139	907126	127722	29521
平顶山市	Pingdingshan	904665	810194	3324	452708	90842	19947
安阳市	Anyang	1143031	1034020	3220	714427	104539	34938
鹤壁市	Hebi	360215	322098	1538	222354	36352	13627
新乡市	Xinxiang	1349787	1197193	4007	794617	146798	39489
焦作市	Jiaozuo	733124	635182	2237	436123	95016	49265
濮阳市	Puyang	895320	797029	2132	541715	94064	29324
许昌市	Xuchang	869943	782803	2914	491462	83925	19059
漯河市	Luohe	461526	406353	1430	272443	53729	20212
三门峡市	Sanmenxia	416436	379023	1563	230872	35368	9595
南阳市	Nanyang	1548484	1375572	4903	810403	165682	40019
商丘市	Shangqiu	1474058	1271453	5895	854413	197708	48933
信阳市	Xinyang	875163	772577	3382	440577	98847	13023
周口市	Zhoukou	1202942	1016234	3746	592872	180678	53323
驻马店市	Zhumadian	1028550	898595	2614	546129	126336	28811
济源示范区	Jiyuan	205938	187713	720	137088	17164	7720

地区	Region	专项作业车 Special Operation Vehicle	#新注册 Newly-registered	摩托车 Motors	挂车 Trailer	拖拉机 Tractors	机动车驾驶员(万人) Number of Motor Drivers (10 000 Person)	#汽车 Automobile Drivers
全省	**Total**	**85858**	**1428256**	**1436686**	**306947**	**3191755**	**3620**	**3527**
郑州市	Zhengzhou	20884	451698	102491	24358	98054	543	541
开封市	Kaifeng	2511	45127	34990	7575	160828	162	160
洛阳市	Luoyang	6062	114442	176161	14039	178692	268	259
平顶山市	Pingdingshan	3629	53181	81196	11923	121992	169	164
安阳市	Anyang	4472	62696	43916	25411	138169	175	171
鹤壁市	Hebi	1765	15917	20411	8722	80439	65	64
新乡市	Xinxiang	5796	81824	98487	22582	173035	259	256
焦作市	Jiaozuo	2926	45874	55493	41033	50190	149	146
濮阳市	Puyang	4227	49707	49831	18639	68363	158	157
许昌市	Xuchang	3215	50997	46600	9342	41554	144	140
漯河市	Luohe	1444	15213	19004	10639	79838	82	80
三门峡市	Sanmenxia	2045	23560	105696	5927	39434	75	70
南阳市	Nanyang	7230	101431	242906	22446	669893	285	281
商丘市	Shangqiu	4897	122177	58502	28836	184713	307	300
信阳市	Xinyang	3739	47230	130449	2413	220186	219	209
周口市	Zhoukou	6030	55210	66968	32886	301392	337	316
驻马店市	Zhumadian	3619	77285	91020	14141	577166	192	181
济源示范区	Jiyuan	1061	12663	12045	6035	7817	31	31

18-8 各市私人车辆拥有量(2023年底)

Possession of Private Vehicles by City (End of 2023)

单位：辆 (unit)

地 区 Region	民用汽车 Civil Vehicles	载客汽车 Passenger Vehicles	载货汽车 Trucks	专项作业车 Special Operation Vehicles	摩托车 Motors	#普通 Bicycle Motor
全 省 Total	**19240526**	**17926602**	**1275091**	**38833**	**1407949**	**1400760**
郑 州 市 Zhengzhou	4514011	4399657	106336	8018	98650	98339
开 封 市 Kaifeng	753019	689547	62998	474	34074	33949
洛 阳 市 Luoyang	1464543	1377367	84190	2986	171394	169363
平 顶 山 市 Pingdingshan	843562	777723	64091	1748	80199	80020
安 阳 市 Anyang	1057471	993338	62181	1952	42275	42059
鹤 壁 市 Hebi	333172	308117	24299	756	19908	19854
新 乡 市 Xinxiang	1258447	1147687	107930	2830	96416	95191
焦 作 市 Jiaozuo	647948	606657	39990	1301	54170	53941
濮 阳 市 Puyang	825273	768003	55801	1469	48327	47151
许 昌 市 Xuchang	812877	754157	57248	1472	43329	43270
漯 河 市 Luohe	422793	393387	28753	653	18718	18679
三 门 峡 市 Sanmenxia	385361	362441	22114	806	104894	104345
南 阳 市 Nanyang	1451449	1333159	114810	3480	240761	240461
商 丘 市 Shangqiu	1379897	1236474	140378	3045	57222	57197
信 阳 市 Xinyang	826523	741825	82875	1823	129713	129668
周 口 市 Zhoukou	1115542	987841	123796	3905	66003	65585
驻 马 店 市 Zhumadian	959359	869192	88551	1616	90193	90123
济 源 示 范 区 Jiyuan	189274	180025	8750	499	11703	11565

18-9 各市公路客货运输量(2023年)

Passenger and Freight Traffic of Highway by City (2023)

地 区 Region	客运量 (万人) Passenger Traffic (10 000 persons)	旅客周转量 (亿人公里) Passenger- Kilometers (100 million person-km)	货运量 (万吨) Freight Traffic (10 000 tons)	货物周转量 (亿吨公里) Freight Ton- Kilometers (100 million ton-km)
全 省 Total	**38583**	**371**	**251333**	**8183**
郑 州 市 Zhengzhou	1862	26	20969	614
开 封 市 Kaifeng	657	4	6825	236
洛 阳 市 Luoyang	3392	37	17740	385
平 顶 山 市 Pingdingshan	5073	31	9538	463
安 阳 市 Anyang	2112	16	20199	675
鹤 壁 市 Hebi	269	1	9999	285
新 乡 市 Xinxiang	2225	17	14329	416
焦 作 市 Jiaozuo	418	4	16840	639
濮 阳 市 Puyang	567	7	10143	423
许 昌 市 Xuchang	1654	28	11137	222
漯 河 市 Luohe	560	5	7885	215
三 门 峡 市 Sanmenxia	1457	18	3861	129
南 阳 市 Nanyang	6409	80	36865	1283
商 丘 市 Shangqiu	2143	20	20040	757
信 阳 市 Xinyang	2582	26	5082	125
周 口 市 Zhoukou	4270	35	17709	648
驻 马 店 市 Zhumadian	2510	14	16526	514
济 源 示 范 区 Jiyuan	420	3	5647	156

18-10 铁路主要站客货发送量(2023年)

Number of Passengers and Volume of Freight Dispatched from Principal Railway Stations (2023)

车站名称	Name	旅客发送量 (万人) Number of Passengers Dispatched (10 000 persons)	车站名称	Name	货物发送量 (万吨) Volume of Freight Dispatched (10 000 tons)
郑　州	Zhengzhou	2597.70	郑州北	Zhengzhoubei	1.10
郑州东	Zhengzhoudong	4661.75	新　密	Xinmi	26.86
巩　义	Gongyi	64.30	上　街	Shangjie	112.58
开　封	Kaifeng	96.53	新　郑	Xinzheng	210.55
兰　考	Lankao	119.97	开　封	Kaifeng	120.17
洛　阳	Luoyang	574.45	洛阳东	Luoyangdong	23.60
洛阳龙门	Luoyang Longmen	893.27	巩　义	Gongyi	52.02
偃　师	Yanshi	18.24	宝　丰	Baofeng	221.23
安　阳	Anyang	245.48	安　阳	Anyang	71.51
新　乡	Xinxiang	280.34	鹤壁北	Hebibei	138.05
焦　作	Jiaozuo	291.04	新　乡	Xinxiang	61.11
许　昌	Xuchang	176.14	焦作北	Jiaozuobei	61.40
三门峡	Sanmenxia	76.96	许　昌	Xuchang	13.88
三门峡南	Sanmenxianan	168.51	三门峡	Sanmenxia	67.05
灵　宝	Lingbao	43.67	三门峡西	Sanmenxiaxi	209.61
南　阳	Nanyang	301.88	南　阳	Nanyang	6.85
商　丘	Shangqiu	889.60	商　丘	Shangqiu	55.52
商丘南	Shangqiunan	82.99	商丘北	Shangqiubei	14.74
民　权	Minquan	91.81	济　源	Jiyuan	204.44

注：本表为郑州铁路局辖区内主要站数据。
Data in this table are from Principal stations of Zhengzhou Railways Administration.

18-11　铁路分货类运输量

Freight Traffic of Railway by Category

货　类	Type of Freight	2022		2023	
		运输量（万吨）Traffic Volume (10 000 tons)	货物周转量（万吨公里）Freight Ton-Kilometers (10 000 ton-km)	运输量（万吨）Traffic Volume (10 000 tons)	货物周转量（万吨公里）Freight Ton-Kilometers (10 000 ton-km)
煤	Coal	38151	10997483	37324	10888993
石油	Petroleum	1622	286399	1865	348312
焦炭	Coke	2965	886358	2558	745310
金属矿石	Metal Ores	7886	2109815	8084	2150069
钢铁及有色金属	Steel and Iron,	3540	1037105	3159	967533
非金属矿石	Nonmetal Ores	1363	342468	1140	252003
磷矿石	Phosphorus Ores	89	41012	79	36865
矿建材料	Mineral Building Materials	436	103991	253	62667
水泥	Cement	4	1255	2	574
木材	Timber	177	50649	216	65280
粮食	Grain	3442	808175	3343	776993
棉花	Cotton	190	84308	137	63944
化肥和农药	Chemical Fertilizers and Pesticides	2296	741350	2038	688266
盐	Salt	66	34891	25	8789
化工品	Chemical Products	1763	672504	1542	563788
工业机械	Industry Machinery	558	168215	601	182869
电子电气	Electronic and Electric	53	24349	133	61781
金属制品	Metal Products	47	14273	40	13009
农业机具	Agriculture Implements	0	2		
鲜活易腐货物	Fresh, Live and Perishable Goods	21	5094	10	1981
农副土特产品	Agriculture Products	16	4098	15	3411
饮食烟草	Diet and Tobaccos	332	95759	309	94222
纺织品	Textile Products	44	16245	35	12976
文教用品	Cultural and Educational Products	109	44640	103	43192
医药品	Medicine Products	29	5654	32	6321
零担	Fragmentary Freight				
集装箱	Container	10823	3452077	11982	3708229

注：铁路为郑州铁路局全局数。
The railway data refers to the overall figures of Zhengzhou Railway Bureau.

18-12 铁路运输主要技术经济指标

Major Economic and Technical Indicators of Railway Transport

指　　标	Item	2020	2021	2022	2023
货运机车日产量	Average Daily Ton-kilometers of Freight				
（万吨公里）	Locomotives (10 000 ton-kms)	119	117	124	124
内燃机车	Diesel Locomotives	20	19	19	19
电力机车	Electric Locomotives	122	120	127	127
货运机车平均牵引总重量（吨）	Average Total Tonnage of Freight Locomotives (ton)	2663	2665	2668	2677
内燃机车	Diesel Locomotives	2029	1932	1948	1953
电力机车	Electric Locomotives	2667	2670	2673	2681
客运机车日车公里（公里）	Daily Distance per Passenger Locomotive (km)	1685	1863	1923	2106
货运机车日车公里（公里）	Daily Distance per Freight Locomotive (km)	487	476	499	496
内燃机车万吨公里耗油	Oil Consumption of Diesel Locomotive				
（公斤）	Per 10 000 tons.km (kg)	131.1	145.2	151.8	138.0
电力机车万吨公里耗电	Electricity Consumption of Electric				
（千瓦小时）	Locomotive Per 10 000 tons.km (kwh)	127.7	132.5	127.5	140.2
旅客列车技术速度（公里/小时）	Technical Speed of Passenger Trains (km/hr)	91.0	91.7	95.5	165.8
旅客列车旅行速度（公里/小时）	Traveling Speed of Passenger Trains (km/hr)	81.5	82.2	86.3	151.3
货物列车技术速度（公里/小时）	Technical Speed of Freight Trains (km/hr)	49.9	49.1	49.9	51.1
货物列车旅行速度（公里/小时）	Running Speed of Freight Trains (km/hr)	39.4	39.0	39.9	40.2
货物列车运行正点率（%）	Punctuality Rate of Freight Trains in Running (%)	95.3	95.6	96.0	96.0
货物列车出发正点率（%）	Punctuality Rate of Freight Trains at Departure (%)	95.0	95.4	95.8	95.8
货车周转时间(天)	Truning Around Time of Freight Cars (day)	1.4	1.3	1.3	1.2
货车一次作业时间（小时）	Handling Time of Freight Cars (hour)	23.9	23.9	23.2	22.3
货车中转停留时间（小时）	Transfer Waiting Time Per Freight Car (hour)	4.1	3.8	3.7	3.8

注：本表数据来源于郑州铁路局。
Data in this chapter are from Zhengzhou Railways Administration.

18−13 民航基本情况

Main Indicators of Civil Aviation

指　　标	Item	2018	2020	2021	2022	2023
航线条数(条)	Number of Civil Aviation Routes (unit)	70	73	63	66	55
#国际	International Routes	9	6		1	4
国内	Domestic Routes	60	66	63	65	50
地区	Regional Routes	1	1			1
航线里程(公里)	Length of Civil Aviation Routes (km)	91575	113626	116099	119946	143379
#国际	International Routes	13223	12024		4400	10236
国内	Domestic Routes	76739	99882	116099	115546	131426
地区	Regional Routes	1613	1720			1717
飞行架次	Number of Flight	48144	35180	31120	19881	40970
#国际	International Routes	2414	308		2	202
国内	Domestic Routes	45046	34810	31120	19879	40688
地区	Regional Routes	684	62			80
民用机场数(个)	Number of Civil Airports (unit)	4	4	4	4	5
#可降737以上机型	Airports Serving Boeing 737 and above	3	4	4	4	4
民用飞机架数(架)	Number of Civil Aircraft (unit)	31	30	30	30	30
通航国家和地区(个)	Navigable Country and Region (unit)	5	5		1	3
#通航城市	Navigable City	7	6		1	4
客货吞吐量	Passenger and Cargo throughput					
旅客吞吐量(万人)	Passenger throughput (10 000 persons)	2955.74	2405.84	2191.72	1079.36	2788.83
货邮吞吐量(万吨)	Cargo throughput (10 000 tons)	51.73	64.10	70.65	62.57	60.90

注：民用机场数和客货吞吐量为全省数据，其他指标数据为中国南方航空河南航空有限公司数据修正后数据，2018年航线里程(国际)为修正后数据。

Data of Civil Airports and Passenger and Cargo throughput refer to the whole province, and other data come from China southern airlines co., LTD., henan branch. Data on length of civil aviation routes are revised since 2018.

18-14 邮政行业基本情况及邮政水平(年底数)

Basic Conditions and Level of Post Services (Year-end)

指　　标	Item	2018	2020	2021	2022	2023
局所网络	Offices and Network					
邮政局所(处)	Number of Post Offices (unit)	2626	2625	2686	2625	2653
邮政行业业务总量(万元)	Business Volume of Post (10 000 yuan)	4367143	8296456	5452354	5671953	7097170
函件(万件)	Number of Letters (10 000 pcs)	10722	5880	3130	2529	2992
包裹(万件)	Number of Parcels (10 000 pcs)	120	110	103	106	163
快递(万件)	Pieces of Express Mail Services (10 000 pcs)	152632	310005	435553	445289	604600
报刊期发数(万份)	Issue of Newspapers and Magazines (10 000 copies)	870	864	794	758	782
集邮业务(万枚)	Collecting Stamps (10 000 units)	6648	3400	3032	2387	2406
邮政水平	Level of Post Services					
平均每一邮电局所服务面积	Average Area Served by Every Post Office					
(平方公里)	(sq.km)	64	64	62	64	63
平均每一邮电局所服务人口	Average People Served by Every Post Office					
(万人)	(10 000 persons)	3.6	3.8	3.8	3.8	3.7
平均每人发函件数(件)	Average Number of Letters Mailed per Capita (piece)	1.1	0.6	0.3	0.3	0.3
平均每百人订有报刊数(份)	Average Number of Newspaper and Magazine					
	Subscribed per 100 Persons (piece)	9.2	8.6	7.9	7.5	7.9

18-15 邮电通信行业基本情况

年份 Year	邮电业务总量（万元）Business Volume of Postal and Telecommunications Services (10 000 yuan)	#邮政行业业务总量 Business Volume of Postal Services	函件（万件）Number of Letters (10 000 pcs)	包裹（万件）Package (10 000 pcs)	快递业务量（万件）Pieces of Express Mail Services (10 000 pcs)
1978	(5450)7120		11629		
1979	7540		12783		
1980	8062		14230		
1981	8390		14823		
1982	8666		14726		
1983	9024		15144		
1984	9647		16974		
1985	11057		20304		
1986	11977		21055		
1987	14675		24020		
1988	19182		25368		
1989	22805		23345		
1990	(27872)48983		22032		
1991	59324		17335		
1992	80685		17795		
1993	122245		20260		
1994	188902		21963		
1995	302583		21958	648	
1996	461609		22470	648	225
1997	643107		19164	489	173
1998	1035556		18799	489	197
1999	1384139		19452	509	296
2000	(1869359)1300586	117999	21408	499	423
2001	1740235	210508	29260	492	539
2002	2201977	236549	29532	482	761
2003	3035707	264200	35938	486	945
2004	4359263	282726	26470	433	1105
2005	5565060	318093	24471	415	1163
2006	7214687	365236	23030	405	1136
2007	9331635	412016	21515	367	1248
2008	11241309	470421	22147	315	1497
2009	12968686	548800	19786	271	1788
2010	(15077061)5359762	(897962)607027	24704	253	(1793)5765
2011	5958822	627996	32396	264	8378
2012	6613588	691594	17516	283	12503
2013	7949251	924593	17570	295	19444
2014	10110624	1165358	15828	264	29484
2015	13172754	1637756	12011	198	51450
2016	(20658962)9860822	2332232	9496	160	83875
2017	18160442	3327145	11865	153	107378
2018	43837204	4367143	10722	120	152632
2019	65892361	5904545	9533	111	211093
2020	89854663	8296456	5880	110	310005
2021	15313565	5452354	3130	103	435553
2022	15748525	5671953	2529	106	445289
2023	17535878	7097170	2992	163	604600

注：1. 邮政行业业务总量2021年起按2020年不变价计算，2017-2020年按2015年不变价计算，2010-2016年按2010年不变价计算，2000-2009年按2000年不变价格计算，1990-1999年按1990年不变价格计算，1978-1989年按1980年不变价格计算。括号内为上个时期不变价数据。

2. 2010年起，快递为全社会快递业务量，括号内为原口径数据。

3. 2010年起，国际互联网用户含手机上网用户。

4. 2020年电话普及率是通过河南第七次全国人口普查结果计算所得。

Basic Conditions of Postal and Telecommunication Services

订销报刊期发数（万份）Subscription and Issue of Newspapers and Magazines (10 000 pcs)	集邮业务（万枚）Stamps for Collection (10 000 units)	固定电话用户（万户）Subscribers of Fixed Telephone (10 000 subscribers)	移动电话用户（万户）Subscribers of Mobile Telephone (10 000 subscribers)	长途光缆线路长度（公里）Length of Optical Cable Lines (km)	电话普及率（含移动）（部/百人）Populariza-tion Rate of Telephone (sets/100 persons)	国际互联网用户（万户）Number of Subscribers of Internet Services (10 000 subscribers)
		12.05			0.17	
		12.40			0.17	
		12.96			0.18	
		13.12			0.18	
		13.37			0.18	
		13.25			0.17	
		14.33			0.19	
		15.67			0.20	
		16.75			0.21	
		14.00			0.17	
		16.10			0.20	
		18.92			0.23	
		22.76			0.27	
		27.31			0.31	
		36.65			0.42	
		55.70			0.63	
		89.31			0.99	
		135.74			1.50	
		205.71	23.87		2.51	
	2295	292.55	48.02		3.70	
	1045	442.76	118.64		6.05	
	13581	773.51	173.04		8.68	
	13614	912.10	310.30		12.95	67.52
	12352	1096.09	503.03	18029	16.79	185.66
	10441	1180.31	531.00	20658	17.86	208.42
880	9159	1370.86	1072.57	26650	25.72	245.81
768	10500	1625.03	1392.31	32644	31.14	269.17
686	8769	1863.48	1814.81	33093	37.90	274.28
707	7038	2027.50	2351.20	33536	44.90	326.87
759	6883	1940.47	2914.54	34927	49.50	403.26
846	7100	1562.44	3498.89	35718	51.20	494.38
809	6064	1463.89	4016.84	36127	55.10	625.49
803	8158	1432.00	4449.72	36446	59.00	3043.42
1062	7090	1340.39	5061.69	30519	68.07	3857.20
1010	7585	1288.90	5787.70	30271	75.38	5098.00
951	6138	1224.38	7200.22	30296	89.60	5657.14
1029	5338	1143.04	7712.93	31430	94.10	5672.06
980	6766	1009.66	7975.06	33578	95.22	6626.93
1032	7129	798.60	7889.01	32533	91.14	8145.49
883	6758	735.04	8553.36	34589	97.40	9670.83
870	6648	689.57	9354.14	37905	111.27	11199.61
836	3883	757.84	9841.08	35017	121.27	11016.79
864	3400	667.22	10051.38	35898	109.34	11839.65
794	3032	677.54	10352.62	39280	111.01	12642.40
758	2387	648.40	10643.10	39580	114.30	13335.70
782	2406	581.76	10875.29	42508	115.90	13954.40

a) The Business Volume of Postal and Telecommunication Services from 2021 are calculated at 2020 constant prices. 2017 - 2020 are calculated at 2015 constant prices.2010-2016 are 1978-1989 are calculated at 1980 constant prices. Data in bracket are calculated at last period constant prices. calculated at 2010 constant prices.2000-2009 are calculated at 2000 constant prices. 1990-1999 are calculated at 1990 constant prices.

b) Data of pieces of express mail refer to the whole social since 2010, data in the brackets are original data.

c) Data on Subscribers of Internet Services include Mobile Internet since 2010.

d) The popularization rate of telephone in 2020 is calculated from the results of the seventh national census in Henan.

18-16 通信行业基本情况及通信水平(年底数)

Basic Conditions and Level of Telecommunication Services (Year-end)

指　　标	Item	2021	2022	2023
通信网络	**Network of Telecommunication**			
电信业务总量(亿元)	Business Volume of Telecommunication Services (100 million yuan)	994.71	1007.66	1043.89
移动电话用户期末数(万户)	Number of Mobile Telephones Subscribers at Year-end (10 000 subscribers)	10353	10643	10875.29
4G移动电话用户（万户）	4G Mobile Phone Users (10 000 subscribers)	6878.08	6012.10	4835.93
5G移动电话用户（万户）	5G Mobile Phone Users (10 000 subscribers)	2259.45	3682.40	5330.49
固定电话用户(万户)	Number of Local Telephone Subscribers of at Year-end (10 000 subscribers)	678	648	582
国际互联网用户(万户)	Number of Subscribers of Internet Service (10 000 Subscribers)	12642.40	13335.70	13954.40
IPTV（网络电视）用户(万户)	IPTV Users (10 000 Subscribers)	1923.40	2015.20	2044.89
物联网终端用户(万户)	Internet of Things End Users (10 000 Subscribers)	7369.78	8827.30	10305.62
电信主要通信能力	**Major Capacity of Telecommunication Services**			
长途光缆线路长度(公里)	Length of Optical Cable Lines (km)	39280	39580	42508
移动电话基站数（万个）	Number of Mobile Phone Base Stations (10 000 units)	53	57	57
固定互联网宽带接入端口（万个）	Fixed Internet Broadband Access Terminal (10 000 units)	5631	6229	6625
通信水平	**Level of Telecommunication**			
固定电话普及率(部/百人)	Popularization Rate of Telephone (sets/100 persons)	6.8	6.6	5.9
移动电话普及率(部/百人)	Popularization Rate of Mobile Telephone (sets/100 persons)	104.2	107.7	110.0
已通固定电话的乡(镇)比重(%)	Percentage of Townships with Telephone (%)	100	100	100
移动电话(GSM)网络覆盖县(市)	Number of County(city) Covered by GSM (unit)	102	102	102
移动电话(CDMA)网络覆盖县(市)	Number of County(city) Covered by CDMA (unit)	102	102	102
移动电话漫游国家和地区(个)	Number of Country (Territory) Roamed through Mobile Telephone (unit)	245	245	245
数据通信网覆盖地(市)	Number of Region(city) Covered by Data Traffic (unit)	18	18	18

注：2021年起电信业务总量按2020年不变价格计算。
Business volume of telecommunication services from 2021 are calculated at 2020 constant price.

18−17 各市邮政网和业务量(2023年)

Network and Business Volume of Post by City (2023)

地区	Region	邮政局所 (处) Number of Post Offices (unit)	邮政行业业务总量 (亿元) Business Volume of Post (100 million yuan)	函件 (万件) Number of Letters (10 000 pcs)	包裹 (万件) Package (10 000 pcs)
全省	**Total**	**2653**	**709.72**	**2991.88**	**163.16**
郑州市	Zhengzhou	245	204.99	1505.93	18.45
开封市	Kaifeng	117	18.36	23.64	6.85
洛阳市	Luoyang	207	39.88	153.04	13.05
平顶山市	Pingdingshan	137	17.98	19.79	5.13
安阳市	Anyang	129	29.34	88.97	11.92
鹤壁市	Hebi	31	6.79	28.15	2.14
新乡市	Xinxiang	171	39.39	139.53	14.40
焦作市	Jiaozuo	115	32.83	126.24	11.63
濮阳市	Puyang	101	18.04	57.16	12.56
许昌市	Xuchang	104	25.33	205.09	5.03
漯河市	Luohe	62	30.20	46.96	3.92
三门峡市	Sanmenxia	84	6.72	263.37	0.98
南阳市	Nanyang	275	57.87	83.23	8.30
商丘市	Shangqiu	209	80.72	121.65	19.30
信阳市	Xinyang	227	25.11	20.95	5.61
周口市	Zhoukou	210	33.34	42.48	13.36
驻马店市	Zhumadian	203	39.70	57.80	7.68
济源示范区	Jiyuan	26	3.14	7.90	2.85

地区	Region	快递业务量 (万件) Business Volume of Express Delivery (10 000 pcs)	快递业务收入 (亿元) Revenue of Express Mail Services (100 million yuan)	订销报刊期发数 (万份) Subscription and Issue of Newspapers and Magazines (10 000 pcs)	集邮业务 (万枚) Collecting Stamps (10 000 units)
全省	**Total**	**604600.39**	**425.29**	**781.65**	**2405.93**
郑州市	Zhengzhou	182917.35	161.30	90.63	607.42
开封市	Kaifeng	13939.90	9.01	38.29	92.23
洛阳市	Luoyang	34005.08	20.75	50.74	184.60
平顶山市	Pingdingshan	12125.27	14.03	39.52	103.78
安阳市	Anyang	22436.85	11.44	46.09	79.95
鹤壁市	Hebi	5127.17	4.01	15.13	32.82
新乡市	Xinxiang	26833.17	21.45	62.13	188.27
焦作市	Jiaozuo	37678.25	21.19	39.68	127.21
濮阳市	Puyang	15244.61	8.14	28.26	63.13
许昌市	Xuchang	23687.28	14.63	25.62	46.25
漯河市	Luohe	28776.92	15.81	17.35	23.36
三门峡市	Sanmenxia	2870.64	3.86	26.87	58.89
南阳市	Nanyang	42347.36	26.11	90.76	242.80
商丘市	Shangqiu	87545.99	42.94	50.49	52.94
信阳市	Xinyang	13327.03	10.51	45.39	59.22
周口市	Zhoukou	22395.67	14.92	63.38	219.92
驻马店市	Zhumadian	31052.00	23.46	40.94	199.20
济源示范区	Jiyuan	2289.84	1.72	10.38	23.94

18-18 各市电信网和业务量(2023年)

地区	Region	电信业务总量(亿元) Business Volume of Telecommunications (100 million yuan)	(固定)互联网宽带接入端口数(万个) Fixed Internet Broadband Access Terminal (10 000 units)	移动电话通话时长(万分钟) Length of Calls of Mobile Telephone (10 000 minutes)
全省	**Total**	**1043.89**	**6625**	**28179821**
郑州市	Zhengzhou	235.91	925	4640493
开封市	Kaifeng	41.70	306	1219909
洛阳市	Luoyang	80.24	605	2074018
平顶山市	Pingdingshan	44.84	305	1318405
安阳市	Anyang	52.53	453	1561265
鹤壁市	Hebi	16.75	109	512208
新乡市	Xinxiang	66.05	446	1920176
焦作市	Jiaozuo	37.88	283	1101949
濮阳市	Puyang	37.84	223	1170498
许昌市	Xuchang	39.88	278	1166792
漯河市	Luohe	23.83	152	660721
三门峡市	Sanmenxia	22.42	170	632267
南阳市	Nanyang	79.27	551	2492134
商丘市	Shangqiu	69.08	544	2083842
信阳市	Xinyang	55.57	391	1492498
周口市	Zhoukou	70.79	459	2099193
驻马店市	Zhumadian	60.98	360	1769280
济源示范区	Jiyuan	8.33	66	264174

Network of Telecommunications and Business Volume by City (2023)

移动 电话用户 (万户) Number of Mobile Telephone Subscribers (10 000 subscribers)	4G电话 用户 (万户) Fourth Generation Telephone Subscribers (10 000 subscribers)	移动短信 业务量 (亿条) SMS Business (100 million piece)	固定电话 用户 (万户) Fixed Telephone Subscribers (10 000 subscribers)	家庭宽带 接入用户 (万户) Household Broadband Subscribers (10 000 subscribers)	国际互联 网用户 (万户) International Internet Service Subscribers (10 000 subscribers)
10875.29	**4835.93**	**968.90**	**581.76**	**3756.02**	**13954.50**
1910.08	819.24	221.90	124.29	612.94	2394.40
464.42	202.86	38.50	21.61	161.65	612.10
803.16	361.85	86.70	58.10	287.81	1069.20
511.60	236.01	51.70	23.23	175.84	668.80
597.86	281.17	48.50	39.15	206.16	773.10
176.45	83.46	14.70	8.71	56.58	227.60
686.79	311.67	63.80	30.99	242.77	887.30
400.10	182.00	39.10	19.27	141.29	530.30
412.68	183.14	30.50	17.41	143.98	528.70
460.69	205.01	43.10	30.92	153.31	587.90
265.45	117.28	20.20	11.64	88.61	335.10
228.83	107.07	27.40	14.15	83.68	310.20
956.85	440.35	69.40	47.00	322.79	1196.10
799.73	343.23	52.50	39.02	274.62	1018.20
616.44	269.29	50.50	35.00	228.93	778.60
805.41	348.86	53.50	26.88	300.71	1037.70
693.47	303.47	49.70	28.06	245.17	886.20
85.28	39.97	7.20	6.32	29.18	113.00

主要统计指标解释

铁路营业里程 又称营业长度，指投入客货运输营业或临时营业的线路长度。

公路里程 指报告期末公路的实际长度。统计范围：包括城间、城乡间、乡（村）间能行驶汽车的公共道路，公路通过城镇街道的里程，公路桥梁长度、隧道长度、渡口宽度。不包括城市街道里程，断头路里程，农（林）业生产用道路里程，工（矿）企业等内部道路里程。统计原则：按已竣工验收或交付使用的实际里程计算；两条或多条公路共同经由同一路段的重复里程，只计算一次。

通航里程 指在一定时期内，能通航运输船舶及排筏的天然河流、湖泊水库、运河及通航渠道的长度。包括全年季节性通航累计三个月以上的航道，不包括仅供零散流放竹、木排的河道。两省以河为界的航道里程，双方均按一半计算，以免重复。该指标可以反映内河水运网的规模、水平和发展情况。

航线里程 指统计期间内全部民用航空航线的航线总长度。航线长度指民用航空航线的计费距离。计算航线里程可按重复和不重复两种方法，前者是指各航线长度相加的总和；后者则要扣除各航线之间相同航段重复计算的部分。

货（客）运量 指在一定时期内，各种运输工具实际运送的货物（旅客）数量。它是反映运输业为国民经济和人民生活服务的数量指标，也是制定和检查运输生产计划、研究运输发展规模和速度的重要指标。货运按吨计算，客运按人计算。货物不论运输距离长短、货物类别，均按实际重量统计。旅客不论行程远近或票价多少，均按一人一次客运量统计；半价票、小孩票也按一人统计。

货物（旅客）周转量 指在一定时期内，由各种运输工具运送的货物（旅客）数量与其相应运输距离的乘积之总和。它是反映运输业生产总成果的重要指标，也是编制和检查运输生产计划，计算运输效率、劳动生产率以及核算运输单位成本的主要基础资料。计算货物周转量通常按发出站与到达站之间的最短距离，也就是计费距离计算。计算公式为：

货物（旅客）周转量＝∑货物（旅客）运输量×运输距离

民用汽车拥有量 指报告期末，在公安交通管理部门按照《机动车注册登记工作规范》，已注册登记领有民用车辆牌照的全部汽车数量。汽车拥有量统计的主要分类：根据汽车结构分为载客汽车、载货汽车以及其他汽车；根据汽车所有者的不同分为个人（私人）汽车、单位汽车；根据汽车的使用性质分为营运汽车、非营运汽车和特种汽车；根据汽车大小规格不同载客汽车分为大型、中型、小型和微型，载客汽车分为重型、中型、轻型和微型。

电信 指利用有线、无线的电磁系统或者光电系统，传送、发射或者接受语音、文字、数据图像以及其他任何形式信息的活动。主要包括固定电信服务、移动电信服务和其他电信服务。

移动电话用户 指在电信运营企业营业网点办理开户登记手续，通过移动电话交换机进入移动电话网，占用移动电话号码的各类电话用户。包括各类签约用户、智能网预付费用户、无线上网卡用户。

国际互联网用户 指过去半年内使用过互联网的6周岁及以上中国居民人数。

固定电话用户 指在电信运营企业营业网点办理开户登记手续并已接入固定电话网上的全部电话用户。包括普通电话用户、公用电话用户、窄带综合业务数字网（N—ISDN）用户、智能网专用接入终端用户等。按行政区划分为城市电话用户和农村电话用户。

Explanatory Notes on Main Statistical Indicators

Length of Railways in Operation refers to the total length of the trunk line for passenger and freight transportation in full operation or temporary operation.

Length of Highways refers to the actual length of highways at the end of reference period. It covers public roads running vehicles among cities, city and rural areas, township (villages), highways passing through streets at small cities and towns, length of bridges and tunnels, width of ferry piers. It does not include the length of streets in cities, dead end highways, the length of streets built for agricultural (forest) production and inside factories (mines). It can only be calculated with the actual mileage having been completed, checked and accepted or put into operation. If two or more highways go the same section of the way, the length of the section is only calculated for once.

Length of Navigable Inland Waterways an indicator reflecting the size and development of inland water network, it refers to the length of the natural rivers, lakes, reservoirs, canals, and ditches open to navigation during a given period, which enables the transport by ships and rafts. It includes the channels open to navigation for over an accumulative 3 months in a year, yet this does not include the river courses which are only used to float odd logs and bamboo rafts.

Length of Civil Aviation Routes refers to the length of all routes for civil aviation flights, which is used to account the freight, during the period of statistics.. There are usually two ways to calculate the route length: duplicated calculation and non-duplicated calculation, the former is the sum of length of all civil aviation routes, and the latter should deduct the duplication length of same route among all routes.

Freight (Passenger) Traffic refers to the volume of freight (passenger) transported with various means. Freight transport is calculated in tons and passenger traffic is calculated in the number of persons. Despite the type of freight and travelling distance, the freight transport is calculated in the actual weight of the goods: and despite the travelling distance and ticket price, the passenger traffic is calculated by the principle that one person can be counted only once in one travel. The passenger who travel with a half price ticket or a child ticket is also calculated as one person. The freight (passenger) traffic provides a quantitative measure to show how the transport industry serves the national economy and people, and is also an important indicator for planning the transport industry and for studying the development scale and speed of the transport industry.

Freight Ton-kilometers (Passenger-kilometers) refer to the sum of the products of the volume of transported cargo (passengers) multiplying by the transport distance, usually using ton-kilometer and passenger-kilometer as units for measurement. Normally, the shortest distance between the departure station and the destination station (i.e., the payable distance) is the basis to calculate the freight ton-kilometers. This is an important indicator to show the total results of the transport industry, to prepare and examine the transport plan and to measure the efficiency, the labour productivity and the unit cost of transport.

The formula is as follows:

Freight Ton-kilometers (Passenger-kilometers) =∑{Freight (Passenger) Traffic × Distance of Transportation}

Measuring unit: ton-kilometer (person-kilometer)

Possession of Civil Motor Vehicles refer to the total numbers of vehicles that are registered and received vehicles' license tags according to the Work Standard for Motor Vehicles Registration formulated by transport management office under department of public security at the end of reference period. They are divided into following categories according to the structure of motor vehicles: passenger vehicles, trucks and others; and private vehicles and vehicles for units use according to ownerships; working vehicles, non-working vehicles and special motor vehicles according to kind of usage; large passenger vehicles; medium passenger vehicles and small passenger vehicles, heavy trucks, light-heavy trucks and light trucks according to sizes of vehicles.

Telecommunication refers to fixed telecom service, mobile telecom service and other telecommunications services.

Mobile Telephone Subscribers refer to persons who have gone through registration procedures in the operation points of enterprises engaged in telecommunications and are hence connected with the mobile telephone communication network through the mobile telephone switchboards and occupy mobile phone numbers. Included are various types of subscriber, prepaid users for intelligent network and wireless network card users.

Number of Subscribers of Internet Service refer to the number of Chinese citizens aged 6 and over who use the Internet in the past six months.

Local Telephone Subscribers refer to all subscribers who have gone through registration procedures in the operation points of enterprises engaged in telecommunications and are hence connected to the local telecommunications service provider through fixed line network. Included are general subscribers, public telephones subscribers, N-ISDN subscribers and intelligent network terminal subscribers. They are also classified in terms of administrative districts as urban telephone subscribers and rural telephone subscribers according to location.

资源和环境

Resources and Environment

19

◎ 资料整理：刘金娜　刘芦苇

简要说明

一、主要内容

本篇包括生态环境保护、自然资源、水资源、大气环境、农村环境和农村可再生资源利用、自然灾害和排放源数据等资料。

二、资料来源

生态环境保护、矿产资源、水资源、气象资料分别由河南省林业局、省自然资源厅、省水利厅、省气象局提供。

农村环境和农村可再生资源利用情况由省农业农村厅、省水利厅提供。

自然灾害情况由省自然资源厅、省应急厅、省生态环境厅提供。排放源数据由省生态环境厅提供。

本篇资料由河南省统计局能源和生态统计处编辑处理。

Brief Introduction

I. Main Contents

This paperincludes data on Ecological Environment Protection, natural resources, water resources, atmospheric environment rural environment and rural renewable resource utilization, natural dsastersandemission sources.

II. Sources of Data

The Ecological Environment Protection, mineral resources, water resources and meteorological data are provided by Henan Provincial Forestry Bureau, Henan Provincial Department of Natural Resources, Provincial Water Resources Department and Provincial Meteorological Bureau respectively.

The information on rural environment and the utilization of renewable resources in rural areas is provided by the Provincial Department of Agriculture and Rural Affairs and the Provincial Department of Water Resources.

The natural disaster information is provided by the Provincial Department of Natural Resources, the Provincial Emergency Department, and the Provincial Department of Ecology and Environment.

The Emission source data were provided by the provincial Department of Ecology and Environment.

Data in this chapter are edited and processed by Energy and Ecological Statistics Department of Henan Provincial Bureau of Statistics.

19-1 生态环境保护情况
Basic Conditions of Environmental Protection

指标名称	Item	2010	2015	2020
森林面积(万公顷)	Forest Area (10 000 hectares)	336.59	394.50	418.67
森林覆盖率(%)	Forest-coverage Rate (%)	20.16	23.62	25.07
活立木蓄积量(万立方米)	Total Standing Stock Volume (10 000 cu.m)	18051	22881	26564
森林蓄积量(万立方米)	Stock Volume of the Forest (10 000 cu.m)	12936	17095	20719
当年造林面积(万公顷)	Area of Afforestation for This Year (10 000 hectares)	27.71	20.00	21.12
人工造林面积	Artificial afforestation	21.23	15.47	17.19
无林地和疏林地本年新封	Closure in non-stocked Land and Scattered Wood Land	5.15	3.19	1.50
湿地面积(万公顷)	Area of Wetlands (10 000 hectares)	110.87	62.79	62.79
自然保护区数(个)	Number of Nature Reserves (unit)	35	30	30
#国家级自然保护区	National-level Nature Reserves	11	12	13
自然保护区面积(万公顷)	Area of Nature Reserves (10 000 hectares)	73.48	75.90	76.86

指标名称	Item	2021	2022	2023
森林面积(万公顷)	Forest Area (10 000 hectares)			
森林覆盖率(%)	Forest-coverage Rate (%)			
活立木蓄积量(万立方米)	Total Standing Stock Volume (10 000 cu.m)			
森林蓄积量(万立方米)	Stock Volume of the Forest (10 000 cu.m)			
当年造林面积(万公顷)	Area of Afforestation for This Year (10 000 hectares)	18.03	14.05	12.64
人工造林面积	Artificial afforestation	11.36	6.38	3.97
无林地和疏林地本年新封	Closure in non-stocked Land and Scattered Wood Land	1.94	2.14	3.05
湿地面积(万公顷)	Area of Wetlands (10 000 hectares)	62.79	85.75	
自然保护区数(个)	Number of Nature Reserves (unit)	30	30	30
#国家级自然保护区	National-level Nature Reserves	13	13	13
自然保护区面积(万公顷)	Area of Nature Reserves (10 000 hectares)	76.86	76.86	76.86

19-2 主要矿产储量(2023年)

Reserves of Major Minerals (2023)

资源品种	Category	储 量 Reserves
煤炭(亿吨)	Coal (100 million tons)	50.45
铁矿(矿石)(亿吨)	Iron Ore (100 million tons)	3.45
锰矿(矿石)(万吨)	Manganese Ore (10 000 tons)	47.56
钒矿(V_2O_5)(万吨)	Vanadium Ore V_2O_5 (10 000 tons)	74.94
铜矿(铜)(万吨)	Copper Ore (10 000 tons)	29.06
铅矿(铅)(万吨)	Lead Ore (10 000 tons)	91.06
锌矿(锌)(万吨)	Zinc Ore (10 000 tons)	77.38
铝土矿(矿石)(万吨)	Bauxite Ore (10 000 tons)	23672.81
钨矿(WO_3)(万吨)	Tungsten Ore WO_3 (10 000 tons)	15.14
锡矿(锡)(万吨)	Tin Ore (10 000 tons)	
钼矿(钼)(万吨)	Molybdenum Ore (10 000 tons)	131.04
锑矿(锑)(万吨)	Antimony Ore (10 000 tons)	1.64
金矿(金)(吨)	Gold Ore (ton)	184.19
银矿(银)(吨)	Silver Ore (ton)	2075.22
菱镁矿(矿石)(万吨)	Magnesite Ore (10 000 tons)	
普通萤石(矿物)(万吨)	Fluorite Minerals (10 000 tons)	768.28
硫铁矿(矿石)(万吨)	Pyrite Ore (10 000 tons)	1583.95
磷矿(矿石)(亿吨)	Phosphate Ore (100 million tons)	
钾盐(KCl)(万吨)	Potassium KCl (10 000 tons)	
盐矿(NaCl)(亿吨)	Salt Minerals NaCl (100 million tons)	15.34
芒硝(Na_2SO_4)(亿吨)	Glauber's Salt Na_2SO_4 (100 million tons)	
重晶石(矿石)(万吨)	Barite Ore (10 000 tons)	216.02
晶质石墨(矿物)(万吨)	Crystalline Graphite Minerals (10 000 tons)	171.18
滑石(矿石)(万吨)	Talc Ore (10 000 tons)	2.51
高岭土(矿石)(万吨)	Kaolin (10 000 tons)	70.44

19-3 水资源情况
Water Resources

指标名称	Item	2010	2015	2019	2020	2021	2022	2023
降水量(毫米)	Precipitation(mm)	842	704	529	874	1128	622	1036
水资源总量(亿立方米)	Total Amount of Water Resources (100 million cu.m)	534.89	287.17	168.90	408.59	689.18	249.40	472.33
#地表水资源量	Surface Water Resources	415.70	186.74	105.79	294.85	556.85	172.20	348.86
地下水资源量	Ground Water Resources	214.66	173.07	119.45	189.37	257.06	140.38	230.34
地表水与地下水资源重复量	Duplicated Measurement Between Surface Water and Ground Water	95.47	72.64	56.34	75.63	124.73	63.18	106.87
用水总量(亿立方米)	Water Use (100 million cu.m)	224.61	222.83	237.85	237.15	222.92	228.00	208.78
农业用水	Agriculture	125.59	120.09	121.80	123.45	114.99	135.53	118.60
工业用水	Industry	55.57	52.51	45.19	35.59	28.05	21.26	20.74
生活用水	Consumption	36.11	41.17	41.63	43.12	45.10	43.58	42.11
生态环境补水	Ecological Protection	7.34	9.07	29.23	34.98	34.78	27.63	27.34

19-4 各市年平均气温和平均年降水量(2023年)
Annual Average Temperature and Average Annual Precipitation by City (2023)

地区	Region	年平均气温(摄氏度) Annual Average Temperature (degree centigrade)	年平均降水量(毫米) Annual Average Precipitation (mm)
全省	**Total**	**15.9**	**991.2**
郑州市	Zhengzhou	16.1	943.8
开封市	Kaifeng	16.1	748.5
洛阳市	Luoyang	15.2	903.6
平顶山市	Pingdingshan	16.2	1038.7
安阳市	Anyang	15.3	1006.1
鹤壁市	Hebi	15.2	1104.7
新乡市	Xinxiang	15.7	838.2
焦作市	Jiaozuo	16.1	797.5
濮阳市	Puyang	15.1	648.7
许昌市	Xuchang	15.9	1056.9
漯河市	Luohe	15.8	1004.2
三门峡市	Sanmenxia	14.0	967.0
南阳市	Nanyang	16.0	1068.9
商丘市	Shangqiu	15.6	938.3
信阳市	Xinyang	17.0	1248.4
周口市	Zhoukou	16.4	1003.2
驻马店市	Zhumadian	16.3	1246.1
济源市	Jiyuan	16.1	664.3

19-5 农村环境基本情况
Basic Condition of Rural Enviroment

指 标	Item	2020	2021	2022	2023
农村自来水普及率(%)	Popularization Rate of Rural Tap Water (%)	91.0	91.0	92.0	92.5
农村太阳能热水器面积(万平方米)	Area of Rural Solar Water Heater (10 000 cu.m)	539.33	483.00	371.65	333.24

19-6 自然灾害情况
Conditions of Natural Disasters

指标名称	Item	2020	2021	2022	2023
地质灾害次数(次)	Number of Geological Disasters (time)	14	766	7	18
地质灾害直接经济损失(万元)	Direct Economic Losses in Geological Disasters (10 000 yuan)	123	32522	190	188
森林火灾次数(次)	Number of Forest Fires (time)		1	12	21
森林火灾受害森林面积(公顷)	Destructed Forest Area in Forest Fires (ha)		12	9	66
突发环境事件次数(次)	Number of Environmental Emergencies (time)	5	13	3	7
特别重大环境事件	Particularly Significant				
重大环境事件	Significant		1		
较大环境事件	Major				
一般环境事件	General	5	12	3	7

19—7 各市农村可再生能源利用情况(2023年)

Condition of Rural Renewable Energy Utilization by City (2023)

地区	Region	户用沼气池 (万户) Household Biogas Digester (10 000 households)	沼气工程 (个) Biogas Project (unit)	太阳能热水器 (万平方米) Solar Water Heater (10 000 cu.m)
全省	**Total**	**33.61**	**1896**	**333.24**
郑州市	Zhengzhou	1.82	29	7.59
开封市	Kaifeng	0.06	13	20.55
洛阳市	Luoyang	2.63	22	29.60
平顶山市	Pingdingshan	3.53	29	39.83
安阳市	Anyang	4.01	978	29.10
鹤壁市	Hebi	0.19	35	11.80
新乡市	Xinxiang	1.17	24	
焦作市	Jiaozuo	0.77	9	18.58
濮阳市	Puyang	2.57	46	8.82
许昌市	Xuchang	1.27	9	7.40
漯河市	Luohe	0.89	69	15.90
三门峡市	Sanmenxia	1.07	57	12.31
南阳市	Nanyang	4.62	119	52.12
商丘市	Shangqiu	0.65	60	18.84
信阳市	Xinyang	3.30	240	6.74
周口市	Zhoukou	0.09	67	40.86
驻马店市	Zhumadian	3.95	33	13.20
济源市	Jiyuan	1.03	57	

19—8 2019—2023年排放源统计数据

Emission Sources

污染物	Pollutant	2019 年	2020年	2021年	2022年	2023年
汇总	**Total**					
废水排放量(万吨)	Waste Water Discharge (10 000 tons)	432145.24	273499.76	266961.61	261593.94	291898.56
化学需氧量(吨)	COD Emission (ton)	385619.55	1445681.80	1518450.66	1847950.18	1867605.39
氨氮(吨)	Ammonia Emission (ton)	49920.56	46344.42	43309.73	46613.34	60373.09
二氧化硫(吨)	Sulphur Dioxide Emission (ton)	136885.07	66754.04	59957.99	58924.54	60442.08
氮氧化物(吨)	Nitrogen Oxide Emission (ton)	607791.90	545489.31	498121.89	443282.50	826792.58
颗粒物(吨)	Particulate Emission (ton)	126854.23	85764.72	72655.46	69345.99	90492.56
其中：工业	**Industrial**					
废水排放量(万吨)	Waste Water Discharge (10 000 tons)	54743.58	43231.67	43889.85	42937.39	43129.39
化学需氧量(吨)	COD Emission (ton)	24404.15	16008.85	15237.21	12571.09	9774.45
氨氮(吨)	Ammonia Emission (ton)	1747.61	790.48	741.28	562.99	415.79
二氧化硫(吨)	Sulphur Dioxide Emission (ton)	76600.79	56957.99	53615.13	53004.95	51123.76
氮氧化物(吨)	Nitrogen Oxide Emission (ton)	131955.86	103426.01	98369.73	94924.27	98053.15
颗粒物(吨)	Particulate Emission (ton)	101502.11	60790.67	55802.01	54457.38	52463.27

注：1. 2017年数据为二污普同源数据，2018、2019年数据是以二污普数据为基准，对污染源统计数据进行更新。废水排放量(汇总）不含集中式废水排放量。

2. 2020-2023年较2017-2019年（更新后）数据，废水排放量（汇总）增加了“集中式废水排放量”；污染物排放量（汇总）增加了“农村生活源”“农业源”排放量数据。

3. 2023年氮氧化物（汇总）、颗粒物（汇总）增加了“非道路移动机械污染排放量”。

a) 2017 data is the second pollution popularization data.2018 and 2019 data of pollution sources are based on the second pollution popularization data. Wastewater discharge (summary) does not include centralized wastewater discharge.

b) In 2020-2023, compared with 2017-2019 (updated) data, wastewater discharge (summary) is increased by "centralized wastewater discharge"; Pollutant emission (summary) increases the emission data of "rural living sources" and "agricultural sources".

c) In 2023, Nitrogen Oxide emission (summary) and Particulate emission (summary) increase the "non-road mobile machinery pollutant emission".

主要统计指标解释

森林覆盖率 以行政区域为单位的森林面积占区域土地总面积的百分比。计算公式为：

森林覆盖率=森林面积/土地总面积*100%

湿地 指陆地和水域的交汇处，水位接近或处于地表面，或有浅层积水，且处于自然状态的土地。

自然保护区 指为了保护自然环境和自然资源，促进国民经济的持续发展，将一定面积的陆地和水体划分出来，并经各级人民政府批准而进行特殊保护和管理的区域个数。根据保护对象，自然保护区分为自然生态系统类、野生生物类、自然遗迹类。风景名胜区、文物保护区不计在内。

水资源总量 指当地降水形成的地表和地下产水总量，即地表径流量与降水入渗补给量之和。

地表水资源量 指河流、湖泊以及冰川等地表水体中可以逐年更新的动态水量，即天然河川径流量。

地下水资源量 指地下饱和含水层逐年更新的动态水量，即降水和地表水入渗对地下水的补给量。

用水总量 指各类河道外用水户取用的包括输水损失在内的毛水量之和。不包括海水直接利用量以及水力发电、航运等河道内用水量。

农业用水 包括耕地和林地、园地、牧草地灌溉，鱼塘补水及牲畜用水。

工业用水 指工矿企业在生产过程中用于制造、加工、冷却、空调、净化、洗涤等方面的用水，按新水取用量计，不包括企业内部的重复利用水量。

生活用水 包括城镇生活用水和农村生活用水。城镇生活用水由居民用水和公共用水（含第三产业及建筑业等用水）组成；农村生活用水指居民生活用水。

生态环境补水 仅包括人为措施供给的城镇环境用水和部分河湖、湿地补水，而不包括降水、径流自然满足的水量。

废水排放总量 为工业废水排放量、城镇生活污水排放量和集中式治理设施污水排放量之和。

化学需氧量（COD）排放量 为工业、农业、城镇生活和集中式治理设施排放的废水中 COD 排放量之和。

氨氮排放量 为工业、农业、城镇生活和集中式治理设施排放的废水中氨氮排放量之和。

二氧化硫排放量 指报告期内企业在燃料燃烧和生产工艺过程中排入大气的二氧化硫总质量。工业中二氧化硫主要来源于化石燃料（煤、石油等）的燃烧，还包括含硫矿石的冶炼或含硫酸、磷肥等生产的工业废气排放。

氮氧化物排放量 指报告期内企业在燃料燃烧和生产工艺过程中排入大气的氮氧化物总质量。

颗粒物排放量 指生产过程中排入大气的烟尘及工业粉尘的总质量。烟尘是指通过燃烧煤、石煤、柴油、木柴、天然气等产生的烟气中的尘粒。通过有组织排放的，俗称烟道尘。工业粉尘指在生产工艺过程中排放的能在空气中悬浮一定时间的固体颗粒。如钢铁企业耐火材料粉尘、焦化企业的筛焦系统粉尘、烧结机的粉尘、石灰窑的粉尘、建材企业的水泥粉尘等。

平均气温 气温指空气的温度，我国一般以摄氏度为单位表示。气象观测的温度表是放在离地面约 1.5 米处通风良好的百叶箱里测量的，因此，通常说的气温指的是离地面 1.5 米处百叶箱中的温度。计算方法：月平均气温是将全月各日的平均气温相加，除以该月的天数而得。年平均气温是将 12 个月的月平均气温累加后除以 12 而得。

降水量 指从天空降落到地面的液态或固态（经融化后）水，未经蒸发、渗透、流失而在地面上积聚的深度。月降水量是将全月各日的降水量累加而得，年降水量是将 12 个月的月降水量累加而得。

Explanatory Notes on Main Statistical Indicators

Forest Coverage Rate Taking the administrative jurisdiction as the unit, the percentage of area of afforested land to the area of total land. The formula for calculating forest coverage rate is as follows:

Forest coverage rate = area of afforested land/area of total land*100%

Wetland refers to the intersection of land and water, the water level near or at the surface of the ground, or shallow water, and in a natural state of land.

Natural Reserves refer to number of certain areas of land, or waters that have been set aside and put under special protection and management in order to protect natural environment and natural resources, and promote the sustainable development of national economy. They are subject to formal approval from governments of various levels. According to the protected targets, natural reserves can be divided into three categories: reserves of natural ecological system, natural reserves of wildlife species, and natural heritage of historical significance. Scenic spots and cultural preservation zones are not included.

Total Water Resources refers to total volume of surface water and groundwater and is measured as run-off for surface water and replenishment of groundwater with rainfall in local area.

Surface Water Resources refers to total volume of year by year renewable dynamic resources which exist in rivers, lakes, glaciers and other surface water and are the natural run-off of rivers.

Groundwater Resources refers to total volume of year by year renewable dynamic resources which exist in saturation acquifers of groundwater and are measured as replenishment of groundwater with rainfall and surface water.

Water Use refers to the total amount of gross water consumed by water users outside various river channels, including the loss of water transmission. It does not include the direct utilization of seawater and the water consumed in river channels such as hydroelectric power generation and shipping.

Water Use by Agriculture includes irrigation of cultivated land and forest land, garden land and pasture, replenishment of fish ponds and water for livestock.

Water Use by Industry refers to new withdrawals of water, excluding reuse of water within enterprises.

Water Use by Living Consumption includes use of water for living consumption in both urban and rural areas. Urban water use by living consumption is composed of household use and public use (including tertiary industry and construction). Rural water use by living consumption includes water used by households.

Water Use by Ecological and Environmental Protection includes replenishment of rivers and lakes and use for urban environment.

Waste water discharge Resources for industrial wastewater emissions, urban sewage emissions and centralized treatment facilities of wastewater.

Volume of Chemical Oxygen Demand (COD) refers to volume of COD in wastewater discharge form Industry, agriculture, urban life and centralized management facilities emissions.

Volume of Ammonia nitrogen Discharged refers to volume of ammonia nitrogen in wastewater discharge form Industry, agriculture, urban life and centralized management facilities.

Volume of Sulfur dioxide Discharged refers to the total quality of sulfur dioxide discharged into the atmosphere during the fuel combustion and production process of the enterprise during the reporting period. Sulfur dioxide in industry mainly comes from the combustion of fossil fuels (coal, petroleum, etc.) , but also includes the smelting of sulfur-containing ores or the production of sulfuric acid, phosphate fertilizer and other industrial exhaust emissions.

Volume of Nitrogen oxide Discharged refers to the total mass of nitrogen oxides discharged into the atmosphere during the fuel combustion and production process of the enterprise during the reporting period.

Particulate matter emission refers to the total mass of soot and industrial dust discharged into the atmosphere during the production process. Dust refers to the dust particles in the smoke produced by burning coal, stone coal, diesel oil, firewood, natural gas, etc. Through the organized discharge, commonly known as flue dust. Industrial dust refers to the solid particles discharged during the production process that can be suspended in the air for a certain period of time. Such as refractory dust in iron and steel enterprises, coke screening system dust in coking enterprises, sintering machine dust, lime kiln dust, cement dust in building materials enterprises, etc.

Mean air temperature The temperature refers to the temperature of the air, and our country is generally expressed in degrees Celsius. The thermometer of meteorological observation is measured in a well-ventilated shelter about 1.5 meters above the ground, so the temperature usually refers to the temperature in the shelter 1.5 meters above the ground. Method of calculation: Monthly mean temperature is calculated by adding the average temperature of each day of the month, divided by the number of days in the month. The annual mean temperature is calculated by adding up the average monthly temperature over 12 months and dividing by 12.

Amount of precipitation refers to the depth of liquid or solid (melted) water that falls from the sky to the ground and accumulates on the ground without evaporation, penetration, or loss. Monthly precipitation is calculated by adding up the precipitation of each day of the month, and annual precipitation is calculated by adding up the monthly precipitation of 12 months.

科学技术

Science and Technology

20

资料整理：贾梁　仇国义

简要说明

一、主要内容

本篇包括全社会以及各类企业、政府部门属研究机构、高校的研究与试验发展(R&D)活动及规模以上工业企业的研究与试验发展(R&D)人员、经费支出情况；全省专利申请和授权情况；科研成果及科研项目，技术市场技术合同成交资料；测绘、质量监督、气象、地震等综合技术服务部门业务机构及业务活动情况。

二、统计范围

科技活动统计资料范围为全社会有研究与试验发展(R&D)活动的企事业单位，具体包括各类企业、政府部门属研究机构、普通高等学校以及研究与试验发展(R&D)活动相对密集行业（包括农、林、牧、渔业，采矿业，制造业，电力、热力、燃气及水生产和供应业，建筑业，交通运输、仓储和邮政业，信息传输、软件和信息技术服务业，金融业，租赁和商务服务业，水利、环境和公共设施管理业，卫生和社会工作，文化、体育和娱乐业，科研育种等行业相关企事业法人单位及科学研究和技术服务业企业法人单位）。

三、资料来源

全省综合资料、企业及有关行业企事业单位的研究与试验发展(R&D)活动情况资料由省统计局调查提供。

政府部门属研究机构资料由省科技厅和国防科技工业局调查提供。

科学研究、技术服务和地址勘查业企事业的研究与试验发展(R&D)活动情况资料，以及科技论文资料、技术市场资料由省科技厅调查提供。

高校资料由省教育厅调查提供。

测绘、产品质量监督抽查、专利、气象、地震等资料，分别由省自然资源厅、省市场监督管理局、省气象局、省地震局等部门调查提供。

本篇资料由河南省统计局社会科技和文化产业统计处编辑整理。

四、统计调查方法

研究与试验发展(R&D)活动情况采用全面调查取得；测绘、产品质量监督抽查、专利资料采用抽样等多种调查方法取得。

Brief Introduction

I. Main Contents

Data in this chapter include the R&D personnel, the expenditure funds of R&D activities under whole society, various types of enterprises, government departments, universities and colleges, data on patents application accepted and granted; data on technological markets; data on activities of the surveying and mapping, product quality supervision., Weather and earthquake, etc.

II. Scope of Statistics

Data on research and development(R&D)activities of enterprises and institutions all over the country, mainly including various types of enterprises, scientific and technological institutions under government departments, universities and colleges and R&D-intensive enterprises of different industries(such as agriculture, forestry, animal husbandry, fisher, mining, manufacture, electricity heat, gas, water production and supply, construction, transport, storage and post, information transmission, computer services and software, financial intermediation. leasing and business services, management of water conservancy, environment and public facilities health, social security and social welfare, culture, sports and entertainment, legal entities of enterprises and institutions related to the scientific research and breeding industry and legal entities of enterprises in the scientific research and technological service).

III. Sources of Data

Data on national aggregates and R&D activities of various enterprises and institutions are from Henan Provincial Bureau of Statistics.

Data on scientific and technological institutions under government departments are from Henan Provincial Bureau of Scientific and Technological and Henan Provincial Bureau of Defense Science Technology Industry.

Data on scientific research, technical service and geologic prospecting, scientific and technological papers, technological markets and high and new-tech industrial enterprises in development zones are from Henan Provincial Bureau of Scientific and Technological.

Data on scientific and technological activities in universities and colleges are from Henan Provincial Bureau of Education.

Data on the development of surveying and mapping, product quality supervision and patents, Weather and earthquake are respectively provided by the Provincial Natural Resources Department, the Provincial Market Supervision and Administration Bureau the Provincial Meteorological Bureau, and the Provincial Seismological Bureau.

Data in this chapter are edited by Department of Social Science and Technology and Cultural Industry Statistic, Henan Provincial Bureau of Statistics.

IV. Statistical methodology

Data on R&D activities of industrial enterprises, scientific and technological institutions under government departments universities and colleges are collected through complete surveys. Data on surveying and mapping, product quality supervision and patent applications are through sample surveys and other surveys.

20-1 研究与试验发展(R&D)主要指标

Basic Statistics on R&D Activities

年 份 Year	有(R&D)活动的单位数(个) Number of Institutions for R&D (unit)	(R&D)人员(人) R&D Personnel (person)	(R&D)人员折合全时当量(人年) Full-time Equivalent of R&D Personnel (person-year)	(R&D)经费内部支出(万元) Internal Expenditures on R&D (10 000 yuan)	(R&D)经费外部支出(万元) External Expenditures on R&D (10 000 yuan)
2000	1017		34629	248024	15050
2001	985		36138	283091	24064
2002	982		41492	293151	31148
2003	989		40742	341910	24664
2004	1090		38250	423560	24573
2005	1107		50888	556090	39913
2006	1109		58716	798414	47729
2007	1169		64888	1011302	59761
2008	1286		72830	1240890	55061
2009	1636		92571	1747599	96107
2010	1555	144408	101668	2113773	89253
2011	1585	167386	118266	2644922	109950
2012	1720	185116	128323	3107803	124399
2013	2051	216269	152541	3553486	109470
2014	2473	232105	161441	4000099	91021
2015	2850	241171	158855	4350430	92040
2016	3112	249876	173265	4941880	117270
2017	4112	266427	162504	5820538	146023
2018	3956	256175	166807	6715193	171764
2019	5393	296349	191570	7930369	229987
2020	6071	304602	203080	9012742	248056
2021	7367	346737	222433	10188408	275445
2022	9218	374295	236800	11432586	285626
2023	9055	374953	244566	12116649	314156

20–2 研究与试验发展(R&D)活动概况
Basic Statistics on R&D Activities

指　　标	Item	2022	2023
有研究与试验发展(R&D)活动的单位数(个)	Number of Institutions for R&D (unit)	9218	9055
研究与试验发展(R&D)人员(人)	Number of Persons for R&D (person)	374295	374953
#女性	Female	98071	101769
#研究人员	Researchers	141359	142421
#全时人员	Full-time Personnel	236855	227735
非全时人员	Part-time Personnel	137440	147218
研究与试验发展(R&D人)员折合全时当量(人年)	Full-time Equivalent of R&D Personnel (person-year)	236800	244566
#研究人员	Researchers	86823	89477
#基础研究	Basic Research	8934	8994
应用研究	Applied Research	22534	23541
试验发展	Experimental Development	205334	212034
研究与试验发展(R&D)经费内部支出(万元)	Internal Expenditures on R&D (10 000 yuan)	11432586	12116649
#基础研究	Basic Research	374897	375704
应用研究	Applied Research	984860	1130041
试验发展	Experimental Development	10072829	10610904
#日常性支出	Daily spending	10456587	11158718
#人员劳务费	Labour Cost	3140510	3508156
#资产性支出	Assets spending	975999	957931
#仪器和设备	Instruments and Equipment	856967	767145
#政府资金	Government Funds	954377	1046220
企业资金	Self-raised Funds by Enterprises	10146410	10723386
境外资金	Foreign Funds	1599	196
其他资金	Other Funds	330201	346847
研究与试验发展(R&D)经费外部支出(万元)	External Expenditures on R&D (10 000 yuan)	285626	314156
#对境内研究机构支出	Expenses on Domestic R&D Institutions	50278	49152
对境内高等学校支出	Expenses on Domestic Colleges and Universities	38419	47685
对境内企业支出	Expenses on Domestic Enterprises	191329	210378
对境外支出	Expenses on Overseas	4856	5333

20－3　规模以上工业企业研究与试验发展(R&D)人员活动情况(2023年)

单位：人

类　别	Item	(R&D)人员合计(人) R&D Personnel	参加项目人员 Participating in project Personnel	管理和服务人员 Management and Service Personnel
总　计	**Total**	**259348**	**242145**	**17203**
按企业规模分组	**By Size**			
大型企业	Large-sized	96583	90868	5715
中型企业	Medium-sized	61499	57534	3965
小型企业	Small-sized	95296	88248	7048
微型企业	Miniature	5970	5495	475
按工业行业大类分组	**By Sector**			
#煤炭开采和洗选业	Mining and Washing of Coal	11040	9912	1128
石油和天然气开采业	Extraction of Petroleum and Natural Gas	2578	2457	121
黑色金属矿采选业	Mining of Ferrous Metal Ores	31	29	2
有色金属矿采选业	Mining of Non-ferrous Metal Ores	1669	1559	110
非金属矿采选业	Mining and Processing of Nonmetal Ores	192	174	18
农副食品加工业	Processing of Food from Agricultural Products	10520	9874	646
食品制造业	Manufacture of Foods	6348	5801	547
酒、饮料和精制茶制造业	Manufacture of Liquor,Beverages and Refined Tea	1634	1448	186
烟草制品业	Manufacture of Tobacco	1154	1066	88
纺织业	Manufacture of Textile	4116	3887	229
纺织服装服饰业	Manufacture of Textile, Wearing Apparel and Accessories	2297	2151	146
皮革、毛皮、羽毛及其制品和制鞋业	Manufacture of Leather, Fur, Feather and Its Products, Footwear	1801	1647	154
木材加工及木、竹、藤、棕、草制品业	Processing of Timbers, Manufacture of Wood, Bamboo, Rattan, Palm, and Straw Products	1450	1339	111
家具制造业	Manufacture of Furniture	1988	1727	261
造纸及纸制品业	Manufacture of Paper and Paper Products	2655	2498	157
印刷和记录媒介的复制业	Printing,Reproduction of Recording Media	1631	1537	94
文教、工美、体育和娱乐用品制造业	Manufacture of Articles for Culture, Education, Arts and Crafts, Sport and Entertainment Activities	1581	1480	101
石油、煤炭及其他燃料加工业	Processing of Petroleum, Coking, Processing of Other Fuel	1296	1181	115
化学原料及化学制品制造业	Manufacture of Raw Chemical Material and Chemical Products	16505	15410	1095
医药制造业	Manufacture of Medicines	12766	11956	810
化学纤维制造业	Manufacture of Chemical Fiber	2211	2074	137
橡胶和塑料制品业	Manufacture of Rubber and Plastic Products	4307	4014	293
非金属矿物制品业	Manufacture of Non-metallic Mineral Products	23252	21689	1563
黑色金属冶炼及压延加工业	Smelting and Pressing of Ferrous Metals	8848	8430	418
有色金属冶炼及压延加工业	Smelting and Pressing of Non-ferrous Metals	12318	11644	674
金属制品业	Manufacture of Metal Products	8883	8253	630
通用设备制造业	Manufacture of General Purpose Machinery	18696	17421	1275
专用设备制造业	Manufacture of Special Purpose Machinery	20765	19476	1289
汽车制造业	Manufacture of Automobile	16947	15919	1028
铁路、船舶、航空航天和其他运输设备制造业	Manufacture of Railway, ship, aerospace, and other transport equipment	5974	5448	526
电气机械及器材制造业	Manufacture of Electrical Machinery and Apparatus	18201	17258	943
计算机、通信和其他电子设备制造业	Manufacture of Computer, Communication and Other Electronic Equipment	19253	18307	946
仪器仪表制造业	Manufacture of Measuring Instruments and Machinery	7217	6726	491
其他制造业	Manufacture of others	2467	2077	390
废弃资源综合利用业	Utilization of Waste Resources	525	489	36
金属制品、机械和设备修理业	Repairing of Metal Products, Machinery and Equipment	620	583	37
电力、热力的生产和供应业	Production and Supply of Electric Power and Heat Power	2313	2110	203
燃气生产和供应业	Production and Supply of Gas	1245	1135	110
水的生产和供应业	Production and Supply of Water	701	613	88

Basic Statistics on Personnel Engaged in R&D Activities in Enterprises above Designated Size (2023)

(person)

(R&D)人员								
#女性 Female	#研究人员 Researchers	#全时人员 Full-time Personnel	非全时人员 Part-time Personnel	折合全时当量合计(人年) Full-time Equivalent of R&D Personnel (person-year)	#研究人员 Researchers	#基础研究人员 Basic Research	应用研究人员 Applied Research	试验发展人员 Experimental Development
58057	**71189**	**178128**	**81220**	**182729**	**51332**	**501**	**6178**	**176051**
18645	29363	64025	32558	68756	21365	442	3163	65150
14886	16527	42745	18754	44179	12412	3	1487	42689
22953	23216	67259	28037	65878	16173	42	1419	64417
1573	2083	4099	1871	3917	1383	14	109	3795
254	2583	4565	6475	6819	1541	12	263	6544
911	980	2077	501	2245	898	253	30	1962
4	14	22	9	22	10		15	7
171	409	594	1075	1091	316		6	1085
37	45	108	84	80	27	2	15	63
2816	2108	5219	5301	7269	1484	124	292	6853
2467	1402	4166	2182	4071	944		59	4012
451	419	886	748	877	197		9	869
282	536	505	649	924	431		12	912
1735	720	2744	1372	2817	515	9	13	2795
1300	519	1680	617	1640	381		7	1634
717	264	1332	469	1301	176		7	1294
353	274	983	467	956	163		30	926
585	328	1452	536	1311	206	7	16	1288
663	341	1738	917	1676	229		128	1548
327	407	1083	548	1196	306		14	1182
653	321	962	619	1168	215		138	1030
178	240	519	777	725	129		150	575
4270	4124	10838	5667	11936	2961		240	11697
6491	3925	9678	3088	9121	2870	3	209	8908
457	405	522	1689	1586	323		42	1544
1251	909	3063	1244	3120	690	1	45	3074
4778	4914	16121	7131	16504	3564	18	572	15914
1135	2276	6393	2455	4214	1019		67	4147
1781	2736	6712	5606	7458	1562		770	6688
1552	1757	5647	3236	5987	1182		107	5880
3341	5622	13111	5585	13496	4069	56	446	12994
3677	7140	15472	5293	14872	5102	14	214	14644
2966	6186	13335	3612	13046	4942		107	12939
1289	2615	4699	1275	5446	2465		43	5403
3960	5639	13782	4419	12511	3811	3	357	12151
3664	4778	16178	3075	14419	3572		1493	12926
1587	2997	5792	1425	5871	2481		160	5711
670	1095	1917	550	2296	1078		4	2292
128	123	343	182	337	76		3	334
122	193	540	80	566	180			566
397	854	1078	1235	1233	455		84	1149
290	347	750	495	879	244			879
219	267	463	238	448	182		15	434

20-4 规模以上工业企业研究与试验发展(R&D)经费支出活动情况(2023年)

单位：万元

类别	Item	(R&D)经费内部支出 Internal Expenditures on R&D	#基础研究支出 Basic Research	应用研究支出 Applied Research	试验发展支出 Experimental Development
总　计	**Total**	**9142432**	**14904**	**299669**	**8827859**
按企业规模分组	**By Size**				
大型企业	Large-sized	4256630	13891	180938	4061801
中型企业	Medium-sized	2173190	165	56255	2116770
小型企业	Small-sized	2535137	763	57842	2476532
微型企业	Miniature	177475	85	4634	172756
按工业行业大类分组	**By Sector**				
#煤炭开采和洗选业	Mining and Washing of Coal	241840	28	10920	230892
石油和天然气开采业	Extraction of Petroleum and Natural Gas	50499	2299	277	47923
黑色金属矿采选业	Mining of Ferrous Metal Ores	838		720	119
有色金属矿采选业	Mining of Non-ferrous Metal Ores	57584		684	56900
非金属矿采选业	Mining and Processing of Nonmetal Ores	5945	10	692	5242
农副食品加工业	Processing of Food from Agricultural Products	353297	4771	9110	339417
食品制造业	Manufacture of Foods	145365		3657	141708
酒、饮料和精制茶制造业	Manufacture of Liquor,Beverages and Refined Tea	37453		503	36950
烟草制品业	Manufacture of Tobacco	34967		77	34890
纺织业	Manufacture of Textile	86347	112	93	86141
纺织服装服饰业	Manufacture of Textile, Wearing Apparel,Accessories	43582		85	43497
皮革、毛皮、羽毛及其制品和制鞋业	Manufacture of Leather, Fur, Feather and Its Products, Footwear	31871		302	31570
木材加工及木、竹、藤、棕、草制品业	Processing of Timbers, Manufacture of Wood, Bamboo, Rattan, Palm, and Straw Products	35459		1062	34397
家具制造业	Manufacture of Furniture	43076	21	738	42317
造纸及纸制品业	Manufacture of Paper and Paper Products	72466		3762	68705
印刷和记录媒介的复制业	Printing,Reproduction of Recording Media	32988		239	32749
文教、工美、体育和娱乐用品制造业	Manufacture of Articles for Culture, Education, Arts and Crafts, Sport and Entertainment Activities	22528		1411	21117
石油、煤炭及其他燃料加工业	Processing of Petroleum, Coking, Processing of Other Fuel	81080		3263	77817
化学原料及化学制品制造业	Manufacture of Raw Chemical Material and Chemical Products	768128	905	10699	756523
医药制造业	Manufacture of Medicines	302510	30	13431	289049
化学纤维制造业	Manufacture of Chemical Fiber	42285		520	41765
橡胶和塑料制品业	Manufacture of Rubber and Plastic Products	122778	47	1948	120782
非金属矿物制品业	Manufacture of Non-metallic Mineral Products	728332	522	15129	712681
黑色金属冶炼及压延加工业	Smelting and Pressing of Ferrous Metals	629762		14567	615195
有色金属冶炼及压延加工业	Smelting and Pressing of Non-ferrous Metals	1032327	124	108345	923858
金属制品业	Manufacture of Metal Products	242259		2680	239579
通用设备制造业	Manufacture of General Purpose Machinery	552290	5432	9852	537006
专用设备制造业	Manufacture of Special Purpose Machinery	628642	439	7181	621022
汽车制造业	Manufacture of Automobile	602662		7956	594706
铁路、船舶、航空航天和其他运输设备制造业	Manufacture of Railway, ship, aerospace, and other transport equipment	415499		440	415059
电气机械及器材制造业	Manufacture of Electrical Machinery and Equipment	633551	165	9246	624140
计算机、通信和其他电子设备制造业	Manufacture of Computer, Communication, and Other Electronic Equipment	530667		38116	492551
仪器仪表制造业	Manufacture of Measuring Instrument	190006		6867	183139
其他制造业	Manufacture of others	101390		122	101267
废弃资源综合利用业	Utilization of Waste Resources	25649		1346	24303
金属制品、机械和设备修理业	Repairing of Metal Products, Machinery and Equipment	21890			21890
电力、热力的生产和供应业	Production and Supply of Electric Power and Heat Power	99654		13458	86196
燃气生产和供应业	Production and Supply of Gas	35316			35316
水的生产和供应业	Production and Supply of Water	16853		173	16680

Basic Statistics on Expenditure of R&D Activities in Enterprises above Designated Size (2023)

(10 000 yuan)

政府资金 Government Funds	企业资金 Self-raised Funds by Enterprises	境外资金 Foreign Funds	其他资金 Other Funds	(R&D)经费外部支出 External Expenditures on R&D	对境内研究机构支出 Expenses on Domestic R&D Institutions	对境内高等学校支出 Expenses on Domestic Universities	对境内企业支出 Expenses on Domestic Enterprises	对境外支出 Expenses on Overseas
74376	**9060848**		**7207**	**218888**	**36407**	**26972**	**151088**	**4422**
40530	4215075		1025	91579	18874	11220	58606	2880
18578	2151885		2727	61850	10551	4834	45323	1142
14452	2517349		3336	63391	6581	10503	45909	398
816	176539		121	2068	401	415	1250	2
	241590		250	10962	839	3991	6132	
	50499			1650	1525	86	39	
	838							
	57584			1380	208	843	329	
	5918		27	17		17		
2042	351025		230	1894	1112	254	515	13
961	144317		87	1235	201	736	298	
90	37363			2282		215	2067	
	34967			5269	2327	1190	1752	
71	86174		102	275		230	45	
36	43455		91					
178	31693			1101	3		1098	
6	35453			141		40	101	
433	42253		390	210	104	1	105	1
27	72439			111	69	32	10	
533	32455			215	1	187	27	0
36	22492			65		37	28	
5	81075			575	4	154	410	7
5274	761991		863	6413	2538	1239	2636	
3098	299402		9	47459	19924	1215	23842	2477
135	42150			1581	470	100	1011	
59	122659		60	239	4	206	29	
2271	725421		640	4490	349	2139	1172	830
12	629742		8	108		108		
5024	1026785		518	1391	628	397	354	12
1393	240814		52	1383	60	463	860	
22931	527983		1376	6730	178	1071	5462	20
6506	621279		857	5320	632	2243	2090	355
2766	599635		262	23286	3	180	23101	2
8767	406732			2273	283	147	1842	
880	632166		505	16519	3910	6396	6213	
2655	527486		526	63366	144	451	62453	318
3502	186427		77	6911	482	866	5175	388
4644	96746			141	13	128		
	25489		160	11	10	1		
35	21855			129			129	
	99654			2757	386	938	1433	
	35316			32			32	
9	16726		118	651		643	8	

20－5 规模以上工业企业研究与试验发展(R&D)活动情况(2023年)

Basic Statistics on R&D Activities in Enterprises above Designated Size (2023)

类 别	Item	新产品销售收入(万元) Sales Revenue of New Products (10 000 yuan)	专利申请数(件) Total Patent Applications (item)	有效发明专利数(件) Number of Inventions In Force (item)
总 计	**Total**	**94255387**	**45208**	**49860**
按企业规模分组	**By Size**			
大型企业	Large-sized	61111514	9643	14015
中型企业	Medium-sized	16814733	9198	9791
小型企业	Small-sized	16038194	25115	25003
微型企业	Miniature	290946	1252	1051
按工业行业大类分组	**By Sector**			
#煤炭开采和洗选业	Mining and Washing of Coal	65971	330	187
石油和天然气开采业	Extraction of Petroleum and Natural Gas		368	1256
黑色金属矿采选业	Mining of Ferrous Metal Ores		8	13
有色金属矿采选业	Mining of Non-ferrous Metal Ores	317263	152	104
非金属矿采选业	Mining and Processing of Nonmetal Ores	10120	8	26
农副食品加工业	Processing of Food from Agricultural Products	3746103	873	749
食品制造业	Manufacture of Foods	761182	800	990
酒、饮料和精制茶制造业	Manufacture of Liquor,Beverages and Refined tea	336391	191	200
烟草制品业	Manufacture of Tobacco	266834	818	915
纺织业	Manufacture of Textile	463031	445	334
纺织服装服饰业	Manufacture of Textile, Wearing Apparel and Accessories	240527	232	180
皮革、毛皮、羽毛及其制品和制鞋业	Manufacture of Leather, Fur, Feather and Its Products, Footwear	473489	167	272
木材加工及木、竹、藤、棕、草制品业	Processing of Timbers, Manufacture of Wood, Bamboo, Rattan, Palm, and Straw Products	248396	216	141
家具制造业	Manufacture of Furniture	304442	386	289
造纸及纸制品业	Manufacture of Paper and Paper Products	405206	367	315
印刷和记录媒介的复制业	Printing, Reproduction of Recording Media	245574	284	342
文教、工美、体育和娱乐用品制造业	Manufacture of Articles for Culture, Education, Arts and Crafts, Sport and Entertainment Activities	188221	252	165
石油、煤炭及其他燃料加工业	Processing of Petroleum, Coking, Processing of Other Fuel	175122	167	179
化学原料及化学制品制造业	Manufacture of Raw Chemical Material and Chemical Products	5110531	3135	3312
医药制造业	Manufacture of Medicines	2009213	1792	3061
化学纤维制造业	Manufacture of Chemical Fiber	184351	143	222
橡胶和塑料制品业	Manufacture of Rubber and Plastic Products	866025	1052	973
非金属矿物制品业	Manufacture of Non-metallic Mineral Products	5478298	4981	5649
黑色金属冶炼及压延加工业	Smelting and Pressing of Ferrous Metals	4342394	704	679
有色金属冶炼及压延加工业	Smelting and Pressing of Non-ferrous Metals	7702757	1738	1575
金属制品业	Manufacture of Metal Products	1697809	1868	1619
通用设备制造业	Manufacture of General Purpose Machinery	4121347	4344	4430
专用设备制造业	Manufacture of Special Purpose Machinery	6361787	5865	5994
汽车制造业	Manufacture of Automobile	3911283	2180	2776
铁路、船舶、航空航天和其他运输设备制造业	Manufacture of Railway, ship, aerospace, and other transport equipment	561328	453	363
电气机械及器材制造业	Manufacture of Electrical Machinery and Equipment	6445969	3983	5421
计算机、通信和其他电子设备制造业	Manufacture of Computer, Communication and Other Electronic Equipment	36081887	3054	4258
仪器仪表制造业	Manufacture of Measuring Instrument	609288	1732	1737
其他制造业	Manufacture of others	30132	73	11
废弃资源综合利用业	Utilization of Waste Resources	22782	165	130
金属制品、机械和设备修理业	Repairing of Metal Products, Machinery and Equipment	118266	173	104
电力、热力的生产和供应业	Production and Supply of Electric Power and Heat Power	92174	1491	760
燃气生产和供应业	Production and Supply of Gas	238504	68	53
水的生产和供应业	Production and Supply of Water	16972	142	73

20-6 各市研究与试验发展(R&D)人员情况(2023年)

Basic Statistics on Personnel Engaged in R&D Activities by City (2023)

地区 Region	单位数 (个) Number of Institutions (unit)	#有(R&D)活动 Number of Institutions for R&D	(R&D)活动人员 (人) Number of Persons for R&D (person)	#研究人员 Researchers	(R&D)活动人员折合全时当量 (人年) Full-time Equivalent of R&D Personnel (person-year)	#研究人员 Researchers
全省 Total	**35367**	**9055**	**374953**	**142421**	**244567**	**89478**
郑州市 Zhengzhou	6308	2224	127642	60776	84067	39004
开封市 Kaifeng	1604	291	8530	2745	5852	1574
洛阳市 Luoyang	2716	880	43588	17208	30050	12177
平顶山市 Pingdingshan	1539	229	10898	3988	6188	2002
安阳市 Anyang	1328	346	15655	5520	8509	2724
鹤壁市 Hebi	724	192	6803	1830	4699	1220
新乡市 Xinxiang	2570	752	35131	11823	21321	7098
焦作市 Jiaozuo	1482	492	19584	4832	13319	2895
濮阳市 Puyang	1079	169	7390	2503	5620	1826
许昌市 Xuchang	2201	331	13177	4691	7849	2736
漯河市 Luohe	1161	352	10054	1933	6582	1204
三门峡市 Sanmenxia	851	197	7008	2017	4884	1336
南阳市 Nanyang	2825	791	25932	8956	18382	6045
商丘市 Shangqiu	2469	135	7825	2730	3737	1182
信阳市 Xinyang	2037	400	9411	3065	5650	1646
周口市 Zhoukou	2298	701	9872	2985	7279	2047
驻马店市 Zhumadian	1747	462	10230	3438	6013	1751
济源示范区 Jiyuan	426	112	6223	1381	4564	1007

20-7 各市研究与试验发展(R&D)经费支出情况(2023年)

Statistics on Appropriation Expenditure for R&D by City (2023)

单位：万元 (10 000 yuan)

地 区	Region	(R&D)经费内部支出 Intramural Expenditures on R&D	政府资金 Government Funds	企业资金 Self-raised Funds by Enterprises	境外资金 Foreign Funds	其他资金 Other Funds	(R&D)经费外部支出 External Expenditures on R&D
全省	**Total**	**12116649**	**1046220**	**10723386**	**196**	**346847**	**314156**
郑州市	Zhengzhou	3697664	535344	3004697	62	157561	168805
开封市	Kaifeng	217342	6255	208911	51	2125	4147
洛阳市	Luoyang	1900149	267188	1516602		116359	42893
平顶山市	Pingdingshan	439458	6822	429642		2994	11537
安阳市	Anyang	513407	35306	466978		11123	7152
鹤壁市	Hebi	180352	4289	175803		261	5350
新乡市	Xinxiang	928597	93814	802525		32258	16255
焦作市	Jiaozuo	630710	6343	622950	83	1333	15306
濮阳市	Puyang	260793	4028	256042		722	2211
许昌市	Xuchang	366664	3865	361372		1427	8395
漯河市	Luohe	383299	27190	349710		6399	1637
三门峡市	Sanmenxia	432456	4802	427032		623	5298
南阳市	Nanyang	865340	15278	847102		2961	6581
商丘市	Shangqiu	217196	6017	209532		1647	4530
信阳市	Xinyang	191680	9132	179849		2698	3279
周口市	Zhoukou	338184	13259	321891		3033	3072
驻马店市	Zhumadian	282141	6666	272645		2830	7335
济源示范区	Jiyuan	271216	623	270102		491	372

20-8 各市规模以上工业企业研究与试验发展(R&D)活动情况(2023年)

Basic Statistics on R&D Activities in Enterprises above Designated Size by City (2023)

地区 Region	(R&D)人员合计(人) R&D Personnel (person)	参加项目人员 Participating in project Personnel	管理和服务人员 Management and Service Personnel	#女性 Female	#研究人员 Researchers	全时人员 Full-time Personnel	非全时人员 Part-time Personnel
全省 Total	**259348**	**242145**	**17203**	**58057**	**71189**	**178128**	**81220**
郑州市 Zhengzhou	59249	55587	3662	11899	19615	45501	13748
开封市 Kaifeng	6371	5947	424	1678	1474	5012	1359
洛阳市 Luoyang	30803	28575	2228	5802	9468	21577	9226
平顶山市 Pingdingshan	8300	7511	789	1584	2406	4916	3384
安阳市 Anyang	12168	11414	754	2537	3086	8006	4162
鹤壁市 Hebi	6497	6147	350	1365	1624	4649	1848
新乡市 Xinxiang	26165	24457	1708	7251	6109	17410	8755
焦作市 Jiaozuo	17431	16294	1137	4160	3253	11918	5513
濮阳市 Puyang	6334	5918	416	1357	1858	4685	1649
许昌市 Xuchang	11732	10964	768	2551	3733	8709	3023
漯河市 Luohe	9187	8694	493	2285	1391	4134	5053
三门峡市 Sanmenxia	5681	5109	572	1071	1425	2614	3067
南阳市 Nanyang	23141	21446	1695	5851	6999	15938	7203
商丘市 Shangqiu	6149	5803	346	911	1519	3053	3096
信阳市 Xinyang	6901	6417	484	1659	1548	4442	2459
周口市 Zhoukou	8692	8235	457	2654	2191	6181	2511
驻马店市 Zhumadian	8544	7878	666	2309	2213	5685	2859
济源示范区 Jiyuan	6003	5749	254	1133	1277	3698	2305

20-8 续表 1 continued

地 区 Region	(R&D)人员折合全时当量合计(人年) Full-time Equivalent of R&D Personnel (person-year)	#研究人员 Researchers	#基础研究人员 Basic Research	应用研究人员 Applied Research	试验发展人员 Experimental Development
全 省 Total	**182729**	**51332**	**501**	**6178**	**176051**
郑 州 市 Zhengzhou	45170	15501	50	1948	43171
开 封 市 Kaifeng	4855	1074	7	38	4810
洛 阳 市 Luoyang	22759	7240	4	999	21756
平 顶 山 市 Pingdingshan	5162	1430		307	4856
安 阳 市 Anyang	6761	1533		347	6414
鹤 壁 市 Hebi	4520	1097	9	83	4428
新 乡 市 Xinxiang	17136	4034	30	189	16916
焦 作 市 Jiaozuo	12545	2404		284	12261
濮 阳 市 Puyang	5218	1599	104	25	5089
许 昌 市 Xuchang	7146	2360		377	6769
漯 河 市 Luohe	6129	927	125	83	5920
三 门 峡 市 Sanmenxia	3829	906		277	3551
南 阳 市 Nanyang	17332	5409	149	449	16734
商 丘 市 Shangqiu	3082	742	15	111	2956
信 阳 市 Xinyang	4392	981		73	4319
周 口 市 Zhoukou	6798	1748		60	6738
驻 马 店 市 Zhumadian	5467	1386	9	144	5314
济 源 示 范 区 Jiyuan	4430	961		382	4048

20-8 续表 2 continued

单位：万元 (10 000 yuan)

地 区 Region	(R&D)经费内部支出合计 Internal Expenditures on R&D	基础研究支出 Basic Research	应用研究支出 Applied Research	#试验发展支出 Experimental Development	政府资金 Government Funds	企业资金 Self-raised Funds by Enterprises	境外资金 Foreign Funds	其他资金 Other Funds
全 省 Total	**9142432**	**14904**	**299669**	**8827859**	**74376**	**9060848**		**7207**
郑州市 Zhengzhou	2046800	988	59650	1986163	20627	2024548		1625
开封市 Kaifeng	171069	64	718	170287	1455	169454		160
洛阳市 Luoyang	1356177	124	34599	1321453	26087	1329119		971
平顶山市 Pingdingshan	356581		10053	346527	516	355507		558
安阳市 Anyang	431004		14849	416154	164	430840		
鹤壁市 Hebi	177115	112	2234	174768	2505	174610		
新乡市 Xinxiang	733889	5202	7907	720781	4174	729613		103
焦作市 Jiaozuo	603774	905	20370	582499	1683	602083		8
濮阳市 Puyang	251622	1414	64	250144	552	250577		492
许昌市 Xuchang	344564		16812	327752	928	342472		1164
漯河市 Luohe	337874	4822	5127	327925	916	336899		60
三门峡市 Sanmenxia	335802		67456	268347	2928	332848		27
南阳市 Nanyang	791082	1184	25561	764337	8313	781946		823
商丘市 Shangqiu	196006	58	1362	194586	13	195993		
信阳市 Xinyang	161896		2476	159420	197	161470		229
周口市 Zhoukou	314290		1535	312755	671	313619		
驻马店市 Zhumadian	264098	31	3832	260236	2422	261059		617
济源示范区 Jiyuan	268790		25065	243725	226	268193		371

20-8 续表 3 continued

单位：万元 (10 000 yuan)

地　区 Region	(R&D)经费外部支出合　计 External Expenditures on R&D	#对境内研究机构支出 Expenses on Domestic R&D Institutions	对境内高等学校支出 Expenses on Domestic Universities	对 境 内 企业支出 Expenses on Domestic Enterprises	对境外支　出 Expenses on Overseas
全　省 Total	**218888**	**36407**	**26972**	**151088**	**4422**
郑　州　市 Zhengzhou	109742	9359	6018	90619	3746
开　封　市 Kaifeng	4085	1449	513	2123	
洛　阳　市 Luoyang	17259	2205	3896	10858	300
平 顶 山 市 Pingdingshan	11391	2204	3199	5987	1
安　阳　市 Anyang	6257	864	910	4484	
鹤　壁　市 Hebi	4948	630	711	3593	14
新　乡　市 Xinxiang	12985	2459	901	9621	4
焦　作　市 Jiaozuo	11750	3639	1182	6625	304
濮　阳　市 Puyang	2134	1680	135	319	
许　昌　市 Xuchang	8255	417	3719	4120	
漯　河　市 Luohe	1429	128	632	650	20
三 门 峡 市 Sanmenxia	3924	1263	1828	833	
南　阳　市 Nanyang	6542	998	1005	4517	22
商　丘　市 Shangqiu	4530	1321	790	2408	12
信　阳　市 Xinyang	3105	1947	549	610	
周　口　市 Zhoukou	2913	232	369	2311	
驻 马 店 市 Zhumadian	7292	5523	408	1361	
济 源 示 范 区 Jiyuan	350	90	209	51	

20-8 续表 4 continued

地 区 Region	新产品销售收入(万元) Sales Revenue of New Products (10 000 yuan)	企业办研发机构数(个) Number of Institutions of R&D in Enterprises (unit)	专利申请数(件) Total Patent Applications (item)	有效发明专利数(件) Number of Inventions In Force (item)
全 省 Total	**94255387**	**4470**	**45208**	**49860**
郑 州 市 Zhengzhou	47683189	438	13780	16071
开 封 市 Kaifeng	1858360	233	1340	1391
洛 阳 市 Luoyang	8189549	381	5214	6543
平 顶 山 市 Pingdingshan	2444575	70	1797	2659
安 阳 市 Anyang	3793784	185	2539	1487
鹤 壁 市 Hebi	1280978	121	943	775
新 乡 市 Xinxiang	4644056	174	5030	4061
焦 作 市 Jiaozuo	5673949	344	2785	3139
濮 阳 市 Puyang	1162237	89	963	1651
许 昌 市 Xuchang	2011244	218	1924	2912
漯 河 市 Luohe	3447433	79	981	635
三 门 峡 市 Sanmenxia	967758	55	697	752
南 阳 市 Nanyang	4102539	679	2553	4346
商 丘 市 Shangqiu	927612	52	1187	1287
信 阳 市 Xinyang	1241967	127	722	398
周 口 市 Zhoukou	848002	689	1004	528
驻 马 店 市 Zhumadian	2079745	436	861	871
济 源 示 范 区 Jiyuan	1898409	100	888	354

20-9 三种专利申请受理量及授权量

Three Types of Patent Application Accepted and Granted

单位：项 (item)

项　目	Item	2005	2010	2015	2020	2021	2022	2023
申请量合计	**Total Applications Examined**	**8981**	**25149**	**74373**	**186369**	**167550**	**169106**	**176579**
# 发明	Inventions	1703	6408	21338	34412	34950	33183	30637
实用新型	Utility Models	4594	13856	40778	132557	114130	117915	126741
外观设计	Designs	2684	4885	12257	19400	18470	18008	19201
# 个人	Individuals	5955	9528	22399	52835	36501	31039	20143
大专院校	Universities and Colleges	311	1387	9980	19387	21391	17464	14029
科研单位	Research Institutions	166	578	1418	2687	2826	2661	1643
工矿企业	Industrial and Mineral Enterprises	2534	13449	39047	104441	101813	113615	136630
机关团体	Government Agencies and Organizations	15	207	1529	7019	5019	4327	4134
授权量合计	**Total Applications Granted**	**3748**	**16539**	**47766**	**122809**	**158038**	**135990**	**109957**
# 发明	Inventions	356	1498	5384	9183	13536	14574	17531
实用新型	Utility Models	2304	11048	32592	95894	126477	104713	78574
外观设计	Designs	1088	3993	9790	17732	18025	16703	13852
# 个人	Individuals	2535	6395	12395	27026	27932	18190	12720
大专院校	Universities and Colleges	65	630	6135	14778	15893	12174	9248
科研单位	Research Institutions	60	410	571	1419	2091	1981	960
工矿企业	Industrial and Mineral Enterprises	1076	9043	27806	74009	104887	100949	84401
机关团体	Government Agencies and Organizations	12	61	859	5577	7235	2696	2628
发明专利拥有量	**Patent Ownership**		**4501**	**17571**	**43547**	**55749**	**67164**	**83127**

20-10 规模(限额)以上企业创新活动情况

Innovative Activities in Enterprises above Designated size

单位：个 (unit)

行　　业	Sector	调　查企业数 Number of Enterprises Surveyed	开展创新活动企业数 Number of Enterprises Engaged in Innovative Activities	实现创新企业数 Number of Enterprises Achieved Innovation
2013-2014		31864	11983	11709
2016		42750	13103	12615
2017		43326	13609	12843
2018		39615	13481	12862
2019		40049	15150	14503
2020		41872	15494	15114
2021		46269	18343	17478
2022		52008	19490	18856
2023		53421	20331	19188
按规模分	**By Size**			
大型	Large	822	595	569
中型	Medium	5780	2748	2642
小型	Small	32793	13935	13099
微型	Micro	14026	3053	2878
按登记注册类型分	**By Status of Registration**			
内资企业	Domestic Funded	52839	19985	18866
港、澳、台商投资企业	Funded from Hong Kong, Macao and Taiwan	335	196	181
外商投资企业	Foreign Funded	247	150	141
按行业分	**By Sector**			
采矿业	Mining	565	240	214
制造业	Manufacturing	22028	12666	11768
电力、热力、燃气及水生产和供应业	Production and Supply of Electricity, Heat, Gas and Water	1130	417	377
建筑业	Construction	5081	1413	1373
批发和零售业	Wholesale and Retail Trades	18170	3433	3405
交通运输、仓储和邮政业	Transport, Storage and Post	2269	448	440
信息传输、软件和信息技术服务业	Information Transmission, Software and Information Technology	801	543	516
租赁和商务服务业	Leasing and Business Services	1777	432	424
科学研究和技术服务业	Scientific Research and Technical Services	1177	611	551
水利、环境和公共设施管理业	Management of Water Conservancy, Environment and Public Facilities	422	128	120

20-10 续表　continued

单位：个 (unit)

行 业	Sector	实现各种创新类型的企业数 Number of Enterprises Achieved Various Types of Innovation				
		实现产品创新 Achieved Product Innovation	实现工艺创新 Achieved Technique Innovation	实现组织创新 Achieved Organization Innovation	实现营销创新 Achieved Marketing Innovation	同时实现四种创新 Achieved Four Types of Innovation
	2013-2014	4907	4360	10512		2834
	2016	4059	5156	9013	8794	2264
	2017	4007	5145	9131	9042	2122
	2018	4584	5412	9075	8399	2296
	2019	5106	6198	10285	9878	2658
	2020	6074	7480	10559	10145	3153
	2021	6383	8561	11792	10442	2846
	2022	6513	10692	11098	10001	2428
	2023	6324	10343	11038	9886	2286
按规模分	**By Size**					
大型	Large	287	424	362	275	130
中型	Medium	990	1469	1690	1395	409
小型	Small	4488	7381	7250	6633	1544
微型	Micro	559	1069	1736	1583	203
按登记注册类型分	**By Status of Registration**					
内资企业	Domestic Funded	6186	10127	10867	9733	2243
港、澳、台商投资企业	Funded from Hong Kong, Macao and Taiwan	69	120	98	82	21
外商投资企业	Foreign Funded	69	96	73	71	22
按行业分	**By Sector**					
采矿业	Mining	17	141	121	47	5
制造业	Manufacturing	4642	7695	5938	5930	1530
电力、热力、燃气及水生产和供应业	Production and Supply of Electricity, Heat, Gas and Water	29	221	240	79	6
建筑业	Construction	284	576	1057	478	121
批发和零售业	Wholesale and Retail Trades	618	768	2273	2358	352
交通运输、仓储和邮政业	Transport, Storage and Post	56	120	350	205	26
信息传输、软件和信息技术服务业	Information Transmission, Software and Information Technology	324	332	324	281	126
租赁和商务服务业	Leasing and Business Services	66	108	317	247	27
科学研究和技术服务业	Scientific Research and Technical Services	268	353	325	211	85
水利、环境和公共设施管理业	Management of Water Conservancy, Environment and Public Facilities	20	29	93	50	8

20-11　各市规模(限额)以上企业创新活动情况(2023年)

Innovative Activities in Enterprises above Designated size by City (2023)

单位：个 (unit)

地区 Region	调查企业数 Number of Enterprises Surveyed	开展创新活动企业数 Number of Enterprises Engaged in Innovative Activities	实现创新企业数 Number of Enterprises Achieved Innovation	实现各种创新类型的企业数 Number of Enterprises Achieved Various Types of Innovation				
				实现产品创新 Achieved Product Innovation	实现工艺创新 Achieved Technique Innovation	实现组织创新 Achieved Organization Innovation	实现营销创新 Achieved Marketing Innovation	同时实现四种创新 Achieved Four Types of Innovation
全　省 Total	**53421**	**20331**	**19188**	**6324**	**10343**	**11038**	**9886**	**2286**
郑州市 Zhengzhou	11133	4358	4090	1665	2442	2472	2151	673
开封市 Kaifeng	2030	919	843	268	389	436	388	78
洛阳市 Luoyang	4236	1997	1888	674	1002	1012	890	204
平顶山市 Pingdingshan	2262	656	619	206	351	346	292	68
安阳市 Anyang	2277	890	818	227	366	490	358	72
鹤壁市 Hebi	1051	372	370	152	264	182	167	52
新乡市 Xinxiang	3952	1301	1226	509	721	649	664	181
焦作市 Jiaozuo	2302	840	764	298	448	406	375	99
濮阳市 Puyang	1718	513	486	121	211	308	281	46
许昌市 Xuchang	2652	1035	996	245	441	579	527	80
漯河市 Luohe	1589	619	578	155	344	259	245	53
三门峡市 Sanmenxia	1443	410	397	116	248	213	142	34
南阳市 Nanyang	4327	1837	1745	466	988	1165	958	194
商丘市 Shangqiu	3153	1158	1132	193	337	806	699	75
信阳市 Xinyang	2913	932	907	248	531	490	481	81
周口市 Zhoukou	3333	1362	1247	293	681	654	739	119
驻马店市 Zhumadian	2379	868	842	380	417	441	418	133
济源示范区 Jiyuan	671	264	240	108	162	130	111	44

20-12 技术市场成交合同情况(2023年)

Statistics on Transaction of Technology (2023)

指　标	Item	合同数(个) Number of Contracts (unit)	成交额(万元) Transaction Value (10 000 yuan)
总　计	**Total**	**24905**	**13674219**
按合同类别分	**Grouped by Contract Type**		
技术开发	Technological Development	7085	1968898
技术转让	Technological Transfer	2090	616730
技术咨询	Technological Consultation	1796	860561
技术服务	Technological Services	13934	10228029
按知识产权分	**Grouped by Intellectual Property**		
技术秘密	Technology Secret	2545	1369691
专利	Patent	3841	2883549
计算机软件著作权	Computer Software	971	288952
植物新品种权	New Varieties of Plants	252	48640
集成电路布图设计专有权	Exclusive Right of Integrated Circuit Layout Design	19	23654
生物、医药新品种权	New Varieties of Biology and Medicine	85	26381
设计著作权	Design and Copyright	127	143458
未涉及知识产权	Others	17065	8889893
按技术领域分	**Grouped by Technology**		
电子信息	Electronic Information Technology	4646	1189936
航空航天	Aeronautic and Astronautic Technology	258	56186
先进制造	Advanced Manufacturing Technology	5785	2595149
生物、医药和医疗器械	Biological ,Medical and Medical Device Technology	1490	646338
新材料及其应用	New Materials and Their Application	2465	1075289
新能源与高效节能	New Energy, High Efficiency and Energy Saving	2206	1536513
环境保护与资源综合利用	Environmental Protection and Resources Comprehensive Utilization Technology	2241	1073047
核应用	Nuclear Application	12	6475
农业	Agriculture Technology	2533	761125
现代交通	Modern Communication	387	455542
城市建设与社会发展	City Construction and Social Development	2882	4278619
按社会经济目标分	**Grouped by Social and Economic Service Objection**		
环境保护、生态建设及污染防治	Environmental Protection, Ecological Construction and Pollution Control	2289	1271842
能源生产、分配和合理利用	Energy Production, Distribution and Rational Utilization	2730	1650114
卫生事业发展	Health	697	199913
教育事业发展	Education	395	87197
基础设施以及城市和农村规划	Infrastructure and Urban and Rural Planning	1905	1548949
社会发展和社会服务	Social Development and Social Services	5076	3710815
地球和大气层的探索与利用	Exploration and Utilization of the Earth and Atmosphere	36	5337
民用空间探测及开发	Detection and Development of Civilian Space	47	3458
农林牧渔业发展	Agriculture, Forestry, Animal Husbandry and Fishery Development	2541	762657
工商业发展	Industrial and Commercial Development	2689	1387087
非定向研究	The Non-directional Research	1261	430642
其他民用目标	Others Civilian Space	4784	2393390
国防	National Defense	455	222816

20-13 各市技术市场成交合同情况

Statistics on Transaction of Technology by City

地 区 Region	合同数（个） Number of Contracts (unit)			成交额（万元） Transaction Value (10 000 yuan)		
	2021	2022	2023	2021	2022	2023
全 省 Total	**17650**	**22445**	**24905**	**6088925**	**10252960**	**13674219**
郑 州 市 Zhengzhou	8622	11140	11032	3065743	5092764	6548711
开 封 市 Kaifeng	173	318	310	95493	233608	341049
洛 阳 市 Luoyang	1559	1514	1688	845098	1138886	1454026
平 顶 山 市 Pingdingshan	333	854	697	118667	232232	319130
安 阳 市 Anyang	439	840	738	71358	136827	253787
鹤 壁 市 Hebi	71	123	170	26076	74401	118419
新 乡 市 Xinxiang	1295	1685	2318	361359	537139	697375
焦 作 市 Jiaozuo	1135	971	1716	263655	319604	538452
濮 阳 市 Puyang	175	263	202	106596	188475	228199
许 昌 市 Xuchang	236	166	334	105695	254819	364196
漯 河 市 Luohe	434	421	441	94776	149777	219077
三 门 峡 市 Sanmenxia	137	193	121	37631	48017	78344
南 阳 市 Nanyang	1221	1825	2518	385798	1083877	1309028
商 丘 市 Shangqiu	516	433	557	56307	105581	161239
信 阳 市 Xinyang	441	450	490	141813	220991	295513
周 口 市 Zhoukou	269	495	445	71963	105617	303783
驻 马 店 市 Zhumadian	512	660	1004	218190	301885	408098
济 源 示 范 区 Jiyuan	82	94	124	22705	28460	35792

20-14 软科学基本情况
Statistics on Soft Science

项　目	Item	2021	2022	2023
完成软科学课题(项)	Completed Soft Science Subject (item)	476	528	601
正在进行的软科学课题(项)	Underway Soft Science Subject (item)	890	920	1021
投入软科学研究经费(万元)	Investment Funds (10 000 yuan)	847	800	800
投入软科学研究人力(人.年)	Person Engaged in Soft Science (person.year)	6000	6500	6750
发表科学论文(篇)	Published Scientific Paper (paper)	501	520	598
#国外发表	Published Abroad	46	47	51
获奖成果(项)	Award-winning achievements (item)	52	53	61

20-15 产品质量监督抽查情况(2023年)
Results of Sampling Check under State Supervision on the Quality of Products (2023)

项　目	Item	抽查企业(家) Number of Enterprises Supervised (unit)	检验产品(批次) Inspection products (batch-time)	不合格产品(批) Production Unqualified (batch-time)
合　计	**Total**	**22153**	**29816**	**1472**
食品相关产品	Food	1178	1464	43
工业品	Industrial Products	6021	8623	424

20−16　国家和地方标准、计量基本情况

National and Local Standards, Measuring Basic Situation

指标名称	Item	2021	2022	2023
国家情况	**National Conditions**			
计量基准和社会公用计量	Standards of Measurement and Public Standards			
标准建立项目（项）	of Measurement Set Up Projects (item)	360	374	398
计量仪器检定按类别分(台、件)	Measurement Instrument Calibration (set)	471722	336894	538219
长度	Length	37695	34953	44832
温度	Temperature	38010	30948	47732
力学	Mechanics	12656	10740	12106
电磁	Electromagnetism	92118	82425	120016
光学	Photology	2549	2340	1664
声学	Acoustics	6517	5446	4494
化学	Chemistry	14228	11540	15821
电离辐射	Ionizing Radiation	4489	5835	7585
无线电	Radio	1828	2293	1407
时间频率	Temporal Frequency	2296	1844	2128
其他	Others	259336	148530	280434
地方情况	**Local Conditions**			
本年末标准累计(个)	Criterion Accumulative (unit)	1340	1487	1657
本年度制、修订标准合计(个)	Total (unit)	141	204	213
制定	Formulation	130	177	190
修订	Amendment	11	27	23

20−17 测绘行业单位、人员及测绘成果提供情况

Statistics on Unit, Persons Engaged and Output in Surveying and Mapping of Certificated Units

指标	Item	2021	2022	2023
持证单位数（个）	**Number of Certificated Units (units)**	**415**	**877**	**1033**
甲级	First	70	107	116
乙级	Second	345	770	917
测绘从业人员年末人数(人)	**Number of Staff and Workers (person)**	**17562**	**19542**	**20745**
# 测绘专业技术人员	Number of Professional	10266	12010	12735
# 高级	Senior	1210	1282	1447
中级	Medium	3607	4181	4713
初级	Junior	4777	5491	5749
地形图（张）	**Topographic Map (unit)**	**419**	**453**	**53**
1:10000	1:10000	297	339	
1:50000	1:50000	122	110	53
测绘基准成果（点）	**Surveying and Mapping Datum Product (point)**	**1178**		**7451**
航摄成果（平方千米）	**Aerial Photograph (sq.km)**			
卫星影像（平方千米）	**Satellite Imagery (sq.km)**	**30136**	**4286888**	**11334313**

20-18 气象部门基本情况

Basic Statistics on Meteorological Department

项 目	Item	2021	2022	2023
气象观测业务台站(个)	**Meteorological Observation Station (unit)**			
地面观测	Surface Observation	121	121	121
高空探测	Aerological Sounding	3	3	3
区域气象观测站	Regional Meteorological Observation Station	2485	2342	2482
天气雷达观测	Weather Radar Observation	18	13	17
大气成分观测	Atmospheric Composition Observation	26	26	26
辐射观测	Radiation Observation	28	26	26
农业气象观测	Agricultural Meteorological Observation	35	35	35
农业气象试验站	Agrometeorological Experimental Station	4	4	4
闪电定位监测	Lightning Positioning Monitoring	32	32	32
紫外线观测	Ultraviolet Observations	26	26	26
风廓线雷达观测	Wind Profile Radar Observations	2	4	4
导航卫星气象观测	Navigation Satellite Meteorological Observation	31	26	26
酸雨观测	Acid Rain Observation	18	18	18
装备	**Equipment**			
高性能计算机	High Performance Computer			
服务器(套)	Server (unit)	467	483	667
个人计算机(含个人工作站)	Personal Computer (Including personal workstation)	4820	4886	5021
远程会商系统设备(多点控制单元和会议终端)(套)	Remote Consultation System Equipment (Multipoint Control Unit and Conference Terminals) (unit)	20	20	135
人工影响天气地面作业(次)	Weather Modification Ground Operations (time)	539	985	558
设备高炮(门)	Equipment Anti-aircraft Gun (unit)	224	193	165
火箭发射系统(部)	Rocket-firing System (unit)	401	403	290
全省气象部门职工总数(人)	Total Number of Employees of Provincial Meteorological (person)	1996	1961	1959

20−19 地震台(网)基本情况(2023年)

Basic Information of Earthquake Stations (Networks) (2023)

单位：个 (unit)

地区 Region	全国地震监测台站 National Earthquake Observation Station				全国地震监测台网 National Earthquake Observation Networks		市、县地震台 City、County Earthquake Observation Station		
	国家地震台 National Earthquake Station	省地震台 Provincial Earthquake Station	中心站 Central Station	一般监测站 General Station	台网数 Number of networks	测站数 Number of stations	市、县级台 City、County Station	企业台 Enterprise Station	宏观观测点 Macro-Observation Spots
总计 Total		**1**	**5**	**10**	**1**		**89**	**17**	**3178**
郑州市 Zhengzhou		1	1	1			8		658
开封市 Kaifeng							5		66
洛阳市 Luoyang			1				9	8	137
平顶山市 Pingdingshan							6		7
安阳市 Anyang				1			6		338
鹤壁市 Hebi			1				1	2	70
新乡市 Xinxiang				2			10		96
焦作市 Jiaozuo							8		245
濮阳市 Puyang							5		86
许昌市 Xuchang							2		84
漯河市 Luohe									56
三门峡市 Sanmenxia				2			3	1	74
南阳市 Nanyang				1			11	6	465
商丘市 Shangqiu							1		55
信阳市 Xinyang			1	2					189
周口市 Zhoukou			1	1			7		80
驻马店市 Zhumadian							6		472
济源示范区 Jiyuan							1		

主要统计指标解释

研究与试验发展(R&D) 指在科学技术领域，为增加知识总量，以及运用这些知识去创造新的应用进行的系统的创造性的活动，包括基础研究、应用研究、试验发展三类活动。国际上通常采用 R&D 活动的规模和强度指标反映一国的科技实力和核心竞争力。

基础研究 指为了获得关于现象和可观察事实的基本原理的新知识（揭示客观事物的本质、运动规律，获得新发现、新学说）而进行的实验性或理论性研究，它不以任何专门或特定的应用或使用为目的。其成果以科学论文和科学著作为主要形式。用来反映知识的原始创新能力。

应用研究 指为获得新知识而进行的创造性研究，主要针对某一特定的目的或目标。应用研究是为了确定基础研究成果可能的用途，或是为达到预定的目标探索应采取的新方法（原理性）或新途径。其成果形式以科学论文、专著、原理性模型或发明专利为主。用来反映对基础研究成果应用途径的探索。

试验发展 指利用从基础研究、应用研究和实际经验所获得的现有知识，为产生新的产品、材料和装置，建立新的工艺、系统和服务，以及对已产生和建立的上述各项作实质性的改进而进行的系统性工作。其成果形式主要是专利、专有技术、具有新产品基本特征的产品原型或具有新装置基本特征的原始样机等。在社会科学领域，试验发展是指把通过基础研究、应用研究获得的知识转变成可以实施的计划（包括为进行检验和评估实施示范项目）的过程。人文科学领域没有对应的试验发展活动。主要反映将科研成果转化为技术和产品的能力，是科技推动经济社会发展的物化成果。

R&D 人员 指参与研究与试验发展项目研究、管理和辅助工作的人员， 包括项目（课题）组人员，企业科技行政管理人员和直接为项目（课题）活动提供服务的辅助人员。反映投入从事拥有自主知识产权的研究开发活动的人力规模。

R&D 人员全时当量 指全时人员数加非全时人员按工作量折算为全时人员数的总和。例如：有两个全时人员和三个非全时人员（工作时间分别为 20%、30%和 70%），则全时当量为 2+0.2+0.3+0.7=3.2 人年。为国际上比较科技人力投入而制定的可比指标。

R&D 经费内部支出 指调查单位用于内部开展 R&D 活动（基础研究、应用研究和试验发展）的实际支出。包括用于 R&D 项目（课题）活动的直接支出，以及间接用于 R&D 活动的管理费、服务费、与 R&D 有关的基本建设支出以及外协加工费等。不包括生产性活动支出、归还贷款支出以及与外单位合作或委托外单位进行 R&D 活动而转拨给对方的经费支出。

R&D 经费内部支出中政府资金 指 R&D 经费内部支出中来自各级政府部门的各类资金，包括财政科学技术拨款、科学基金、教育等部门事业费以及政府部门预算外资金的实际支出。

R&D 经费内部支出中企业资金 指 R&D 经费内部支出中来自本企业的自有资金和接受其他企业委托而获得的经费，以及科研院所、高校等事业单位从企业获得的资金的实际支出。

R&D 项目（课题）数 指在当年立项并开展研究工作、以前年份立项仍继续进行研究的研发项目（课题）数，包括当年完成和年内研究工作已告失败的研发项目（课题），但不包括委托外单位进行的研发项目（课题）数。

R&D 项目（课题）经费内部支出 指调查单位内部在报告年度进行研发项目（课题）研究和试制等的实际支出。包括劳务费、其他日常支出、固定资产购建费、外协加工费等，不包括委托或与外单位合作进行项目（课题）研究而拨付给对方使用的经费。

专利 是专利权的简称，是对发明人的发明创造经审查合格后，由专利局依据专利法授予发明人和设计人对该项发明创造享有的专有权。包括发明、实用新型和外观设计。反映拥有自主知识产权的科技和设计成果情况。

Explanatory Notes on Main Statistical Indicators

Research and Development (R&D) refers to systematic and creative activities in the field of science and technology aiming at increasing the knowledge and using the knowledge for new application. R&D includes 3 categories of activities: basic research, applied research and experimentation for development. The scale and intensity of R&D are widely used internationally to reflect the strength of S&T and the core competitiveness of a country in the world.

Basic Research refers to empirical or theoretical research aiming at obtaining new knowledge on the fundamental principles regarding phenomena or observable facts to reveal the intrinsic nature and underlying laws and to acquire new discoveries or new theories. Basic research takes no specific or designated application as the aim of the research. Results of basic research are mainly released or disseminated in the form of scientific papers or monographs. This indicator reflects the innovation capacity for original knowledge.

Applied Research refers to creative research aiming at obtaining new knowledge on a specific objective or target. Purpose of the applied research is to identify the possible uses of results from basic research, or to explore new (fundamental) methods or new approaches. Results of applied research are expressed in the form of scientific papers, monographs, fundamental models or invention patents. This indicator reflects the exploration of ways to apply the results of basic research.

Experiments and Development refer to systematic activities aiming at using the knowledge from basic and applied researches or from practical experience to develop new products, materials and equipment, to establish new production process, systems and services, or to make substantial improvement on the existing products, process or services. Results of experiment and development activities are embodied in patents, exclusive technology, and monotype of new products or equipment. In social sciences, experiment and development activities refer to the process of converting the knowledge from basic or applied researches into feasible programmes (including conduct of demonstration projects for assessment and evaluation). There are no experiment and development activities in the science of humanities. This indicator reflects the capability of transferring the results of S&T into technique and products, and measures the realization of S&T in spearheading the economic and social development.

R & D Personnel refer to persons engaged in research, management and supporting activities of R & D, including persons in the project teams, persons engaged in the management of S&T activities of enterprises and supporting staff providing direct service to the research projects. This indicator reflects the size of personnel engaged in R&D activities with independent intellectual property.

Full-time Equivalent of R&D Personnel refers to the sum of the full-time persons and the full-time equivalent of part-time persons converted by workload. For instance, if there are 2 full-time persons and 3 part-time workers (20%, 30% and 70% of working hours respectively on R&D activities), the full-time equivalent are 2+0.2+0.3+0.7=3.2 person-years. This is an internationally comparable indicator of S&T manpower input.

Internal Expenditures on R&D refers to the real expenditure of surveyed units on their own R&D activities (basic research, application study, test and development) including direct expenditure on R&D activities, indirect expenditure of management and services on R&D activities, expenditure on capital construction and material processing by others. Excluding the expenditure on production activities, return of loan, and fees transferred to cooperated and entrusted agencies on R&D activities.

Internal Expenditure of Government Funds refer to the expenditure of funds on R&D activities from government agencies at different levels, including appropriate funds on science and technology from financial departments, scientific funds, operating expenses from education departments and the real expenditure of extra budgetary funds from government agencies.

Internal Expenditure of Funds of Enterprises refer to the expenditure of funds on R&D activities from self-raised funds of enterprises and funds from other enterprises through entrustment, and the expenditure of funds of institutions, such a institution of scientific research and universities, from enterprises.

Number of R&D Projects (subjects) refers to the number of R&D projects (subjects) set up and implemented at the reference year, and the number of R&D projects (subjects) set up in former years and under implementation, including the projects (subjects) finished and failed at the reference year, excluding the projects (subjects) implemented by others through entrustment.

Internal Expenditure of Funds on R&D Projects (subjects) refers to the real expenditure of internal funds of the surveyed units on research and test of R&D projects (subjects) at the reference year, including service fee, other daily expenditure, cost for capital goods, cost of external process; excluding expenditure of funds transferred to other cooperated and entrusted units of the projects.

Patent is an abbreviation for the patent right and refers to the exclusive right of ownership by the inventors or designers for the creation or inventions, given from the patent offices after due process of assessment and approval in accordance with the Patent Law. Patents are granted for inventions, utility models and designs. This indicator reflects the achievements of S&T and design with independent intellectual property.

教育

Education

21

◎ 资料整理：郑洁

简要说明

一、主要内容

本篇包括公办教育和民办教育、学历教育和非学历教育。具体有高等教育(研究生教育、普通高等教育和成人教育)、中等教育(高中阶段教育和初中阶段教育)、初等教育(小学)、学前教育、特殊教育(盲聋哑和弱智学校等)等资料。主要指标包括学校数、在校生数、招生数、毕业生数、教职工数和专任教师数等。

二、资料来源

教育事业统计资料由省教育厅提供。

技工学校的资料由省人力资源和社会保障厅提供。

本篇资料由河南省统计局社会科技和文化产业统计处编辑整理。

Brief Introduction

I. Main Contents

Data in this chapter include the situations on education funded by government and non-government agencies, and the education with and without academic credentials including higher education (education of postgraduates, general higher education and adult education), secondary education(senior and junior high schools), elementary education (primary schools), preschool education, special education (schools for the blind, deaf-mutes and mentally retarded).The main indicators include the number of schools, the number of students enrolled, the number of new students enrolled, the number of graduates, the number of stuff and workers, the number of full-time teachers.

II. Sources of Data

Data on education undertakings are calculated from Henan Provincial Bureau of Education.

Data on technical training schools are calculated from Henan Provincial Bureau of Henan Resources and Social Security.

Data in this chapter are edited by Department of Social Science and Technology and Cultural Industry Statistics, Henan Provincial Bureau of Statistics.

21-1 各级各类学校数

Number of Schools by Level and Type

单位：所 (unit)

年 份 Year	小 学 Primary Schools	普通中学 Regular Secondary Schools	高 中 Senior Secondary Schools	初 中 Junior Secondary Schools	普通高等学校 Regular Institutions of Higher Education
1978	48772	26586	3705	22881	24
1979	34983	25826	2976	22850	24
1980	46672	12672	2431	10241	25
1981	45939	10304	1703	8601	26
1982	46542	10510	1279	9231	26
1983	46265	10324	1177	9147	32
1984	46232	9969	1102	8867	38
1985	41935	9459	1069	8390	43
1986	45250	9730	1058	8672	47
1987	44865	9632	1027	8605	47
1988	44379	9406	1003	8403	47
1989	43951	8961	958	8003	47
1990	43286	8249	920	7329	47
1991	42455	7369	854	6515	49
1992	42370	6893	789	6104	47
1993	42071	6644	719	5925	48
1994	41899	6476	661	5815	50
1995	41698	6367	641	5726	50
1996	41466	6282	635	5647	50
1997	41526	6142	645	5497	50
1998	41238	6069	643	5426	51
1999	41404	6120	688	5432	56
2000	41269	6217	761	5456	52
2001	39825	6384	819	5565	64
2002	37729	6399	854	5545	66
2003	36379	6363	888	5475	71
2004	34164	6229	909	5320	82
2005	33026	6207	945	5262	83
2006	31410	6045	955	5090	84
2007	30677	5864	920	4944	82
2008	30214	5718	908	4810	84
2009	29420	5571	868	4703	89
2010	28603	5441	825	4616	107
2011	27793	5388	792	4596	117
2012	27452	5336	785	4551	120
2013	26086	5326	776	4550	127
2014	25578	5340	774	4566	129
2015	24673	5335	770	4565	129
2016	22822	5349	792	4557	129
2017	20372	5328	813	4515	134
2018	18622	5371	852	4519	140
2019	18117	5492	889	4603	141
2020	17687	5620	925	4695	151
2021	17500	5696	970	4726	156
2022	16925	5708	1050	4658	156
2023	16429	5724	1098	4626	168

21-2　各级各类学校专任教师数

Number of Full-time Teachers by Level and Type of School

单位：万人　　(10 000 persons)

年　份 Year	小　学 Primary Schools	普通中学 Regular Secondary Schools	高　中 Senior Secondary Schools	初　中 Junior Secondary Schools	普通高等学校 Regular Institutions of Higher Education
1978	42.88	29.34	4.98	24.36	0.54
1979	43.66	30.01	5.09	24.92	0.62
1980	44.72	30.13	4.48	25.65	0.68
1981	47.20	26.99	3.91	23.08	0.71
1982	41.95	22.58	3.52	19.05	0.84
1983	42.52	22.17	3.46	18.71	0.91
1984	42.81	21.86	3.41	18.45	0.97
1985	43.09	22.21	3.41	18.80	1.10
1986	43.62	22.93	3.54	19.39	1.27
1987	43.52	23.69	3.73	19.96	1.33
1988	43.79	24.01	3.79	20.22	1.38
1989	43.76	23.84	3.77	20.07	1.38
1990	44.34	24.05	3.79	20.25	1.40
1991	37.93	23.54	3.83	19.71	1.42
1992	37.55	23.49	3.76	19.73	1.45
1993	38.19	23.60	3.62	19.98	1.47
1994	38.87	23.94	3.48	20.46	1.55
1995	39.23	24.68	3.45	21.23	1.55
1996	40.02	25.48	3.51	21.97	1.64
1997	41.12	26.38	3.61	22.77	1.65
1998	42.55	27.60	3.75	23.85	1.70
1999	44.66	29.09	4.09	25.00	1.88
2000	45.93	30.86	4.57	26.29	2.02
2001	47.56	32.90	5.13	27.77	2.46
2002	49.62	35.06	6.03	29.03	2.85
2003	48.85	35.88	6.72	29.16	3.33
2004	47.85	36.55	7.60	28.95	4.18
2005	47.55	37.30	8.40	28.90	4.63
2006	47.82	37.64	9.19	28.45	5.29
2007	48.30	37.88	9.79	28.09	5.88
2008	48.53	37.89	10.27	27.62	6.49
2009	48.91	38.30	10.49	27.81	7.15
2010	49.04	38.10	10.43	27.67	7.75
2011	49.58	38.65	10.43	28.22	8.20
2012	49.69	38.97	10.73	28.24	8.60
2013	49.45	38.80	10.81	27.99	9.09
2014	46.99	41.83	12.67	29.16	9.51
2015	47.21	42.87	13.01	29.86	9.80
2016	47.42	43.63	13.55	30.08	10.27
2017	48.86	46.21	14.45	31.76	10.84
2018	50.02	49.24	15.33	33.90	11.54
2019	51.03	52.04	16.30	35.74	12.40
2020	52.39	55.13	17.31	37.82	13.34
2021	54.82	58.75	19.15	39.60	14.25
2022	55.02	61.80	21.16	40.64	14.99
2023	54.12	63.29	22.12	41.17	15.71

21-3 各级各类学校在校学生数

Student Enrollment by Level and Type of School

单位：万人　(10 000 persons)

年 份 Year	小 学 Primary Schools	普通中学 Regular Secondary Schools	高 中 Senior Secondary Schools	初 中 Junior Secondary Schools	普通高等学校 Regular Institutions of Higher Education
1978	1140.26	521.62	116.38	405.24	2.73
1979	1147.88	504.04	106.42	397.62	3.38
1980	1133.75	487.27	83.75	403.52	4.59
1981	1110.65	412.31	60.66	351.65	4.93
1982	1098.47	361.41	49.25	312.16	4.63
1983	1054.04	341.32	47.82	293.50	4.80
1984	1055.08	354.20	50.87	303.33	5.33
1985	1034.97	357.46	52.27	305.19	6.85
1986	1015.67	366.96	54.66	312.30	7.50
1987	997.75	373.51	54.41	319.10	7.57
1988	980.05	362.64	52.51	310.13	7.99
1989	969.82	349.05	49.54	299.51	8.01
1990	961.15	352.56	49.26	303.30	8.04
1991	944.02	357.66	48.80	308.86	8.18
1992	936.71	359.78	46.21	313.57	8.95
1993	951.50	362.96	43.52	319.44	10.44
1994	991.06	384.80	42.51	342.29	11.71
1995	1039.56	417.86	42.91	374.95	12.24
1996	1105.58	454.48	44.02	410.46	12.79
1997	1169.96	480.21	46.68	433.53	13.60
1998	1200.06	512.51	51.13	461.38	14.64
1999	1186.97	568.86	61.06	507.80	18.55
2000	1130.63	638.14	75.15	562.99	26.24
2001	1070.73	683.38	94.73	588.65	36.91
2002	1104.59	733.35	125.55	607.80	46.80
2003	1058.61	750.51	146.42	604.09	55.72
2004	1014.06	759.42	168.75	590.67	70.28
2005	986.84	758.22	188.39	569.83	85.19
2006	997.09	742.22	201.58	540.64	97.41
2007	1018.71	719.83	212.63	507.20	109.52
2008	1036.60	691.46	207.26	484.20	125.02
2009	1052.03	675.45	201.20	474.25	136.88
2010	1070.53	661.56	192.16	469.40	145.67
2011	1092.90	657.48	189.50	467.98	150.01
2012	1079.20	646.42	192.63	453.78	155.90
2013	939.98	574.28	189.23	385.05	161.83
2014	928.60	588.91	189.55	399.36	167.97
2015	937.05	599.12	194.31	404.81	176.69
2016	965.59	615.43	199.60	415.83	187.48
2017	982.06	634.65	205.49	429.16	200.47
2018	994.60	661.94	210.06	451.88	214.08
2019	1012.48	684.36	215.88	468.48	231.97
2020	1021.59	697.00	224.86	472.14	249.22
2021	1011.87	716.87	237.69	479.19	268.64
2022	987.39	743.47	250.45	493.02	282.33
2023	962.88	770.40	262.27	508.13	295.62

21-4 各级各类学校招生数

New Student Enrollment by Level and Type of School

单位：万人 (10 000 persons)

年 份 Year	小 学 Primary Schools	普通中学 Regular Secondary Schools	高 中 Senior Secondary Schools	初 中 Junior Secondary Schools	普通高等学校 Regular Institutions of Higher Education
1978	254.37	234.71	53.79	180.92	1.39
1979	249.91	215.50	48.55	166.95	1.07
1980	239.12	169.65	28.69	140.96	1.25
1981	226.50	146.95	24.44	122.51	1.25
1982	219.17	124.70	18.17	106.53	1.36
1983	198.48	119.04	17.04	102.00	1.65
1984	197.99	119.69	17.40	102.29	1.89
1985	174.24	118.93	17.22	101.71	2.67
1986	190.38	123.72	17.77	105.95	2.42
1987	184.06	124.03	17.84	106.19	2.64
1988	181.53	121.80	17.09	104.71	2.72
1989	179.88	118.08	16.27	101.81	2.61
1990	172.46	122.53	16.92	105.61	2.66
1991	164.72	125.47	16.49	108.98	2.76
1992	169.53	125.38	15.28	110.10	3.38
1993	190.31	130.28	14.86	115.42	4.05
1994	220.01	144.20	13.98	130.23	4.17
1995	232.52	158.34	14.58	143.76	4.32
1996	239.94	164.89	15.12	149.77	4.49
1997	239.79	171.79	16.41	155.38	4.66
1998	217.82	189.67	18.72	170.95	5.02
1999	193.65	220.12	24.42	195.70	7.88
2000	171.11	246.46	31.48	214.98	11.69
2001	163.32	246.96	37.63	209.33	14.01
2002	185.77	253.93	50.93	203.00	16.61
2003	164.35	253.19	53.77	199.42	19.02
2004	162.49	257.45	61.33	196.12	25.74
2005	169.44	259.58	69.99	189.59	27.76
2006	176.86	233.85	67.75	166.10	33.77
2007	183.22	231.49	70.57	160.92	35.52
2008	186.92	233.55	68.42	165.13	44.51
2009	184.51	225.18	64.50	160.68	45.74
2010	187.76	221.66	62.85	158.81	47.83
2011	193.44	226.25	64.63	161.62	47.14
2012	190.97	224.73	66.57	158.16	49.82
2013	181.06	203.82	66.11	137.71	50.84
2014	159.44	202.99	64.49	138.50	51.43
2015	169.30	206.21	67.98	138.23	55.92
2016	173.16	213.66	69.53	144.13	60.60
2017	172.38	220.42	70.97	149.45	63.57
2018	173.56	232.52	72.65	159.86	70.87
2019	173.76	232.85	74.98	157.87	78.89
2020	165.99	232.49	78.44	154.05	82.86
2021	162.93	252.55	85.11	167.44	89.32
2022	148.38	256.09	88.45	167.64	93.67
2023	148.95	258.80	90.06	168.74	98.40

21−5 各级各类学校毕业生数
Graduates by Level and Type of School

单位：万人 (10 000 persons)

年 份 Year	小 学 Primary Schools	普通中学 Regular Secondary Schools	高 中 Senior Secondary Schools	初 中 Junior Secondary Schools	普通高等学校 Regular Institutions of Higher Education
1978	185.03	213.34	44.37	168.97	0.96
1979	179.69	204.86	50.44	154.42	0.41
1980	173.62	109.74	45.66	64.08	
1981	173.52	131.24	43.45	87.79	0.90
1982	165.80	104.44	27.36	77.08	1.65
1983	168.90	87.90	15.85	72.05	1.47
1984	166.90	86.78	14.74	72.04	1.35
1985	158.48	88.92	15.44	73.48	1.17
1986	172.97	91.60	16.70	74.90	1.75
1987	172.82	97.24	17.78	79.46	2.53
1988	167.45	99.44	18.03	81.40	2.29
1989	162.51	100.39	17.27	83.12	2.56
1990	162.60	99.36	16.70	82.66	2.61
1991	161.86	98.77	15.96	82.81	2.72
1992	162.39	99.90	15.01	84.89	2.59
1993	163.26	102.34	14.45	87.89	2.66
1994	166.48	103.90	13.98	89.92	2.93
1995	168.96	109.35	13.51	95.84	3.76
1996	165.13	115.90	13.82	102.08	3.91
1997	168.57	133.16	13.78	119.38	3.89
1998	180.67	145.88	14.93	130.95	3.96
1999	205.01	153.97	15.50	138.47	3.99
2000	225.57	162.16	17.47	144.69	4.17
2001	220.41	176.44	19.84	156.60	4.61
2002	202.55	203.04	25.78	177.26	7.12
2003	204.18	225.16	36.38	188.78	10.90
2004	203.54	240.69	42.48	198.21	13.43
2005	191.90	252.02	53.66	198.36	16.52
2006	166.71	245.24	57.36	187.88	20.21
2007	160.19	254.20	65.10	189.10	26.72
2008	168.90	258.05	74.98	183.07	30.25
2009	165.75	233.36	70.17	163.18	33.41
2010	165.35	225.35	70.43	154.92	38.25
2011	167.61	222.00	66.55	155.45	43.30
2012	170.44	213.82	64.01	149.81	43.53
2013	164.48	203.46	63.13	140.34	45.02
2014	140.81	174.94	60.28	114.66	44.53
2015	140.55	184.67	61.05	123.62	46.58
2016	144.16	192.81	63.31	129.50	48.69
2017	150.31	195.43	63.14	132.29	50.41
2018	160.70	199.71	66.08	133.63	55.99
2019	158.13	209.17	67.99	141.19	59.34
2020	154.17	217.49	69.03	148.46	63.82
2021	167.67	229.36	71.76	157.60	67.84
2022	167.60	229.41	74.22	155.19	77.80
2023	169.14	231.14	77.47	153.67	83.29

21-6 各级各类学校和教职工情况(2023年)

Basic Statistics by Level and Type of School and Staff (2023)

项 目	Item	学校数(所) Number of Schools (unit)	教职工数(人) Educational Personnel (person)	# 女性 Female
高等教育学校	**Higher Education**	**178**	**196934**	**107273**
普通本科学校	HEIs Offering Degree Programs	57	111267	59547
#独立学院	Independent Institutions	1	1427	867
本科层次职业学校	Undergraduate Level Vocational Schools	1	1451	873
高职(专科)院校	Higher Vocational Colleges	110	83425	46414
成人高等学校	Adult HEIs	10	791	439
其他普通高教机构（不计校数）	Other General Higher Education Institutions			
高中阶段学校	**Senior Secondary Education**	**1644**	**311247**	**191131**
普通高中	Regular Senior Secondary Schools	1098	249834	156734
完全中学	Combined Secondary Schools	138	36604	23611
高级中学	Regular High Schools	804	172755	103774
十二年一贯制学校	12-Year Schools	156	40475	29349
中等职业教育	Secondary Vocational Education	546	61413	34397
中等职业学校	Secondary Vocational Schools	546	59846	33470
其他中职机构(不计校数)	Other Institutions	(27)	1567	927
义务教育阶段学校	**Compulsory Education**	**21055**	**1019953**	**762452**
初中学校	Junior High Schools	4626	447167	314913
初级中学	Regular Junior Secondary Schools	3369	295809	199920
九年一贯制学校	9-Year Schools	1257	151358	114993
职业初中	Vocational Junior High Schools			
普通小学	Regular Primary Schools	16429	572786	447539
小学	Primary Schools	16429	515941	410582
小学教学点（不计校数）	Primary Schools Teaching Point	(8917)	56845	36957
特殊教育学校	**Special Education Schools**	**153**	**5295**	**3948**
幼儿园	**Kindergartens**	**22633**	**379763**	**355655**
专门学校	**Specialized Schools**	**3**	**73**	**34**
成人中小学	**Adult Primary and Secondary School**	**34**	**238**	**96**

注：1. 完全中学的学校数和教职工数计入高中阶段教育，九年一贯制学校的校数和教职工数计入初中阶段教育，十二年一贯制学校的校数和教职工数计入高中阶段教育。
2. "（）"内数据为不计校数。
3. 中等职业教育数据不含人社部门管理的技工学校（以下相关表同）。

a) The number of schools and staff in combined secondary schools is counted in senior secondary education, the number of schools and teaching staff in nine-year schools is counted in junior secondary education, and the number of schools and teaching staff in twelve-year schools is counted in senior secondary education.
b) Data in "()" are not counted.
c) The secondary vocational education data do not include technical schools managed by the Ministry of Human Resources and Social Security (the same table below).

21－7 各级各类学校专任教师分学历的人数与构成(2023年)

Number and Composition of Full-time Teachers in Schools by Educational Level (2023)

单位：人 (person)

学 历	Educational Level	专任教师 Full-time Teacher	构成(%) Composition (%)
普通高等学校教师	**Regular Higher Educational Institutions**	**152847**	**100.0**
博士研究生	Doctor	28020	18.3
硕士研究生	Master	69339	45.4
本科毕业	Undergraduate	54754	35.8
专科及以下	Specialized Courses and Below	734	0.5
普通中等专业学校教师	**Specialized Secondary Schools**	**16995**	**100.0**
博士研究生	Doctor	8	0.1
硕士研究生	Master	1672	9.8
本科毕业	Undergraduate	14378	84.6
专科及以下	Specialized Courses and Below	937	5.5
高中教师	**Teachers of Senior Secondary School**	**193068**	**100.0**
大学本科毕业及以上	Undergraduates and over	190591	98.7
大学专科毕业	Specialized Courses	2472	1.3
高中阶段毕业及以下	Senior Secondary and below	5	0.0
初中教师	**Teachers of Junior Secondary School**	**366068**	**100.0**
大学本科毕业及以上	Undergraduates and over	327062	89.3
大学专科毕业	Specialized Courses	38562	10.5
高中阶段毕业	Senior Secondary	444	0.1
高中阶段毕业以下	Below Senior		
小学教师	**Teachers of Primary School**	**601010**	**100.0**
大学专科毕业及以上	Specialized secondary of Higher Education and over	596877	99.3
高中阶段毕业	Senior Secondary	4133	0.7
高中阶段毕业以下	Below Senior		
幼儿园教师	**Teachers of Kindergartens**	**232851**	**100.0**
大学专科毕业及以上	Specialized Secondary of Higher Education and Over	201531	86.5
高中阶段毕业	Senior Secondary	31163	13.4
高中阶段毕业以下	Below Senior	157	0.1

注：本表各级各类学校专任教师是以教授对象为参考进行分类。
In this table, full-time teachers of various schools at all levels are classified by reference to the teaching objects.

21-8 各级各类学历教育学生情况(2023年)

Basic Statistics on Students by Level and Type of Education (2023)

单位：人 (person)

项 目	Item	招生数 Entrants	在校生数 Enrolment	# 女生 Female Students	毕业生数 Graduates
高等教育	**Higher Education**	**1325464**	**3800445**	**2002649**	**1184507**
研究生	Postgraduates	35205	99012	55255	27533
博 士	Doctor's Degree	1588	6088	3052	771
硕 士	Master's Degree	33617	92924	52203	26762
普通本科	General Undergraduate	423517	1428713	769832	349800
高职本专科	Higher Vocational Specialty	560484	1527444	737812	483125
本 科	Normal Courses	5945	17103	9812	3002
专 科	Short-cycle Courses	554539	1510341	728000	480123
成人本专科	Undergraduate in Adult HEIs	306258	697356	417601	299631
本 科	Normal Courses	164832	374452	223703	141497
专 科	Short-cycle Courses	141426	322904	193898	158134
网络本专科生	Web-based Undergraduates		47920	22149	24418
本 科	Normal Courses		42973	20393	23301
专 科	Short-cycle Courses		4947	1756	1117
高中阶段教育	**Senior Secondary Education**	**1412087**	**4075269**	**1764697**	**1255644**
普通高中	Regular Senior Secondary Schools	900599	2622690	1297101	774723
完全中学	Combined Secondary Schools	105418	308212	152823	93623
高级中学	Regular High Schools	716168	2099410	1045377	632423
十二年一贯制学校	12-Year Schools	73145	198553	90878	43689
附设普通高中班	Attached Ordinary High School Class	5868	16515	8023	4589
中等职业教育	Secondary Vocational Education	505899	1434153	467596	489417
中等职业学校	Secondary Vocational Schools	354472	1010754	421767	334520
附设中职班	Affiliated Secondary Vocational Class	27424	108751	45829	45288
其他	Others	124003	314648		109609
义务教育阶段教育	**Compulsory Education**	**3176827**	**14710078**	**6884451**	**3228054**
初中阶段	Junior High School Stage	1687362	5081295	2344417	1536671
初级中学	Regular Junior Secondary Schools	1266389	3830651	1803512	1148902
九年一贯制学校	9-Year Schools	318192	939392	404943	282113
十二年一贯制学校	12-Year Schools	45727	142748	59465	49305
完全中学	Combined Secondary Schools	54515	161132	73330	52938
职业初中	Vocational Junior High Schools				
附设普通初中班	Affiliated General Junior High School Class	2539	7372	3167	2606
附设职业初中班	Affiliated Vocational Junior High School Class				
小学阶段	Primary School Stage	1489465	9628783	4540034	1691383
小学	Primary Schools	1253727	7991753	3794527	1359586
九年一贯制学校	9-Year Schools	151714	1062518	474664	214211
十二年一贯制学校	12-Year Schools	13421	121412	50546	29479
小学教学点	Primary Schools Teaching Point	67739	395997	193006	52119
附设小学班	Attached Primary Schools Classes	2864	57103	27291	35376
特殊教育	**Special Education Schools**	**10072**	**68332**	**26015**	**8814**
特殊教育学校	Special Education Schools	3217	26655	9883	3036
学前教育	**Pre-school Education Institutions**	**788163**	**3236241**	**1552857**	**1420650**
幼儿园	Kindergartens	724269	2993053	1434328	1281275
附设幼儿园	Affiliated Kindergarten	63894	243188	118529	139375
专门学校	**Specialized Schools**	**156**	**130**	**2**	**116**
成人中小学	**Adult Primary and Secondary School**	**3087**	**4567**	**2014**	**3109**

注：1. 高中阶段教育中其他为2022年技工学校数据。
2. 因为2023年有学校跨层次变更办学类型，但仍有原教育层次的毕业生，所以各教育层次毕业生之和不等于分办学类型毕业生之和。

a) Other data in high school education are from technical schools in 2022.

b) Because in 2023, there will be a cross level change in the type of education offered by schools, but there will still be graduates from the original education level, so the sum of graduates from each education level does not equal the sum of graduates from different types of education.

21-9 分学科研究生层次学生情况(2023年)
Number of Postgraduate Students by Academic Field (2023)

单位：人 (person)

项　目	Item	招生数 Entrants	硕士 Master's Degree	博士 Doctor's Degree	在校学生数 Enrolment	硕士 Master's Degree	博士 Doctor's Degree	毕业生数 Graduates	硕士 Master's Degree	博士 Doctor's Degree
分学科研究生数(总计)	**Total**	**35205**	**33617**	**1588**	**99012**	**92924**	**6088**	**27533**	**26762**	**771**
#女生	Female	19657	18860	797	55255	52203	3052	16228	15834	394
学术型学位	Academic Degree	12396	11145	1251	37219	32064	5155	9971	9258	713
专业学位	Professional Degree	22809	22472	337	61793	60860	933	17562	17504	58
哲　学	Philosophy	91	91		278	278		99	99	
经济学	Economics	1049	1028	21	2307	2223	84	773	760	13
法　学	Law	1696	1634	62	4700	4418	282	1476	1436	40
教育学	Education	3417	3358	59	9206	8989	217	2898	2887	11
文　学	Literature	1257	1213	44	3280	3053	227	1034	1006	28
历史学	History	429	392	37	1303	1146	157	350	324	26
理　学	Science	3108	2766	342	8970	7637	1333	2101	1957	144
工　学	Engineering	11201	10709	492	31574	29608	1966	8386	8154	232
农　学	Agriculture	2359	2228	131	6994	6504	490	1953	1888	65
医　学	Medicine	5376	5030	346	15620	14505	1115	4254	4080	174
军事学	Military Science									
管理学	Administrators	4233	4181	52	11956	11748	208	3410	3373	37
艺术学	Art	906	904	2	2664	2655	9	760	759	1
分学科研究生数(普通高校)	**Regular HEIs**	**35143**	**33557**	**1586**	**98786**	**92713**	**6073**	**27465**	**26695**	**770**
#女生	Female	19640	18843	797	55200	52148	3052	16209	15815	394
学术型学位	Academic Degree	12334	11085	1249	36993	31853	5140	9903	9191	712
专业学位	Professional Degree	22809	22472	337	61793	60860	933	17562	17504	58
哲　学	Philosophy	91	91		278	278		99	99	
经济学	Economics	1049	1028	21	2307	2223	84	773	760	13
法　学	Law	1696	1634	62	4700	4418	282	1476	1436	40
教育学	Education	3417	3358	59	9206	8989	217	2898	2887	11
文　学	Literature	1257	1213	44	3280	3053	227	1034	1006	28
历史学	History	429	392	37	1303	1146	157	350	324	26
理　学	Science	3108	2766	342	8970	7637	1333	2101	1957	144
工　学	Engineering	11139	10649	490	31353	29402	1951	8321	8090	231
农　学	Agriculture	2359	2228	131	6994	6504	490	1953	1888	65
医　学	Medicine	5376	5030	346	15620	14505	1115	4254	4080	174
军事学	Military Science									
管理学	Administrators	4233	4181	52	11951	11743	208	3407	3370	37
艺术学	Art	906	904	2	2664	2655	9	760	759	1

21-10 分学科本科层次学生情况(2023年)

Number of Undergraduate Students by Academic Field (2023)

单位：人 (person)

项 目	Item	普通本科 Ordinary Undergraduates			成人本科 Adult Undergraduates			网络本科 Web-based Undergraduates		
		招生数 Entrants	在校学生数 Enrolment	毕业生数 Graduates	招生数 Entrants	在校学生数 Enrolment	毕业生数 Graduates	招生数 Entrants	在校学生数 Enrolment	毕业生数 Graduates
总 计	**Total**	**423517**	**1428713**	**349800**	**164832**	**374452**	**141497**		**42973**	**23301**
#女生	Female	225661	769832	197446	97658	223703	84580		20393	11763
哲 学	Philosophy	135	519	53						
经济学	Economics	16091	61121	16269	1882	4336	2053		1130	568
法 学	Law	12700	46999	12228	10698	20720	7052		3158	1448
教育学	Education	27340	85043	21519	27688	57017	20116		3150	1781
文 学	Literature	35142	125399	29864	10129	23230	9146		2596	1051
历史学	History	2176	8391	1597	149	349	142			
理 学	Science	21587	81975	18816	2737	5907	2874		7	1
工 学	Engineering	155600	518394	119700	33877	72382	30662		15083	8107
农 学	Agriculture	8688	29975	7050	1690	3343	1574			
医 学	Medicine	25534	93308	19687	42065	105917	34153		5824	3889
管理学	Administrators	74081	229674	67144	32698	78588	32868		12025	6456
艺术学	Art	44443	147915	35873	1219	2663	857			

21-11 分学科职业本专科、成人专科、网络专科层次学生情况(2023年)
Number of Students in College by Academic Field (2023)

单位：人 (person)

项 目	Item	高职专科 Higher Vocational College 招生数 Entrants	在校学生数 Enrolment	毕业生数 Graduates	职业本科 Vocational Undergraduate 招生数 Entrants	在校学生数 Enrolment	毕业生数 Graduates
总 计	**Total**	**554539**	**1510341**	**480123**	**5945**	**17103**	**3002**
#女生	Female	273331	728000	233974	3436	9812	1670
农林牧渔大类	Agriculture, Forestry, Husbandry and Fishing	7849	19447	4748			
资源环境与安全大类	Resources and Environment	9426	21399	6181			
能源动力与材料大类	Energy and Material	4829	11724	2477			
土木建筑大类	Civil Engineering	34781	105471	34112	496	1057	289
水利大类	Water Resources	1141	3776	1235			
装备制造大类	Manufacturing	72005	175504	40070	646	1617	356
生物与化工大类	Biology and Chemistry	3452	7301	1540			
轻工纺织大类	Light Industry and Textile	1603	4041	1358			
食品药品与粮食大类	Medicine, Food and Grain	10673	24283	4879			
交通运输大类	Transportation and Communication	28230	81123	27026	125	237	95
电子信息大类	Electronic Information	102177	280533	88421	1208	3910	780
医药卫生大类	Medicine and Health	75292	220896	75176	1429	3978	666
财经商贸大类	Finance and Business	77841	218435	77436	649	2087	226
旅游大类	Tourism	16237	40799	10805			
文化艺术大类	Culture and Arts	35997	94389	27984	626	1975	89
新闻传播大类	Journalistic Communication	5761	14514	3325			
教育与体育大类	Education and Sport	59237	164384	66023	766	2242	501
公安与司法大类	Public Security and Law	3780	11241	3678			
公共管理与服务大类	Public Administration and Service	4228	11081	3649			

21-11 续表 continued

单位：人 (person)

项 目	Item	成人专科 Adult College 招生数 Entrants	成人专科 Adult College 在校学生数 Enrolment	成人专科 Adult College 毕业生数 Graduates	网络专科 Web-based College 招生数 Entrants	网络专科 Web-based College 在校学生数 Enrolment	网络专科 Web-based College 毕业生数 Graduates
总 计	**Total**	**141426**	**322904**	**158134**		**4947**	**1117**
#女生	Female	83239	193898	101645		1756	418
农林牧渔大类	Agriculture, Forestry, Husbandry and Fishery	1739	3962	1374			
资源环境与安全大类	Resources and Environment	2037	3358	1180			
能源动力与材料大类	Energy and Material	157	399	283		90	13
土木建筑大类	Civil Engineering	14125	34838	15212		565	149
水利大类	Water Resources	892	1874	754			
装备制造大类	Manufacturing	10156	19969	8070		566	124
生物与化工大类	Biology and Chemistry	3132	6282	1583			
轻工纺织大类	Light Industry and Textile			4			
食品药品与粮食大类	Medicine, Food and Grain	437	1275	929			
交通运输大类	Transportation and Communication	497	1321	1117			
电子信息大类	Electronic Information	13424	26952	10880		740	129
医药卫生大类	Medicine and Health	11577	33071	13208		383	101
财经商贸大类	Finance and Business	47556	106206	51248		1831	456
旅游大类	Tourism	807	1845	837		115	31
文化艺术大类	Culture and Arts	99	288	186		3	1
新闻传播大类	Journalistic Communication						
教育与体育大类	Education and Sport	21397	54327	39528		168	20
公安与司法大类	Public Security and Law	2180	5225	2293		125	20
公共管理与服务大类	Public Adminlstration and Service	11214	21712	9448		361	73

注：2021年网络专科停止招生。
The web-based colleges stop the enrollment in 2021.

21-12 中等职业学校分学科学生情况(2023年)

Number of Students in Secondary Vocational Schools by Field (2023)

单位：人 (person)

项 目	Item	招生数 Entrants	在校学生数 Enrolment	毕业生数 Graduates	职业类证书 Vocational Certificates	职业技能等级证书 Vocational Skill Level Certificate
总 计	**Total**	**381896**	**1119505**	**379808**	**240366**	**138659**
#女生	Female	153062	467596	163366	103047	61390
农林牧渔大类	Agriculture, Forestry, Husbandry & Fishery	17557	50145	18701	11722	8260
资源环境与安全大类	Resources and Environment	2612	11887	3241	2552	417
能源动力与材料大类	Energy and Materials	293	1380	990	503	172
土木建筑大类	Civil Engineering	11063	42469	17579	9710	5923
水利大类	Water Resources	181	698	183		
装备制造大类	Manufacturing	36479	99092	27505	18070	9654
生物与化工大类	Biology and Chemistry	1019	2561	720	546	410
轻工纺织大类	Light Industry and Textile	1717	5280	1613	1275	815
食品药品与粮食大类	Medicine, Food and Grain	4587	7140	728	624	341
交通运输大类	Transportation and Communication	39910	109400	36333	27429	16139
电子与信息大类	Electronic Information	93700	260517	84268	54907	32372
医药卫生大类	Medicine and Health	26522	75467	25466	11975	3710
财经商贸大类	Finance and Business	35800	111222	42882	27810	17473
旅游大类	Tourism	18471	48722	15463	10179	6778
文化艺术大类	Culture and Arts	41000	120043	41320	27854	17417
新闻传播大类	Journalistic Communication	2639	12934	2725	1812	1087
教育与体育大类	Education and Sport	45150	152406	58525	32430	17107
公安与司法大类	Public Security and Law	127	369	22	1	
公共管理与服务大类	Public Adminlstration and Service	3069	7773	1544	967	584

注：本表数据不含技工学校有关数据。
Data in this table exclude data of technical school.

21-13 进城务工子女和农村留守儿童在校情况(2023年)

Statistics on Children of Migrant Workers and Rural Left-behind Children in Schools (2023)

单位：人 (person)

项 目	Item	普通小学 Regular Primary School				初 中 Junior Middle School			
		毕业生数 Graduates	招生数 Entrants	在校生数 Enrolment	#女生 Female	毕业生数 Graduates	招生数 Entrants	在校生数 Enrolment	#女生 Female
进城务工人员随迁子女	Children Living with the Rural Migrant Workers in Cities	72530	73936	450320	207097	58852	70734	209949	94979
#外省迁入	Move from Other Provinces	6446	6817	40961	18830	4770	5485	16175	7325
本省外县迁入	Move from Other Counties	66084	67119	409359	188267	54082	65249	193774	87654
农村留守儿童	Rural Left-behind Children	133119	93807	789495	363623	140056	151793	471791	218566

21-14 各市普通、职业高等学校情况(2023年)

Basic Statistics on Regular Institutions of Higher Education by City (2023)

单位：人 (person)

地区 Region	学校数(所) Schools (unit)	教职工数 Educational Personnel	招生数 Entrants	普通本科 General Undergraduate	职业本科 Vocational Undergraduate	高职(专科) Higher Vocational (Specialist)	在校学生数 Enrolment	普通本科 General Undergraduate	职业本科 Vocational Undergraduate	高职(专科) Higher Vocational (Specialist)
全 省 Total	**168**	**196143**	**984001**	**423517**	**5945**	**554539**	**2956157**	**1428713**	**17103**	**1510341**
郑 州 市 Zhengzhou	74	91667	455039	207604		247435	1393573	710335		683238
开 封 市 Kaifeng	7	5175	27292	5658		21634	75948	19662		56286
洛 阳 市 Luoyang	9	11363	51916	27021		24895	164741	96309		68432
平 顶 山 市 Pingdingshan	7	6569	32380	11681		20699	95141	39606		55535
安 阳 市 Anyang	7	8723	48467	24141		24326	137176	74406		62770
鹤 壁 市 Hebi	3	1914	11050			11050	31694			31694
新 乡 市 Xinxiang	10	14978	66346	47133		19213	219011	162545		56466
焦 作 市 Jiaozuo	7	8185	39650	18958		20692	116392	61178		55214
濮 阳 市 Puyang	4	2505	15010			15010	37878			37878
许 昌 市 Xuchang	4	4644	22930	6820		16110	72747	23889		48858
漯 河 市 Luohe	3	3563	14939			14939	42769			42769
三 门 峡 市 Sanmenxia	2	2040	12173			12173	35185			35185
南 阳 市 Nanyang	8	9456	49274	17211		32063	137703	56518		81185
商 丘 市 Shangqiu	7	8833	41191	21651		19540	126832	70154		56678
信 阳 市 Xinyang	7	7797	46293	22311		23982	122775	69776		52999
周 口 市 Zhoukou	5	4752	25986	7534	5945	12507	76217	23865	17103	35249
驻 马 店 市 Zhumadian	3	2834	17528	5794		11734	50973	20470		30503
济源示范区 Jiyuan	1	1145	6537			6537	19402			19402

21-14 续表 continued

单位：人 (person)

地区 Region	毕业生数 Graduates	普通本科 General Undergraduate	职业本科 Vocational Undergraduate	高职（专科） Higher Vocational (Specialist)	授予学位数 Degrees Conferred	预计毕业生数 Estimated for Next Year	普通本科 General Undergraduate	职业本科 Vocational Undergraduate	高职（专科） Higher Vocational (Specialist)
全省 Total	**832925**	**349800**	**3002**	**480123**	**349648**	**889059**	**379838**	**5184**	**504037**
郑州市 Zhengzhou	386353	177752		208601	177738	416579	193628		222951
开封市 Kaifeng	24309	5443		18866	5443	27161	6366		20795
洛阳市 Luoyang	45953	24799		21154	24876	46515	24018		22497
平顶山市 Pingdingshan	25596	9825		15771	9824	27577	9978		17599
安阳市 Anyang	40097	18432		21665	18425	41325	21345		19980
鹤壁市 Hebi	9639			9639		11071			11071
新乡市 Xinxiang	53548	35836		17712	35809	61344	42129		19215
焦作市 Jiaozuo	33098	14347		18751	14299	33615	14425		19190
濮阳市 Puyang	9810			9810		11185			11185
许昌市 Xuchang	21761	6210		15551	6197	23778	6128		17650
漯河市 Luohe	16230			16230		15409			15409
三门峡市 Sanmenxia	11968			11968		12523			12523
南阳市 Nanyang	41116	13527		27589	13534	44530	15051		29479
商丘市 Shangqiu	47938	18004		29934	17966	40585	20284		20301
信阳市 Xinyang	25195	14219		10976	14166	30360	16314		14046
周口市 Zhoukou	20258	6830	3002	10426	6816	23102	5326	5184	12592
驻马店市 Zhumadian	13533	4576		8957	4555	15857	4846		11011
济源示范区 Jiyuan	6523			6523		6543			6543

21−15 各市普通高中情况(2023年)

Statistics on Regular Senior Secondary Schools by City (2023)

单位：人 (person)

地 区 Region	学校数(所) Number of Schools (unit)	教职工数 Teachers and Staff	#专任教师 Full-time Teachers	招生数 Entrants	在校学生数 Enrolment	#女生 Female	毕业生数 Graduates
全 省 Total	**1098**	**249834**	**156734**	**900599**	**2622690**	**1297101**	**774723**
郑 州 市 Zhengzhou	140	24362	15634	91763	255500	125867	73861
开 封 市 Kaifeng	56	10884	6957	45644	137097	69168	42109
洛 阳 市 Luoyang	83	16048	10451	53070	156184	81117	50484
平 顶 山 市 Pingdingshan	54	13384	8466	48180	145119	72250	42574
安 阳 市 Anyang	76	16095	10687	58655	162302	79667	44413
鹤 壁 市 Hebi	20	4273	2765	14784	40474	19533	12402
新 乡 市 Xinxiang	85	17545	11624	55924	165595	81066	48284
焦 作 市 Jiaozuo	37	7064	4615	24474	71912	35920	23449
濮 阳 市 Puyang	52	10585	6586	37734	102596	50183	29395
许 昌 市 Xuchang	46	10279	6693	39574	117276	57181	32016
漯 河 市 Luohe	21	4487	2731	18294	53461	26848	16638
三 门 峡 市 Sanmenxia	24	5307	3323	13777	40520	21353	12632
南 阳 市 Nanyang	139	33431	21734	117262	341254	169109	90651
商 丘 市 Shangqiu	48	15812	9417	65438	186068	92964	55786
信 阳 市 Xinyang	81	18217	9475	61772	202520	94267	67778
周 口 市 Zhoukou	70	20658	12459	78768	229487	113780	69943
驻 马 店 市 Zhumadian	59	20016	12323	70162	199610	98995	57010
济 源 示 范 区 Jiyuan	7	1387	794	5324	15715	7833	5298

21-16 各市中等职业学校情况(2023年)

Statistics on Secondary Vocational Schools by City (2023)

单位：人 (person)

地 区 Region	学校数(所) Number of Schools (unit)	教职工数 Teachers and Staff	#专任教师 Full-time Teachers	#双师型教师 Double-qualified teachers	招生数 Entrants	在校学生数 Enrolment	毕业生数 Graduates	#获得职业资格证书 With Professional Qualification Certificates	预计毕业生数 Estimated Graduates for Next Year
全 省 Total	**546**	**61413**	**52614**	**14325**	**381896**	**1119505**	**379808**	**240366**	**390225**
郑州市 Zhengzhou	106	14606	11743	3309	113843	312312	108848	66641	112897
开封市 Kaifeng	34	2690	2265	674	21482	56671	18447	10920	22790
洛阳市 Luoyang	35	4539	4039	979	29464	91257	29780	22019	31031
平顶山市 Pingdingshan	19	2394	2175	479	10434	36527	15303	7016	14464
安阳市 Anyang	19	2874	2544	701	16168	48089	15301	9990	15335
鹤壁市 Hebi	5	686	590	277	4993	13827	5170	4051	5401
新乡市 Xinxiang	26	3320	2823	985	17023	59744	24087	17168	22978
焦作市 Jiaozuo	22	2108	1821	590	14958	38112	9245	4393	14212
濮阳市 Puyang	19	1930	1598	351	12356	35368	12319	10672	11940
许昌市 Xuchang	24	2543	2330	774	16693	42424	12595	8594	14038
漯河市 Luohe	22	2212	1944	441	11730	32231	11014	8302	10389
三门峡市 Sanmenxia	18	891	769	298	4407	13414	4847	1649	4851
南阳市 Nanyang	71	6174	5312	1283	39913	111055	31845	19285	34629
商丘市 Shangqiu	31	3668	3164	831	17989	59920	18772	12472	19586
信阳市 Xinyang	31	3763	3344	798	17118	59303	20642	17314	20131
周口市 Zhoukou	35	3797	3250	817	14690	50883	17661	9015	16194
驻马店市 Zhumadian	26	2812	2547	691	16368	51674	21991	10849	17183
济源示范区 Jiyuan	3	406	356	47	2267	6694	1941	16	2176

注：本表数据不含技工学校有关数据。
Data in this table exclude data of technical school.

21−17　各市普通初中教育情况(2023年)

Statistics on Regular Junior Secondary Schools by City (2023)

地 区 Region	学校数(所) Schools (unit)	专任教师(人) Full-time Teachers (person)	#女性 Female	#城镇 Urban	乡 村 Rural	#学历合格高一级教师 The Degree Higher Qualified Teachers
全 省 Total	**4658**	**366068**	**255057**	**302537**	**63531**	**13195**
郑 州 市 Zhengzhou	422	37239	27971	33951	3288	6236
开 封 市 Kaifeng	227	16080	11368	12946	3134	364
洛 阳 市 Luoyang	323	22428	15700	20378	2050	1252
平 顶 山 市 Pingdingshan	234	20676	14688	15048	5628	489
安 阳 市 Anyang	270	20928	15032	16601	4327	359
鹤 壁 市 Hebi	58	5491	3842	5388	103	167
新 乡 市 Xinxiang	338	21276	15572	16726	4550	824
焦 作 市 Jiaozuo	181	10154	7219	8613	1541	173
濮 阳 市 Puyang	159	15148	11043	13129	2019	400
许 昌 市 Xuchang	196	14736	10407	12044	2692	297
漯 河 市 Luohe	106	7856	5605	6774	1082	162
三 门 峡 市 Sanmenxia	114	6510	4288	5634	876	117
南 阳 市 Nanyang	472	44880	31720	39068	5812	529
商 丘 市 Shangqiu	421	28777	18905	21664	7113	357
信 阳 市 Xinyang	328	27472	16875	20677	6795	557
周 口 市 Zhoukou	461	32729	22619	26133	6596	311
驻 马 店 市 Zhumadian	317	31521	20695	25734	5787	479
济 源 示 范 区 Jiyuan	31	2167	1508	2029	138	122

21-17 续表 continued

地 区 Region	在校学生数（人） Enrolment (person)	#女性 Female	#城镇 Urban	乡村 Rural	校舍建筑面积（平方米） Architectural Area of the Building (Square meters)	教学及辅助用房面积（平方米） Teaching and Auxiliary Area (Square meters)	城镇 Urban	乡村 Rural
全 省 Total	**5081295**	**2344417**	**4296724**	**784571**	**68624754**	**25434085**	**21046042**	**4388043**
郑 州 市 Zhengzhou	518142	223483	470524	47618	8640195	3077827	2781633	296194
开 封 市 Kaifeng	247310	115025	203847	43463	3124739	1166089	964417	201672
洛 阳 市 Luoyang	301048	144770	276074	24974	4616616	1646046	1488568	157478
平 顶 山 市 Pingdingshan	274686	129017	204711	69975	3591076	1199641	848887	350754
安 阳 市 Anyang	318570	145585	263251	55319	3169309	1310342	1042797	267544
鹤 壁 市 Hebi	79080	36398	77393	1687	1081631	403742	385027	18715
新 乡 市 Xinxiang	324073	147168	267775	56298	4302200	1738728	1294599	444129
焦 作 市 Jiaozuo	134136	62915	117273	16863	2142707	709375	609270	100105
濮 阳 市 Puyang	225124	103189	199968	25156	2450122	1012604	868762	143842
许 昌 市 Xuchang	210002	96379	176547	33455	3149496	1096917	913975	182942
漯 河 市 Luohe	107647	49894	95990	11657	1634788	634184	566203	67981
三 门 峡 市 Sanmenxia	77601	37440	69306	8295	1414261	497957	423588	74370
南 阳 市 Nanyang	597836	278626	524790	73046	7547710	2707527	2390283	317244
商 丘 市 Shangqiu	407363	189447	320356	87007	5055170	2317280	1735776	581503
信 阳 市 Xinyang	350412	160626	283325	67087	4645176	1769685	1379256	390429
周 口 市 Zhoukou	464995	217959	371980	93015	6624100	2186967	1746305	440662
驻 马 店 市 Zhumadian	414139	192704	345762	68377	4943751	1819298	1475725	343573
济源示范区 Jiyuan	29131	13792	27852	1279	491707	139877	130972	8904

21－18 各市普通小学教育情况(2023年)
Statistics on Regular Junior Secondary Schools by City (2023)

地 区 Region	学校数 (所) Schools (unit)	专任教师 (人) Full-time Teachers (person)	#女性 Female	#城镇 Urban	乡 村 Rural	#学历合格高一级教师 The Degree Higher Qualified Teachers
全 省 Total	**16429**	**601010**	**481052**	**408498**	**192512**	**438717**
郑 州 市 Zhengzhou	1001	65386	56113	55411	9975	55717
开 封 市 Kaifeng	794	29298	24068	19581	9717	19882
洛 阳 市 Luoyang	759	35453	28414	29023	6430	27483
平 顶 山 市 Pingdingshan	1042	31676	25780	19567	12109	20850
安 阳 市 Anyang	1104	33087	27598	21680	11407	25194
鹤 壁 市 Hebi	253	8388	6786	6532	1856	6575
新 乡 市 Xinxiang	1192	34487	29402	23643	10844	26096
焦 作 市 Jiaozuo	505	17302	14038	13196	4106	12502
濮 阳 市 Puyang	677	24713	20158	16809	7904	18067
许 昌 市 Xuchang	766	24848	19921	16671	8177	15332
漯 河 市 Luohe	327	12345	9873	9075	3270	8930
三 门 峡 市 Sanmenxia	205	10409	7904	8380	2029	7972
南 阳 市 Nanyang	1525	63782	49945	43827	19955	42260
商 丘 市 Shangqiu	1763	52658	38988	31361	21297	31975
信 阳 市 Xinyang	824	42093	33510	26834	15259	32512
周 口 市 Zhoukou	1705	61632	46611	35304	26328	41710
驻 马 店 市 Zhumadian	1914	50364	39561	28882	21482	43085
济 源 示 范 区 Jiyuan	73	3089	2382	2722	367	2575

21-18 续表 continued

地区 Region	在校学生数(人) Enrolment (person)	#女性 Female	#城镇 Urban	乡村 Rural	校舍建筑面积(平方米) Architectural Area of the Building (Square meters)	教学及辅助用房面积(平方米) Teaching and Auxiliary Area (Square meters)	城镇 Urban	乡村 Rural
全省 Total	**9628783**	**4540034**	**7309902**	**2318881**	**75629062**	**40547305**	**24282856**	**16264449**
郑州市 Zhengzhou	1182096	549563	1025392	156704	8309266	3794236	3108061	686175
开封市 Kaifeng	462420	215560	346215	116205	3395232	1884683	1140437	744246
洛阳市 Luoyang	620788	299650	533846	86942	4519833	2216659	1706192	510467
平顶山市 Pingdingshan	489797	233026	344019	145778	3866175	2000981	1120548	880433
安阳市 Anyang	536057	253070	388314	147743	3889336	2324050	1226729	1097321
鹤壁市 Hebi	137464	65157	117568	19896	1288198	664705	476358	188347
新乡市 Xinxiang	593541	277695	449597	143944	4496811	2642667	1658371	984296
焦作市 Jiaozuo	280083	134078	234492	45591	2115964	1056861	758177	298683
濮阳市 Puyang	413408	192090	317283	96125	2982764	1726998	1011350	715647
许昌市 Xuchang	398263	188823	296612	101651	3169423	1620161	920867	699294
漯河市 Luohe	203991	97711	165998	37993	1349338	642607	424653	217954
三门峡市 Sanmenxia	157439	76535	137361	20078	1369133	598288	467944	130344
南阳市 Nanyang	975443	456726	757903	217540	8653459	4381980	2540908	1841072
商丘市 Shangqiu	873540	411517	581082	292458	6510743	4218927	2303009	1915918
信阳市 Xinyang	607675	280934	466939	140736	4751784	2704577	1573635	1130942
周口市 Zhoukou	925312	442748	601403	323909	7506179	3668034	1678678	1989355
驻马店市 Zhumadian	708865	335023	487525	221340	7021329	4204733	2003968	2200765
济源示范区 Jiyuan	62601	30128	58353	4248	434094	196159	162971	33188

21-19 各市特殊教育情况(2023年)

Statistics on Special Education by City (2023)

单位：人 (person)

地 区 Region	学校数(所) Number of Schools (unit)	专任教师 Full-time Teachers	#女性 Female	招生数 Entrants	在校学生数 Enrolment	#女生 Female	毕业生数 Graduates
全 省 Total	**153**	**4779**	**3677**	**10072**	**68332**	**26015**	**8814**
郑州市 Zhengzhou	13	541	448	807	5177	1870	752
开封市 Kaifeng	9	195	160	383	2889	1068	375
洛阳市 Luoyang	15	356	265	795	4601	1806	646
平顶山市 Pingdingshan	9	284	226	553	4010	1556	463
安阳市 Anyang	8	234	180	581	3945	1526	689
鹤壁市 Hebi	2	48	33	182	1157	423	190
新乡市 Xinxiang	8	254	200	737	4535	1775	743
焦作市 Jiaozuo	8	162	109	292	2020	764	347
濮阳市 Puyang	7	202	160	366	2594	1001	323
许昌市 Xuchang	6	144	103	317	2035	737	268
漯河市 Luohe	7	174	145	302	1847	726	280
三门峡市 Sanmenxia	6	140	107	229	1505	556	195
南阳市 Nanyang	14	438	327	1109	8500	3253	824
商丘市 Shangqiu	10	457	367	736	5428	2030	565
信阳市 Xinyang	10	268	200	822	5138	1896	633
周口市 Zhoukou	10	446	321	707	5820	2238	550
驻马店市 Zhumadian	10	377	281	1031	6657	2610	835
济源示范区 Jiyuan	1	59	45	123	474	180	136

21–20 各市技工学校基本情况(2023年)
Basic Statistics on Technical Schools by City (2023)

单位：人 (person)

地 区 Region	学校数(所) Number of Schools (unit)	在职教职工数 Teachers and Staff	在校学生数 Student Enrollment	招生数 New Student Enrollment	毕业生数 Graduates
全 省 Total	**95**	**13643**	**314648**	**124003**	**109609**
郑 州 市 Zhengzhou	18	2832	109418	43317	34647
开 封 市 Kaifeng	8	1504	45654	14889	14132
洛 阳 市 Luoyang	8	595	16108	8054	6158
平 顶 山 市 Pingdingshan	8	1192	17038	5488	5528
安 阳 市 Anyang	4	307	2563	1053	601
鹤 壁 市 Hebi	2	485	7020	2578	2285
新 乡 市 Xinxiang	5	1329	20160	8562	8316
焦 作 市 Jiaozuo	4	659	8878	3962	2173
濮 阳 市 Puyang	4	535	6244	2205	2698
许 昌 市 Xuchang	2	444	3237	921	2512
漯 河 市 Luohe	3	397	10663	5046	2511
三 门 峡 市 Sanmenxia	4	463	11273	4781	6248
南 阳 市 Nanyang	11	541	10362	4613	3919
商 丘 市 Shangqiu	4	298	5070	2312	4403
信 阳 市 Xinyang	3	219	2049	1110	914
周 口 市 Zhoukou	2	987	17606	6977	4173
驻 马 店 市 Zhumadian	3	679	17158	6416	7094
济 源 示 范 区 Jiyuan	2	177	4147	1719	1297

21-21 各市学前教育情况(2023年)
Statistics on Pre-school Education by City (2023)

地区 Region	幼儿园数(所) Number of Kindergartens (unit)	#普惠性幼儿园 Inclusive Kindergartens	#公办幼儿园 Public Kindergartens	专任教师数(人) Full-time Teachers	#女性 Female	在园幼儿数(人) Student Enrollment (person)	#普惠性幼儿园 Inclusive Kindergartens	#公办幼儿园 Public Kindergartens
全　　省 Total	**22633**	**19317**	**6788**	**232851**	**229782**	**3236241**	**2885679**	**1370624**
郑　州　市 Zhengzhou	2066	1802	638	32220	31854	408335	364583	175089
开　封　市 Kaifeng	1147	951	309	10704	10634	156062	141204	69204
洛　阳　市 Luoyang	1336	1154	353	16402	16317	240974	217427	108620
平 顶 山 市 Pingdingshan	1500	1289	486	11837	11718	163808	148137	75353
安　阳　市 Anyang	1437	1240	359	10352	10264	161004	146826	69300
鹤　壁　市 Hebi	388	327	98	3126	3091	43285	38921	18090
新　乡　市 Xinxiang	1788	1395	517	14211	14128	199736	169181	75382
焦　作　市 Jiaozuo	803	668	205	8072	7985	114168	104808	58285
濮　阳　市 Puyang	1053	809	305	8607	8554	124737	108577	48030
许　昌　市 Xuchang	1099	947	345	9475	9428	136804	120996	62636
漯　河　市 Luohe	516	472	234	5421	5343	78303	71045	35406
三 门 峡 市 Sanmenxia	426	322	142	4778	4728	67135	57645	27718
南　阳　市 Nanyang	2028	1743	653	21144	20589	282093	260107	146911
商　丘　市 Shangqiu	1751	1346	578	19382	19189	306870	248273	115147
信　阳　市 Xinyang	1552	1381	452	14446	14065	187217	163600	65789
周　口　市 Zhoukou	2275	2063	823	22440	22115	316873	287174	121437
驻 马 店 市 Zhumadian	1302	1274	224	18126	17692	221259	213272	84395
济源示范区 Jiyuan	166	134	67	2108	2088	27578	23903	13832

21—22 各市各级普通学校生师比(2023年)

Student-Teacher Ratio by Level of Regular Schools by City (2023)

(教师人数=1) (Number of Teachers =1)

地　区	Region	小学阶段 Primary School	初中阶段 Junior Secondary School	普通高中 Regular Senior Secondary School	中等职业教育 Secondary Vocational School
全　省	**Total**	**16.02**	**13.88**	**13.58**	**20.07**
郑州市	Zhengzhou	18.08	13.91	13.19	24.02
开封市	Kaifeng	15.78	15.38	16.46	23.90
洛阳市	Luoyang	17.51	13.42	12.84	22.23
平顶山市	Pingdingshan	15.46	13.29	13.28	15.65
安阳市	Anyang	16.20	15.22	14.09	17.03
鹤壁市	Hebi	16.39	14.40	13.59	18.49
新乡市	Xinxiang	17.21	15.23	14.40	19.47
焦作市	Jiaozuo	16.19	13.21	12.85	18.70
濮阳市	Puyang	16.73	14.86	13.66	21.74
许昌市	Xuchang	16.03	14.25	13.86	18.05
漯河市	Luohe	16.52	13.70	14.36	18.39
三门峡市	Sanmenxia	15.13	11.92	10.55	15.95
南阳市	Nanyang	15.29	13.32	12.93	21.37
商丘市	Shangqiu	16.59	14.16	15.88	16.71
信阳市	Xinyang	14.44	12.76	13.16	16.48
周口市	Zhoukou	15.01	14.21	13.38	15.35
驻马店市	Zhumadian	14.07	13.14	13.12	20.13
济源示范区	Jiyuan	20.27	13.44	12.26	14.74

21−23 各市每十万人口各级学校平均在校生数(2023年)

Number of Average Students Enrollment by Level of school per 10 0000 Population by City (2023)

单位：人 (person)

地 区	Region	学前教育 Pre-school Education	小学阶段 Primary School	初中阶段 Junior Secondary School	高中阶段 Senior Secondary School	普通本专科教育 Ordinary Undergraduate Junior College Education
全 省	**Total**	**3297.24**	**9810.27**	**5177.07**	**4152.08**	**3011.88**
郑 州 市	Zhengzhou	3139.11	9087.45	3983.26	5197.11	11415.90
开 封 市	Kaifeng	3310.61	9809.50	5246.29	5082.52	1923.22
洛 阳 市	Luoyang	3404.07	8769.43	4252.69	3710.75	2327.18
平 顶 山 市	Pingdingshan	3329.43	9955.22	5583.05	4104.98	2400.61
安 阳 市	Anyang	2994.87	9971.30	5925.78	3973.64	3242.01
鹤 壁 市	Hebi	2760.52	8766.84	5043.37	3882.72	2021.30
新 乡 市	Xinxiang	3261.00	9690.47	5290.99	4068.67	4188.55
焦 作 市	Jiaozuo	3243.41	7956.90	3810.68	3351.88	3306.59
濮 阳 市	Puyang	3370.36	11170.17	6082.79	3980.82	1023.45
许 昌 市	Xuchang	3121.24	9086.54	4791.28	3759.94	1659.75
漯 河 市	Luohe	3306.71	8614.48	4545.90	4105.74	1806.12
三 门 峡 市	Sanmenxia	3323.51	7794.01	3841.63	3370.10	1741.83
南 阳 市	Nanyang	2970.34	10271.06	6295.00	4877.25	1663.34
商 丘 市	Shangqiu	4006.14	11403.92	5318.05	3310.81	1981.63
信 阳 市	Xinyang	3095.52	10047.54	5793.85	4369.26	2433.42
周 口 市	Zhoukou	3656.51	10677.50	5365.74	3447.25	980.74
驻 马 店 市	Zhumadian	3270.64	10478.42	6121.79	3984.12	851.54
济 源 示 范 区	Jiyuan	3767.49	8552.05	3979.64	3626.78	2650.55

主要统计指标解释

教育　指国家、社会、私人依照国家有关法规开办的各类教育机构的活动，以及其他与教育相关的活动。主要包括学前教育、初等教育、中等教育、高等教育和其他教育等类别。学前教育指按照国家幼儿教育规定对学龄前幼儿进行保育和教育活动；初等教育指义务教育法规定的初等教育和成人扫盲教育活动；中等教育指小学毕业到大学专科教育以前的教育；高等教育指经教育行政部门批准、由国家、地方、社会办的获取学历的高等教育活动和经教育主管部门批准举办的成人高等教育活动；其他教育主要指职业技能培训、特殊教育以及其他未列明的教育活动。

在园幼儿数　指在单独设立的、小学附设的学前班、幼儿班及托儿所附设的幼儿班的幼儿数。托幼混合班仅统计三至周六岁的幼儿数。不包括季节性的农忙时临时组织的幼儿园。

特殊教育　指独立设置的招收盲聋哑和残疾儿童，以及其他特殊需要的儿童，青少年进行普通或职业初中，中等教育的教学。

普通高等学校　指通过国家普通高等教育招生考试，招收高中毕业生为主要培养对象，实施高等学历教育的全日制大学、独立设置的学院、独立学院和高等专科学校、高等职业学校及其他普通高教机构。

大学、独立设置的学院主要实施本科及本科层次以上的教育。独立学院主要实施本科层次的教育。高等专科学校、高等职业学校实施专科层次的教育。其他普通高教机构是指承担国家普通招生计划任务不计校数的机构，包括普通高等学校分校、大专班等。

成人高等学校　指通过国家成人高等教育招生考试，招收具有高中毕业或同等学力的人员为主要培养对象，利用函授、业余、脱产等多种形式，对其实施高等学历教育的学校。包括：职工高等学校、农民高等学校、管理干部学院、教育学院、独立函授学院、广播电视大学、其他成人高教机构等。其他成人高教机构是指承担国家成人招生计划任务不计校数的机构。

Explanatory Notes on Main Statistical Indicators

Education refers to education institutions offered activities in the state, society, private in according to the relevant regulations of the state of all kinds of, as well as other and education related activities. Mainly include preschool education, elementary mainly include education, secondary education, higher education and other education classes.

Student Enrollment refers infant in all kinds of kindergarten. nursery and education establishment, enrolling children in 3-6 years old.

Special Education Schools refer to educational establishments set up independently, enrolling blind, deaf, dumb, amentia or other special children, and educational establishment, providing regular or vocational junior and senior secondary education for hobbledehoy.

Regular Institutions of Higher Education refer to educational establishments recruiting graduates from senior secondary schools as the main target through National Matriculation TEST. They include full-time universities, independently established colleges, colleges, and institutions of higher professional education, institutions of higher vocational education and other institutions of higher education.

Universities and independently established colleges primarily provide undergraduate and above courses; colleges mainly impart undergraduate courses, institutions of higher professional education and institutions of higher vocational education primarily provide professional trainings; and other institutions of higher education refer to educational establishments, which are responsible for enrolling higher education students under the State Plan but not enumerated in the total number of schools, including: branch schools of universities and colleges and junior colleges.

Adults Higher Education Institutions refer to educational establishments, enrolling personnel with senior secondary school or equivalent education through National Matriculation TEST for Adult, and providing higher education courses in forms of correspondence, spare time, or full time for adults. Institutions of higher learning for adults include schools of higher education for staff and workers, schools of higher education for peasants, colleges for management cadres, pedagogical colleges, independent correspondence colleges, radio and television universities and other educational establishments of higher education for adult. Other educational establishments of higher education for adult refer undertakings to enrol adult students but not enumerated in the number of schools under the State Plan.

卫生和社会工作

Public Health and Social Work

22

资料整理：郑洁

简要说明

一、主要内容

本篇主要反映卫生、社会服务、残疾人事业的发展情况。

卫生统计资料主要包括医疗卫生机构、卫生人员、卫生设施、卫生经费、基层医疗卫生服务、妇幼保健、疾病控制、居民病伤死亡原因、医疗保障制度等情况。

社会服务统计资料主要包括社会服务企事业机构、社会组织、人员、床位情况，优抚和社会救济情况，社会服务机构情况，婚姻服务情况，殡葬服务情况和福利彩票销售情况等。

残疾人统计资料主要包括残疾人康复、教育、就业、社会保障、扶贫和残联组织建设情况。

二、资料来源

卫生部分的资料由省卫生健康委员会提供。

社会服务资料由省民政厅提供。

本篇资料由河南省统计局社会科技和文化产业统计处编辑整理。

Brief Introduction

I. Main Contents

Data in this chapter mainly reflect the development of public health, civil affairs, and work for person with disabilities.

Data on public health include mainly the number of medical and health institutions, health personnel, health facility, health expenses, medical and health services at grass-root level, maternal and child health, disease control, major diseases as the causes of death, and health security system.

Data on civil affairs include: institutions, social organizations, personnel and beds of social services, social welfare relief, community service facilities and marriage registration service, funeral and interment services and welfare lottery.

Data on disabled persons cover information on the rehabilitation, education, employment and poverty alleviation of disabled persons and institutions serving the needs of disabled persons.

II. Sources of Data

Data on public health are calculated from Health Commission of Henan Province.

Data on social services are calculated from Henan Provincial Civil Bureau of Civil Affairs.

Data in this chapter are edited by Department of Social Science and Technology and Cultural Industry Statistics, Henan Provincial Bureau of Statistics.

22-1 卫生事业基本情况

Basic Statistics on Public Health

年份 Year	卫生机构数(个) Number of Health Institutions (unit)	#医院、卫生院 Hospitals & Health Centers	卫生机构床位数(万张) Number of Beds in Health Institutions (10 000 units)	#医院、卫生院 Hospitals & Health Centers	卫生技术人员数(万人) Medical Technical Personnel (10 000 persons)	#执业(助理)医师 Licensed (Assistant) Doctors	每万人口拥有 per 10 000 Population: 卫生机构床位数(张) Number of Beds in Health Institutions (unit)	每万人口拥有 per 10 000 Population: 执业(助理)医师数(人) Licensed (Assistant) Doctors (person)
1978	7356	2476	10.20	9.73	11.44	4.38	14.4	6.2
1979	7702	2501	11.23	10.63	12.89	4.79	15.6	6.7
1980	7831	2530	11.92	11.17	14.48	5.41	16.4	7.4
1981	8483	2563	12.49	11.65	16.31	6.81	16.9	9.2
1982	8513	2578	13.08	12.11	17.34	7.31	17.4	9.7
1983	8504	2611	13.77	12.74	18.38	7.82	18.0	10.2
1984	8583	2665	14.24	13.13	19.12	8.10	18.4	10.5
1985	9207	2688	14.91	13.77	19.49	8.36	19.0	10.7
1986	8933	2713	15.31	13.99	20.15	8.50	19.2	10.6
1987	8833	2730	16.90	15.42	20.44	8.49	20.7	10.4
1988	8865	2756	17.55	15.95	21.36	8.85	21.1	10.6
1989	8721	2810	17.96	16.25	21.85	9.61	21.2	11.3
1990	8676	2824	18.21	16.36	22.28	9.94	21.1	11.5
1991	8639	2834	18.49	16.56	23.03	9.93	21.1	11.3
1992	8375	2857	18.91	16.97	23.91	10.14	21.3	11.4
1993	7669	2892	18.91	17.22	24.39	10.16	21.1	11.4
1994	7656	2944	19.14	17.45	25.13	10.55	21.2	11.7
1995	7661	2965	19.23	17.54	25.50	10.57	21.1	11.6
1996	7253	2987	18.95	17.54	25.77	10.57	20.7	11.5
1997	7194	3001	18.92	17.58	26.20	10.67	20.5	11.5
1998	11774	2999	19.42	17.99	26.32	10.68	20.8	11.5
1999	11643	3014	19.71	18.26	26.66	10.89	21.0	11.6
2000	10764	3027	19.86	18.34	26.84	11.11	20.9	11.7
2001	10719	3024	19.99	18.50	27.18	11.12	20.9	11.6
2002	13291	3094	19.73	18.75	26.48	10.17	20.5	10.6
2003	13621	3149	20.37	19.28	27.87	10.64	21.1	11.0
2004	13821	3182	20.90	19.72	28.42	10.94	21.5	11.3
2005	14554	3260	21.40	20.23	28.92	11.11	21.9	11.4
2006	14629	3292	22.52	21.23	30.07	11.55	22.9	11.8
2007	11888	3281	23.95	22.61	29.79	11.59	24.3	11.7
2008	11683	3263	26.83	25.22	30.99	11.93	27.1	12.0
2009	12157	3282	30.24	28.30	34.64	13.96	30.3	14.0
2010	75741	3282	32.76	30.44	37.28	15.48	34.8	16.5
2011	76201	3304	34.92	32.49	39.52	15.58	37.2	16.6
2012	69222	3356	39.39	36.57	42.88	16.77	41.9	17.8
2013	71464	3471	42.98	40.03	46.91	18.06	45.7	19.2
2014	71157	3470	45.93	42.83	49.45	18.93	48.7	20.1
2015	71397	3585	48.96	45.65	51.96	19.86	51.6	21.0
2016	71273	3662	52.16	48.74	54.67	20.68	54.7	21.7
2017	71089	3693	55.90	52.21	58.05	22.03	58.5	23.0
2018	71352	3873	60.85	57.04	62.13	23.55	63.4	24.5
2019	70735	4023	64.00	60.05	65.39	25.14	66.4	26.1
2020	74653	4232	66.72	62.55	70.69	27.64	67.1	27.8
2021	78536	4429	70.87	66.15	75.56	29.75	71.7	30.1
2022	81639	4475	75.09	69.91	80.44	31.57	76.1	32.0
2023	85044	4525	77.74	72.29	86.62	34.66	79.2	35.3

注：从2010年起村卫生室、2013年起计划生育技术服务机构，其机构、人员分别计入卫生机构总数、卫生人员总数(下表同)。

Data on Number of Health Institutions and Personnel include Village Hospital & Health Center since 2010, and include family planning fertility technical service institution since 2013 (the same as the following table).

22−2 卫生事业发展情况
Basic Statistics on Public Health Development

项目	Item	1995	2000	2005	2010	2021	2022	2023
卫生机构数(个)	**Number of Health Institutions (unit)**	**7661**	**10764**	**14554**	**75741**	**78536**	**81639**	**85044**
#村卫生室	Village Clinics				64140	58488	59915	59447
医院	Hospitals	896	966	1172	1198	2410	2468	2527
疗养院、所	Sanatoriums	8	7	5	6	3	5	5
门诊部、所	Outpatient Department	3942	196	68	86	1148	1270	1509
诊所、卫生所、医务室	Clinics, Health clinic, Infirmary				6694	11728	13197	16698
卫生院	Health Centers		2084	2084	2084	2019	2007	1998
社区卫生服务中心(站)	Community Health Service Station		861	1017	861	1791	1876	1993
专科防治所、站	Specialized Disease Prevention & Treatment Centers (Stations，Institutions)	44	45	32	20	22	21	21
妇幼保健所、站	Maternity and Child Care Centers (Institutions, Stations)	142	135	167	167	164	164	164
卫生机构床位数(万张)	**Number of Beds in Health Institutions (10 000 units)**	**19.23**	**19.86**	**21.40**	**32.76**	**70.87**	**75.09**	**77.74**
#医院、卫生院	Hospital & Health Center	17.54	18.34	20.23	30.44	66.15	69.91	72.29
#医院	Hospitals	12.10	13.26	14.97	22.10	53.00	56.01	57.88
疗养院、所	Sanatoriums	0.15	0.15	0.06	0.09	0.02	0.03	0.03
门诊部	Outpatient Department	0.84	0.51	0.11	0.11	0.05	0.08	0.05
平均每千人口卫生机构床位数(张)	Beds of Health Institutions per 1 000 Population (unit)	2.11	2.09	2.19	3.48	7.17	7.61	7.92
#医院、卫生院	Hospitals & Health Centers	1.93	1.93	2.07	3.24	6.69	7.08	7.36
医院病床使用率(%)	Utilization Rate of Beds (%)	68.08	59.60	67.01	85.36	80.12	66.86	83.10
卫生机构人员数(万人)	**Number of Persons in Health Institutions (10 000 persons)**	**31.31**	**33.50**	**36.23**	**59.11**	**96.96**	**101.43**	**106.99**
#卫生技术人员	Medical Technical Personnel	25.50	26.84	28.92	37.28	75.56	80.44	86.62
#执业(助理)医师	Licensed (Assistant) Doctors	10.57	11.11	11.11	15.48	29.75	31.57	34.66
护士	Nurses	3.19	3.84	7.71	12.14	32.81	35.35	38.39
平均每千人口医生数(人)	**Number of Doctors per 1 000 Population (person)**	**1.14**	**1.65**	**2.10**	**2.78**	**3.01**	**3.20**	**3.53**

注：1.1996年及以后年度门诊部、所不含诊所、卫生保健所和医务室,与以前年度不可比(下同)。
2.1998年及以后年度卫生机构包括个体开业(下同)。
3.2002年以来医生、护士人员数为"执业医师、执业助理医师与注册护士人员数"。
4.2007年起，诊所、卫生室、医务室与社区卫生服务中心(站)分开统计。

a) The numbers of Outpatient Department since 1996 exclude cliniques, hygiene places and infirmaries. It cannot be compared with former years (the same as in following tables).
b) The number of health institutions include the number of clinics run by private since 1998 (the same as the following tables).
c) Number of doctors and nurses since 2002 is the Number of registered doctors, deputy doctors and junior nurses.
d) Number of clinics, health clinic, infirmary and community sanitation service station are calculated by separate statistics system since 2007.

22-3 卫生机构、床位、人员数(2023年)

Number of Health Institutions, Beds and Persons (2023)

机构类别	Type of Institutions	机构数(个) Institutions (unit)	床位数(张) Beds (unit)	卫生机构人员合计(人) Total of Persons (person)	#卫生技术人员 Medical Technical Personnel	#其他技术人员 Other Technical Personnel	#管理人员 Administrative Personnel	#工勤人员 Logistics Workers
总计	**Total**	**85044**	**777415**	**1069875**	**866162**	**45628**	**31923**	**63564**
医院合计	**Total Number of Hospitals**	**2527**	**578810**	**631738**	**542180**	**29263**	**22541**	**37754**
综合医院	General Hospitals	1400	377195	430267	370734	19343	15384	24806
中医医院	Hospitals Specialized in Traditional Chinese Medicine	478	104514	113114	97332	5364	3182	7236
中西医结合医院	Hospitals Combining Chinese and Western Medicine	65	7668	7922	6725	360	297	540
专科医院	Specialized Hospital	562	87966	79362	66602	4137	3646	4977
口腔医院	Hospitals for Mouth Cavity Diseases Care	40	796	3395	2920	154	147	174
眼科医院	Hospital for Eye Care	79	5627	7710	5972	611	423	704
耳鼻喉科医院	ENT Hospital	9	548	487	420	34	5	28
肿瘤医院	Tumor Hospitals	15	8492	9288	8098	316	398	476
心血管病医院	Heart and Blood Vessel Trouble Hospital	10	4556	5265	4665	155	334	111
胸科医院	Chest Hospital	2	1838	2175	1894	140	74	67
血液病医院	Hematonosis Hospital	2	48	25	24		1	
妇产(科)医院	Maternity Hospital	35	3140	4757	3797	449	261	250
儿童医院	Hospitals for Children	9	4881	6313	5573	142	336	262
精神病医院	Mental Hospital	134	31357	14392	11734	866	515	1277
传染病医院	Hospitals of Infectious Diseases	11	3546	3734	3079	228	256	171
皮肤病医院	Dermatosis Hospital	7	336	437	316	84	8	29
结核病医院	Tuberculosis Hospital	1	38	44	41	1	2	
麻风病医院	Leprosy hospital							
职业病医院	Diseases hospital	2	539	675	496	71	63	45
骨科医院	Orthopaedics Hospital	67	7771	7419	6513	191	317	398
康复医院	Rehabilitation Hospital	52	8268	5660	4857	178	208	417
整形外科医院	Plastic Surgery Hospital	2	75	229	167	12	20	30
美容医院	Cosmetic Hospital	14	320	1078	658	304	57	59
其他专科医院	Other Specialized Hospital	71	5790	6279	5378	201	221	479
基层医疗卫生机构	**Health Care Institutions at Grass-root Level**	**81645**	**169035**	**354560**	**262846**	**9535**	**4098**	**15483**
社区卫生服务中心(站)	Community Health Service Stations	1993	24442	41240	36259	1532	1152	2297
卫生院	Heath Center	1998	144046	129215	108122	7026	2064	12003
村卫生室	Village clinic	59447		118182	56514			
门诊部（所）	Clinics	1509	527	19152	17249	537	470	896
诊所、卫生室、医务室	Clinic and Infirmary	16698	20	46771	44702	440	412	287
专业公共卫生机构	**Specialized Public Health Institutions**	**724**	**29301**	**78398**	**58342**	**6025**	**4671**	**9360**
疾病预防控制中心	Center for Disease Prevention and Control	185		18349	11087	1919	1846	3497
专科疾病防治院(所、站)	Specialized Prevention & Treatment Centers or Station	21	1738	1239	855	135	42	207
健康教育中心(站、中心	Health Education Center	6		118	32	25	47	14
妇幼保健院(所、站)	Maternity and Child Care Center	164	27491	45616	37908	2669	1648	3391
急救中心(站)	First-aid Center	59	72	1402	997	112	125	168
采供血机构	Collecting and Supply Institutions for Blood	23		2692	1821	295	134	442
卫生监督所(中心)	Health Inspection Institution (center)	176		7185	4828	591	622	1144
计划生育技术服务机构	Family Planning Fertility Technical Service Institution	90		1797	814	279	207	497
其他卫生机构	**Other Health Agencies**	**148**	**269**	**5179**	**2794**	**805**	**613**	**967**

22-4 卫生总费用

Total Health Expenditure

指标名称	Index	2018	2019	2020	2021	2022
卫生总费用(亿元)	Total Health Expenditure (100 million yuan)	3100.17	3608.80	3931.59	4083.68	4456.98
# 政府卫生支出	Government Health Expenditure	935.60	1021.44	1163.03	1091.58	1200.03
社会卫生支出	Social Health Expenditure	1170.29	1429.51	1590.34	1767.31	1958.47
个人卫生支出	Personal Health Expenditure	994.28	1157.86	1178.23	1224.79	1298.47
人均卫生费用(元)	Per Capita Health Expenditure (yuan)	3215.94	3743.57	3954.93	4132.02	4514.77
卫生总费用占GDP比重(%)	Health Expenditure as Percentage of GDP (%)	6.45	6.65	7.15	6.93	7.27

22-5 部分市、县前十位主要疾病死亡率(2023年)

Death Rate of Ten Major Diseases in Partial Cities and Counties (2023)

单位：1/10万 (1/100 000)

死亡原因	Cause of Death	死亡率 Death Rate
市 县	**City and County**	
心脏病	Heart Diseases	206.93
脑血管病	Cerebrovascular Disease	172.11
恶性肿瘤	Malignant Tumour	128.72
呼吸系统疾病	Diseases of the Respiratory System	60.70
伤害	Injury and Poison	38.32
内分泌，营养和代谢疾病	Endocrine, Nutritional & Metabolic Diseases	21.31
消化系统疾病	Diseases of the Digestive System	5.72
神经系统疾病	Diseases of the Nervous System	4.58
泌尿生殖系统疾病	Disease of the Genitourinary System	4.47
传染病和寄生虫病	Infectious and Parasitic Diseases	3.81
城 市	**City**	
心脏病	Heart Diseases	205.76
脑血管病	Cerebrovascular Disease	152.38
恶性肿瘤	Malignant Tumour	131.06
呼吸系统疾病	Diseases of the Respiratory System	81.49
伤害	Injury and Poison	36.71
内分泌，营养和代谢疾病	Endocrine, Nutritional & Metabolic Diseases	28.48
消化系统疾病	Diseases of the Digestive System	9.61
神经系统疾病	Diseases of the Nervous System	6.98
传染病和寄生虫病	Infectious and Parasitic Diseases	4.55
泌尿生殖系统疾病	Disease of the Genitourinary System	3.96
县	**County**	
心脏病	Heart Diseases	207.30
脑血管病	Cerebrovascular Disease	178.35
恶性肿瘤	Malignant Neoplasm	127.98
呼吸系统疾病	Diseases of the Respiratory System	54.12
伤害	Injury and Poison	38.83
内分泌，营养和代谢疾病	Endocrine, Nutritional & Metabolic Diseases	19.04
泌尿生殖系统疾病	Disease of the Genitourinary System	4.64
消化系统疾病	Diseases of the Digestive System	4.49
神经系统疾病	Diseases of the Nervous System	3.82
传染病和寄生虫病	Infectious and Parasitic Diseases	3.58

22-6 甲乙类法定报告传染病发病率及死亡率情况(2023年)

Incidence and Mortality Rate of Class A and B Infectious Diseases (2023)

病　名 Name	发病率 (1/10万) Incidence Rate (1/100 000)	病　名 Diseases	死亡率 (1/10万) Death Rate (1/100 000)
新型冠状病毒肺炎 COVID-19	253.4000	艾滋病 AIDS	1.5500
病毒性肝炎 Viral Hepatitis	74.1800	病毒性肝炎 Viral Hepatitis	0.3900
肺结核 Pulmonary Tuberculosis	37.0900	肺结核 Pulmonary Tuberculosis	0.0900
梅　毒 Syphilis	19.0000	新型冠状病毒肺炎 COVID-19	0.0500
细菌性和阿米巴性痢疾 Bacterial and Amoebic Dysentery	5.2500	狂犬病 Hydrophobia	0.0300
布　病 Brucellosis	5.2100	出血热 Hemorrhage Fever	
艾滋病 AIDs	2.7400	疟　疾 Malaria	
淋　病 Gonorrhea	2.6900	乙　脑 Encephalitis B	
百日咳 Pertussis	1.1300	细菌性和阿米巴性痢疾 Bacterial and Amoebic Dysentery	
猩红热 Scarlet Fever	0.5500	流　脑 Epidemic Encephalitis	
疟　疾 Malaria	0.2400	鼠　疫 Plague	
出血热 Hemorrhage Fever	0.1400	霍　乱 Cholera	
伤寒+副伤寒 Typhoid and Paratyphoid Fever	0.0800	传染性非典 Infectious SARS	
狂犬病 Hydrophobia	0.0400	脊　灰 Polio	
登革热 Dengue Fever	0.0300	人感染高致病性禽流感 Human infection with highly pathogenic avian influenza	
麻　疹 Measles	0.0200	麻　疹 Measles	
乙　脑 Encephalitis B	0.0200	登革热 Dengue Fever	
炭　疽 Anthrax	0.0100	炭　疽 Anthrax	
流　脑 Epidemic Encephalitis	0.0100	伤寒+副伤寒 Typhoid and Paratyphoid Fever	
猴　痘 Monkeypox	0.0100	百日咳 Pertussis	
新生儿破伤风 Newborn Tetanus		白　喉 Diphtheria	
钩体病 Leptospirosis		新生儿破伤风 Newborn Tetanus	
鼠　疫 Plague		猩红热 Scarlet Fever	
霍　乱 Cholera		布　病 Brucellosis	
传染性非典 Infectious SARS		淋　病 Gonorrhea	
脊　灰 Polio		梅　毒 Syphilis	
人感染高致病性禽流感 Human infection with highly pathogenic avian influenza		钩体病 Leptospirosis	
白　喉 Diphtheria		血吸虫病 Schistosomiasis	
血吸虫病 Schistosomiasis		人感染H7N9禽流感 Human infection with H7N9 avian influenza	
人感染H7N9禽流感 Human infection with H7N9 avian influenza		猴　痘 Monkeypox	

22-7 防病工作情况

Basic Condition of Disease Prevention and Cure

指　标	Item	2020	2021	2022	2023
传染病发病总例数（甲、乙）(万例)	**Number of Incidence from infectious disease (A、B) (10 000 persons)**	**14.7**	**14.7**	**13.6**	**39.7**
发病率(1/10万)	Incidence Disease Rate (1/100 000)	152.8	147.9	138.0	401.8
传染病死亡总人数(人)	Number of Death from infectious disease (person)	1486	1506	1295	2099
死亡率(1/10万)	Death Rate (1/100 000)	1.5	1.5	1.3	2.1
结核病登记病人数(千例)	Number of Register of Tuberculosis (1000 persons)	38.7	34.0	27.8	32.7
登记患病率(‰)	Register Sicken Rate (‰)	0.40	0.34	0.28	0.30
结核病新发病人数(千例)	Number of New Incidence from Tuberculosis (1000 persons)	17.4	37.4	32.1	36.6
登记新发病率(1/10 000)	Register New Incidence Disease Rate (1/10 000)	1.80	3.77	3.25	3.70
结核病死亡人数(人)	Number of Death from Tuberculosis (person)	104	92	91	93
死亡率(1/10万)	Death Rate (1/100 000)	0.11	0.09	0.09	0.10
“五苗”接种率(%)	Five Type of Bacterins Inoculability Rate (%)	98.7	98.0	98.3	96.8
乙肝疫苗全程接种率(%)	Hepatitis B Bacterins Quite Inoculability Rate (%)	99.0	98.0	98.4	97.5

22-8 各市医疗卫生机构情况(2023年)

单位：个

地区	Region	合计 Total	城市 Urban Area	农村 Rural Area	#医院 Hospital	#公立医院 Public Hospitals	#基层医疗卫生机构 Health Care Institutions at Grass-root Level
全省	**Total**	**85044**	**22054**	**62990**	**2527**	**706**	**81645**
郑州市	Zhengzhou	6108	2678	3430	289	74	5740
开封市	Kaifeng	3363	1238	2125	87	32	3236
洛阳市	Luoyang	4985	2225	2760	162	52	4732
平顶山市	Pingdingshan	4099	804	3295	118	54	3912
安阳市	Anyang	6043	1628	4415	107	34	5892
鹤壁市	Hebi	1450	591	859	56	16	1374
新乡市	Xinxiang	6048	1170	4878	167	56	5828
焦作市	Jiaozuo	2799	443	2356	118	39	2628
濮阳市	Puyang	4100	842	3258	84	24	3980
许昌市	Xuchang	4562	1178	3384	119	24	4413
漯河市	Luohe	2458	1250	1208	82	23	2355
三门峡市	Sanmenxia	2016	571	1445	65	25	1922
南阳市	Nanyang	10235	2355	7880	257	79	9903
商丘市	Shangqiu	7752	1593	6159	179	40	7512
信阳市	Xinyang	4712	1056	3656	130	35	4520
周口市	Zhoukou	9534	1947	7587	288	51	9198
驻马店市	Zhumadian	3983	485	3498	203	41	3727
济源示范区	Jiyuan	797		797	16	7	773

Conditions of Health Institutions by City (2023)

(unit)

#社区卫生服务中心(站) Community health service centers	乡镇卫生院 Township Health Centers	村卫生室 Village Clinics	#专业公共卫生机构 Specialized Public Health Institutions	#疾病预防控制中心 Center for Disease Control and Prevention	#妇幼保健院(所/站) Maternity and Child Care Centers (Institutions, Stations)	每万人口医疗卫生机构数(个) Number of medical and health institutions per 10000 population (unit)
1993	**1987**	**59447**	**724**	**185**	**164**	**8.7**
317	96	2495	56	19	14	4.7
93	89	2446	34	11	7	7.1
229	153	3123	87	15	15	7.0
150	96	2835	59	11	11	8.3
59	89	4163	38	10	10	11.2
28	25	1073	18	6	5	9.3
129	146	3538	47	14	13	9.9
99	67	2050	50	12	11	8.0
96	76	3187	26	8	6	11.1
115	77	3336	27	8	6	10.4
45	49	1592	20	6	4	10.4
63	73	1351	24	7	6	10.0
77	213	7636	58	14	14	10.8
100	189	6123	40	10	8	10.1
215	185	3313	47	11	11	7.8
22	177	7771	40	11	11	11.0
87	175	2942	48	11	11	5.9
69	12	473	5	1	1	10.9

22–9 各市医疗卫生机构床位情况(2023年)

Number of Beds in Health Institutions by City (2023)

单位：张 (unit)

地区 Region	合计 Total	城市 Urban Area	农村 Rural Area	#医院 Hospital	#公立医院 Public Hospitals	#基层医疗卫生机构 Health Care Institutions at Grass-root Level	#社区卫生服务中心(站) Community health service centers	#乡镇卫生院 Health Centers	#专业公共卫生机构 Specialized Public Health Institutions	#妇幼保健院(所、站) Maternity and Child Care Centers (Institutions, Stations)	#专科疾病防治院(所、站) Specialized Disease Prevention & Treatment Institution
全　　省 Total	**777415**	**320418**	**456997**	**578810**	**406757**	**169035**	**23306**	**143059**	**29301**	**27491**	**1738**
郑　州　市 Zhengzhou	117160	84719	32441	100689	74628	12630	5706	6868	3841	3841	
开　封　市 Kaifeng	33474	15243	18231	25565	17925	6512	545	5932	1397	1299	98
洛　阳　市 Luoyang	57848	32185	25663	42766	32003	12820	1279	11456	2232	2168	
平 顶 山 市 Pingdingshan	37283	12083	25200	28910	23621	6876	829	5983	1497	1163	334
安　阳　市 Anyang	38456	17007	21449	26145	20661	10701	1424	8781	1610	1514	96
鹤　壁　市 Hebi	10059	4849	5210	7976	5840	1802	201	1554	281	281	
新　乡　市 Xinxiang	44062	14226	29836	32443	25155	10387	1388	8796	1232	1194	38
焦　作　市 Jiaozuo	28848	13022	15826	21307	16245	6175	2142	3989	1266	1266	
濮　阳　市 Puyang	29392	9936	19456	19901	11145	8300	358	7877	1092	1092	
许　昌　市 Xuchang	30495	11745	18750	22927	12336	6674	875	5758	894	874	20
漯　河　市 Luohe	18693	12290	6403	13515	9628	4329	685	3520	849	799	50
三 门 峡 市 Sanmenxia	18604	6969	11635	14469	11081	3553	506	2915	582	582	
南　阳　市 Nanyang	77344	25672	51672	55619	38750	19098	1972	16941	2607	1810	789
商　丘　市 Shangqiu	59691	12655	47036	38486	27880	18455	1882	16261	2730	2427	303
信　阳　市 Xinyang	48688	16207	32481	32895	23051	13209	1677	11470	2584	2584	
周　口　市 Zhoukou	71504	19397	52107	53355	29847	15187	907	14197	2962	2962	
驻 马 店 市 Zhumadian	51068	12213	38855	38462	24212	11277	930	9726	1329	1319	10
济源示范区 Jiyuan	4746		4746	3380	2749	1050		1035	316	316	

22-10 各市卫生人员情况(2023年)

Employed Persons in Health Care Institutions by City (2023)

单位：人 (person)

地 区 Region	卫生人员 Medical Personnel	#卫生技术人员 Medical Technical Personnel	#执业(助理)医师 Licensed (Assistant) Doctors	#执业医师 Licensed Doctor	#注册护士 Registered Nurse	#康复治疗师(士) Rehabilitation Therapist (person)	乡村医生和卫生员 Village Doctors and Assistants	其他技术人员 Other Technical Personnel
全 省 Total	**1069875**	**866162**	**346557**	**262578**	**383863**	**8999**	**61668**	**45628**
郑 州 市 Zhengzhou	174639	148769	56697	51146	71444	2079	3026	7307
开 封 市 Kaifeng	49346	39987	15442	11713	17819	443	2635	2081
洛 阳 市 Luoyang	80056	66937	26067	21457	31025	578	3367	2876
平 顶 山 市 Pingdingshan	48516	38107	14874	11162	16269	302	2644	2813
安 阳 市 Anyang	57907	47834	21187	14745	21106	297	3467	2056
鹤 壁 市 Hebi	15420	12082	4803	3739	5452	123	1087	688
新 乡 市 Xinxiang	64422	51918	21775	16748	22480	534	2754	2759
焦 作 市 Jiaozuo	36990	29543	11569	8867	12783	428	1592	1839
濮 阳 市 Puyang	39879	30901	12303	8934	13478	329	4183	1927
许 昌 市 Xuchang	43831	35492	14745	11000	15300	383	2867	1408
漯 河 市 Luohe	24831	20081	7937	6329	8579	276	1679	1148
三 门 峡 市 Sanmenxia	23716	19974	7878	6084	8958	175	699	762
南 阳 市 Nanyang	101738	80919	31485	22804	35166	728	7468	4352
商 丘 市 Shangqiu	81791	64884	27194	17730	26547	599	5066	3907
信 阳 市 Xinyang	64213	49744	20686	14564	22137	323	5245	3603
周 口 市 Zhoukou	91190	72352	30010	19545	30983	837	8590	3615
驻 马 店 市 Zhumadian	63233	49941	19083	13776	21508	473	4948	2216
济源示范区 Jiyuan	8157	6697	2822	2235	2829	92	351	271

22-11 妇女儿童卫生保健状况

Basic Statistics on Health Care of Women and Children

指 标	Item	2010	2015	2020	2021	2022	2023
婚前医学检查率(%)	Rate of Medical Examination before Marriage (%)	4.9	70.6	77.0	74.0	76.1	79.4
城市	Urban Areas	6.4	54.5	67.8	63.5	66.6	72.3
农村	Rural Areas	4.1	77.7	82.0	81.2	82.6	84.3
婴儿死亡率（‰）	Infant Mortality (‰)	7.1	4.4	3.2	2.9	2.5	2.4
城市	Urban Areas	5.5	3.5	2.0	2.8	2.1	2.0
农村	Rural Areas	8.0	4.6	3.4	2.9	2.6	2.5
5岁以下儿童死亡率(‰)	Mortality of Child under 5 Years Old (‰)	8.7	5.9	4.7	4.2	3.8	3.6
城市	Urban Areas	6.4	4.4	2.9	4.2	2.7	2.7
农村	Rural Areas	10.0	6.3	5.0	4.2	4.0	3.8
孕产妇死亡率(1/10万)	Mortality Rate of Pregnant and Lying-in Women (1/100 000)	15.2	10.5	9.3	9.9	9.0	7.5
城市	Urban Areas	20.2	11.0	8.0	10.3	10.2	6.3
农村	Rural Areas	13.2	10.2	10.2	9.6	8.5	8.2
全省住院分娩率(%)	Hospitalization Rate of Parturition in Province (%)	98.9	100.0	100.0	100.0	100.0	100.0
农村孕产妇住院分娩率(%)	Hospital Parturition Rate of Rural Pregnant Women (%)	98.7	100.0	100.0	100.0	100.0	100.0
产前检查率（%）	Medical Prenatal Examination Rate (%)	91.2	94.9	94.6	95.2	96.2	97.0
孕产妇系统管理率(%)	Systematic Management Rate of Pregnant and Lying-in Women (%)	76.4	86.0	84.9	86.9	88.5	90.4
城市	Urban Areas	80.0	86.0	86.1	87.4	88.4	90.8
农村	Rural Areas	75.0	86.0	84.1	86.6	88.6	90.1
5岁以下儿童低体重率（%）	Low Weight Rate of Children under 5 Years old (%)	2.0	1.6	1.3	1.2	1.2	1.1
城市	Urban Areas	1.5	1.6	1.2	1.1	1.2	1.0
农村	Rural Areas	2.2	1.6	1.4	1.3	1.2	1.1
7岁以下儿童健康管理率（%）	Health Care Rate of Children under 7 Years Old (%)	76.7	86.6	90.9	91.4	92.0	93.7
城市	Urban Areas	83.6	88.8	92.2	92.7	92.8	94.3
农村	Rural Areas	74.0	85.6	90.1	90.3	91.4	93.2
卡介苗疫苗接种率(%)	BCG (%)	99.8	99.6	99.9	99.7	99.9	98.9
脊髓灰质炎疫苗接种率(%)	Poliomyelitis (%)	99.3	98.3	97.8	98.0	98.8	97.7
百白破疫苗接种率(%)	DPT(%)	99.5	98.7	98.1	98.3	98.8	97.5
含麻疹成分疫苗接种率(%)	Measles (%)	99.3	98.3	98.8	98.0	98.2	96.5
乙肝疫苗接种率（%）	Inoculation Rate of Hepatitis B Vaccine (%)	99.8	98.1	99.0	98.0	98.4	98.1

22-12 社会工作机构基本情况(2023年)

Statistics on Social Service Institutions (2023)

指标名称	Item	单位数 (个) Number of Institutions (unit)	职工人数 (人) Number of Staff and Workers (person)
社会工作	**Social Work**		
提供住宿的社会工作机构	**Social Work Institutions with Accommodations**	**3826**	**45863**
养老机构	Nursing Facility	3680	43355
社会福利医院	Social Welfare Hospital	4	221
儿童福利机构	Child Welfare Institution	16	606
未成年人救助保护机构	Social Welfare and Protection Institutions for Children	20	333
其他提供住宿机构	Other Social Welfare Institutions with Accommodations	99	1185
流浪乞讨人员救助管理机构	Rescue Management Organization for Vagrants and Beggars	7	163
不提供住宿的社会工作机构和设施	**Social Welfare Institutions without Accommodations**	**16301**	**40402**
民政部门直属康复辅具机构	Rehabilitation Aids Institutions Directly under the Civil Affairs Department	1	
社会救助服务机构	Social Assistance Services	39	392
福利彩票发行管理机构	Welfare Lottery Issuance Management Organization	34	446
社区服务机构和设施	Community Service Institutions and Facilities		
社区养老服务机构和设施	Community Elderly Care Service Institutions and Facilities	14942	37278
其他社会服务机构	**Other Social Service Institutions**	**384**	**6804**
婚姻服务机构	Marriage Registration Institutions	65	474
殡葬服务机构	Funeral Service Institutions	319	6330
殡仪馆	Funeral Home	118	3059
公墓	Cemetery	136	2385
骨灰堂	Columbarium	2	33
殡仪服务站	Funeral Service Station		
殡葬管理单位	Funeral and Interment Management Institutions	63	853

注：民政部《民政事业统计调查制度（2021）》对"社区服务机构和设施"统计口径进行了调整，调整后的"社区服务机构和设施"包括社区服务指导中心、社区服务中心、社区服务站、社区专项服务机构和设施，不再包含社区养老服务机构和设施，社区养老服务机构和设施单独进行统计。22-16表同。

The Statistical Investigation System for Civil Affairs (2021) of the Ministry of Civil Affairs has adjusted the statistical caliber of "community service institutions and facilities". The adjusted "community service institutions and facilities" include community service guidance centers, community service centers, community service stations, and special community service institutions and facilities, no longer including community elderly care service institutions and facilities. Community elderly care service institutions and facilities are counted separately. The same as table 22-16.

22-13 各市孤儿和家庭收养基本情况(2023年)

Statistics on Orphans and Children Adopted by Families by City (2023)

单位：人 (person)

地区	Region	孤儿数 Number of orphans	集中养育 Centralized Support	社会散居 Live Scattered	家庭收养儿童数 Number of Children Adopted by Families
全省	**Total**	**14815**	**3376**	**11410**	**892**
郑州市	Zhengzhou	1087	679	406	55
开封市	Kaifeng	682	219	461	35
洛阳市	Luoyang	818	325	488	93
平顶山市	Pingdingshan	1004	242	759	97
安阳市	Anyang	470	71	399	19
鹤壁市	Hebi	162	35	127	9
新乡市	Xinxiang	594	125	469	41
焦作市	Jiaozuo	325	117	207	18
濮阳市	Puyang	394	55	339	33
许昌市	Xuchang	691	144	545	33
漯河市	Luohe	355	107	246	23
三门峡市	Sanmenxia	236	103	133	51
南阳市	Nanyang	2683	407	2276	149
商丘市	Shangqiu	1216	219	993	67
信阳市	Xinyang	906	147	759	49
周口市	Zhoukou	1709	142	1564	58
驻马店市	Zhumadian	1439	222	1212	46
济源示范区	Jiyuan	44	17	27	16

22-14 各市社会救助情况(2023年)

Statistics on Social Relief by City (2023)

单位：人 (person)

地区 Region	城市最低生活保障人数 Number of Urban Residents Receiving Minimum Living Allowance	农村最低生活保障人数 Number of Rural Residents Receiving Minimum Living Allowance	农村特困人员集中供养人数 Number of Rural Residents in Exceptional Poverty with Centralized Livelihood Guaranteed	农村特困人员分散供养人数 Number of Rural Residents in Exceptional Poverty with Decentralized Livelihood Guaranteed
全省 Total	**305837**	**2757519**	**66595**	**403882**
郑州市 Zhengzhou	15887	33734	2182	10119
开封市 Kaifeng	12784	134199	2497	12695
洛阳市 Luoyang	17692	160176	4269	20725
平顶山市 Pingdingshan	19481	114138	2637	22929
安阳市 Anyang	8449	87889	1862	15082
鹤壁市 Hebi	8313	26442	212	4060
新乡市 Xinxiang	11162	123968	2531	16695
焦作市 Jiaozuo	10699	57935	1547	4111
濮阳市 Puyang	10604	100606	1570	14681
许昌市 Xuchang	21133	62261	3896	16180
漯河市 Luohe	2759	43199	1927	11975
三门峡市 Sanmenxia	8966	46548	1637	5545
南阳市 Nanyang	23525	471910	11951	70263
商丘市 Shangqiu	19245	301524	4176	41918
信阳市 Xinyang	54338	351612	4024	48137
周口市 Zhoukou	19056	355156	13974	43117
驻马店市 Zhumadian	31738	286222	5125	44802
济源示范区 Jiyuan	10006		578	848

22-15 各市医疗救助基本情况(2023年)
Basic Statistics on Medical Aid by City (2023)

地区 Region	资助参加基本医疗保险人数（人）Civil Affairs Aid for Medical Insurance (person)	门诊和住院医疗救助人数（人次）Direct Medical Aid (person-time)	资助参加基本医疗保险资金数（万元）Civil Affairs Expenses of Medical Insurance (10 000 yuan)	门诊和住院医疗救助资金数（万元）Expenses for Direct Medical Aid (10 000 yuan)
全　　省 Total	**3783495**	**4770912**	**99501**	**259435**
郑州市 Zhengzhou	76937	101810	2523	6008
开封市 Kaifeng	204215	352430	2673	13736
洛阳市 Luoyang	220333	199302	7702	13642
平顶山市 Pingdingshan	194858	299771	2396	10716
安阳市 Anyang	118868	204255	2043	7778
鹤壁市 Hebi	47808	34594	1673	2617
新乡市 Xinxiang	200467	142668	4149	8928
焦作市 Jiaozuo	78380	80019	2741	5211
濮阳市 Puyang	149804	172793	2061	10185
许昌市 Xuchang	126485	141547	4427	6137
漯河市 Luohe	68395	80376	2359	5767
三门峡市 Sanmenxia	77178	68181	822	4057
南阳市 Nanyang	602853	736712	17687	45493
商丘市 Shangqiu	380017	553479	6367	25655
信阳市 Xinyang	512553	451943	16880	34983
周口市 Zhoukou	335671	700524	11377	34401
驻马店市 Zhumadian	373646	435482	11106	23264
济源示范区 Jiyuan	15027	15026	514	857

22-16 各市社区服务基本情况(2023年)
Statistics on Community Service Facilities by City (2023)

地区 Region	社区养老服务机构和设施 Community Elderly Care Service Institutions and Facilities				
	机构和设施数(个) Number of Institutions and Facilities (unit)	年末职工人数(人) Number of Staffs at the End of the Year (person)	#女性 Female	床位数(张) Number of Beds (unit)	年末收养人数(人次) Number of Adopted Person at the End of the Year (person-time)
全 省 Total	**14942**	**37278**	**16221**	**145677**	**8455**
郑 州 市 Zhengzhou	1398	4398	2849	16719	1214
开 封 市 Kaifeng	646	1504	784	7358	
洛 阳 市 Luoyang	2420	7853	3032	15298	948
平 顶 山 市 Pingdingshan	636	1689	493	6888	509
安 阳 市 Anyang	641	1843	1266	4842	26
鹤 壁 市 Hebi	562	1129	285	3955	
新 乡 市 Xinxiang	688	2159	817	8709	375
焦 作 市 Jiaozuo	1269	2642	1410	13076	191
濮 阳 市 Puyang	629	1074	132	4804	55
许 昌 市 Xuchang	1240	1837	727	8021	
漯 河 市 Luohe	778	732	348	6578	151
三 门 峡 市 Sanmenxia	317	504	292	2537	
南 阳 市 Nanyang	591	1663	601	8319	57
商 丘 市 Shangqiu	705	2085	734	5839	560
信 阳 市 Xinyang	888	1604	477	9913	606
周 口 市 Zhoukou	907	1926	1033	17833	3467
驻 马 店 市 Zhumadian	485	2029	691	3274	143
济 源 示 范 区 Jiyuan	142	607	250	1714	153

22-17 各市婚姻服务基本情况(2023年)

Statistics on Marriages and Divorces by City (2023)

地区 Region	结婚登记（对）Total Number of Registered Marriages (couples)	初婚（人）First Marriages (person)	再婚（人）Re-marriages (person)	离婚（对）Divorces (couples)	#民政 Civil Affairs
全省 Total	**573975**	**967682**	**180268**	**270777**	**192940**
省本级 Provincial Level	1685	2773	597	51	51
郑州市 Zhengzhou	71902	111296	32508	34353	29688
开封市 Kaifeng	26852	45268	8436	12836	9783
洛阳市 Luoyang	39140	67454	10826	17553	13314
平顶山市 Pingdingshan	24294	40045	8543	12718	8444
安阳市 Anyang	29167	48758	9576	13777	9819
鹤壁市 Hebi	9864	17612	2116	4377	3381
新乡市 Xinxiang	32496	56174	8818	15651	11615
焦作市 Jiaozuo	18882	32601	5163	9313	7085
濮阳市 Puyang	20898	36482	5314	9560	6398
许昌市 Xuchang	24224	40162	8286	13280	9643
漯河市 Luohe	11988	19887	4089	6536	4883
三门峡市 Sanmenxia	10579	17276	3882	5162	3242
南阳市 Nanyang	48782	81271	16293	25723	14219
商丘市 Shangqiu	53204	91029	15379	24001	16622
信阳市 Xinyang	35940	61210	10670	18243	12262
周口市 Zhoukou	64704	114199	15209	24011	15927
驻马店市 Zhumadian	45674	77871	13477	21948	15334
济源示范区 Jiyuan	3700	6314	1086	1684	1230

22-18 残疾人事业基本情况(2023年)

Basic Information of Person with Disabilities (2023)

单位：人 (person)

项目	Item	2023
康复	**Rehabilitation**	
总体康复服务情况	**General Rehabilitation**	
得到基本康复服务的残疾人	Persons with disabilities who receive basic rehabilitation services	320010
#得到辅助器具适配服务	Receiving Adaption and Services with Assistive Devices	94216
农村低收入残疾人	Rural Low-income Disabled	105435
残疾儿童康复救助人数	Number of disabled children receiving rehabilitation assistance	46667
按残疾类别接受服务情况	**According to the Disability Category Receiving Services**	
视力残疾人	Visual Disability	22822
听力残疾人	Hearing Disability	21222
言语残疾人	Speech Disability	3904
肢体残疾人	Physical Disability	178351
智力残疾人	Intellectual Disability	21961
精神残疾人	Mental Disability	26126
多重残疾人	Multiple Disability	15676
0-17岁未持证残疾儿童	0-17 year-old Children without Certificate	29948
分年龄接受服务情况	**According to the Age**	
0-6岁残疾儿童	0-6 year-old Disabled Children	37265
7-17岁残疾儿童	7-17 year-old Disabled Children	19442
18-59岁残疾人	18-59 year-old Disabled People	120413
60岁及以上残疾人	60 years old and above	142890
按受康复服务内容情况	**According to the Rehabilitation Service Content**	
康复医疗	Medical Rehabilitation	17180
功能训练	Functional training	62869
辅助器具	Auxiliary Appliance	94216
支持性服务	Supporting Services	156227
按康复服务项目情况	**According to the Rehabilitation Service Projects**	
视力残疾	Visual Disability	
康复医疗	Medical Rehabilitation	856
功能训练	Functional training	2446
辅助器具	Auxiliary Appliance	7963
支持性服务	Supporting Services	14024
听力、言语残疾	Hearing, Speech Disability	
康复医疗	Medical Rehabilitation	850
功能训练	Functional training	6670
辅助器具	Auxiliary Appliance	9274
支持性服务	Supporting Services	16901
肢体残疾	Physical Disability	
康复医疗	Medical Rehabilitation	6962
功能训练	Functional training	29680
辅助器具	Auxiliary Appliance	73865
支持性服务	Supporting Services	95133
智力残疾	Intellectual Disability	
康复医疗	Medical Rehabilitation	641
功能训练	Functional training	17139
支持性服务	Supporting Services	14052
其他	Others	2033

22-18 续表 continued

单位：人 (person)

项 目	Item	2023
精神残疾	Mental Disability	
康复医疗	Medical Rehabilitation	7943
功能训练	Functional training	7274
支持性服务	Supporting Services	16563
其他	Others	1216
按辅助器具项目	**According to the Assistive Devices**	
盲杖	White Cane	2554
助视器	Visual aid	713
其他各类辅助器具	Other types of auxiliary equipment	90210
教育	**Education**	
高等教育阶段	Higher Education	
高等特殊教育机构录取残疾考生	Disabled Students at Special Higher Education Institutions	347
普通高等院校录取残疾考生	Disabled Students at Regular Higher Education Institutions	2523
就业	**Employment**	
残疾人就业人数	Number of Employed Person with Disabilities	24252
按比例就业	Employed on Percentage	10641
集中就业	Centralized Employment	74997
自主创业	Self-employed	6514
公益性岗位就业	Employment at Public Welfare	14298
辅助性就业	Supporting Employment	258812
从事农业种养业	Engaged in Planting, Breeding and Processing	148248
灵活就业 （含社区就业、居家就业）	Flexible Employment (including community employment and home-based employment)	
盲人按摩	**Massage by Persons with Visual Disability**	
保健按摩人员培训	Massage Therapists Training	740
医疗按摩人员培训	Medical Massage Training	880
维权	**Rights Protection**	
执法检查	Law Enforcement Inspection	
人大执法检查或专题调研(次)	Law enforcement inspection of National People's Congress and Special investigation (time)	13
政协视察或专题调研(次)	Inspection of CPPCC and Special investigation (time)	5
法律救助	Legal Aid and Assistance	
残疾人法律救助工作站(个)	Legal aid Workstations for disabled People (unit)	157
残疾人法律救助工作站办理案件(件)	Cases of Legal aid workstations for disabled People (case)	106
无障碍设施建设	Construction of Barrier-free Facilities	
困难重度残疾人家庭无障碍改造(户)	Barrier-free Reconstruction for Poor Family with Disabled People (household)	24088
无障碍环境建设检查(次)	Barrier-free Check (time)	53
无障碍环境建设培训(人次)	Training on Barrier Free Environment Construction (person-time)	895
残疾人信访	Letters and Calls from Disabled Persons	
残疾人来信(件)	Letters from Disabled Persons (case)	300
残疾人来访(人次)	Visit from Disabled Persons (person-time)	1049
残疾人来电(通)	Calls from Disabled Persons (person-time)	843
网上投诉(件)	Online Complaints (piece)	2
残联组织建设	**Organization of the Disabled Persons' Federation**	
残疾人工作者数(人)	Disabled Worker (person)	8032

主要统计指标解释

医疗卫生机构 指从卫生（卫生计生）行政部门取得《医疗机构执业许可证》《中医诊所备案证》《计划生育技术服务许可证》，或从民政、工商行政、机构编制管理部门取得法人单位登记证书，为社会提供医疗服务、公共卫生服务或从事医学科研和医学在职培训等工作的单位。医疗卫生机构包括医院、基层医疗卫生机构、专业公共卫生机构、其他医疗卫生机构。

基层医疗卫生机构 包括社区卫生服务中心、社区卫生服务站、街道卫生院、乡镇卫生院、村卫生室、门诊部、诊所（医务室）。

专业公共卫生机构 包括疾病预防控制中心、专科疾病防治机构、妇幼保健机构（含妇幼保健计划生育服务中心）、健康教育机构、急救中心（站）、采供血机构、卫生监督机构、取得《医疗机构执业许可证》或《计划生育技术服务许可证》的计划生育技术服务机构。

其他卫生机构 包括疗养院、临床检验中心、医学科研机构、医学在职教育机构、医学考试中心、农村改水中心、人才交流中心、统计信息中心等卫生事业单位。

医院 指设有固定床位，能收容病人住院并能为病人提供医疗、护理服务的医疗机构。包括综合医院、中医医院、中西医结合医院、民族医院、各类专科医院和护理院，不包括专科疾病防治院、妇幼保健院和疗养院。

卫生技术人员 包括执业医师、执业助理医师、注册护士、药师（士）、检验技师（士）、影像技师（士）、卫生监督员和见习医（药、护、技）师（士）等卫生专业人员。不包括从事管理工作的卫生技术人员（如院长、副院长、党委书记等）。

执业医师 指《医师执业证》“级别”为“执业医师”且实际从事医疗、预防保健工作的人员，不包括实际从事管理工作的执业医师。执业医师类别分为临床、中医、口腔和公共卫生四类。

执业助理医师 指《医师执业证》“级别”为“执业助理医师”且实际从事医疗、预防保健工作的人员，不包括实际从事管理工作的执业医师。执业助理医师类别分为临床、中医、口腔和公共卫生四类。

注册护士 指具有注册护士证书且实际从事护理工作的人员，不包括从事管理工作的护士。

提供住宿的社会工作机构 指能为老年人、残疾人、智障与精神病人、儿童等人员提供住宿的社会服务机构。包括社会福利院、特困人员救助供养机构、其他各类养老机构、社会福利医院、儿童福利院、未成年人救助保护机构、流浪乞讨人员救助管理机构、安置农场以及其他提供住宿的机构。

城市最低生活保障人数 指在报告期末纳入当地城市最低生活保障范围、并已发放补助经费的人数。

农村最低生活保障人数 指在报告期末纳入当地农村最低生活保障范围、并已发放补助经费的人数。

残疾人就业人数 指截止到本年度 12 月 31 日，以各种就业形式实际在业的城乡持证残疾人数。

Explanatory Notes on Main Statistical Indicators

Medical and Health Care Institutions refer to the units which have been qualified the Certification of Health Care Institution, filing certificate of traditional Chinese medicine clinic, certification of family planning technical service by the administration of public health (family planning), or qualified the Certification of Corporate Unit by the civil affairs, administration for industry and commerce, commission office for public sector reform, and engaging in medical health care services, public health services, or medicine research and on-job training, etc., including: hospitals, health care institutions at grass-root level, specialized public health institutions, and other medical and health care institutions.

Health Care Institutions at Grass-root Level include community health service centers, community health service stations, urban health centers, township health centers, village clinics, outpatient departments and clinics (health centers).

Specialized Public Health Institutions include centers for disease control and prevention, specialized disease prevention and treatment institutions, women and children care agencies(including women and children health care family planning service center), health education institutions, first aid centers, blood gathering and supplying institutions, health supervision and inspection agencies, and family planning technical service centers that obtained the Certification of Health Care Institution or certification of family planning technical service centers.

Other Health Agencies include sanatoriums, clinical laboratory centers, medicinal scientific research institutions, on-job training institutions, medical examination centers, rural water improvement centers, talent exchange centers, and statistical information centers, etc.

Hospitals refer to medical institutions with permanent hospital beds, which are able to take in patients and provide them with medical and nursing services. Include general hospital, hospital of traditional Chinese medicine, hospital of combining traditional Chinese and western medicine, national hospital, all kinds of specialized subject hospital and nursing homes, not including specialized subject hospital, maternity and child care centers, and convalescent hospital.

Medical Technical Personnel include Licensed Doctors, Licensed Assistant Doctors, Pharmacists, inspection technician, image technicians, hygiene supervisors and apprentice physicians and other health professionals. Not including engaged in the management of the health technical personnel.

Licensed Doctors refer to the medical workers who have obtained the licenses of qualified doctors and are employed in medical treatment, disease prevention or healthcare institutions, excluding the licensed doctors engaged in management job. The licensed doctors are divided into 4 categories: clinician, Chinese medicine physicians, dentist and public health physicians.

Licensed Assistant Doctors refer to the medical workers who have obtained the licenses of qualified assistant doctors and are employed in medical treatment, disease prevention or healthcare institutions, excluding the licensed assistant doctors engaged in management job. The classification of licensed assistant doctors is clinician, Chinese medicine, dentist and public health.

Registered Nurse refers to has registered nurse certificate and actually engaged in nursing work of the staff, not including engaged in the management of the nurse.

Social Work Institutions with Accommodations refer to social service institutions that can provide accommodation for the elderly, the disabled, the mentally disabled and the mentally ill, children and other personnel. It includes social welfare homes, relief and support institutions for the poverty-stricken, other types of elderly care institutions, social welfare hospital, children's welfare homes, minors' relief and protection institutions, relief and management institutions for vagrants and beggars, resettlement farms and other institutions providing accommodation.

Number of Urban Residents Receiving Minimum Living Allowances refers to the number of people who have been included in the local urban minimum living allowances at the end of the reporting period and have been granted subsidies.

Number of Rural Residents Receiving Minimum Living Allowances refers to the number of people included in the local rural minimum living security at the end of the reporting period and granted subsidies.

Number of Employed Person with Disabilities refers to the number of urban and rural disabled persons who actually work in various forms of employment before December 31 of this year.

文化和体育

Culture and Sports

23

资料整理：郑文革　郑洁

简要说明

一、主要内容

本篇包括文化、文物机构、档案、广播、电视、新闻出版、文化及相关产业增加值、规模以上企业等方面的活动情况。

二、资料来源

文化机构人员，艺术表演团体，艺术表演场馆，公共图书馆，博物馆，群众艺术馆，文化馆等资料由河南省文化和旅游厅提供。

档案资料由省档案局(馆)提供。

文物机构资料由省文物局提供。

广播、电视资料由省广播电视局提供。

新闻出版资料由省新闻出版局提供。

体育资料由省体育局提供。

本篇资料由河南省统计局社会科技和文化产业统计处编辑整理。

Brief Introduction

I. Main Contents

Data in this chapter mainly reflect the situations on culture, relics institutions, archives, broadcasting, television; news and publication.

II. Sources of Data

Data on the number of the staff and workers in cultural situations, art performing groups and performance venues, public libraries, museums, art venues, cultural venues are provided by Henan Provincial Department of Culture and Tourism.

Data on the archives are provided by the Provincial Archives Bureau(Museum).

Data on the information of cultural relics institutions is provided by the Provincial Bureau of Cultural Relics.

Data on the radio and television materials are provided by the Provincial Radio and Television Bureau.

Data on the press and publication materials are provided by the Provincial Press and Publication Bureau.

Data on the sports materials are provided by the Provincial Sports and Education Bureau.

Data in this chapter are edited by Department of Social Science and Technology and Cultural Industry Statistics, Henan Provincial Bureau of Statistics.

23-1 文化及相关产业增加值
Value-Added of Cultural and Related Industry

年份	增加值(亿元) Value-Added (100 million yuan)	文化制造业 Culture Manufacturing	文化批发和零售业 Wholesale and Retail of Culture	文化服务业 Services of Culture	构成(%) Composition (%) 文化制造业 Culture Manufacturing	文化批发和零售业 Wholesale and Retail of Culture	文化服务业 Services of Culture	占GDP比重(%) Percentage to GDP (%)
2004	101.40							1.21
2008	249.70							1.41
2009	293.62							1.53
2010	367.13							1.62
2011	454.37							1.73
2012	670.00	363.30	34.30	271.90	54.2	5.1	40.6	2.31
2013	815.69	435.89	56.61	323.19	53.4	6.9	39.6	2.58
2014	984.66	528.16	117.83	338.67	53.6	12.0	34.4	2.85
2015	1111.87	588.47	128.71	394.70	52.9	11.6	35.5	3.00
2016	1212.80	608.62	157.23	446.95	50.2	13.0	36.9	3.01
2017	1349.23	588.26	167.30	593.66	43.6	12.4	44.0	3.01
2018	2142.51	569.58	298.96	1273.97	26.6	14.0	59.5	4.29
2019	2251.15	584.92	317.83	1348.41	26.0	14.1	59.9	4.19
2020	2202.99	523.25	324.14	1355.60	23.8	14.7	61.5	4.06
2021	2590.66	600.38	355.42	1634.86	23.2	13.7	63.1	4.46
2022	2646.85	556.71	361.46	1728.68	21.0	13.7	65.3	4.55

注：2013年以前增加值数据为法人单位口径。
The data on value-added before 2013 were on the caliber of establishment.

23-2 文化及相关产业规模以上企业分类主要指标(2023年)
Main Indicators of Culture and Related Industry above Designated Size by Type (2023)

项目	Item	法人单位数(个) Number of Institutional Unit (unit)	从业人员期末人数(人) Number of Employed Persons at yearend (person)	资产总计(亿元) Total Assets (100 million yuan)	营业收入(亿元) Business Revenue (100 million yuan)	利润总额(亿元) Total Profits (100 million yuan)
全省	**Total**	**2579**	**210150**	**2897.90**	**2000.77**	**84.56**
文化核心领域	**Core Area**					
新闻信息服务	News and Information Service	77	38343	323.36	360.42	5.52
内容创作生产	Content Authoring	638	47592	606.06	318.41	28.60
创意设计服务	Creative Design Service	367	26500	342.69	312.58	16.56
文化传播渠道	Channels of Cultural Transmission	409	24987	343.32	324.74	6.40
文化投资运营	Cultural Investment and Operation	18	1134	324.65	61.08	1.64
文化娱乐休闲服务	Cultural Entertainment and Service	257	17109	453.76	62.25	9.72
文化相关领域	**Related Area**					
文化辅助生产和中介服务	Subsidiary Production and Intermediary Services	421	39160	372.98	362.51	13.14
文化装备生产	Production of Cultural Equipment	68	6421	53.41	49.82	-0.58
文化消费终端生产	Terminal Production of Cultural Consumption	324	8904	77.67	148.95	3.56

23−3 文化及相关产业规模以上企业主要经济指标(2023年)

Main Economic Indicators of Culture and Related Industry Enterprises above Designated Size (2023)

单位：亿元 (100 million yuan)

指　　标	Item	合　计 Total	文化制造业 Cultural Manufacturing Industry	文化批零业 Cultural Wholesale and Retail Industry	文化服务业 Cultural Service Industry
企业单位数（个）	Number of Enterprises (unit)	2579	865	579	1135
期末从业人员（人）	Employed Persons (person)	210150	78854	20324	110972
固定资产原价	Fixed Assets Price	868.78	291.08	42.46	535.23
本年折旧	Depreciation in This Year	50.48	21.74	1.81	26.93
资产总计	Total Assets	2897.90	632.26	267.77	1997.86
负债合计	Total Liabilities	1788.16	394.55	153.93	1239.67
所有者权益合计	Total Owner's Equity	1109.70	237.67	113.84	758.19
营业收入	Business Revenue	2000.77	619.34	449.86	931.57
营业成本	Operating Cost	1727.49	549.24	401.89	776.36
税金及附加	Tax and Add	12.66	3.42	1.35	7.88
销售费用	Sales Expenses	69.55	16.93	19.74	32.88
管理费用	Management Fee	92.26	22.61	12.37	57.28
研发费用	R & D Expenses	25.07	8.47	0.08	16.52
财务费用	Financial Expenses	14.74	4.34	1.22	9.18
#利息收入	Income of Interest	5.27	0.44	0.21	4.63
#利息费用	Interest Expense	15.38	4.32	0.48	10.58
投资收益	Income from Investment	18.02	0.47	2.43	15.12
营业利润	Operating Profits	80.97	15.34	15.80	49.83
利润总额	Total Profits	84.56	17.15	16.14	51.27
应付职工薪酬	Wages Payable	255.24	70.69	17.98	166.57
应交增值税	Value Added Tax Payable	36.31	17.23	2.19	16.89

23-4 各市文化及相关产业规模以上企业主要指标(2023年)
Main Indicators of Enterprises in Culture and Related Industry above Designated Size by City (2023)

地区 Region	法人单位数(个) Number of Institutional Unit (unit)	从业人员期末人数(人) Number of Employed Persons at year-end (person)	资产总计(亿元) Total Assets (100 million yuan)	营业收入(亿元) Business Revenue (100 million yuan)	利润总额(亿元) Total Profits (100 million yuan)
总计 Total	**2579**	**210150**	**2897.90**	**2000.77**	**84.56**
郑州市 Zhengzhou	545	58706	1188.79	853.07	33.53
开封市 Kaifeng	115	6052	88.69	42.91	7.01
洛阳市 Luoyang	217	43631	615.20	312.68	19.98
平顶山市 Pingdingshan	126	4263	62.19	11.27	-0.48
安阳市 Anyang	45	3250	34.72	19.30	0.94
鹤壁市 Hebi	36	1359	12.47	9.26	0.16
新乡市 Xinxiang	112	9717	95.85	94.74	0.96
焦作市 Jiaozuo	51	7308	98.83	73.17	3.06
濮阳市 Puyang	36	1345	19.05	9.46	0.10
许昌市 Xuchang	387	29491	235.32	242.23	9.50
漯河市 Luohe	82	4894	56.11	43.16	0.42
三门峡市 Sanmenxia	60	2006	66.33	52.10	0.30
南阳市 Nanyang	206	14010	117.62	100.21	2.58
商丘市 Shangqiu	153	8284	34.44	45.13	2.08
信阳市 Xinyang	151	5290	59.58	17.93	0.56
周口市 Zhoukou	137	4635	31.55	32.39	2.96
驻马店市 Zhumadian	104	4843	61.72	37.17	1.14
济源示范区 Jiyuan	16	1066	19.42	4.58	-0.23

23-5 各市文化及相关产业规模以上文化制造业企业主要指标(2023年)

Main Indicators of Cultural Manufacturing Enterprises above Designated Size by City (2023)

地 区 Region	法人单位数(个) Number of Institutional Unit (unit)	从业人员期末人数(人) Number of Employed Persons at year-end (person)	资产总计(亿元) Total Assets (100 million yuan)	营业收入(亿元) Business Revenue (100 million yuan)	利润总额(亿元) Total Profits (100 million yuan)
总 计 Total	**865**	**78854**	**632.26**	**619.34**	**17.15**
郑州市 Zhengzhou	67	7057	57.52	50.79	2.37
开封市 Kaifeng	37	2421	14.42	10.57	0.59
洛阳市 Luoyang	33	1780	12.81	16.86	0.11
平顶山市 Pingdingshan	25	1457	4.51	2.37	-0.11
安阳市 Anyang	5	995	5.61	7.05	0.73
鹤壁市 Hebi	10	471	3.06	1.71	0.02
新乡市 Xinxiang	49	6594	50.74	56.46	-2.85
焦作市 Jiaozuo	25	5686	56.05	65.72	3.66
濮阳市 Puyang	7	315	1.08	0.93	0.03
许昌市 Xuchang	337	28244	223.99	220.46	8.69
漯河市 Luohe	63	4187	50.59	38.96	0.26
三门峡市 Sanmenxia	5	323	3.38	5.61	0.01
南阳市 Nanyang	66	8732	76.71	63.18	-0.07
商丘市 Shangqiu	32	3503	17.81	30.57	1.98
信阳市 Xinyang	34	1973	10.71	7.72	0.33
周口市 Zhoukou	39	1699	12.11	15.24	1.46
驻马店市 Zhumadian	27	2876	28.42	21.90	0.03
济源示范区 Jiyuan	4	541	2.74	3.21	-0.11

23-6 各市文化及相关产业限额以上文化批零业企业主要指标(2023年)

Main Indicators of Cultural Wholesale and Retail Enterprises above Designated Size by City (2023)

地区 Region	法人单位数(个) Number of Institutional Unit (unit)	从业人员期末人数(人) Number of Employed Persons at year-end (person)	资产总计(亿元) Total Assets (100 million yuan)	营业收入(亿元) Business Revenue (100 million yuan)	利润总额(亿元) Total Profits (100 million yuan)
总计 Total	**579**	**20324**	**267.77**	**449.86**	**16.14**
郑州市 Zhengzhou	139	5048	136.45	255.01	6.00
开封市 Kaifeng	32	1035	15.33	14.25	0.62
洛阳市 Luoyang	54	1922	14.25	31.22	1.15
平顶山市 Pingdingshan	21	610	3.44	4.12	0.14
安阳市 Anyang	15	604	3.93	6.02	0.34
鹤壁市 Hebi	13	286	2.06	5.49	0.07
新乡市 Xinxiang	35	910	11.64	31.63	2.64
焦作市 Jiaozuo	16	509	5.06	4.94	0.36
濮阳市 Puyang	17	483	8.74	6.46	0.44
许昌市 Xuchang	24	870	8.45	14.02	0.65
漯河市 Luohe	9	253	2.36	2.97	0.11
三门峡市 Sanmenxia	22	548	3.64	4.92	0.14
南阳市 Nanyang	66	2433	18.62	29.51	1.82
商丘市 Shangqiu	38	1779	9.10	10.46	0.10
信阳市 Xinyang	20	1020	6.19	6.41	0.45
周口市 Zhoukou	34	1122	8.22	11.30	0.61
驻马店市 Zhumadian	23	843	9.70	10.47	0.44
济源示范区 Jiyuan	1	49	0.60	0.66	0.06

23-7 各市文化及相关产业规模以上文化服务业企业主要指标(2023年)

Main Indicators of Culture Service Enterprises above Designated Size by City (2023)

地区 Region	法人单位数(个) Number of Institutional Unit (unit)	从业人员期末人数(人) Number of Employed Persons at year-end (person)	资产总计(亿元) Total Assets (100 million yuan)	营业收入(亿元) Business Revenue (100 million yuan)	利润总额(亿元) Total Profits (100 million yuan)
总计 Total	**1135**	**110972**	**1997.86**	**931.57**	**51.27**
郑州市 Zhengzhou	339	46601	994.83	547.26	25.16
开封市 Kaifeng	46	2596	58.94	18.09	5.79
洛阳市 Luoyang	130	39929	588.13	264.60	18.73
平顶山市 Pingdingshan	80	2196	54.24	4.79	-0.52
安阳市 Anyang	25	1651	25.18	6.23	-0.13
鹤壁市 Hebi	13	602	7.35	2.06	0.06
新乡市 Xinxiang	28	2213	33.48	6.64	1.17
焦作市 Jiaozuo	10	1113	37.72	2.51	-0.95
濮阳市 Puyang	12	547	9.24	2.07	-0.37
许昌市 Xuchang	26	377	2.88	7.75	0.16
漯河市 Luohe	10	454	3.16	1.23	0.04
三门峡市 Sanmenxia	33	1135	59.31	41.57	0.15
南阳市 Nanyang	74	2845	22.29	7.52	0.84
商丘市 Shangqiu	83	3002	7.54	4.10	0.00
信阳市 Xinyang	97	2297	42.68	3.80	-0.22
周口市 Zhoukou	64	1814	11.22	5.85	0.88
驻马店市 Zhumadian	54	1124	23.60	4.80	0.67
济源示范区 Jiyuan	11	476	16.08	0.71	-0.19

23-8 文化文物机构和人员情况(2023年)

Number of Institutions and Employed Persons in Cultural Industry (2023)

指标名称	Item	机构(个) Number of Institutions (unit)	文化和旅游部门 Culture and Tourism Department	其他部门 Other Department	从业人员(人) Number of Employed Persons (person)	文化和旅游部门 Culture and Tourism Department	其他部门 Other Department
总计	**Total**	**19198**	**3991**	**15207**	**120160**	**46997**	**73163**
文化和旅游合计	**Cultural and Tourism**	**18641**	**3472**	**15169**	**109309**	**36949**	**72360**
艺术表演团体	Arts Performance Troupes	2077	154	1923	45105	7531	37574
艺术表演场馆	Arts Performance Places	245	103	142	4019	1474	2545
公共图书馆	Public Libraries	177	177		3189	3189	
文化馆	Cultural Centers	202	202		3493	3493	
文化站	Cultural Stations	2500	2500		12521	12521	
艺术展览创作机构	Art Exhibition and Creative Institutions	13	13		147	147	
文化和旅游部门教育机构	Educational Institutions in the Cultural and Tourism Sectors	5	5		112	112	
文化和旅游科研机构	Cultural and Tourism Research Institutions	11	11		153	153	
文化市场经营机构(不含非公有制院团和场馆)	Institutions of Cultural Market Management (Excluding non-public Art Performance Troupes)	13104		13104	32241		32241
文化和旅游行政部门	Cultural and Tourism Administration Department	173	173		5888	5888	
其他文化和旅游机构	Other Cultural Institutions	134	134		2441	2441	
文物合计	**Cultural Relics**	**557**	**519**	**38**	**10851**	**10048**	**803**
博物馆	Museums	250	215	35	6996	6198	798
文物保护管理机构	Agencies of Cultural Relics Preservation	111	109	2	1843	1838	5
文物科研机构	Scientific and Research Agencies	15	15		1076	1076	
文物行政机构	Administrative Department for Cultural Relics	175	175		892	892	
其他文物机构	Other Cultural Relics Agencies	6	5	1	44	44	

23－9 艺术表演场馆基本情况(2023年)

Basic Statistics of Arts Performance Places (2023)

指标名称	Item	机构数(个) Number of Institutions (unit)	从业人员(人) Number of Employed Persons (person)	座席数(个) Number of Seats (unit)	艺术演出场次(万场次) Art Performance Sessions (10 000 hows)	艺术演出观众人次(万人次) Number of Audience for Art Performances (10 000 person-times)
总 计	**Total**	**245**	**4019**	**133728**	**4.10**	**1370.02**
按管理部门分	By Department of Management					
文化和旅游部门	Culture and Tourism Departments	103	1474	64563	0.44	251.86
其他部门	Other Departments	142	2545	69165	3.66	1118.16
按机构类型分	By Type of Venues					
表演艺术中心	Performing Arts Center	3	29	2998	0.01	2.74
音乐厅	Music Hall					
戏剧剧场	Drama Theater	34	408	25841	0.09	37.04
歌剧剧场	Opera Theater					
舞蹈剧场	Dance Theater	2	25	360	0.11	7.40
音乐剧剧场	Musical Theater					
戏曲剧场	Traditional Opera Theater					
综合剧场	Comprehensive Theater	132	2426	68381	3.49	1123.88
曲艺剧场	Quyi Theater					
旅游演出剧场	Tourist Performance Theater	10	111	3796	0.06	10.47
新型演出剧场	New Performance Theater	2	43	332	0.02	0.65
脱口秀剧场	Talk Show Theater	1	43	3500	0.04	19.49
杂技场	Acrobatic Show	1	21			
马戏场	Circus	1	9	30		
其他	Others	59	904	28490	0.27	168.35
按隶属关系分	By Jurisdiction of Management					
省	Province	3	127	4516	0.23	125.6
地、市	Prefecture Level	25	428	6398	0.04	27.49
县、市及以下	Under Counties (Cities) and Others	217	3464	122814	3.82	1216.93

指标名称	Item	收入合计(万元) Total Income (10 000 yuan)	#财政拨款 Government	#演出收入 Performance Income	支出合计(万元) Total Expenses (10 000 yuan)
总 计	**Total**	**167372**	**10389**	**94332**	**95203**
按管理部门分	By Department of Management				
文化和旅游部门	Culture and Tourism Departments	11523	7706	376	12796
其他部门	Other Departments	155849	2684	93955	82407
按机构类型分	By Type of Venues				
表演艺术中心	Performing Arts Center	135	122	11	137
音乐厅	Music Hall				
戏剧剧场	Drama Theater	3501	2709	156	3521
歌剧剧场	Opera Theater				
舞蹈剧场	Dance Theater	175		175	182
音乐剧剧场	Musical Theater				
戏曲剧场	Traditional Opera Theater				
综合剧场	Comprehensive Theater	154926	5739	91320	83116
曲艺剧场	Quyi Theater				
旅游演出剧场	Tourist Performance Theater	1197		391	953
新型演出剧场	New Performance Theater	33		33	33
脱口秀剧场	Talk Show Theater	3542		2016	3335
杂技场	Acrobatic Show				43
马戏场	Circus				
其他	Others	3863.3	1819.5	230.6	3884.2
按隶属关系分	By Jurisdiction of Management				
省	Province	4804	3793.7		5802.1
地、市	Prefecture Level	3518.3	1671.9	166.5	3808
县、市及以下	Under Counties (Cities) and Others	159049.8	4923.8	94165.3	85593.1

23-10 艺术表演团体基本情况(2023年)

Basic Statistics of Arts Performance Troupes (2023)

指标名称	Item	机构数(个) Number of Institutions (unit)	从业人员(人) Number of Employed Persons (person)	演出场次(万场次) Number of Performances (10 000 times)	#国内演出 Domestic Performance	#农村 Rural Areas
总　计	**Total**	**2077**	**45105**	**40.00**	**40.00**	**9.00**
按隶属关系分	By Jurisdiction of Management					
省	Province	6	1151	0.54	0.29	0.20
地、市	Prefectures, cities	25	2076	1.23	0.98	0.47
县、市及以下	Counties and Below	2046	41878	38.59	38.34	8.81
按管理部门分	By Management Department					
文化和旅游部门	Culture and Tourism Department	154	7531	4.55	4.54	3.65
其他部门	Other Department	1923	37574	35.30	35.05	5.84
按剧种分	Grouped by Type of Drama					
话剧、儿童剧、滑稽剧团	Drama, Children's Play and Comedy Troupes	5	160	0.29	0.04	0.02
歌舞、音乐类	Song and Dance, Musicals	9	797	0.53	0.28	0.09
京剧、昆曲类	Beijing Opera and Kunqu Opera	2	105	0.27	0.02	0.02
地方戏曲类	Local Opera	178	6424	4.56	4.30	3.27
杂技、魔术、马戏类	Acrobatics, Magic, Circus	7	278	0.62	0.37	0.07
曲艺类	Folk Arts	5	164	0.38	0.13	0.11
综合性艺术表演团体	Comprehensive Art Performing Troupes	1867	37096	34.76	34.51	5.94

指标名称	Item	国内演出观众人次(万人次) Number of Audience (10 000 person-times)	#农村 Rural Areas	收入合计(万元) Total Income (10 000 yuan)	支出合计(万元) Total Expenses (10 000 yuan)	政府采购的公益演出活动 Public Performance by Government Procurement	
						演出场次(万场次) Number of Performances (10 000 times)	观众人次(万人次) Number of Audience (10 000 person-times)
总　计	**Total**	**13977.00**	**5309.00**	**298279**	**215115**	**9.94**	**4369.99**
按隶属关系分	By Jurisdiction of Management						
省	Province	426.81	268.16	20021	23799	0.19	241.76
地、市	Prefectures, Cities	889.69	547.60	28636	29923	0.39	331.79
县、市及以下	Counties and Below	12660.00	4493.39	249622	161392	9.36	3796.44
按管理部门分	By Management Department						
文化和旅游部门	Culture and Tourism Department	4054.23	3376.92	74697	79334	2.50	2019.10
其他部门	Other Department	9922.27	1932.23	223582	135781	7.44	2350.89
按剧种分	Grouped by Type of Drama						
话剧、儿童剧、滑稽剧团	Drama, Children's Play and Comedy Troupes	26.02	12.23	2446	2097	0.03	14.34
歌舞、音乐类	Song and Dance, Musicals	276.88	74.06	10869	11784	0.09	67.25
京剧、昆曲类	Beijing Opera and Kunqu Opera	23.50	19.90	1553	2028	0.02	21.34
地方戏曲类	Local Opera	3393.51	3037.70	54374	57832	2.34	1773.92
杂技、魔术、马戏类	Acrobatics, Magic, Circus	155.20	44.35	2683	2895	0.06	18.65
曲艺类	Folk Arts	98.37	88.30	673	638	0.07	59.40
综合性艺术表演团体	Comprehensive Art Performing Troupes	10002.80	2032.50	225680	137832	7.37	2414.97

23-11 娱乐场所基本情况
Basic Statistics on Entertainment

指标名称	Item	2022	2023
机构数(个)	Number of Institutions (unit)	2525	1612
游艺	Carnival	402	320
歌舞	Musical	726	747
其他	Others	1397	545
从业人员(人)	Number of Employed Persons (person)	12662	13472
资产总计(万元)	Total Assets (10 000 yuan)	177966.6	285200.5
营业收入(万元)	Operating Revenue (10 000 yuan)	67628.1	122473.9
营业成本(万元)	Operating Cost (10 000 yuan)	70412.8	
养老、医疗、事业等保险费	Insurance Expenses of Pension, Medical and Business	2274.9	
工资总额	Total Wages	31382.6	
税金总额	Total Taxes	1883.3	
营业利润(万元)	Operating Profit (10 000 yuan)	-2784.9	15099.5

23-12 公共图书馆基本情况(2023年)
Basic Statistics on Libraries (2023)

指标名称	Item	总计 Total	#少儿图书馆 Children Libraries	#省级 Provincial Level	地市级 Prefecture-level	县市级 County-level	#县图书馆 County Libraries
机构数(个)	Number of Institutions (unit)	177	11	1	20	156	86
从业人员(人)	Number of Employed Persons (person)	3189	253	206	989	1994	1011
总藏量(万册)	Total Collections (10 000 volumes)	4821.96	166.97	449.85	1695.66	2676.45	1258.09
当年购买的报刊种类(万种)	Newspapers and Periodicals Purchased this year (10 000 types)	3.54	0.08	0.23	1.38	1.93	0.69
实际持证活跃读者数(万个)	Actual Number of Licensed Active Readers (10 000 unit)	281.98	20.13	21.64	118.94	141.40	70.33
总流通人次(万人次)	Total Circulation Person Times (10 000 person-times)	4744.64	282.69	93.30	1964.17	2687.17	1504.35
#书刊文献外借人次(万人次)	Persons Times of Book and Literature Lending (10 000 person-times)	1720.66	163.31	25.36	489.00	1206.30	760.31
书刊文献外借册次(万册次)	Number of Book and Literature Lending (10 000 volume-times)	2907.85	192.31	94.18	847.17	1966.50	1192.95
为读者服务举办各种活动	Various Activities are Held to Serve Readers						
次数(次)	times (times)	15176	1378	283	4685	10208	6014
参加人数(万人次)	Number of Participants (10 000 person-times)	695.44	67.25	6.37	393.23	295.84	176.81
组织各类讲座次数(次)	Number of Lectures Organized (times)	7187	642	59	2234	4894	2968
举办展览(个)	Exhibitions (unit)	3058	161	48	708	2302	1497
举办培训班(个)	Training Courses (unit)	4931	575	176	1743	3012	1549
计算机(台)	Computer (set)	10182	286	265	2566	7351	4087
#电子阅览室终端数(台)	Number of Terminals in Electronic Reading Room (set)	6705	179	126	1410	5169	3014
阅览室座席数(万个)	Number of Seats in the Reading Room (10 000 unit)	8.51	0.58	0.21	3.20	5.11	2.66
实际使用公共用房建筑面积(万平方米)	Construction Area of Public Housing Actually Used (10 000 square meters)	98.19	2.99	3.89	40.82	53.48	28.67
#书库	Library	21.51	0.54	1.04	8.88	11.59	5.59

23-13 分地区公共图书馆基本情况(2023年)

Basic Statistics on Public Libraries by City (2023)

地 区 Region	机构数（个）Number of Institutions (unit)	从业人员（人）Number of Employed Persons (person)	总藏量（万册）Total Collections (10 000 volumes)	#图书 Books	少儿文献（万册）Children's Literature (10 000 volumes)
全 省 Total	**177**	**3189**	**4821.96**	**4115.17**	**779.94**
省 本 级 Provincial Level	**1**	**206**	**449.85**	**358.78**	**50.13**
郑 州 市 Zhengzhou	15	336	549.09	487.03	103.28
开 封 市 Kaifeng	9	148	172.01	141.13	41.24
洛 阳 市 Luoyang	16	246	530.05	476.38	130.30
平 顶 山 市 Pingdingshan	12	329	273.82	233.45	42.91
安 阳 市 Anyang	10	189	244.54	199.18	60.55
鹤 壁 市 Hebi	6	85	117.69	105.40	25.67
新 乡 市 Xinxiang	13	163	197.47	156.54	21.29
焦 作 市 Jiaozuo	11	164	174.03	154.32	16.14
濮 阳 市 Puyang	7	101	140.72	130.20	28.75
许 昌 市 Xuchang	7	192	222.85	196.12	33.29
漯 河 市 Luohe	5	66	83.54	74.09	15.14
三 门 峡 市 Sanmenxia	7	101	292.81	239.56	21.53
南 阳 市 Nanyang	14	184	357.73	246.08	63.83
商 丘 市 Shangqiu	9	169	175.94	148.10	34.46
信 阳 市 Xinyang	12	192	238.59	212.89	37.98
周 口 市 Zhoukou	11	147	156.72	141.01	32.96
驻 马 店 市 Zhumadian	11	148	369.42	349.87	17.32
济 源 示 范 区 Jiyuan	1	23	75.09	65.04	3.17

23-14 文物业、博物馆和文物管理机构基本情况

Statistics on Cultural Relics, Museums and Agencies of Cultural Relics Preservation

指标名称	Item	2022	2023
文物业	**Cultural Relics**		
机构(个)	Number of Institutions (unit)	722	557
从业人员(人)	Number of Employed Persons (person)	12080	10851
本年收入合计(万元)	Total Revenue this Year (10 000 yuan)	323791	281163
本年支出合计(万元)	Total Expenditure this Year (10 000 yuan)	324650	288823
资产总计(万元)	Total Assets (10 000 yuan)	966381.6	935273.8
实际使用房屋建筑面积(万平方米)	Floor Space of Buildings Actually Used (10 000 sq.m)	218.52	202.00
藏品数(件/套)	Number of Collections (piece/set)	2421621	2127353
#一级品	Grade One	2634	2503
本年新增藏品数(件/套)	Number of Newly Increased Collections this Year (piece/set)	32240	111832
举办陈列展览(个)	Exhibition & Displays (unit)	1689	1243
参观人次(万人次)	Spectators (10 000 person-times)	4795.70	8762.55
博物馆	**Museums**		
机构数(个)	Number of Institutions (unit)	400	250
#免费开放馆数	Number of Free Museums	354	210
从业人员(人)	Number of Employed Persons (person)	8191	6996
#专业技术人员	Professional Skilled Person	2292	1971
藏品数(件/套)	Number of Collections (pieces)	1456847	1162614
#一级品	Grade One	2183	2105
陈列展览(个)	Exhibition & Displays (unit)	1664	1210
参观人次(万人次)	Spectators (10 000 person-times)	3918.60	7199.03
#未成年人	Minors	1090.33	2055.35
门票销售总额(万元)	Income from Tickets (10 000 yuan)	7852	14698
收入合计(万元)	Total Revenue (10 000 yuan)	143219	125270
支出合计(万元)	Total Expenditure (10 000 yuan)	152658	128702
资产总计(万元)	Total Assets (10 000 yuan)	633132	621137
实际使用房屋建筑面积(万平方米)	Floor Space of Buildings Actually Used (10 000 sq.m)	193.70	176.63
#展览用房	Room for Exhibition	92.59	69.42
#库房	Storeroom	16.89	13.47
文物管理机构	**Agencies of Cultural Relics Preservation**		
机构数(个)	Number of Institutions (unit)	126	111
从业人员(人)	Number of Employed Persons (person)	2063	1843
#专业技术人员	Professional Skilled Person	495	445
藏品数(件/套)	Number of Collections (pieces)	114378	109627
#一级品	Grade One	62	97
陈列展览(个)	Exhibition & Displays (unit)	12	11
参观人次(万人次)	Spectators (10 000 person-times)	722.08	1550.78
门票销售总额(万元)	Income from Tickets (10 000 yuan)	5016	2683
收入合计(万元)	Total Revenue (10 000 yuan)	36453	32463
支出合计(万元)	Total Expenditure (10 000 yuan)	38459	35199
资产总计(万元)	Total Assets (10 000 yuan)	158157	157522
实际使用房屋建筑面积(万平方米)	Floor Space of Buildings Actually Used (10 000 sq.m)	15.86	15.64
#展览用房	Room for Exhibition	5.00	5.42
#文物库房	Storeroom For Relics	1.47	1.46

注：2023年《全国文化文物和旅游统计调查制度》修订，民营博物馆不再纳入统计范围。

In 2023, the National Cultural Relics and Tourism Statistical Survey System has been revised, and private museums are no longer be included in the statistical scope.

23-15 国家综合档案馆基本情况(2023年底)

Basic Statistics on the National Comprehensive Archives (End of 2023)

分 类	Item	机构数 (个) Number of Institutions (unit)	馆藏档案 (万卷、万件) Number of Archives (10 000 volume, 10 000 pieces)	开放档案 (万卷、万件) Archives Open to Public (10 000 volume, 10 000 pieces)
总 计	**Total**	**177**	**4312.26**	**798.44**
省 级	Province Level	1	103.52	37.24
市 级	Prefecture Level	18	893.72	215.8
县 级	County Level	158	3315.02	545.4

分 类	Item	利用档案 (万卷、万件次) Utilized Archives (10 000 volume-time, 10 000 pieces-time)	馆藏资料 (万册) Number of Material Stored (10 000 volume)	档案馆建筑面积 (万平方米) Construction Area of Archives (10 000 sq.m)
总 计	**Total**	**176.10**	**363.34**	**65.13**
省 级	Province Level	1.28	9.65	5.24
市 级	Prefecture Level	107.00	68.57	19.23
县 级	County Level	67.82	285.12	40.66

注：馆藏档案数=馆藏档案卷数+馆藏档案件数
Number of archives in the collection = number of archive volumes + number of archive pieces in the collection.

23−16 新闻出版业主要指标

Main Indicators of Press and Publication Industry

指标名称	Item	2022	2023
机构和人员情况	**Agencies and Employed Persons**		
机构数(个)	Agencies (unit)	10342	10793
从业人员(人)	Employed Persons (person)	102656	
出版情况	**Publishing**		
图书出版	Publishing of Books		
图书种数(种)	Sort of Books (sort)	9761	11174
图书总印数(万册)	Total Printed Copies of Books (10 000 volumes)	43413	50655
图书总印张(千印张)	Total Printed Sheets of Books (1 000 sheets)	3288392	3940102
图书定价总金额(万元)	Total Priced Value of Books (10 000 yuan)	501901	587429
期刊出版	Publishing of Magazine		
期刊种数(种)	Sort of Magazine (sort)	245	244
期刊总印数(万册)	Total Printed Copies of Magazine (10 000 volumes)	5873	5575
期刊总印张(千印张)	Total Printed Sheets of Magazine (1 000 sheets)	277435	247262
期刊定价总金额(万元)	Total Priced Value of Magazine (10 000 yuan)	44899	42108
报纸出版	Publishing of Newspaper		
报纸种数(种)	Sort of Newspaper (sort)	77	77
报纸总印数(万份)	Total Printed Copies of Newspaper (10 000 volumes)	122941	120217
报纸总印张(千印张)	Total Printed Sheets of Newspaper (1 000 sheets)	2095189	1926598
报纸定价总金额(万元)	Total Priced Value of Newspaper (10 000 yuan)	204571	204018
音像及电子出版物出版	Audio Products and Electronic Publications		
音像及电子出版物出版种数(种)	Category of Audio Products and Electronic Publications (kind)	571	613
音像及电子出版物出版数量(万盒、万张)	Number of Audio Products and Electronic Publications (10 000 cases)	175	120
音像及电子出版物发行数量(万盒、万张)	Total Issuance of Audio and Electronic Publications (10 000 cases)	175	120
印刷企业单位数(个)	Number of Enterprises of Printing (unit)	3112	3186
出版物发行情况	**Issuance of Publication**		
出版物购进数量(万册(张、份、盒))	Number of Publication Bought (10 000 volumes/paper/cases)	185201	196749
出版物购进金额(万元)	Total Bought Value (10 000 yuan)	1847923	1992503
出版物销售数量(万册(张、份、盒))	Volume of Saling Printing (10 000 volumes/paper/cases)	184854	195460
出版物销售金额(万元)	Total Sales Amount of Publication (10 000 yuan)	1839765	1997115
出版物库存数量(万册(张、份、盒))	Storage of Publication (10 000 volumes/paper/cases)	12554	15130
出版物库存金额(万元)	Publication Inventory (10 000 yuan)	269546	285317

23-17　课本出版情况(2023年)

Basic Statistics of Publication of Textbook (2023)

项　　目	Item	种　数 (种) Number of Items (number)	#新版 (种) New Publication (number)	总印数 (万册) Printed Copies (10 000 volumes)	总印张 (千印张) Printed Sheets (1000 copies)	定价总金额 (万元) Total Priced Value (10 000 yuan)
总　　计	**Total**	**989**	**267**	**28160.74**	**1880846**	**203344**
#大专及以上课本	Textbooks for Colleges and Universities	685	250	178.62	30174	8341
中专、技校课本	Textbooks for Secondary Technical Schools	3	2	0.25	28	11
中学课本	Textbooks for Secondary Schools	104	0.25	14401.71	1171626	115438
小学课本	Textbooks for Primary Schools	110	2	13555.32	675433	78240
教学用书	Teaching Materials	43	10	5.66	950	624

23-18　录像制品及电子出版物情况

Basic Statistics of Audio-video Products and Electronic Publications

指标名称	Item	2022	2023
录像制品出版品种(种)	Number of Publication of video Products (kind)	112	54
#新版	Newly Published	96	36
录像制品出版数量(万盒、万张)	Volume of Publication of Video Products (10 000 cases)	21.86	4.57
#新版	Newly Published	21.12	4.11
录像制品发行数量(万盒、万张)	Total Issuance of Video Products (10 000 cases)	21.86	4.57
录音制品出版品种(种)	Number of Publication of Audio Products (kind)	1	1
#新版	Newly Published	1	1
录音制品出版数量(万盒、万张)	Volume of Publication of Audio Products (10 000 cases)	0.05	0.02
#新版	Newly Published	0.05	0.02
录音制品发行数量(万盒、万张)	Total Issuance of Audio Products (10 000 cases)	0.05	0.02
电子出版物出版品种(种)	Electronic Publications (kind)	458	558
#新版	Newly Published	202	170
电子出版物出版数量(万张)	Number of Electronic Publications (10 000 cases)	153.41	115.34
#新版	Newly Published	25.38	19.99

23-19 各市出版物发行网点数和从业人数(2023年)

Issuing Institutions and Spots of Publication by City (2023)

地 区	Region	发行网点合计(处) Issuing Institutions (unit)	#国有书店及国有发行点 State-owned Book Store and Issuing Spots	国有书店及国有发行点从业人数(人) Employed Persons of State-owned Book Stores and Issuing Spots (person)
合计	**Total**	**13458**	**1191**	**10827**
省直	**Directly Administrated by Province**	**26**	**14**	**1223**
郑州市	Zhengzhou	2554	143	679
开封市	Kaifeng	640	81	590
洛阳市	Luoyang	905	101	656
平顶山市	Pingdingshan	596	62	562
安阳市	Anyang	704	37	421
鹤壁市	Hebi	238	30	139
新乡市	Xinxiang	831	76	594
焦作市	Jiaozuo	350	18	387
濮阳市	Puyang	537	23	325
许昌市	Xuchang	462	69	429
漯河市	Luohe	265	28	225
三门峡市	Sanmenxia	296	24	219
南阳市	Nanyang	1230	122	1152
商丘市	Shangqiu	883	107	849
信阳市	Xinyang	828	50	912
周口市	Zhoukou	1075	95	768
驻马店市	Zhumadian	892	109	648
济源示范区	Jiyuan	146	2	49

23-20 广播电视业基本情况

Basic Statistics on Radio and Television Industry

指标名称	Index	2022	2023
广播电台情况	**Broadcasting stations**		
广播电台(座)	Number of broadcasting stations (set)	18	22
中、短波转播发射台(座)	Transmission and Relaying Stations of Medium and Short Wave Broadcast (unit)	31	31
公共广播节目套数（套）	Number of Public Radio Programs (set)	161	166
广播综合人口覆盖率(%)	Population Coverage Rate of Radio Programs (%)	99.7	99.73
公共广播节目播出时间(时：分)	Annual Broadcasting Hours of Radio Programs (hour:minute)	736345:19	774456:33
制作广播节目时间(时：分)	Annual Production Hours of Radio Programs (hour:minute)	342691:14	354457:48
被中央台采用新闻类节目(条)	Number of News Programs Adopted by CCTV (item)	3492	3153
电视台情况	**TV stations**		
电视台(座)	Number of TV stations (set)	18	22
电视转播发射台(座)	Television Transmission and Relaying Stations (set)	156	155
公共电视节目套数(套)	Number of Public Programs (set)	171	172
电视综合人口覆盖率(%)	Population Coverage Rate of TV Programs (%)	99.69	99.72
公共电视节目播出时间(时：分)	Broadcasting Hours of Public TV Programs (hour:minute)	935511:42	934900:09
制作电视节目时间(时：分)	Production Hours of Public TV Programs (hour:minute)	130065:02	137023:03
被中央台采用新闻类节目数(条)	Number of News Programs Adopted by CCTV (item)	5141	6245
有线广播电视覆盖用户数(万户)	Users of Cable Radios and TVs (10 000 households)	636.73	613.90
#数字电视覆盖用户数	Digital TV	619.13	587.07
有线电视入户率(%)	Cable Television Coverage of Household (%)	19.16	18.48

23-21 广播电视业经营情况

Basic Statistics on Radio and Television Operation

单位：万元 (10 000 yuan)

指标名称	Index	2022	2023
单位数(个)	Number of Work Units (unit)	603	589
从业人员(人)	Number of Employed Persons (person)	37411	36170
总收入	Total Income	774052	696834
行政事业单位	Income of Agencies and Institutions	501585	466778
企业单位	Revenue form Principal Business of Enterprises	272467	230056
实际创收收入	Actual Income of Institutions and Enterprises	413702	375420
#广告收入	From Advertisement	117812	110289
#网络收入	From Internet	85063	65511
#新媒体业务收入	From New Media Business Income	79711	72221
资产总额	Total Assets	2501680	2412002

23-22 分市广播电视覆盖率

Coverage Rate of Radio and TV

单位：% (%)

地区	Region	2022 广播覆盖率 Radio Coverage Rate	2022 电视覆盖率 TV Coverage Rate	2023 广播覆盖率 Radio Coverage Rate	2023 电视覆盖率 TV Coverage Rate
合计	**Total**	**99.70**	**99.69**	**99.73**	**99.72**
郑州市	Zhengzhou	99.30	99.76	99.31	99.76
开封市	Kaifeng	100.00	100.00	100.00	100.00
洛阳市	Luoyang	98.68	99.00	98.99	99.20
平顶山市	Pingdingshan	99.40	99.03	99.40	99.03
安阳市	Anyang	100.00	100.00	100.00	100.00
鹤壁市	Hebi	100.00	100.00	100.00	100.00
新乡市	Xinxiang	99.95	99.81	99.95	99.84
焦作市	Jiaozuo	100.00	100.00	100.00	100.00
濮阳市	Puyang	100.00	100.00	100.00	100.00
许昌市	Xuchang	100.00	100.00	100.00	100.00
漯河市	Luohe	100.00	100.00	100.00	100.00
三门峡市	Sanmenxia	100.00	100.00	100.00	100.00
南阳市	Nanyang	99.31	98.84	99.34	98.86
商丘市	Shangqiu	100.00	100.00	100.00	100.00
信阳市	Xinyang	100.00	100.00	100.00	100.00
周口市	Zhoukou	100.00	100.00	100.00	100.00
驻马店市	Zhumadian	99.76	99.57	99.78	99.64
济源示范区	Jiyuan	100.00	100.00	100.00	100.00

23-23 运动员人数
Number of Athletes

单位：人 (person)

人员分类	Category of Personnel	2022	#女 Female	2023	#女 Female
等级运动员人数	**Number of Class athletes**	**1866**	**660**	**1411**	**502**
运动健将	Master of Sports	36	10	182	67
一级运动员	First Grades	510	205	370	142
二级运动员	Second Grades	1320	445	859	293

23-24 体育彩票发行情况
Issue of Sports Lottery Ticket

单位：万元 (10 000 yuan)

项　目	Item	2021	2022	2023
体育彩票销售点(个)	Sale Place of Sports Lottery (unit)	16025	13829	15084
体育彩票销售收入	Sale Revenue of Sports Lottery	1653071	1673580	2433111
用于兑奖金额	Bonus	1093161	1173423	1413502

主要统计指标解释

文化 主要包括新闻出版业、广播电视电影和影像业、文化艺术业等类别。新闻业指新华通讯社、各新闻单位及派驻的记者站、境外驻我国的新闻机构、中心、办事处联络站等的活动；出版业指国家批准的出版社的活动；广播电视电影和影像业指对广播、电视、电影、录音、录像内容的制作、编导、播出、放映等活动；文化艺术业主要包括文艺创作与表演、艺术表演场馆、图书与档案馆、文物及文化保护、博物馆、烈士陵园、纪念馆、文化艺术经纪代理等活动。

体育 主要包括体育组织、体育场馆、以及其他体育活动。

艺术表演团体 指由文化部门主办或实行行业管理（经文化行政部门审批或已申报登记并领取相关许可证），专门从事表演艺术等活动的各类专业艺术表演团体，含民间职业剧团。不包括群众业余文艺表演团队。

艺术表演场馆 指由文化部门主办或实行行业管理（经文化行政部门审批或已申报登记并领取相关许可证），有观众席、舞台、灯光设备，公开售票、专供文艺团体演出的文化活动场所。附属于文化部门机构内非独立核算的剧场、排演场，公开营业的也应单独统计。

文化市场经营机构 指经文化市场行政部门审批或已申报登记并领取相关许可证的、从事文化经营和文化服务活动的机构。

公共图书馆 指文化部门主办的面向社会服务的图书馆。

广播综合人口覆盖率 是指根据国家广电总局制定的《广播电视人口覆盖率统计技术标准和方法》，在对象区内采用无线、有线、卫星等技术手段能够收听到包括中央、省、地市、县广播节目其中任意一套的人口数与总人口的比。

电视综合人口覆盖率 是指根据国家广电总局制定的《广播电视人口覆盖率统计技术标准和方法》，在对象区内采用无线、有线、卫星等技术手段能够收看到包括中央、省、地市、县级电视节目中任意一套的人口数与总人口的比。

有线电视入户率 指能接收到有线广播电视台、有线广播电视站（系统内和系统外）和共享天线系统播放的有线电视节目的家庭户数与总户数的比率。计算公式：

有线电视入户率 ＝ 年末有线电视总用户数/年末总户数×100%

等级运动员 是指经考核正式批准授予技术等级的运动员，分为国际级运动健将、运动健将、一级、二级运动员。

Explanatory Notes on Main Statistical Indicators

Culture mainly includes Journalism, radio, television and film and video industry, culture art industry etc. Journalism refers to The Xinhua news agency, the press agencies and their reporter station. In our country overseas news agency, center, office activities; The publishing refers to the activities approved by the state; Radio, television and film and video refers to broadcasting, television, films, sound recording, video content production, broadcast playwright-director, showing activities; Culture and art owner to should include the creation of literature and art and performance, artistic performance venues, books and archives, cultural relics and culture protection, museums, martyr cemetery, memorial, arts and culture, as an agent and other activities.

Sports include sports organizations, sports venues, and other physical activities.

Arts Performance Troupes refer to the various professional performing arts groups, which sponsored by the cultural sectors or guided by the cultural society (approved by the cultural market administration, or registered and permitted with the relative certificate), including non-governmental troupes, such as drama troupes, dialect troupes, comedy troupes, children troupes, Opera troupes, puppetry troupes, Shadowgraph troupes, etc., comprehensive professional arts performance troupes. The mass amateur arts performance troupes are not included.

Arts Performance Places refer to the various sites for cultural activities, which sponsored by the cultural sectors or guided by the cultural society (approved by the cultural market administration, or registered and permitted with the relative certificate), with the facility of auditorium, stage, and lighting, and selling tickets in public. The theaters and rehearse sites which are affiliated to the cultural sectors without independent financial accounts which are open to the public should be covered independently.

Institutions of Cultural Market Management refer to the units dealing in culture and cultural services, which registered and permitted with the relative certificate by cultural market administration.

Public library refers to the library service set up by the social cultural departments.

Population Coverage Rate of Radio Programs refers to the percentage of population, which can listen to one of central, provincial, city, prefecture, and county radio programs by wireless, cable, satellite and other technical means, in the surveying area, to national total population, according to Statistical Standard and Method on Television and Radio Coverage of Population established by the State Administration of Broadcasting, Film and Television.

Population Coverage Rate of TV Programs refers to the percentage of population, which can watch one of central, provincial, city, prefecture, and county television programs by wireless, cable, satellite and other technical means, in the surveying area, to national total population, according to Statistical Standard and Method on Television and Radio Coverage of Population established by the State Administration of Broadcasting, Film and Television.

Cable Television Coverage of Household refers to the percentage of households, which can watch television by cable of radio and television network, to national total household. The formula is:

Cable Television Coverage of Household＝Total Number of Cable TV Subscribers at the End of the Year/Total Number of Households at the End of the Year×100%

Class Athletes refers to formally approved by the examination on the level of the athletes awarded technology, divided into international sports, master of sports, level 1, level 2 player.

公共管理、社会保障和社会组织

Public Management, Social Security and Social Organizations

24

资料整理：郑洁

简要说明

一、主要内容

本篇包括公检法司、安全生产、工会组织、劳动保障情况等。公检法司的资料主要包括公安机关的刑事案件立案情况和治安案件查处情况、交通事故情况，检察机关的办案情况，人民法院审理案件和收结案情况，以及司法部门律师、公证、调解工作等资料。

二、资料来源

公检法司统计资料分别由河南省公安厅、河南省高级人民法院、河南省人民检察院和河南省司法厅提供。

劳动争议仲裁由河南省人力资源和社会保障厅提供。

工会组织情况由河南省总工会提供。安全生产由河南省应急管理厅提供。

参加社会保险人数、社会保险基金收支资料由省人力资源和社会保障厅提供。

医疗保险、生育保险数据由河南省医保局提供。

本篇资料由河南省统计局社会科技和文化产业统计处编辑整理。

Brief Introduction

I. Main Contents

Data in this chapter include This article includes the public prosecution law department, safety production, trade union organization, labor security, etc. The information of the public prosecution and law division mainly includes the criminal case filing of public security organs, the investigation and treatment of public security cases, traffic accidents, the handling of cases by the procuratorial organs, the trial and closing of cases by the people's court, and the lawyers, notarization and mediation of the judicial department.

II. Sources of Data

Data on the statistics of the public prosecution and law department are provided by Henan Provincial Public Security Department, Henan Provincial High People's Court, Henan People's Procuratorate and Henan Provincial Judicial Department.

Data on labor dispute arbitration shall be provided by the Department of Human Resources and Social Security of Henan Province.

Data on the organization of trade unions shall be provided by the Henan Federation of Trade Unions. Data on the safety production is provided by Henan Emergency Management Department.

Data on the number of participants in social insurance and income and expenditure information of social insurance funds shall be provided by the Provincial Department of Human Resources and Social Security.

Data on medical insurance and birth insurance are provided by Henan Provincial Bureau of Medical Insurance.

Data in this chapter are edited by Department of Social Science and Technology and Cultural Industry Statistics, Henan Provincial Bureau of Statistics.

24-1 公安机关立案的刑事案件情况
Criminal Case of Register in Public Security Organs

案件类别	Category of Cases	立案(起) Number of Cases Registered (case)		构成(%) Composition (%)	
		2022	2023	2022	2023
总计	**Total**	**252500**	**239183**	**100.0**	**100.0**
杀人	Homicide	324	321	0.1	0.1
伤害	Injury	5010	5900	2.0	2.5
抢劫	Robbery	288	314	0.1	0.1
强奸	Rape	2500	3062	1.0	1.3
拐卖妇女、儿童	Abducting Women or Children	189	81	0.1	
盗窃	Larceny	83794	68982	33.2	28.8
诈骗	Fraud	83858	90090	33.2	37.7
走私	Smuggling		4		
伪造、变造货币,出售、购买、运输、持有、使用假币	Forging Currency, Selling, Buying, Transporting, Holding and Using Counterfeit Currency	11	30	0.0	
帮助信息网络活动	Assisting in information network activities	4756	4559	1.9	1.9
危险驾驶	Dangerous driving	28497		11.3	
其他	Others	43273	65840	17.1	27.5

24-2 公安机关受理和查处治安案件情况(2023年)
Cases of Offence Against Public Order Handled by Public Security Organs (2023)

案件类别	Category of Cases	受理(起) Number of Cases Accepted to be Treated (case)	查处(起) Number of Cases Investigated and Treated (case)	每万人口受理案件数(起) Number of Cases Accepted per 10 000 Population (case)
合计	**Total**	**391364**	**376628**	**39.87**
扰乱单位秩序	Disturbing Business Orders	3081	3039	0.31
扰乱公共场所秩序	Disturbing the Orders in Public Places	1147	1128	0.12
寻衅滋事	Causing Quarrels and Making Troubles	7120	6946	0.73
阻碍执行职务	Obstructing Government Workers in Performing Their Duties	1175	1147	0.12
非法携带枪支、弹药、管制器具	Violation of Firearms Control Regulations	204	197	0.02
违反危险物质管理规定	Violation of Explosives Control Regulations	4751	4637	0.48
殴打他人	Battering Other Persons	100187	95387	10.21
故意伤害	Willfully Injuring Others	5559	5285	0.57
盗窃	Stealing Property	167443	161267	17.06
敲诈勒索	Extortion and Blackmail	352	343	0.04
抢夺	Robbery and Snatch	255	249	0.03
盗窃、损毁公共设施	Theft and Destruction of Public Facilities	838	821	0.09
伪造、变造、倒卖有价票证、凭证	Forge/alter/scalp Valuable Coupons or Certificates	18	18	
违反旅馆业管理	Violating the Hotel Management Regulations	5385	5350	0.55
违反房屋出租管理	Violating the Rent Control Regulations	3385	3375	0.34
诈骗	Swindling, Seizing and Extorting Property	18478	17887	1.88
卖淫、嫖娼	Prostitution or Soliciting Prostitutes	2790	2748	0.28
赌博、为赌博提供条件	Gambling or Providing Conditions for Gambling	8973	8892	0.91
毒品违法活动	Illegal Drug Related Action	4484	4463	0.46
其他	Others	55739	53449	5.68

24-3 交通事故情况(2023年)

Basic Statistics on Traffic Accidents (2023)

项 目	Item	发生数 (起) Number of Traffic Accidents (case)	死亡人数 (人) Number of Deaths (person)	受伤人数 (人) Number of Injuries (person)	直接财产损失 (万元) Direct Property Losses (10 000 yuan)
总 计	**Total**	**20879**	**2648**	**23442**	**9641.87**
机动车	Vehicles	15202	2318	16157	8245.95
#汽车	Motor Vehicles	12894	1965	13409	7668.65
摩托车	Motorcycles	1339	217	1655	351.91
拖拉机	Tractors	42	8	50	10.57
非机动车	Non-motor-driven Vehicles	5496	284	7131	1233.26
#自行车	Bicycles	3768	164	5008	803.30
行人乘车人	Pedestrians and Passengers	164	45	140	160.50
其他	Others	17	1	14	2.16

24-4 人民检察院审查逮捕、审查起诉情况(2023年)

Arrests and Prosecution Approved by People's Procuratorate (2023)

案件分类	Category of Cases	批捕、决定逮捕合计 (人) Total of Arrests (person)	决定起诉合 计 (人) Total of Public Prosecutions (person)
合 计	**Total**	**58688**	**136149**
危害公共安全案	Offences Against Public Security	2140	24978
破坏社会主义市场经济秩序案	Offences Against Socialist Market Economic Order	4543	9621
侵犯公民人身、民主权利案	Offences Against Citizens' Personal and Democratic Rights	9548	12683
侵犯财产案	Offences Against Properties	18873	27010
妨害社会管理秩序案	Offences Against Social Management of Order	23501	60986
贪污贿赂案	Offences on Corruption and Bribery	13	676
渎职侵权案	Offences on Infringement of Right and Dereliction of Duty	50	161
其他	Others	20	30

24−5 人民检察院办理刑事申诉案件情况(2023年)
Criminal Appeals Handled by People's Procuratorate (2023)

单位：件 (case)

案件分类	Category of Cases	受理 Acceptance	办理结案 Close the Case		提出抗诉 Protesting Pretest Appeal	提出再审检察建议 Suggest Retrial and Prosecution
			改变原决定 Change the Original Decision	维持原决定 Sustain Original Decision		
合　计	**Total**	**1127**	**3**	**116**		**12**
不服检察机关处理决定	Appeals Against Decision of Procuratorate's Offices	124	3	116		
不服不批捕	Appeals Against Rejection of Arrest	6		8		
不服不起诉	Appeals Against Rejection of Prosecuting	113	3	104		
不服撤案	Appeals Against Withdrawal of the Case	1		1		
不服其他诉讼终结的刑事处理决定	Appeals Against Original Exemption of Lawsuit	4		3		
不服法院刑事判决裁定	Appeals Against Judgment of Criminal Case	1003				12

24−6 人民检察院办理刑事抗诉案件情况(2023年)
Criminal Appeals Handled by People's Procuratorate (2023)

案件类别	Category of Cases	提出抗诉(件) Presenting Protest Appeal (case)	审判结果 合计(件) Total Result of Judgement (case)	改判 Revising Judgment		维持原判(件) Affirming Original Judgment (case)	发回重审(件) Remanding for Retrial (case)
				(件) (case)	(人) (person)		
合　计	**Total**	**715**	**552**	**372**	**516**	**115**	**65**
危害公共安全案	Offences Against Public Security	90	78	55	62	15	8
破坏社会主义市场经济秩序案	Offences Against Socialist Market Economic Order	86	16	41	59	9	8
侵犯公民人身、民主权利案	Offences Against Citizens' Personal and Democratic Rights	94	77	53	68	16	8
侵犯财产案	Offences Against Properties	158	110	76	110	20	14
妨害社会管理秩序案	Offences Against Social Management of Order	272	210	141	203	48	22
贪污贿赂案件	Offences on Corruption and Bribery	11	4	3	7	1	
渎职侵权案件	Offences on Infringement of Right and Dereliction of Duty	3	1			1	
其他刑事案件	Other Criminal Cases	1	56	3	7	5	5

24-7 人民检察院办理民事、行政判决裁定调解书监督案件情况(2023年)

Civil and Administrative Judgments, Rulings and Mediation Supervision Cases Handled by People's Procuratorate (2023)

单位：件 (case)

案件类别	Category of Cases	合计 Total	民事案件 Civil Cases	行政案件 Administrative Cases
提出抗诉	Protesting Pretest Appeal	294	283	11
抗诉案件再审	Retrial of Protested Cases	243	230	13
改　判	Revising Judgment	180	177	3
调　解	Mediation	9	9	
发回重审	Remanding for Retrial	30	24	6
和解撤诉	Reconciliation and Withdrawal	11	9	2
维持原判	Affirming Original Judgment	10	8	2
其　他	Others	3	3	
提出再审检察建议	Giving Retrial Procuratorate Suggestion	852	809	43
采纳再审检察建议再审情况	Retrial after Adopting Procuratorate Suggestion	307	281	26
改　判	Revising Judgment	228	222	6
调　解	Mediation	10	9	1
发回重审	Remanding for Retrial	4	4	
和解撤诉	Reconciliation and Withdrawal	32	21	11
维持原判	Affirming Original Judgment	9	8	1
其　他	Others	24	17	7

24-8 人民检察院办理民事、行政公益诉讼案件情况(2023年)

Civil and Administrative Public Interest Litigation Cases Handled by People's Procuratorate (2023)

单位：件 (case)

案件类别	Category of Cases	合计 Total	民事案件 Civil Cases	行政案件 Administrative Cases
案件线索受理	Case Clue Acceptance	9365	689	8676
立案	Register	8810	649	8161
诉前检察建议	Pre-litigation Prosecution Recommendations	6828		6828
起诉	Indict	430	340	90
法院审结	Court Concluded	479	395	84
其中：一审判决支持	Among them: The First-instance Judgment Upheld	476	393	83

24-9 人民检察院刑事诉讼监督和刑事执行检察情况

Supervision of Criminal Proceedings and Procuratorial Work of Criminal Execution by the People's Procuratorates

项　　目	Item	2022	2023
立案监督小计（件）	Sub-total of Supervision of Cases Registered	2538	5859
监督立案	Supervision of Cases Filing	1052	4491
监督撤案	Supervision of Cases Withdrawal	1486	1368
建议行政执法机关移送案件（件）	Recommendation for the Transfer of Cases by Administrative Law Enforcement Authorities (Cases)	85	163
已纠正漏捕漏诉小计（人）	Corrected Omissions of Arrest and Prosecution Subtotal (persons)	9248	14630
纠正漏捕	Rectified of Missed Arrests	1531	1701
纠正漏诉	Rectified of Missed Appeals	7717	12929
已纠正侦查活动违法小计（件次）	Corrected Illegal Investigative Activities Subtotal (cases)	24749	49247
提出检察建议合计（件次）	Total Number of Procuratorial Suggestions (cases)	212	3348
纠正违法类检察建议	Corrective Procuratorial Suggestions for Illegal Acts	105	1778
社会治理类检察建议	Procuratorial Suggestions for Social Governance	51	1466
其他问题	Other Issues	56	104
减刑、假释、暂予监外执行检察小计（人）	Commutation of Sentence, Parole and Temporary Execution Outside Prison	2218	8698
监外执行和社区矫正监管活动检察（人）	Prosecution of Outside Prison Execution and Community Correction	7191	10821

24-10 人民检察院检察官基本情况

Basic Statistics on Procurator

单位：人 (person)

指　标	Item	2022	2023
全部检察官人数	Total Number of Procurators	4038	4141
#女性	Female	1437	1556
检察长人数	Number of Chief Procurators	184	183
#女性	Female	42	42
副检察长人数	Number of Deputy Chief Procurators	497	544
#女性	Female	126	141
检察官人数	Number of Procurators	3357	3414
#女性	Female	1269	1373

24-11 人民法院审理刑事一审案件收结案情况

First Trial Criminal Case Accepted and Settled by People's Courts

单位：件 (case)

项　目	Item	2022		2023	
		收　案 Cases Accepted	结　案 Cases Settled	收　案 Cases Accepted	结　案 Cases Settled
合　计	**Total**	**81254**	**83615**	**96496**	**96679**
危害公共安全罪	Offences Against Public Security	24389	24753	25629	25621
破坏社会主义市场经济秩序罪	Offences Against Socialist Market Economic Order	4560	4750	5019	5163
侵犯公民人身权利、民主权利罪	Offences Against Citizens' Personal and Democratic Rights	9392	9657	10440	10615
侵犯财产罪	Offences Against Properties	14373	14991	18236	18024
妨害社会管理秩序罪	Offences Against Social Management of Order	27951	28893	36418	36508
危害国防利益罪	Offences against national Defence security	14	16	17	16
贪污贿赂罪	Offences on Corruption and Bribery	471	446	597	596
渎职罪	Offences on Dereliction of Duty	100	104	127	124
其他	Others	4	5	13	12

24-12 各市人民法院审理刑事案件罪犯情况(2023年)

Criminal Offenders Heard by Courts by City (2023)

地区 Region	刑事罪犯总数(人) Number of Offenders (person)	#青少年犯罪 Juvenile Offenders	不满18岁 Less Than 18 Years	18-25岁 Between 18 and 25 Years	青少年罪犯占刑事罪犯比重(%) Proportion of Juvenile Offenders in the Total (%)
全省 Total	**131302**	**25841**	**3462**	**22379**	**19.7**
郑州市 Zhengzhou	18499	3155	320	2835	17.1
开封市 Kaifeng	5354	1040	145	895	19.4
洛阳市 Luoyang	10471	1978	218	1760	18.9
平顶山市 Pingdingshan	4953	926	163	763	18.7
安阳市 Anyang	6958	1530	251	1279	22.0
鹤壁市 Hebi	2391	497	74	423	20.8
新乡市 Xinxiang	8635	1652	227	1425	19.1
焦作市 Jiaozuo	3951	610	44	566	15.4
濮阳市 Puyang	4847	1057	85	972	21.8
许昌市 Xuchang	4759	916	135	781	19.2
漯河市 Luohe	2908	541	48	493	18.6
三门峡市 Sanmenxia	2404	410	86	324	17.1
南阳市 Nanyang	13212	2803	444	2359	21.2
商丘市 Shangqiu	9464	1971	212	1759	20.8
信阳市 Xinyang	9979	1688	216	1472	16.9
周口市 Zhoukou	11381	2532	330	2202	22.2
驻马店市 Zhumadian	9922	2320	433	1887	23.4
济源示范区 Jiyuan	1214	215	31	184	17.7

24-13 人民法院审理婚姻家庭、继承一审案件收结案情况(2023年)

First Trial Civil Cases of Marriage, Family Affairs and Inheritance Accepted and Settled by Courts (2023)

单位：件 (case)

项 目	Item	收案 Cases Accepted	结案 Cases Settled	调解 Mediate	判决 Judgment	不予受理 Dismiss	驳回起诉 Reject	撤诉 With-drawal	其他 Other
合 计	**Total**	**177145**	**175544**	**65565**	**72**	**2261**	**30097**	**76696**	**853**
婚姻家庭纠纷	**Marriage and Family Affairs**	**170763**	**169392**	**63348**	**64**	**2040**	**28853**	**74282**	**805**
离婚纠纷	Divorce Disputes	144036	143052	52087	39	1425	22531	66421	549
抚养纠纷	Upbringing Disputes	9163	9074	3683	6	227	2236	2848	74
扶养纠纷	Maintenance Disputes	248	244	121	1	3	80	35	4
赡养纠纷	Support Disputes	2242	2230	998	2	42	628	541	19
收养关系纠纷	Adoption Relation Disputes	122	116	49		6	30	30	1
监护权纠纷	Guardianship Disputes	34	34	17		3	7	7	
探望权纠纷	Visitation Disputes	567	547	229	1	9	122	182	4
其他	Others	14351	14095	6164	15	325	3219	4218	154
继承纠纷	**Inheritance Disputes**	**6382**	**6152**	**2217**	**8**	**221**	**1244**	**2414**	**48**
法定继承纠纷	Legal Inheritance	654	602	160	2	10	88	336	6
遗嘱继承纠纷	Testament Inheritance	153	145	62		3	31	48	1
其他	Others	5575	5405	1995	6	208	1125	2030	41

24-14 人民法院审理合同纠纷一审案件收结案情况(2023年)
First Trial Cases of Contract Disputes Accepted and Settled by Courts (2023)

单位：件 (case)

项目	Item	收案 Cases Accepted	结案 Cases Settled	判决 Judgment	不予受理 Dismiss	驳回起诉 Reject	撤诉 With-drawal	调解 Mediate	其他 Other
合计	**Total**	**782986**	**767594**	**368487**	**1277**	**22170**	**181515**	**189096**	**5049**
借款合同	Loan Contracts	301019	296886	158124	214	8367	54195	75022	964
买卖合同	Trade Contracts	110497	107378	43149	229	2786	27830	32448	936
电信合同	Telecom Contracts	105	104	34	2	5	45	14	4
租赁合同	Lease Contracts	40011	38991	17525	81	1133	9795	10237	220
劳动争议	Work Disputes	11338	10972	4655	6	362	2383	3374	192
房地产合同	Real Estate Contracts	15980	15493	6467	34	539	4672	3613	168
供用动力合同	Power Supply Contracts	280	286	109		6	104	67	
建设工程合同	Construction Contracts	40479	38964	17744	135	1535	9805	9335	410
农村承包合同	Rural Contracts	894	855	413		48	203	153	38
承揽合同	Contracts for Work	12110	11627	4886	46	302	3063	3217	113
其他	Others	250273	246038	115381	530	7087	69420	51616	2004

24-15 人民法院审理民事一审案件收结案情况(2023年)

First Trial Civil Cases Accepted and Settled by Courts (2023)

单位：件 (case)

项 目	Item	收案 Cases Accepted	结案 Cases Settled	判决 Judgment	不予受理 Dismiss
合 计	**Total**	**1243242**	**1221358**	**583420**	**1722**
人格权纠纷	Personality Disputes	16602	16311	8741	17
婚姻家庭、继承纠纷	Disputes of Marriage, Family Affairs and Inheritance	177230	175630	65603	72
物权纠纷	Property Rights Disputes	23031	22573	10062	78
合同、无因管理、不当得利纠纷	Contract, Non-cause Management, Improper Profit Disputes	795904	780343	373835	1336
知识产权与竞争纠纷	Intellectual Property Right and Competition Disputes	23141	22752	5836	13
劳动争议、人事争议	Labor Disputes, Personnel Disputes	36035	34639	16999	56
海事海商纠纷	Maritime Disputes		1		1
与公司、证券、保险、票据等有关的民事纠纷	Civil Disputes Relating to Companies, Securities, Insurance, Bills, etc	50576	50145	28988	69
侵权责任纠纷	Tort Liability Dispute	109778	108857	66587	67
其他	Others	10945	10107	6769	13

项 目	Item	驳回起诉 Reject	撤诉 With-drawal	调解 Mediation	其他 Other
合 计	**Total**	**32693**	**272206**	**322723**	**8594**
人格权纠纷	Personality Disputes	423	3927	3150	53
婚姻家庭、继承纠纷	Disputes of Marriage, Family Affairs and Inheritance	2264	30119	76718	854
物权纠纷	Property Rights Disputes	1887	7343	3009	194
合同、无因管理、不当得利纠纷	Contract, Non-cause Management, Improper Profit Disputes	23048	185662	191205	5257
知识产权与竞争纠纷	Intellectual Property Right and Competition Disputes	275	10758	5734	136
劳动争议、人事争议	Labor Disputes, Personnel Disputes	1134	5988	9229	1233
海事海商纠纷	Maritime Disputes				
与公司、证券、保险、票据等有关的民事纠纷	Civil Disputes Relating to Companies, Securities, Insurance, Bills, etc	1129	9403	10130	426
侵权责任纠纷	Tort Liability Dispute	1690	16805	23469	239
其他	Others	843	2201	79	202

24−16 人民法院审理行政一审案件收结案情况(2023年)
First Trial Administrative Cases Accepted and Settled by Courts (2023)

单位：件 (case)

项 目	Item	收案 Cases Accepted	结案 Cases Settled	判决 Judgment	不予立案 Dismiss	驳回起诉 Reject	撤诉 With-drawal	调解 Mediation	其他 Other
合 计	**Total**	**18345**	**17443**	**6800**	**430**	**2435**	**6826**	**246**	**706**
公安	Public Security	3015	2854	1085	80	242	1402	3	42
资源	Natural Resources	2900	2714	1044	55	522	909	33	151
城乡建设	Urban and Rural Construction	3421	3235	1333	52	426	1018	87	319
计划生育	Family Planning	13	13	7		1	5		
工商	Industry and Commerce	411	400	127	8	65	184	10	6
商标	Trademark	9	10	4		1	4		1
质量监督检验检疫	Quality Supervision, Inspection and Quarantine	100	97	23	2	10	61	1	
卫生	Health	144	111	22	11	22	50	5	1
食品药品安全	Food and Drug Safety	193	178	50		11	105	10	2
农业	Agriculture	44	48	21	4	11	11		1
物价	Prices	4	4	1		2	1		
环境保护	Environment Protection	160	156	52	4	9	52	19	20
交通运输	Traffic and Transport	110	108	24	7	7	69	1	
信息电讯	Information Telecommunication	12	6	3		2	1		
邮政	Postal Service	7	7		2	5			
专利	Patent	2	3	1			2		
新闻出版	Press and Publications	1	1					1	
税务	Taxes	61	60	13	7	20	20		
金融	Finance	47	40	15	4	11	10		
外汇	Foreign Exchange								
海关	Customs	2	2	1			1		
财政	Government Finance	39	39	20	1	5	12		1
劳动和社会保障	Labour and Social Security	1665	1586	881	18	103	552	7	25
审计	Audit	3	2	2					
经贸	Economy and Trade	3	3	3					
水利	Water Conservancy	65	67	16		7	43	1	
旅游	Tourism	3	3	3					
烟草专卖	Tobacco Monopoly	12	12	1		2	9		
司法	Justice	101	96	22	4	30	40		
民政	Civil Administration	237	236	41	25	51	118	1	
教育	Education	57	55	15	2	13	25		
文化	Culture	7	6	5		1			
广播电视电影	Broadcasting, Television and Film	3	3	1	1	1			
统计	Statistics								
电力	Electric Power	4	3			1	2		
国有资产	State Assets	9	11	7			3	1	
外资	Foreign Capital								
盐业	Salt Industry	5	5	3			1		1
体育	Sports	1	1				1		
行政监察	Administrative Supervision	18	18	10	1	1	5		1
乡政府	Townships Government	1568	1538	693	47	285	465	28	20
其他	Others	3889	3706	1257	94	571	1631	38	115

24-17 全省法官及建立少年法庭情况

Statistics on Judges and Juvenile Courts

指　标	Item	2022	2023
法官及陪审员情况(人)	Judges and juror (person)		
法院员额法官人数	Specified Number of Judges in court	7032	7154
#女法官	Female	2532	2455
高级法院员额法官人数	Specified Number of Judges in Superior Court	198	185
#女法官	Female	60	60
人民陪审员人数	Number of juror	20571	20761
#女陪审员	Female	8804	9568
建立少年法庭数(个)	Number of Juvenile Courts (unit)	182	182

24-18 律师、公证和调解工作基本情况

Basic Statistics on Lawyers, Notarization and Mediation

项　目	Item	2022	2023
律师工作	**Lawyers**		
律师事务所（个）	Number of Law Offices (unit)	1759	1921
律师人数（人）	Number of Lawyers (person)	33888	38699
#女性	Female	11462	13644
#专职律师	Full-time Lawyers	28157	31473
兼职律师	Part-time Lawyers	811	870
律师人员学历构成（人）	Education Composition of Lawyers (person)		
#博士	Doctor's Degree	446	381
硕士	Master's Degree	5156	5972
法律专业本科	Bachelor Degree in Law	24042	27694
担任法律顾问（家）	Number of Units with Legal Advisors (unit)	28469	30852
民事案件代理（件）	Agent of Civil Cases (case)	407881	458005
刑事案件辩护及代理（件）	Agent and Defender of Criminal Cases (case)	67815	77532
行政案件代理（件）	Agent of Administrative Action (case)	12522	13133
非诉讼法律事务（件）	Agent of Non-Litigious Legal Affairs (case)	46402	50404
咨询和代书（件）	Legal Advisory Services (case)	144651	132462
公证工作	**Notarization**		
公证机构（个）	Notary Offices (unit)	163	162
公证人员（人）	Notarial Personnel (person)	1820	1814
#公证员	Notaries	754	755
办理公证（出证）总数（万件）	Number of Notarized Documents (10 000 cases)	36.1	51.1
人民调解工作	**People's Mediation**		
人民调解委员会（万个）	Number of People's Mediation Committees (10 000 units)	5.61	5.64
人民调解员（万人）	Number of Mediators (10 000 persons)	16.90	17.40
调解民间纠纷（万件）	Number of Civil Disputes Mediated (10 000 cases)	66.01	74.61

24−19 法律援助工作情况
Statistics on legal Aid

项　目	Item	2022	2023
法律援助机构（个）	Number of Institutions (unit)	177	178
工作人员（人）	Staffs (person)	820	882
#具有律师资格或者律师职业资格（人）	Having Legal Qualifications or Professional Qualifications as A Lawyer (person)	289	284
受理案件　（件）	Case Accepted (case)	74967	82537
民事法律援助（批准）	Civil	30658	33186
刑事法律援助	Criminal	44114	49047
行政法律援助（批准）	Administrative	195	301
各类案件受援人合计（人次）	Total Number of Aid Recipients in Various Cases (person-time)	156436	177758
其中：未成年人	Among them: Minors	10609	13734
老年人	Senior Citizens	6503	6245
残疾人	Handicapped	2158	2046
妇女	Woman	18314	19837
工作站总数（个）	Total Number of Workstations (unit)	4411	4467
咨询（人次）	Consultation (person-time)	1043905	1210471

注：法律援助机构统计口径变更，不含法律援助管理机构；工作人员、法律专业统计口径变更，不含法律援助管理机构工作人员。
The statistical caliber of legal aid institutions has changed, excluding legal aid management institutions; The statistical caliber of staff and legal profession has changed, excluding the staff of legal aid management institutions.

24−20 法律服务基本情况(2023年)
Basic Statistics on Legal Services (2023)

地　区	Region	律师人数（人） Number of Lawyers (person)	#女性 Female	专职律师人数（人） Number of full-time lawyer (person)	#女性 Female	公证员（人） Notary personnel (person)	#女性 Female	获得法律援助的受援人数（人） Number of Persons Received legal aid (person)
全　省	**Total**	**38699**	**13644**	**31473**	**12045**	**755**	**416**	**177758**
郑州市	Zhengzhou	17224	7003	15540	6609	149	95	34147
开封市	Kaifeng	998	326	732	229	28	14	5213
洛阳市	Luoyang	3091	948	2573	981	83	55	12615
平顶山市	Pingdingshan	1322	425	906	227	36	17	7215
安阳市	Anyang	1694	473	1350	493	37	22	10097
鹤壁市	Hebi	379	78	194	61	13	6	2859
新乡市	Xinxiang	1737	591	1320	598	36	16	14018
焦作市	Jiaozuo	926	287	693	254	46	25	7447
濮阳市	Puyang	812	279	608	230	27	14	7331
许昌市	Xuchang	1047	339	774	246	21	11	8413
漯河市	Luohe	625	212	445	161	28	22	5031
三门峡市	Sanmenxia	622	203	439	167	20	13	2114
南阳市	Nanyang	1948	430	1490	374	74	35	14718
商丘市	Shangqiu	1620	459	1329	437	45	20	10937
信阳市	Xinyang	1352	352	985	295	37	19	13264
周口市	Zhoukou	1304	374	1050	327	40	17	10673
驻马店市	Zhumadian	1178	342	860	270	29	11	8932
济源示范区	Jiyuan	276	95	185	86	6	4	2244

24-21 劳动人事仲裁委员会受理及处理案件情况(2023年)

单位：件

项　目	Item	合　计 Total
上期未结争议案件数	**Number of Cases Left Over from Last Period**	**175**
当期立案受理情况	**Cases Accepted**	
立案受理案件总数	Number of Cases	39947
#十人以上劳动(人事)争议	Number of Collective Labour Disputes	72
#劳动者申请	Number of Cases Appealed by Laborers	38261
立案受理案件涉及劳动者人数(人)	Number of Persons Involved in Collective Disputes (person)	41599
#十人以上劳动(人事)争议	Number of Collective Labor Disputes	1165
按争议类型分	By Cause of Disputes	
劳动报酬	Labor Remuneration	19265
社会保险	Social Insurances	4410
#工伤保险	Work Injury Insurance	3007
确认劳动关系	Confirm Labor (personnel) Relations	4787
工作时间及休假	Working Hours and Holidays	
解除、终止劳动合同	Dissolution or Termination of Labor Contracts	8451
履行聘用合同	Fulfill the Labor (Recruit) Contracts	9
解除人事关系	Remove the Labor (recruit) Contracts	20
其他	Others	3005
案件处理情况	**Cases settled**	
当期审结案件数	Number of Cases Settled	39992
涉案金额(万元)	Involving Amount (10 000 yuan)	123465
按处理方式分	By Manners of Settlement	
仲裁调解	By Mediation	26067
仲裁裁决	By Arbitration Lawsuit	12981
#一裁终局	Final judgment by one instance	4433
其他	Others	944
按处理结果分	By Result of Settlement	
用人单位胜诉	Lawsuit Won by Employers	2830
劳动者胜诉	Lawsuit Won by Laborers	15869
双方部分胜诉	Lawsuit Partly Won by Both Parties	17899
其他	Others	3394
期末累计未结案数	**Number of Cases Unsettled**	**130**

Cases Accepted and Handled by Board of Labor Arbitration (2023)

(case)

劳动争议 Labor Dispute				人事争议 Personnel Disputes	
国有企业 State-owned Enterprises	集体企业 Collective-owned Enterprises	港澳台及外资企业 Foreign Funded and Hong Kong, Macao and Taiwan Funded Enterprises	私营企业 Private Enterprises	机 关 Administrative Authority	事业单位 Public Institution
3		**1**	**167**		**3**
919	220	81	38072	24	226
1			70		
885	220	81	36433	23	214
987	228	81	39626	24	230
45			1104		
390	97	12	18648	4	37
179	14	17	4140	4	33
62	13	13	2884		13
128	58	10	4517	11	51
187	40	35	7919	4	53
					9
					20
35	11	7	2848	1	23
915	218	80	38120	24	229
2591	406	227	118134	85	817
586	61	27	24990	7	124
321	136	53	12251	14	99
62	29	21	4285	1	24
8	21		879	3	6
105	6	25	2659	1	13
539	57	19	15026	10	68
200	75	33	17283	6	119
71	80	3	3152	7	29
7	**2**	**2**	**119**		

24-22 工会组织情况

Statistics on Trade Unions

单位：万人 (10 000 persons)

年份 Year	工会基层组织数(万个) Number of Grassroot Trade Unions (10 000 units)	工会组织基层单位的职工与会员人数 Membership and Staff and Workers in Grassroot Trade Unions				工会专职工作人员人数 Number of Full-time Personnel of Trade Unions
		职工人数 Staff and Workers	#女职工 Female	会员人数 Membership	#女会员 Female	
2000	3.61	672.80		611.60		2.38
2001	4.86	757.84		700.10		
2002	5.68	811.02	298.59	749.51	270.99	3.28
2003	5.23	777.38	291.23	717.47	263.68	3.55
2004	5.38	785.64	297.21	734.64	266.71	3.20
2005	6.14	841.38	303.38	803.68	281.73	3.06
2006	6.94	905.50	325.51	866.43	306.15	3.36
2007	8.15	1070.20	380.30	1016.70	360.10	4.10
2008	9.13	1164.40	404.10	1125.00	392.10	4.50
2009	10.30	1291.31	443.76	1208.81	419.37	5.09
2010	11.43	1396.41	499.99	1324.06	480.69	6.45
2011	14.89	1517.46	548.67	1441.09	526.66	10.35
2012	19.42	1698.29	625.82	1616.72	602.21	13.02
2013	20.43	1734.41	642.58	1653.14	620.27	13.52
2014	21.12	1789.89	662.51	1707.29	642.37	13.67
2015	21.44	1852.19	685.95	1780.90	667.73	13.13
2016	21.61	1905.14	701.74	1832.35	682.88	13.70
2017	21.49	1900.16	700.19	1825.72	681.25	13.72
2018	20.50	1859.45	686.55	1778.42	665.94	13.06
2019	18.44	1716.66	637.34	1634.81	615.07	11.55
2020	16.88	1639.09	614.08	1562.17	591.90	10.55
2021	13.85	1488.76	562.10	1413.82	537.23	9.03
2022	13.36	1445.77	547.86	1360.52	518.56	8.72
2023	12.96	1430.3	552.11	1367.85	533.86	9.55

24-23 全省工会组织基本情况

Basic Statistics on Trade Unions

指标名称	Item	2022	2023
工会基层组织数（万个）	Number of Grassroot Trade Unions (10 000 persons)	13.36	12.96
基层工会专职工作人员人数	Number of Full-time Personnel of Grassroot Trade Unions		
（万人）	(10 000 persons)	8.72	9.55
已建工会组织的基层单位职工人数	Staff and Workers in Grassroot Trade Unions		
（万人）	(10 000 persons)	1445.77	1430.30
#女职工	Female Staff and Workers	547.86	552.11
#农民工	Migrant workers	591.02	550.32
#女性	Female	207.81	194.31
已建工会组织的基层单位工会	Membership in Grassroot Trade Unions		
会员人数（万人）	(10 000 persons)	1360.52	1367.85
#女会员	Female Membership	518.56	533.86
职工代表数	Number of Worker Representative	65.56	64.42
#女性	Female	14.85	16.12
企业职工代表大会中女性代表比重	Proportion of Female Representatives in Enterprise		
(%)	Staff and Workers' Congress (%)	23.00	22.00

24-24 各市工会劳动法律监督工作情况(2023年)

Statistics on Labor Law Supervision Work of Trade Union by City (2023)

单位：个、件 (units, case)

地 区 Region	基层工会劳动法律监督组织 Labor Law Supervision Organizations of Grassroot Trade Union		基层以上工会劳动法律监督组织 Labor Law Supervision Organizations of Trade Union Above Grassroot	
	组织个数 Number of Organizations	本年度工会劳动法律监督组织受理违法、违规案件 Accepted Cases of Violation of Laws and Regulations	组织个数 Number of Organizations	本年度工会劳动法律监督组织受理案件 Number of Cases Accepted
全　　省 Total	**15922**	**644**	**815**	**809**
郑　州　市 Zhengzhou	1752	201	70	14
开　封　市 Kaifeng	802	18	78	13
洛　阳　市 Luoyang	1875	69	61	40
平 顶 山 市 Pingdingshan	183	22	28	1
安　阳　市 Anyang	1359	29	51	98
鹤　壁　市 Hebi	526	3	14	24
新　乡　市 Xinxiang	1372	130	49	72
焦　作　市 Jiaozuo	890	18	127	5
濮　阳　市 Puyang	1054	6	44	21
许　昌　市 Xuchang	58	0	8	0
漯　河　市 Luohe	1264	10	27	27
三 门 峡 市 Sanmenxia	714	20	32	2
南　阳　市 Nanyang	746	60	72	139
商　丘　市 Shangqiu	879	10	7	7
信　阳　市 Xinyang	708	8	28	60
周　口　市 Zhoukou	561	27	39	49
驻 马 店 市 Zhumadian	1048	7	67	237
济 源 示 范 区 Jiyuan	131	6	13	0

24-25 参加各类保险人数

Participants of Social Insurance

单位：万人 (10 000 persons)

年 份 Year	基本养老保险 Basic Endowment Insurance	城镇职工基本养老保险 Basic Endowment Insurance for Urban Employee	失业保险 Unemployment Insurance	医疗保险 Basic Medical Insurance	工伤保险 Work Injury Insurance	生育保险 Birth Insurance
2000		662.68	671.00	287.00	198.00	172.00
2001		639.05	676.00	456.40	245.00	207.00
2002		645.53	670.00	537.28	218.79	204.54
2003		659.25	679.97	567.93	210.61	199.29
2004		688.70	681.60	590.19	324.72	200.66
2005		716.17	681.90	640.70	404.00	228.30
2006		762.60	682.80	704.00	432.90	238.40
2007		804.68	684.65	726.03	452.32	254.02
2008		948.57	689.00	840.87	501.20	313.35
2009		1019.09	694.82	1970.13	521.02	379.76
2010		1079.33	696.46	2043.75	551.74	412.87
2011	4474.29	1168.38	701.19	2122.26	655.54	460.69
2012	5990.31	1270.63	735.50	2222.20	720.56	520.29
2013	6192.74	1349.99	741.29	2297.20	773.09	569.60
2014	6275.34	1431.55	773.30	2340.03	805.71	590.17
2015	6362.64	1508.71	783.34	2344.90	856.68	609.46
2016	6643.76	1750.02	788.07	2360.75	876.97	646.80
2017	6907.80	1897.59	805.57	10410.70	900.88	692.73
2018	7089.00	2006.54	819.91	10435.74	926.26	755.35
2019	7333.04	2133.84	837.26	10289.78	966.24	765.30
2020	7504.39	2248.52	885.87	10349.51	999.98	872.07
2021	7695.27	2377.23	1004.94	10339.23	1045.44	889.35
2022	7780.86	2484.89	1092.67	10093.90	1068.10	922.59
2023	7858.29	2578.18	1147.80	9931.56	1128.25	943.29

注：1. 基本养老保险参保人数为城镇职工基本养老保险参保人数与城乡居民基本养老保险参保人数之和。
2. 2009年-2016年医疗保险参保人数为城镇职工基本医疗保险人数与城镇居民基本医疗保险参保人数之和。
3. 2017年起医疗保险参保人数为城镇职工基本医疗保险参保人数与城乡居民基本医疗保险参保人数之和。

a) Number of persons covered of basic pension insurance refers to the number of persons covered of basic pension insurance for urban employee and number of persons covered of basic pension insurance for urban and rural residents.

b) Number of persons covered of basic medical insurance refers to the number of persons covered of basic medical insurance for urban employee and number of persons covered of basic medical insurance for urban and rural residents in 2009-2016.

c) Number of persons covered of basic medical insurance refers to the number of persons covered of basic medical insurance for urban employee and number of persons covered of basic medical insurance for urban and rural residents since 2017.

24-26 社会保险基金

Social Insurance Fund

单位：亿元 (100 million yuan)

年 份 Year	基金收入 Revenue	基金支出 Expenses	累计结余 Balance at theYear-end
2003	187.50	151.10	145.20
2004	216.10	166.90	195.80
2005	257.10	203.20	244.20
2006	298.50	239.20	303.30
2007	365.20	289.60	363.80
2008	540.61	445.51	496.21
2009	558.14	462.74	595.57
2010	609.40	484.90	664.70
2011	723.60	581.25	806.68
2012	872.46	702.51	977.21
2013	1304.45	1043.23	1505.51
2014	1440.14	1210.84	1734.19
2015	1515.98	1310.66	1828.51
2016	1738.63	1473.87	2093.26
2017	2636.55	2365.21	2586.76
2018	3181.20	2939.47	2831.89
2019	3341.76	3177.85	2976.55
2020	3275.54	3394.16	2868.44
2021	3914.46	3703.72	3179.30
2022	4162.02	3803.12	3606.47
2023	4605.69	4170.51	4113.99

注：1. 2015年社保基金收入、支出、累计结余数据不含机关事业单位养老保险数据。
2. 2017年起社会保险基金数据包含已整合的原新型农村合作医疗保险数据。
a) Data on 2015 exclude Agencies and institutions Endowment insurance.
b) Since 2017 the data include the data of the new rural cooperative medical insurance.

24-27 各市城镇职工参加基本养老保险人数

Participants in Basic Endowment Insurance for Urban Workers by City

单位：万人 (10 000 persons)

地区 Region	2014	2015	2016	2017	2018	2019	2020	2021	2022	2023
郑州市 Zhengzhou	331.98	370.70	379.61	449.94	490.98	534.76	582.96	618.84	627.55	648.33
开封市 Kaifeng	67.91	70.84	62.45	82.93	88.09	93.74	98.23	104.52	106.77	112.02
洛阳市 Luoyang	110.91	114.98	110.85	136.78	141.63	145.31	150.66	158.83	182.86	187.95
平顶山市 Pingdingshan	50.91	53.03	49.27	70.79	74.67	79.00	83.54	87.99	87.13	91.70
安阳市 Anyang	71.78	74.42	71.61	93.16	98.44	104.86	112.00	118.41	122.30	127.99
鹤壁市 Hebi	19.20	20.29	21.13	27.85	29.76	32.02	35.47	38.37	40.61	42.71
新乡市 Xinxiang	84.31	88.31	93.24	118.43	125.04	131.58	137.59	146.47	145.31	151.26
焦作市 Jiaozuo	55.70	57.16	54.00	70.58	74.49	78.24	82.80	87.71	89.72	93.29
濮阳市 Puyang	31.26	32.07	25.24	39.84	42.05	44.65	47.94	52.89	57.89	60.88
许昌市 Xuchang	48.53	52.31	51.49	70.70	74.43	79.10	82.00	88.01	93.77	97.29
漯河市 Luohe	31.36	32.39	29.90	41.47	43.88	46.08	47.98	52.23	59.48	61.80
三门峡市 Sanmenxia	30.92	31.98	30.49	42.07	43.85	46.02	47.87	50.29	51.59	53.36
南阳市 Nanyang	89.36	91.58	70.98	112.77	116.74	124.31	131.36	141.15	148.15	155.89
商丘市 Shangqiu	55.25	57.73	50.35	81.70	85.79	91.33	95.73	100.45	107.81	114.99
信阳市 Xinyang	62.88	65.40	59.24	89.04	92.60	96.71	101.79	106.95	112.44	117.36
周口市 Zhoukou	60.13	62.20	57.40	92.02	97.88	105.99	112.16	118.62	131.72	138.96
驻马店市 Zhumadian	40.69	41.83	38.77	67.53	69.74	72.87	75.55	83.27	93.00	97.48
济源示范区 Jiyuan	16.63	17.43	17.50	21.54	22.62	28.45	29.41	31.20	32.46	33.02

注：2016年城镇职工基本养老保险参保人数为企业职工基本养老保险参保人数，不包括机关事业单位养老保险参保人数。
Date on 2016 only include the number of people work in enterprises, exclude the number of people work in government agencies and institutions.

24-28 各市参加基本医疗保险人数

Participants in Basic Medical Insurance by City

单位：万人 (10 000 persons)

地区 Region	2014	2015	2016	2017	2018	2019	2020	2021	2022	2023
郑州市 Zhengzhou	329.47	344.52	360.70	821.56	826.11	848.52	859.07	886.65	883.80	922.54
开封市 Kaifeng	104.52	105.01	97.41	503.93	504.59	469.38	475.61	475.69	465.67	435.12
洛阳市 Luoyang	210.39	214.41	215.98	668.81	688.91	694.20	692.46	688.81	675.24	662.77
平顶山市 Pingdingshan	127.85	127.98	128.35	515.53	515.62	510.29	510.05	507.96	495.37	482.22
安阳市 Anyang	124.13	124.62	124.91	575.77	576.69	570.49	570.31	569.28	556.73	549.47
鹤壁市 Hebi	39.60	41.39	41.44	147.73	148.38	148.06	150.17	152.26	149.52	149.59
新乡市 Xinxiang	143.17	144.15	144.70	582.46	585.25	579.25	582.78	587.59	576.22	562.64
焦作市 Jiaozuo	95.02	95.20	95.55	348.61	348.97	348.09	347.66	348.88	344.86	341.84
濮阳市 Puyang	64.50	60.00	60.00	375.00	375.60	375.60	379.01	384.49	377.52	369.65
许昌市 Xuchang	93.10	95.07	95.14	458.30	457.23	448.54	454.86	448.02	429.05	425.49
漯河市 Luohe	76.89	74.69	74.82	256.42	256.89	234.85	233.76	235.71	227.46	225.82
三门峡市 Sanmenxia	59.78	59.84	59.96	219.95	220.10	218.05	216.55	209.44	202.75	200.13
南阳市 Nanyang	163.14	164.02	164.35	1114.71	1115.26	1082.48	1088.53	1086.83	1060.75	1043.90
商丘市 Shangqiu	154.96	140.30	139.11	870.08	880.23	877.41	875.29	876.14	858.42	834.76
信阳市 Xinyang	134.73	133.34	137.50	832.30	832.12	803.00	803.66	794.19	769.14	751.18
周口市 Zhoukou	140.88	140.52	141.59	1113.85	1094.78	1099.53	1108.75	1095.11	1051.15	1026.70
驻马店市 Zhumadian	125.47	127.25	127.68	840.20	841.83	814.78	822.40	821.20	797.55	775.06
济源示范区 Jiyuan	24.43	24.46	25.63	70.15	70.50	69.53	70.52	69.28	69.80	68.81

注：2017年以后医疗保险参保人数为职工基本医疗保险参保人数与城乡居民基本医疗保险参保人数之和。
The number of people participated in basic medical insurance the sum of the number of employees and urban and rural residents in basic participating medical insurance.

24-29 各市参加失业保险人数

Participants in Unemployment Insurance by City

单位：万人　　　　(10 000 persons)

地区 Region	2014	2015	2016	2017	2018	2019	2020	2021	2022	2023
郑州市 Zhengzhou	154.94	172.62	187.63	195.24	196.19	211.71	255.91	303.17	317.11	331.59
开封市 Kaifeng	34.61	35.08	23.82	25.02	25.60	27.32	27.17	29.85	31.90	33.83
洛阳市 Luoyang	63.46	63.64	63.59	63.78	64.01	64.21	68.35	71.38	78.39	79.03
平顶山市 Pingdingshan	46.41	45.56	45.79	46.48	47.15	47.73	48.06	54.52	63.22	68.90
安阳市 Anyang	41.89	41.72	41.89	42.76	42.81	42.26	42.86	48.56	52.08	57.30
鹤壁市 Hebi	14.66	14.20	14.21	14.65	14.81	14.05	14.21	15.62	16.85	17.04
新乡市 Xinxiang	45.34	44.39	44.26	46.49	46.41	46.41	46.21	52.32	56.77	58.00
焦作市 Jiaozuo	35.86	34.69	34.86	35.32	36.08	36.71	37.19	44.20	45.97	50.06
濮阳市 Puyang	30.09	29.71	30.12	31.68	31.84	31.95	31.48	37.01	40.93	43.86
许昌市 Xuchang	27.50	27.50	27.50	28.01	28.50	28.50	28.50	31.13	37.55	38.18
漯河市 Luohe	17.54	17.54	17.56	18.03	18.20	18.32	18.39	21.93	25.24	26.29
三门峡市 Sanmenxia	22.32	23.07	23.06	23.18	23.59	23.76	23.57	25.73	26.82	27.86
南阳市 Nanyang	63.15	61.45	62.07	63.53	64.92	64.75	64.38	72.29	79.57	86.78
商丘市 Shangqiu	34.76	34.33	34.42	36.95	36.80	37.14	37.26	42.97	44.14	44.56
信阳市 Xinyang	38.92	37.81	37.68	38.73	39.04	38.05	38.50	42.47	48.70	51.11
周口市 Zhoukou	38.92	38.01	38.01	39.86	40.51	40.62	40.54	44.14	53.15	56.61
驻马店市 Zhumadian	38.21	37.80	37.92	39.95	40.39	40.94	40.43	44.32	49.41	50.61
济源示范区 Jiyuan	11.47	11.22	11.01	11.45	11.51	11.30	11.71	12.43	14.24	14.36

24-30 各市参加工伤保险人数

Participants in Work Injury Insurance by City

单位：万人 (10 000 persons)

地区 Region	2014	2015	2016	2017	2018	2019	2020	2021	2022	2023
郑州市 Zhengzhou	154.47	164.97	173.77	178.58	186.03	193.77	204.37	231.02	263.21	281.16
开封市 Kaifeng	34.33	34.96	24.87	28.60	29.95	33.51	36.61	37.27	38.08	40.29
洛阳市 Luoyang	64.10	66.51	68.13	69.16	72.48	77.06	78.09	79.42	80.83	86.04
平顶山市 Pingdingshan	35.05	36.83	38.45	39.20	40.35	41.43	43.43	37.83	39.93	43.58
安阳市 Anyang	45.79	48.04	49.46	50.25	51.48	53.07	54.55	55.66	49.62	51.38
鹤壁市 Hebi	12.03	12.51	12.75	13.39	13.67	14.65	15.40	15.70	16.37	17.14
新乡市 Xinxiang	55.20	57.41	58.65	59.69	61.14	63.20	54.52	58.06	59.04	62.50
焦作市 Jiaozuo	32.82	34.45	35.08	35.78	36.54	35.38	37.03	39.05	38.82	42.12
濮阳市 Puyang	23.50	24.50	25.01	22.75	22.80	24.14	25.66	25.92	29.07	32.95
许昌市 Xuchang	24.13	25.42	26.11	26.74	27.34	29.08	35.15	36.62	37.01	38.48
漯河市 Luohe	21.17	22.39	22.91	22.75	23.80	24.95	25.95	28.24	22.31	24.24
三门峡市 Sanmenxia	21.01	21.56	21.94	22.38	22.90	23.53	24.61	24.93	19.13	19.88
南阳市 Nanyang	52.41	54.64	56.33	57.92	59.75	61.75	62.67	64.29	66.68	70.43
商丘市 Shangqiu	31.64	32.13	32.43	29.23	29.73	31.14	32.47	35.43	43.61	46.73
信阳市 Xinyang	31.85	33.32	35.48	36.79	38.50	41.23	44.70	47.95	49.86	53.11
周口市 Zhoukou	41.82	43.10	47.76	48.54	48.78	51.25	53.76	54.08	58.14	61.26
驻马店市 Zhumadian	29.53	30.73	31.32	33.51	35.64	37.66	40.21	42.11	45.39	47.79
济源示范区 Jiyuan	9.36	11.21	11.61	11.80	11.92	12.21	12.58	13.66	17.57	20.04

24-31 各市参加生育保险人数

Participants in Birth Insurance by City

单位：万人　　(10 000 persons)

地 区 Region	2014	2015	2016	2017	2018	2019	2020	2021	2022	2023
郑州市 Zhengzhou	94.73	101.45	117.77	143.71	176.32	193.26	203.08	223.77	238.76	247.83
开封市 Kaifeng	24.90	20.14	21.73	25.76	29.10	30.26	33.85	32.85	32.76	32.98
洛阳市 Luoyang	54.96	56.41	57.26	59.92	63.92	66.29	74.66	73.14	75.86	77.92
平顶山市 Pingdingshan	33.66	34.31	34.68	42.57	43.85	44.11	46.11	47.26	47.13	47.24
安阳市 Anyang	29.03	29.99	30.54	31.10	31.73	32.20	34.77	36.39	37.87	38.67
鹤壁市 Hebi	10.91	11.12	11.22	14.38	14.91	14.80	15.26	15.09	16.24	16.70
新乡市 Xinxiang	30.37	31.47	32.33	32.77	35.05	37.32	39.09	51.63	48.47	50.46
焦作市 Jiaozuo	28.49	29.18	29.59	30.54	33.55	34.34	34.28	32.46	34.89	35.88
濮阳市 Puyang	14.40	14.80	15.00	15.10	15.20	15.20	21.84	24.13	25.13	26.63
许昌市 Xuchang	20.80	21.66	22.17	22.41	23.34	23.80	29.71	33.92	34.33	35.00
漯河市 Luohe	13.30	13.89	14.32	16.79	17.49	17.65	19.19	20.20	21.14	21.27
三门峡市 Sanmenxia	14.93	15.12	15.58	20.99	22.00	20.87	31.01	24.14	22.89	23.85
南阳市 Nanyang	37.31	40.06	42.94	44.53	47.72	49.41	53.20	62.52	64.77	63.98
商丘市 Shangqiu	19.60	19.62	20.60	22.82	25.51	28.69	34.94	34.11	38.48	40.19
信阳市 Xinyang	29.59	33.55	35.97	40.83	43.83	31.79	34.03	33.66	34.71	35.01
周口市 Zhoukou	34.86	35.96	37.89	38.89	39.93	31.96	33.01	34.63	37.43	38.06
驻马店市 Zhumadian	26.49	28.51	30.10	30.35	31.25	32.24	34.09	35.23	35.30	35.63
济源示范区 Jiyuan	8.84	9.50	10.12	11.02	11.44	11.61	14.39	11.43	13.30	13.78

24-32 安全生产基本情况

Basic Statistics on Safety in Production

指　标	Indicate	2022	2023
发生伤亡事故总数(起)	Casualty Accidents (case)	1301	1218
农林牧渔业	Agriculture, Forestry, Animal Husbandry and Fishery	1	5
采矿业	Mining	8	12
商贸制造业	Trade Manufacturing	29	34
建筑业	Construction	51	53
交通运输仓储业	Transport and Storage	1196	1099
其他行业	Others	16	15
造成死亡总人数(人)	Death (person)	1150	1130
农林牧渔业	Agriculture, Forestry, Animal Husbandry and Fishery	1	5
采矿业	Mining	13	19
商贸制造业	Trade Manufacturing	76	37
建筑业	Construction	58	56
交通运输仓储业	Transport and Storage	982	990
其他行业	Others	20	23
一次死亡3-9人较大事故(起)	Major Accidents with 3-9 People Dead (case)	9	25
农林牧渔业	Agriculture, Forestry, Animal Husbandry and Fishery		
采矿业	Mining	1	2
商贸制造业	Trade Manufacturing	2	1
建筑业	Construction	1	1
交通运输仓储业	Transport and Storage	4	19
其他行业	Others	1	2
一次死亡3-9人较大事故中死亡人数(人)	Number of People Dead in Major Accidents (person)	36	98
农林牧渔业	Agriculture, Forestry, Animal Husbandry and Fishery		
采矿业	Mining	5	9
商贸制造业	Trade Manufacturing	6	4
建筑业	Construction	3	4
交通运输仓储业	Transport and Storage	19	72
其他行业	Others	3	9
一次死亡10人以上重特大事故(起)	Extra Serious Accident with more than 10 People Dead (case)	1	
农林牧渔业	Agriculture, Forestry, Animal Husbandry and Fishery		
采矿业	Mining		
商贸制造业	Trade Manufacturing	1	
建筑业	Construction		
交通运输仓储业	Transport and Storage		
其他行业	Others		
一次死亡10人以上重特大事故中死亡人数(人)	Number of People Dead in Extra Serious Accidents (person)	42	
农林牧渔业	Agriculture, Forestry, Animal Husbandry and Fishery		
采矿业	Mining		
商贸制造业	Trade Manufacturing	42	
建筑业	Construction		
交通运输仓储业	Transport and Storage		
其他行业	Others		
煤矿死亡人数(人)	Death Toll from Coal Mine Accidents (person)	9	8
骨干煤矿企业	Key Coal Mine Enterprises	4	8
地方煤矿	Local Coal Mine	5	
煤矿百万吨死亡率	Death Rate in Million tons Coal Production	0.092	0.078
骨干煤矿企业	Key Coal Mine Enterprises	0.044	0.084
地方煤矿	Local Coal Mine	0.820	

主要统计指标解释

批准逮捕 指人民检察院对公安机关、国家安全机关、监狱管理机关提出逮捕的犯罪嫌疑人进行审查，根据事实，依法做出逮捕决定。该指标主要反映人民检察院对提请逮捕犯罪嫌疑人进行审查后依法做出批准逮捕决定的情况。

决定逮捕 指人民检察院对直接立案侦查的案件，认为需要逮捕犯罪嫌疑人时，依据法律做出的逮捕决定。该指标主要反映人民检察院对直接受理的案件行使决定逮捕权的情况。

提出抗诉 指人民检察院对人民法院的判决、裁定认为确有错误，向人民法院提出对案件重新进行审理的诉讼活动。包括按照第二审程序提出的抗诉和按照审判监督程序（再审程序）提出的抗诉。

立案监督 指人民检察院对侦查机关刑事立案活动的监督。包括对应当立案而不立案的监督和不应立案而立案的监督。

监督立案 包括侦查机关接到要求说明不立案理由后主动立案和执行通知立案两个内容。

监管活动 指人民检察院对监狱等监管改造场所的管理活动进行的监督。

青少年罪犯 指人民法院在报告期内判决发生法律效力的有罪判决中14周岁以上不满25周岁的罪犯。其中14周岁以上不满18周岁的罪犯为未成年罪犯。

行政案件 指公民、法人和其他组织不服行政机关作出的具体行政行为，向人民法院提起行政诉讼，人民法院依法审理的案件。

公证人员 指在公证处工作的人员总称，包括公证处主任、副主任、公证员、公证员助理（助理公证员）和其他从事辅助性工作的人员。

公证文书 指公证处根据当事人申请，依照事实和法律，按照法定程序制作的，具有法律效力的司法证明文书。

城镇职工基本养老保险

1.参加基本养老保险人数 指报告期末按照国家法律、法规和有关政策规定参加基本养老保险并在社保经办机构已建立缴费记录档案的职工人数，包括中断缴费但未终止养老保险关系的职工人数，不包括只登记未建立缴费记录档案的人数。

2.基金收入 指根据国家有关规定，由纳入基本养老保险范围的缴费单位和个人按国家规定的缴费基数和缴费比例缴纳的养老保险基金，以及通过其他方式取得的形成基金来源的收入。包括单位和职工个人缴纳的基本养老保险费、基本养老保险基金利息收入、上级补助收入、下级上解收入、转移收入、财政补贴和其他收入。

3.基金支出 指按照国家政策规定的开支范围和开支标准从养老保险基金中支付给参加基本养老保险的个人的养老金、丧葬抚恤补助，以及由于保险关系转移、上下级之间调剂资金等原因而发生的支出。包括离休金、退休金、退职金、各种补贴、医疗费、死亡丧葬补助费、抚恤救济费、社会保险经办机构管理费、补助下级支出、上解上级支出、转移支出、其他支出等。

4.累计结余 指截至报告期末基本养老保险基金收支相抵后的累计余额。

基本医疗保险

1.参加基本医疗保险人数 指报告期末按国家有关规定参加相应基本医疗保险的人数。

2.基金收入 指由用人单位和个人按照国家规定的缴费基数、缴费比例或缴费标准缴纳的基本医疗保险基金，财政补助资金以及通过其他方式取得的形成基金来源的款项，包括：单位缴纳收入、个人缴纳收入、财政补助收入（含医疗救助补助个人收入）、财政补贴收入、利息收入和其他收入。

3.基金支出 指按照国家政策规定的开支范围和开支标准，从基本医疗保险基金中支付给参保人员的医疗保险待遇支出，以及其他支出。包括住院医疗费用支出、门急诊医疗费用支出、个人账户基金支出、其他支出。

4.基金累计结余 指截至报告期末基本医疗保险基金累计结余金额。

失业保险

1.参加失业保险人数 指报告期末按照国家法律、法规和有关政策规定参加了失业保险的城镇企业、事业单位的职工及地方政府规定参加失业保险的其他人员的人数。

2.基金收入 指报告期内筹集的失业保险基金的总额，包括失业保险费收入、利息收入、财政补贴收入、其他收入、转移收入、上级补助收入、下级上解收入。

3.基金支出 指报告期内为保障失业人员基本生活、促进其再就业等支出的基金总额，包括失业保险金支出、医疗补助金支出、丧葬补助金和抚恤金支出、职业培训和职业介绍补贴支出、农民合同制工人一次性生活补助支出、其他支出、转移支出、上级补助支出、下级上解支出。

4.基金累计结余 指截至报告期末失业保险基金收支相抵后的累计余额。

工伤保险

1.参加工伤保险人数 指报告期末依据国家有关规定参加工伤保险的职工人数和有雇工的个体工商户的雇工数。

2.基金收入 指根据国家有关规定，由参加工伤保险的单位按国家规定的缴费基数和缴费比例缴纳的工伤保险基金，以及通过其他形式取得的形成基金来源的款项。包括：单位缴纳的社会统筹基金收入、财政补贴收入、利息收入、其他收入。

3.基金支出 指按照国家政策规定的开支范围和开支标准从工伤保险基金中支付给参加工伤保险的人员及供养直系亲属工伤保险待遇支出及其他支出。包括工伤医疗费、伤残补助金、工亡补助金、护理费、丧葬补助费、工伤预防费用、职业康复费用和其他支出。

4.基金累计结余 指截至报告期末工伤保险基金累计结余金额。

生育保险

1.参加生育保险人数 指报告期末依据有关规定参加生育保险的人数。

2.基金收入 指根据国家有关规定，由参加生育保险的单位按照国家规定的缴费基数和缴费比例缴纳的生育保险基金，以及通过其他方式取得的形成基金来源的款项，包括：单位缴纳的基金收入、利息收入和其他收入。

3.基金支出 指按照国家政策规定的开支范围和开支标准，从生育保险基金中支付给参加生育保险的职工，因妊娠、分娩和计划生育手术而享受的待遇及其他支出。包括：生育津贴、医疗费用支出及其他支出。

4.基金累计结余 指截至报告期末生育保险基金累计结余金额。

Explanatory Notes on Main Statistical Indicators

Approval for Arrest refers to the decision made by people's procuratorate office, in accordance with the law and relevant facts, to approve the arrest of the suspect (s) as proposed by the public security departments, state security departments or prisons authority. This indicator reflects approved arrests made by people's procuratorate offices that are proposed by related departments.

Decision on Arrest refers to decision made by the people's procuratorate office, in accordance with laws, to arrest the suspect(s) in the cases that are accepted and to be investigated by procurators office. This indicator mainly reflects the implementation of the decision on arrest by people's procuratorate office.

Protesting Pretest Appeal refers to those protests presented by local People's Procuratorate at any level who considers that there exists some definite error in a judgment or order of first instance made by a People's Court at the same level to the People's Court at the next higher level, including the protests raised in accordance with the second instance and protests raised in accordance with procedure for trial supervision.

Supervision of Cases Registered refers to the actions made by the People's Procuratorate to supervise the registration of criminal cases initiated by investigative authorities, including supervision of the cases which have wrongly not been registered and have wrongly been registered.

Supervision of Cases Filing includes both the supervision of those registrations initiated by investigatory authorities and the supervision of those registrations according to notifications after hearing declined reasons for registration.

Supervisory Activities refers to the supervision of the People's Procuratorate over the management of prisons as well as other places of criminal reformation under supervision.

Juvenile Offenders refers to the offenders within the age range of 14 to 25 convicted guilty by the court during the reporting period while those between 14 and 18 are defined as minor offenders.

Administrative Cases refers to the cases filed by citizens, corporations and other organizations against the specific administrative conducts of administrative authorities and handled by the court.

Notary Personnel refers to people working for notary offices including: directors, deputy directors, notaries, assistant notaries and other people providing assistance.

Notary Documents refer to legally binding judicial notary documents developed at the request of the interested party based on facts and the law following certain legal proceedings.

Basic Endowment Insurance

1. Participants in Basic Endowment Insurance refer to staff and workers participating in the basic pension insurance programme according to national laws, regulations and related policies at the end of the reference period, who have already had payment records in social security management agencies, including those who have interrupt payment without terminating the insurance programme. Those who have registered in the programme but with no payment records are not included.

2. Revenue of the Basic Pension Insurance Programme refers to payments made by employers and individuals participating in the pension insurance programme in accordance with the basis and proportion stipulated in State regulations, and income from other sources that become source of pension insurance fund, including the premium paid by employers and staff and workers, interest income, subsidies from higher level agencies, income as transfer from subordinate agencies, transferred income, government financial subsidies and other income.

3. Expenditure of Basic Pension Insurance Programme refer to payment made on pensions and funeral subsidies to those retired and resigned people covered in pension insurance programmes according to related national policies on scope and standard of expenditure. Also included are expenditure which arises due to shift of the insurance relationship or adjustment of funds among agencies. More specifically, included are pensions for resigned people, pensions for retired people, pension for people quitting jobs, various subsidies, medical fees, funeral subsidies, compensation payments, management fees for social security agencies, expenses on subsidies to lower subordinates, expenses as transfer to agencies at higher level, transferred expenditure and other expenditure.

4. Balance of Basic Pension Insurance Programme refers to the balance of basic pension insurance funds at the end of the reference period after deducting expenses from revenue.

Basic Medical Insurance

1. Participants in Basic Medical Insurance refers to people participating in the basic medical care insurance programme according to related regulations at the end of the reference period.

2. Revenue of the Insurance Programme refers to payments made by employers and individuals participating in the medical care insurance programme in accordance with the basis and proportion stipulated in State regulations, and income from other sources that become source of medical insurance fund, including income paid by units, individual paid income, financial assistance's income (including individual income from medicaid) , financial subsidies' income, interest income and other income.

3. Expenditure of the Insurance Programme refers to payment made to people covered in basic medical care insurance programme within the scope and standards of expenditure according to related national policies, and medical care payment and other expenses, including medical expenses of hospital inpatients, medical expenses for outpatients and emergency patients, payment from individual accounts and other expenditure.

4. Balance of the Basic Medical Care Insurance Programme refers to the balance of medical care insurance funds at the end of the reference period.

Unemployment Insurance

1. Participants in Unemployment Insurance refers to staff and workers in urban enterprises or institutions who have participated in the unemployment insurance programme according to relevant policies and regulations, and other people who have participated according to local government regulations at the end of the reference period.

2. Revenue of the unemployment insurance programme refers to the total unemployment insurance funds raised in the reference period, including unemployment insurance premium, interest income, financial subsidies, other income, transferred income, subsidies from higher level agencies and income as transfer from subordinate agencies.

3. Expenditure of the unemployment insurance programme refers to total expenses during the reference period to guarantee the basic livelihood of unemployed people, and to encourage their re-employment. Included are unemployment relief, medical fees, funeral subsidies, compensation payments, training expenses, management fees for unemployment insurance agencies, subsidies to lower level agencies, expenses as transfer to higher level agencies, transferred expenditure and other expenditure.

4. Balance of the unemployment insurance programme refers to the balance of revenue of the programme after deducting expenses at the end of the reference period.

Work Injury Insurance

1. Participants in Work Injury Insurance refers to staff and workers who have participated in the work injury insurance programme and number of employees in private business according to relevant national regulations at the end of the reference period.

2. Revenue of the work injury insurance programme refers to payments made by employers participating in the work injury insurance programme in accordance with the basis and proportion stipulated in State regulations, and income from other sources that become source of work injury insurance fund, including income of social comprehensive funds paid by employers, government financial subsidies, interest income and other income.

3. Expenditure of the work injury insurance programme refers to payments made from work injury insurance funds to those who participated in the work injury insurance programme and their direct dependents within the scope and standards of expenditure according to related national policies, and other expenditure, including medical fees for work injury, injury and disability subsidies, death subsidies, nursing fees, funeral subsidies, injury prevention fees, occupational rehabilitation fees and other expenditure.

4. Balance of the work injury insurance programme refers to the balance of the work injury funds at the end of the reference period.

Birth Insurance

1. Participants in Birth Insurance refers to people who have participated in the maternity insurance programme according to relevant regulation at the end of the reference period.

2. Revenue of maternity insurance refers to payments made by employers participating in the maternity insurance programme in accordance with the basis and proportion stipulated in State regulations, and income from other sources that become source of maternity insurance fund, including income of funds paid by employers, interest income and other income.

3. Expenditure of the maternity insurance programme refers to payments made from maternity insurance funds to staff and workers who participate in the maternity insurance programme within the scope and standards of expenditure in accordance with related national policies, expenses paid for pregnancy, child delivery or surgeries related to family planning, and other expenditure, including allowance for child bearing, medical fees and other expenditure.

4. Balance of the maternity programme refers to the balance of the maternity insurance funds at the end of the reference period.

各县（市、区）主要统计指标

Main Indicators of County (City, Municipal Districts)

25

25-1 各县(市、区)人口及城镇单位就业人员和工资(2023年)

Population and Employed Person and Wages by County and District (2023)

县市区	County and District	常住人口(万人) Resident Population (10 000 persons)	#城镇 Urban	城镇化率(%) Urbanization Rate (%)	城镇单位年末就业人员(人) Number of Employed Person in Urban Area (person)	城镇单位就业人员平均工资(元) Average Wage of Employed Persons in Urban Area (yuan)
郑州市	**Zhengzhou**					
中原区	Zhongyuan	156.68	152.89	97.58	243382	109131
二七区	Erqi	108.41	98.87	91.20	146455	105029
管城区	Guancheng	120.91	112.18	92.78	199399	109077
金水区	Jinshui	221.64	216.23	97.56	585727	109340
上街区	Shangjie	20.04	19.91	99.33	23970	88472
惠济区	Huiji	58.29	43.26	74.22	44287	93977
中牟县	Zhongmu	146.00	91.75	62.84	108384	103279
巩义市	Gongyi	80.07	53.88	67.29	56190	76252
荥阳市	Xingyang	73.78	44.19	59.90	40743	93698
新密市	Xinmi	82.78	54.40	65.72	62012	80623
新郑市	Xinzheng	159.34	107.94	67.74	348892	99852
登封市	Dengfeng	72.87	45.15	61.96	57890	72108
开封市	**Kaifeng**					
龙亭区	Longting	62.37	52.46	84.11	62834	75043
顺河区	Shunhe	22.55	22.07	97.85	32360	71455
鼓楼区	Gulou	13.16	12.49	94.91	24932	71987
禹王台区	Yuwangtai	12.05	9.65	80.09	9852	71757
祥符区	Xiangfu	65.77	27.64	42.03	34271	68246
杞县	Qixian	91.85	38.03	41.40	31070	68576
通许县	Tongxu	53.42	23.46	43.91	26818	67628
尉氏县	Weishi	73.73	33.33	45.20	25896	73830
兰考县	Lankao	76.50	37.98	49.65	52233	72753
洛阳市	**Luoyang**					
老城区	Laocheng	26.94	26.13	96.99	12864	98277
西工区	Xigong	37.07	35.81	96.59	77511	106840
瀍河区	Chanhe	26.75	23.68	88.54	16319	108148
涧西区	Jianxi	70.15	66.70	95.08	93569	98028
偃师区	Yanshi	54.31	36.13	66.52	28978	76251
孟津区	Mengjin	48.63	31.70	65.19	41991	75565
洛龙区	Luolong	99.19	81.43	82.09	102285	109679
新安县	Xinan	47.40	27.32	57.63	55677	68401
栾川县	Luanchuan	31.68	19.92	62.88	28453	71073
嵩县	Songxian	53.60	23.84	44.47	21423	67560
汝阳县	Ruyang	42.73	20.89	48.89	20046	74105
宜阳县	Yiyang	56.36	28.12	49.89	31338	64987
洛宁县	Luoning	36.89	15.81	42.85	18671	63985
伊川县	Yichuan	76.20	39.80	52.23	33130	61670

注：本表中城镇单位指城镇非私营单位。
Urban units in this table refer to urban non-private units.

25-1 续表 1 continued

县市区 County and District	常住人口（万人） Resident Population (10 000 persons)	#城镇 Urban	城镇化率(%) Urbanization Rate (%)	城镇单位年末就业人员（人） Number of Employed Person in Urban Area (person)	城镇单位就业人员平均工资（元） Average Wage of Employed Persons in Urban Area (yuan)
平顶山市 Pingdingshan					
新华区 Xinhua	46.62	43.56	93.43	125003	92051
卫东区 Weidong	33.00	32.41	98.21	47827	74822
石龙区 Shilong	3.36	3.28	97.58	3972	63106
湛河区 Zhanhe	35.09	28.66	81.67	38999	80512
宝丰县 Baofeng	49.42	24.94	50.46	23291	60867
叶县 Yexian	72.31	27.88	38.55	30252	62694
鲁山县 Lushan	77.34	27.52	35.58	25470	68192
郏县 Jiaxian	49.32	20.67	41.90	25173	59695
舞钢市 Wugang	29.86	18.15	60.78	27360	62746
汝州市 Ruzhou	95.68	48.96	51.17	57385	58695
安阳市 Anyang					
文峰区 Wenfeng	59.27	56.64	95.57	65068	91200
北关区 Beiguan	31.92	28.92	90.60	49110	66868
殷都区 Yindu	39.85	34.91	87.60	41855	76660
龙安区 Longan	26.81	15.60	58.20	10640	66750
安阳县 Anyang	62.20	19.44	31.25	18735	71050
汤阴县 Tangyin	44.13	23.87	54.09	30360	64860
滑县 Huaxian	114.48	45.08	39.38	56461	66608
内黄县 Neihuang	66.41	19.94	30.02	24688	66500
林州市 Linzhou	92.53	55.00	59.44	121800	67570
鹤壁市 Hebi					
鹤山区 Heshan	6.17	5.23	84.71	11951	80621
山城区 Shancheng	15.22	13.22	86.89	14374	74084
淇滨区 Qibin	48.12	41.25	85.73	60373	78864
浚县 Xunxian	61.18	23.58	38.55	25433	66518
淇县 Qixian	26.16	15.83	60.50	23209	64910
新乡市 Xinxiang					
红旗区 Hongqi	65.07	62.35	95.82	63872	86253
卫滨区 Weibin	23.80	23.47	98.60	24218	84068
凤泉区 Fengquan	14.90	8.65	58.05	10017	71689
牧野区 Muye	38.91	38.09	97.90	26736	85994
新乡县 Xinxiang	33.87	19.81	58.47	28233	69160
获嘉县 Huojia	39.11	20.79	53.16	15757	66634
原阳县 Yuanyang	72.38	30.56	42.22	32701	74743
延津县 Yanjin	43.05	17.72	41.17	16043	70246
封丘县 Fengqiu	67.25	27.90	41.49	27423	66483
卫辉市 Weihui	45.60	22.73	49.84	24970	79037
辉县市 Huixian	78.94	41.69	52.81	47855	69439
长垣市 Changyuan	89.62	53.75	59.97	98998	70231

25-1 续表 2 continued

县市区	County and District	常住人口(万人) Resident Population (10 000 persons)	#城镇 Urban	城镇化率(%) Urbanization Rate (%)	城镇单位年末就业人员(人) Number of Employed Person in Urban Area (person)	城镇单位就业人员平均工资(元) Average Wage of Employed Persons in Urban Area (yuan)
焦作市	**Jiaozuo**					
解放区	Jiefang	34.75	34.69	99.83	37407	81687
中站区	Zhongzhan	10.70	8.52	79.67	19561	69653
马村区	Macun	12.05	7.80	64.77	6787	70777
山阳区	Shanyang	51.03	38.35	75.15	65344	76065
修武县	Xiuwu	24.83	13.94	56.15	18800	73301
博爱县	Boai	35.00	21.30	60.85	11989	62941
武陟县	Wuzhi	66.14	33.92	51.28	44889	64967
温县	Wenxian	39.36	22.38	56.85	21844	66373
沁阳市	Qinyang	44.74	28.92	64.65	33649	69468
孟州市	Mengzhou	33.40	19.86	59.45	24882	73011
濮阳市	**Puyang**					
华龙区	Hualong	97.34	85.03	87.35	193217	97560
清丰县	Qingfeng	57.70	20.79	36.03	28264	78707
南乐县	Nanle	46.21	17.28	37.39	18926	79629
范县	Fanxian	44.20	17.03	38.53	26465	83447
台前县	Taiqian	31.55	12.17	38.57	18018	71763
濮阳县	Puyang	93.10	42.26	45.39	43464	76340
许昌市	**Xuchang**					
魏都区	Weidu	60.10	57.59	95.82	66981	91270
建安区	Jianan	74.20	30.83	41.55	45312	79788
鄢陵县	Yanling	54.70	26.05	47.63	27566	69990
襄城县	Xiangcheng	67.50	30.53	45.23	39789	83533
禹州市	Yuzhou	110.90	59.50	53.65	47663	71819
长葛市	Changge	70.90	41.55	58.60	46516	68551
漯河市	**Luohe**					
源汇区	Yuanhui	32.25	23.25	72.09	35063	83346
郾城区	Yancheng	50.55	31.98	63.26	30295	84604
召陵区	Shaoling	49.94	29.15	58.37	46923	83538
舞阳县	Wuyang	44.72	20.49	45.82	24258	68016
临颍县	Linying	59.34	31.36	52.85	35225	72001

25-1 续表 3 continued

县市区 County and District	常住人口（万人） Resident Population (10 000 persons)	#城镇 Urban	城镇化率（%） Urbanization Rate (%)	城镇单位年末就业人员（人） Number of Employed Person in Urban Area (person)	城镇单位就业人员平均工资（元） Average Wage of Employed Persons in Urban Area (yuan)
三门峡市 Sanmenxia					
湖滨区 Hubin	32.47	30.32	93.37	57290	94439
陕州区 Shanzhou	28.44	15.32	53.86	17332	80165
渑池县 Mianchi	30.59	17.19	56.18	17064	83233
卢氏县 Lushi	31.28	14.46	46.23	15139	75358
义马市 Yima	13.37	13.03	97.45	24166	73394
灵宝市 Lingbao	65.85	29.98	45.53	36749	65104
南阳市 Nanyang					
宛城区 Wancheng	98.37	68.40	69.53	77638	94095
卧龙区 Wolong	107.60	77.88	72.38	106569	77321
南召县 Nanzhao	52.48	22.81	43.46	25904	65474
方城县 Fangcheng	84.88	39.12	46.09	44946	65144
西峡县 Xixia	43.80	24.77	56.56	35867	62902
镇平县 Zhenping	81.38	39.31	48.31	37038	60232
内乡县 Neixiang	53.50	27.19	50.83	31562	57727
淅川县 Xichuan	52.70	28.62	54.30	42491	63840
社旗县 Sheqi	54.72	24.82	45.35	24775	54646
唐河县 Tanghe	103.69	48.17	46.46	44512	63598
新野县 Xinye	58.34	28.14	48.24	25398	51749
桐柏县 Tongbai	36.41	20.30	55.76	23208	53481
邓州市 Dengzhou	121.83	55.31	45.40	55336	63219
商丘市 Shangqiu					
梁园区 Liangyuan	101.23	60.40	59.67	64322	69512
睢阳区 Suiyang	93.57	50.56	54.03	41690	91628
民权县 Minquan	73.18	32.05	43.80	36286	65307
睢县 Suixian	70.82	29.40	41.51	36245	65308
宁陵县 Ningling	51.05	22.20	43.49	29470	64716
柘城县 Zhecheng	76.38	32.57	42.64	36239	65313
虞城县 Yucheng	86.15	38.60	44.80	42312	66315
夏邑县 Xiayi	87.68	39.54	45.10	42330	66219
永城市 Yongcheng	125.96	68.22	54.16	60507	72456

25-1 续表 4 continued

县市区 County and District	常住人口（万人） Resident Population (10 000 persons)	#城镇 Urban	城镇化率（%） Urbanization Rate (%)	城镇单位年末就业人员（人） Number of Employed Person in Urban Area (person)	城镇单位就业人员平均工资（元） Average Wage of Employed Persons in Urban Area (yuan)
信阳市 Xinyang					
浉河区 Shihe	63.21	44.87	70.98	53001	75452
平桥区 Pingqiao	86.21	57.59	66.80	83047	76501
罗山县 Luoshan	47.74	22.53	47.19	17080	66809
光山县 Guangshan	57.51	25.68	44.66	20671	66674
新县 Xinxian	26.75	14.53	54.33	16005	65125
商城县 Shangcheng	43.72	18.88	43.19	18931	64113
固始县 Gushi	100.26	47.69	47.56	53010	73341
潢川县 Huangchuan	61.36	36.44	59.39	36503	61759
淮滨县 Huaibin	53.52	24.34	45.47	28636	64109
息县 Xixian	64.51	26.23	40.67	30762	61824
周口市 Zhoukou					
川汇区 Chuanhui	75.76	57.73	76.20	79852	81891
淮阳区 Huaiyang	104.69	37.63	35.94	23844	67095
扶沟县 Fugou	54.25	23.16	42.69	21706	58975
西华县 Xihua	67.26	28.36	42.17	36413	58254
商水县 Shangshui	90.46	38.31	42.35	37977	61083
沈丘县 Shenqiu	90.14	39.00	43.27	50443	58851
郸城县 Dancheng	93.39	35.94	38.48	41664	59010
太康县 Taikang	108.50	46.71	43.05	45110	69336
鹿邑县 Luyi	89.46	36.62	40.93	42990	61059
项城市 Xiangcheng	92.69	49.27	53.16	43189	66463
驻马店市 Zhumadian					
驿城区 Yicheng	105.70	79.42	75.14	105902	82338
西平县 Xiping	62.30	27.61	44.32	28380	62996
上蔡县 Shangcai	96.52	35.86	37.15	39737	64746
平舆县 Pingyu	69.66	31.54	45.28	39681	68071
正阳县 Zhengyang	59.69	23.61	39.56	27422	67705
确山县 Queshan	38.29	16.46	43.00	20104	65392
泌阳县 Biyang	66.07	31.77	48.08	36089	65890
汝南县 Runan	58.07	22.91	39.45	29612	57821
遂平县 Suiping	42.30	19.70	46.58	27953	65415
新蔡县 Xincai	77.90	28.36	36.41	40312	62305

25−2 各县(市、区)生产总值和指数(2023年)

县市区	County and District	生产总值(亿元) Gross Domestic Products (100 million yuan)	第一产业 Primary Industry	第二产业 Secondary Industry	第三产业 Tertiary Industry
郑州市	**Zhengzhou**				
中原区	Zhongyuan	1395.20	0.13	527.89	867.18
二七区	Erqi	831.91	0.39	170.66	660.86
管城区	Guancheng	1944.03	0.82	995.82	947.39
金水区	Jinshui	3101.28	0.38	358.31	2742.60
上街区	Shangjie	173.52	0.05	74.38	99.10
惠济区	Huiji	324.02	5.89	103.90	214.23
中牟县	Zhongmu	1486.70	41.80	791.38	653.51
巩义市	Gongyi	1010.88	12.84	613.51	384.53
荥阳市	Xingyang	561.21	25.15	266.39	269.67
新密市	Xinmi	745.84	26.26	373.18	346.39
新郑市	Xinzheng	1553.34	30.83	875.47	647.03
登封市	Dengfeng	489.91	27.69	222.58	239.64
开封市	**Kaifeng**				
龙亭区	Longting	355.67	5.59	92.75	257.32
顺河区	Shunhe	142.90	2.75	66.14	74.01
鼓楼区	Gulou	104.80	2.26	12.63	89.90
禹王台区	Yuwangtai	102.40	3.78	38.16	60.46
祥符区	Xiangfu	296.53	69.61	98.95	127.97
杞县	Qixian	392.61	94.25	117.96	180.40
通许县	Tongxu	280.00	71.49	83.22	125.29
尉氏县	Weishi	455.11	59.15	219.62	176.34
兰考县	Lankao	407.18	51.97	176.38	178.83
洛阳市	**Luoyang**				
老城区	Laocheng	188.28	1.32	97.86	89.10
西工区	Xigong	569.49	0.14	172.28	397.07
瀍河区	Chanhe	157.04	1.79	40.43	114.82
涧西区	Jianxi	725.93	1.09	315.45	409.40
偃师区	Yanshi	436.03	17.14	202.02	216.88
孟津区	Mengjin	503.74	21.78	271.85	210.11
洛龙区	Luolong	808.20	10.06	265.37	532.78
新安县	Xinan	428.02	21.54	159.00	247.48
栾川县	Luanchuan	293.80	13.05	145.39	135.36
嵩县	Songxian	225.80	23.52	72.75	129.53
汝阳县	Ruyang	198.05	14.27	73.10	110.68
宜阳县	Yiyang	336.24	34.10	117.88	184.26
洛宁县	Luoning	218.24	24.78	77.08	116.37
伊川县	Yichuan	413.03	25.16	155.43	232.45
平顶山市	**Pingdingshan**				
新华区	Xinhua	382.66	2.20	208.82	171.64
卫东区	Weidong	339.47	1.48	190.17	147.81
石龙区	Shilong	47.09	0.54	28.37	18.19
湛河区	Zhanhe	230.88	2.46	79.01	149.40
宝丰县	Baofeng	365.12	27.64	148.17	189.31
叶县	Yexian	258.11	57.58	75.62	124.91
鲁山县	Lushan	187.74	31.85	46.16	109.73
郏县	Jiaxian	215.81	28.16	77.40	110.24
舞钢市	Wugang	169.32	12.14	92.41	64.77
汝州市	Ruzhou	523.88	40.24	189.16	294.47

Gross Domestic Product and Its indices by County and District (2023)

人均生产总值 (元) (按常住人口计算) Per Capita GDP (yuan) (calculated at residents)	生产总值指数 (%) (上年=100) Indices of Gross Domestic Products (%) (preceding year =100)	第一产业 Primary Industry	第二产业 Secondary Industry	第三产业 Tertiary Industry	人均生产总值指数 (%) (上年=100) Indices of Per Capita GDP (%) (preceding year =100)
90167	107.8	94.7	110.8	106.0	106.2
77416	106.8	103.6	107.1	106.7	105.8
161861	107.6	77.3	111.5	103.8	106.7
141640	106.7	104.5	115.6	105.7	105.3
86458	106.1	100.0	107.0	105.4	106.2
56657	107.9	105.0	109.3	107.3	105.7
102281	109.7	102.1	114.7	104.2	109.1
126060	106.0	100.2	108.2	102.7	106.1
76262	105.2	100.7	107.8	103.2	104.8
90099	105.7	99.9	107.3	104.3	105.7
98123	108.8	101.3	112.0	105.0	105.9
67028	105.4	100.6	108.2	103.6	105.7
58440	102.8	102.0	114.2	98.9	100.2
63439	104.1	102.1	103.5	104.8	104.0
79663	101.8	102.0	97.5	102.6	101.8
84871	103.3	102.0	102.3	104.1	103.4
44939	99.4	102.8	96.8	99.9	99.7
42624	99.0	102.2	96.9	98.5	99.3
52355	98.8	102.4	97.5	97.9	98.9
61731	101.2	102.3	102.7	98.9	107.3
53230	101.8	102.5	104.6	98.7	101.8
69913	103.8	100.7	103.7	103.9	103.5
154035	104.7	100.2	104.0	105.0	104.2
58877	103.5	100.5	101.5	104.3	96.1
103830	105.8	100.6	108.3	103.7	107.7
80544	100.4	101.0	98.4	102.7	99.8
103941	105.5	100.5	106.9	104.8	103.3
82032	100.6	100.6	97.4	105.7	101.0
90076	101.2	100.8	102.5	100.3	101.6
92362	100.2	101.1	96.0	105.4	100.6
41950	105.0	100.8	107.2	104.9	105.6
46083	104.5	100.8	104.6	105.1	105.3
59509	104.9	100.7	108.7	103.4	105.4
58742	104.5	101.2	106.0	104.5	105.4
53989	101.4	100.6	101.2	101.7	102.8
83009	104.1	101.5	104.8	103.5	103.0
102307	101.1	102.1	98.9	103.6	101.5
142924	104.8	101.6	106.6	102.4	102.1
66380	103.3	102.4	103.7	103.1	102.1
73105	100.1	102.1	93.7	106.1	101.1
35533	104.1	102.2	106.9	103.4	104.9
24117	103.5	102.2	105.3	102.9	104.6
43299	104.1	102.0	104.2	104.7	105.3
56551	105.0	102.0	106.0	104.2	105.4
54291	105.2	102.4	108.0	103.5	105.9

25-2 续表 1

县 市	County and city	生产总值（亿元）Gross Domestic Products (100 million yuan)	第一产业 Primary Industry	第二产业 Secondary Industry	第三产业 Tertiary Industry
安 阳 市	**Anyang**				
文 峰 区	Wenfeng	262.39	0.76	55.78	205.85
北 关 区	Beiguan	182.53	1.32	48.94	132.27
殷 都 区	Yindu	173.22	1.81	86.99	84.42
龙 安 区	Longan	177.52	3.53	133.13	40.87
安 阳 县	Anyang	260.17	22.36	148.25	89.56
汤 阴 县	Tangyin	182.64	27.32	69.73	85.59
滑 县	Huaxian	411.42	74.75	141.04	195.62
内 黄 县	Neihuang	185.31	76.10	28.65	80.55
林 州 市	Linzhou	650.95	14.58	314.41	321.95
鹤 壁 市	**Hebi**				
鹤 山 区	Heshan	96.11	4.41	70.73	20.96
山 城 区	Shancheng	121.28	4.93	70.08	46.27
淇 滨 区	Qibin	288.50	11.25	127.18	150.07
浚 县	Xunxian	275.45	32.03	126.45	116.98
淇 县	Qixian	251.83	22.16	148.81	80.86
新 乡 市	**Xinxiang**				
红 旗 区	Hongqi	606.39	1.77	270.38	334.24
卫 滨 区	Weibin	141.79	1.01	33.41	107.37
凤 泉 区	Fengquan	85.97	1.29	36.96	47.72
牧 野 区	Muye	232.09	1.41	104.61	126.08
新 乡 县	Xinxiang	263.20	11.21	147.30	104.69
获 嘉 县	Huojia	200.20	37.80	74.90	87.50
原 阳 县	Yuanyang	280.14	47.79	90.36	142.00
延 津 县	Yanjin	186.30	32.35	63.50	90.46
封 丘 县	Fengqiu	227.41	54.92	47.77	124.72
卫 辉 市	Weihui	215.06	26.14	77.63	111.30
辉 县 市	Huixian	390.76	39.37	173.43	177.95
长 垣 市	Changyuan	586.60	40.23	330.45	215.92
焦 作 市	**Jiaozuo**				
解 放 区	Jiefang	177.32	0.13	23.89	153.30
中 站 区	Zhongzhan	149.79	0.57	109.02	40.20
马 村 区	Macun	89.93	1.62	52.63	35.68
山 阳 区	Shanyang	350.42	5.95	111.72	232.76
修 武 县	Xiuwu	160.20	10.52	67.74	81.94
博 爱 县	Boai	174.35	14.76	65.90	93.69
武 陟 县	Wuzhi	340.59	36.67	117.89	186.04
温 县	Wenxian	209.82	24.12	59.78	125.92
沁 阳 市	Qinyang	350.49	18.14	158.16	174.19
孟 州 市	Mengzhou	232.83	22.03	97.19	113.61

continued

人均生产总值 (元) (按常住人口计算) Per Capita GDP (yuan) (calculated at residents)	生产总值指数 (%) (上年=100) Indices of Gross Domestic Products (%) (preceding year=100)				人均生产总值指数 (%) (上年=100) Indices of Per Capita GDP (%) (preceding year=100)
		第一产业 Primary Industry	第二产业 Secondary Industry	第三产业 Tertiary Industry	
44537	103.6	102.7	100.2	104.5	102.8
56704	104.5	98.2	102.2	105.4	105.4
43191	102.2	102.3	101.2	103.3	103.0
66165	101.0	101.5	99.9	104.7	101.2
41654	104.0	102.7	104.5	103.6	104.5
41024	104.5	102.2	104.4	105.5	105.5
35793	103.0	101.7	102.8	103.8	103.5
27730	103.4	102.3	103.8	104.5	104.1
70100	103.4	102.6	102.1	104.7	103.9
154241	101.2	101.6	101.5	99.9	102.3
78813	102.1	102.0	101.9	102.5	103.4
61004	105.3	101.7	108.3	102.8	103.4
44504	101.7	101.6	100.2	103.7	102.9
95978	103.6	101.8	104.1	103.0	103.9
94616	105.4	98.1	104.5	106.3	103.0
58976	102.3	101.7	101.0	102.7	102.9
57402	106.5	101.7	102.7	110.0	106.3
59980	99.4	102.0	95.6	102.9	98.5
77902	103.8	101.8	103.8	104.2	103.2
51275	102.3	100.4	103.1	102.3	102.4
38625	103.6	102.4	101.8	105.3	104.4
42666	105.1	102.1	108.4	104.0	107.2
33485	96.2	101.9	85.0	102.2	97.6
46890	106.1	102.7	104.4	108.4	107.3
49041	99.4	102.4	96.1	101.9	100.3
64989	102.2	101.4	101.6	103.1	102.8
51020	102.7	101.4	99.0	103.4	102.7
139749	104.3	101.5	105.2	101.7	104.5
74586	103.8	101.5	104.6	102.6	103.9
68649	102.4	101.4	103.4	101.9	102.4
64455	103.1	101.7	104.5	102.1	103.2
49783	105.7	101.8	109.4	104.0	105.8
51483	105.7	101.8	110.8	103.2	105.7
53279	104.1	101.9	111.0	101.6	104.2
78303	104.5	101.8	107.6	102.1	104.6
69661	103.9	101.6	107.2	101.2	104.0

25−2 续表 2

县 市	County and city	生产总值（亿元）Gross Domestic Products (100 million yuan)	第一产业 Primary Industry	第二产业 Secondary Industry	第三产业 Tertiary Industry
濮阳市	**Puyang**				
华龙区	Hualong	732.91	25.82	310.65	396.44
清丰县	Qingfeng	232.85	47.25	73.57	112.04
南乐县	Nanle	195.08	38.50	54.62	101.96
范县	Fanxian	237.22	24.25	101.74	111.23
台前县	Taiqian	132.65	15.27	40.26	77.12
濮阳县	Puyang	319.92	52.41	83.56	183.95
许昌市	**Xuchang**				
魏都区	Weidu	450.37	0.15	139.33	310.89
建安区	Jianan	577.11	38.09	271.79	267.23
鄢陵县	Yanling	387.82	51.25	133.25	203.32
襄城县	Xiangcheng	443.00	50.27	164.43	228.30
禹州市	Yuzhou	761.17	41.48	321.44	398.25
长葛市	Changge	618.71	35.29	368.66	214.76
漯河市	**Luohe**				
源汇区	Yuanhui	245.73	9.85	42.70	193.18
郾城区	Yancheng	283.34	28.29	64.79	190.25
召陵区	Shaoling	618.74	35.28	366.50	216.97
舞阳县	Wuyang	244.47	35.54	86.82	122.11
临颍县	Linying	371.67	45.73	141.07	184.87
三门峡市	**Sanmenxia**				
湖滨区	Hubin	327.40	7.16	123.86	196.38
陕州区	Shanzhou	285.46	31.64	125.73	128.09
渑池县	Mianchi	242.11	24.75	109.66	107.70
卢氏县	Lushi	143.46	35.42	36.45	71.59
义马市	Yima	137.74	1.85	79.42	56.47
灵宝市	Lingbao	484.09	74.03	220.96	189.11
南阳市	**Nanyang**				
宛城区	Wancheng	513.56	43.16	150.82	319.58
卧龙区	Wolong	672.48	35.17	178.01	459.30
南召县	Nanzhao	206.82	30.80	76.86	99.16
方城县	Fangcheng	308.03	60.00	87.59	160.43
西峡县	Xixia	312.92	41.40	120.68	150.85
镇平县	Zhenping	307.15	47.70	81.26	178.19
内乡县	Neixiang	299.54	59.38	118.81	121.35
淅川县	Xichuan	273.42	55.33	79.32	138.77
社旗县	Sheqi	212.31	52.16	49.75	110.39
唐河县	Tanghe	446.27	109.29	104.80	232.19
新野县	Xinye	315.37	65.27	74.15	175.95
桐柏县	Tongbai	211.29	30.83	82.18	98.28
邓州市	Dengzhou	493.01	105.79	111.55	275.66

continued

人均生产总值 (元) (按常住人口计算) Per Capita GDP (yuan) (calculated at residents)	生产总值指数 (%) (上年=100) Indices of Gross Domestic Products (%) (preceding year=100)	第一产业 Primary Industry	第二产业 Secondary Industry	第三产业 Tertiary Industry	人均生产总值指数 (%) (上年=100) Indices of Per Capita GDP (%) (preceding year=100)
75240	103.7	101.7	104.2	103.5	103.5
39995	103.9	101.7	105.6	104.0	104.6
41782	102.7	101.9	103.0	102.9	104.0
53555	100.1	101.9	95.1	104.6	100.5
41886	102.7	102.2	100.8	103.9	103.4
34065	102.3	102.9	102.2	102.1	103.4
75000	102.7	100.8	106.9	100.7	102.5
77777	100.4	101.0	97.8	103.4	100.4
70900	101.4	101.6	102.7	100.4	101.4
65630	100.5	101.5	111.1	92.6	100.5
68666	101.4	101.7	100.3	102.5	101.4
87266	100.1	101.2	99.7	100.8	100.2
76195	104.8	102.1	106.9	104.2	104.9
56051	105.0	102.2	106.6	104.7	105.1
123897	105.6	102.3	106.5	105.0	105.7
54666	105.2	102.3	107.6	104.5	105.3
62634	105.8	102.2	108.2	104.5	105.9
100384	101.6	102.3	102.2	101.2	102.1
99550	100.5	102.4	97.9	103.0	101.3
78581	102.0	101.9	100.8	103.4	102.8
45528	103.3	103.2	103.7	103.2	104.1
102221	99.8	102.2	97.0	104.3	100.6
73609	103.5	102.4	103.3	104.1	103.4
51969	104.6	101.8	106.1	104.3	105.0
61923	103.8	102.2	103.5	104.0	104.6
38876	105.7	102.3	107.0	105.8	107.2
36023	105.3	102.4	106.8	105.7	106.2
70877	106.1	102.8	107.1	106.2	107.0
37583	105.4	102.2	106.0	106.1	105.9
55708	105.0	102.1	105.6	105.9	105.7
51628	105.2	102.7	105.8	105.9	105.8
38560	104.7	102.1	106.6	105.2	105.5
43018	104.8	102.0	106.9	105.3	105.0
53630	104.1	101.9	103.2	105.5	105.2
57541	104.9	102.4	105.7	105.1	105.9
40233	104.5	101.7	105.3	105.3	105.2

25-2 续表 3

县 市	County and city	生产总值（亿元）Gross Domestic Products (100 million yuan)	第一产业 Primary Industry	第二产业 Secondary Industry	第三产业 Tertiary Industry
商 丘 市	**Shangqiu**				
梁 园 区	Liangyuan	355.97	43.50	125.11	187.36
睢 阳 区	Suiyang	322.67	61.44	82.28	178.95
民 权 县	Minquan	271.27	64.08	57.09	150.10
睢 县	Suixian	261.83	62.21	91.88	107.74
宁 陵 县	Ningling	191.23	40.38	61.64	89.21
柘 城 县	Zhecheng	284.25	71.11	86.64	126.50
虞 城 县	Yucheng	342.64	67.84	119.34	155.46
夏 邑 县	Xiayi	308.34	71.58	88.70	148.06
永 城 市	Yongcheng	774.36	103.87	300.75	369.74
信 阳 市	**Xinyang**				
浉 河 区	Shihe	342.50	37.61	87.35	217.54
平 桥 区	Pingqiao	420.82	43.71	165.95	211.16
罗 山 县	Luoshan	232.11	48.70	60.86	122.55
光 山 县	Guangshan	250.71	48.06	79.88	122.77
新 县	Xinxian	168.31	29.38	56.46	82.47
商 城 县	Shangcheng	237.72	43.58	80.40	113.75
固 始 县	Gushi	450.24	74.77	130.35	245.12
潢 川 县	Huangchuan	320.39	47.51	96.27	176.62
淮 滨 县	Huaibin	256.14	42.61	87.50	126.03
息 县	Xixian	286.39	53.84	82.83	149.72
周 口 市	**Zhoukou**				
川 汇 区	Chuanhui	312.74	9.20	89.80	213.75
淮 阳 区	Huaiyang	310.60	61.44	123.11	126.06
扶 沟 县	Fugou	247.28	54.65	80.41	112.21
西 华 县	Xihua	252.16	58.83	73.26	120.07
商 水 县	Shangshui	334.99	61.56	120.85	152.58
沈 丘 县	Shenqiu	358.50	60.84	119.78	177.88
郸 城 县	Dancheng	355.37	66.92	130.46	158.00
太 康 县	Taikang	353.84	78.64	92.92	182.28
鹿 邑 县	Luyi	477.06	73.36	177.22	226.49
项 城 市	Xiangcheng	330.43	49.99	89.91	190.53
驻 马 店 市	**Zhumadian**				
驿 城 区	Yicheng	613.52	31.16	241.26	341.09
西 平 县	Xiping	280.24	61.87	82.79	135.58
上 蔡 县	Shangcai	287.52	54.57	93.51	139.44
平 舆 县	Pingyu	300.40	52.31	109.36	138.73
正 阳 县	Zhengyang	269.86	63.15	81.46	125.24
确 山 县	Queshan	217.27	43.73	74.27	99.26
泌 阳 县	Biyang	326.26	65.29	113.03	147.94
汝 南 县	Runan	261.26	58.00	91.92	111.34
遂 平 县	Suiping	250.83	37.34	94.91	118.58
新 蔡 县	Xincai	291.09	50.10	69.92	171.08

continued

人均生产总值 (元) (按常住人口计算) Per Capita GDP (yuan) (calculated at residents)	生产总值指数 (%) (上年=100) Indices of Gross Domestic Products (%) (preceding year=100)	第一产业 Primary Industry	第二产业 Secondary Industry	第三产业 Tertiary Industry	人均生产总值指数 (%) (上年=100) Indices of Per Capita GDP (%) (preceding year=100)
35188	104.3	102.4	104.5	104.6	104.0
34897	102.6	101.7	101.7	103.3	100.8
36314	103.7	102.2	107.2	102.9	105.2
36875	106.7	102.4	111.9	104.7	107.0
36960	103.6	102.4	107.3	101.4	105.9
37046	104.0	102.1	106.7	102.8	104.5
39492	103.7	102.6	103.3	104.6	104.9
34647	98.5	102.0	92.3	102.0	99.9
61479	105.9	101.6	107.7	105.4	105.9
54204	101.8	101.0	100.4	102.6	101.9
48839	100.5	101.1	98.3	102.1	100.6
48046	102.6	101.4	103.3	102.9	104.0
43100	103.2	101.2	103.9	103.9	104.5
61935	103.2	101.5	104.1	103.2	105.0
53265	102.8	101.2	104.3	102.3	105.1
44311	103.6	101.4	104.8	103.8	105.1
51512	102.6	99.8	103.5	103.2	104.1
47442	104.3	101.5	106.3	103.9	105.4
43880	102.8	101.3	103.8	102.8	104.2
41444	104.3	101.9	101.9	106.1	102.7
29641	105.7	102.1	107.9	105.4	105.5
45033	105.9	102.0	107.1	107.1	107.5
37028	105.1	102.0	106.3	105.9	106.9
36601	104.0	101.8	105.2	104.0	105.7
39341	103.5	102.1	105.0	102.6	105.0
37625	106.0	102.1	107.7	106.2	107.9
32298	104.9	102.2	108.7	103.1	106.4
52764	105.5	102.1	106.8	105.8	107.3
35313	102.6	102.0	102.8	102.8	103.9
58175	104.7	101.6	104.2	105.4	104.1
44338	104.6	101.6	106.1	105.2	106.3
29459	102.8	101.5	101.8	104.2	104.1
42583	105.7	102.0	107.4	105.6	107.3
44704	104.5	102.1	104.8	105.7	105.9
56091	104.9	101.9	105.5	106.0	106.3
48823	105.6	102.0	108.2	105.6	107.2
44466	105.9	101.6	108.7	105.7	107.4
58483	103.8	101.3	103.8	104.8	105.4
36931	102.1	101.2	99.2	104.0	103.7

25-3　各县(市、区)规模以上工业主要指标(2023年)

Above Designated Size Industry by County and District (2023)

县市区	County and District	工业增加值增速 (%) Growth Rate of Value Added of Industry (%)
郑　州　市	**Zhengzhou**	
中　原　区	Zhongyuan	8.6
二　七　区	Erqi	6.1
管　城　区	Guancheng	14.1
金　水　区	Jinshui	29.1
上　街　区	Shangjie	4.6
惠　济　区	Huiji	-15.1
中　牟　县	Zhongmu	-8.1
巩　义　市	Gongyi	9.0
荥　阳　市	Xingyang	4.9
新　密　市	Xinmi	7.8
新　郑　市	Xinzheng	43.7
登　封　市	Dengfeng	8.8
开　封　市	**Kaifeng**	
龙　亭　区	Longting	17.6
顺　河　区	Shunhe	-3.0
鼓　楼　区	Gulou	-17.1
禹　王　台　区	Yuwangtai	3.4
祥　符　区	Xiangfu	-14.5
杞　县	Qixian	-20.0
通　许　县	Tongxu	-15.0
尉　氏　县	Weishi	-3.1
兰　考　县	Lankao	2.3
洛　阳　市	**Luoyang**	
老　城　区	Laocheng	7.1
西　工　区	Xigong	6.0
瀍　河　区	Chanhe	0.1
涧　西　区	Jianxi	7.8
偃　师　区	Yanshi	0.3
孟　津　区	Mengjin	-8.7
洛　龙　区	Luolong	5.3
新　安　县	Xinan	0.5
栾　川　县	Luanchuan	-13.5
嵩　县	Songxian	8.5
汝　阳　县	Ruyang	7.7
宜　阳　县	Yiyang	14.9
洛　宁　县	Luoning	7.9
伊　川　县	Yichuan	0.6
平　顶　山　市	**Pingdingshan**	
新　华　区	Xinhua	7.1
卫　东　区	Weidong	1.8
石　龙　区	Shilong	8.6
湛　河　区	Zhanhe	5.0
宝　丰　县	Baofeng	-16.8
叶　县	Yexian	7.8
鲁　山　县	Lushan	7.5
郏　县	Jiaxian	10.7
舞　钢　市	Wugang	8.2
汝　州　市	Ruzhou	12.5

25-3 续表 1 continued

县市区	County and District	工业增加值增速 (%) Growth Rate of Value Added of Industry (%)
安 阳 市	**Anyang**	
文 峰 区	Wenfeng	10.5
北 关 区	Beiguan	8.4
殷 都 区	Yindu	3.0
龙 安 区	Longan	-2.0
安 阳 县	Anyang	27.5
汤 阴 县	Tangyin	7.1
滑 县	Huaxian	2.0
内 黄 县	Neihuang	3.5
林 州 市	Linzhou	5.7
鹤 壁 市	**Hebi**	
鹤 山 区	Heshan	13.5
山 城 区	Shancheng	-1.0
淇 滨 区	Qibin	6.2
浚 县	Xunxian	-4.5
淇 县	Qixian	2.1
新 乡 市	**Xinxiang**	
红 旗 区	Hongqi	2.7
卫 滨 区	Weibin	1.9
凤 泉 区	Fengquan	1.3
牧 野 区	Muye	0.2
新 乡 县	Xinxiang	4.4
获 嘉 县	Huojia	7.0
原 阳 县	Yuanyang	2.6
延 津 县	Yanjin	4.4
封 丘 县	Fengqiu	9.4
卫 辉 市	Weihui	4.0
辉 县 市	Huixian	-3.1
长 垣 市	Changyuan	-4.1
焦 作 市	**Jiaozuo**	
解 放 区	Jiefang	6.3
中 站 区	Zhongzhan	6.3
马 村 区	Macun	5.9
山 阳 区	Shanyang	5.4
修 武 县	Xiuwu	1.2
博 爱 县	Boai	13.1
武 陟 县	Wuzhi	9.9
温 县	Wenxian	12.2
沁 阳 市	Qinyang	10.2
孟 州 市	Mengzhou	9.8

25−3 续表 2 continued

县市区	County and District	工业增加值增速 (%) Growth Rate of Value Added of Industry (%)
濮阳	**市 Puyang**	
华龙	区 Hualong	8.3
清丰	县 Qingfeng	8.1
南乐	县 Nanle	5.1
范	县 Fanxian	-13.6
台前	县 Taiqian	-1.7
濮阳	县 Puyang	5.0
许昌	**市 Xuchang**	
魏都	区 Weidu	11.8
建安	区 Jianan	0.1
鄢陵	县 Yanling	0.1
襄城	县 Xiangcheng	7.2
禹州	市 Yuzhou	1.2
长葛	市 Changge	-3.7
漯河	**市 Luohe**	
源汇	区 Yuanhui	4.1
郾城	区 Yancheng	4.5
召陵	区 Shaoling	7.5
舞阳	县 Wuyang	8.2
临颍	县 Linying	7.8
三门峡	**市 Sanmenxia**	
湖滨	区 Hubin	-1.6
陕州	区 Shanzhou	3.8
渑池	县 Mianchi	4.9
卢氏	县 Lushi	8.4
义马	市 Yima	-12.1
灵宝	市 Lingbao	4.3
南阳	**市 Nanyang**	
宛城	区 Wancheng	7.0
卧龙	区 Wolong	3.3
南召	县 Nanzhao	5.3
方城	县 Fangcheng	6.7
西峡	县 Xixia	7.7
镇平	县 Zhenping	7.3
内乡	县 Neixiang	8.0
淅川	县 Xichuan	7.3
社旗	县 Sheqi	7.8
唐河	县 Tanghe	4.7
新野	县 Xinye	3.1
桐柏	县 Tongbai	5.3
邓州	市 Dengzhou	5.6

25-3 续表 3 continued

县市区	County and District	工业增加值增速 (%) Growth Rate of Value Added of Industry (%)
商丘市	**Shangqiu**	
梁园区	Liangyuan	5.9
睢阳区	Suiyang	0.6
民权县	Minquan	5.9
睢县	Suixian	6.2
宁陵县	Ningling	5.4
柘城县	Zhecheng	5.8
虞城县	Yucheng	0.4
夏邑县	Xiayi	-18.3
永城市	Yongcheng	5.9
信阳市	**Xinyang**	
浉河区	Shihe	-2.9
平桥区	Pingqiao	-1.8
罗山县	Luoshan	7.6
光山县	Guangshan	8.4
新县	Xinxian	5.5
商城县	Shangcheng	8.1
固始县	Gushi	7.6
潢川县	Huangchuan	2.9
淮滨县	Huaibin	7.8
息县	Xixian	7.7
周口市	**Zhoukou**	
川汇区	Chuanhui	2.1
淮阳区	Huaiyang	9.1
扶沟县	Fugou	8.2
西华县	Xihua	7.2
商水县	Shangshui	4.3
沈丘县	Shenqiu	4.1
郸城县	Dancheng	8.1
太康县	Taikang	7.4
鹿邑县	Luyi	8.1
项城市	Xiangcheng	0.5
驻马店市	**Zhumadian**	
驿城区	Yicheng	4.4
西平县	Xiping	4.1
上蔡县	Shangcai	-9.5
平舆县	Pingyu	6.3
正阳县	Zhengyang	2.4
确山县	Queshan	1.4
泌阳县	Biyang	8.5
汝南县	Runan	5.3
遂平县	Suiping	4.5
新蔡县	Xincai	-0.9

25-4 各县(市、区)城乡居民收入和社会消费品零售总额(2023年)

Per Capita Net Income of Rural and Urban Residents, Total Retail Sales of Consumer Goods by County and District (2023)

县市区	County and District	居民人均可支配收入（元）Per Capita Disposable Income of Residents (yuan)	城镇居民人均可支配收入（元）Per Capita Disposable Income of Urban Residents (yuan)	农村居民人均可支配收入（元）Per Capita Disposable Income of Rural Residents (yuan)	社会消费品零售总额（亿元）Total Retail Sales of Consumer Goods (100 million yuan)
郑州市	**Zhengzhou**				
中原区	Zhongyuan	51051	51596		502.99
二七区	Erqi	51185	52112	34208	504.46
管城区	Guancheng	48747	49749	36865	1277.90
金水区	Jinshui	57302	58049	36673	1408.12
上街区	Shangjie	54235	56294		43.51
惠济区	Huiji	40408	41991	34861	228.33
中牟县	Zhongmu	32592	38592	27608	406.41
巩义市	Gongyi	37530	41515	32802	313.62
荥阳市	Xingyang	35198	40941	28840	159.32
新密市	Xinmi	35741	41478	28854	201.19
新郑市	Xinzheng	36705	42004	30657	407.19
登封市	Dengfeng	33065	40213	26005	170.05
开封市	**Kaifeng**				
龙亭区	Longting	33910	39010	21968	180.85
顺河区	Shunhe	34968	38194	20969	75.26
鼓楼区	Gulou	38445	40339	22216	153.35
禹王台区	Yuwangtai	32715	36954	21140	63.05
祥符区	Xiangfu	23535	32069	19162	96.18
杞县	Qixian	23207	30044	20135	136.80
通许县	Tongxu	24007	31331	20853	104.43
尉氏县	Weishi	25462	34545	20938	127.47
兰考县	Lankao	24625	32472	19617	237.41
洛阳市	**Luoyang**				
老城区	Laocheng	44515	46001	21421	77.97
西工区	Xigong	52346	54240	24472	336.56
瀍河区	Chanhe	46318	47482	24031	122.45
涧西区	Jianxi	46147	48744	22860	349.46
偃师区	Yanshi	34313	40233	26679	169.26
孟津区	Mengjin	31011	41722	20418	125.28
洛龙区	Luolong	39785	48942	22113	342.37
新安县	Xinan	32130	44096	22673	125.29
栾川县	Luanchuan	29008	41581	17759	124.22
嵩县	Songxian	24440	38344	17687	141.35
汝阳县	Ruyang	23005	35843	16572	114.25
宜阳县	Yiyang	23742	37231	16658	164.08
洛宁县	Luoning	23079	37647	16481	92.24
伊川县	Yichuan	29328	39846	21463	169.53
平顶山市	**Pingdingshan**				
新华区	Xinhua	43128	43948	24353	159.54
卫东区	Weidong	43414	43742	25603	189.84
石龙区	Shilong	31903	34679	22151	6.02
湛河区	Zhanhe	40582	44281	25436	99.84
宝丰县	Baofeng	30431	40096	23268	94.17
叶县	Yexian	25280	39034	18189	105.70
鲁山县	Lushan	21893	37165	14174	84.34
郏县	Jiaxian	25309	37754	17815	90.14
舞钢市	Wugang	32167	40632	21222	57.83
汝州市	Ruzhou	29489	36145	23584	296.77

25-4 续表 1 continued

县市区	County and District	居民人均可支配收入(元) Per Capita Disposable Income of Residents (yuan)	城镇居民人均可支配收入(元) Per Capita Disposable Income of Urban Residents (yuan)	农村居民人均可支配收入(元) Per Capita Disposable Income of Rural Residents (yuan)	社会消费品零售总额(亿元) Total Retail Sales of Consumer Goods (100 million yuan)
安阳市	**Anyang**				
文峰区	Wenfeng	41294	45341	25747	161.99
北关区	Beiguan	38172	40986	26514	103.01
殷都区	Yindu	36913	43616	25532	85.30
龙安区	Longan	32026	39387	22702	48.37
安阳县	Anyang	27627	36157	23087	66.49
汤阴县	Tangyin	27308	34790	20720	48.61
滑县	Huaxian	22266	33353	17513	198.88
内黄县	Neihuang	20473	28189	17736	69.66
林州市	Linzhou	33754	38886	27699	176.94
鹤壁市	**Hebi**				
鹤山区	Heshan	36237	37706	23068	20.64
山城区	Shancheng	38421	39691	24376	56.39
淇滨区	Qibin	40311	45906	22539	107.26
浚县	Xunxian	27103	31998	25120	114.02
淇县	Qixian	31440	37286	25412	47.64
新乡市	**Xinxiang**				
红旗区	Hongqi	40821	42177	23308	188.98
卫滨区	Weibin	41683	41683		138.86
凤泉区	Fengquan	30183	37404	21220	12.84
牧野区	Muye	41663	42757	25420	78.85
新乡县	Xinxiang	33473	40037	26331	58.86
获嘉县	Huojia	25382	31048	21611	76.90
原阳县	Yuanyang	23297	32588	19260	90.59
延津县	Yanjin	25481	32920	21884	60.87
封丘县	Fengqiu	22030	32727	16964	62.99
卫辉市	Weihui	26081	32781	21564	37.27
辉县市	Huixian	30456	40418	23204	107.29
长垣市	Changyuan	32707	37180	28991	216.03
焦作市	**Jiaozuo**				
解放区	Jiefang	42836	42836		115.96
中站区	Zhongzhan	32049	35617		33.06
马村区	Macun	30754	35398		27.31
山阳区	Shanyang	42362	42362		139.08
修武县	Xiuwu	31198	38224	24224	63.92
博爱县	Boai	31883	38243	24249	87.61
武陟县	Wuzhi	31059	38131	25259	137.77
温县	Wenxian	31384	37348	25240	101.26
沁阳市	Qinyang	33853	38968	26770	130.30
孟州市	Mengzhou	32906	38569	26491	102.23

25-4 续表 2 continued

县市区	County and District	居民人均可支配收入（元）Per Capita Disposable Income of Residents (yuan)	城镇居民人均可支配收入（元）Per Capita Disposable Income of Urban Residents (yuan)	农村居民人均可支配收入（元）Per Capita Disposable Income of Rural Residents (yuan)	社会消费品零售总额（亿元）Total Retail Sales of Consumer Goods (100 million yuan)
濮阳市	**Puyang**				
华龙区	Hualong	42387	43122	22851	344.64
清丰县	Qingfeng	24140	31172	21791	77.18
南乐县	Nanle	23618	31578	20295	71.96
范县	Fanxian	19619	27903	15799	81.75
台前县	Taiqian	18666	26985	14894	56.02
濮阳县	Puyang	26720	35045	20503	146.43
许昌市	**Xuchang**				
魏都区	Weidu	42901	42901		388.13
建安区	Jianan	28687	37343	24002	174.28
鄢陵县	Yanling	29290	36770	24068	116.63
襄城县	Xiangcheng	28342	36514	23118	120.63
禹州市	Yuzhou	32276	40696	24979	351.07
长葛市	Changge	31389	37821	24721	221.98
漯河市	**Luohe**				
源汇区	Yuanhui	39189	45535	27858	227.73
郾城区	Yancheng	36095	44225	27252	168.02
召陵区	Shaoling	33801	41560	26492	171.62
舞阳县	Wuyang	22140	30994	15824	101.45
临颍县	Linying	28710	35064	23924	117.05
三门峡市	**Sanmenxia**				
湖滨区	Hubin		38885		136.27
陕州区	Shanzhou	26043	35650	18737	66.33
渑池县	Mianchi	30358	39373	23416	67.59
卢氏县	Lushi	21337	33383	14414	54.30
义马市	Yima		36448		50.70
灵宝市	Lingbao	29291	38060	23940	194.76
南阳市	**Nanyang**				
宛城区	Wancheng	35608	45303	22090	297.15
卧龙区	Wolong	35761	45691	21859	581.33
南召县	Nanzhao	23826	35586	17350	109.91
方城县	Fangcheng	25212	36985	18991	180.42
西峡县	Xixia	32347	42333	24067	77.43
镇平县	Zhenping	26876	37244	21084	223.44
内乡县	Neixiang	27008	38308	20440	105.36
淅川县	Xichuan	26604	39903	18289	137.03
社旗县	Sheqi	23021	33294	17340	91.46
唐河县	Tanghe	26980	38086	20323	185.94
新野县	Xinye	28565	38066	22975	108.31
桐柏县	Tongbai	25184	36432	17246	70.76
邓州市	Dengzhou	28482	37977	22412	236.79

25-4 续表 3 continued

县市区	County and District	居民人均可支配收入（元）Per Capita Disposable Income of Residents (yuan)	城镇居民人均可支配收入（元）Per Capita Disposable Income of Urban Residents (yuan)	农村居民人均可支配收入（元）Per Capita Disposable Income of Rural Residents (yuan)	社会消费品零售总额（亿元）Total Retail Sales of Consumer Goods (100 million yuan)
商丘市	**Shangqiu**				
梁园区	Liangyuan	28533	38800	17075	432.76
睢阳区	Suiyang	25976	37814	16838	211.52
民权县	Minquan	22550	34594	16306	113.89
睢县	Suixian	23125	35540	16435	115.57
宁陵县	Ningling	20807	30746	16187	76.92
柘城县	Zhecheng	22345	33078	16773	125.31
虞城县	Yucheng	23775	35961	17127	132.81
夏邑县	Xiayi	24548	37572	16838	129.52
永城市	Yongcheng	30565	41383	21303	253.86
信阳市	**Xinyang**				
浉河区	Shihe	33657	39194	23370	221.95
平桥区	Pingqiao	30482	38948	20735	175.12
罗山县	Luoshan	25482	35341	19083	94.28
光山县	Guangshan	25564	35347	19637	113.96
新县	Xinxian	27009	35218	19666	67.27
商城县	Shangcheng	24751	35058	18758	84.60
固始县	Gushi	26577	35404	20671	237.78
潢川县	Huangchuan	28537	36040	21189	128.34
淮滨县	Huaibin	23972	34581	17822	92.26
息县	Xixian	24246	35004	17980	113.65
周口市	**Zhoukou**				
川汇区	Chuanhui	30430	35994	21617	276.33
淮阳区	Huaiyang	21650	32293	15456	188.90
扶沟县	Fugou	22093	31070	16753	104.48
西华县	Xihua	21648	31522	15632	160.47
商水县	Shangshui	21173	31597	15743	117.94
沈丘县	Shenqiu	22269	32881	16100	164.47
郸城县	Dancheng	22783	32947	16602	164.40
太康县	Taikang	21595	31157	16689	275.84
鹿邑县	Luyi	25571	34379	19149	284.19
项城市	Xiangcheng	25283	33933	17985	217.56
驻马店市	**Zhumadian**				
驿城区	Yicheng	33483	41498	17464	333.42
西平县	Xiping	23701	33816	18330	75.71
上蔡县	Shangcai	22665	34277	17213	130.15
平舆县	Pingyu	24815	36262	17934	86.13
正阳县	Zhengyang	21097	30833	17221	80.28
确山县	Queshan	24085	34650	17393	54.19
泌阳县	Biyang	24415	35629	17635	106.63
汝南县	Runan	22364	31350	17631	72.69
遂平县	Suiping	25083	35183	18187	84.57
新蔡县	Xincai	22424	32728	17955	174.98

25−5 各县(市)主要农作物播种面积(2023年)

Sown Area of Major Farm Products by County and City (2023)

单位：千公顷 (1 000 hectares)

县市 County and city	粮食 Food	#谷物 Cereals	#小麦 Wheat	#玉米 Corn	#豆类 Beans	棉花 Cotton	油料 Oil-bearing Crops
郑州市 Zhengzhou							
中牟县 Zhongmu	33.36	30.70	12.48	18.22	0.41	0.11	10.52
巩义市 Gongyi	36.52	34.90	17.31	17.38	0.92	0.08	1.80
荥阳市 Xingyang	38.81	37.81	18.03	19.22	0.40	0.00	1.46
新密市 Xinmi	52.80	49.45	25.40	23.85	1.26	0.00	2.38
新郑市 Xinzheng	39.19	37.13	20.12	16.86	0.80		4.95
登封市 Dengfeng	52.14	49.75	25.24	24.47	0.65	0.03	2.82
开封市 Kaifeng							
杞县 Qixian	121.94	112.91	65.00	47.91	5.43	0.70	20.92
通许县 Tongxu	67.25	64.09	39.57	24.51	1.82	0.44	10.07
尉氏县 Weishi	96.73	90.85	58.28	32.55	3.74	0.42	17.24
兰考县 Lankao	101.44	96.99	59.51	37.31	1.86	0.33	17.72
洛阳市 Luoyang							
新安县 Xinan	47.13	42.67	21.00	21.10	1.99	0.07	2.84
栾川县 Luanchuan	9.55	8.66	0.44	8.20	0.54	0.01	0.37
嵩县 Songxian	47.69	40.11	19.63	20.43	3.24	0.21	4.62
汝阳县 Ruyang	43.49	37.64	19.68	17.26	1.07	0.07	5.40
宜阳县 Yiyang	89.27	77.67	41.86	31.27	5.93	0.11	17.38
洛宁县 Luoning	62.10	55.02	29.32	24.21	4.16		3.10
伊川县 Yichuan	78.56	69.62	39.07	24.64	1.37	0.16	5.05
平顶山市 Pingdingshan							
宝丰县 Baofeng	52.39	51.68	26.76	24.91	0.41		5.33
叶县 Yexian	123.27	116.94	59.54	57.24	4.98		15.95
鲁山县 Lushan	62.70	59.75	30.56	28.76	0.95		9.02
郏县 Jiaxian	63.01	51.35	31.06	20.28	5.80	0.90	6.43
舞钢市 Wugang	32.63	30.77	16.39	14.38	1.49		1.91
汝州市 Ruzhou	95.56	92.45	48.39	43.97	1.38	0.12	6.51
安阳市 Anyang							
安阳县 Anyang	64.20	63.36	31.25	32.11	0.64	0.10	0.12
汤阴县 Tangyin	73.30	71.49	36.49	34.95	1.36	0.02	1.78
滑县 Huaxian	207.77	205.76	120.85	84.83	1.57	0.01	19.28
内黄县 Neihuang	96.74	94.93	59.83	35.10	0.94	0.03	20.70
林州市 Linzhou	56.91	50.75	16.94	31.34	2.42	0.22	2.69
鹤壁市 Hebi							
浚县 Xunxian	101.36	100.15	55.64	44.51	1.18	0.00	12.85
淇县 Qixian	40.79	40.23	20.18	19.93	0.33	0.02	0.66

25−5 续表 1 continued

单位：千公顷 (1 000 hectares)

县 市	County and city	粮 食 Food	#谷物 Cereals	#小麦 Wheat	#玉米 Corn	#豆类 Beans	棉 花 Cotton	油 料 Oil-bearing Crops
新 乡 市	**Xinxiang**							
新 乡 县	Xinxiang	38.07	36.30	20.39	15.91	1.67		2.37
获 嘉 县	Huojia	57.43	54.56	27.42	25.07	2.87	0.01	0.03
原 阳 县	Yuanyang	110.05	108.32	55.21	49.34	1.53	0.00	5.82
延 津 县	Yanjin	82.68	80.81	56.14	24.67	0.73		32.49
封 丘 县	Fengqiu	117.46	114.37	67.70	46.65	2.01	0.17	13.69
卫 辉 市	Weihui	66.80	65.68	32.49	33.00	0.87	0.00	2.55
辉 县 市	Huixian	93.08	90.88	46.66	43.61	1.60	0.00	7.30
长 垣 市	Changyuan	110.15	106.41	57.99	47.93	3.34	0.12	8.02
焦 作 市	**Jiaozuo**							
修 武 县	Xiuwu	29.75	28.27	14.84	13.43	1.37	0.01	0.18
博 爱 县	Boai	27.68	27.19	13.45	13.70	0.40		0.36
武 陟 县	Wuzhi	73.93	73.02	40.21	32.13	0.85	0.00	8.29
温 县	Wenxian	40.51	39.93	22.20	17.73	0.43	0.01	3.83
沁 阳 市	Qinyang	45.32	43.91	22.94	20.98	1.17	0.00	1.35
孟 州 市	Mengzhou	36.56	36.02	21.61	14.40	0.40	0.02	8.49
濮 阳 市	**Puyang**							
清 丰 县	Qingfeng	85.45	84.33	49.44	34.89	0.21		8.63
南 乐 县	Nanle	68.39	67.54	35.79	31.74	0.76	0.01	2.07
范 县	Fanxian	62.38	58.37	31.26	11.97	3.93	0.04	0.49
台 前 县	Taiqian	38.47	32.71	18.95	13.77	5.63	0.01	0.45
濮 阳 县	Puyang	155.06	140.73	83.64	55.94	13.89	0.15	3.88
许 昌 市	**Xuchang**							
鄢 陵 县	Yanling	77.00	73.58	42.69	30.89	1.93	0.08	2.57
襄 城 县	Xiangcheng	91.62	62.42	45.66	16.37	16.75	0.03	4.44
禹 州 市	Yuzhou	98.97	92.36	48.20	43.51	3.20		5.45
长 葛 市	Changge	80.29	76.43	40.31	35.37	3.47		3.12
漯 河 市	**Luohe**							
舞 阳 县	Wuyang	81.61	76.09	43.05	33.04	4.64		10.93
临 颍 县	Linying	77.62	63.10	42.72	20.38	12.93	0.01	1.37
三 门 峡 市	**Sanmenxia**							
渑 池 县	Mianchi	43.95	34.65	21.50	12.22	6.17		6.06
卢 氏 县	Lushi	29.90	23.68	12.51	11.10	5.21		0.37
义 马 市	Yima	2.56	2.27	1.14	1.12	0.13		0.24
灵 宝 市	Lingbao	55.66	48.62	24.35	24.15	5.59	0.02	3.46
南 阳 市	**Nanyang**							
南 召 县	Nanzhao	28.90	25.56	8.41	9.75	1.72		11.16
方 城 县	Fangcheng	161.07	153.45	82.31	71.14	4.44	0.00	52.99
西 峡 县	Xixia	24.91	22.56	10.91	11.64	1.12		2.95

25-5 续表 2　continued

单位：千公顷 (1 000 hectares)

县 市	County and city	粮 食 Food	#谷物 Cereals	#小麦 Wheat	#玉米 Corn	#豆类 Beans	棉 花 Cotton	油 料 Oil-bearing Crops
镇平县	Zhenping	100.78	98.32	53.40	44.42	1.07	0.00	23.41
内乡县	Neixiang	73.81	69.72	35.54	34.18	0.69	0.01	19.55
淅川县	Xichuan	64.80	56.59	35.21	21.35	4.66	0.14	42.12
社旗县	Sheqi	126.98	119.83	64.58	55.10	4.33		27.45
唐河县	Tanghe	230.18	214.61	142.31	68.60	7.01		63.67
新野县	Xinye	81.35	78.56	53.56	24.65	1.91		32.75
桐柏县	Tongbai	46.79	44.59	15.97	10.04	1.44		22.94
邓州市	Dengzhou	219.09	212.48	139.43	69.05	4.53	0.01	62.21
商丘市	**Shangqiu**							
民权县	Minquan	108.82	105.65	68.10	37.53	1.70	0.04	21.35
睢县	Suixian	102.83	99.55	57.67	41.55	2.26	0.02	13.37
宁陵县	Ningling	77.00	73.33	48.43	24.90	1.88		23.47
柘城县	Zhecheng	119.41	116.87	66.58	49.75	1.74	0.07	2.30
虞城县	Yucheng	148.12	144.03	77.31	66.70	2.63	0.12	8.38
夏邑县	Xiayi	161.21	156.42	82.28	73.64	3.25	0.02	4.58
永城市	Yongcheng	213.60	184.09	114.32	69.24	28.40	0.01	2.59
信阳市	**Xinyang**							
罗山县	Luoshan	96.56	95.82	28.46	0.08	0.31		17.89
光山县	Guangshan	67.35	66.22	7.22	0.36	0.62	0.19	22.98
新县	Xinxian	14.50	14.18	1.28	0.15	0.02	0.04	6.63
商城县	Shangcheng	37.44	36.20	2.43	0.75	0.70	0.21	12.83
固始县	Gushi	154.36	154.09	36.03	1.89	0.12	0.00	32.78
潢川县	Huangchuan	99.54	99.37	37.27	0.17	0.11		12.45
淮滨县	Huaibin	102.26	101.15	56.05	2.44	0.43		19.14
息县	Xixian	180.47	179.30	108.43	10.18	0.78		26.14
周口市	**Zhoukou**							
扶沟县	Fugou	105.27	96.32	65.26	30.93	8.17	0.04	18.83
西华县	Xihua	136.56	127.82	74.63	52.89	7.23		8.28
商水县	Shangshui	162.78	155.59	80.45	75.14	5.50		13.01
沈丘县	Shenqiu	137.95	126.91	72.99	53.53	7.04		10.99
郸城县	Dancheng	179.24	169.06	91.63	77.05	6.50	0.04	13.16
太康县	Taikang	202.38	190.20	111.83	78.33	10.27	0.16	7.86
鹿邑县	Luyi	143.93	133.27	73.31	59.94	9.84		5.53
项城市	Xiangcheng	139.37	123.62	75.89	47.60	13.79	0.03	10.31
驻马店市	**Zhumadian**							
西平县	Xiping	142.71	140.92	72.53	67.64	1.28		8.22
上蔡县	Shangcai	169.69	162.15	98.83	63.32	5.98	0.00	27.54
平舆县	Pingyu	132.83	129.91	80.94	48.97	1.67		30.88
正阳县	Zhengyang	159.23	154.55	130.79	3.91	3.72		108.27
确山县	Queshan	99.27	90.13	57.52	28.10	5.47		41.26
泌阳县	Biyang	127.02	120.95	76.31	42.89	1.83		50.83
汝南县	Runan	129.62	122.49	88.18	34.14	6.45		50.63
遂平县	Suiping	102.81	100.13	54.40	45.73	1.65		11.92
新蔡县	Xincai	154.74	149.22	87.64	61.03	3.10	0.01	30.34

25-6 各县(市)主要农作物产量(2023年)

Output of Major Farm Products by County and City (2023)

县 市	County and city	粮食产量 (万吨) Output of Grain (10 000 tons)	#谷物 Cereals	#小麦 Wheat	#玉米 Corn	#豆类 Beans	棉花产量 (吨) Output of Cotton (ton)	油料产量 (吨) Output of Oil-bearing Crops (ton)	园林水果产量 (吨) Output of Fruits (ton)
郑州市	**Zhengzhou**								
中牟县	Zhongmu	20.69	18.87	7.72	11.15	0.09	152	53027	18956
巩义市	Gongyi	15.51	15.06	7.43	7.58	0.19	76	4105	21289
荥阳市	Xingyang	21.44	20.96	10.52	10.24	0.09	1	4481	37405
新密市	Xinmi	21.25	19.81	10.89	8.85	0.18	3	6218	17293
新郑市	Xinzheng	22.76	21.88	11.67	10.17	0.21		16827	60358
登封市	Dengfeng	20.43	18.60	8.90	9.70	0.12	27	5737	15313
开封市	**Kaifeng**								
杞县	Qixian	71.28	67.86	40.62	27.25	1.20	941	115729	23443
通许县	Tongxu	39.98	38.92	24.59	14.33	0.28	575	46989	115361
尉氏县	Weishi	56.25	53.91	35.70	18.20	0.74	527	86286	62920
兰考县	Lankao	55.01	52.79	33.56	19.13	0.52	493	82971	143372
洛阳市	**Luoyang**								
新安县	Xinan	22.85	20.66	9.80	10.69	0.47	132	6875	64294
栾川县	Luanchuan	4.66	4.41	0.20	4.20	0.12	9	690	10322
嵩县	Songxian	19.56	16.68	8.34	8.32	0.50	320	14795	63397
汝阳县	Ruyang	20.16	16.50	8.23	8.02	0.26	104	18005	15661
宜阳县	Yiyang	42.97	38.72	19.01	17.48	1.21	165	64380	184554
洛宁县	Luoning	28.40	25.27	13.35	11.45	1.03		7352	410002
伊川县	Yichuan	39.22	34.96	21.33	11.16	0.28	194	14385	14348
平顶山市	**Pingdingshan**								
宝丰县	Baofeng	27.65	27.43	15.20	12.23	0.08		16661	10471
叶县	Yexian	66.67	64.56	32.87	31.63	1.22		72759	60699
鲁山县	Lushan	23.11	21.80	11.22	10.33	0.21		23815	122447
郏县	Jiaxian	35.76	30.65	18.04	12.62	1.49	112	24146	15057
舞钢市	Wugang	17.00	16.53	8.65	7.88	0.29		6696	10977
汝州市	Ruzhou	46.04	44.84	24.63	20.18	0.33	133	18820	44157
安阳市	**Anyang**								
安阳县	Anyang	41.46	41.15	22.86	18.29	0.17	92	541	4338
汤阴县	Tangyin	43.62	42.86	25.54	17.30	0.41	28	6616	24628
滑县	Huaxian	172.04	171.16	93.79	77.35	0.52	18	92306	133934
内黄县	Neihuang	64.00	63.08	42.26	20.82	0.25	49	98439	212030
林州市	Linzhou	25.53	22.97	7.75	14.58	0.59	236	4721	15599
鹤壁市	**Hebi**								
浚县	Xunxian	78.01	77.60	43.32	34.28	0.39	1	57522	4592
淇县	Qixian	29.95	29.77	15.35	14.38	0.06	27	2146	8510

25-6 续表 1　　continued

县　市　County and city	粮食产量（万吨） Output of Grain (10 000 tons)	#谷物 Cereals	#小麦 Wheat	#玉米 Corn	#豆类 Beans	棉花产量（吨） Output of Cotton (ton)	油料产量（吨） Output of Oil-bearing Crops (ton)	园林水果产量（吨） Output of Fruits (ton)
新　乡　市 Xinxiang								
新　乡　县 Xinxiang	25.93	25.36	14.46	10.90	0.51		10578	6422
获　嘉　县 Huojia	37.91	36.95	18.88	16.84	0.96	14	157	10846
原　阳　县 Yuanyang	69.14	68.65	36.08	30.24	0.36	10	29009	35350
延　津　县 Yanjin	51.66	50.76	37.28	13.48	0.18		157338	16989
封　丘　县 Fengqiu	73.74	72.49	46.70	25.78	0.63	177	66096	29511
卫　辉　市 Weihui	40.67	40.30	21.48	18.76	0.22	1	11666	73222
辉　县　市 Huixian	58.60	57.75	31.28	26.26	0.50	1	28912	46142
长　垣　市 Changyuan	78.03	76.82	42.79	33.75	0.94	173	31934	13412
焦　作　市 Jiaozuo								
修　武　县 Xiuwu	21.23	20.66	10.93	9.73	0.48	18	873	4869
博　爱　县 Boai	20.30	20.13	10.19	9.92	0.10		1167	10615
武　陟　县 Wuzhi	55.49	55.23	30.61	24.13	0.21	3	45033	52421
温　　　县 Wenxian	31.28	31.05	17.13	13.92	0.12	6	20650	23425
沁　阳　市 Qinyang	33.41	32.85	17.17	15.68	0.37	1	6418	29520
孟　州　市 Mengzhou	27.02	26.84	16.15	10.68	0.08	25	43411	25581
濮　阳　市 Puyang								
清　丰　县 Qingfeng	62.89	62.21	37.21	25.00	0.04		38561	17402
南　乐　县 Nanle	51.40	51.04	27.89	23.15	0.28	5	9583	160088
范　　　县 Fanxian	41.77	40.69	21.57	8.68	1.02	53	1861	9189
台　前　县 Taiqian	23.53	21.81	13.13	8.68	1.61	24	1566	17104
濮　阳　县 Puyang	104.51	100.39	58.30	41.26	3.86	243	16055	55225
许　昌　市 Xuchang								
鄢　陵　县 Yanling	53.90	52.56	31.12	21.44	0.48	80	9856	5383
襄　城　县 Xiangcheng	56.51	44.11	32.02	11.99	4.41	33	15583	19506
禹　州　市 Yuzhou	59.07	56.66	29.49	26.94	0.74		15472	26942
长　葛　市 Changge	55.27	54.19	28.70	25.17	0.85		11026	5797
漯　河　市 Luohe								
舞　阳　县 Wuyang	56.89	55.22	30.53	24.69	1.12		50599	18192
临　颍　县 Linying	50.37	45.91	30.81	15.10	3.45	15	5232	6641
三 门 峡 市 Sanmenxia								
渑　池　县 Mianchi	19.80	16.37	10.08	5.90	1.18		19123	229357
卢　氏　县 Lushi	13.03	11.11	5.56	5.53	1.25		1021	100930
义　马　市 Yima	1.21	1.09	0.51	0.57	0.03		662	2173
灵　宝　市 Lingbao	25.24	23.75	11.53	12.19	0.98	18	9907	1811970
南　阳　市 Nanyang								
南　召　县 Nanzhao	14.23	12.97	3.37	4.93	0.31		58994	15376
方　城　县 Fangcheng	71.59	69.28	37.32	31.96	0.81	2	280159	150813
西　峡　县 Xixia	9.74	8.98	3.41	5.57	0.22		8759	826734

25-6 续表 2 continued

县市 County and city	粮食产量 (万吨) Output of Grain (10 000 tons)	#谷物 Cereals	#小麦 Wheat	#玉米 Corn	#豆类 Beans	棉花产量 (吨) Output of Cotton (ton)	油料产量 (吨) Output of Oil-bearing Crops (ton)	园林水果产量 (吨) Output of Fruits (ton)
镇平县 Zhenping	51.76	50.45	26.88	23.36	0.23	0	90619	12161
内乡县 Neixiang	38.11	36.12	18.91	17.21	0.14	15	81216	96218
淅川县 Xichuan	28.42	24.86	15.14	9.70	0.86	168	142206	93683
社旗县 Sheqi	63.24	60.35	28.81	31.48	0.99		146585	16771
唐河县 Tanghe	130.90	125.44	90.50	33.16	1.15		280263	74563
新野县 Xinye	51.77	50.75	34.69	15.96	0.32		178535	27999
桐柏县 Tongbai	24.45	23.79	6.36	4.96	0.27		75907	23856
邓州市 Dengzhou	124.15	122.07	80.13	40.39	0.90	13	319676	47430
商丘市 Shangqiu								
民权县 Minquan	71.75	70.16	46.22	23.92	0.48	50	114874	215793
睢县 Suixian	66.88	65.73	39.32	26.23	0.68	21	72905	34426
宁陵县 Ningling	50.80	48.94	33.08	15.86	0.59		118179	328822
柘城县 Zhecheng	79.40	78.19	46.48	31.44	0.57	97	10907	20003
虞城县 Yucheng	97.50	95.47	53.56	41.90	0.77	137	38561	632873
夏邑县 Xiayi	104.94	103.34	57.54	45.44	0.88	26	20124	304897
永城市 Yongcheng	137.78	128.98	79.71	48.89	7.92	9	10293	363473
信阳市 Xinyang								
罗山县 Luoshan	72.54	72.25	11.50	0.06	0.05		48502	8506
光山县 Guangshan	55.23	54.77	2.98	0.25	0.15	168	34011	37870
新县 Xinxian	11.50	11.31	0.41	0.11	0.01	32	20101	3043
商城县 Shangcheng	29.48	29.06	0.93	0.41	0.13	178	32041	6632
固始县 Gushi	114.01	113.90	16.08	1.00	0.03	1	102058	26763
潢川县 Huangchuan	70.57	70.52	15.53	0.11	0.03		32518	15391
淮滨县 Huaibin	59.26	58.80	27.68	1.54	0.05		67480	38222
息县 Xixian	107.35	106.93	56.26	6.80	0.17		91544	17872
周口市 Zhoukou								
扶沟县 Fugou	66.21	64.00	44.92	19.04	1.79	42	114887	18748
西华县 Xihua	86.92	84.46	51.51	32.84	1.64		43209	172056
商水县 Shangshui	108.04	105.87	55.77	50.10	1.25		40863	65277
沈丘县 Shenqiu	92.30	88.51	50.93	37.44	1.59		53932	159125
郸城县 Dancheng	118.84	115.34	63.76	51.45	1.48	48	68909	18828
太康县 Taikang	134.54	131.14	77.59	53.54	2.32	327	43600	44594
鹿邑县 Luyi	96.00	93.26	50.94	42.31	2.28		19869	14269
项城市 Xiangcheng	88.56	84.43	52.49	31.89	3.07	62	24912	45544
驻马店市 Zhumadian								
西平县 Xiping	94.56	94.07	47.35	46.45	0.24		44792	31456
上蔡县 Shangcai	105.82	103.78	64.80	38.98	1.18	5	111267	12944
平舆县 Pingyu	85.95	85.00	53.96	31.04	0.34		103508	8598
正阳县 Zhengyang	87.39	85.91	69.47	2.40	0.88		509577	15446
确山县 Queshan	55.57	52.02	31.42	17.75	1.34		200900	11833
泌阳县 Biyang	70.27	67.60	39.94	26.67	0.41		238407	76227
汝南县 Runan	80.94	79.15	56.38	22.71	1.42		261473	10311
遂平县 Suiping	62.84	61.94	34.55	27.39	0.37		52529	30415
新蔡县 Xincai	93.26	91.37	53.77	37.32	0.63	15	131792	28380

25-7 各县(市)畜牧业生产情况(2023年)

Statistics on Animal Husbandry by County and City (2023)

县市	County and city	猪出栏头数（万头） Slaughtered Fattened Hogs (10 000 heads)	牛出栏头数（万头） Slaughtered Fattened Cattles (10 000 heads)	羊出栏只数（万只） Slaughtered Fattened Sheep and Goats (10 000 heads)	猪肉产量（万吨） Output of pork (10 000 tons)	禽蛋产量（万吨） Poultry Eggs (10 000 tons)	猪年末头数（万头） Hogs (year-end) (10 000 heads)	牛年末头数（万头） Cattles (year-end) (10 000 heads)	羊年末只数（万只） Sheep and Goats (year-end) (10 000 heads)
郑州市	**Zhengzhou**								
中牟县	Zhongmu	4.96	0.80	4.15	0.40	0.53	2.12	1.57	5.05
巩义市	Gongyi	20.19	0.26	3.44	1.62	0.51	12.02	0.43	4.25
荥阳市	Xingyang	5.70	0.73	2.71	0.46	1.86	3.39	1.38	3.13
新密市	Xinmi	12.61	0.36	4.91	1.01	2.22	7.55	0.68	6.22
新郑市	Xinzheng	14.61	0.42	4.34	1.17	1.99	9.08	0.58	4.56
登封市	Dengfeng	16.76	0.91	7.15	1.34	1.78	11.17	1.40	7.97
开封市	**Kaifeng**								
杞县	Qixian	110.94	4.71	41.05	8.66	9.87	71.89	6.36	35.42
通许县	Tongxu	67.57	1.00	25.82	5.22	2.71	47.26	1.88	25.02
尉氏县	Weishi	88.79	5.09	43.15	6.86	6.61	64.23	11.55	43.65
兰考县	Lankao	23.65	1.97	42.14	2.13	9.90	9.99	3.17	31.57
洛阳市	**Luoyang**								
新安县	Xinan	18.00	1.32	10.98	1.43	1.07	16.73	1.65	7.97
栾川县	Luanchuan	2.96	0.34	1.34	0.23	0.62	3.15	0.54	1.44
嵩县	Songxian	18.36	3.37	9.91	1.46	1.82	13.09	6.39	8.21
汝阳县	Ruyang	26.69	2.09	11.72	2.13	2.51	13.70	2.40	9.80
宜阳县	Yiyang	33.51	1.81	14.32	2.71	1.48	26.61	5.26	19.16
洛宁县	Luoning	11.49	3.81	17.07	0.93	1.58	8.60	8.68	10.41
伊川县	Yichuan	32.22	1.51	7.71	2.60	2.65	21.83	3.35	10.89
平顶山市	**Pingdingshan**								
宝丰县	Baofeng	48.38	1.07	8.41	3.63	1.01	34.85	2.89	10.21
叶县	Yexian	98.73	2.99	56.92	7.51	4.61	47.40	2.86	38.49
鲁山县	Lushan	26.68	1.65	19.42	2.03	3.10	21.93	2.60	19.34
郏县	Jiaxian	14.28	3.65	18.21	1.11	1.44	8.43	5.78	12.60
舞钢市	Wugang	23.32	0.33	9.76	1.79	1.00	20.44	0.59	10.33
汝州市	Ruzhou	124.20	2.42	25.20	9.48	5.88	82.56	2.85	29.00
安阳市	**Anyang**								
安阳县	Anyang	14.90	0.12	1.97	1.18	0.86	8.87	0.16	2.00
汤阴县	Tangyin	19.61	0.39	6.08	1.48	2.97	6.37	0.75	4.12
滑县	Huaxian	103.50	1.03	14.44	8.12	4.85	88.21	2.42	19.41
内黄县	Neihuang	53.44	0.79	20.27	4.03	5.61	60.49	1.13	13.58
林州市	Linzhou	29.36	0.20	4.59	2.14	0.78	9.04	0.51	8.18
鹤壁市	**Hebi**								
浚县	Xunxian	55.29	1.07	25.64	4.26	4.77	40.16	1.44	19.00
淇县	Qixian	44.93	0.19	3.42	3.28	4.02	28.80	0.84	8.18

25-7 续表 1 continued

县 市 County and city	猪出栏头数(万头) Slaughtered Fattened Hogs (10 000 heads)	牛出栏头数(万头) Slaughtered Fattened Cattles (10 000 heads)	羊出栏只数(万只) Slaughtered Fattened Sheep and Goats (10 000 heads)	猪肉产量(万吨) Output of pork (10 000 tons)	禽蛋产量(万吨) Poultry Eggs (10 000 tons)	猪年末头数(万头) Hogs (year-end) (10 000 heads)	牛年末头数(万头) Cattles (year-end) (10 000 heads)	羊年末只数(万只) Sheep and Goats (year-end) (10 000 heads)
新乡市 Xinxiang								
新乡县 Xinxiang	17.64	0.48	3.05	1.30	1.72	8.28	1.58	4.04
获嘉县 Huojia	31.82	0.48	4.02	2.33	1.25	15.33	0.71	3.15
原阳县 Yuanyang	48.14	1.25	10.99	3.58	6.73	29.53	2.88	9.10
延津县 Yanjin	33.14	0.73	9.77	2.43	2.39	16.16	1.53	6.76
封丘县 Fengqiu	81.93	1.42	18.27	6.26	4.38	40.75	1.71	10.28
卫辉市 Weihui	45.37	0.91	11.34	3.45	3.10	21.16	1.82	8.99
辉县市 Huixian	62.82	1.76	17.94	4.79	3.48	38.97	3.60	15.59
长垣市 Changyuan	28.18	0.47	8.81	2.11	2.91	13.12	0.65	4.65
焦作市 Jiaozuo								
修武县 Xiuwu	10.01	0.47	3.11	0.80	1.80	3.45	0.62	4.43
博爱县 Boai	10.87	1.39	3.69	0.86	1.39	5.35	1.02	3.97
武陟县 Wuzhi	21.48	1.12	10.61	1.71	5.71	10.54	1.54	9.73
温县 Wenxian	11.10	0.59	3.36	0.88	2.26	6.62	0.70	3.45
沁阳市 Qinyang	14.49	0.79	5.98	1.15	1.20	8.33	1.08	6.46
孟州市 Mengzhou	10.43	0.79	5.40	0.83	1.32	5.50	0.91	5.97
濮阳市 Puyang								
清丰县 Qingfeng	34.41	0.24	8.87	2.66	5.58	19.61	0.27	6.89
南乐县 Nanle	20.27	0.24	6.86	1.56	9.51	8.02	0.50	6.56
范县 Fanxian	42.92	0.72	10.43	3.31	3.31	27.06	1.41	8.59
台前县 Taiqian	8.08	0.69	2.93	0.62	2.64	6.78	1.20	3.39
濮阳县 Puyang	43.45	2.34	39.38	3.35	4.73	36.02	2.71	29.13
许昌市 Xuchang								
鄢陵县 Yanling	74.91	0.50	5.78	5.84	2.21	38.34	0.51	4.87
襄城县 Xiangcheng	61.44	2.15	14.78	4.75	3.00	32.82	1.84	11.36
禹州市 Yuzhou	62.53	1.84	26.42	4.88	2.78	32.58	1.53	19.89
长葛市 Changge	60.42	0.71	9.75	4.63	4.16	28.03	0.51	6.43
漯河市 Luohe								
舞阳县 Wuyang	72.00	0.47	11.72	5.40	1.83	45.33	0.67	10.33
临颍县 Linying	89.31	0.78	8.06	6.69	3.42	46.76	1.14	6.86
三门峡市 Sanmenxia								
渑池县 Mianchi	28.00	2.70	12.72	2.23	1.84	18.50	5.48	12.51
卢氏县 Lushi	8.30	1.21	3.89	0.66	1.45	3.70	3.54	5.26
义马市 Yima	7.20	0.10	0.70	0.57	0.09	4.50	0.06	0.63
灵宝市 Lingbao	29.00	1.76	7.84	2.27	1.46	21.10	2.86	9.65
南阳市 Nanyang								
南召县 Nanzhao	10.98	0.72	14.55	0.87	2.01	8.75	1.46	12.99
方城县 Fangcheng	96.86	3.71	25.52	7.63	3.30	69.02	4.22	34.89
西峡县 Xixia	14.19	1.42	20.54	1.11	1.16	9.42	2.20	15.01

25−7 续表 2 continued

县 市	County and city	猪出栏头数（万头）Slaughtered Fattened Hogs (10 000 heads)	牛出栏头数（万头）Slaughtered Fattened Cattles (10 000 heads)	羊出栏只数（万只）Slaughtered Fattened Sheep and Goats (10 000 heads)	猪肉产量（万吨）Output of pork (10 000 tons)	禽蛋产量（万吨）Poultry Eggs (10 000 tons)	猪年末头数（万头）Hogs (year-end) (10 000 heads)	牛年末头数（万头）Cattles (year-end) (10 000 heads)	羊年末只数（万只）Sheep and Goats (year-end) (10 000 heads)
镇平县	Zhenping	22.90	1.02	13.27	1.80	3.12	15.43	2.15	17.36
内乡县	Neixiang	205.48	3.68	33.50	14.96	2.13	160.49	4.30	32.09
淅川县	Xichuan	12.75	1.67	19.46	1.01	1.16	9.48	3.43	14.65
社旗县	Sheqi	84.37	5.40	15.48	6.15	2.04	65.06	6.60	24.71
唐河县	Tanghe	124.22	12.58	35.29	9.11	5.31	83.81	14.17	36.93
新野县	Xinye	24.43	7.10	16.29	1.93	2.82	19.26	8.40	17.57
桐柏县	Tongbai	11.86	1.83	10.52	0.92	1.39	7.39	2.54	9.55
邓州市	Dengzhou	128.07	10.27	54.31	9.36	6.69	94.82	13.89	45.65
商丘市	**Shangqiu**								
民权县	Minquan	42.28	4.61	68.43	3.06	5.71	32.34	6.40	57.58
睢县	Suixian	38.00	1.40	26.52	2.87	6.64	23.75	1.71	14.74
宁陵县	Ningling	105.56	1.25	31.01	7.34	2.57	85.25	1.83	22.59
柘城县	Zhecheng	71.43	5.08	37.05	5.60	5.08	36.01	8.20	30.87
虞城县	Yucheng	24.61	5.25	40.45	1.78	8.73	18.84	9.02	29.86
夏邑县	Xiayi	69.59	2.81	45.81	5.43	7.67	40.30	3.95	49.70
永城市	Yongcheng	54.79	2.48	101.72	4.15	14.07	40.85	3.02	52.13
信阳市	**Xinyang**								
罗山县	Luoshan	49.45	0.39	6.41	3.70	6.43	38.04	0.95	6.14
光山县	Guangshan	9.09	1.37	6.38	0.67	2.99	9.93	2.03	7.34
新县	Xinxian	8.71	0.23	3.85	0.64	1.01	8.12	0.58	3.95
商城县	Shangcheng	11.43	0.29	3.95	0.85	2.97	11.93	0.70	5.68
固始县	Gushi	80.37	1.03	20.08	6.08	13.46	39.60	1.70	21.45
潢川县	Huangchuan	58.95	0.65	2.15	4.52	8.76	38.52	1.98	3.79
淮滨县	Huaibin	12.20	2.29	14.83	0.91	2.40	11.03	3.38	13.45
息县	Xixian	46.06	2.22	10.05	3.43	1.32	36.97	4.10	12.38
周口市	**Zhoukou**								
扶沟县	Fugou	97.78	0.93	12.22	6.74	2.07	70.02	1.49	10.46
西华县	Xihua	93.73	1.94	27.64	7.13	4.81	76.57	2.88	23.80
商水县	Shangshui	108.42	0.50	13.58	8.15	4.44	80.50	0.73	11.39
沈丘县	Shenqiu	62.94	4.27	79.69	5.00	5.62	46.38	6.27	68.65
郸城县	Dancheng	55.97	2.18	37.89	3.84	11.68	43.23	3.31	32.24
太康县	Taikang	117.39	2.78	34.56	8.95	3.89	81.26	4.12	29.25
鹿邑县	Luyi	94.45	0.99	29.92	6.91	7.62	58.56	1.50	25.41
项城市	Xiangcheng	56.19	3.87	32.81	3.87	3.26	43.29	5.57	28.59
驻马店市	**Zhumadian**								
西平县	Xiping	122.96	1.30	19.65	9.38	6.53	80.35	3.68	13.29
上蔡县	Shangcai	136.69	2.51	20.96	10.39	4.90	101.65	2.79	14.34
平舆县	Pingyu	89.72	1.64	27.95	6.75	3.11	65.21	3.50	19.13
正阳县	Zhengyang	150.61	2.43	9.49	11.28	3.05	106.43	7.35	8.90
确山县	Queshan	82.45	6.40	47.48	6.29	3.02	50.66	11.30	37.12
泌阳县	Biyang	108.66	26.91	31.95	8.50	3.01	70.01	36.76	31.30
汝南县	Runan	86.62	2.60	29.95	6.53	3.25	51.37	2.89	19.65
遂平县	Suiping	64.65	1.78	16.45	4.91	5.45	48.89	2.00	9.86
新蔡县	Xincai	76.22	4.23	31.10	5.79	4.23	47.64	4.95	19.21

25-8 各县(市、区)财政、金融主要指标(2023年)

Main Indicators of Finance by County and District (2023)

单位：亿元 (100 million yuan)

县市区	County and District	一般公共预算收入 General Public Budget Revenue	一般公共预算支出 General Public Budget Expenditure	#教育 Education	#农林水事务 Farming Forestry Water Conservancy Operating	金融机构存款余额 Deposits of Financial Institutions	金融机构贷款余额 Loans of Financial Institutions
郑州市	**Zhengzhou**						
中原区	Zhongyuan	51.40	36.24	10.72	0.28		
二七区	Erqi	44.45	46.80	11.22	0.64		
管城区	Guancheng	46.94	37.53	9.94	0.38		
金水区	Jinshui	109.65	51.52	19.72	0.66		
上街区	Shangjie	15.22	18.62	2.52	0.15		
惠济区	Huiji	26.12	25.74	6.12	0.50		
中牟县	Zhongmu	55.67	78.17	16.68	8.42	809.42	746.01
巩义市	Gongyi	56.23	90.23	12.13	6.67	711.39	464.09
荥阳市	Xingyang	50.34	66.61	10.16	6.84	599.29	441.55
新密市	Xinmi	40.90	56.92	11.79	6.20	666.08	435.90
新郑市	Xinzheng	73.16	90.73	15.34	7.52	978.31	784.58
登封市	Dengfeng	31.07	49.16	11.42	6.75	529.87	341.84
开封市	**Kaifeng**						
龙亭区	Longting	2.37	4.46	0.79	0.26		
顺河区	Shunhe	2.82	9.04	1.47	0.21		
鼓楼区	Gulou	2.39	6.54	0.87	0.13		
禹王台区	Yuwangtai	2.90	6.10	0.97	0.24		
祥符区	Xiangfu	12.29	45.64	8.11	7.43		
杞县	Qixian	13.59	46.03	12.99	6.96	378.24	242.74
通许县	Tongxu	10.19	32.89	5.39	5.53	300.19	189.81
尉氏县	Weishi	26.03	59.37	9.08	9.70	413.80	298.03
兰考县	Lankao	33.85	73.53	14.30	14.68	445.95	440.71
洛阳市	**Luoyang**						
老城区	Laocheng	8.94	12.31	1.59	0.20		
西工区	Xigong	17.46	17.86	3.59	0.14		
瀍河区	Chanhe	7.60	12.03	2.51	0.18		
涧西区	Jianxi	25.70	38.14	6.35	0.26		
偃师区	Yanshi	28.34	38.96	10.02	5.02		
孟津区	Mengjin	41.81	46.87	8.10	7.16		
洛龙区	Luolong	25.45	32.49	6.58	1.11		
新安县	Xinan	29.04	39.15	8.23	5.03	320.90	304.51
栾川县	Luanchuan	28.11	41.23	8.07	7.44	283.05	216.80
嵩县	Songxian	12.32	42.23	8.54	7.45	263.25	105.68
汝阳县	Ruyang	16.81	31.79	6.51	6.24	216.24	127.40
宜阳县	Yiyang	16.88	38.82	9.48	7.06	297.41	258.32
洛宁县	Luoning	16.05	35.75	6.99	7.01	217.58	149.21
伊川县	Yichuan	22.24	44.02	8.79	5.61	356.31	791.42
平顶山市	**Pingdingshan**						
新华区	Xinhua	10.11	13.71	2.85	0.24		
卫东区	Weidong	6.89	13.01	2.24	0.29		
石龙区	Shilong	6.91	10.32	0.73	0.68		
湛河区	Zhanhe	10.01	14.62	3.18	0.40		
宝丰县	Baofeng	23.22	38.37	6.74	4.72	308.65	270.59
叶县	Yexian	15.18	49.24	9.33	7.72	371.88	190.86
鲁山县	Lushan	14.32	46.41	11.26	7.34	424.17	164.36
郏县	Jiaxian	15.04	31.56	6.67	4.19	266.99	167.66
舞钢市	Wugang	15.86	26.08	4.37	3.83	290.55	224.99
汝州市	Ruzhou	31.40	63.84	11.16	5.20	517.76	358.41

25-8 续表 1 continued

单位：亿元 (100 million yuan)

县市区	County and District	一般公共预算收入 General Public Budget Revenue	一般公共预算支出 General Public Budget Expenditure	#教育 Education	#农林水事务 Farming Forestry Water Conservancy Operating	金融机构存款余额 Deposits of Financial Institutions	金融机构贷款余额 Loans of Financial Institutions
安阳市	**Anyang**						
文峰区	Wenfeng	11.25	13.78	2.86	0.31		
北关区	Beiguan	12.16	12.00	2.96	0.51		
殷都区	Yindu	28.43	33.30	7.46	2.61		
龙安区	Longan	12.20	16.03	2.73	1.79		
安阳县	Anyang	8.17	32.43	6.57	3.56	585.73	321.80
汤阴县	Tangyin	24.24	41.21	7.34	5.45	273.75	203.19
滑县	Huaxian	21.24	73.66	17.94	10.45	644.87	399.19
内黄县	Neihuang	14.23	41.05	9.06	7.41	324.83	186.10
林州市	Linzhou	50.02	72.51	13.82	5.67	873.72	426.55
鹤壁市	**Hebi**						
鹤山区	Heshan	5.27	10.02	1.58	1.38		
山城区	Shancheng	8.86	15.85	2.06	0.89		
淇滨区	Qibin	13.62	22.76	3.38	1.46		
浚县	Xunxian	8.09	35.64	7.30	6.75	326.12	158.40
淇县	Qixian	11.97	22.95	3.82	2.71	181.13	170.26
新乡市	**Xinxiang**						
红旗区	Hongqi	11.94	12.82	3.04	0.55		
卫滨区	Weibin	4.28	5.51	0.95	0.22		
凤泉区	Fengquan	4.19	7.68	1.69	1.09		
牧野区	Muye	8.59	9.07	1.74	0.28		
新乡县	Xinxiang	13.04	23.28	4.27	3.32	315.77	199.17
获嘉县	Huojia	9.61	26.00	5.05	4.20	228.22	131.65
原阳县	Yuanyang	13.16	37.10	6.82	9.22	281.13	191.84
延津县	Yanjin	8.15	27.42	5.69	6.26	231.63	118.38
封丘县	Fengqiu	10.01	41.10	7.98	6.79	340.23	137.49
卫辉市	Weihui	14.83	30.60	5.80	5.36	282.43	132.41
辉县市	Huixian	30.65	54.03	8.99	6.82	605.85	350.99
长垣市	Changyuan	53.32	77.89	16.63	10.20	934.50	532.02
焦作市	**Jiaozuo**						
解放区	Jiefang	9.01	12.59	2.23	0.31		
中站区	Zhongzhan	12.57	13.28	1.84	0.69		
马村区	Macun	8.03	9.32	1.65	0.83		
山阳区	Shanyang	11.51	12.91	1.90	0.22		
修武县	Xiuwu	7.95	20.27	3.48	1.96	175.14	135.57
博爱县	Boai	10.02	22.40	3.81	2.75	248.11	128.54
武陟县	Wuzhi	15.05	35.71	7.55	4.99	364.55	258.82
温县	Wenxian	10.61	24.75	4.56	3.41	273.09	155.21
沁阳市	Qinyang	16.61	32.91	6.35	3.76	323.24	218.10
孟州市	Mengzhou	15.05	27.38	3.59	3.26	249.18	170.65

25-8 续表 2 continued

单位：亿元 (100 million yuan)

县市区	County and District	一般公共预算收入 General Public Budget Revenue	一般公共预算支出 General Public Budget Expenditure	#教育 Education	#农林水事务 Farming Forestry Water Conservancy Operating	金融机构存款余额 Deposits of Financial Institutions	金融机构贷款余额 Loans of Financial Institutions
濮阳市	**Puyang**						
华龙区	Hualong	13.10	20.53	5.00	0.82		
清丰县	Qingfeng	12.06	43.43	7.52	6.03	282.56	208.22
南乐县	Nanle	8.48	31.14	6.67	4.76	238.10	150.57
范县	Fanxian	11.09	32.59	6.98	5.38	289.92	145.62
台前县	Taiqian	5.52	34.06	4.81	7.58	224.56	117.30
濮阳县	Puyang	17.99	49.96	12.05	8.48	422.14	333.89
许昌市	**Xuchang**						
魏都区	Weidu	20.02	14.78	3.44	0.34		
建安区	Jianan	24.73	44.82	8.96	4.65		
鄢陵县	Yanling	18.03	42.79	8.65	5.52	346.53	207.24
襄城县	Xiangcheng	26.91	47.10	10.89	5.34	461.33	306.03
禹州市	Yuzhou	33.57	59.40	14.08	8.28	625.04	409.68
长葛市	Changge	39.96	51.34	10.38	5.69	537.93	405.74
漯河市	**Luohe**						
源汇区	Yuanhui	11.30	22.01	3.27	2.28		
郾城区	Yancheng	10.95	28.10	6.18	2.95		
召陵区	Shaoling	9.57	29.17	4.48	3.70		
舞阳县	Wuyang	20.05	39.06	6.86	7.52	304.12	116.97
临颍县	Linying	25.46	54.99	9.16	5.31	336.11	215.25
三门峡市	**Sanmenxia**						
湖滨区	Hubin	10.14	14.08	3.23	0.91		
陕州区	Shanzhou	20.52	28.27	5.03	4.80		
渑池县	Mianchi	24.48	33.35	7.49	5.12	237.36	113.86
卢氏县	Lushi	9.49	42.56	6.07	10.26	224.57	132.90
义马市	Yima	16.05	25.44	3.36	0.68	176.18	114.17
灵宝市	Lingbao	26.39	61.65	8.30	6.29	482.41	260.88
南阳市	**Nanyang**						
宛城区	Wancheng	10.28	28.26	9.49	3.76		
卧龙区	Wolong	15.32	40.51	10.42	5.28		
南召县	Nanzhao	10.18	38.78	8.19	5.97	286.21	172.22
方城县	Fangcheng	14.78	56.39	13.75	9.76	454.34	252.84
西峡县	Xixia	24.98	50.58	15.78	6.85	386.75	233.54
镇平县	Zhenping	15.06	50.98	12.58	8.21	521.23	226.64
内乡县	Neixiang	23.74	47.37	11.64	7.75	459.83	411.06
淅川县	Xichuan	16.65	58.05	13.22	11.93	398.49	215.13
社旗县	Sheqi	11.52	41.07	9.42	6.54	295.11	153.93
唐河县	Tanghe	17.05	80.01	16.51	13.28	579.41	289.82
新野县	Xinye	11.97	37.67	8.12	4.86	426.59	215.29
桐柏县	Tongbai	15.60	35.47	6.86	6.40	278.17	110.51
邓州市	Dengzhou	25.12	80.09	20.38	13.05	728.44	410.46

25-8 续表 3 continued

单位：亿元 (100 million yuan)

县市区	County and District	一般公共预算收入 General Public Budget Revenue	一般公共预算支出 General Public Budget Expenditure	#教育 Education	#农林水事务 Farming Forestry Water Conservancy Operating	金融机构存款余额 Deposits of Financial Institutions	金融机构贷款余额 Loans of Financial Institutions
商丘市	**Shangqiu**						
梁园区	Liangyuan	13.07	31.03	5.69	2.30		
睢阳区	Suiyang	11.80	36.99	7.14	4.19		
民权县	Minquan	14.40	48.66	8.70	9.14	395.01	208.66
睢县	Suixian	13.08	42.76	8.55	8.13	370.97	183.16
宁陵县	Ningling	6.65	38.38	7.65	6.72	273.08	180.48
柘城县	Zhecheng	11.23	50.00	10.23	7.04	426.12	215.38
虞城县	Yucheng	11.86	50.22	11.20	9.30	504.10	206.29
夏邑县	Xiayi	12.85	52.64	11.69	8.07	515.93	201.84
永城市	Yongcheng	54.04	72.17	15.05	7.52	918.37	506.21
信阳市	**Xinyang**						
浉河区	Shihe	13.31	37.21	6.43	4.56		
平桥区	Pingqiao	10.21	37.00	11.77	7.24		
罗山县	Luoshan	10.04	44.82	9.05	9.48	436.55	137.09
光山县	Guangshan	8.46	56.73	13.24	11.22	526.06	194.95
新县	Xinxian	8.57	35.04	6.87	6.15	265.26	108.28
商城县	Shangcheng	9.13	47.60	11.50	9.72	425.67	128.86
固始县	Gushi	21.79	77.79	16.04	16.75	867.97	332.86
潢川县	Huangchuan	10.80	54.06	9.77	9.14	479.11	267.26
淮滨县	Huaibin	12.02	48.03	9.64	11.16	339.28	150.06
息县	Xixian	10.67	56.60	12.44	15.06	481.30	190.97
周口市	**Zhoukou**						
川汇区	Chuanhui	10.18	29.79	4.38	1.65		
淮阳区	Huaiyang	17.76	63.91	14.67	9.52		
扶沟县	Fugou	13.84	42.86	9.13	7.20	376.88	145.08
西华县	Xihua	12.67	62.17	8.69	11.99	400.32	139.21
商水县	Shangshui	13.07	67.68	10.45	12.53	492.57	191.12
沈丘县	Shenqiu	20.17	69.23	17.65	14.54	561.79	266.85
郸城县	Dancheng	19.38	68.01	15.62	12.55	557.63	183.90
太康县	Taikang	17.17	64.77	14.72	12.77	563.17	201.39
鹿邑县	Luyi	20.14	57.53	9.91	7.22	526.25	244.04
项城市	Xiangcheng	20.79	62.04	13.46	9.25	588.61	227.84
驻马店市	**Zhumadian**						
驿城区	Yicheng	25.23	53.97	11.09	6.45		
西平县	Xiping	16.52	73.53	7.94	5.61	445.48	254.01
上蔡县	Shangcai	13.91	71.34	16.68	9.76	616.00	208.06
平舆县	Pingyu	15.68	50.39	9.48	7.51	488.82	255.98
正阳县	Zhengyang	11.18	50.90	8.68	8.90	479.38	205.04
确山县	Queshan	17.04	40.17	8.56	6.12	358.74	174.83
泌阳县	Biyang	19.29	50.61	8.82	6.57	424.56	202.04
汝南县	Runan	13.54	48.95	10.38	7.86	413.07	172.61
遂平县	Suiping	18.56	38.05	7.46	3.58	322.36	216.52
新蔡县	Xincai	16.22	59.92	9.96	10.14	491.58	222.70

25−9 各县(市)义务教育主要指标(2023年)

Main Indicators of Compulsory Education by County and City (2023)

县 市	County and City	校数(所) Schools (unit) 合计 Total	小学 Primary Schools	初中 Junior Secondary Schools	在校学生数(人) Enrolment (person) 合计 Total	小学 Primary Schools	初中 Junior Secondary Schools	专任教师数(人) Full-time Teachers (person) 合计 Total	小学 Primary Schools	初中 Junior Secondary Schools
郑州市	**Zhengzhou**									
中牟县	Zhongmu	187	146	41	194472	137371	57101	11893	6857	5036
巩义市	Gongyi	96	70	26	85650	58471	27179	5993	3237	2756
荥阳市	Xingyang	81	58	23	88428	63964	24464	5088	2876	2212
新密市	Xinmi	151	115	36	103317	68778	34539	6256	3613	2643
新郑市	Xinzheng	204	157	47	214065	150562	63503	13068	7816	5252
登封市	Dengfeng	115	66	49	150002	74393	75609	8481	2926	5555
开封市	**Kaifeng**									
杞县	Qixian	199	149	50	132353	83474	48879	10033	5658	4375
通许县	Tongxu	74	45	29	78729	51213	27516	4457	2398	2059
尉氏县	Weishi	215	179	36	120868	77096	43772	7048	3790	3258
兰考县	Lankao	217	166	51	137084	91942	45142	8289	4835	3454
洛阳市	**Luoyang**									
新安县	Xinan	85	62	23	57107	36907	20200	3490	1806	1684
栾川县	Luanchuan	55	38	17	45493	29459	16034	2753	1446	1307
嵩县	Songxian	102	82	20	77318	50390	26928	4993	2510	2483
汝阳县	Ruyang	84	59	25	73702	47666	26036	4599	2688	1911
宜阳县	Yiyang	87	58	29	77626	50715	26911	4992	2692	2300
洛宁县	Luoning	91	58	33	52365	34448	17917	3763	1664	2099
伊川县	Yichuan	162	119	43	125004	82328	42676	8049	4739	3310
平顶山市	**Pingdingshan**									
宝丰县	Baofeng	135	115	20	79746	48803	30943	5440	3097	2343
叶县	Yexian	165	140	25	110362	70020	40342	8263	4495	3768
鲁山县	Lushan	278	232	46	133246	82792	50454	9299	5147	4152
郏县	Jiaxian	128	103	25	72809	45893	26916	5394	3112	2282
舞钢市	Wugang	49	38	11	42999	27091	15908	2805	1675	1130
汝州市	Ruzhou	353	294	59	164089	104901	59188	11049	5830	5219
安阳市	**Anyang**									
安阳县	Anyang	156	132	24	53340	30421	22919	3603	1993	1610
汤阴县	Tangyin	96	76	20	67923	41214	26709	4894	2616	2278
滑县	Huaxian	351	298	53	210531	130230	80301	13720	8059	5661
内黄县	Neihuang	207	170	37	109252	68326	40926	7191	4193	2998
林州市	Linzhou	209	159	50	150599	94591	56008	9064	4166	4898
鹤壁市	**Hebi**									
浚县	Xunxian	162	144	18	80630	52013	28617	5509	3526	1983
淇县	Qixian	64	49	15	35873	22722	13151	2445	1254	1191

25-9 续表 1 continued

县 市	County and City	校 数（所） Schools (unit) 合计 Total	小学 Primary Schools	初中 Junior Secondary Schools	在校学生数（人） Enrolment (person) 合计 Total	小学 Primary Schools	初中 Junior Secondary Schools	专任教师数（人） Full-time Teachers (person) 合计 Total	小学 Primary Schools	初中 Junior Secondary Schools
新乡市	**Xinxiang**									
新乡县	Xinxiang	96	75	21	44915	28419	16496	2863	1437	1426
获嘉县	Huojia	115	91	24	54055	33787	20268	3887	2099	1788
原阳县	Yuanyang	219	171	48	111885	73118	38767	7097	3900	3197
延津县	Yanjin	136	100	36	62721	38280	24441	4178	2033	2145
封丘县	Fengqiu	191	142	49	103962	68133	35829	7362	3615	3747
卫辉市	Weihui	134	105	29	64703	38476	26227	5235	2571	2664
辉县市	Huixian	187	146	41	136718	83716	53002	7437	3405	4032
长垣市	Changyuan	260	219	41	153302	101028	52274	8735	5003	3732
焦作市	**Jiaozuo**									
修武县	Xiuwu	66	50	16	28148	18763	9385	2213	1349	864
博爱县	Boai	64	44	20	42043	28161	13882	2699	1319	1380
武陟县	Wuzhi	161	132	29	86008	57822	28186	5755	3443	2312
温县	Wenxian	96	75	21	48414	32570	15844	3207	2075	1132
沁阳市	Qinyang	114	85	29	53937	36061	17876	3315	1742	1573
孟州市	Mengzhou	62	41	21	33721	23833	9888	2310	1199	1111
濮阳市	**Puyang**									
清丰县	Qingfeng	126	104	22	80890	52486	28404	5494	3411	2083
南乐县	Nanle	146	123	23	84009	53970	30039	5572	3199	2373
范县	Fanxian	102	82	20	72647	48038	24609	4967	2622	2345
台前县	Taiqian	93	77	16	53058	33374	19684	3948	1721	2227
濮阳县	Puyang	244	212	32	139819	97282	42537	10173	6337	3836
许昌市	**Xuchang**									
鄢陵县	Yanling	156	133	23	82803	54852	27951	5632	3577	2055
襄城县	Xiangcheng	182	158	24	99864	63074	36790	6651	3870	2781
禹州市	Yuzhou	284	212	72	150000	98256	51744	10073	4607	5466
长葛市	Changge	150	116	34	95330	60894	34436	6745	2954	3791
漯河市	**Luohe**									
舞阳县	Wuyang	99	78	21	51035	32135	18900	3477	1757	1720
临颍县	Linying	142	104	38	71120	45404	25716	5708	2108	3600
三门峡市	**Sanmenxia**									
渑池县	Mianchi	54	31	23	41542	25354	16188	2876	1291	1585
卢氏县	Lushi	51	34	17	39636	26820	12816	2494	1521	973
义马市	Yima	15	10	5	11529	8641	2888	1016	616	400
灵宝市	Lingbao	108	80	28	75716	50642	25074	5558	3196	2362
南阳市	**Nanyang**									
南召县	Nanzhao	94	61	33	89733	56516	33217	6473	3404	3069
方城县	Fangcheng	244	200	44	150359	91866	58493	9957	5052	4905
西峡县	Xixia	94	62	32	62111	37929	24182	5236	3063	2173

25-9 续表 2　　continued

县 市	County and City	校数（所） Schools (unit) 合计 Total	小学 Primary Schools	初中 Junior Secondary Schools	在校学生数（人） Enrolment (person) 合计 Total	小学 Primary Schools	初中 Junior Secondary Schools	专任教师数（人） Full-time Teachers (person) 合计 Total	小学 Primary Schools	初中 Junior Secondary Schools
镇平县	Zhenping	185	146	39	118962	74972	43990	9066	5048	4018
内乡县	Neixiang	133	108	25	85804	50084	35720	6720	3186	3534
淅川县	Xichuan	113	88	25	87058	53869	33189	7307	3475	3832
社旗县	Sheqi	134	102	32	89906	57505	32401	6472	3507	2965
唐河县	Tanghe	237	195	42	162139	102250	59889	11081	6093	4988
新野县	Xinye	119	94	25	100694	57790	42904	7851	4517	3334
桐柏县	Tongbai	70	44	26	56028	33495	22533	4686	2298	2388
邓州市	Dengzhou	248	186	62	211097	131005	80092	13951	7837	6114
商丘市	**Shangqiu**									
民权县	Minquan	191	142	49	127036	88241	38795	7891	4133	3758
睢县	Suixian	297	239	58	116434	77821	38613	7448	4240	3208
宁陵县	Ningling	152	120	32	86857	60244	26613	5670	3242	2428
柘城县	Zhecheng	186	132	54	126146	88695	37451	10253	6347	3906
虞城县	Yucheng	304	257	47	163041	111917	51124	10775	6028	4747
夏邑县	Xiayi	263	215	48	151490	102820	48670	11890	7109	4781
永城市	Yongcheng	367	310	57	215294	141544	73750	12399	7375	5024
信阳市	**Xinyang**									
罗山县	Luoshan	85	60	25	74747	43698	31049	6050	3621	2429
光山县	Guangshan	168	123	45	93555	61169	32386	7280	4046	3234
新县	Xinxian	46	23	23	36615	23882	12733	2915	1310	1605
商城县	Shangcheng	117	87	30	71206	45950	25256	5830	3488	2342
固始县	Gushi	190	136	54	164358	102701	61657	12144	6600	5544
潢川县	Huangchuan	133	104	29	90776	60045	30731	6679	3787	2892
淮滨县	Huaibin	99	72	27	89354	58186	31168	7521	4250	3271
息县	Xixian	120	79	41	116903	70443	46460	8165	4289	3876
周口市	**Zhoukou**									
扶沟县	Fugou	132	108	24	78778	51270	27508	6168	3719	2449
西华县	Xihua	185	152	33	95331	62438	32893	7054	4228	2826
商水县	Shangshui	233	183	50	135789	91853	43936	9809	5551	4258
沈丘县	Shenqiu	265	206	59	142092	92818	49274	12432	7245	5187
郸城县	Dancheng	345	296	49	189573	122962	66611	11272	7510	3762
太康县	Taikang	307	247	60	186084	124773	61311	11664	6476	5188
鹿邑县	Luyi	210	157	53	144514	96971	47543	10333	5242	5091
项城市	Xiangcheng	214	158	56	157321	102083	55238	11351	5356	5995
驻马店市	**Zhumadian**									
西平县	Xiping	217	190	27	79199	52485	26714	5984	3576	2408
上蔡县	Shangcai	429	384	45	166305	107661	58644	12229	7668	4561
平舆县	Pingyu	140	112	28	135269	85251	50018	10708	6276	4432
正阳县	Zhengyang	232	203	29	107943	63992	43951	7368	3716	3652
确山县	Queshan	149	128	21	54144	31507	22637	5355	3222	2133
泌阳县	Biyang	180	147	33	126030	78984	47046	9850	5742	4108
汝南县	Runan	190	165	25	84463	53352	31111	7246	4317	2929
遂平县	Suiping	167	148	19	67568	41022	26546	5254	3057	2197
新蔡县	Xincai	303	253	50	138721	87728	50993	9461	5731	3730

25-10 各县(市)卫生主要指标(2023年)

Main Indicators of Sanitation by County and City (2023)

县 市	County and City	卫生机构床位数(张) Number of Beds in Health Care Institutions (bed)	卫生技术人员(人) Health Technical Personnel (person)	执业医师(人) Licensed Physicians (person)	助理医师(人) Physician Assistants (person)	注册护士(人) Registered Nurses (person)
郑州市	**Zhengzhou**					
中牟县	Zhongmu	5048	5569	1821	664	2225
巩义市	Gongyi	5633	6678	2120	545	3081
荥阳市	Xingyang	3748	4404	1298	350	1887
新密市	Xinmi	5609	5442	1663	305	2613
新郑市	Xinzheng	6902	8734	2822	613	3747
登封市	Dengfeng	5501	5832	1849	477	2592
开封市	**Kaifeng**					
杞县	Qixian	4435	5187	1206	793	2223
通许县	Tongxu	4175	3841	971	506	1749
尉氏县	Weishi	4651	4381	1199	474	1944
兰考县	Lankao	4970	6375	1767	816	2397
洛阳市	**Luoyang**					
新安县	Xinan	2698	3142	946	282	1377
栾川县	Luanchuan	2321	2546	813	169	1079
嵩县	Songxian	4011	3575	1037	377	1671
汝阳县	Ruyang	2823	3032	817	244	1347
宜阳县	Yiyang	5027	4159	1024	455	1799
洛宁县	Luoning	3954	2975	785	367	1303
伊川县	Yichuan	4829	5294	1396	682	2546
平顶山市	**Pingdingshan**					
宝丰县	Baofeng	2970	3445	988	438	1258
叶县	Yexian	3319	3696	960	725	1349
鲁山县	Lushan	5480	3800	857	519	1439
郏县	Jiaxian	3521	3720	1042	426	1514
舞钢市	Wugang	2299	2385	697	241	989
汝州市	Ruzhou	7611	7161	2227	763	2852
安阳市	**Anyang**					
安阳县	Anyang	1640	2475	687	614	961
汤阴县	Tangyin	2420	2847	994	526	949
滑县	Huaxian	6506	8242	2386	1369	3417
内黄县	Neihuang	4583	5808	1301	1464	2352
林州市	Linzhou	6300	7726	2314	1442	3090
鹤壁市	**Hebi**					
浚县	Xunxian	2949	2947	843	485	1153
淇县	Qixian	2261	2356	685	190	1094

25-10 续表 1　　continued

县市 County and City	卫生机构床位数(张) Number of Beds in Health Care Institutions (bed)	卫生技术人员(人) Health Technical Personnel (person)	执业医师(人) Licensed Physicians (person)	助理医师(人) Physician Assistants (person)	注册护士(人) Registered Nurses (person)
新乡市 Xinxiang					
新乡县 Xinxiang	1393	1892	617	312	696
获嘉县 Huojia	2607	2688	887	288	970
原阳县 Yuanyang	4152	4896	1316	752	2068
延津县 Yanjin	3651	2841	827	350	1126
封丘县 Fengqiu	3929	4137	1161	651	1609
卫辉市 Weihui	5327	5636	1811	393	2675
辉县市 Huixian	4381	4476	1329	697	1714
长垣市 Changyuan	4396	6275	2060	764	2632
焦作市 Jiaozuo					
修武县 Xiuwu	1525	1785	500	295	674
博爱县 Boai	2452	2261	646	352	854
武陟县 Wuzhi	4365	3882	1107	641	1486
温县 Wenxian	2944	2947	834	323	1076
沁阳市 Qinyang	2219	2604	732	288	1022
孟州市 Mengzhou	2321	2637	762	284	1135
濮阳市 Puyang					
清丰县 Qingfeng	4011	3191	886	324	1275
南乐县 Nanle	3021	2787	697	416	1165
范县 Fanxian	2886	2913	668	472	1161
台前县 Taiqian	2135	2616	635	374	1112
濮阳县 Puyang	7403	6068	1611	1179	2293
许昌市 Xuchang					
鄢陵县 Yanling	3385	3533	1041	563	1346
襄城县 Xiangcheng	4783	4731	1262	716	1936
禹州市 Yuzhou	6977	7716	2393	1125	3010
长葛市 Changge	3605	4518	1372	473	1933
漯河市 Luohe					
舞阳县 Wuyang	3468	3120	771	378	1276
临颍县 Linying	2935	3652	1047	351	1605
三门峡市 Sanmenxia					
渑池县 Mianchi	2525	2379	681	287	942
卢氏县 Lushi	2785	2634	695	339	1150
义马市 Yima	1528	1490	386	79	713
灵宝市 Lingbao	4797	4854	1583	627	2021
南阳市 Nanyang					
南召县 Nanzhao	3809	3786	909	573	1479
方城县 Fangcheng	6690	4724	1161	616	1964
西峡县 Xixia	3365	3595	920	412	1580

25-10 续表 2 continued

县市	County and City	卫生机构床位数（张）Number of Beds in Health Care Institutions (bed)	卫生技术人员（人）Health Technical Personnel (person)	执业医师（人）Licensed Physicians (person)	助理医师（人）Physician Assistants (person)	注册护士（人）Registered Nurses (person)
镇平县	Zhenping	4286	4507	1249	733	1678
内乡县	Neixiang	4292	3737	965	608	1403
淅川县	Xichuan	3660	3489	964	329	1245
社旗县	Sheqi	3635	3928	1201	531	1567
唐河县	Tanghe	6283	6717	1666	1020	3106
新野县	Xinye	3309	3318	992	521	1248
桐柏县	Tongbai	3058	2797	570	361	1165
邓州市	Dengzhou	9285	10142	2641	1473	4879
商丘市	**Shangqiu**					
民权县	Minquan	6362	6762	1939	1188	2768
睢县	Suixian	4952	5925	1317	882	2527
宁陵县	Ningling	4347	4105	1041	717	1460
柘城县	Zhecheng	6185	6105	1579	844	2520
虞城县	Yucheng	6456	7035	1823	1514	2585
夏邑县	Xiayi	7375	7027	1645	1212	2898
永城市	Yongcheng	11359	9404	2662	1116	3678
信阳市	**Xinyang**					
罗山县	Luoshan	3242	3190	922	384	1449
光山县	Guangshan	3915	4237	1225	752	1683
新县	Xinxian	1379	1802	480	191	794
商城县	Shangcheng	3460	3350	896	610	1467
固始县	Gushi	8852	7390	2086	1139	3149
潢川县	Huangchuan	4144	3644	1048	749	1376
淮滨县	Huaibin	4022	3631	939	684	1473
息县	Xixian	3467	4180	1193	522	1849
周口市	**Zhoukou**					
扶沟县	Fugou	4068	4599	1185	728	1931
西华县	Xihua	5118	5726	1475	824	2542
商水县	Shangshui	7199	5894	1510	960	2519
沈丘县	Shenqiu	5888	6110	1624	1056	2459
郸城县	Dancheng	7351	8195	2131	1044	3483
太康县	Taikang	9000	7951	2013	1463	3289
鹿邑县	Luyi	7332	6235	1663	1173	2611
项城市	Xiangcheng	6151	6168	1732	924	2605
驻马店市	**Zhumadian**					
西平县	Xiping	4511	4817	1293	607	1987
上蔡县	Shangcai	6382	4980	1494	510	1945
平舆县	Pingyu	4814	5180	1388	668	2263
正阳县	Zhengyang	3628	3354	967	456	1325
确山县	Queshan	2569	2640	682	213	1191
泌阳县	Biyang	5442	4791	1125	771	2036
汝南县	Runan	3202	3505	957	433	1285
遂平县	Suiping	3119	2950	802	292	1262
新蔡县	Xincai	5188	4821	1138	824	1877

25-11 各县(市)社会保险和低保参保人数(2023年)

Number of People Participated in Social Insurance and Lowest Cost-of-Living Allowances by County and City (2023)

单位：人 (person)

县 市	County and city	城镇职工基本养老保险参保人数 Number of Particpants in Basic Endowment Insurance for Urban Workers	城乡居民基本养老保险参保人数 Number of Particpants in Basic Endowment Insurance for Urban and Rural Residents	基本医疗保险参保人数 Number of Particpants in Basic Medical Insurance	城乡居民基本医疗保险参保人数 Number of Particpants in Basic Medical Insurance for Urban and Rural Residents	城镇居民最低生活保障人数 Number of Urban Residents Receiving Minimum Living Allowances	农村居民最低生活保障人数 Number of Rural Residents Receiving Minimum Living Allowances
郑州市	**Zhengzhou**						
中牟县	Zhongmu	133699	296063	542574	461030	102	2002
巩义市	Gongyi	146644	402528	719063	621795	378	8299
荥阳市	Xingyang	141143	323042	623400	531500	283	5662
新密市	Xinmi	129637	399700	739629	648200	255	4665
新郑市	Xinzheng	166579	323527	774699	667065	1271	6236
登封市	Dengfeng	98975	361115	622401	535470	109	6916
开封市	**Kaifeng**						
杞县	Qixian	46775	634594	889300	851958	1602	46015
通许县	Tongxu	28158	378066	562080	532656	2253	27568
尉氏县	Weishi	81379	447706	604637	558166	451	16636
兰考县	Lankao	133426	512881	783692	731867	1799	27914
洛阳市	**Luoyang**						
新安县	Xinan	93934	272995	445251	395371	3832	14440
栾川县	Luanchuan	61956	186729	314043	270390	326	7966
嵩县	Songxian	54164	333838	562256	525596	1173	22106
汝阳县	Ruyang	54849	262016	455346	423508	1599	11753
宜阳县	Yiyang	76449	408800	605452	564185	2196	35583
洛宁县	Luoning	50826	249189	438845	408886	824	13542
伊川县	Yichuan	92559	439396	739071	687133	1438	31189
平顶山市	**Pingdingshan**						
宝丰县	Baofeng	41895	305414	480542	440765	1145	11714
叶县	Yexian	63997	507753	701454	658789	2273	18513
鲁山县	Lushan	74194	585720	825151	783349	1614	19601
郏县	Jiaxian	51860	369000	561787	512000	2855	16660
舞钢市	Wugang	81315	149154	298299	247145	886	6175
汝州市	Ruzhou	115754	603167	984235	923851	2160	37631
安阳市	**Anyang**						
安阳县	Anyang	54491	315286	507340	470504	20	9142
汤阴县	Tangyin	59306	267900	442870	401604	1309	7340
滑县	Huaxian	132492	775964	1307805	1243960	802	35478
内黄县	Neihuang	69917	464888	718039	682159	275	11414
林州市	Linzhou	160160	585151	965923	895069	1150	14886
鹤壁市	**Hebi**						
浚县	Xunxian	77534	332310	637706	604898	1169	16368
淇县	Qixian	63368	112586	260017	235486	574	6148

25-11 续表 1 continued

单位：人 (person)

县 市	County and city	城镇职工基本养老保险参保人数 Number of Particpants in Basic Endowment Insurance for Urban Workers	城乡居民基本养老保险参保人数 Number of Particpants in Basic Endowment Insurance for Urban and Rural Residents	基本医疗保险参保人数 Number of Particpants in Basic Medical Insurance	城乡居民基本医疗保险参保人数 Number of Particpants in Basic Medical Insurance for Urban and Rural Residents	城镇居民最低生活保障人数 Number of Urban Residents Receiving Minimum Living Allowances	农村居民最低生活保障人数 Number of Rural Residents Receiving Minimum Living Allowances
新乡市	**Xinxiang**						
新乡县	Xinxiang	87545	165857	320641	269822	68	5783
获嘉县	Huojia	71293	227720	375766	349812	384	7673
原阳县	Yuanyang	85197	331344	656211	620896	649	22847
延津县	Yanjin	61137	215664	415289	382623	868	15676
封丘县	Fengqiu	67119	506771	675067	643468	675	26513
卫辉市	Weihui	94719	237335	436832	389672	781	8285
辉县市	Huixian	136328	482477	781476	720494	324	16031
长垣市	Changyuan	161716	499042	851546	792566	4889	16881
焦作市	**Jiaozuo**						
修武县	Xiuwu	35244	127491	226472	199746	215	3528
博爱县	Boai	67354	183568	347084	310754	901	8608
武陟县	Wuzhi	78986	361869	620488	568991	983	13111
温县	Wenxian	79615	246021	404479	367782	790	6636
沁阳市	Qinyang	97554	236358	438034	393170	1670	11312
孟州市	Mengzhou	67290	216396	338876	299097	618	8489
濮阳市	**Puyang**						
清丰县	Qingfeng	69615	362353	649176	608120	480	15390
南乐县	Nanle	53694	311009	499616	473515	598	10763
范县	Fanxian	53119	292524	514437	486997	995	14778
台前县	Taiqian	32805	186586	365924	346877	243	14444
濮阳县	Puyang	59815	625440	1057967	1003635	2378	45232
许昌市	**Xuchang**						
鄢陵县	Yanling	70755	380806	594293	558980	6461	9025
襄城县	Xiangcheng	65689	504151	748638	705066	438	13452
禹州市	Yuzhou	109233	699043	1080436	995537	5506	25023
长葛市	Changge	106832	398307	644793	582232	1129	8004
漯河市	**Luohe**						
舞阳县	Wuyang	51645	322201	472618	437577	494	11432
临颍县	Linying	89220	394052	590244	542317	491	15915
三门峡市	**Sanmenxia**						
渑池县	Mianchi	77251	162327	291468	255792	609	8625
卢氏县	Lushi	39915	234133	342629	320358	1770	14033
义马市	Yima	46309	31308	88825	74158	2770	
灵宝市	Lingbao	95918	451222	637611	584446	588	14989
南阳市	**Nanyang**						
南召县	Nanzhao	33922	334717	598071	562349	2893	42093
方城县	Fangcheng	81308	608800	994630	937631	1730	61510
西峡县	Xixia	59569	201961	450285	386870	956	14526

25-11 续表 2　continued

单位：人　(person)

县　市 County and city	城镇职工基本养老保险参保人数 Number of Particpants in Basic Endowment Insurance for Urban Workers	城乡居民基本养老保险参保人数 Number of Particpants in Basic Endowment Insurance for Urban and Rural Residents	基本医疗保险参保人　数 Number of Particpants in Basic Medical Insurance	城乡居民基本医疗保险参保人数 Number of Particpants in Basic Medical Insurance for Urban and Rural Residents	城镇居民最低生活保障人数 Number of Urban Residents Receiving Minimum Living Allowances	农村居民最低生活保障人数 Number of Rural Residents Receiving Minimum Living Allowances
镇　平　县 Zhenping	65211	588918	878100	831323	2055	57047
内　乡　县 Neixiang	66350	379100	644524	593078	1454	19917
淅　川　县 Xichuan	56204	312900	631904	586000	2051	47063
社　旗　县 Sheqi	69485	398576	658746	610235	2953	32154
唐　河　县 Tanghe	48523	762824	1170085	1109125	2827	62144
新　野　县 Xinye	39179	386107	699393	621983	3225	30383
桐　柏　县 Tongbai	36280	236666	412537	375264	1704	24035
邓　州　市 Dengzhou	127056	1002281	1525753	1456611	1449	54306
商　丘　市 Shangqiu						
民　权　县 Minquan	87744	499349	845122	801792	664	31144
睢　县 Suixian	54278	465214	736106	708106	660	20005
宁　陵　县 Ningling	48441	310817	595777	564938	1334	27508
柘　城　县 Zhecheng	61939	579981	900772	863872	3939	45797
虞　城　县 Yucheng	51513	533569	980209	936885	1256	41256
夏　邑　县 Xiayi	36226	714039	1100259	1053892	3493	53848
永　城　市 Yongcheng	156497	868143	1401773	1294109	3054	49707
信　阳　市 Xinyang						
罗　山　县 Luoshan	75935	415153	600310	566288	8631	36716
光　山　县 Guangshan	44600	443000	792300	750700	2050	28165
新　县 Xinxian	22312	272305	330000	291286	3754	16760
商　城　县 Shangcheng	58324	408008	644004	610725	2261	26023
固　始　县 Gushi	112452	894422	1462680	1385747	11589	73808
潢　川　县 Huangchuan	57792	468859	740282	694870	3307	34547
淮　滨　县 Huaibin	48192	437289	632546	601020	3190	30075
息　县 Xixian	75642	628992	932287	899645	6860	59412
周　口　市 Zhoukou						
扶　沟　县 Fugou	95230	429231	620746	577908	1963	22390
西　华　县 Xihua	70315	455068	793779	745938	4092	29992
商　水　县 Shangshui	87605	620956	1063495	1014036	2695	45550
沈　丘　县 Shenqiu	122410	718422	1155103	1100660	1782	33764
郸　城　县 Dancheng	110501	730675	1293487	1249067	2340	54023
太　康　县 Taikang	143682	973101	1375102	1320743	850	52034
鹿　邑　县 Luyi	108615	775634	1134552	1087259	933	48471
项　城　市 Xiangcheng	152003	660507	1041172	993877	2189	21220
驻　马　店　市 Zhumadian						
西　平　县 Xiping	72983	519930	785574	770129	2856	20701
上　蔡　县 Shangcai	45016	777500	1166800	1120000	3281	60802
平　舆　县 Pingyu	41956	584634	967730	962150	9857	48117
正　阳　县 Zhengyang	44376	517672	709687	675245	3470	19589
确　山　县 Queshan	37490	309641	475692	441653	1383	16000
泌　阳　县 Biyang	77871	516425	732443	688250	627	27925
汝　南　县 Runan	45690	533931	697631	656107	2315	27081
遂　平　县 Suiping	40424	313700	471112	429645	578	8503
新　蔡　县 Xincai	77315	622644	959345	923367	3178	41283

全国及各省、区、市主要统计指标

Main Indicators of the Whole Nation and 31 Provinces (Municipalities Autonomous Regions)

26

26-1 全国及各省区市人口、工资及投资(2023年)

Population, Wage and Investment by Province and Region (2023)

地区	Region	常住人口(万人) Number of the resident population (10 000 persons)	城镇单位在岗职工平均工资(元) Average Wage of Staff and Workers in Urban Area (yuan)	城镇内资单位平均工资(元) Average Wage of Domestic Invested Units in Urban Area (yuan)	#国有单位 State-owned Units	固定资产投资增速(%) Investment in Fixed Assets (%)
全国	**National**	**140967**	**123734**	**117783**	**127672**	**3.0**
北京	Beijing	2186	224562	205812	231908	4.9
天津	Tianjin	1364	141769	141296	158688	-16.4
河北	Hebei	7393	96958	94397	94528	6.3
山西	Shanxi	3466	97315	95306	87760	-6.6
内蒙古	Inner Mongolia	2396	111602	108742	104454	19.8
辽宁	Liaoning	4182	99733	96488	100722	4.0
吉林	Jilin	2339	97562	93755	96372	0.3
黑龙江	Heilongjiang	3062	99046	96010	97153	-14.8
上海	Shanghai	2487	235520	216282	263880	13.8
江苏	Jiangsu	8526	127620	126522	164986	5.2
浙江	Zhejiang	6627	135653	131778	184226	6.1
安徽	Anhui	6121	106769	103295	125346	4.0
福建	Fujian	4183	111401	111923	136249	2.5
江西	Jiangxi	4515	94742	94119	109315	-5.9
山东	Shandong	10123	109805	107675	126459	5.2
河南	**Henan**	**9815**	**85583**	**84449**	**87026**	**2.1**
湖北	Hubei	5838	112255	109642	125884	5.0
湖南	Hunan	6568	99480	97774	108029	-3.1
广东	Guangdong	12706	133452	138838	172245	2.5
广西	Guangxi	5027	98809	96670	102304	-15.5
海南	Hainan	1043	116686	113237	120111	1.1
重庆	Chongqing	3191	117446	114521	140595	4.3
四川	Sichuan	8368	113223	110282	124016	2.4
贵州	Guizhou	3865	104802	102068	102376	-5.7
云南	Yunnan	4673	112908	107381	114200	-10.6
西藏	Xizang	365	172077	165035	178527	35.1
陕西	Shaanxi	3952	109908	106559	101948	0.2
甘肃	Gansu	2465	102934	98911	105486	5.9
青海	Qinghai	594	125114	121461	127891	-7.5
宁夏	Ningxia	729	121648	117819	116884	5.5
新疆	Xinjiang	2598	115093	112311	113739	12.4
河南为全国%	**Henan as % of the Country**	**7.0**	**69.2**	**71.7**	**68.2**	
河南居全国位次	**Rank of Henan in the Country**	**3**	**31**	**31**	**31**	**19**

注：1.本表登记注册统计类别按《关于市场主体统计分类的划分规定》(国统字〔2023〕14号)执行。
2.表中国有单位包括机关事业单位和全民所有制企业(国有企业)。
3.本表中城镇单位指城镇非私营单位。

a) The registered statistical categories of this table is implemented in accordance with the Regulations on the Classification of Market Entity Statistics (Guotongzi [2023] No. 14).

b) The state-owned enterprises in the tables include government agencies and all state-owned enterprises.

c) Urban units in this table refer to urban non-private units.

26−2 全国及各省区市生产总值(2023年)

Gross Domestic Product by Province and Region (2023)

地区	Region	生产总值 (亿元) Gross Domestic Products (100 million yuan)	第一产业 Primary Industry	第二产业 Secondary Industry	第三产业 Tertiary Industry	生产总值增速 (%) Growth Rate of GDP (%)	第一产业 Primary Industry	第二产业 Secondary Industry	第三产业 Tertiary Industry
全国	**National**	**1260582**	**89755**	**482589**	**688238**	**5.2**	**4.1**	**4.7**	**5.8**
北京	Beijing	43761	106	6526	37130	5.2	-4.6	0.4	6.1
天津	Tianjin	16737	269	5983	10486	4.3	1.2	3.2	4.9
河北	Hebei	43944	4466	16435	23043	5.5	2.6	6.2	5.5
山西	Shanxi	25698	1389	13330	10980	5.0	4.0	5.1	5.0
内蒙古	Inner Mongolia	24627	2737	11704	10186	7.3	5.5	8.1	7.0
辽宁	Liaoning	30209	2651	11735	15824	5.3	4.7	5.0	5.5
吉林	Jilin	13531	1645	4585	7301	6.3	5.0	5.9	6.9
黑龙江	Heilongjiang	15884	3518	4291	8074	2.6	2.6	-2.3	5.0
上海	Shanghai	47219	96	11613	35510	5.0	-1.5	1.9	6.0
江苏	Jiangsu	128222	5076	56910	66237	5.8	3.5	6.7	5.1
浙江	Zhejiang	82553	2332	33953	46269	6.0	4.2	5.0	6.7
安徽	Anhui	47051	3497	18872	24682	5.8	3.9	6.1	5.8
福建	Fujian	54355	3218	23966	27171	4.5	4.2	3.7	5.2
江西	Jiangxi	32200	2450	13707	16043	4.1	4.0	4.6	3.6
山东	Shandong	92069	6506	35988	49575	6.0	4.5	6.5	5.8
河南	**Henan**	**59132**	**5360**	**22175**	**31597**	**4.1**	**1.8**	**4.7**	**4.0**
湖北	Hubei	55804	5073	20216	30515	6.0	4.1	4.9	7.0
湖南	Hunan	50013	4621	18823	26569	4.6	3.5	4.6	4.8
广东	Guangdong	135673	5541	54437	75695	4.8	4.8	4.8	4.7
广西	Guangxi	27202	4468	8924	13810	4.1	4.7	3.2	4.4
海南	Hainan	7551	1507	1449	4595	9.2	4.6	10.6	10.3
重庆	Chongqing	30146	2075	11699	16372	6.1	4.6	6.5	5.9
四川	Sichuan	60133	6057	21307	32770	6.0	4.0	5.0	7.1
贵州	Guizhou	20913	2894	7311	10708	4.9	3.9	4.4	5.5
云南	Yunnan	30021	4207	10256	15558	4.4	4.2	2.4	5.7
西藏	Xizang	2393	215	883	1295	9.5	14.9	7.7	9.9
陕西	Shaanxi	33786	2650	16069	15067	4.3	4.0	4.5	4.1
甘肃	Gansu	11864	1641	4081	6142	6.4	5.9	6.5	6.4
青海	Qinghai	3799	387	1613	1799	5.3	4.7	4.1	6.5
宁夏	Ningxia	5315	428	2487	2400	6.6	7.7	8.5	4.7
新疆	Xinjiang	19126	2742	7710	8673	6.8	6.3	7.2	6.6
河南为全国%	**Henan as % of the Country**	**4.7**	**6.0**	**4.6**	**4.6**				
河南居全国位次	**Rank of Henan in the Country**	**6**	**4**	**6**	**8**	**28**	**28**	**19**	**30**

注：1.生产总值按当年价格计算。生产总值指数按可比价格计算。
2.表中数据为初步核算数。

a) GDP in this table are calculated at current prices. The indices in this table are calculated at comparable prices.
b) Data in this table are preliminary data.

26-3 全国及各省区市物价指数(2023年)

Price Indices by Province and Region (2023)

(上年=100) (Preceding Year=100)

地区	Region	居民消费价格总指数 General Consumer Price Index	工业生产者出厂价格指数 Producer Price Indices for Industrial Products	工业生产者购进价格指数 Purchasing Price Indices for Industrial Producers
全国	**National**	**100.2**	**97.0**	**96.4**
北京	Beijing	100.4	99.2	98.7
天津	Tianjin	100.4	96.4	96.0
河北	Hebei	100.6	94.7	93.8
山西	Shanxi	99.9	91.3	94.7
内蒙古	Inner Mongolia	100.6	92.1	93.0
辽宁	Liaoning	100.1	96.6	95.8
吉林	Jilin	99.9	98.1	98.9
黑龙江	Heilongjiang	100.6	95.7	97.5
上海	Shanghai	100.3	99.7	98.9
江苏	Jiangsu	100.4	96.7	96.4
浙江	Zhejiang	100.3	97.3	94.8
安徽	Anhui	100.2	96.6	95.1
福建	Fujian	100.0	98.2	96.2
江西	Jiangxi	100.3	96.6	95.8
山东	Shandong	100.1	96.5	97.0
河南	**Henan**	**99.8**	**97.4**	**95.3**
湖北	Hubei	100.1	97.4	95.9
湖南	Hunan	100.2	98.5	97.5
广东	Guangdong	100.4	98.5	97.6
广西	Guangxi	99.8	97.0	95.7
海南	Hainan	100.3	97.3	100.5
重庆	Chongqing	99.7	97.8	97.0
四川	Sichuan	100.0	97.6	97.1
贵州	Guizhou	99.7	98.1	95.7
云南	Yunnan	100.3	96.7	96.8
西藏	Xizang	99.9	101.1	
陕西	Shaanxi	100.1	94.9	94.3
甘肃	Gansu	100.5	95.9	92.5
青海	Qinghai	100.5	96.3	97.7
宁夏	Ningxia	100.4	92.7	94.1
新疆	Xinjiang	100.0	93.5	93.6
河南居全国位次 Rank of Henan in the Country		**28**	**11**	**21**

26−4 全国及各省区市城乡居民收支(2023年)

Income and Expenditure of Urban and Rural Residents by Province and Region (2023)

单位：元 (yuan)

地区	Region	居民人均可支配收入 Per Capita Annual Disposable Income	城镇居民 Urban Households	农村居民 Rural Households	居民人均消费支出 Per Capita Consumption Expenditures	城镇居民 Urban Households	农村居民 Rural Households
全国	**National**	**39218**	**51821**	**21691**	**26796**	**32994**	**18175**
北京	Beijing	81752	88650	37358	47586	50897	26277
天津	Tianjin	51271	55355	30851	34914	37586	21553
河北	Hebei	32903	43631	20688	22920	27906	17244
山西	Shanxi	30924	41327	17677	19756	24524	13684
内蒙古	Inner Mongolia	38130	48676	21221	27025	32249	18650
辽宁	Liaoning	37992	45896	21483	24865	29091	16040
吉林	Jilin	29797	37503	19472	21411	26677	14354
黑龙江	Heilongjiang	29694	36492	19756	22052	25882	16453
上海	Shanghai	84834	89477	42988	52508	54919	30782
江苏	Jiangsu	52674	63211	30488	35491	40461	25029
浙江	Zhejiang	63830	74997	40311	42194	47762	30468
安徽	Anhui	34893	47446	21144	23607	27900	18905
福建	Fujian	45426	56153	26722	31869	37674	21746
江西	Jiangxi	34242	45554	21358	23379	27733	18421
山东	Shandong	39890	51571	23776	24293	30251	16075
河南	**Henan**	**29933**	**40234**	**20053**	**21011**	**25570**	**16638**
湖北	Hubei	35146	44990	21293	27106	31500	20922
湖南	Hunan	35895	49243	20921	25462	31035	19210
广东	Guangdong	49327	59307	25142	34331	39333	22209
广西	Guangxi	29514	41287	18656	19749	24427	15435
海南	Hainan	33192	42661	20708	23752	28930	16924
重庆	Chongqing	37595	47435	20820	26515	31531	17964
四川	Sichuan	32514	45227	19978	23550	29280	17901
贵州	Guizhou	27098	42772	14817	20161	27693	14260
云南	Yunnan	28421	43563	16361	20995	28338	15147
西藏	Xizang	28983	51900	19924	17220	28858	12619
陕西	Shaanxi	32128	44713	16992	22012	27303	15647
甘肃	Gansu	25011	39833	13131	19013	27044	12575
青海	Qinghai	28587	40408	15614	20327	25373	14790
宁夏	Ningxia	31604	42395	17772	21629	27076	14649
新疆	Xinjiang	28947	40578	17948	19715	26134	13645
河南为全国% Henan as % of the Country		**76.3**	**77.6**	**92.4**	**78.4**	**77.5**	**91.5**
河南居全国位次 Rank of Henan in the Country		**22**	**28**	**18**	**23**	**28**	**17**

26−5 全国及各省区市主要农产品产量(2023年)

Output of Major Farm Products by Province and Region (2023)

单位：万吨 (10 000 tons)

地区	Region	粮食 Grain	棉花 Cotton	油料 Oilbearing Crops	水果(含果用瓜) Fruits (include fruit with melon)	肉类 Meat	奶类 Milk
全国	**National**	**69540.99**	**561.79**	**3863.66**	**32744.28**	**9748.23**	**4281.32**
北京	Beijing	47.78	0.00	1.03	41.77	4.23	26.50
天津	Tianjin	255.73	0.15	0.42	42.34	31.51	54.12
河北	Hebei	3809.92	10.39	118.28	1563.25	495.01	574.29
山西	Shanxi	1478.09	0.01	17.93	1082.78	154.99	147.46
内蒙古	Inner Mongolia	3957.84		206.18	213.26	291.24	794.93
辽宁	Liaoning	2563.40		128.14	928.25	473.71	136.03
吉林	Jilin	4186.50		88.40	157.23	309.43	30.89
黑龙江	Heilongjiang	7788.22		16.52	188.93	328.48	504.30
上海	Shanghai	101.86		0.65	31.67	12.16	30.68
江苏	Jiangsu	3797.70	0.50	103.42	1015.18	331.72	72.88
浙江	Zhejiang	638.79	0.34	35.57	733.36	119.90	20.93
安徽	Anhui	4150.75	2.03	188.99	828.80	497.10	53.63
福建	Fujian	510.97		24.38	914.34	311.41	25.42
江西	Jiangxi	2198.31	2.20	148.13	798.99	369.07	6.34
山东	Shandong	5655.28	12.58	280.75	3208.16	910.09	318.29
河南	**Henan**	**6624.27**	**0.75**	**703.04**	**2561.65**	**679.15**	**241.78**
湖北	Hubei	2777.04	9.60	394.87	1191.48	457.91	8.99
湖南	Hunan	3068.01	7.60	293.15	1266.09	582.59	8.03
广东	Guangdong	1285.19		121.01	2127.79	507.46	20.32
广西	Guangxi	1395.36	0.09	80.75	3553.21	478.94	13.79
海南	Hainan	147.02		7.93	592.60	76.38	0.29
重庆	Chongqing	1095.90		77.46	645.93	215.82	3.05
四川	Sichuan	3593.76	0.01	438.64	1490.35	697.09	72.06
贵州	Guizhou	1119.68	0.03	110.97	756.67	246.88	3.71
云南	Yunnan	1974.00		68.45	1380.88	536.06	73.87
西藏	Xizang	108.87		5.01	3.13	31.34	64.30
陕西	Shaanxi	1323.66	0.02	60.63	2335.53	135.66	163.90
甘肃	Gansu	1272.90	4.25	63.10	1043.95	157.44	102.76
青海	Qinghai	116.23		32.05	2.45	41.40	33.94
宁夏	Ningxia	378.80		4.61	310.53	41.41	430.63
新疆	Xinjiang	2119.16	511.25	43.19	1733.76	222.62	243.21
河南为全国% Henan as % of the Country		**9.5**	**0.1**	**18.2**	**7.8**	**7.0**	**5.6**
河南居全国位次 Rank of Henan in the Country		**2**	**9**	**1**	**3**	**3**	**7**

26−6 全国及各省区市规模以上工业主要统计指标(2023年)

Main Indicators of Enterprises above Designed Size by Province and Region (2023)

地　区	Region	原　油 (万吨) Crude Oil (10 000 tons)	成品钢材 (万吨) Steel (10 000 tons)	水　泥 (万吨) Cement (10 000 tons)	农用化肥 (万吨) Chemical Fertilizers (10 000 tons)	增加值增速 (%) Indices of Value-Added of Industry (%)
全　国	**National**	**20903**	**138379**	**201940**	**5684**	**4.6**
北　京	Beijing		183	200		0.4
天　津	Tianjin	3769	6002	484	61	3.7
河　北	Hebei	471	29891	10131	220	6.9
山　西	Shanxi		6889	4667	407	4.6
内蒙古	Inner Mongolia	159	3388	3793	486	7.4
辽　宁	Liaoning	982	7865	3831	38	5.0
吉　林	Jilin	408	1483	2043	32	6.8
黑龙江	Heilongjiang	2971	933	1950	90	-3.3
上　海	Shanghai	49	1980	442	1	1.5
江　苏	Jiangsu	157	16631	14369	187	7.6
浙　江	Zhejiang		3335	12728	36	6.0
安　徽	Anhui		4229	13357	237	7.5
福　建	Fujian		4271	7154	23	3.3
江　西	Jiangxi		3666	8423	94	5.4
山　东	Shandong	2214	11342	12970	473	7.1
河　南	**Henan**	**235**	**3528**	**9621**	**392**	**5.0**
湖　北	Hubei	54	3868	9803	611	5.6
湖　南	Hunan		3080	8234	58	5.1
广　东	Guangdong	1998	6192	14252	13	4.4
广　西	Guangxi	68	5237	10000	28	6.6
海　南	Hainan	56		1545	65	18.5
重　庆	Chongqing	2	2155	5478	258	6.6
四　川	Sichuan	20	4225	12379	287	6.1
贵　州	Guizhou		581	5941	229	5.9
云　南	Yunnan		2475	9296	251	5.2
西　藏	Xizang			1197		8.7
陕　西	Shaanxi	2490	1629	5804	156	5.0
甘　肃	Gansu	1166	1179	4178	21	7.6
青　海	Qinghai	235	71	1192	477	5.6
宁　夏	Ningxia	129	582	1671	74	12.4
新　疆	Xinjiang	3270	1488	4807	381	6.4
河南为全国%	**Henan as % of the Country**	**1.1**	**2.5**	**4.8**	**6.9**	
河南居全国位次	**Rank of Henan in the Country**	**11**	**14**	**10**	**6**	**22**

26−7 全国及各省区市贸易外经和财政主要指标(2023年)

Main Indicators of Internal and Foreign Trade, Government Finance by Province and Region (2023)

地区	Region	社会消费品零售总额(亿元) Total Retail Sales of Consumer Goods (100 million yuan)	进出口贸易总额(亿元) Total Value of Import and Export Trade (100 million yuan)	#出口 Total Value of Exports	地方一般公共预算收入(亿元) Local Governments' General Public Budget Revenue (100 million yuan)	地方一般公共预算支出(亿元) Local Governments' General Public Budget Expenditure (100 million yuan)
全国	**National**	**471495.2**	**417510.1**	**237656.4**	**117228.73**	**236403.46**
北京	Beijing	14462.7	36448.5	5999.5	6181.10	7971.25
天津	Tianjin	3820.7	8008.6	3631.4	2027.51	3280.42
河北	Hebei	15040.5	5828.4	3504.2	4286.60	9606.21
山西	Shanxi	7981.8	1691.2	1050.3	3479.37	6345.61
内蒙古	Inner Mongolia	5374.3	1960.0	781.0	3083.64	6836.24
辽宁	Liaoning	10362.1	7667.3	3534.9	2755.29	6574.78
吉林	Jilin	4150.4	1678.8	627.0	1074.84	4406.85
黑龙江	Heilongjiang	5634.2	2980.1	760.6	1396.15	5776.44
上海	Shanghai	18515.5	42135.3	17371.7	8312.50	9638.51
江苏	Jiangsu	45547.5	52495.4	33716.1	9930.18	15242.28
浙江	Zhejiang	32550.2	48997.6	35662.8	8600.51	12353.09
安徽	Anhui	23008.3	8053.0	5230.4	3939.16	8643.57
福建	Fujian	22109.6	19739.6	11765.4	3592.04	5859.39
江西	Jiangxi	13659.8	5686.3	3928.1	3059.59	7492.88
山东	Shandong	36141.8	32665.9	19428.6	7464.78	12581.74
河南	**Henan**	**26004.4**	**8108.4**	**5280.0**	**4518.10**	**11052.54**
湖北	Hubei	24041.9	6441.9	4325.3	3692.79	9299.07
湖南	Hunan	20203.3	6173.4	4008.6	3360.51	9581.12
广东	Guangdong	47494.9	83017.2	54374.3	13850.78	18527.03
广西	Guangxi	8651.6	6913.9	3625.4	1783.80	6101.37
海南	Hainan	2511.3	2313.9	740.3	900.71	2248.96
重庆	Chongqing	15130.3	7128.5	4776.5	2440.77	5304.56
四川	Sichuan	26313.4	9558.1	6031.0	5529.09	12732.79
贵州	Guizhou	9011.2	759.5	520.5	2078.37	6203.70
云南	Yunnan	11560.7	2588.0	925.9	2149.44	6730.08
西藏	Xizang	879.8	109.8	98.2	236.62	2809.02
陕西	Shaanxi	10759.0	4042.0	2630.6	3437.60	7175.08
甘肃	Gansu	4329.7	491.6	123.8	1003.58	4521.82
青海	Qinghai	987.7	48.7	29.5	381.34	2188.72
宁夏	Ningxia	1354.9	205.5	149.8	502.31	1751.38
新疆	Xinjiang	3849.7	3573.6	3024.6	2179.69	7566.98
河南为全国%	**Henan as % of the Country**	**5.5**	**1.9**	**2.2**	**3.9**	**4.7**
河南居全国位次	**Rank of Henan in the Country**	**6**	**9**	**9**	**8**	**6**

注：由于体制调整，2022年新疆财政数据包含新疆生产建设兵团。

Due to institutional adjustments,the 2022 Xinjiang financial includes the data of Xinjiang Production and Construction Corps.

26-8 全国及各省区市教育、卫生情况(2023年)

Main Indicator on Education and Public Health by Province and Region (2023)

地区 Region	在校学生数(万人) Student Enrollment (10 000 persons)			卫生机构数(个) Health Institutions (unit)	卫生机构床位数(张) Number of Beds in Health Institutions (unit)	执业(助理)医师数(人) Licensed (Assistant) Doctors (person)
	普通高等学校 Institutions of Higher Education	普通中学 Regular Secondary Schools	小学 Primary Schools			
全国 National	**3775**	**8047**	**10836**	**1070785**	**10173727**	**4782086**
北京 Beijing	64	59	116	11487	138823	121550
天津 Tianjin	60	60	82	6799	72505	56468
河北 Hebei	184	516	653	92825	534036	289780
山西 Shanxi	96	180	232	37849	232339	118428
内蒙古 Inner Mongolia	54	109	141	25685	173136	92704
辽宁 Liaoning	115	155	199	34137	334223	137914
吉林 Jilin	82	103	110	26161	183671	92276
黑龙江 Heilongjiang	94	134	106	21417	273327	103732
上海 Shanghai	57	78	94	6514	174966	89072
江苏 Jiangsu	230	420	589	39536	578826	290096
浙江 Zhejiang	129	262	411	37679	406088	265975
安徽 Anhui	158	355	472	31361	453525	200567
福建 Fujian	114	238	370	30023	242062	123317
江西 Jiangxi	155	330	375	40129	340712	134825
山东 Shandong	267	599	812	88186	738564	371920
河南 Henan	**296**	**770**	**963**	**85044**	**777415**	**346557**
湖北 Hubei	184	294	390	38586	476130	190424
湖南 Hunan	178	418	518	57503	533935	219647
广东 Guangdong	260	700	1111	62819	628584	357885
广西 Guangxi	148	375	516	34888	362013	145146
海南 Hainan	27	63	87	6538	60929	31456
重庆 Chongqing	110	173	206	23389	255591	102267
四川 Sichuan	216	426	549	74975	708592	279437
贵州 Guizhou	91	292	395	30695	315372	125958
云南 Yunnan	114	295	386	28765	359916	146724
西藏 Xizang	4	24	38	7058	21551	12289
陕西 Shaanxi	132	207	303	35133	306176	133291
甘肃 Gansu	66	148	204	25375	203974	78030
青海 Qinghai	8	37	52	6950	45712	21604
宁夏 Ningxia	18	46	62	4863	43499	24266
新疆 Xinjiang	63	182	294	18416	197535	78481
河南为全国% Henan as % of the Country	**7.8**	**9.6**	**8.9**	**7.9**	**7.6**	**7.2**
河南居全国位次 Rank of Henan in the Country	**1**	**1**	**2**	**3**	**1**	**3**